2023 SEGUNDA EDIÇÃO

A TUTELA JURÍDICA DA PESSOA IDOSA

COORDENADORES

FABIANA RODRIGUES BARLETTA

VITOR ALMEIDA

AUTORES
Ana Paula Barbosa-Fohrmann
Aryelen Kertcher
Bibiana Graeff Chagas Pinto Fabre
Camila Possan de Oliveira
Claudia Lima Marques
Cristiano Heineck Schmitt
Deborah Pereira Pintos dos Santos
Denis Franco Silva
Elisa Costa Cruz
Fabiana Rodrigues Barletta
Fábio Torres de Sousa
Fernanda Nunes Barbosa
Flavia Zangerolame
Flávio Alves Martins
Gabriel Schulman
Giselda Maria Fernandes Novaes Hironaka
Guilherme Calmon Nogueira da Gama
Heloisa Helena Barboza
Ian Borba Rapozo
Jeizy Mael Bolotari
Livia Teixeira Leal
Luana Adriano Araújo
Luciana Dadalto
Marcelo Junqueira Calixto
Marina Lacerda Nunes
Micaela Barros Barcelos Fernandes
Natalia Carolina Verdi
Nelson Rosenvald
Paulo Franco Lustosa
Tânia da Silva Pereira
Vanessa Ribeiro Corrêa Sampaio Souza
Vitor Almeida

MELHOR INTERESSE, AUTONOMIA, VULNERABILIDADE E RELAÇÕES DE CONSUMO

Dados Internacionais de Catalogação na Publicação (CIP) de acordo com ISBD

T966
    A Tutela Jurídica da Pessoa Idosa: Melhor Interesse, Autonomia e Vulnerabilidade e Relações de Consumo / Ana Paula Barbosa-Fohrmann ... [et al.] ; coordenado por Fabiana Rodrigues Barletta, Vitor Almeida. - 2. ed. - Indaiatuba, SP : Editora Foco, 2023.

    480 p. ; 17cm x 24cm.

    Inclui bibliografia e índice.

    ISBN: 978-65-5515-614-0

    1. Direito. 2. Direito do idoso. 3. Estatuto do Idoso. I. Barbosa-Fohrmann, Ana Paula. II. Kertcher, Aryelen. III. Fabre, Bibiana Graeff Chagas Pinto. IV. Oliveira, Camila Possan de. V. Marques, Claudia Lima. VI. Schmitt, Cristiano Heineck. VII. Santos, Deborah Pereira Pintos dos. VIII. Silva, Denis Franco. IX. Cruz, Elisa Costa. X. Barletta, Fabiana Rodrigues. XI. Sousa, Fábio Torres de. XII. Barbosa, Fernanda Nunes. XIII. Zangerolame, Flavia. XIV. Martins, Flávio Alves. XV. Schulman, Gabriel. XVI. Hironaka, Giselda Maria Fernandes Novaes. XVII. Gama, Guilherme Calmon Nogueira da. XVIII. Barboza, Heloisa Helena. XIX. Rapozo, Ian Borba. XX. Bolotari, Jeizy Mael. XXI. Leal, Lívia Teixeira. XXII. Araújo, Luana Adriano. XXIII. Dadalto, Luciana. XXIV. Calixto, Marcelo Junqueira. XXV. Nunes, Marina Lacerda. XXVI. Fernandes, Micaela Barros Barcelos. XXVII. Verdi, Natalia Carolina. XXVIII. Rosenvald, Nelson. XXIX. Lustosa, Paulo Franco. XXX. Pereira, Tânia da Silva. XXXI. Souza, Vanessa Ribeiro Corrêa Sampaio. XXXII. Almeida, Vitor. XXXIII. Título.

2022-2739   CDD 341.27   CDU 342.7

Elaborado por Vagner Rodolfo da Silva - CRB-8/9410

Índices para Catálogo Sistemático:

1. Direito do idoso 341.27

2. Direito do idoso 342.7

2023 SEGUNDA EDIÇÃO

A Tutela Jurídica da Pessoa Idosa

COORDENADORES

Fabiana Rodrigues Barletta

Vitor Almeida

AUTORES

Ana Paula Barbosa-Fohrmann
Aryelen Kertcher
Bibiana Graeff Chagas Pinto Fabre
Camila Possan de Oliveira
Claudia Lima Marques
Cristiano Heineck Schmitt
Deborah Pereira Pintos dos Santos
Denis Franco Silva
Elisa Costa Cruz
Fabiana Rodrigues Barletta
Fábio Torres de Sousa
Fernanda Nunes Barbosa
Flavia Zangerolame
Flávio Alves Martins
Gabriel Schulman
Giselda Maria Fernandes Novaes Hironaka
Guilherme Calmon Nogueira da Gama
Heloisa Helena Barboza
Ian Borba Rapozo
Jeizy Mael Bolotari
Livia Teixeira Leal
Luana Adriano Araújo
Luciana Dadalto
Marcelo Junqueira Calixto
Marina Lacerda Nunes
Micaela Barros Barcelos Fernandes
Natalia Carolina Verdi
Nelson Rosenvald
Paulo Franco Lustosa
Tânia da Silva Pereira
Vanessa Ribeiro Corrêa Sampaio Souza
Vitor Almeida

Melhor Interesse, Autonomia, Vulnerabilidade e Relações de Consumo

2023 © Editora Foco

Coordenadores: Fabiana Rodrigues Barletta e Vitor Almeida

Autores: Ana Paula Barbosa-Fohrmann, Aryelen Kertcher, Bibiana Graeff Chagas Pinto Fabre, Camila Possan de Oliveira, Claudia Lima Marques, Cristiano Heineck Schmitt, Deborah Pereira Pintos dos Santos, Denis Franco Silva, Elisa Costa Cruz, Fabiana Rodrigues Barletta, Fábio Torres de Sousa, Fernanda Nunes Barbosa, Flavia Zangerolame, Flávio Alves Martins, Gabriel Schulman, Giselda Maria Fernandes Novaes Hironaka, Guilherme Calmon Nogueira da Gama, Heloisa Helena Barboza, Ian Borba Rapozo, Jeizy Mael Bolotari, Livia Teixeira Leal, Luana Adriano Araújo, Luciana Dadalto, Marcelo Junqueira Calixto, Marina Lacerda Nunes, Micaela Barros Barcelos Fernandes, Natalia Carolina Verdi, Nelson Rosenvald, Paulo Franco Lustosa, Tânia da Silva Pereira, Vanessa Ribeiro Corrêa Sampaio Souza e Vitor Almeida

Diretor Acadêmico: Leonardo Pereira
Editor: Roberta Densa
Assistente Editorial: Paula Morishita
Revisora Sênior: Georgia Renata Dias
Revisora: Simone Dias
Capa Criação: Leonardo Hermano
Diagramação: Ladislau Lima e Aparecida Lima
Impressão miolo e capa: DOCUPRINT

DIREITOS AUTORAIS: É proibida a reprodução parcial ou total desta publicação, por qualquer forma ou meio, sem a prévia autorização da Editora FOCO, com exceção do teor das questões de concursos públicos que, por serem atos oficiais, não são protegidas como Direitos Autorais, na forma do Artigo 8º, IV, da Lei 9.610/1998. Referida vedação se estende às características gráficas da obra e sua editoração. A punição para a violação dos Direitos Autorais é crime previsto no Artigo 184 do Código Penal e as sanções civis às violações dos Direitos Autorais estão previstas nos Artigos 101 a 110 da Lei 9.610/1998. Os comentários das questões são de responsabilidade dos autores.

NOTAS DA EDITORA:

Atualizações e erratas: A presente obra é vendida como está, atualizada até a data do seu fechamento, informação que consta na página II do livro. Havendo a publicação de legislação de suma relevância, a editora, de forma discricionária, se empenhará em disponibilizar atualização futura.

Erratas: A Editora se compromete a disponibilizar no site www.editorafoco.com.br, na seção Atualizações, eventuais erratas por razões de erros técnicos ou de conteúdo. Solicitamos, outrossim, que o leitor faça a gentileza de colaborar com a perfeição da obra, comunicando eventual erro encontrado por meio de mensagem para contato@editorafoco.com.br. O acesso será disponibilizado durante a vigência da edição da obra.

Impresso no Brasil (09.2022) – Data de Fechamento (09.2022)

2023
Todos os direitos reservados à
Editora Foco Jurídico Ltda.
Avenida Itororó, 348 – Sala 05 – Cidade Nova
CEP 13334-050 – Indaiatuba – SP
E-mail: contato@editorafoco.com.br
www.editorafoco.com.br

Que ficar velho não seja envelhecer, mas velejar.
Bruno Lima Penido

APRESENTAÇÃO À SEGUNDA EDIÇÃO

Com grande alegria a obra *Tutela Jurídica Da Pessoa Idosa* obteve grande sucesso editorial em sua primeira edição, o que nos motivou a lançar a segunda, acrescida de outros escritos. As contribuições da primeira edição foram também atualizadas para que o leitor tenha ideia do estado da arte do Direito do Idoso.

A proteção ao idoso significa atribuir autonomia em condições de respeito às suas próprias decisões, com sua efetiva participação na comunidade como cidadão e titular de direitos, mas também tutela quando suas fragilidades demandarem cuidado da família, da sociedade e do Estado porque, embora titular de direitos, necessite de apoio.

Em nível internacional, o Capítulo II da Convenção Interamericana sobre a Proteção dos Direitos dos Idosos traz como objetivo previsto em seu art. 1º: "promover, proteger e assegurar o reconhecimento e o pleno gozo e exercício, em condições de igualdade, de todos os direitos humanos e liberdades fundamentais do idoso, a fim de contribuir para sua plena inclusão, integração e participação na sociedade". Veja-se que o idoso não deve estar apartado das outras gerações de pessoas. Ele deve fazer parte do mundo atual, como pessoa com capacidade para os atos da vida em geral, sem qualquer tipo de discriminação.

A Constituição da República de 1988 prescreve em seu artigo 230 que "a família, a sociedade e o Estado têm o dever de amparar as pessoas idosas, assegurando sua participação na comunidade, defendendo sua dignidade e bem-estar e garantindo-lhes o direito à vida". O artigo 229 da Norma Fundamental também outorga responsabilidade especial à família do idoso quando dispõe que "os filhos maiores têm o dever de ajudar e amparar os pais na velhice, carência ou enfermidade". O idoso é um sujeito de direitos que possui tutela diferenciada na Constituição da República de 1988. A norma de hierarquia superior do Brasil tratou dele especificamente, no sentido de lhe conferir *status* constitucional, posto que pessoa a ter suas peculiaridades reconhecidas e necessidades concretizadas.

Todavia, reconhecidamente, o idoso sofre dificuldades de se colocar como sujeito de direitos e obrigações; de exercer direitos da personalidade que visam ao desenvolvimento do seu projeto de vida; de estar na ambiência dos contratos com liberdade, mas também com proteção a depender do caso; de auferir acesso aos direitos reais e titularidades; de ser acolhido em ambiente de solidariedade no âmbito das famílias e no direito sucessório.

Todas essas dificuldades ainda existentes, contrariam os direitos que o Estatuto brasileiro do Idoso de 2003 confere as pessoas de mais de 60 (sessenta) anos na forma do seu artigo 1º, que combinado com o artigo 2º, expressam os subprincípios da proteção integral e da absoluta prioridade que, juntos, conformam o princípio do melhor interesse do idoso, que é fruto da cláusula geral de dignidade da pessoa humana, prevista como princípio fundamental na Constituição brasileira. A proteção integral do idoso deve conduzir os intérpretes, em qualquer seara do Direito, a levarem em conta que estão diante de uma pessoa com essa garantia específica. A prioridade é dada ao idoso em geral, mas o parágrafo 2º do artigo 3º determina que "entre os idosos, é assegurada prioridade especial aos maiores de oitenta anos, atendendo-se suas necessidades sempre preferencialmente em relação aos demais idosos". Eis o desafio atual de atender às particularidades dos *superidosos*, que demandam em razão da hiperlongevidade proteção ainda mais reforçada, notadamente no âmbito da prioridade absoluta que o progressivo avançar da idade exige.

O idoso é sempre, por suas condições psicofísicas e sociais, uma pessoa vulnerável. Se houver interseção de vulnerabilidades de idoso e consumidor ou de idoso que seja também pessoa com deficiência, ou idoso e doente, entre outras adversidades análogas, terá sua vulnerabilidade agravada, fazendo com que o Direito reconheça essa situação de hipervulnerabilidade para conferir a este ator social tutela ainda mais distinguida.

Há que se assegurar os direitos fundamentais do idoso, especialmente o seu direito de envelhecer e se vulnerabilizar, pois o envelhecimento é um direito personalíssimo. Dentre os direitos fundamentais do idoso estão o direito à vida, à liberdade, ao respeito e à dignidade, aos alimentos, à saúde, à educação, à cultura, ao esporte, ao lazer, à profissionalização e ao trabalho, à previdência social e à assistência social, à habitação, ao transporte. O Estatuto do Idoso estabelece esses direitos de uma forma diferenciada, exatamente para que o idoso os tenha de modo mais favorável.

É necessário que, mais do que prevista em lei, a tutela jurídica da pessoa idosa seja concretizada não só, mas também, na forma dos trabalhos a seguir, que tratam da temática e nos brindam com reflexões fundamentais para a garantia de uma vida autônoma e digna à todas as pessoas idosas[1].

Outono de 2022.

Fabiana Rodrigues Barletta
Vitor Almeida

---

1. "Parte considerável do trabalho de atualização da presente edição é anterior à promulgação da Lei n. 14.423, de 22 de julho de 2022, que alterou a Lei n. 10.741, de 1º de outubro de 2003, para substituir, em toda a Lei, as expressões "idos" e "idosos" pelas expressões "pessoa idosa" e "pessoas idosas", respectivamente, razão pela qual nem todos os textos se encontram de acordo com tal alteração. Por questões de integridade da obra de cada autor e autora preservamos o texto originalmente enviado".

APRESENTAÇÃO À PRIMEIRA EDIÇÃO

A velhice é uma fase da vida marcada por vicissitudes especiais. Essas devem ser consideradas pelo Direito pelo aumento da suscetibilidade da pessoa a fatores como doenças, deficiências, dificuldades de tráfego no mercado de consumo e na seara contratual genericamente, complexidades relacionais tanto consigo, com a família e com a sociedade. O Estatuto do Idoso, guiado pelo direito ao amparo extraído da Constituição da República de 1988, elaborou enunciados normativos especiais, destinados à pessoa idosa. Tais enunciados preconizam o desenvolvimento livre e igualitário da personalidade ontológica humana.

Com o advento do Estatuto do Idoso em 2003, o sujeito de direitos e deveres ancião passou a ter um marco legal para suas situações jurídicas patrimoniais e existenciais, vigente desde o ano de 2014 até o momento.

Faz exatos 15 (quinze) anos que o Brasil possui uma lei particular para a pessoa senil e é papel dos pesquisadores da matéria colocarem suas impressões sobre o Direito do Idoso contido no Estatuto e também noutras searas legais, sociológicas, filosóficas, jurisprudenciais, entre outras, que tratem da pauta inclusiva dessa população. A fim de ouvir tais vozes houve, na elaboração dessa obra, o convite a especialistas no tema. As contribuições apresentadas nos capítulos assinalaram, nesse lapso temporal, o sucesso de algumas instituições jurídicas ou a ineficácia de outras e fizeram apontamentos pela concretude social do Direito do Idoso. Confirma-se, diante do cenário descortinado, que o Direito do Idoso vai além das fronteiras de sua lei protetiva, a qual trouxe não só o reconhecimento da questão jurídica de pessoas longevas, mas também o diálogo com outras normas da mesma vertente e com outras ciências.

É certo que o Estatuto do Idoso trouxe avanços, pois possui regras de Direito Civil como, exemplificativamente, a da solidariedade obrigacional dos alimentos (art. 12), a do direito ao acompanhante em internações (art. 16), entre outras dirigidas a esse vulnerável específico. O Estatuto do idoso é guiado também pelos subprincípios da tutela integral e prioritária do idoso, que, juntos, configuram o princípio do melhor interesse do Idoso, norte para toda interpretação à luz do ordenamento jurídico brasileiro. Na legalidade que se estabelece no art. 230 da Constituição consta disposto que "a família, a sociedade e o Estado têm o dever de amparar as pessoas idosas assegurando sua participação na comunidade, defendendo sua dignidade e bem-estar e garantindo-lhes o direito à vida".

A fim de conferir a atuação do dever jurídico de amparo dirigido à família, à sociedade, inclusive à de consumo e também ao Estado elaborou-se A tutela das pessoas idosas no direito brasileiro, que se divide em três partes destinadas, respectivamente, ao princípio do melhor interesse do idoso e à efetividade da Lei 10.741/2003, à autonomia e vulnerabilidade da pessoa idosa nas situações existenciais e familiares e à proteção do idoso nas relações de consumo. A obra carrega também o caráter interdisciplinar e se destina à comunidade não só jurídica, mas o público do Direito é notadamente seu destinatário e é fruto das atividades de investigação desenvolvidas no âmbito dos grupos de pesquisa em "Direito e vulnerabilidade do consumidor, da criança e do adolescente e das pessoas idosas e com deficiência" em intercâmbio entre a Faculdade Nacional de Direito da UFRJ e o Curso de Direito do Instituto Três Rios da UFRRJ, liderados respectivamente pelos professores organizadores.

No momento em que o envelhecimento populacional se avoluma no Brasil e no mundo pelo aumento da longevidade, há que se refletir sobre a qualidade de vida da população envelhecida diante do arcabouço normativo que o intérprete tem como instrumento. A atuação dos estudiosos da matéria e as decisões dos tribunais são importantes como baliza desse percurso de transformação social que existe para possibilitar, em patamares de dignidade, o caminhar da pessoa humana desde o início da velhice até a finitude da vida.

Fabiana Rodrigues Barletta
Vitor Almeida

Rio de Janeiro, 06 de setembro de 2019.

SUMÁRIO

APRESENTAÇÃO À SEGUNDA EDIÇÃO

Fabiana Rodrigues Barletta e Vitor Almeida VII

APRESENTAÇÃO À PRIMEIRA EDIÇÃO

Fabiana Rodrigues Barletta e Vitor Almeida IX

PARTE I
O PRINCÍPIO DO MELHOR INTERESSE DO IDOSO E A EFETIVIDADE DA LEI 10.741/2003

1. O PRINCÍPIO DO MELHOR INTERESSE DA PESSOA IDOSA: EFETIVIDADE E DESAFIOS

Heloisa Helena Barboza.. 3

2. PANORAMA ATUAL DA APLICAÇÃO DAS NORMAS DE DIREITO PRIVADO NO ESTATUTO DO IDOSO

Giselda Maria Fernandes Novaes Hironaka 23

3. FUNDAMENTOS E EVOLUÇÃO DOS DIREITOS DA PESSOA IDOSA NO BRASIL: BREVE PANORAMA

Bibiana Graeff Chagas Pinto Fabre 45

4. DESVENDANDO O DIREITO À EDUCAÇÃO AO LONGO DA VIDA DE PESSOAS IDOSAS: UMA ANÁLISE DO ART. 25 DO ESTATUTO DO IDOSO

Ana Paula Barbosa-Fohrmann e Luana Adriano Araújo..................................... 57

5. CONQUISTAS E DESAFIOS PARA A TUTELA DOS DIREITOS DA PESSOA IDOSA

Tânia da Silva Pereira e Livia Teixeira Leal 81

PARTE II
AUTONOMIA E VULNERABILIDADE DA PESSOA IDOSA NAS SITUAÇÕES EXISTENCIAIS E FAMILIARES

1. NOTAS SOBRE A ALIENAÇÃO FAMILIAR DO IDOSO E DA PESSOA COM DEFICIÊNCIA

Vitor Almeida 99

2. PESSOAS IDOSAS COM ALZHEIMER: DIÁLOGOS ENTRE A CONSTITUIÇÃO FEDERAL, O ESTATUTO DO IDOSO E O ESTATUTO DA PESSOA COM DEFICIÊNCIA

Guilherme Calmon Nogueira da Gama e Marina Lacerda Nunes 121

3. A GUARDA DE FATO DE IDOSOS

Nelson Rosenvald 149

4. REFLEXÕES SOBRE O DIREITO À AUTODETERMINAÇÃO EXISTENCIAL DA PESSOA IDOSA

Deborah Pereira Pintos dos Santos e Vitor Almeida 165

5. AS DIRETIVAS ANTECIPADAS DE VONTADE NO CONTEXTO PROTETIVO DO ENVELHECIMENTO ATIVO

Luciana Dadalto e Natalia Carolina Verdi 195

6. SOLIDARIEDADE E TUTELA DO IDOSO: O DIREITO AOS ALIMENTOS?

Denis Franco Silva e Fabiana Rodrigues Barletta 213

7. A OBRIGAÇÃO ALIMENTAR DOS AVÓS (IDOSOS) E O MELHOR INTERESSE DE CRIANÇAS E ADOLESCENTES: TRAJETÓRIA EVOLUTIVA E PONDERAÇÕES À LUZ DA APLICAÇÃO JUDICIAL BRASILEIRA

Vanessa Ribeiro Corrêa Sampaio Souza 227

8. CONSIDERAÇÕES SOBRE ALIMENTOS NO ABANDONO AFETIVO E A TUTELA DO IDOSO SOB A ÓTICA CIVIL-CONSTITUCIONAL

Flavia Zangerolame 243

9. A PROTEÇÃO DA VULNERABILIDADE DA PESSOA IDOSA EM NEGÓCIOS JURÍDICOS NÃO CONSUMERISTAS

Elisa Costa Cruz 269

10. CURATELA DO IDOSO E DA PESSOA COM DEFICIÊNCIA ADQUIRIDA

Micaela Barros Barcelos Fernandes 283

PARTE III
A PROTEÇÃO DO IDOSO NAS RELAÇÕES DE CONSUMO

1. A PROTEÇÃO DISPENSADA À PESSOA IDOSA PELO DIREITO CONSUMERISTA É SUFICIENTE COMO UMA INTERVENÇÃO REEQUILIBRADORA?

Claudia Lima Marques e Fernanda Nunes Barbosa... 307

2. O MELHOR INTERESSE DA PESSOA IDOSA E A RELATIVA DIVERGÊNCIA DO STJ EM MATÉRIA DE PLANOS DE SAÚDE

Fabiana Rodrigues Barletta e Flávio Alves Martins... 331

3. REAJUSTES POR FAIXA ETÁRIA EM PLANOS DE SAÚDE E A (IM)POSSIBILIDADE DE REAJUSTE APÓS OS 60 ANOS: PROBLEMAS ANTIGOS NA NOVA JURISPRUDÊNCIA DO STJ

Gabriel Schulman e Aryelen Kertcher... 355

4. O IDOSO SOB A ÓTICA DO DIREITO DO CONSUMIDOR: UM HIPERVULNERÁVEL E A SUA NECESSÁRIA PROTEÇÃO

Cristiano Heineck Schmitt e Camila Possan de Oliveira 369

5. BREVES REFLEXÕES ACERCA DA RESPONSABILIDADE CIVIL PELO RISCO DAS NOVAS TECNOLOGIAS USADAS NA PESSOA IDOSA

Marcelo Junqueira Calixto 393

6. HIPOTECA REVERSA: INSTRUMENTO DE PROTEÇÃO DA PESSOA IDOSA?

Paulo Franco Lustosa 403

7. O ESTATUTO DO IDOSO E SUA EFETIVIDADE NA JURISPRUDÊNCIA DO TJMG

Fábio Torres de Sousa 421

8. A TUTELA DA PESSOA IDOSA NA CONTRATAÇÃO DE SEGUROS DE VIDA

Ian Borba Rapozo e Jeizy Mael Bolotari 443

Parte I
O PRINCÍPIO DO MELHOR INTERESSE DO IDOSO E A EFETIVIDADE DA LEI 10.741/2003

1
O PRINCÍPIO DO MELHOR INTERESSE DA PESSOA IDOSA: EFETIVIDADE E DESAFIOS[1]

Heloisa Helena Barboza

Doutora e Livre-Docente em Direito pela UERJ. Doutora em Ciência pela ENSP/FIOCRUZ. Professora Titular de Direito Civil da UERJ. Procuradora de Justiça (aposentada). Advogada. Parecerista.

Se quisermos que o envelhecimento
seja uma experiência positiva, uma
vida mais longa deve ser acompanhada
de oportunidades contínuas de saúde,
participação e segurança.[2]

Sumário: 1. Considerações iniciais – 2. Cláusula geral de tutela da pessoa humana – 3. Instrumentos constitucionais e legais de proteção da pessoa humana – 4. Vulnerabilidade do idoso – 5. Princípio do melhor interesse do idoso.

1. CONSIDERAÇÕES INICIAIS

A vigente Constituição da República, ao estabelecer a dignidade da pessoa humana como um dos fundamentos do Estado Democrático de Direito, deixou patente ser a pessoa humana o núcleo do ordenamento jurídico. Encontra-se o sistema jurídico, em consequência, funcionalizado para preservação dos valores que o orientam e para o atendimento primordial dos interesses dos seres humanos. Emerge da Constituição a cláusula geral de tutela da pessoa humana, que tem como um dos seus fundamentos a vulnerabilidade que lhe é inerente e que, em face de determinadas circunstâncias, é exacerbada. Este o caso da pessoa idosa que ensejou a edição de legislação específica para sua proteção, que não esgota, porém, toda gama de possibilidades em que deve ser assegurado tratamento diferenciado e preferencial ao idoso. Embora ainda não tenha merecido dos dou-

---

1. O presente texto foi originalmente publicado em Tânia da Silva Pereira; Guilherme de Oliveira. (Org.). *O Cuidado como Valor Jurídico*. Rio de Janeiro: Companhia Editora Forense, 2007. p. 57-71. Para a presente versão, o mesmo foi revisado, atualizado e ampliado. A autora agradece penhoradamente ao Professor Doutor Vitor Almeida pelo trabalho de revisão, atualização e ampliação.
2. WORLD HEALTH ORGANIZATION. *Envelhecimento ativo*: uma política de saúde. Trad. de Suzana Gontijo. Brasília: Organização Pan-Americana da Saúde, 2005, p. 14. Disponível em: [www.portal.saúde.gov.br]. Acesso em: 16.05.2007.

trinadores estudo mais aprofundado, o princípio do melhor interesse do idoso, de base constitucional, é consectário natural da cláusula geral de tutela da pessoa humana e, por excelência, fonte da proteção integral que é devida à pessoa idosa.

Indispensável, portanto, investigar o sentido e o alcance do princípio do melhor interesse do idoso, de modo a permitir a efetividade dos direitos fundamentais garantidos à pessoa idosa no texto constitucional. Para tanto, é preciso delimitar os contornos da vulnerabilidade específica da pessoa idosa e, por consequência, averiguar se a atual legislação atende ao ditame constitucional de proteção do melhor interesse do idoso, de modo a verificar os desafios à efetividade da norma protetiva.

2. CLÁUSULA GERAL DE TUTELA DA PESSOA HUMANA

A posição ora ocupada pelo ser humano no sistema jurídico apresenta muitas faces não conhecidas ou, pelo menos, pouco esclarecidas, se examinadas à luz dos princípios constitucionais. A vocação positivista de enumeração e exaurimento das hipóteses ainda paira sobre o estudo das relações existenciais e na própria compreensão jurídica do ser humano, conceito que não se esgota no de pessoa ou mesmo no de sujeito de direito. A cada momento vem se evidenciando a necessidade da atenção do Direito à complexidade do humano, em seu processo de vida, que pode começar antes do momento hoje escolhido pela lei para o início de efeitos jurídicos. Só em data recente, diante da conscientização da não linearidade do processo da vida, em decorrência de diferentes causas, que vão do reconhecimento do pluralismo social aos resultados da biotecnociência, e do desafio posto a direitos estruturais como a liberdade e a igualdade pela realidade de opressão e discriminação de determinadas pessoas, tanto no espaço público, como no privado, passaram a ser pensados, com maior concretude, os meios de efetivação dos direitos fundamentais. Não mais é suficiente proclamá-los em abstrato, o que de há muito foi feito. É preciso criar os instrumentos para adequá-los a cada momento da instável dinâmica da vida, sob pena de permanência no campo meramente formal, de que é bom exemplo a igualdade pensada em termos absolutos, sob a fórmula "todos são iguais perante a lei".

Na esteira de movimento ocidental e em momento político de todo propício, a Constituição da República consagrou o ser humano como valor maior do ordenamento jurídico, garantindo-lhe tutela integral e privilegiada em suas relações existenciais, aos estabelecer a dignidade humana como princípio fundamental do estado democrático de direito. Como consequência, esvaziam-se os debates sobre a natureza jurídica da personalidade, que deve ser reconhecida como o valor fundamental do ordenamento, que está na base de uma série de situações existenciais, de todo instáveis como indicado, e que estão a exigir incessante tutela. Pelo mesmo motivo, perde importância a polêmica sobre necessidade de enumeração ou tipificação dos direitos humanos ou dos direitos da personalidade: "a partir do princípio constitucional da dignidade está-se em presença de uma cláusula geral de tutela da pessoa humana".[3]

Tal cláusula geral "não admite a exclusão de quaisquer direitos e garantias, mesmo que não expressos, desde que decorrentes dos princípios constitucionais, [e] condiciona o intérprete e legislador ordinário, modelando todo o tecido normativo infraconstitucional".[4]

Após a inserção do princípio da dignidade da pessoa humana no texto constitucional, acentuou-se a preocupação dos juristas quanto a sua compreensão, embora já se tenha registrado com acerto não cumprir ao ordenamento jurídico, enquanto tal, determinar seu conteúdo, suas características, ou permitir que esse avalie essa dignidade.[5] Contudo, parece razoável entendê-la, para fins deste trabalho, como

> [...] a qualidade intrínseca e distintiva reconhecida em cada ser humano que o faz merecedor do mesmo respeito e consideração por parte do Estado e da comunidade, implicando, nesse sentido, um complexo de direitos e deveres fundamentais que assegurem a pessoa tanto contra todo e qualquer ato de cunho degradante e desumano, como venham a lhe garantir as condições existenciais mínimas para uma vida saudável, além de propiciar e promover sua participação ativa e corresponsável nos destinos da própria existência e da vida em comunhão com os demais seres humanos.[6]

A supremacia constitucional – em especial, da cláusula geral de tutela da dignidade da pessoa humana, que se situa no vértice da nossa ordem jurídica – determina que o direito como um todo se volte à concreta tutela da pessoa humana, eis que sua proteção e promoção são objetivos máximos da ordem jurídica, superando a tutela individualista de um sujeito de direito virtual e abstrato.

3. INSTRUMENTOS CONSTITUCIONAIS E LEGAIS DE PROTEÇÃO DA PESSOA HUMANA

Os ideais de liberdade e igualdade preconizados no século XVII, aparentemente conquistados então, cristalizaram-se nas codificações do século XIX e início do século XX, como se constata da codificação brasileira de 1916. Contudo,

---

3. MORAES, Maria Celina Bodin de. O princípio da dignidade humana. In: MORAES, Maria Celina Bodin de (coord.). *Princípios do Direito Civil Contemporâneo*. Rio de Janeiro: Renovar, 2006. p. 51-55.
4. TEPEDINO, Gustavo. A tutela da personalidade no ordenamento civil-constitucional brasileiro. *Temas de Direito Civil*. 3. ed. Rio de Janeiro: Renovar, 2004. p. 49-51.
5. MORAES, Maria Celina Bodin de. Op. cit., p. 13.
6. SARLET, Ingo. *Dignidade da pessoa humana e direitos fundamentais na Constituição Federal de 1988*. 4. ed., rev., atual. e ampl. Porto Alegre: Livraria do Advogado, 2005. p. 59-60.

não tardou a manifestar-se a ineficácia de direitos que não dispunham de instrumentos adequados a sua efetividade em face dos jogos de poder na sociedade. O flagrante desequilíbrio das relações jurídicas instou o legislador e os tribunais a criarem os meios de proteger a "parte mais fraca" que, não obstante declaradamente livre, por conseguinte autônoma, com plena capacidade jurídica, e titular de "iguais" direitos, encontrava-se subordinada de modo irresistível a outra, por razões socioeconômicas. Em todos os ramos do direito, e por diferentes meios, buscou-se minorar a desigualdade. Subvertendo a regra da igualdade plena e formal, difundiu-se a noção de que, na relação de trabalho, a norma aplicável é a mais benéfica ao trabalhador.[7] Do mesmo modo, os tribunais construíram a proteção da mulher casada, da concubina;[8] interpretações das normas mais favoráveis à vítima facilitavam a responsabilização civil. No campo legislativo, normas protetivas beneficiavam os locatários e os filhos não havidos do casamento, que trilharam um longo caminho até a plena equiparação, que só ocorreu em 1988.

O movimento pela igualdade material, que já se delineava nas leis especiais e nos julgados, foi coroado pela Constituição Federal de 1988 que, ao estabelecer a dignidade da pessoa humana como um dos fundamentos do Estado Democrático de Direito, assegurou-lhe tutela integral, mediante cláusula geral como assinalado, mas sobretudo criando os instrumentos de sua efetivação, de modo expresso ou implícito. Os princípios constitucionais tiveram sua normatividade reconhecida,[9] ampliando por suas intrínsecas características,[10] tais como o grau de abstração e de determinabilidade, a proteção conferida, ao atingir situações atípicas.

A garantia de igualdade de todos perante a lei ganhou consistência com a proteção especial das pessoas "desiguais", assim reconhecidas em razão da situação existencial ou patrimonial peculiar em que se encontram. Incluem-se nessa proteção especial o consumidor, a criança e o adolescente, e vários grupos *minoritários*, como as pessoas com deficiência, os homossexuais, os transexuais.[11]

Indispensável ressaltar que deve ser dada conotação qualitativa ao termo *"minoritários"*. As minorias, numericamente consideradas, podem ser opressoras, e as maiorias oprimidas, como se verifica em relação à distribuição dos recursos

---

7. MORAES, Maria Celina Bodin de. Op. cit., p. 52.
8. Cabe frisar que se refere aqui ao reconhecimento histórico das relações conjugais não fundadas no casamento, hoje denominadas de união estável, que goza de proteção constitucional e equiparação de direitos entre cônjuges e companheiros para diversos fins, a exemplo dos direitos sucessórios. Nos termos do Código Civil vigente, o concubinato se caracteriza como relação não eventual entre homem e mulher impedidos de casar (art. 1.727).
9. Sobre o tema ver por todos, BONAVIDES, Paulo. *Curso de Direito Constitucional*. 6. ed. São Paulo: Malheiros, p. 228-265.
10. CANOTILHO, José Joaquim Gomes. *Direito Constitucional e Teoria da Constituição*. 3. ed. Coimbra: Almedina, 1998. p. 1034.
11. MORAES, Maria Celina Bodin de. Op. cit., p. 52.

financeiros no Brasil, onde a maioria da população vive em condições de pobreza, enquanto um pequeníssimo percentual detém mais da metade dos recursos financeiros do país. O termo *minoria* deve ser reservado aos grupos sociais que, independentemente de sua expressão numérica, encontram-se qualitativamente em situação de desigualdade, por razões sociais, econômicas ou técnicas, grupos que sujeitos à dominação de outros grupos prevalentes.[12]

Embora bastante diversificados, os grupos submetidos à dominação apresentam uma característica comum: a vulnerabilidade. Já se afirmou que a vulnerabilidade é o critério central para a definição e identificação das minorias.[13] Tal característica legitima a proteção especial que é dada a esses grupos *minoritários*, como decorrência necessária da cláusula geral de tutela da pessoa humana. Trata-se, pelas razões expostas, de um dos modos de efetivação do princípio da igualdade – manifestação primeira da dignidade humana.[14] Impõe-se registrar que a vedação à discriminação das *minorias* não tem se mostrado suficiente para sua proteção, como se constata com a *minoria* negra no Brasil. Neste caso, as ações afirmativas, como as que asseguraram cotas para ingresso em universidades, têm se revelado mais eficazes do que a legislação que incrimina o racismo. Não sem razão já se indagou se a efetiva tutela das *minorias* deve se esgotar na vedação ao tratamento discriminatório ou se, ao contrário, não seria exigível proteção legal positiva para diminuir o desequilíbrio entre os comprovadamente *mais* vulneráveis e os demais grupos sociais.[15]

A ação afirmativa, em seu sentido mais amplo, abrange exatamente a edição de leis especiais de proteção aos grupos vulneráveis.[16] Criar uma lei especial e assegurar direitos subjetivos para o sujeito vulnerável são instrumentos de igualdade, de ação positiva do Estado-legislador, a guiar a ação do Estado-executivo e do Estado-juiz.[17] Nesse sentido foi editado o Código de Proteção e Defesa do Consumidor, Lei 8.078/90, que regulamentou os artigos 5º, XXXII, e 170, V, da Constituição Federal, fixando como um de seus princípios o reconhecimento da vulnerabilidade do consumidor no mercado de consumo. O consumidor é intrinsecamente vulnerável frente ao seu parceiro contratual, o fornecedor. Procurou-se, desse modo, estabelecer a igualdade material, proteger a dignidade da pessoa humana e assegurar a liberdade de escolha desse grupo de não-iguais, de

---

12. TEPEDINO, Gustavo; SCHREIBER, Anderson. Minorias no direito civil brasileiro. *Revista Trimestral de Direito Civil*, v. 10, abr./jun., 2002, p. 135-136.
13. Ibidem, p. 136.
14. MORAES, Maria Celina Bodin de. Op. cit., p. 18.
15. TEPEDINO, Gustavo; SCHREIBER, Anderson. Op. cit., p. 137.
16. Ibidem, p. 154.
17. MARQUES, Claudia Lima. Solidariedade na doença e na morte. Sobre a necessidade de "ações afirmativas" em contratos de plano de saúde e de planos funerários frente ao consumidor idoso. *Revista Trimestral de Direito Civil*, v. 8, out./dez., 2001, p. 4-7.

vulneráveis, a serem necessariamente protegidos de forma especial, realizando a igualdade mediante tratamento desigual aos desiguais.[18]

Nessa mesma linha inscreve-se o Estatuto da Criança e do Adolescente, Lei 8.069/90, que dispôs sobre a proteção integral à criança e ao adolescente, em atenção a sua condição peculiar de pessoa em desenvolvimento, sua intrínseca vulnerabilidade. Não se trata apenas de estabelecer a igualdade material, como no caso do consumidor, mas prover a proteção especial de uma *minoria* que se encontrava subjugada em todas as relações sócio jurídicas, inclusive familiares.

Em nome de sua incapacidade civil, mesmo a relativa, e de uma proteção de nítida feição patrimonial, visto que não cuidava da pessoa do incapaz, se ignoravam os diferentes estágios de desenvolvimento da criança e do adolescente, que não tinham voz. Submetidos ao poder familiar, sua autonomia não era reconhecida pelo direito, se absolutamente incapazes, e pela sociedade, incluídos os pais, se relativamente incapazes. A possibilidade da prática de alguns atos jurídicos legalmente prevista, como a de ser procurador ou a de fazer testamento, não raro causava surpresa. A partir de 1988, incorporou-se ao ordenamento brasileiro a doutrina da proteção integral, instrumentalizando a proteção especial devida a essas pessoas em desenvolvimento, como natural e necessário desdobramento da cláusula geral de tutela da pessoa humana, que só pode operar adequadamente se consideradas as desigualdades e, especialmente, as vulnerabilidades de cada grupo social. Por força da lei devem ser respeitados os diferentes estágios do desenvolvimento da pessoa. Os até então silenciosos passam a ter reconhecido seu direito de manifestação, exercendo a autonomia condizente com seu desenvolvimento, que embora não autorize a concessão, plena ou relativa, da capacidade civil, não pode ser desprezada em nome do princípio da dignidade humana.

O princípio do melhor interesse da criança e do adolescente, estabelecido em âmbito internacional,[19] e implícito na Constituição da República, concentra e traduz todos os direitos fundamentais e os direitos próprios dessas pessoas em desenvolvimento, sendo o instrumento não só de igualdade, mas de ação positiva do Estado-legislador, a guiar a ação do Estado-executivo e do Estado-juiz na tutela especial da dignidade desse grupo de pessoas humanas. A aplicação do princípio do melhor interesse tem se revelado como instrumento adequado e eficaz na efetivação da proteção integral da criança e do adolescente, que transcende todas as regras até o momento positivadas.

---

18. MARQUES, Claudia Lima. Op. cit., p. 4-7.
19. BARBOZA, Heloisa Helena. O Estatuto da Criança e do Adolescente e a disciplina da filiação no Código Civil. In: PEREIRA, Tania da Silva (Org.). *O melhor interesse da criança*: um debate interdisciplinar. Rio de Janeiro: Renovar, 1999. p.109-114.

Em 04 de janeiro de 1994, a Lei 8.842 dispôs sobre a Política Nacional do Idoso que tem por objetivo assegurar os direitos sociais do idoso, criando condições para promover sua autonomia, integração e participação efetiva na sociedade. Considera-se idoso, para os efeitos da lei, a pessoa maior de sessenta anos.[20] Contudo, em 2001 indagou-se, em pesquisa provavelmente pioneira, se as ações até então executadas pelo Estado através do direito do consumidor seriam suficientes para garantir a proteção do consumidor de mais idade ou se uma ação afirmativa, no sentido constitucional-americano, seria necessária na sociedade brasileira. Tal questão foi posta em face da situação dos consumidores idosos sujeitos a uma discriminação "negativa" nos contratos cativos e de longa duração, em especial relacionados com sua saúde e morte, em razão da idade. Constatou-se haver reiterada prática abusiva nos contratos de plano de saúde, em matéria de aumentos das prestações devidas em função da faixa etária, criando verdadeiras cláusulas de barreira ao consumidor para permanecer no plano de saúde ou seguro.[21]

Tal situação se verificou não obstante disposições do Código de Defesa do Consumidor (art. 39) e da própria lei dos planos de saúde, Lei 9.656/98, terem discriminado o consumidor idoso (art. 14 e 15, em sua redação original). O art. 15 sofreu sucessivas alterações, que puseram em risco sua efetividade. Grande polêmica surgiu em face do disposto no artigo 35-E, da citada lei, que condicionou qualquer variação na contraprestação pecuniária para consumidores com mais de sessenta anos de idade à autorização prévia da ANS.[22] A constitucionalidade do artigo 35-E foi objeto das ADIs 1.390-9 e 2.136-2, ambas de iniciativa da Confederação Nacional do Comércio.[23] Ambas ações foram julgadas prejudicadas pelo STF. No entanto, em 2018, o Plenário do STF julgou parcialmente procedente a ADI 1.931, que questionava diversos dispositivos da Lei 9.656/1998, e declarou a inconstitucionalidade dos arts. 10, § 2º, e 35-E.

A análise da jurisprudência do Tribunal de Justiça do Estado do Rio Grande do Sul revelou, em síntese, o reconhecimento de um dever de cooperar com os consumidores de mais idade, de um direito à manutenção do vínculo contratual, afastando-se as cláusulas de barreira, e de um direito à informação quanto às faixas etárias e aos reajustes, protegendo as expectativas legítimas dos consumidores em tais contratos, apesar da mudança de idade e das faixas etárias. Com relação a este último aspecto, assegurou-se aos idosos um novo direito: o de manter as

---

20. A Lei 13.466, de 12 de julho de 2017, atribuiu prioridade especial aos maiores de 80 anos, incluindo no art. 3º do Estatuto do Idoso, Lei 10.741/2003, o § 2º, *in verbis*: "dentre os idosos, é assegurada prioridade especial aos maiores de oitenta anos, atendendo-se suas necessidades sempre preferencialmente em relação aos demais idosos".
21. MARQUES, Claudia Lima. Op. cit., p. 40-43.
22. ANS – Agência Nacional de Saúde Suplementar (ver www.ans.gov.br).
23. MARQUES, Claudia Lima. Op. cit. p. 34-39.

faixas etárias contratadas originalmente, entendidas como direito adquirido do consumidor idoso. As observações finais feitas no mencionado trabalho de pesquisa ressaltam a importância e premência de se assegurar uma "necessária e mínima 'solidariedade na doença e na morte', bem como a 'esperança' de que fossem implantadas ações afirmativas para proteção do consumidor idoso, na linha já traçada pela jurisprudência".[24] No entanto, a compreensão mais recente do STJ, em especial a partir do Recurso Especial Repetitivo n. 1.568.244, é de que o reajuste por faixa etária é admitido desde que não seja abusivo.

Em 1º de outubro de 2003, a Lei 10.741 instituiu o Estatuto do Idoso destinado a regular os direitos assegurados às pessoas com idade igual ou superior a sessenta anos. Não obstante sua importância como ação afirmativa de há muito reclamada, o Estatuto certamente não será suficiente por si só, como não o foram as leis acima citadas, para efetivar a proteção integral e especial devida ao idoso, por força e como desdobramento da cláusula geral de tutela da pessoa humana, estabelecida a partir do princípio constitucional da dignidade.

4. VULNERABILIDADE DO IDOSO

Já se assinalou que "a transformação da velhice em problema social não é o resultado mecânico do crescimento do número de pessoas idosas, como tende a sugerir a noção de 'envelhecimento demográfico', usada pelos geógrafos". Nesta transformação "estão envolvidas novas definições de velhice e do envelhecimento, que ganham dimensão na expressão Terceira Idade [...] uma nova imagem do envelhecimento é constituída e a partir de um trabalho de categorização e criação de um novo vocabulário".[25]

Todavia o dado demográfico é significativo, visto que "jamais em todos os tempos tantos indivíduos puderam atingir uma idade tão avançada. A expectativa de vida aumentou [...]. Deve-se isto à melhora das condições socioeconômicas de vida e ao progresso da medicina moderna – [que] é também influenciada pelo estilo de vida [...] A transformação demográfica é um desafio para cada um de nós, para a sociedade, a economia, a política e as ciências",[26] e, acrescente-se, para o Direito.

A adoção da idade, independentemente de qualquer outro elemento subjetivo ou objetivo, para a qualificação de uma pessoa como idosa segue critério tradicionalmente utilizado no direito brasileiro no tratamento de questões envolvendo autonomia, em geral vinculada ao discernimento, de que são exemplo a

---

24. MARQUES, Claudia Lima. Op. cit. p. 40-44.
25. DEBERT, Guita Grin, apud MARQUES, Claudia Lima. Op. cit., p. 10.
26. LEHR, Ursula, apud MARQUES, Claudia Lima. Op. cit., p. 10-11.

atribuição de capacidade civil, a idade mínima para casamento, a imputabilidade para fins de responsabilização civil e penal. No caso do idoso, que não tem afetada sua capacidade civil em razão exclusivamente da idade, o limite de sessenta anos tem sido questionado.

Invocam-se outros critérios, como o psicobiológico, pelo qual "deve-se buscar uma avaliação individualizada da pessoa, ou seja, seu condicionamento psicológico e fisiológico [sendo importante] não sua faixa etária, mas sim as condições físicas em que se encontra seu organismo, além das condições psíquicas de sua mente", ou o critério econômico-social, que toma por base da qualificação a situação social e autossuficiência econômica e financeira.[27]

Segundo a Organização Mundial de Saúde, o envelhecimento é um processo que se inicia aos cinquenta e cinco anos, perdurando até os sessenta e cinco, idade em que se inicia a velhice. Tal compreensão enseja uma distinção, não incorporada pelo direito brasileiro, entre "envelhecimento" e "velhice", a qual se retornará adiante. Com propriedade já se observou que, não obstante pese o interesse epistemológico nas diferentes conceituações, no tema em que é forte a confluência das disciplinas científicas, cabe ao legislador ditar a norma jurídica a ser positivada, observando critério objetivo e geral, sob pena de estabelecer regra sujeita exclusivamente a critérios subjetivos ou casuísticos.[28]

O fato de a idade ser um critério objetivo, e que afasta os notórios inconvenientes dos demais, não implica em se entender a idade ora legalmente fixada como a adequada. Observe-se que não há estipulação constitucional, visto que o artigo 230 estabelece a idade de sessenta e cinco anos apenas para fins de assegurar a gratuidade dos transportes coletivos urbanos. O artigo 2º, da Lei 8.842/94, ratificado pelo artigo 1º, da Lei 10.741/03, ao considerar idoso, para efeitos da Política Nacional do Idoso, a pessoa maior de sessenta anos de idade, estabeleceu uma presunção absoluta: toda pessoa a partir dos sessenta anos é idosa e passa a ter direitos "especiais".

Embora se deva respeitar a opção pela idade de sessenta anos feita pelo legislador, cabe demonstrar o quanto questionável é esse limite. O próprio legislador inseriu posteriormente no Estatuto do Idoso uma prioridade especial aos maiores de oitenta anos, chamados de "superidosos", que preferencialmente tem suas necessidades atendidas em relação aos demais (art. 3º, § 2º), através da Lei

---

27. BRAGA, Pérola Melissa Vianna, *apud* RODRIGUES, Oswaldo Peregrina. A pessoa idosa e sua convivência em família. In: PEREIRA, Tânia da Silva; PEREIRA, Rodrigo da Cunha (Coord.). *A ética da convivência familiar e sua efetividade no cotidiano dos tribunais*. Rio de Janeiro: Forense, 2006. p. 396.
28. RODRIGUES, Oswaldo Peregrina. A pessoa idosa e sua convivência em família. In: PEREIRA, Tânia da Silva; PEREIRA, Rodrigo da Cunha (Coord.). *A ética da convivência familiar e sua efetividade no cotidiano dos tribunais*. Rio de Janeiro: Forense, 2006. p. 397.

13.466/2017,[29] o que já demonstra uma necessidade de gradação entre o grupo dos idosos. A vida pública, política, religiosa, artística e mesmo das pessoas em geral no cotidiano, muitas vezes de classes economicamente menos favorecidas, está repleta de pessoas com mais de sessenta anos em plena atividade, não raro sendo surpreendente a revelação de suas idades. A idade de sessenta e cinco anos para homens, e sessenta para mulheres, é uma das condições para a aposentadoria pelo regime geral de previdência social. Para os servidores públicos é compulsória a aposentadoria aos setenta e cinco anos.[30] Esses limites, a despeito de orientados por razões diferentes, especialmente o último, e suas combinações com outros requisitos, revelam a admissão da capacidade laborativa acima dessas idades, para os trabalhadores em geral, e até, pelo menos, os setenta e cinco anos, para os servidores públicos. Este, contudo, seria apenas um dos fatores a serem considerados no debate, já instaurado, quanto à manutenção da idade de sessenta anos para qualificar a pessoa como idosa.

Com mais razão tem sido questionada a imposição do regime da separação de bens no casamento da pessoa maior de setenta anos (Código Civil, art. 1.641, II).[31] Tal dispositivo tem sido entendido como flagrante discriminação à pessoa idosa. Como bem já se observou, o artigo 10, § 1º, da Lei 8.842/94, assegura ao idoso o direito de dispor de seus bens, salvo nos casos de incapacidade judicialmente comprovada.[32] Sem dúvida tal dispositivo merece detida análise, frente às normas de Direito de Família contidas no Código Civil, que lhe é posterior, examinados

---

29. "Art. 3º, § 2º. Dentre os idosos, é assegurada prioridade especial aos maiores de oitenta anos, atendendo-se suas necessidades sempre preferencialmente em relação aos demais idosos".
30. Nos termos da Lei Complementar n. 152, de 3 de dezembro de 2015, que dispõe sobre a aposentadoria compulsória por idade, com proventos proporcionais, nos termos do inciso II do § 1º do art. 40 da Constituição Federal, o art. 2º estabelece a aposentadoria compulsória aos 75 anos de idade.
31. A Lei n. 12.344, de 9 de dezembro de 2010, aumentou a idade a partir da qual se aplica obrigatoriamente o regime de separação de bens para 70 anos de idade.
32. RODRIGUES, Oswaldo Peregrina. A pessoa idosa e sua convivência em família. In: PEREIRA, Tânia da Silva; PEREIRA, Rodrigo da Cunha (Coord.). *A ética da convivência familiar e sua efetividade no cotidiano dos tribunais*. Rio de Janeiro: Forense, 2006. p. 412. É preciso esclarecer que o regime das incapacidades foi profundamente alterado por força da Lei 13.146/2015, denominada Estatuto da Pessoa com Deficiência ou Lei Brasileira de Inclusão, que também provocou intensas modificações na curatela (arts. 84 e 85). Sobre o assunto, permita-se remeter a BARBOZA, Heloisa Helena; ALMEIDA, Vitor. A capacidade civil à luz do Estatuto da Pessoa com Deficiência. In: MENEZES, Joyceane Bezerra de (Org.). *Direito das pessoas com deficiência psíquica e intelectual nas relações privadas – Convenção sobre os direitos da pessoa com deficiência e Lei Brasileira de Inclusão*. Rio de Janeiro: Processo, 2016. p. 249-274; BARBOZA, Heloisa Helena; ALMEIDA, Vitor. *Comentários ao Estatuto da Pessoa com Deficiência à luz da Constituição*. Belo Horizonte: Fórum, 2018. p. 61-69 e 293-300; BARBOZA, Heloisa Helena. A importância do CPC para o novo regime de capacidade civil. *Revista EMERJ*, Rio de Janeiro, v. 20, n. 1, p. 209-223, jan./abr., 2018; ALMEIDA, Vitor. *A capacidade civil das pessoas com deficiência e os perfis da curatela*. Belo Horizonte: Fórum, 2019. passim.

os argumentos dos doutrinadores que pugnam pela sua manutenção,[33] à luz das diretrizes constitucionais.[34]

Cabe nesse momento indagar qual o fundamento último da Política Nacional do Idoso e do Estatuto do Idoso, ou de outro modo, a que se destinam as leis de atenção aos idosos. Diante do inicialmente exposto, pode-se afirmar que tal política está fundamentada no princípio da dignidade da pessoa humana, sendo seu objetivo, explícito na Lei 8.842/94, assegurar a autonomia do idoso e sua participação efetiva na sociedade. Considerando que juridicamente a idade não afeta a autonomia, ressalvadas as hipóteses de seu comprometimento em razão da impossibilidade de exprimir sua vontade de forma válida, evidencia-se mais um caso de proteção especial, de modo a tornar efetiva a cláusula geral de tutela da pessoa humana. Em outras palavras, é necessário assegurar a igualdade dos idosos, que se tornam pessoas "desiguais", em decorrência do processo de envelhecimento. Os diferentes estágios desse processo alteram de maneira significativa a situação existencial e/ou patrimonial dessa *minoria*. Assim como a criança e o adolescente, o idoso se encontra em situação peculiar, na qual a vulnerabilidade é potencializada.

Embora ambos grupos sejam constituídos por pessoas "especialmente" vulneráveis, e haja em vários pontos certo paralelismo entre a situação da criança e do adolescente e a do idoso, impondo-se a tutela privilegiada de seus direitos, não se deve perder de vista que, na verdade, tais pessoas caminham em direção oposta, sendo inversamente proporcionais suas necessidades. Enquanto a criança e o adolescente se desenvolvem no sentido do pleno reconhecimento de sua autonomia, o idoso precisa da força protetora da lei para mantê-la, ante a constante ameaça de sua negação, se não a sua subtração, no confronto de sua natural e crescente fragilidade com as complexas exigências da vida.

Tem, portanto, a vulnerabilidade do idoso características próprias. O que se constata, porém, é que a denominada vulnerabilidade *jurídica* exige ainda melhor compreensão. O estudo do conceito de vulnerabilidade tem sido feito, quase que exclusivamente, no campo das relações de consumo, onde há referência a quatro espécies: vulnerabilidade técnica, contábil, fática ou socioeconômica[35] e, mais recentemente, a informacional.[36] Há divergência quanto à distinção entre vulne-

---

33. MONTEIRO, Washington de Barros. *Curso de Direito Civil* – Direito de Família. 27. ed., atual. por Regina Beatriz Tavares da Silva. São Paulo: Saraiva, 2005. v. 2, p. 174.
34. A matéria escapa, contudo, aos estreitos limites deste trabalho que, no entanto, poderá contribuir para tal debate.
35. CALIXTO, Marcelo Junqueira. *O princípio da vulnerabilidade do consumidor*. In: MORAES, Maria Celina Bodin de (Coord.). *Princípios do Direito Civil Contemporâneo*. Rio de Janeiro: Renovar, 2006. p. 323-324.
36. BENJAMIN, Antonio Herman V.; MARQUES, Claudia Lima; BESSA, Leonardo Roscoe. *Manual de direito do consumidor*. 6. ed., rev., atual. e ampl. São Paulo: Rd. RT, 2014. p. 114.

rabilidade e hipossuficiência. Segundo uma corrente, os conceitos são distintos, sendo a vulnerabilidade uma "qualidade intrínseca, ingênita, peculiar, imanente e indissociável de todos que se colocam na posição de consumidor, em face do conceito legal, pouco importando sua condição social, cultural ou econômica, quer se trate de consumidor pessoa jurídica ou consumidor pessoa física", enquanto a hipossuficiência "é característica restrita aos consumidores que além de presumivelmente vulneráveis veem-se (sic) agravados nessa situação por sua individual condição de carência natural, material ou, como ocorre com frequência, ambas".[37]

Parte da doutrina, contrariamente, entende terem as expressões igual significado. O melhor entendimento parece ser o que considera haver diferença entre vulnerabilidade e hipossuficiência, de que é bom exemplo a inversão do ônus da prova (art. 6º, VIII, CDC). Certas categorias de consumidores, contudo, como idosos, crianças, doentes, estão a merecer tratamento diferenciado na própria lei de consumo. A vulnerabilidade é característica de todo consumidor.[38] Por conseguinte, todo consumidor é presumivelmente vulnerável (art. 4º, I, do CDC), mas alguns grupos têm "vulnerabilidade potencializada" por sua situação fática e técnica,[39] pois é "um leigo frente a uma especialista organizado em cadeia de fornecimento de serviços, um leigo que necessita dos serviços [...] que não entende [por exemplo] a complexa técnica atual dos contratos cativos de longa duração [...]".[40]

Considerada que seja a cláusula geral de tutela da pessoa humana, constata-se que a vulnerabilidade se apresenta sob múltiplos aspectos existenciais, sociais, econômicos. Na verdade, o conceito de vulnerabilidade (do latim *vulnerabilis*, "que pode ser ferido", de *vulnerare*, "ferir", de *vulnus*, "ferida") refere-se a qualquer ser vivo, sem distinção, que pode, eventualmente, ser "vulnerado" em situações contingenciais. Trata-se, portanto, de característica ontológica de todos os seres vivos. Determinados seres vivos são circunstancialmente afetados, fragilizados, desamparados ou *vulnerados*.[41] Justificam-se

---

37. MARINS, James. *Responsabilidade da empresa pelo fato do produto*: os acidentes de consumo no Código de Proteção e Defesa do Consumidor. São Paulo: Ed. RT, 1993. p. 38-39.
38. CALIXTO, Marcelo Junqueira. Op. cit. p. 325-329.
39. "A doutrina brasileira defende, igualmente, que os consumidores desfavorecidos (ou pobres) podem ser chamados de hipossuficientes, criando assim uma graduação (econômica) da vulnerabilidade em direito material. A jurisprudência brasileira reconhece a hipervulnerabilidade de alguns consumidores, por idade (idosos, crianças, bebês, jovens), condições especiais de saúde (doentes, contaminados com o vírus HIV, e necessidades especiais, como especificam os arts. 37, § 2º e 39, IV, do CDC". BENJAMIN, Antonio Herman V.; MARQUES, Claudia Lima; BESSA, Leonardo Roscoe. Op. cit., p. 111. V., também, SCHMITT, Cristiano Heineck. *Consumidores hipervulneráveis*: a proteção do idoso no mercado de consumo. São Paulo: Atlas, 2014.
40. MARQUES, Claudia Lima. Op. cit., p. 13.
41. SCHRAMM, Fermin Roland. *Bioética, vulnerabilidade de pessoas portadoras de deficiências e políticas de proteção*. Apresentação no Fórum Social Mundial, Seminário Bioética e vulnerabilidades, Porto Alegre, 2005. p. 3.

por mais esta razão, plenamente, a *tutela geral* (abstrata) da pessoa humana, ontologicamente vulnerável, não só nas relações econômicas, como as de consumo, mas em todas as suas relações, especialmente as de natureza existencial, e a *tutela específica* (concreta), de todos os que se encontrem em situação de desigualdade, por força de contingências (vulnerabilidade potencializada ou vulnerados), como forma de assegurar a igualdade e a liberdade, expressões por excelência da dignidade humana.

Nesse contexto, impõe-se indagar como deve ser entendido o idoso. Como alerta boa doutrina, se "os conceitos não forem precisos não se pode saber que tipo de tutela deve ser dado aos indivíduos ou populações que mais necessitam de amparo, questão que precisa ser equacionada mediante uma correta relação entre o universalismo dos princípios (ao qual se refere implicitamente o conceito de vulnerabilidade) e a focalização das ações, que pode infringir os deveres *prima facie* relativos aos princípios com pretensão de validez universal, devido às situações substanciais específicas. Em suma, o conceito de vulnerabilidade, ao aplicar-se a qualquer situação, independentemente das características específicas desta, acaba não podendo aplicar-se a nenhuma situação particular".[42]

Para os fins do Direito, se todas as pessoas são vulneráveis, é preciso estar atento a "situações substanciais específicas", para que seja dado o tratamento adequado a cada uma delas. Não basta, portanto, afirmar a vulnerabilidade que têm, por conceito, todos as pessoas humanas e que se encontram protegidas pela cláusula geral de tutela implícita na Constituição da República. É indispensável verificar as peculiaridades das diferentes situações de cada grupo, como vem sendo feito com as crianças e adolescentes, com os consumidores, a partir de 2003 com o idoso, e em data mais recente em relação à pessoa com deficiência.[43] Registre-se que muitos grupos, como os homossexuais e transgêneros, ainda não mereceram estudo adequado de suas peculiaridades e aguardam, há muito tempo, a edição de normas aptas a proteger sua dignidade.

Para caracterizar a vulnerabilidade da pessoa idosa muito tem se enfatizado sua debilitação física e mental, a cessação da produtividade, o abandono, enfim a situação indigna em que muitos se encontram. Chegou-se mesmo a assinalar sua "invisibilidade", na medida em que não integrava um setor produtivo e economicamente ativo.[44]

Embora esses sejam aspectos de relevo, o processo de envelhecimento é gradual, contínuo e complexo, envolvendo fenômenos de natureza biopsíquica

---

42. SCHRAMM, Fermin Roland. Op. cit., p. 4.
43. Cabe mencionar que as pessoas com deficiência mereceram proteção específica na Lei 13.146/2015, conhecida como Lei Brasileira de Inclusão ou Estatuto da Pessoa com Deficiência.
44. PEREIRA, Rodrigo da Cunha. *Boletim do IBDFAM*, n. 23, ano 3, nov./dez., 2003, p. 7.

e social. Como antes assinalado, é difícil caracterizar uma pessoa como idosa utilizando como único critério a idade. A denominada "terceira idade" inclui indivíduos diferenciados entre si, tanto do ponto de vista socioeconômico, como em razão do sexo e de outros fatores, como cor, educação, renda, cultura, podendo ser tomada uma variedade de aspectos como indicadores bastante expressivos. Parece constante, porém, que o aumento da expectativa de vida apresenta um ponto de contradição: de um lado se alcança uma meta desejada por várias gerações antecedentes; por outro, "os grupos que passam dos sessenta anos, hoje idosos por força da lei, encontram dificuldades em se adaptar às condições de vida atuais, pois, além das dificuldades físicas, psíquicas, sociais e culturais decorrentes do envelhecimento, sentem-se relegados a plano secundário no mercado de trabalho, no seio da família e na sociedade em geral".[45]

A situação se agrava "por fatores culturais que idolatram o moderno, o novo, o jovem e ridicularizam o antigo e o velho", existindo um processo de marginalização do idoso em nível social, "quase sempre assumido pelo próprio idoso que, não tendo condições de superar as dificuldades naturais do envelhecimento, se deixa conduzir por padrões preconceituosos que o colocam à margem da sociedade".[46] O Direito não pode avalizar esta situação, cabendo-lhe prover meios para "resgatar" a pessoa idosa pelo menos nas relações jurídicas.

Considerados tais aspectos panorâmicos da situação da pessoa idosa, parece razoável concluir que ela se encontra no grupo dos que têm sua vulnerabilidade potencializada, inscrevendo-se, para fins de elaboração e aplicação das leis, na categoria dos vulnerados, ou seja, daqueles que já se encontram, por força de contingências, em situação de desigualdade, devendo ser "discriminado positivamente", para resguardo de sua dignidade. A tutela jurídica, para ser efetiva, deve dedicar aos que têm vulnerabilidade potencializada (vulnerados) proteção específica, que possa ser efetiva mesmo em face dos já reconhecidos como vulneráveis, como se verificou no caso dos consumidores idosos, devendo ser utilizada a técnica de ponderação de interesses, nas hipóteses de conflito.

5. PRINCÍPIO DO MELHOR INTERESSE DO IDOSO

De acordo com o Censo Demográfico 2000, 5,85% da população tinha sessenta anos ou mais. Em 2018, segundo dados do IBGE, a população brasileira manteve a tendência de envelhecimento das últimas décadas e ganhou 4,8 milhões de idosos desde 2012, superando a marca dos 30,2 milhões em 2017, segundo a

---

45. GOLDMAN, Sara Nigri. A política brasileira e os alunos idosos. In: SILVA, Dayse de Paula Marques da (Org.). *Novos contornos no espaço social*: gênero, geração e etnia. Rio de Janeiro: UERJ, NAPE, 1999. p. 83-84.
46. GOLDMAN, Sara Nigri. Op. cit. p. 84.

Pesquisa Nacional por Amostra de Domicílios Contínua. As mulheres são maioria expressiva nesse grupo, com 16,9 milhões (56% dos idosos), enquanto os homens idosos são 13,3 milhões (44% do grupo).[47]

A análise da evolução da relação idoso/criança mostra que a proporção de idosos vem crescendo mais rapidamente que a proporção de crianças: se em 1980 existiam cerca de 16 idosos para cada 100 crianças, 20 anos depois essa relação praticamente dobra, passando a ser de quase 30 idosos para cada 100 crianças. Assim, embora a fecundidade ainda seja o principal componente da dinâmica demográfica brasileira, em relação à população idosa é a longevidade que vem progressivamente definindo seus traços de evolução.

O crescimento da população de idosos, em números absolutos e relativos, é um fenômeno mundial e está ocorrendo em um nível sem precedentes. Em 1950, eram cerca de 204 milhões de idosos no mundo e, já em 1998, quase cinco décadas depois, este contingente alcançava 579 milhões de pessoas, um crescimento de quase 8 milhões de pessoas idosas por ano. As projeções indicam que, em 2050, a população idosa será de 1.900 milhão de pessoas, montante equivalente à população infantil de 0 a 14 anos de idade.[48]

Os dados acima não devem ser preteridos pelo Direito, que não mais pode ser "surpreendido" pelos fatos. A tutela geral da pessoa humana exige normas prospectivas. O tempo em que o direito seguia o fato está findo. Conhecer os fatos e seu desenvolvimento é de todo indispensável, e no caso do idoso, urgente. A dimensão protetora e promocional do Direito só é efetiva se capaz de evitar que uma pessoa vulnerável se torne vulnerada, ou que um risco se transforme em ameaça ou dano.

Para obtenção dos dados citados foi utilizado o padrão de idade de 60 anos, estabelecido pelas Nações Unidas, para descrever pessoas "mais velhas". Esta quantidade de anos pode parecer pouca no mundo desenvolvido e nos países em desenvolvimento, onde houve grande aumento na expectativa de vida. No entanto, como já assinalado, qualquer que seja a idade definida dentro de contextos diferentes, é importante reconhecer que a idade cronológica não é um marcador preciso para as mudanças que acompanham o envelhecimento. Existem variações significativas relacionadas ao estado de saúde, participação e níveis de independência entre pessoas mais velhas que possuem a mesma idade. Essas variações não podem ser preteridas na formulação de políticas e programas para as populações "mais velhas". Fazer vigorar políticas sociais abrangentes baseadas

---

47. Disponível em: [https://agenciadenoticias.ibge.gov.br/agencia-noticias/2012-agencia-de-noticias/noticias/20980-numero-de-idosos-cresce-18-em-5-anos-e-ultrapassa-30-milhoes-em-2017]. Acesso em: 23.08.2019.
48. Disponível em: [www.ibge.gov.br]. Acesso em: 19.05.2007.

somente na idade cronológica pode ser discriminatório e contraproducente para o bem-estar na terceira idade.[49]

O Estatuto do Idoso estabelece em seu artigo 8º que o envelhecimento é um direito personalíssimo. O conceito de envelhecimento, contudo, não está consolidado, se possível fazê-lo, tantos e tão diversificados são os fatores a considerar. Há diversas concepções sobre este processo, algumas mais "científicas" e objetivas, outras mais subjetivas e "cruéis".[50] Para fins de interpretação do mencionado dispositivo, a distinção entre "envelhecimento" e "velhice", não tem relevância, tendo em vista a adoção do critério cronológico. Pode-se entender que, a partir de sessenta anos se inicia, para os efeitos da lei, o envelhecimento. A distinção, contudo, parece de todo importante para compreensão do processo e dos seus diferentes estágios, que constituem a situação de vulnerabilidade do idoso.

Importa compreender que "existe uma temporalidade constantemente reconstruída, na qual a pessoa se inscreve na sua história e naquilo que é propriamente seu, em determinado contexto sociocultural". Essa compreensão permite aos idosos aceitar e redefinir seus papéis, descobrir novos caminhos e potencialidades, mudando e renovando atitudes básicas para conseguir viver "de modo mais saudável, produtivo e prazeroso, preservando seus valores e estilos de vida, a fim de se sentir satisfeito em seu viver."[51] Essa redefinição de papéis, contudo, não depende apenas de atitudes do idoso, visto que se opera, necessariamente, na relação social, estando vinculada à aceitação e participação dos demais indivíduos. Observe-se que é nessa relação que se constrói a noção individual da própria "velhice", visto que "todo envelhecimento se dá é percebido em relação aos outros e àquele dos outros",[52] que nos servem sempre de referencial. A solidariedade, hoje princípio jurídico, possibilita e assegura a realização dessas mudanças que conferem "qualidade de vida" ao idoso, sem a qual fica comprometida sua dignidade.

Adota-se aqui o entendimento de "qualidade de vida" como "a percepção que o indivíduo tem de sua posição na vida dentro do contexto de sua cultura e do sistema de valores de onde vive, e em relação a seus objetivos, expectativas, padrões e preocupações". Trata-se de "conceito muito amplo que incorpora de uma maneira complexa a saúde física de uma pessoa, seu estado psicológico, seu nível de dependência, suas relações sociais, suas crenças e sua relação com características proeminentes no ambiente. À medida que um indivíduo envelhece, sua qualidade de vida é fortemente determinada por sua habilidade de

---

49. Disponível em: [www.ibge.gov.br]. Acesso em: 19.05.2007.
50. NOVAES, Maria Helena. A convivência entre as gerações e o contexto sociocultural. In: PEREIRA, Tânia da Silva; PEREIRA, Rodrigo da Cunha (Coord.). *A ética da convivência familiar e sua efetividade no cotidiano dos tribunais*. Rio de Janeiro: Forense, 2006. p. 221.
51. NOVAES, Maria Helena. Op. cit., p. 216.
52. NOVAES, Maria Helena. Op. cit., p. 222.

manter autonomia e independência".[53] Sob a ótica jurídica, já se afirmou com propriedade que o princípio da liberdade individual se consubstancia atualmente em perspectivas diversas como privacidade, intimidade, significando cada vez mais poder realizar suas próprias escolhas individuais, seu projeto de vida, sem interferências de qualquer natureza.[54]

Tanto ou mais importante do que a solidariedade, o *cuidado* emerge como valor que assegura, em toda sua dimensão, o livre exercício do direito ao envelhecimento. O cuidado representa uma atitude de ocupação, preocupação, responsabilização e envolvimento com o outro, entrando na natureza e na constituição do ser humano.[55] O cuidado representa o rompimento com a tradição assistencialista ao idoso, orientada pela e para a doença,[56] e que não atende toda extensão das complexas e diversificadas necessidades do idoso, ajustando-se, por natureza, à função de "facilitador" da qualidade de vida do idoso. O cuidado e a solidariedade viabilizam o "envelhecimento ativo", definido como "o processo de otimização das oportunidades de saúde, participação e segurança, com o objetivo de melhorar a qualidade de vida à medida que as pessoas ficam mais velhas".[57]

Diante de todas as considerações até o momento feitas, pode-se ter uma dimensão da dificuldade do Direito em conferir proteção adequada ao idoso. A Lei 8.842/94 estabeleceu os princípios e as diretrizes que regem a Política Nacional do Idoso. O Estatuto do Idoso (Lei 10.741/2003) ao regular os direitos assegurados às pessoas idosas, estabeleceu um elenco de prioridades e de direitos fundamentais. Os estudiosos do tema têm se debruçado sobre essas leis e feito valioso esforço interpretativo para sua melhor compreensão e aplicação. Como resultado desse trabalho proclamou-se o princípio da prioridade do idoso, que lhe assegura o "atendimento em primeiro plano das garantias fundamentais, dada a sua condição de fragilidade que a vida reserva para todos nós".[58]

---

53. WORLD HEALTH ORGANIZATION. *Envelhecimento ativo*: uma política de saúde. Tradução Suzana Gontijo. Brasília: Organização Pan-Americana da Saúde, 2005, p. 15. Disponível em: [www.portal.saúde.gov.br]. Acesso em: 16.05.2007.
54. MORAES, Maria Celina Bodin de. O princípio da dignidade humana. In: MORAES, Maria Celina Bodin de (Coord.). *Princípios do Direito Civil Contemporâneo*. Rio de Janeiro: Renovar, 2006. p. 43.
55. BOFF, Leonardo, apud PEREIRA, Tânia da Silva. O cuidado como valor jurídico. In: PEREIRA, Tânia da Silva; PEREIRA, Rodrigo da Cunha (Coord.). *A ética da convivência familiar e sua efetividade no cotidiano dos tribunais*. Rio de Janeiro: Forense, 2006. p. 240.
56. VERAS, Renato, apud PEREIRA, Tânia da Silva. O cuidado como valor jurídico. In: PEREIRA, Tânia da Silva; PEREIRA, Rodrigo da Cunha (Coord.). *A ética da convivência familiar e sua efetividade no cotidiano dos tribunais*. Rio de Janeiro: Forense, 2006,.p. 244.
57. WORLD HEALTH ORGANIZATION. Envelhecimento ativo: uma política de saúde. Tradução Suzana Gontijo. Brasília: Organização Pan-Americana da Saúde, 2005, p. 15. Disponível em: [www.portal.saúde.gov.br]. Acesso em: 16.05.2007.
58. TEIXEIRA, Ana Carolina Brochado; SÁ, Maria de Fátima Freire de. Fundamentos principiológicos do estatuto da criança e do adolescente e do estatuto do idoso. *Revista Brasileira de Direito de Família*, Porto Alegre: Síntese/IBDFAM, v.1, n. 1, abr./jun., 1999, p. 28.

Constata-se, porém, que as denominadas "orientações setoriais" nem sempre são eficientes para tutela da personalidade e dos direitos fundamentais da pessoa humana. Não se pode proteger de modo adequado o direito a envelhecer com um elenco de hipóteses, ainda que enunciativo. Tome-se como exemplo o idoso em "situação de risco" (art. 43, Lei 10.741/03), que resulta dentre outras causas do "abuso da família" ou da "condição pessoal" do idoso. A fórmula legal contém conceitos indeterminados e sua interpretação diante do caso concreto deverá atender não só as diretrizes fixadas pela lei, como (e principalmente) *o melhor interesse do idoso*, para que se efetive a proteção integral que lhe é assegurada pelo Estatuto. Como já esclareceu melhor doutrina, a personalidade não é um direito, mas "um *valor* (fundamental do ordenamento) e está na base de uma série aberta de situações existenciais, nas quais se traduz a sua incessantemente mutável exigência de tutela. [...] Não existe um número fechado de hipóteses tuteladas: tutelado é o valor da pessoa sem limites, salvo aqueles colocados no seu interesse e naqueles de outras pessoas".[59]

Indispensável desvincular a avaliação dos atos e das atividades do idoso de categorias abstratas e prefiguradas, como as relativas à produção econômica, de modo a se ter uma visão mais nítida dos aspectos relativos à pessoa como tal, fora e independentemente do perfil patrimonial.[60] Isso não significa a preterição de tal aspecto, de todo importante. O que não se deve é priorizar ou reduzir a análise da questão do idoso aos problemas socioeconômicos. O artigo 230, da Constituição Federal, estabeleceu para a família, a sociedade e o Estado o dever de amparar as pessoas idosas e assegurar sua participação na comunidade, defendendo sua dignidade e bem-estar e garantindo-lhes o direito à vida.

Conforme entendimento do Ministério da Saúde, manter a autonomia e independência durante o processo de envelhecimento é uma meta fundamental para indivíduos e governantes. Além disto, o envelhecimento ocorre dentro de um contexto que envolve outras pessoas – amigos, colegas de trabalho, vizinhos e membros da família. Esta é a razão pela qual interdependência e solidariedade entre gerações (uma via de mão-dupla, com indivíduos jovens e velhos, onde se dá e se recebe) são princípios relevantes para o envelhecimento ativo. A criança de ontem é o adulto de hoje e o avô ou avó de amanhã. A qualidade de vida que as pessoas terão quando avós depende não só dos riscos e oportunidades que experimentarem durante a vida, mas também da maneira como as gerações posteriores irão oferecer ajuda e apoio mútuos, quando necessário.[61]

---

59. PERLINGIERI, Pietro. *Perfis do Direito Civil*. 2. ed. Rio de Janeiro: Renovar, 2002. p. 155-156.
60. PERLINGIERI, Pietro. Op. cit., 2002, p. 167.
61. WORLD HEALTH ORGANIZATION. Envelhecimento ativo: uma política de saúde. Tradução Suzana Gontijo. Brasília: Organização Pan-Americana da Saúde, 2005, p. 15. Disponível em: [www.portal.saúde.gov.br]. Acesso em: 16.05.2007.

Procura-se desse modo efetivar a proteção integral devida ao idoso, em razão da sua situação de vulnerabilidade potencializada pelas contingências existenciais, especializando a cláusula geral de tutela da pessoa humana, na linha já adotada para a criança e o adolescente e o consumidor. Constata-se implícito no preceito constitucional o princípio do melhor interesse do idoso, como expressão da proteção integral que lhe é devida com absoluta prioridade. Tal princípio, de inegável valia como critério hermenêutico, diante da complexidade da situação existencial do idoso, revela-se instrumento hábil na efetivação da tutela da dignidade das pessoas que se encontram em um estágio mais avançado da existência humana.

Um desafio nos próximos anos é a coordenada articulação do Estatuto do idoso com outras leis protetivas, a exemplo da Lei n. 13.146/2015, a Lei Brasileira de Inclusão, que inovou em matéria de curatela, tornando-a medida extraordinária, proporcional às necessidades e restrita aos direitos patrimoniais, e que afeta principalmente pessoas idosas. Um diálogo necessário para promover a autonomia e dignidade desse grupo. Após 15 anos de sua vigência, inegável que o Estatuto do Idoso é um marco nas conquistas e direitos das pessoas idosas, garantindo uma vida digna a essa população, que cresceu exponencialmente nas últimas décadas. No entanto, os desafios na implementação e efetividade das normas protetivas e voltadas à tutela prioritária são substanciais, eis que o acesso de idosos à educação, a discriminação no mercado de trabalho, o atendimento integral nas áreas de saúde e o respeito às suas vontades e preferencias ainda são questões que carecem de efetiva concretização e, para tanto, demanda ações integradas e coordenadas de diferentes instituições para seu alcance. Um envelhecimento saudável exige um comprometimento com uma tutela efetivamente prioritária do idoso em diferentes esferas e com o objetivo de assegurar uma vida independente e digna.

2
PANORAMA ATUAL DA APLICAÇÃO DAS NORMAS DE DIREITO PRIVADO NO ESTATUTO DO IDOSO[1]

Giselda Maria Fernandes Novaes Hironaka

Mestre, Doutora e Livre-docente pela Faculdade de Direito da Universidade de São Paulo (FADUSP). Professora Titular da Faculdade de Direito da Universidade de São Paulo (FADUSP). Coordenadora Titular e Professora Titular do Programa de Mestrado e Doutorado da Faculdade Autônoma de Direito de São Paulo (FADISP). Coordenadora Titular da área de Direito Civil da Escola Paulista de Direito (EPD). Diretora Nacional do IBDCivil (região sudeste). Ex-Procuradora Federal. Fundadora e Diretora Nacional do IBDFAM (região sudeste).

Sumário: 1. Introdução – 2. Definição de idoso e comentários à parte geral da Lei n. 10.741/2003 – 3. Estatuto do idoso, direito privado e direito intertemporal – 4. Direito à saúde e os contratos relacionados – 5. Contratos bancários – 6. Direito ao transporte – 7. Direito a alimentos – 8. Direito a lazer e cultura – 9. Acesso à justiça – 10. Considerações finais.

1. INTRODUÇÃO

A população do mundo está envelhecendo. Há apenas duzentos anos, nenhum país tinha população com expectativa de vida média maior que quarenta anos. Esse número começou a disparar a partir da segunda metade do século XIX, e especialmente ao longo do século XX. Desde 1800, a expectativa de vida média das pessoas praticamente dobrou, partindo de apenas vinte e nove anos para setenta e dois anos em 2016.[2] No Brasil não é diferente. Em 2017, ultrapassamos a marca de trinta milhões de idosos, com cerca de 15% da população em faixa etária superior a sessenta anos. Em 2012, esse número era de vinte e cinco milhões.[3] O

---

1. Auxiliou-me nas pesquisas para este artigo o Professor Rommel Andriotti, professor de Direito Civil na Escola Paulista de Direito (EPD); mestrando em Efetividade do Direito pela PUC-SP, mestrando em Função Social do Direito pela FADISP.
2. Explicando: Podemos viver para sempre? Direção: Samantha Mason. Produção: Sara Masetti. [s.l.]: Netflix, 2018. Disponível via *streaming* (Netflix) em: [https://www.netflix.com/watch/80243765?trackId =14170065&tctx=0%2C0%2C21815f80-e03a-4556-b652-31f6d5293547-4444563%2Cd902abd2-ddf6-40cd-925f-a51b98ecc238_34045832X10XX1534451994325%2Cd902abd2-ddf6-40cd-925f--a51b98ecc238_ROOT]. Acesso em: 16.08.2018.
3. INSTITUTO BRASILEIRO DE GEOGRAFIA E ESTATÍSTICA – IBGE. *Número de idosos cresce 18% em 5 anos e ultrapassa 30 milhões em 2017*. Notícia institucional. Brasília: Agência IBGE Notícias, 26 de abril de 2018. Disponível em: [https://agenciadenoticias.ibge.gov.br/agencia-noticias/2012-agencia-de--noticias/noticias/20980-numero-de-idosos-cresce-18-em-5-anos-e-ultrapassa-30-milhoes-em-2017.html]. Acesso em: 16.08.2018.

gráfico conhecido como "pirâmide etária"[4] nem parece mais uma pirâmide. A população está envelhecendo. E ela está envelhecendo rápido.

Os problemas que acompanham o envelhecimento são notórios: enfraquecimento ósseo, diminuição da agilidade mental e da capacidade de concentração, vulnerabilidade a doenças e problemas cardíacos, pressão alta, diabetes, fadiga e degeneração física geral, isso só para citar alguns. Então, é evidente que os idosos possuem uma vulnerabilidade acentuada com relação ao restante da população adulta e saudável.

Isso traz consigo uma série de repercussões sociais relevantes e, como sabemos, o que é relevante socialmente também o é juridicamente. A população idosa possui uma série de necessidades próprias que não podem ser simplesmente ignoradas. Essas pessoas, que em grande parte ajudaram a construir o país para as atuais gerações, não devem ser relegadas ao esquecimento e abandono quando mais precisam. Embora o crescimento da população e o seu envelhecimento traga desafios econômicos, a forma de enfrentá-los não pode ser o abandono daqueles graças a quem os mais novos estão no mundo. Desses fatos decorre a justificação para uma lei protetiva a essa importante parcela da população.

No Brasil, a proteção jurídica do idoso já é prevista logo na Constituição Federal, o que é notável quando se considera que apenas doze países trazem uma proteção constitucional ao direito dos idosos (Brasil, China, Cuba, Espanha, Guiné-Bissau, Itália, México, Peru, Portugal, Suíça, Uruguai e Venezuela).[5] Na Magna Carta, está previsto que ninguém será discriminado pela idade (art. 3º, inc. IV); nenhum salário será menor por causa da idade (art. 7º, inc. XXX); os aposentados têm o direito de votar e serem votados (art. 8º, inc. VII), sendo o voto facultativo para os maiores de 70 (setenta) anos (art. 14, § 1º, inc. II e alínea "b"); a aposentadoria aos 65 (sessenta e cinco anos) para homens e 60 (sessenta anos) para mulheres (art. 201, § 7º, inc. II); salário mínimo para os idosos com mais de 65 (sessenta e cinco) anos que não preencham os requisitos para a aposentadoria (art. 203, inc. V), entre outros.[6]

Afora a Constituição Federal, o marco legislativo brasileiro na proteção dos idosos é a Lei n. 10.741, de 1º de outubro de 2003, conhecida como o Estatuto

---

4. TAVARES, Osny. *Aos 10 anos, Estatuto do Idoso ainda engatinha na luta por mais respeito*: apesar de várias conquistas pontuais, a lei não conseguiu garantir a dignidade plena da população mais velha. Reportagem. Curitiba: *Gazeta do Povo*, 25 de setembro de 2013, às 21h12. Disponível em: [https://www.gazetadopovo.com.br/vida-e-cidadania/aos-10-anos-estatuto-do-idoso-ainda-engatinha-na-luta-por-mais-respeito-cqga752r7aj3vhkfru136j8em]. Acesso em: 16.08.2018.
5. Conforme levantamento encontrado em PEREIRA, Bianca Vettorazzo Brasil. Os direitos fundamentais dos idosos e sua aplicação. *Revista de Direito Constitucional e Internacional*, São Paulo: Revista dos Tribunais Online, v. 107, maio/jun. 2018. Disponível em: [https://www.revistadostribunais.com.br/maf/app/authentication/formLogin]. Acesso em: 20.08.2018, p. 2.
6. Ibidem, p. 3.

do Idoso.[7] O diploma normativo originou-se do Projeto de Lei n. 3.561/1997, de autoria do então Deputado Federal Paulo Paim.[8] Com tramitação de cerca de seis anos, entrou em vigor em 30 de dezembro de 2003 (noventa dias após a publicação)[9] e, desde então, tem repercutido na situação jurídica dos idosos brasileiros. Não há dúvidas de que a edição do Estatuto do Idoso, que está completando quinze anos, foi um avanço em termos de tutela jurídica dos vulneráveis. Direitos subjetivos que outrora inexistiam ou não eram efetivados são muito mais respeitados hodiernamente.

Claro, como é de se esperar, ainda há bastante a caminhar. Indicadores mais recentes revelam melhoras, mas também uma grande margem para evoluir. Um estudo publicado pela Organização Mundial da Saúde (OMS) em 2016 revelou, por exemplo, que, para 60% (sessenta por cento) da população, os idosos não são respeitados.[10] Ademais, o Brasil ficou em 56º lugar entre 96 países avaliados no *ranking* Global AgeWatch Index, produzido pela ONG HelpAge International, em colaboração com a Universidade de Southhampton, no Reino Unido, que classifica os países de acordo com a qualidade de vida que eles proporcionam para os idosos.[11] É preciso trabalhar para melhorar ainda mais esses índices e tornar a última fase da vida a mais agradável possível para os idosos.

---

7. BRASIL. União. *Lei n. 10.741, de 1º de outubro de 2003*: dispõe sobre o Estatuto do Idoso e dá outras providências. Brasília: Portal da Legislação do Governo Federal, 2003 (ano da publicação originária). Disponível em: [http://www.planalto.gov.br/ccivil_03/LEIS/2003/L10.741.htm>]. Acesso em: 15.08.2018.
8. BRASIL. Câmara dos Deputados Federais. *Página eletrônica oficial do Projeto de Lei (PL) n. 3.561/1997, que dispõe sobre o Estatuto do Idoso e dá outras providências*. Autor: Paulo Paim – PT/RS. Brasília: Sítio eletrônico da Câmara dos Deputados Federais, 1997 (data da proposição originária). Disponível em: [http://www.camara.gov.br/proposicoesWeb/fichadetramitacao?idProposicao=19849]. Acesso em: 17.08.2018.
9. Art. 118. Esta Lei entra em vigor decorridos 90 (noventa) dias da sua publicação, ressalvado o disposto no *caput* do art. 36, que vigorará a partir de 1º de janeiro de 2004. BRASIL. União. *Lei n. 10.741, de 1º de outubro de 2003*: dispõe sobre o Estatuto do Idoso e dá outras providências. Brasília: Portal da Legislação do Governo Federal, 2003 (ano da publicação originária). Disponível em: [http://www.planalto.gov.br/ccivil_03/LEIS/2003/L10.741.htm]. Acesso em: 15.08.2018.
10. Conforme reportado em: O GLOBO. *Para 60% da população, idosos não são respeitados, diz estudo da OMS*: OMS expressou preocupação com discriminação contra pessoas mais velhas. Países com rendas mais altas têm mais discriminação, segundo pesquisa. Notícia. [s.l.]: Portal do jornal O Globo (caderno Bem-Estar), 29 de setembro de 2016, 12h19. Disponível em: [http://g1.globo.com/bemestar/noticia/2016/09/para-60-da-populacao-idosos-nao-sao-respeitados-diz-estudo-da-oms.html]. Acesso em: 20.08.2018.
    Nesse sentido, ver: ORGANIZAÇÃO MUNDIAL DA SAÚDE (OMS). *Relatório Mundial de Envelhecimento e Saúde*. Relatório. Genebra (Suíça): OMS, 2015. Disponível em: [https://sbgg.org.br//wp-content/uploads/2015/10/OMS-ENVELHECIMENTO-2015-port.pdf]. Acesso em: 20.08.2018.
11. O ESTADO DE SÃO PAULO (JORNAL ESTADÃO). *Estudo aponta Suíça como melhor país do mundo para idosos*. Notícia. Caderno de Ciência. São Paulo: Portal do Estadão, 09 de setembro de 2015, 07h00. Disponível em: [https://ciencia.estadao.com.br/noticias/geral,suica-e-o-melhor-pais-do-mundo-para-idosos--diz-estudo,1758699]. Acesso em: 20.08.2018.

2. DEFINIÇÃO DE IDOSO E COMENTÁRIOS À PARTE GERAL DA LEI N. 10.741/2003

Passando a comentar especificamente as disposições do Estatuto do Idoso, sabe-se que o critério adotado pelo legislador na determinação de quem é ou não idoso é o chamado critério etário, ou cronológico, ou biológico puro, ou biológico absoluto, a teor do que ocorreu com o Estatuto da Criança e do Adolescente (ECA).[12] Por esse critério, a definição de quem é idoso se dá por um dado objetivo: a idade. Para fins do Estatuto, consideram-se idosas as pessoas com idade igual ou superior a 60 (sessenta) anos.[13] Logo, desde o dia do sexagésimo aniversário, a pessoa está contemplada pelo Estatuto e poderá usufruir dos direitos dele decorrentes. Mais do que isso, o estatuto cria, ainda, a figura do "superidoso", que é aquele com mais de 80 (oitenta) anos[14] e que tem preferência com relação aos demais idosos no atendimento de suas necessidades. Embora compreensível, essa regra não deve ser interpretada de modo absoluto. Caso haja situação de emergência, em meu sentir, deve-se priorizar o idoso que necessite de atendimento imediato, mesmo que mais novo do que um octogenário, interpretação que ganha particular relevância em casos de atendimento hospitalar.

O estatuto dá "prioridade absoluta" aos idosos nos direitos que o Estatuto prevê[15] (e o "superidoso", então, tem a prioridade absolutíssima). O mais interessante

---

12. BRASIL. União. *Lei n. 8.069, de 13 de julho de 1990, que dispõe sobre o Estatuto da Criança e do Adolescente (ECA)*. Brasília: Congresso Nacional, 1990 (ano da publicação originária). Disponível em: [http://www.planalto.gov.br/Ccivil_03/leis/L8069.htm]. Acesso em: 17.02.2018.
13. Art. 1º. BRASIL. União. *Lei n. 10.741, de 1º de outubro de 2003*: dispõe sobre o Estatuto do Idoso e dá outras providências. Brasília: Portal da Legislação do Governo Federal, 2003 (ano da publicação originária). Disponível em: [http://www.planalto.gov.br/ccivil_03/LEIS/2003/L10.741.htm]. Acesso em: 15.08.2018.
14. Art. 3º, § 2º: Dentre os idosos, é assegurada prioridade especial aos maiores de oitenta anos, atendendo-se suas necessidades sempre preferencialmente em relação aos demais idosos. Ibidem.
15. Art. 3º É obrigação da família, da comunidade, da sociedade e do Poder Público assegurar ao idoso, com absoluta prioridade, a efetivação do direito à vida, à saúde, à alimentação, à educação, à cultura, ao esporte, ao lazer, ao trabalho, à cidadania, à liberdade, à dignidade, ao respeito e à convivência familiar e comunitária. § 1º A garantia de prioridade compreende: (Redação dada pela Lei n. 13.466, de 2017) I – atendimento preferencial imediato e individualizado junto aos órgãos públicos e privados prestadores de serviços à população; II – preferência na formulação e na execução de políticas sociais públicas específicas; III – destinação privilegiada de recursos públicos nas áreas relacionadas com a proteção ao idoso; IV – viabilização de formas alternativas de participação, ocupação e convívio do idoso com as demais gerações; V – priorização do atendimento do idoso por sua própria família, em detrimento do atendimento asilar, exceto dos que não a possuam ou careçam de condições de manutenção da própria sobrevivência; VI – capacitação e reciclagem dos recursos humanos nas áreas de geriatria e gerontologia e na prestação de serviços aos idosos; VII – estabelecimento de mecanismos que favoreçam a divulgação de informações de caráter educativo sobre os aspectos biopsicossociais de envelhecimento; VIII – garantia de acesso à rede de serviços de saúde e de assistência social locais IX – prioridade no recebimento da restituição do Imposto de Renda. (Incluído pela Lei n. 11.765, de 2008). BRASIL. União. *Lei n. 10.741, de 1º de outubro de 2003*: dispõe sobre o Estatuto do Idoso e dá outras providências. Brasília: Portal da Legislação do Governo Federal, 2003 (ano da publicação originária). Disponível em: [http://www.planalto.gov.br/ccivil_03/LEIS/2003/L10.741.htm]. Acesso em: 15.08.2018.

é que outros diplomas, como o próprio Estatuto da Criança e do Adolescente, também possuem previsão similar, dando "prioridade absoluta" aos mais novos na garantia de direitos fundamentais, muitos dos quais coincidem com os previstos para os idosos.[16] Essa técnica legislativa não é a mais adequada. Cada vez que se diz que algo tem "absoluta prioridade", enfraquece-se a "prioridade" que se queria dar a todos os outros sujeitos e/ou direitos adjetivados da mesma forma. Onde há muitas prioridades, não há prioridade alguma. Esse excesso de ruído é o que gera, como bem denuncia McKeown, situações muito comuns hoje em dia, como pautas e "reuniões onde se discutem até 10 'prioridades máximas'", e continua o autor, afirmando que:

> A palavra prioridade deveria significar a primeiríssima coisa, a mais importante. No século XX, pluralizamos o termo e começamos a falar em prioridades. De forma ilógica, raciocinamos que, mudando a palavra, conseguiríamos modificar a realidade. Daríamos um jeito de conseguir várias "primeiras" coisas. E atualmente empresas e indivíduos tentam fazer exatamente isso. Mas quando muitas tarefas são prioritárias, parece que, na verdade, nenhuma é.[17]

E em muitos outros momentos a lei foi prolixa e consignou disposições desnecessárias ou inadequadas. Além do fato de eleger múltiplas "prioridades absolutas" (conforme exposto acima), o estatuto prevê, por exemplo, que todo atentado aos direitos do idoso será punido "na forma da lei".[18] Em outro exemplo, diz-se que os idosos têm direito à vida, liberdade, ao respeito e à dignidade. Enfim, essas são todas obviedades que não precisavam estar previstas no estatuto do idoso,[19] sobretudo porque se trata de direitos fundamentais constitucionalmente positivados e titularizados não só por eles, mas também por todos os demais cidadãos.[20]

---

16. Art. 4º É dever da família, da comunidade, da sociedade em geral e do poder público assegurar, com absoluta prioridade, a efetivação dos direitos referentes à vida, à saúde, à alimentação, à educação, ao esporte, ao lazer, à profissionalização, à cultura, à dignidade, ao respeito, à liberdade e à convivência familiar e comunitária. Parágrafo único. A garantia de prioridade compreende: a) primazia de receber proteção e socorro em quaisquer circunstâncias; b) precedência de atendimento nos serviços públicos ou de relevância pública; c) preferência na formulação e na execução das políticas sociais públicas; d) destinação privilegiada de recursos públicos nas áreas relacionadas com a proteção à infância e à juventude. BRASIL. União. *Lei n. 8.069, de 13 de julho de 1990, que dispõe sobre o Estatuto da Criança e do Adolescente (ECA)*. Brasília: Congresso Nacional, 1990 (ano da publicação originária). Disponível em: [http://www.planalto.gov.br/Ccivil_03/leis/L8069.htm]. Acesso em: 17.02.2018.
17. MCKEOWN, Greg. *Essencialismo* [Essencialism]. Tradução de Beatriz Medina. Rio de Janeiro: Sextante, 2015. Recurso digital e-pub (Kindle), loc. 217.
18. Art. 4º Nenhum idoso será objeto de qualquer tipo de negligência, discriminação, violência, crueldade ou opressão, e todo atentado aos seus direitos, por ação ou omissão, será punido na forma da lei. BRASIL. União. *Lei n. 10.741, de 1º de outubro de 2003*: dispõe sobre o Estatuto do Idoso e dá outras providências. Brasília: Portal da Legislação do Governo Federal, 2003 (ano da publicação originária). Disponível em: [http://www.planalto.gov.br/ccivil_03/LEIS/2003/L10.741.htm]. Acesso em: 15.08.2018.
19. V. Título II, Capítulos I e II do Estatuto, ibidem.
20. Aliás, sobre essas e outras "desnecessidades", ver: ROSTELATO, Telma Aparecida. Os direitos humanos do idoso e as nuances protetivas no ordenamento jurídico brasileiro: uma abordagem acerca da (des) necessidade do estatuto do idoso. *Lex Humana*, v. 3, n. 2 [s.l.: s.n.], p. 105-116, 2011.

Há mais críticas construtivas a fazer ao diploma normativo. Justamente pelo fato de a população estar envelhecendo, o tempo de vida produtivo das pessoas tem aumentado, o que leva a uma indagação sobre se, hoje, pode-se considerar ou não uma pessoa com sessenta anos idosa. Por mais que se queira proteger o direito dos mais velhos, se pessoas demais entram nessa categoria o sistema entra em colapso, pois a conta fica alta demais para ser paga pelos mais jovens, por mais dispostos que estejam a ajudar. Ainda, o Estatuto prevê muitos direitos, mas dá poucas respostas acerca de como eles poderiam ser efetivados. Ana Amélia Camarano identificou bem essas e outras questões:

> Muito embora as leis aprovadas no estatuto signifiquem grandes avanços no sentido de políticas sociais de inclusão dos idosos, não foram estabelecidas prioridades para a sua implementação nem fontes para o seu financiamento. Por isso, os custos de algumas das medidas propostas estão sendo divididos com a sociedade, o que pode ameaçar a solidariedade intergeracional. Sugerem-se algumas mudanças no Estatuto do Idoso visando adequá-lo à nova realidade demográfica e social, tendo como parâmetro o princípio básico do Plano de Madri. Dentre elas, citam-se: a mudança no limite inferior da idade que define a população idosa de 60 para 65 anos; o estabelecimento de fontes de financiamento para cada medida proposta; medidas que ajudem a família a cuidar do idoso dependente, tanto no domicílio quanto no hospital; e a inclusão nos serviços de saúde de ações que possam promover uma morte digna para aqueles que se encontram acometidos por uma doença terminal.[21]

Todavia – e felizmente –, a lei tem, sim, seus méritos ao trazer diversos avanços na proteção do idoso. Esses perpassam diversas áreas do direito, incluindo previsões civis, administrativas, criminais e previdenciárias. Dentre os pontos de destaque estão a gratuidade nos transportes coletivo público para maiores de 65 (sessenta e cinco anos);[22] desconto de, no mínimo, 50% (cinquenta por cento) em eventos culturais, de lazer e esportivos;[23] reserva de vagas gratuitas no transporte coletivo entre municípios e entre Estados;[24] prioridade na tramitação de processos judiciais;[25] determinação aos meios de comunicação para que garantam horários especiais para atendimento do público idoso;[26] criação de universidade aberta para o público idoso;[27] publicação de livros e periódicos em padrão editorial que estimule a leitura;[28] vedação de discriminação por idade na contratação de planos de saúde privados;[29]

---

21. CAMARANO, Ana Amélia. *Estatuto do Idoso*: avanços com contradições. Texto para discussão n. 1.840. Rio de Janeiro: Instituto de Pesquisa Econômica Aplicada (IPEA), 2013. p. 6.
22. Art. 39 do Estatuto do Idoso.
23. Art. 23 do Estatuto.
24. Art. 40 do Estatuto.
25. Art. 71 do Estatuto.
26. Art. 24 do Estatuto.
27. Art. 25 e seu parágrafo único do Estatuto do Idoso.
28. Ibidem, loc. cit.
29. Art. 15, § 3º, do Estatuto.

fornecimento gratuito de medicamentos aos idosos;[30] prioridade na aquisição de moradia em programas habitacionais;[31] implantação de equipamentos urbanos compatíveis com essa faixa etária;[32] além da criação de diversos tipos penais para situações que desrespeitem a dignidade dos idosos ou os coloquem em situação vexatória.[33]

Como sabemos, porém, uma coisa é prever direitos, outra coisa é efetivá-los na realidade. O foco do presente trabalho, então, é reunir as principais disposições de direito privado[34] contidas na lei e apresentar algumas perspectivas sobre como essas normas têm sido aplicadas atualmente, analisando se estão ou não sendo realizadas.

3. ESTATUTO DO IDOSO, DIREITO PRIVADO E DIREITO INTERTEMPORAL

Dada a afirmação acima, de que será trazido o panorama das normas de direito privado presentes no estatuto do idoso, é preciso antes saber o que é direito privado. Sem fazer grandes regressões neste ponto, valho-me dos ensinamentos de Miguel Reale no sentido de que direito privado é aquele que (i) quanto ao conteúdo ou objeto da relação jurídica, o interesse imediato e prevalecente é particular; e (ii) quanto à forma da relação, há juridicamente uma coordenação entre pessoas (relação horizontal) e não uma subordinação jurídica (relação vertical).[35]

Tradicionalmente, entende-se que, em regra, as normas de direito civil, direito do consumidor e direito do trabalho são privadas (já que regem relações entre particulares), enquanto que normas de direito penal, administrativo, ambiental etc., são públicas (pois envolvem relações diretas com o Poder Público ou em que interesses gerais da sociedade são priorizados).[36] Portanto, nosso objeto são as principais normas de direito privado, notadamente de direito civil e do consumidor, ressalvando-se a trabalhista, que possui um arcabouço referencial e axiológico diverso e que por isso não será objeto deste estudo.

Nessa linha de raciocínio, o *contrato* é o clássico instituto de direito privado e que merece a maior atenção. A Lei n. 10.741/2003 se aplica aos contratos celebrados

---

30. Art. 15, § 2º, do Estatuto.
31. Art. 38 do Estatuto.
32. Art. 38, inc. II, do Estatuto.
33. Art. 93 e seguintes (Título VI – Dos Crimes) do Estatuto.
34. Ressalvadas as disposições trabalhistas, embora também componham o espectro ao qual se refere a expressão "direito privado".
35. REALE, Miguel. *Lições preliminares de direito*. 27. edição ajustada ao novo Código Civil. São Paulo: Saraiva, 2002. p. 340.
36. Daí porque não serão abordados diretamente os vários direitos previstos no Estatuto para as relações de direito público entre os cidadãos e a administração pública.

com idosos. Mas surgem questões sobre se o estatuto se aplica quando a pessoa que contratou não era idosa ao tempo da contratação e se o estatuto seria aplicado quando o contrato é celebrado antes da vigência dele, mas sua execução se dará depois; ou a obrigação contida no contrato é de trato sucessivo. Com relação a essas questões, o entendimento majoritário é o de que se deve aplicar o estatuto nas relações em que a pessoa contratara enquanto ainda não era idosa, mas alcançou tal *status* posteriormente à contratação e anteriormente à execução de obrigações; e, ainda, nas relações contratuais estabelecidas antes da edição da lei, mas cuja execução se projeta para depois de sua vigência. Isso se dá porque o Estatuto do Idoso possui normas cogentes de natureza protetiva, e, portanto, incidem e têm aplicação imediata sobre todas as relações jurídicas de trato sucessivo, ainda que seus instrumentos contratuais respectivos tenham sido assinados anteriormente à vigência do Estatuto do Idoso.[37]

4. DIREITO À SAÚDE E OS CONTRATOS RELACIONADOS

A saúde é uma preocupação importante para os idosos. O envelhecimento é o maior fator de risco de morte para todas as doenças mais temidas contemporaneamente: desde câncer e problemas cardiovasculares até Alzheimer e diabetes. E muitos pensam que o colesterol alto é o maior causador de doenças cardiovasculares, quando, na verdade, ele é, sim, um fator que aumenta o risco de doenças cardíacas em três vezes; mas o simples envelhecimento aumenta esse risco em 5.000 (cinco mil) vezes.[38] Então, no âmbito do direito privado, não há dúvidas de que o contrato mais afetado pelo Estatuto do Idoso no que tange ao direito de saúde foram os contratos de plano de saúde. Os idosos são consumidores *cativos* dessa espécie contratual, haja vista a natural e progressiva dependência de cuidados médicos com o passar do tempo, com o envelhecimento e os problemas ínsitos à idade. Com relação aos contratos celebrados pelos idosos, incide uma dupla proteção poderosíssima: de um lado, o Código de Defesa do Consumidor, e, de outro, o Estatuto do Idoso. Os diplomas protetivos, combinados, transformam o idoso em um "superconsumidor" (dada sua

---

37. Neste sentido, o STJ já se pronunciou, afirmando: "Incidência do Estatuto do Idoso aos contratos anteriores à sua vigência. O direito à vida, à dignidade e ao bem-estar das pessoas idosas encontra especial proteção na Constituição da República de 1988 (artigo 230), tendo culminado na edição do Estatuto do Idoso (Lei 10.741/2003), norma cogente (imperativa e de ordem pública), cujo interesse social subjacente exige sua aplicação imediata sobre todas as relações jurídicas de trato sucessivo, a exemplo do plano de assistência à saúde". BRASIL. Superior Tribunal de Justiça (STJ). *Recurso Especial (REsp)* n. 1.280.211/SP. Rel.: Ministro Marco Buzzi, Quarta Turma. Brasília: STJ, *DJe* 04.09.2014.
38. Conforme encontrado no documentário Explicando: podemos viver para sempre? Direção: Samantha Mason. Produção: Sara Masetti. [s.l.]: Netflix, 2018. Disponível via *streaming* (Netflix) em: [https://www.netflix.com/watch/80243765?trackId=14170065&tctx=0%2C0%2C21815f80-e03a-455 6-b652-31f6d5293547-4444563%2Cd902abd2-ddf6-40cd-925f-a51b98ecc238_34045832X10XX153-4451994325% 2Cd902abd2-ddf6-40cd-925f-a51b98ecc238_ROOT]. Acesso em: 16.08.2018.

"hipervulnerabilidade"[39]), protegido com a somatória dos direitos previstos nessas leis. Tais diplomas normativos incidem simultaneamente: tanto porque o suporte fático de ambos está atendido quanto porque essas normas não são excludentes entre si e podem ser interpretadas segundo a ótica do diálogo das fontes.[40]

Um dos maiores problemas enfrentados pelos idosos em contratos de plano de saúde é o aumento das mensalidades com que eles têm de arcar. Era comum que aumentos abusivos e abruptos, de grande monta, fossem realizados em face de idosos conforme envelheciam, tornando praticamente impossível a contratação. Aliás, às vezes, a intenção com o aumento era justamente retirar o idoso do sistema de prestação de saúde via plano, pois eles representam um custo muito maior para tais instituições do que os demais contratantes, prática que é inadmissível. Como bem colocado pelo Ministro Raul Araújo,

> [...] não é possível, por afrontar o princípio da igualdade, que as seguradoras, em flagrante abuso do exercício de tal direito e divorciadas da boa-fé contratual, aumentem sobremaneira a mensalidade dos planos de saúde, aplicando percentuais desarrazoados, que constituem verdadeira barreira à permanência do idoso no plano. Se assim fizessem as seguradoras, criariam fator de discriminação do idoso com o objetivo escuso e ilegal de usar a majoração para desencorajar o segurado a permanecer no plano, o que não pode ser tolerado.[41]

Essa questão é tratada pela Lei n. 9.656/98, que regula os planos de saúde, facultando-se a variação das contraprestações pecuniárias estabelecidas nos contratos de saúde por conta da idade do consumidor, contanto que tal variação esteja prevista no contrato inicial e ali estejam consignadas as faixas etárias e os percentuais de reajuste para cada uma, que devem estar em conformidade com as regras expedidas pela Agência Nacional de Saúde[42] (ANS). E ainda, o parágrafo

---

39. Dentro das relações de consumo (onde já se parte da presunção absoluta de que o consumidor é vulnerável), o idoso, ao lado das crianças, adolescentes e pessoas com deficiência é considerado hipervulnerável. Nesse sentido, ver, por todos: SCHMITT, Cristiano Heineck. A "hipervulnerabilidade" do consumidor idoso. *Revista de Direito do Consumidor*, São Paulo: Revista dos Tribunais, v. 70, 2009, p. 139-171; e NISHIYAMA, Adolfo Mamoru; DENSA, Roberta. A proteção dos consumidores hipervulneráveis: os portadores de deficiência, os idosos, as crianças e os adolescentes. *Revista de Direito do Consumidor*, São Paulo: Revista dos Tribunais Online, v. 76, out./dez., 2010. Disponível em: [https://www.revistadostribunais.com.br/maf/app/authentication/formLogin]. Acesso em: 16.08.2018.
40. Sobre diálogo das fontes, v. MARQUES, Claudia Lima (Coord.). *Diálogo das fontes*: do conflito à coordenação de normas do direito brasileiro. São Paulo: Ed. RT, 2012.
41. BRASIL. Superior Tribunal de Justiça (STJ). Recurso Especial (REsp) n. 866.840/SP. Relator originário: Ministro Luis Felipe Salomão. Relator para o acórdão: Ministro Raul Araújo. Brasília: STJ, julgamento em 07.06.2011.
42. Art. 15. A variação das contraprestações pecuniárias estabelecidas nos contratos de produtos de que tratam o inciso I e o § 1º do art. 1º desta Lei, em razão da idade do consumidor, somente poderá ocorrer caso estejam previstas no contrato inicial as faixas etárias e os percentuais de reajustes incidentes em cada uma delas, conforme normas expedidas pela ANS, ressalvado o disposto no art. 35-E. (Redação dada pela Medida Provisória n. 2.177-44, de 2001). BRASIL. União. *Lei n. 9.656, de 3 de junho de 1998:*

único do art. 15 daquela lei determina que "é vedada a variação a que alude o *caput* para consumidores com mais de sessenta anos de idade, que participarem dos produtos de que tratam o inciso I e o § 1º do art. 1º, ou sucessores, há mais de dez anos".[43] No Estatuto do Idoso, o problema é abordado pelo art. 15, § 3º, que diz: "é vedada a discriminação do idoso nos planos de saúde pela cobrança de valores diferenciados em razão da idade".

O reajuste das mensalidades de planos de saúde em contratos envolvendo idosos foi algo bastante enfrentado pela jurisprudência nacional, e, pode-se dizer, passados quinze anos da edição do Estatuto do Idoso, houve avanços substanciais nessa questão. Os tribunais brasileiros sedimentaram de forma maciça a concepção de que tais aumentos abruptos se qualificam como práticas abusivas que afrontam tanto o Código de Defesa do Consumidor como o Estatuto do Idoso, e hoje, as instituições que fornecem planos de saúde têm que respeitar o direito do idoso de não ser discriminado por sua idade e continuarem contratando por preços aceitáveis – ou tais instituições enfrentarão o risco de derrotas judiciais praticamente certas nessa seara.

Basicamente, a tese adotada pelos tribunais, com certa variação, é a de que, para ser válido o reajuste da mensalidade do plano de saúde de pessoa idosa, deve haver previsão no instrumento negocial, respeitando os limites e requisitos estabelecidos na Lei n. 9.656/98 e pela ANS, além de observância dos princípios da boa-fé objetiva, da função social dos contratos e da vedação de discriminação por idade (Estatuto do Idoso, art. 15, § 3º), fatores que vedam reajustes abruptos e abusivos, que onerem em demasia o segurado consumidor. Um dos julgados que melhor reúne esses critérios é o Recurso Especial n. 1.568.244/RJ, de relatoria do Ministro Ricardo Villas Bôas Cueva, em que ficou consignado, de forma paradigmática, que, para evitar abusividades nos reajustes das contraprestações pecuniárias para planos de saúde, são parâmetros a serem observados:

(i) a expressa previsão contratual;

(ii) não serem aplicados índices de reajuste desarrazoados ou aleatórios, que onerem em demasia o consumidor, em manifesto confronto com a equidade e as cláusulas gerais da boa-fé objetiva e da especial proteção ao idoso, dado que aumentos excessivamente elevados, sobretudo para esta última categoria, poderão, de forma discriminatória, impossibilitar a sua permanência no plano; e

(iii) respeito às normas expedidas pelos órgãos governamentais: a) No tocante aos contratos antigos e não adaptados, isto é, aos seguros e planos de saúde firmados antes da entrada em vigor da Lei n. 9.656/1998, deve-se seguir o que consta no contrato, respeitadas, quanto à

---

dispõe sobre os planos e seguros privados de assistência à saúde. Brasília: Sítio eletrônico oficial da legislação do Governo Federal, 1998 (ano da publicação originária). Disponível em: [http://www.planalto.gov.br/ccivil_03/LEIS/L9656.htm]. Acesso em: 09.08.2018.

43. Ibidem, loc. cit.

abusividade dos percentuais de aumento, as normas da legislação consumerista e, quanto à validade formal da cláusula, as diretrizes da Súmula Normativa n. 3/2001 da ANS.[44]

Em sentido similar, julgado interessante sobre o tema é o Recurso Especial n. 809.329, decidido no Superior Tribunal de Justiça em 25 de março de 2008, e no qual ficou assentado que "o Estatuto do Idoso veda a discriminação da pessoa idosa com a cobrança de valores diferenciados em razão da idade (art. 15, § 3º). Se o implemento da idade, que confere à pessoa a condição jurídica de idosa, realizou-se sob a égide do Estatuto do Idoso, não estará o consumidor usuário do plano de saúde sujeito ao reajuste estipulado no contrato, por mudança de faixa etária".[45] Em outro julgado, o caso concreto consistiu em um contrato de seguro de assistência médica e hospitalar celebrado em 2001 enquanto a segurada contava com 54 (cinquenta e quatro) anos de idade, ou seja, antes da vigência do Estatuto do Idoso e antes de ela mesma ser idosa. Transcorridos apenas 6 (seis) anos, quando ela completou 60 (sessenta) anos de idade, o contrato foi reajustado unilateralmente e majorado em impressionantes 93% (noventa e três por cento). A segurada idosa se insurgiu contra o reajuste e, de fato, venceu em 1ª instância, perdeu em 2ª e venceu novamente em instância especial (STJ), que vislumbrou a aplicabilidade do Estatuto do Idoso no caso (mesmo com a contratação anterior à vigência da lei) e reconheceu a "abusividade do percentual de reajuste estipulado para a consumidora maior de sessenta anos, determinando-se, para efeito de integração do contrato, a apuração, na fase de cumprimento de sentença, do adequado aumento a ser computado na mensalidade do plano de saúde, à luz de cálculos atuariais voltados à aferição do efetivo incremento do risco contratado".[46] Assim, demonstra-se que a atualização dos valores do plano de saúde não é ilícita, desde que seja diluída entre os segurados (proporcionalmente, os mais jovens pagam mais, por conta do princípio da solidariedade intergeracional), e desde que esse aumento seja condizente com o efetivo agravamento do risco causado pelo envelhecimento. Na linha do julgado paradigmático já mencionado:

---

44. BRASIL. Superior Tribunal de Justiça (STJ). *Recurso Especial (REsp) n. 1.568.244/RJ*. Rel.: Ministro Ricardo Villas Bôas Cueva, Segunda Seção. Brasília: STJ, *DJe* 19.12.2016.
45. BRASIL. Superior Tribunal de Justiça – STJ. Recurso Especial (REsp) n. 809.329/RJ: sobre direito civil e processual civil, recurso especial, ação revisional de contrato de plano de saúde, reajustes em decorrência de mudança de faixa etária, estatuto do idoso, vedada a discriminação em razão da idade. Rel.: Ministra Nancy Andrighi. Terceira Turma. Julgado em 25 de março de 2008. *Revista de Direito Sanitário*, São Paulo: v. 9, n. 2, s.n., jul./out. 2008. Disponível em: [https://doaj.org/article/eced327744124303a-79602910d68dc1a]. Acesso em: 15.08.2018, p. 190-206.
    No mesmo sentido, v. TJSP. Apelação 1019203-25.2017.8.26.0554. Relator (a): Des. Fernanda Gomes Camacho; Órgão Julgador: 5ª Câmara de Direito Privado; Foro de Santo André – 6ª Vara Cível; Data do Julgamento: 10.08.2018; Data de Registro: 10.08.2018); TJSP. Apelação 1077595-59.2017.8.26.0100. Relator (a): Des. James Siano. Órgão Julgador: 5ª Câmara de Direito Privado. Foro Central Cível – 37ª Vara Cível. Data do Julgamento: 10.08.2018. Data de Registro: 10.08.2018.
46. BRASIL. Superior Tribunal de Justiça (STJ). *Recurso Especial (REsp) n. 1.280.211/SP*. Rel.: Ministro Marco Buzzi, Quarta Turma. Brasília: STJ, *DJe* 04.09.2014.

A abusividade dos aumentos das mensalidades de plano de saúde por inserção do usuário em nova faixa de risco, sobretudo de participantes idosos, deverá ser aferida em cada caso concreto. Tal reajuste será adequado e razoável sempre que o percentual de majoração for justificado atuarialmente, a permitir a continuidade contratual tanto de jovens quanto de idosos, bem como a sobrevivência do próprio fundo mútuo e da operadora, que visa comumente o lucro, o qual não pode ser predatório, haja vista a natureza da atividade econômica explorada: serviço público impróprio ou atividade privada regulamentada, complementar, no caso, ao Serviço Único de Saúde (SUS), de responsabilidade do Estado.[47]

É importante ressaltar que o incremento no valor das mensalidades com o passar dos anos e com o envelhecimento do segurado não é algo reprovável em si. O problema é o aumento abusivo, de elevada monta, abrupto, que é superior ao aumento real de risco para o segurador. Como afirmou o Ministro Marco Aurélio Bellizze:

> O reajuste de mensalidade de plano de saúde em decorrência da mudança de faixa etária de segurado idoso não pode, por si só, ser considerado ilegal ou abusivo, devendo ser examinado em cada caso concreto se houve a devida previsão contratual da alteração, se foram aplicados percentuais razoáveis, que não visem, ao final, a impossibilitar a permanência da filiação do idoso, se houve observância do princípio da boa-fé objetiva, assim como se foram preenchidos os requisitos estabelecidos na Lei n. 9.656/1998.[48]

Nessa linha de raciocínio, não apenas os contratos que envolvem diretamente a prestação de serviços de saúde são avaliados sob o prisma da hipervulnerabilidade do idoso, como também aqueles colaterais dos quais dependem os cuidados médicos. Por exemplo, muitos idosos estão em situação de *home care*, em que se valem de aparelhos sofisticados e necessários à sua sobrevivência, aparelhos esses que precisam de energia elétrica para operar. Logo, indiretamente, o fornecimento de energia elétrica se torna fundamental para a sobrevivência imediata do idoso, já que o equipamento que o mantém vivo opera com dita energia. Isso implica que a paralisação do fornecimento de energia para um idoso nessas condições acarreta consequências muito mais sérias do que a interrupção do fornecimento para alguém cuja vida não depende de forma tão imediata do fornecimento de luz. Atento a essa realidade, o Tribunal de Justiça de São Paulo decidiu que concessionária de energia elétrica não poderia interromper a prestação de seu serviço em face de idoso inadimplente que comprovadamente "necessita do serviço público ininterrupto de energia elétrica para continuidade de seu tratamento de

---

47. BRASIL. Superior Tribunal de Justiça (STJ). *Recurso Especial (REsp)* n. 1.568.244/RJ. Rel.: Ministro Ricardo Villas Bôas Cueva, Segunda Seção. Brasília: STJ, *DJe* 19.12.2016.
48. BRASIL. Superior Tribunal de Justiça (STJ). *Agravo Interno no Agravo em Recurso Especial (AgInt no AREsp)* n. 1.107.560/SP. Rel.: Ministro Marco Aurélio Bellizze, Terceira Turma. Brasília: STJ, *DJe* 26.10.2017.

saúde",[49] diante da evidência trazida por "perícia que atestou a necessidade de uso de aparelho respiratório em razão da gravidade do estado de saúde da idosa", sendo "obrigação concorrente do município de assistir os idosos quando em perigo de saúde e/ou de vida".

Outro foco de problemas é o contrato de seguro, principalmente aquele conhecido como "seguro de vida", que é bastante contratado por idosos, por razões óbvias. A mesma *ratio decidendi* que impede o reajuste abusivo nos contratos de plano de saúde também é usada para os contratos de seguro. A imposição de reajuste anual nesses contratos (e, em especial, no seguro de vida) é vedada quando o único critério é a mudança na faixa etária, pois ocorre o rompimento do equilíbrio contratual e se coloca o consumidor em desvantagem exagerada. Nesse sentido, foi julgada a apelação cível de autos n. 1011048-76.2016.8.26.0066, em 28 de junho de 2018, relatada por Alfredo Attié.[50]

5. CONTRATOS BANCÁRIOS

Com relação a contratos bancários celebrados por idosos, o assunto mais atual sendo julgado é aquele atinente à contrato de cartão de crédito com reserva de margem consignável (RMC). Esse tipo contratual serve para os aposentados que querem valor emprestado de instituição financeira mediante desconto em folha do valor da parcela do cartão de crédito,[51] cujo valor é limitado a 5% (cinco por cento) do benefício, sendo que o idoso não pode comprometer mais de trinta e cinco por cento de sua renda com empréstimo consignado (30%

---

49. BRASIL. Tribunal de Justiça do Estado de São Paulo (TJSP). *Apelação cível n. 1007168-96.2016.8.26.0609*. Rel.: Jayme Queiroz Lopes, 36ª Câmara de Direito Privado. São Paulo: Portal da Jurisprudência do TJSP, 20 de junho de 2018 (data do julgamento). Disponível em: [https://esaj.tjsp.jus.br/cjsg/consultaCompleta.do?f=1]. Acesso em: 15.08.2018.
50. Seguro de vida. Ação revisional C.C. Repetição do indébito. Prescrição não evidenciada. Obrigação de trato sucessivo. Recurso repetitivo (REsp n. 1.360.969/RS) aplicado analogicamente ao caso. Extinção de apólice anterior. Contrato firmado em substituição à extinta avença securitária. Imposição de reajuste por mudança de faixa etária. Aumento exacerbado no valor do prêmio. Inadmissibilidade. Aplicabilidade das normas do CDC e do Estatuto do Idoso. Abusividade caracterizada (art. 51, IV, do CDC). Preenchimento, ademais, dos requisitos exigidos pela jurisprudência do c. STJ para a caracterização de cláusula abusiva. Segurado com mais de 60 anos e vínculo contratual superior a 10 anos. Dano moral. Inocorrência. Situações de mero aborrecimento e dissabor, alegadamente vivenciadas pela autora em razão da conduta das corrés, que não configuram dano moral. Descumprimento contratual que não configura, por si só, dano moral indenizável. Sentença mantida. Recursos não providos (TJSP; Apelação 1011048-76.2016.8.26.0066. Relator (a): Alfredo Attié. Órgão Julgador: 26ª Câmara de Direito Privado. Foro de Barretos – 2ª Vara Cível. Data do Julgamento: 28/06/2018. Data de Registro: 29/06/2018).
51. ESTADÃO. *INSS cria cartão de crédito para aposentados*. Notícia. Caderno de Economia e Negócios. São Paulo: Portal do Estadão, 21 de março de 2005, 19h38. Disponível em: [https://economia.estadao.com.br/noticias/geral,inss-cria-cartao-de-credito-para-aposentados,20050321p6821]. Acesso em: 15.08.2018.

com empréstimo comum e cinco por cento com cartão de crédito), segundo as regras estabelecidas pelo INSS.[52]

O que acontece é que algumas instituições financeiras ludibriam idosos, fazendo-os pensar que estão contratando empréstimo consignado comum quando, na verdade, fazem-nos contratar cartões de crédito com reserva de margem consignável (RMC), possibilitando faturar em face deles taxas, anuidade e o que tiverem gastado, dentro do limite da margem colocada pela lei. Esses casos têm chegado na Justiça e sido julgados favoravelmente ao idoso, convolando-se o contrato de cartão de crédito com reserva de margem consignável (RMC) para empréstimo consignado comum pela taxa média de juros do período, bem como cancelamento do cartão magnético não solicitado pelo idoso e das taxas indevidas cobradas por esse serviço.[53]

6. DIREITO AO TRANSPORTE

O Estatuto do Idoso possui um capítulo específico para o direito ao transporte, que compreende as disposições dos artigos 39 até o 42. Pode-se destacar como a disposição de maior repercussão prática a que assegura, para maiores de 65 (sessenta e cinco) anos, a gratuidade dos transportes coletivos públicos urbanos e semiurbanos, bastando, para tanto, a apresentação do documento de identidade para o motorista ou responsável pelo transporte.[54] Além disso, os idosos contam com 10% (dez por cento) dos assentos reservados para eles; mínimo de duas vagas gratuitas no transporte interestadual para idosos de baixa renda; 50% (cinquenta por cento) de desconto para aqueles que excederem as duas vagas; além da reserva de 5% (cinco por cento) das vagas nos estacionamentos públicos e privados, localizadas no local mais cômodo para o idoso, algo que também se vê bastante na prática.

O mais interessante é que esses direitos não encontraram grandes óbices dos altos escalões empresariais e governamentais para serem operacionalizados.

---

52. Ver Instrução Normativa n. 89 do INSS, esclarecida em: INSTITUTO NACIONAL DE SEGURO SOCIAL (INSS). *Consignado:* INSS esclarece alterações publicadas por meio de instrução normativa. Notícia. Brasília: Portal eletrônico oficial do INSS, 15 de janeiro de 2018 (data da última modificação). Disponível em: [https://www.inss.gov.br/consignado-inss-esclarece-alteracoes-publicadas-por-meio--de-instrucao-normativa/]. Acesso em: 15.08.2018.
53. Nesse sentido, ver: TJSP. Apelação 1001724-69.2017.8.26.0311. Relator (a): Carlos Abrão. Órgão Julgador: 14ª Câmara de Direito Privado. Foro de Junqueirópolis – Vara Única. Data do Julgamento: 10.07.2018. Data de Registro: 10.07.2018; TJSP. Apelação 1023291-40.2017.8.26.0576. Relator (a): Carlos Abrão. Órgão Julgador: 14ª Câmara de Direito Privado. Foro de São José do Rio Preto – 5ª Vara Cível. Data do Julgamento: 27.06.2018. Data de Registro: 05.07.2018.
54. Art. 39, *caput* e § 1º. BRASIL. União. *Lei n. 10.741, de 1º de outubro de 2003*: dispõe sobre o Estatuto do Idoso e dá outras providências. Brasília: Portal da Legislação do Governo Federal, 2003 (ano da publicação originária). Disponível em: [http://www.planalto.gov.br/ccivil_03/LEIS/2003/L10.741.htm]. Acesso em: 15 ago. 2018.

A maior dificuldade está em fazer valer esses direitos no dia a dia, por falta de cooperação de um cidadão com o outro. Por se movimentarem mais lentamente, muitas vezes as pessoas não têm paciência com idosos. Sobre a experiência com transporte público, por exemplo, são comuns situações como a narrada por Gilson Matos em 2013,[55] quando tinha 78 anos: "várias vezes fiquei no ponto enquanto o ônibus passou direto. [...] A dignidade sempre pareceu atrelada à capacidade produtiva da pessoa. O idoso, quando perde o poder de criar e transformar, perde também o respeito da sociedade".[56] É difícil judicializar a microlesão consistente na não parada de um ônibus ao sinal do idoso, e mesmo as ações coletivas encontram óbices probatórios difíceis de ser transpostos. O melhor remédio para esse tipo de situação é uma maior conscientização da população em geral. Não adianta haver a mais bela lei protetiva se as pessoas comuns não estão dispostas a respeitá-la. Ainda assim, há uma percepção geral de melhoria também nessa seara, transcorridos esses quinze anos de aprovação do Estatuto do Idoso.

7. DIREITO A ALIMENTOS

O idoso, que, em regra, contribuiu para a sociedade durante toda uma vida, precisa e merece ter segurança de sua subsistência ao final da vida. Para tanto, o Estatuto do Idoso possui, entre outras previsões, como as previdenciárias, um capítulo sobre alimentos, que abrange os arts. 11, 12, 13 e 14. Basicamente, os alimentos são prestados na forma da lei civil (art. 11), o que é clara remissão ao regramento regular dos alimentos, sendo certo que o dever de alimentos provém da relação de parentalidade.[57] Daí, o art. 1.696 do Código Civil afirma que "o direito à prestação de alimentos é recíproco entre pais e filhos, e extensivo a todos os ascendentes, recaindo a obrigação nos mais próximos em grau, uns em falta de outros".[58] O art. 12 do Estatuto do Idoso[59] complementa afirmando que a obrigação

---

55. Ele era, na ocasião, um dos diretores da Confederação Brasileira de Aposentados, Pensionistas e Idosos (Cobap).
56. Conforme encontrado em TAVARES, Osny. *Aos 10 anos, Estatuto do Idoso ainda engatinha na luta por mais respeito*: apesar de várias conquistas pontuais, a lei não conseguiu garantir a dignidade plena da população mais velha. Reportagem. Curitiba: *Gazeta do Povo*, 25 de setembro de 2013, às 21h12. Disponível em: [https://www.gazetadopovo.com.br/vida-e-cidadania/aos-10-anos-estatuto-do-idoso-ainda-engatinha-na-luta-por-mais-respeito-cqga752r7aj3vhkfru136j8em]. Acesso em: 16.08.2018.
57. Art. 1.694. BRASIL. União. *Lei n. 10.406, de 10 de janeiro 2002* [CC/02 – Código Civil]. Brasília: Congresso Nacional, 2002 [ano da publicação originária]. Portal da Legislação do Governo Federal, 2002. Disponível em: [http://www.planalto.gov.br/ccivil_03/leis/2002/L10406.htm]. Acesso em: 19.06.2017.
58. BRASIL. União. *Lei n. 10.406, de 10 de janeiro 2002* [CC/02 – Código Civil]. Brasília: Congresso Nacional, 2002 [ano da publicação originária]. Disponível no *Portal da Legislação do Governo Federal*. 2002. Disponível em: [http://www.planalto.gov.br/ccivil_03/leis/2002/L10406.htm]. Acesso em: 19.06.2017.
59. Art. 12. A obrigação alimentar é solidária, podendo o idoso optar entre os prestadores. BRASIL. União. *Lei n. 10.741, de 1º de outubro de 2003*: dispõe sobre o Estatuto do Idoso e dá outras providências. Brasília: Portal da Legislação do Governo Federal, 2003 (ano da publicação originária). Disponível em: [http://www.planalto.gov.br/ccivil_03/LEIS/2003/L10.741.htm]. Acesso em: 15 ago. 2018.

alimentar é solidária, de modo que, dentro de um mesmo grau, o idoso pode optar entre os prestadores, e, se for o caso, eles terão direito de regresso um contra o outro nas porcentagens da divisão que seria possível. Por fim, diz o art. 14 que, se o idoso e seus familiares não conseguirem prover o sustento dele, caberá ao Poder Público fazê-lo, com programas de assistência social. Sobre isso, Poyara A. P. Pereira conclui que esse benefício de prestação continuada de assistência social inclui centros de convivência, casas-lares, abrigos, centros de cuidados diurnos, atendimentos domiciliares e outros, sendo que tais medidas podem ser realizadas por meio de firmação de convênios com entidades privadas e ONGs, repasses de benefícios, doações, concessões, criação e regulamentação de entidades asilares e não asilares, programas, eventos, isenções de tributos, entre outras medidas.[60]

8. DIREITO A LAZER E CULTURA

Após uma vida de trabalho, o idoso tem o merecido direito de descansar, divertir-se e participar da vida cultural de seu país. O Estatuto do Idoso também se preocupa com o acesso dos idosos a atividades de lazer, culturais, desportivas e recreativas em geral. O principal dispositivo sobre isso – e que impacta com maior intensidade na vida prática –, é, sem dúvida, o art. 23, que garante: (i) desconto de pelo menos 50% (cinquenta por cento) nos ingressos para eventos artísticos, culturais, esportivos e de lazer; e (ii) acesso preferencial aos respectivos locais em que ocorrem tais eventos.[61]

E, deveras, ao longo dos anos, esses direitos se tornaram bastante efetivos, pelo menos nas capitais brasileiras. É difícil encontrar um ingresso para evento artístico em que não haja desde logo a opção de aquisição da "meia-entrada" por conta da idade. Da mesma forma, as construções modernas já contam também com facilitações arquitetônicas e instalação de outros equipamentos para facilitar a acessibilidade dos idosos. Servem como exemplo desse movimento no Brasil as várias reformas em estádios e outros pontos de interesse para a Copa do Mundo de 2014, e a presença cada vez mais recorrente de acessibilidade em locais diversos, como repartições públicas, estações de metrô e trem, ônibus etc. E, quando esses direitos são contestados e a questão é judicializada, o Poder Judiciário os tem interpretado de forma ampliativa. Exemplo interessante é o recente Recurso Especial n. 1.512.087/PR, em que se questionou se o serviço de visita a pontos turísticos de cidades seria atividade cultural para fins do Estatuto do Idoso.

---

60. PEREIRA, Potyara A. P. *Política de assistência social para a pessoa idosa*. [s.l.: s.n.], 2003? Disponível em: [http://www.observatorionacionaldoidoso.fiocruz.br/biblioteca/_eixos/4.pdf]. Acesso em: 15.08.2018, p. 5.
61. BRASIL. União. *Lei n. 10.741, de 1º de outubro de 2003*: dispõe sobre o Estatuto do Idoso e dá outras providências. Brasília: Portal da Legislação do Governo Federal, 2003 (ano da publicação originária). Disponível em: [http://www.planalto.gov.br/ccivil_03/LEIS/2003/L10.741.htm]. Acesso em: 15.08.2018.

Decidiu-se, acertadamente, em sentido positivo. Conforme constou na ementa: "tratando-se de serviço diretamente vinculado ao lazer – visita a pontos turísticos da cidade –, o idoso faz jus à benesse legal relativa ao desconto de 50% (cinquenta por cento) no valor do ingresso".[62] E, de fato, não há como sustentar que a visita a pontos turísticos não seja uma atividade cultural, e, portanto, merecedora da proteção que traz a lei.

9. ACESSO À JUSTIÇA

Uma preocupação relevante com os idosos é a velocidade de tramitação dos processos judiciais e administrativos[63] nos quais eles figuram como partes, sobretudo quando demandantes. E a razão disso é óbvia: a demora excessiva pode fazer com que o resultado do processo se dê em momento posterior ao falecimento do idoso. É totalmente diferente aguardar por dez anos o desfecho de um processo quando se tem trinta anos e quando se tem oitenta anos. Para um, o falecimento é uma perspectiva distante; para outro, dependendo do caso, é um fato iminente. O problema da lentidão processual, se não abordado, gera situações de, como se diz na prática forense, "ganhar, mas não levar". O processo que frutifica após a morte do titular do direito é uma piada de mau gosto, um exercício inefetivo de poder, valendo lembrar que a efetividade é norma fundamental segundo o Código de Processo Civil de 2015.[64]

Por essa e outras razões, o Estatuto do Idoso possui um título dedicado ao acesso à justiça (arts. 69 e seguintes). Dentre eles, o art. 71 possui especial relevância, determinando que: "É assegurada prioridade na tramitação dos processos e procedimentos e na execução dos atos e diligências judiciais em que figure como parte ou interveniente pessoa com idade igual ou superior a 60 (sessenta) anos, em qualquer instância".[65] E deve-se lembrar que esse dispositivo é afetado por aquele que determina que o maior de 80 (oitenta) anos tem a prioridade da prioridade, devendo ser atendido antes dos demais idosos.

---

62. BRASIL. Superior Tribunal de Justiça (STJ). *Recurso Especial (REsp) n. 1.512.087/PR*. Rel.: Herman Benjamin, Segunda Turma. Brasília: STJ, *DJe* 24.10.2016.
63. Os idosos também têm prioridade nos processos administrativos por causa da Lei n. 12.008/2009. Para mais informações, ver: *SEM fila*: lei dá prioridade a idosos e deficientes na justiça. Notícia. [s.l.]: Conjur, 30 de julho de 2009, 14h06. Disponível em: [https://www.conjur.com.br/2009-jul-30/lei-sancionada-prioridade-idosos-deficientes-justica]. Acesso em: 10.08.2018.
64. Art. 6º. BRASIL. União. *Lei Federal n. 13.105 de 16 de março de 2015 [Código de Processo Civil – CPC/15]*. Brasília: Congresso Nacional, 2015. Disponível no Portal da Legislação do Governo Federal: [http://legislacao.planalto.gov.br/legisla/legislacao.nsf/Viw_Identificacao/lei%2013.105-2015?OpenDocument]. Acesso em: 26.01.2017.
65. BRASIL. União. *Lei n. 10.741, de 1º de outubro de 2003*: dispõe sobre o Estatuto do Idoso e dá outras providências. Brasília: Portal da Legislação do Governo Federal, 2003 (ano da publicação originária). Disponível em: [http://www.planalto.gov.br/ccivil_03/LEIS/2003/L10.741.htm]. Acesso em: 15.08.2018.

Acontece que a experiência posterior ao Estatuto mostrou que alguns tribunais cuidaram de cumprir a determinação legal, mas outros não se mostraram tão voluntariosos no atendimento de tal direito. José Mário Gomes Neto e Ana Carolina Gomes Veiga possuem interessante artigo com pesquisa empírica na qual chegaram à conclusão de que, pelo menos nos processos averiguados por eles, é mais moroso o processo com prioridade de tramitação do que os que não a possuem.[66]

Essa situação foi denunciada em 2007 (cinco anos após a aprovação da lei) pela Câmara dos Deputados Federais ao CNJ, que emitiu, por sua vez, recomendação para o cumprimento do Estatuto do Idoso.[67] É difícil afirmar com segurança se desde então há avanços na entrega de jurisdição para os idosos em tempo razoável ou não. Faltam dados mais específicos e atualizados que permitam a aferição da diferença entre a distinção em termos de velocidade de um processo com prioridade de tramitação e um sem dita prioridade. O principal relatório de jurimetria disponibilizado pelo Poder Judiciário hoje, o "Justiça em Números", não contempla tal comparação ainda.[68]

Outro direito processual que assegura acesso à justiça aos idosos é o de pagamento das custas processuais somente ao final do processo nas ações referentes a interesses difusos, coletivos e individuais homogêneos relacionados com a defesa dos direitos dos idosos. Neste ponto, a legislação poderia ter sido mais arrojada e ter garantido dito benefício para os idosos em suas ações individuais.

---

66. "Procurando averiguar a eficácia de tal ferramenta efetuou-se um estudo comparativo entre processos em curso na 2ª Vara Cível da Comarca de Camaragibe, no qual foram confrontados o tempo de duração de processos com tramitação preferencial e tramitação comum, desde a sua distribuição até posterior trânsito em julgado. De acordo com a pesquisa, a média de duração de um processo com prioridade é de 1 ano, 2 meses e 24 dias enquanto que a de um litígio normal é de 1 ano, 2 meses e 1 dia, ou seja, um verdadeiro contrassenso, uma vez que o litígio prioritário foi na verdade mais lento do que o litígio regular. Os números demonstram a evidente ineficácia do benefício: a prioridade não acontece de fato, é um direito que ainda não ultrapassou os obstáculos que a situação concreta lhe impõe. As dificuldades são muitas: seja o número elevado de processos, seja a falta de treinamento específico dos serventuários da justiça, seja a carência de recursos financeiros, ou seja, a simples ausência de mecanismos de efetivação da garantia. Diante dos fatos não resta outra alternativa, a não ser concluir que não adianta conferir direitos aos cidadãos, se não lhes são conferidos instrumentos concretos eficazes para a concretização desses direitos. O espírito da Lei 10.741/2003 tem sido eficaz em outros aspectos, mas no concernente à concretização da prioridade de tramitação processual ainda depende de providências concretas da estrutura judiciária", conforme GOMES NETO, José Mário Wanderley; VEIGA, Ana Carolina Gomes. Crítica aos dispositivos processuais contidos no estatuto do idoso: um estudo de caso frente ao acesso à justiça. *Revista de Processo*, v. 143, p. 13. São Paulo: Ed. RT, jan. 2007.
67. BRASIL. Conselho Nacional de Justiça (CNJ). *Aprovada recomendação para o cumprimento do Estatuto do Idoso*. Notícia. Brasília: Sítio eletrônico oficial do CNJ, 16 de agosto de 2007, 04h14. Disponível em: [http://www.cnj.jus.br/noticias/64583-aprovada-recomenda-para-o-cumprimento-do-estatuto-do--idoso]. Acesso em: 10.08.2018.
68. BRASIL. Conselho Nacional de Justiça (CNJ). *Justiça em números 2017*: ano-base 2016. Brasília: CNJ, 2017.

Porém, como o artigo que prevê esse benefício é o de número 88 (oitenta e oito) da Lei n. 10.471/2003,[69] que está contido no "Capítulo III – Da Proteção Judicial dos Interesses Difusos, Coletivos e Individuais Indisponíveis ou Homogêneos", tem-se entendido que os idosos não têm direito ao diferimento de custas em suas ações individuais.[70]

10. CONSIDERAÇÕES FINAIS

O panorama atual da aplicação das normas de direito privado contidas no Estatuto do Idoso é positivo. A legislação trouxe diversos avanços e, embora tenha pecado em alguns pontos pela prolixidade, ou pela falta de técnica, ou mesmo carência de arrojo, de modo geral a legislação foi uma boa adição para promoção da proteção dessa parcela relevante da população.

As perspectivas para o futuro são promissoras. O crescimento da população idosa fatalmente fará com que essa parcela demográfica ganhe mais destaque e voz no direcionamento de políticas públicas. Como se viu ao longo deste trabalho, existe uma tendência jurisprudencial e legislativa de valorização da pessoa idosa, sendo que a maior parte das interpretações do Estatuto do Idoso tem sido de modo a protegê-lo o máximo possível. No mais, ações da iniciativa privada, pública (internacional e nacional) e do terceiro setor ampliam tal proteção. Apenas para exemplificar, a OMS divulgou em 2008 um guia global para o que seria uma cidade amiga do idoso, documento bastante usado no planejamento urbanístico e de espaços públicos.[71] Mais recentemente, em abril de 2018, o Brasil adotou recomendações da OMS e lançou estratégia para melhorar a vida de idosos, buscando alcançar o envelhecimento ativo, saudável, cidadão e sustentável.[72] E esses são singelos exemplos que, somados a todos os outros mencionados ao

---

69. Art. 88. Nas ações de que trata este Capítulo, não haverá adiantamento de custas, emolumentos, honorários periciais e quaisquer outras despesas. Parágrafo único. Não se imporá sucumbência ao Ministério Público. BRASIL. União. *Lei n. 10.741, de 1º de outubro de 2003*: dispõe sobre o Estatuto do Idoso e dá outras providências. Brasília: Portal da Legislação do Governo Federal, 2003 (ano da publicação originária). Disponível em: [http://www.planalto.gov.br/ccivil_03/LEIS/2003/L10.741.htm]. Acesso em: 15.08. 2018.
70. Neste sentido, v. BRASIL. Superior Tribunal de Justiça (STJ). *Agravo regimental no recurso especial (AgRg no REsp) n. 1.282.598/RS*. Rel.: Humberto Martins, Segunda Turma. Brasília: STJ, *DJe* 02.05.2012. No mesmo sentido: AgRg nos EDcl nos EDcl nos EREsp 1155764/SP, Rel. Ministro Luis Felipe Salomão, Corte Especial, julgado em 06.05.2015, *DJe* 25.05.2015.
71. V. ORGANIZAÇÃO MUNDIAL DA SAÚDE (OMS). *Guia Global*: cidade amiga do idoso. Genebra (Suíça): OMS, 2008. Disponível em: [http://www.who.int/ageing/GuiaAFCPortuguese.pdf]. Acesso em: 20.08.2018.
72. ORGANIZAÇÃO DAS NAÇÕES UNIDAS (ONU). Seção do Brasil. *Brasil adota recomendações da OMS e lança estratégia para melhorar vida de idosos*. Notícia. [s.l.]: Portal da ONU. BR, 4 de abril de 2018. Disponível em: [https://nacoesunidas.org/brasil-adota-recomendacoes-da-oms-e-lanca-estrategia-para-melhorar-vida-de-idosos/]. Acesso em: 20 ago. 2018.

longo deste trabalho, demonstram uma proliferação de ações pró-terceira idade que surgiram recentemente. E a tendência é que esse movimento se intensifique em vez de arrefecer.[73]

Ademais, existem pesquisadores que se debruçam sobre os direitos dos idosos, o que propicia debates saudáveis e faz surgir propostas de melhoria do regramento jurídico dos idosos. Exemplificando, Ana Amélia Canamaro sugere o aumento do critério que define idosos de sessenta para sessenta e cinco anos, o estabelecimento de fontes de financiamento mais confiáveis para a garantia dos direitos previstos em prol do idoso e a inclusão de melhorias no serviço de saúde prestado a essa parcela da população, incluindo direito à morte digna.[74] Bruna Barbieri Waquim e Márcia Haydeé Porto de Carvalho defendem o fim da estipulação do regime patrimonial da separação obrigatória de bens para maiores de setenta anos (CC/2002, art. 1.641, inc. II) por ser uma medida que outrora fez sentido, mas que hoje é discriminatória e parte da premissa não mais verdadeira de que o maior de setenta anos não teria condições e lucidez de enxergar o que é melhor para si.[75] Cristiano Heineck Shmitt exorta o Poder Judiciário a prolatar "um número maior de condenações por danos morais em prol daqueles consumidores de planos de saúde que acabam sendo expostos a um calvário na tentativa de assegurar tratamento médico-hospitalar, ou que têm seu contrato de plano de saúde rescindido injustamente"[76] pois, no sentir desse autor, "valores indenizatórios ínfimos, ou a falta de condenação por danos morais, nas situações cotejadas, não

---

73. Valem como exemplos adicionais: RENDON, Jim; TERRY, Olufemi. *Em país que valoriza a velhice, idosos vivem com mais saúde*: pesquisas apontam menor depressão e risco de demência, além de recuperação física mais rápida. Reportagem. São Paulo: Portal da Folha, 13 de junho de 2018, 2h00. Disponível em: [https://www1.folha.uol.com.br/equilibrioesaude/2018/06/em-pais-que-valoriza-a-velhice-idosos--vivem-com-mais-saude.shtml]. Acesso em: 20.08.2018; BRASIL. Ministério do Desenvolvimento Social (MDS). *Políticas sociais garantem dignidade ao idoso*: Governo Federal investe em programas e ações para a promoção da qualidade de vida da população vulnerável acima dos 60 anos. Notícia institucional. Brasília: MDS, 30 de setembro de 2016, 18h57. Disponível em: [http://mds.gov.br/area-de-imprensa/noticias/2016/setembro/politicas-sociais-garantem-dignidade-ao-idoso]. Acesso em: 20.08.2018; BRASIL. Ministério do Desenvolvimento Social (MDS). *MDS lança estratégia para levar qualidade de vida aos idosos*: a estratégia Brasil Amigo da Pessoa Idosa tem foco nos inscritos no Cadastro Único para Programas Sociais do Governo Federal. Notícia institucional. Brasília: MDS, 3 de abril de 2018, 18h42. Disponível em: [http://mds.gov.br/area-de-imprensa/ noticias/2018/abril/mds-lanca-estrategia-para-levar-qualidade-de-vida-aos-idosos]. Acesso em: 20.08.2018.
74. CAMARANO, Ana Amélia. *Estatuto do idoso*: avanços com contradições. Texto para discussão n. 1.840. Rio de Janeiro: Instituto de Pesquisa Econômica Aplicada (IPEA), 2013. p. 6.
75. WAQUIM, Bruna Barbieri; CARVALHO, Márcia Haydeé Porto de. A terceira idade e a restrição legal à livre escolha do regime de bens: uma questão de direitos fundamentais. *Revista de Direito Constitucional e Internacional*, São Paulo: Revista dos Tribunais Online, v. 90, jan./mar. 2015. Disponível em: [https://www.revistadostribunais.com.br/maf/app/authentication/formLogin]. Acesso em: 15.08.2018, p. 14.
76. SCHMITT, Cristiano Heineck. Indenização por dano moral do consumidor idoso no âmbito dos contratos de planos e de seguros privados de assistência à saúde. *Revista de Direito do Consumidor*. São Paulo: Ed. RT, v. 51, jul./set. 2004, p. 9.

justificam a mudança de comportamento do fornecedor, pois representam uma via mais econômica do que aquela referente ao oferecimento de serviços com qualidade, nos moldes exigidos pelo Código de Defesa do Consumidor".[77] Enfim, pode-se concordar ou não com as propostas, mas o importante é que, aos quinze anos do Estatuto do Idoso, os direitos das pessoas na terceira idade são debatidos e esse é um tema de destaque na sociedade.

A análise da aplicação das disposições do Estatuto do Idoso ao longo desses quinze anos revela que houve, no início, certo desdém e falta de vontade política na efetivação desses direitos, talvez causados até por um desconhecimento, mas que ao longo do tempo está sendo alterado e o estatuto respeitado. E era mesmo de se esperar que uma transformação social desse tipo levasse mais tempo para de fato se efetivar. Ao menos do ponto de vista jurídico, a situação dos idosos é melhor hoje do que ontem, e a tendência – felizmente – é de melhora. Dessa forma, avança o Direito brasileiro na nobre missão de não deixar a população idosa "esquecida num canto qualquer".[78]

---

77. Ibidem, loc. cit.
78. Para usar a expressão de Toquinho. V. TOQUINHO (intérprete). O caderno (música). In: *Sinal aberto*. [s.l.: s.n.], 1999. Disponível em: [https://www.google.com/url?sa=t&rct=j&q=&esrc=s&source=web&cd=1&cad= rja& uact=8&ved=2ahUKEwjt0MGnjvzcAhVEIJAKHZIGDUoQyCkwAHoECAkQBQ&url=https%3A%2F%2Fwww.youtube.com%2Fwatch%3Fv%3DMeKPZKPu0Y0&usg=AOvVaw0MJCaEISOncGO-jAV9Dein]. Acesso em: 15.08.2018.

3
FUNDAMENTOS E EVOLUÇÃO DOS DIREITOS DA PESSOA IDOSA NO BRASIL: BREVE PANORAMA[1]

Bibiana Graeff Chagas Pinto Fabre

Mestre em Direito Ambiental (*Dea Droit de l'environnement*) pelas Universités de Paris 1. Panthéon Sorbonne e de Paris 2, Panthéon-Assas (2003) e doutorado em Direito pela Université de Paris 1, Panthéon-Sorbonne, e pela Universidade Federal do Rio Grande do Sul (2008), em regime de cotutela. Graduada em Ciências Jurídicas e Sociais pela Universidade Federal do Rio Grande do Sul (2002). Professora adjunta da Escola de Artes, Ciências e Humanidades da Universidade de São Paulo.

Sumário: 1. O reconhecimento dos direitos da pessoa idosa no Brasil; 1.1. Direitos da pessoa idosa na Constituição Federal; 1.2. Direitos da pessoa idosa na legislação – 2. Incertezas quanto ao futuro dos direitos das pessoas idosas no Brasil; 2.1. Ameaças e restrições aos direitos conquistados; 2.2. A esperança de um tratado internacional – 3. Considerações finais.

Se "a maioria dos direitos da criança são aplicações particulares dos Direitos Humanos [...] ou o direito de se tornar um Homem",[2] os direitos da pessoa idosa, também, em sua maioria, aplicações específicas dos Direitos Humanos, podem representar o direito de permanecer sendo um ser humano. O ageismo com relação à idade avançada, muitas vezes considerada como sinônimo de incapacidade funcional, que, por sua vez, não raras vezes, é confundida com perda de autonomia, conduz as pessoas idosas a vivenciarem situações de privação ou limitação no exercício de seus direitos mais básicos, de seus direitos fundamentais.

Segundo Bobbio,[3] o processo de proliferação dos Direitos Humanos se deu de três modos: a) pelo aumento da quantidade de bens considerados merecedores de tutela; b) pela extensão da titularidade de alguns direitos para sujeitos diversos do homem; c) pela especificação do sujeito, ou seja pela consideração do homem em suas diversas maneiras de ser, e não apenas como ente genérico, abstrato.

---

1. O presente capítulo foi traduzido e adaptado a partir do artigo: GRAEFF, B. Foundations and Evolution of the Rights of Older Persons in Brazil: a Brief Panorama. *Macau Journal of Brazilian Studies*, v. 2, issue 1, 2019 (no prelo). Agradeço às editoras do periódico pela autorização para esta publicação.
2. F. Dekeuwer-Défossez, *Les droits de l'enfant*, PUF, Paris, 9e éd., 2010, p. 3. Traduzido do original em francês: « *La plupart des droits de l'enfant sont des applications particulières des Droits de l'homme [...] ou le droit de devenir un homme* ».
3. BOBBIO, Norberto. *A era dos direitos*. 7. reimp. Rio de Janeiro: Elsevier, 2004.

É essa terceira tendência que leva ao reconhecimento da pessoa idosa como sujeito de direito, em especial a partir dos anos 1980. No âmbito internacional, as Nações Unidas promoviam em 1982 a primeira Assembleia Mundial sobre Envelhecimento,[4] da qual resultou o Plano de Ação Internacional de Viena sobre o Envelhecimento. No Brasil, é a partir de 1988, com a Constituição Federal que marcou o retorno do país à democracia após um longo período de ditadura militar, que a pessoa idosa é erigida a sujeito de direito. Conhecido como "Constituição cidadã" por consagrar o princípio da dignidade humana e um extenso rol de direitos fundamentais, o texto constitucional pela primeira vez reconhece, em seu artigo 230, direitos específicos para o idoso. Textos constitucionais anteriores já haviam se referido à categoria "aposentado", ou ainda à velhice enquanto situação que justificaria mecanismos de assistência social. Contudo, a Constituição Federal de 1988 foi a primeira a reconhecer a pessoa idosa como titular de direitos específicos independentemente de sua situação previdenciária ou socioeconômica.

Além de ter marcado os 30 anos da Constituição Federal de 1988, o ano de 2018 representou 15 anos da principal lei de direitos das pessoas idosas no Brasil, conhecida como "Estatuto do Idoso", aprovada em 1º de outubro de 2003. O objetivo deste estudo é fazer um balanço crítico da evolução dos direitos da pessoa idosa no Brasil, tratando não apenas dos avanços legislativos que resultaram na implementação de políticas públicas específicas para essa população, como também das incertezas quanto ao futuro dos direitos conquistados e da expansão das referidas políticas em um contexto de envelhecimento populacional acelerado no país.[5]

1. O RECONHECIMENTO DOS DIREITOS DA PESSOA IDOSA NO BRASIL

Embora existam falhas em sua implementação, os direitos da pessoa idosa foram reconhecidos tanto na Constituição Federal de 1988, quanto na legislação.

1.1. Direitos da pessoa idosa na Constituição Federal

A Constituição Federal (CF) de 1988 estabelece que: "A família, a sociedade e o Estado têm o dever de amparar as pessoas idosas, assegurando sua participação na comunidade, defendendo sua dignidade e bem-estar e garantindo-lhes o direito à vida" (art. 230). Este dever de amparo deve ser entendido de forma

---

4. Resolução 33/52, de 14 de dezembro de 1978.
5. A transição demográfica brasileira ocorre principalmente pela queda abrupta da taxa de natalidade (uma média de 1,74 filho por mulher, em 2014). Estima-se que essa população conte hoje com aproximadamente 200 milhões de habitantes, dos quais cerca de 13,7% seriam pessoas com sessenta anos ou mais de idade; de acordo com as estimativas, esse percentual deverá representar 18,6% da população em 2030, e 33,7% em 2060 (IBGE, 2015).

abrangente. Em se tratando de cuidados e alimentos, o dever de amparo cabe primordialmente à família e, subsidiariamente, à sociedade e ao Estado. Porém, o dever de amparo a que se refere o artigo 230 é mais amplo; pode-se entender que, por exemplo, para a sociedade, este princípio implique em amparo por parte de empregadores com relação à trabalhadores idosos (através, por exemplo, da implantação de programas de preparação para a aposentadoria); para o Estado, a observação desse princípio deveria resultar na implementação de políticas públicas específicas para esse grupo populacional.

A Constituição Federal também estabelece que: "Os programas de amparo aos idosos serão executados preferencialmente em seus lares" (art. 230, § 1º). O princípio gerontológico consagrado através dessa norma é a de que devem ser oferecidas as melhores condições possíveis para que as pessoas idosas permaneçam em suas próprias casas, evitando-se a institucionalização. Diversas pesquisas mostram a importância do *aging in place*. Trata-se não apenas de se preservar o sentido de pertencimento da pessoa com relação ao local onde vive, com memórias, afetos e sentido, mas também de estimular a manutenção de redes formais e informais de apoio localmente constituídas. Diversas pesquisas mostram o apego e a importância do local de vida para as pessoas mais velhas, sentimento que pode inclusive fazer com que essas pessoas prefiram enfrentar riscos ambientais do que abandonar suas casas e começar a vida em outro local.

De acordo com o artigo 230, § 2º (CF): "Aos maiores de sessenta e cinco anos é garantida a gratuidade dos transportes coletivos urbanos". Trata-se de um raro caso de gratuidade de serviço público *uti singuli* previsto na legislação brasileira para uma categoria específica de usuários, tendo sido, de forma ainda mais extraordinária, consagrado com *status* constitucional. Embora aqui o Constituinte tenha previsto a idade de 65 anos, esse não foi um critério de definição da categoria "pessoa idosa". A Constituição Federal não definiu o que entendia por pessoa idosa; somente com a lei que estabeleceu a Política Nacional do Idoso de 1994[6] é que uma definição foi introduzida: toda a pessoa com sessenta anos ou mais de idade (art. 1º). Com relação aos transportes públicos, muitas leis municipais foram mais protetoras, estendendo a gratuidade para todas as pessoas idosas (a partir de 60 anos).

Diversos outros artigos da Constituição Federal interessam de modo especial às pessoas idosas, como os dispositivos sobre previdência e assistência social ou ainda o artigo 229 que estabelece que "os filhos maiores têm o dever de ajudar e amparar os pais na velhice" (obrigação alimentar).

---

6. Lei 8.842, de 4 de janeiro de 1994.

O reconhecimento da pessoa idosa como sujeito de direito na Constituição Federal de 1988 e as conquistas em termos de seguridade social se devem em grande parte aos movimentos sociais de associações de aposentados, sindicatos, bem como ao Serviço Social do Comércio (SESC) e a associações de profissionais da área da Geriatria e da Gerontologia. O status constitucional de alguns direitos reconhecidos à pessoa idosa garante que outros textos normativos que possam ser prejudiciais aos idosos tenham a sua constitucionalidade questionada no Judiciário, tanto através do controle difuso de constitucionalidade como do controle concentrado. As previsões constitucionais também foram fundamentais para que uma legislação especial fosse adotada para as pessoas idosas.

1.2. Direitos da pessoa idosa na legislação

A lei que estabeleceu pela, primeira vez, a Política Nacional do Idoso em 1994 foi muito importante, não apenas por introduzir uma definição legal para a pessoa idosa, mas também por ter detalhado no artigo 10 os direitos e obrigações em diversas áreas de intervenção pública (assistência social, saúde, educação, trabalho e previdência, habitação e urbanismo, justiça, cultura, esporte e lazer). Essa lei foi reforçada pelo Estatuto do Idoso de 2003, que ampliou o regime jurídico que se aplica à pessoa idosa. Trata-se de uma lei abrangente com 118 artigos que além de reafirmar os direitos fundamentais da pessoa idosa, estabelecem normas de Direito Administrativo, de Direito Civil, de Direito do Consumidor e até de Direito Penal.

O Estatuto do Idoso introduziu, por exemplo, diversos novos tipos de crimes cometidos contra a pessoa idosa. Um destes é o crime de: "Abandonar o idoso em hospitais, casas de saúde, entidades de longa permanência, ou congêneres, ou não prover suas necessidades básicas, quando obrigado por lei ou mandado" (art. 98), sujeito à detenção de 6 meses a 3 anos e multa. Também foram considerados crimes, por exemplo: "desdenhar, humilhar, menosprezar ou discriminar pessoa idosa, por qualquer motivo" (art. 96, § 1º) e "exibir ou veicular, por qualquer meio de comunicação, informações ou imagens depreciativas ou injuriosas à pessoa do idoso" (105). "Reter o cartão magnético de conta bancária relativa a benefícios, proventos ou pensão do idoso, bem como qualquer outro documento com objetivo de assegurar recebimento ou ressarcimento de dívida" (art. 104) é crime sujeito à uma pena de detenção de 6 meses a dois anos e multa. Outro crime bastante específico é o de: "negar o acolhimento ou a permanência do idoso, como abrigado, por recusa deste em outorgar procuração à entidade de atendimento" (art. 103). Tais exemplos denotam uma preocupação com os tipos de violência contra as pessoas idosas que geralmente são mais prevalentes nas denúncias. No "disque-100", canal de escuta telefônica nacional que recebe denúncias de violência cometida contra pessoas idosas, entre os casos prevalentes, aparece, em primeiro lugar, a negligência (incluindo o abandono), seguida da violência psicológica, da violência financeira, e, só em quarto lugar, da violência física.[7]

Outro assunto regulado pelo Estatuto do Idoso foi o funcionamento das entidades de atendimento à pessoa idosa. Uma das obrigações previstas para estas entidades é a de: "celebrar contrato escrito de prestação de serviço com o idoso, especificando o tipo de atendimento, as obrigações da entidade e prestações decorrentes do contrato, com os respectivos preços, se for o caso" (art. 50, I). Essa previsão legal é de extrema importância, haja vista o risco de que as pessoas idosas sejam institucionalizadas por familiares sem o seu consentimento. É fundamental um maior controle da aplicação dessa norma, na medida em que muitas instituições podem não propor a assinatura de um contrato; quando o fazem, não raras vezes ignoram a autonomia da pessoa idosa, sendo o contrato assinado por um familiar.

Tanto os direitos individuais quanto os direitos coletivos das pessoas idosas são hoje reconhecidos no Direito Brasileiro. O Ministério Público e a Defensoria Pública são instituições que têm promovido ações coletivas na defesa dos interesses das pessoas idosas, tendo resultado inúmeras vezes no reconhecimento de danos morais coletivos, como no caso envolvendo o atendimento prioritário em um banco cujo acesso se dava unicamente por escada.[8]

Portanto, aplica-se hoje à pessoa idosa no Brasil uma lei especial, lei protetiva que é reflexo da especificação do sujeito de direitos humanos, mas também de um novo direito privado dos vulneráveis.[9] Essa lei articula-se com outras leis especiais, a exemplo do recente estatuto da pessoa com deficiência,[10] que inovou em matéria de curatelas, tornando-as medidas excepcionais e restritas ao exercício de direitos de natureza patrimonial e negocial. Assim, o Direito do Idoso, que alguns autores reconhecem como nova disciplina jurídica, é uma das matérias que surgem na transição do século XX para o século XXI, reforçando a necessidade de um diálogo de fontes, conforme os ensinamentos de Erik Jayme,[11] acolhidos, difundidos e adaptados ao Direito brasileiro por Claudia Lima Marques.[12]

---

7. BRASIL. Secretaria Especial de Direitos Humanos do Ministério das Mulheres, da Igualdade Racial e dos Direitos Humanos. *Balanço Anual da Ouvidoria Nacional dos Direitos Humanos*, Brasília, 2015.
8. BRASIL. *Superior Tribunal de Justiça*. REsp 1221756 / RJ, Terceira Turma, Rel. Min. Massami Uyeda, julg. 02 fev. 2012.
9. MARQUES, Claudia Lima; MIRAGEM, Bruno. *O novo direito privado e a proteção dos vulneráveis*. São Paulo: Ed. RT, 2012.
10. Lei 13.146, de 6 de julho de 2015.
11. Sobre o pluralismo e o diálogo das fontes na pós-modernidade, ver: JAYME, Erik. Direito Internacional Privado e Cultura Pós-Moderna. *Cadernos do Programa de Pós-Graduação em Direito* – PPGDIR/UFRGS, v. 1, n. 1, Porto Alegre, mar., 2003, p. 60-62.
12. Sobre o diálogo das fontes no Direito do Consumidor no Brasil: MARQUES, Claudia Lima. Diálogo entre o Código de Defesa do Consumidor e o Novo Código Civil: do 'diálogo das fontes' no combate às cláusulas abusivas. *Revista do Direito do Consumidor*, n. 45, jan./mar., 2003, p. 72.

2. INCERTEZAS QUANTO AO FUTURO DOS DIREITOS DAS PESSOAS IDOSAS NO BRASIL

Após uma fase de reconhecimento e ampliação de direitos das pessoas idosas no Brasil, vive-se atualmente um momento de incertezas quanto à evolução dessas conquistas. Por um lado, observa-se uma tendência de revisão e restrição de alguns destes direitos. Por outro lado, a esperada ratificação da Convenção Interamericana de Direitos Humanos das Pessoas Idosas representa uma esperança no sentido de incorporação de novos direitos, garantia dos direitos conquistados e novos controles.

2.1. Ameaças e restrições aos direitos conquistados

No Brasil, o envelhecimento acelerado da população somado às crises econômicas e políticas dos últimos anos parecem estar conduzindo a reformas que ameaçam direitos conquistados. Por vezes, são as interpretações jurisprudenciais que restringem o alcance das normas, em prejuízo às pessoas idosas.

Por ocasião dos 10 anos do Estatuto do Idoso, Ana Amélia Camarano, uma das principais pesquisadoras sobre envelhecimento populacional no Brasil, lançou um estudo no qual apontava os avanços e as contradições da referida lei,[13] formulando sugestões sobre alguns pontos. Uma das propostas apresentadas foi a de aumentar a idade cronológica que define a pessoa idosa de 60 para 65 anos. Segundo a pesquisadora, isso se justificaria pelo aumento da esperança de vida, estimada em 19,7 anos em 2010. Outra justificativa seria, segundo ela, o fato de alguns direitos já serem estabelecidos a partir de 65 anos, como a aposentadoria em função da idade e o direito ao benefício de prestação continuada ("BPC"). No entanto, por conta das consideráveis diferenças socioeconômicas e demográficas entre as regiões brasileiras, parece-me que a idade de 60 anos ainda deva ser mantida como critério de definição da entrada na velhice. Aumentar esse critério significaria limitar o acesso a direitos sociais para um expressivo número de pessoas, exatamente nas regiões mais carentes, onde a esperança de vida difere consideravelmente da média nacional. Isso seria contrário às reivindicações dos movimentos de pessoas idosas, que, por exemplo, defendem uma diminuição do marco etário definidor para o recebimento do "BPC" de 65 para 60 anos, diretiva estabelecida na Conferência Nacional do Idoso em maio de 2016.

Uma recente alteração no Estatuto do Idoso estabeleceu um atendimento prioritário especial às pessoas de 80 anos ou mais de idade (artigo 3, § 2º[14]), devendo estas serem atendidas antes do que as outras pessoas idosas. Essa reforma foi bas-

---
13. CAMARANO, Ana Amélia. *Estatuto do Idoso:* avanços com contradições, Rio de Janeiro, IPEA, 2013.
14. Introduzido pela Lei 13.466, em 2017.

tante criticada pelo fato de que o atendimento prioritário deveria ser assegurado a todas as pessoas idosas sem distinção, como estabelecido originalmente no Estatuto do Idoso. A garantia no atendimento prioritário compreende, entre outras vantagens, um atendimento preferencial junto aos órgãos públicos e privados prestadores de serviços e a prioridade no recebimento da restituição do Imposto de Renda (artigo 3, § 1º). A prioridade especial às pessoas idosas de 80 anos ou mais de idade também foi estabelecida em matéria de tramitação de processos judiciais e administrativos, para os quais também já existia uma regra prevendo a prioridade para as pessoas idosas (Estatuto do Idoso, artigo 71, §§ 1º ao 5º).

Outra alteração legislativa que também foi bastante criticada foi a limitação do benefício de meia-entrada dos ingressos de espetáculos artísticos, culturais e esportivos.[15] A meia-entrada é assegurada a estudantes, jovens de baixa renda, pessoas com deficiência e pessoas idosas. Algumas leis estaduais estendem o benefício a outras categorias, como professores do ensino público. O Estatuto do Idoso estabelecera em benefício das pessoas idosas um desconto de pelo menos 50% nos ingressos de eventos artísticos, culturais e esportivos (artigo 23). Já a lei ulterior (de 2013) sobre a meia-entrada limitou a concessão desse benefício a somente 40% da totalidade de ingressos. O argumento era o de que o estabelecimento desse percentual garantiria preços mais acessíveis a todos. Resta saber se houve de fato uma redução dos valores dos ingressos cobrados, ou se a mudança da lei serviu apenas para assegurar maior lucratividade para os produtores de eventos. Ainda sobre o benefício de meia-entrada para idosos, algumas decisões judiciais consideraram aceitável a limitação do benefício a somente alguns setores de ingressos.[16] Trata-se aqui de uma interpretação jurisprudencial prejudicial e discriminatória às pessoas idosas beneficiárias da meia-entrada, que ficariam restritas a determinados setores de ingressos que podem não atender às condições mínimas de acessibilidade e conforto para pessoas mais velhas.

Outra ameaça para os direitos sociais das pessoas idosas foi a emenda constitucional n. 95 aprovada em 2016 que limitou por 20 anos os gastos públicos. Diversas análises como as de Pedro Rossi e Esther Dweck[17] demonstraram como essa reforma reduz investimentos na área sanitária, levando a um sucateamento do sistema único de saúde e à eliminação de seu caráter de atendimento universal. Essa reforma também representa um congelamento de gastos na área da assistência social, o que é muito prejudicial às pessoas idosas,

---

15. Lei 12.933, 26 de dezembro de 2013.
16. BRASIL. TJMG, AC 10024082500489002, 17ª Câmara Cível, Rel. Des. Márcia de Paoli Balbino, publ. 11 abr. 2013.
17. ROSSI, Pedro; DWECK, Esther. Impactos do Novo Regime Fiscal. *Cadernos de Saúde Pública*, 32 (12), 2016.

já que hoje são necessários grandes investimentos públicos para enfrentar os desafios em matéria de cuidados e ampliar vagas públicas em instituições de longa permanência para idosos (ILPI).

Ainda debatida e controversa no cenário político brasileiro é a reforma da Previdência, que é uma das pautas do novo governo eleito para o País. Nos últimos 20 anos, a matéria já foi objeto de duas importantes reformas introduzidas por emenda constitucional (EC 20/1998 e EC nº 41/2003). Com a atual proposta,[18] pretende-se restringir ainda mais alguns direitos previdenciários e assistenciais, sob o argumento do déficit da previdência, que é contestado por diversos autores. Como bem aponta Evilasio da Silva Salvador,[19] são desviados do orçamento da seguridade social diversos recursos que, de acordo com a Constituição Federal, deveriam ser destinados a este setor; não fosse esse desvio, esse orçamento seria superavitário. Uma das medidas que está no horizonte dessa nova reforma seria o estabelecimento da idade mínima para a aposentadoria: 65 anos para os homens e 62 anos para as mulheres.[20] O tempo de serviço parece-me um critério mais justo do que a idade para o estabelecimento do benefício da aposentadoria. Com a exigência de uma idade mínima para a aposentadoria, os mais prejudicados são aqueles que começam a trabalhar mais cedo, pois, na prática, só poderão auferir algum benefício previdenciário ao mesmo tempo (e tendo contribuído muito mais) do que aqueles que puderam se dedicar exclusivamente aos estudos e iniciar sua atividade laboral mais tarde. Além de restringir o acesso ao "BPC" e propor uma drástica redução de seu valor para idosos com menos de 70 anos de idade, um dos fatores mais preocupantes da reforma ora proposta é que ela retira do texto constitucional e atribui a uma lei complementar o tratamento das mais relevantes questões previdenciárias, o que facilitaria sobremaneira futuras alterações na matéria.

Vale lembrar, mais uma vez, os ensinamentos de Bobbio: os direitos humanos não foram conquistados todos de uma vez, nem de uma vez por todas. Qualquer mudança legislativa que tenha por efeito restringir o gozo destes direitos deve ser analisada com muita cautela.

---

18. Proposta de Emenda Constitucional 6/2019.
19. Salvador, Evilasio da Silva. O desmonte financeiro da seguridade social em contexto de ajuste fiscal. In: *Serv. Soc. Soc.*, São Paulo, n. 130, p. 426-446, set./dez. 2017.
20. Cheguei a ouvir economista defendendo que a idade mínima deveria ser a mesma para homens e mulheres, e que diferenças de gênero que afetam as mulheres tais como interrupções na vida laboral (em razão de gravidez, por exemplo), deveriam ser corrigidas simplesmente pelo critério do tempo de contribuição (devendo este ser menor para elas, do que para os homens). Essa proposta ignora, no entanto, por exemplo, que a maioria dos cuidadores familiares de idosos são mulheres, e que exigir uma idade mínima para a aposentadoria das mulheres pode trazer sérias dificuldades para a solidariedade familiar que ainda é o principal mecanismo de garantia de cuidados às pessoas idosas que apresentem algum grau de dependência.

2.2. A esperança de um tratado internacional

Reconhecido como um dos países que tinha uma das legislações mais avançadas sobre os direitos da pessoa idosa, o Brasil foi ao longo dos últimos anos um dos principais defensores de um tratado internacional de direitos da pessoa idosa, tanto no âmbito das Nações Unidas, quanto no âmbito interamericano. Na ONU, um grupo de trabalho vem trabalhando desde 2010 para analisar as políticas internacionais de promoção dos direitos humanos em relação às pessoas idosas.[21] O Brasil pôde, em diversas reuniões deste grupo, se pronunciar como favorável à adoção de um tratado internacional específico nessa matéria.[22] No âmbito interamericano, sob os auspícios da Organização dos Estados Americanos, o Brasil esteve à frente das negociações e foi o primeiro país a assinar a Convenção Interamericana de Direitos Humanos das Pessoas Idosas, em 15 de junho de 2015. No entanto, dentre os primeiros países signatários da Convenção, o Brasil é o único que ainda não a ratificou. O tratado já entrou em vigor para: Argentina, Bolívia, Chile, Costa Rica, El Salvador e Uruguai.[23]

Tramita atualmente no Congresso Nacional brasileiro a aprovação da referida Convenção Interamericana. A sua ratificação representaria não apenas a adoção de novos direitos para as pessoas idosas brasileiras, como também de novos controles, estabelecidos no tratado. Ademais, existe a possibilidade de o mesmo ser incorporado no Direito brasileiro com força de emenda constitucional.

A Convenção traria, por exemplo, novos direitos ambientais, como o direito à proteção e à participação das pessoas idosas em caso de desastres ambientais (artigo 29). As tomadas de decisão no âmbito da saúde também conheceriam um grande avanço com a ratificação da Convenção no Brasil. Temas como os cuidados paliativos e as diretivas antecipadas em matéria de saúde não foram garantidos pela Política Nacional do Idoso, nem pelo Estatuto do Idoso. Os temas são hoje regulados por resoluções do Conselho Federal de Medicina, que preveem o direito de o paciente registrar diretivas antecipadas em matéria de saúde, a proibição da distanásia e o dever de oferecer cuidados paliativos.[24] Esses direitos deveriam, porém, ser consagrados através de leis nacionais, para um reforço da segurança jurídica nessa matéria, bem como para a implementação de políticas públicas mais

---

21. Assembleia Geral, Resolução 65/182, 21 de dezembro de 2010.
22. Para acessar os documentos e acompanhar a evolução dos trabalhos do grupo: [https://social.un.org/ageing-working-group/]. Acesso em: 18.11.2018.
23. Conforme informações consultadas em: [http://www.oas.org/es/sla/ddi/tratados_multilaterales_interamericanos_A-70_derechos_humanos_personas_mayores_firmas.asp]. Acesso em: 18.11.2018.
24. Sobre as diretivas antecipadas em matéria de saúde: Conselho Federal de Medicina, Resolução 1.995/2012, de 30 de agosto de 2012. Sobre cuidados paliativos e a proibição da distanásia, ver: Código de Ética Médica, aprovado através da resolução do Conselho Federal de Medicina 1.931, de 17 de setembro de 2009.

efetivas, com a formação de uma rede nacional de cuidados paliativos. Essas são apenas algumas ilustrações acerca dos novos direitos que seriam introduzidos no Direito brasileiro a partir da ratificação da Convenção Interamericana de Direitos Humanos das Pessoas Idosas.

Quanto aos novos mecanismos de controle, trata-se não apenas de reforços em matéria de controle jurisdicional, mas também de formas de acompanhamento da implementação da Convenção. Um dos grandes avanços da Convenção é a possibilidade de acionamento da Comissão Interamericana de Direitos Humanos em caso de violação de quaisquer de seus artigos. Segundo o art. 36 da Convenção Interamericana de Direitos dos Idosos: "qualquer pessoa, grupo de pessoas ou entidade não governamental legalmente reconhecida em um ou mais Estados membros da Organização dos Estados Americanos pode apresentar à Comissão Interamericana de Direitos Humanos petições que contenham denúncias ou queixas de violação de algum dos artigos da presente Convenção por um Estado Parte". Isso representa também um avanço dentro do sistema interamericano, que é falho em termos de justiciabilidade dos direitos sociais, na medida em que o artigo 19.6 do Protocolo de San Salvador[25] limita a possibilidade de petições individuais aos casos de violação dos artigos 8.1.a (determinados direitos sindicais) e 13 (direito à educação).

Além disso, a Convenção estabeleceu um duplo mecanismo para o monitoramento de sua implementação, prevendo ao lado da Conferência dos Estados Partes, a implementação de um Comitê de Peritos, designados por cada um dos Estados Partes, e que será instaurado uma vez alcançada a décima ratificação (ou adesão) da Convenção (art. 33). Os Estados Partes deverão enviar, a cada quatro anos, relatórios sobre a implementação da Convenção a esse Comitê, que fará uma análise técnica e poderá emitir recomendações para o cumprimento progressivo da mesma (art. 35). Por seu turno, a Conferência das Partes, deverá receber, analisar e avaliar as recomendações do Comitê de peritos para formular observações pertinentes (art. 34, *d*).

A depender do modo de escolha dos peritos (consulta à sociedade civil, por exemplo) e do modo de condução dos trabalhos, o Comitê poderá representar um ganho técnico e democrático para o acompanhamento e o controle dos avanços e lacunas dos Estados partes no enfrentamento dos desafios e no aproveitamento das oportunidades relacionadas ao envelhecimento populacional. Espera-se que essa convenção, primeiro texto internacional com força vinculante especificamente dedicado aos direitos das pessoas idosas, represente não apenas uma fonte de inspiração para a evolução dessa matéria em outros sistemas regionais e

---

25. Protocolo Adicional à Convenção Americana sobre Direitos Humanos em matéria de Direitos Econômicos, Sociais e Culturais, "Protocolo de San Salvador", de 17 de dezembro de 1988.

no sistema universal dos direitos humanos, mas que também que possa conferir maiores garantias e estabilidade aos direitos fundamentais dos idosos brasileiros.

3. CONSIDERAÇÕES FINAIS

Segundo Claudia Lima Marques, "a vulnerabilidade tem, como qualquer fragilidade do indivíduo ou de grupos, graus e o direito deve reconhecer a necessidade de proteger de forma eficaz justamente os mais vulneráveis na sociedade brasileira" (2017, p. 314); ademais, "o reconhecimento da vulnerabilidade agravada do idoso é constitucional" (2017, p. 315). O Direito Brasileiro avançou no sentido de considerar a pessoa idosa como sujeito de direito, e se existe hoje, um reconhecimento, inclusive internacional, de que os direitos das pessoas idosas são aplicações específicas de Direitos Humanos para um grupo populacional que apresenta determinadas especificidades, o Brasil certamente contribuiu para a construção desse entendimento.

No entanto, é preciso hoje uma grande vigilância com relação aos direitos duramente conquistados. Certamente, o critério etário-cronológico de definição da velhice é e deve ser considerado relativo e evolutivo. Não se pretende, pois, negar a necessidade de reformas legislativas que se revelem pertinentes e necessárias em resposta a mudanças sociodemográficas, econômicas e culturais. Não há dúvidas de que reformas da previdência se mostram necessárias, desde que sejam implementadas no sentido de promover a equidade, e não de agravar ainda mais as desigualdades que assolam o Brasil. No contexto atual, são os direitos sociais das pessoas idosas que estão mais ameaçados pelas reformas em curso no Brasil. Tais reformas devem respeitar a vedação do não-retrocesso e não podem atingir o núcleo consubstanciador do mínimo existencial. Espera-se que, nos próximos anos, não só a Corte Suprema, como também as instâncias interamericanas, possam atuar na defesa destes direitos.

4
DESVENDANDO O DIREITO À EDUCAÇÃO AO LONGO DA VIDA DE PESSOAS IDOSAS: UMA ANÁLISE DO ART. 25 DO ESTATUTO DO IDOSO

Ana Paula Barbosa-Fohrmann

Pós-Doutora e Doutora pela Ruprecht-Karls Universität Heidelberg. Professora Adjunta da Faculdade Nacional de Direito da Universidade Federal do Rio de Janeiro (FND/UFRJ). Professora Permanente do Programa de Pós-Graduação em Direito da UFRJ. E-mail: anapbarbosa@direito.ufrj.br

Luana Adriano Araújo

Mestre em Direito Constitucional pela Universidade Federal do Ceará (FD/UFC). Graduada em Direito pela Universidade Federal do Ceará. Coordenadora do Árvore-ser (Grupo de Estudos Aplicados em Direitos das Pessoas com Deficiência). E-mail: luana.adriano88@gmail.com

> *"Não é possível ser gente senão por meio de práticas educativas.*
> *Esse processo de formação perdura ao longo da vida toda,*
> *o homem não para de educar-se, sua formação é permanente"*
>
> Paulo Freire

Sumário: 1. Introdução – 2. Histórico brasileiro do direito à educação de pessoas idosas; 2.1. Constituição Federal de 1988: para as crianças, a educação; para os idosos, o amparo?; 2.2. Política Nacional do Idoso de 1994: a noção de "Universidade aberta para a terceira idade"; 2.3. Estatuto do Idoso de 2003: a educação como um direito do idoso – 3. Educação ao longo da vida: esclarecimentos conceituais; 3.1. Educação ao longo da vida, educação permanente e aprendizagem ao longo da vida: conceitos sinônimos?; 3.2. Educação ao longo da vida: formal ou não-formal?; 3.3. Por uma Educação ao Longo da Vida na Perspectiva da Educação Popular – 4. O direito à educação ao longo da vida: analisando a nova redação do art. 25 do Estatuto do Idoso; 4.1. A inclusão da "perspectiva da educação ao longo da vida" na tramitação legislativa; 4.2. A modificação da LDBN para o acolhimento da educação e aprendizagem ao longo da vida; 4.3 EJA ou ELV? Por um entendimento do direito à educação de jovens, adultos e idosos na perspectiva da ELV sob o viés da EPO – 5. Conclusão.

1. INTRODUÇÃO

O direito à educação, além de compor o rol de direitos sociais, condiciona a garantia de efetivação dos demais direitos civis, políticos, econômicos, sociais e culturais, evidenciando a interdependência e a indivisibilidade afeta aos direitos humanos.[1] Tomasevski aponta que o acesso à educação funciona como um multiplicador, dado que sua configuração influencia no gozo de todos os direitos e liberdades individuais, qualificando-se sua negação ou violação como um potencial óbice ao gozo de prerrogativas fundamentais.[2] Por outro lado, em virtude da noção de que o serviço educacional deve ser fornecido, prioritária ou exclusivamente, às gerações mais jovens, as pessoas idosas findam por experimentar limitações quanto ao exercício desta prerrogativa, e isso implica um aprofundamento das possíveis infrações de direitos humanos que venham a sofrer.

De acordo com o Plano de Ação Internacional de Madrid para o envelhecimento, elaborado em 2002, a educação é uma base crucial para uma vida ativa, aportando, ademais, que a educação ao longo da vida e a formação permanente são pré-requisitos para a participação social e laboral, influenciando no gozo da saúde e do bem-estar por pessoas idosas.[3] A educação ao longo da vida, conforme consignado na Declaração de Hamburgo, implica "repensar o conteúdo que reflita certos fatores como idade, igualdade entre os sexos, necessidades especiais, idioma, cultura e disparidades econômicas".[4]

Considerando-se a perspectiva de educação ao longo da vida, modificou-se, por meio da Lei 13.535, de 15 de dezembro de 2017, a redação do art. 25 da Lei 10.741, de 1º de outubro de 2003 (Estatuto do Idoso), acolhendo referido conceito no âmbito da efetivação dos direitos das pessoas idosas. Objetiva-se, nesta investigação, compreender referida reorientação conceitual, desvelando os impactos da educação ao longo da vida na formulação à educação de pessoas idosas. Traça-se, inicialmente, o histórico normativo desta prerrogativa no contexto nacional, fixando como marco inicial a Constituição Federal de 1988 para se investigar, em seguida, o conteúdo da Lei 8.842, de 4 de janeiro 1994 (Política Nacional do Idoso) e do Estatuto do Idoso na temática enfocada. Em um segundo momento, averiguam-se o significado e o alcance do conceito de "Educação ao Longo da Vida" (ELV) para se compreender o âmbito de interseção e/ou divergência entre esta concepção e as de "Educação Permanente" (EPE) e "Aprendizagem ao Longo da Vida" (ALV).

Desvela-se, ainda, o enquadramento da ELV dentro do âmbito da educação formal ou não-formal. Destaca-se, por fim, o referencial interpretativo da Educa-

---

1. MARTIN, Claudia et al. Human Rights of older people: universal and regional legal perspectives. *Ius Gentium*. Comparative Perspectives on Law and JusticeNew York: Springer. 2015. v. 45, p. 56.
2. TOMASEVSKI, Katarina. *Human rights obligations: making education available, accessible, acceptable and adaptable*. Lund: Right to Education Primers, 2001. p. 10.
3. UNITED NATIONS. *Political declaration and Madrid International Plan of Action on Ageing*. Second World Assembly on Ageing, Madrid, Spain, 8-12 April 2002.
4. Unesco. *Declaração de Hamburgo sobre a Educação de Adultos*. V Conferência Internacional sobre Educação de Adultos. Hamburgo, Alemanha, julho. 1997.

ção ao Longo da Vida na Perspectiva da Educação Popular.[5] Ao final, investiga-se o direito à educação ao longo da vida na perspectiva recentemente inserida no Estatuto do Idoso, analisando, de início, o processo legislativo de promulgação deste texto, bem como a modificação da Lei 9.394 de 20 de dezembro de 1996 (LDBEN) pela Lei 13.632 de 6 de março de 2018, que acolhe o direito à educação e à aprendizagem ao longo da vida como princípio básico do ensino.

2. HISTÓRICO BRASILEIRO DO DIREITO À EDUCAÇÃO DE PESSOAS IDOSAS

Um serviço educacional voltado especificamente para o idoso nem sempre foi alvo de políticas educacionais brasileiras. Destarte, nem sempre foram consideradas as peculiaridades educacionais atinentes à faixa etária específica da pessoa idosa, tradicionalmente enquadradas, nos documentos oficiais, como pertinentes ao estado de adulto. Nesse sentido, Oliveira afirma que os sistemas educacionais vêm, historicamente, centralizando um olhar essencialista voltado para a criança em detrimento dos jovens e adultos, na medida em que a infância é vista como o tempo de aprendizagem e fase de desenvolvimento psicossocial da criança, enquanto o adulto é considerado pronto em seu processo de formação.[6] Em virtude disto, ressalta Gadotti que é preciso "respeitar o educando adulto, utilizando-se uma metodologia apropriada, que resgate a importância de sua biografia, da sua história de vida" e não a sua humilhação "por uma metodologia que lhes nega o direito de afirmação de sua identidade, de seu saber, de sua cultura".[7]

Para compreender os marcos legislativos que fundamentam o direito à educação de idoso, trata-se, nesta seção, do art. 205 da CF/88, que estabelece a educação como um direito de todos e dever do Estado e da família, a ser promovida e incentivada com a colaboração da sociedade, visando ao pleno desenvolvimento da pessoa, seu preparo para o exercício da cidadania e sua qualificação para o trabalho. Coteja-se o art. 205 com o conteúdo dos arts. 227 e 230 da Lei Maior para se analisar o dever de asseguração prioritária do direito à educação

---

5. GADOTTI, Moacir. Educação Popular e Educação ao longo da vida. Brasil. Ministério da Educação. Secretaria de Educação Continuada, Alfabetização, Diversidade e Inclusão. *Coletânea de textos Confintea Brasil+6*: tema central e oficinas temáticas. Brasília: MEC, 2016, p. 64; PONTUAL, Pedro. Educação ao Longo da Vida na perspectiva da Educação Popular e da participação social. Brasil. Ministério da Educação. Secretaria de Educação Continuada, Alfabetização, Diversidade e Inclusão. *Coletânea de textos Confintea Brasil+6*: tema central e oficinas temáticas. Brasília: MEC, 2016. p. 70.
6. OLIVEIRA, Ivanilde Apoluceno. Texto 1 – Educação de jovens, adultos e idosos. Brasil. Ministério da Educação. Secretaria de Educação à distância. *Educação ao longo da vida*. Ano XIX. n. 11. Brasília: MEC, 2009. p. 14.
7. GADOTTI, Moacir. Educação Popular e Educação ao longo da vida. Brasil. Ministério da Educação. Secretaria de Educação Continuada, Alfabetização, Diversidade e Inclusão. *Coletânea de textos Confintea Brasil+6*: tema central e oficinas temáticas. Brasília: MEC, 2016, 17.

para crianças, adolescentes e jovens adultos, derivado do primeiro preceptivo, em contraste com o dever de amparo às pessoas idosas. Em seguida, averígua-se o conceito de "Universidade aberta para a terceira idade", pertinente ao art. 10, inc. III, alínea "f" da Política Nacional do Idoso, compreendido, neste diploma, como "meio de universalizar o acesso às diferentes formas do saber". Por fim, analisa-se a instituição explícita e direta, constante no Estatuto do Idoso de 2003, do dever de incumbência da família, da comunidade, da sociedade e do Poder Público de assegurar com absoluta prioridade a efetivação do direito à educação.

2.1. Constituição Federal de 1988: para as crianças, a educação; para os idosos, o amparo?

A Constituição Federal de 1988 consagra um tratamento nunca antes dado aos direitos fundamentais, sendo resultado de um amplo processo de discussão ensejado pela redemocratização do País após mais de duas décadas de ditadura. De acordo com Sarlet, o Texto Constitucional apresenta, notadamente, três características consensualmente atribuídas, qualificando-se, portanto, como extensiva (qualidade expressa na quantidade de dispositivos normativos, uma vez que possui 246 artigos e 74 disposições transitórias), pluralista (característica advinda da consideração de reivindicações nem sempre afinadas entre si, gerando um texto com tensões internas) e de cunho programático ou dirigente (caráter consubstanciado na quantidade de disposições dependentes de regulamentações posteriores).[8] Ximenes entende o potencial conflitivo da Constituição como algo a ser reconhecido e explorado de forma positiva. Neste sentido, o processo de elaboração do texto, mesmo que não revolucionário, culminou em uma redação atenta às demandas populares reformistas.[9]

Bonavides define a Constituição de 1988 como a Constituição do Estado Social, qualificando-se o Brasil, a partir desta, como um Estado que não apenas concede direitos sociais básicos, mas os garante. O autor elege como centro deste Estado Social o princípio da igualdade, entendendo que este configura um eixo em torno do qual gravita toda a estrutura pertinente ao Estado Democrático de Direito. Tal "medula axiológica" torna-se critério imperativo na interpretação do texto constitucional em matéria de direitos sociais, na medida em que possuem aplicabilidade imediata. Referido modelo de entendimento dos direitos sociais qualifica-se como de natureza assistencialista, a partir do qual citados direitos podem se traduzir numa estrutura que engloba a satisfação de necessidades

---

8. SARLET, Ingo Wolfgang. *A eficácia dos Direitos Fundamentais*. 6. ed. Porto Alegre: livraria do advogado. 2006. p. 77-78.
9. XIMENES, Salomão Barros. *Direito à qualidade na educação básica*: teoria e crítica. São Paulo: Quartier Latin. 2014. p. 47-49.

básicas e que habilita as pessoas a ganhar capacidades por meio de provisão, assistência e cuidado.[10] Por este motivo, o Estado Social inaugurado a partir da carta de 1988 é o estado produtor da igualdade fática.[11]

Na Constituição Federal de 1988, a educação é reconhecida constitucionalmente como um direito social,[12] qualificando-se o fornecimento dos meios de acesso a este como de competência comum da União, dos Estados, do Distrito Federal e dos Municípios. Há, no título da "Ordem Social", um detalhamento maior deste direito, ao qual é reservado um capítulo à parte,[13] de sorte que esta temática se constitui como a de mais extensa regulamentação no âmbito da ordem social.[14]

Em seu art. 205, a Constituição de 1988 qualifica expressamente a educação como direito de todos e dever do Estado e da família, a ser "promovida e incentivada com a colaboração da sociedade, visando ao pleno desenvolvimento da pessoa, seu preparo para o exercício da cidadania e sua qualificação para o trabalho".

Silva entende que esta norma comanda, em primeiro lugar, a organização do aparelhamento do Estado para o fornecimento, a todos, dos serviços educacionais segundo os princípios constantes na Constituição, devendo, ainda, ampliar cada vez mais as possibilidades de que todos exerçam igualmente o direito à educação; em segundo lugar, os ditames constitucionais asseguram que todas as normas da Constituição sobre educação e ensino devem ter por matriz interpretativa esta disposição, visando à sua plena e efetiva concretização nos moldes constitucionais.[15] Neste sentido, a Constituição de 1988 eleva a educação à categoria de

---

10. BARBOSA-FOHRMANN, Ana Paula et al. O direito à educação inclusiva das crianças portadoras de deficiência. *Espaço Jurídico Journal of Law [EJJL]*, v. 12, n. 1, p. 155-173, 2012, p. 157.
11. BONAVIDES, Paulo. *Curso de Direito Constitucional*. 15. Ed. São Paulo: Malheiros. 2004, p. 370-378.
12. Art. 6º, *caput*, da Constituição de 1988.
13. A este teor, Oliveira entende que: "A declaração do Direito à Educação é particularmente detalhada na Constituição Federal (CF) da República Federativa do Brasil, de 1988, representando um salto de qualidade com relação à legislação anterior, com maior precisão da redação e detalhamento, introduzindo-se, até mesmo, os instrumentos jurídicos para a sua garantia" (OLIVEIRA, 1999, p. 61). Duarte, analisando o modo como o direito fundamental à educação está caracterizado nos termos da constituição, elenca os seguintes fatores: a) ocupa posição de destaque no ordenamento jurídico, servindo mesmo como razão de ser de toda a ordem jurídica, juntamente com os demais direitos fundamentais; b) tem aplicabilidade imediata, embora sua realização integral só possa se dar de forma progressiva; c) não pode ser suprimida do ordenamento jurídico por meio de emenda constitucional; d) pertence a todos, mas deve priorizar categorias de pessoas que se encontram numa mesma posição de carência ou vulnerabilidade; e) tem como sujeito passivo o Estado; f) realiza-se por meio de políticas públicas ou programas de ação governamental; g) vincula a todos os poderes públicos (Executivo, Legislativo e Judiciário), que devem adotar medidas – legislativas, técnicas e financeiras – até o máximo dos recursos disponíveis, para a satisfação daquilo que foi eleito como prioritário (núcleo mínimo obrigatório), reconhecendo o direito à educação como um verdadeiro direito (DUARTE, 2007. p. 710-711).
14. SARLET, Ingo Wolfgang. *A eficácia dos Direitos Fundamentais*. 6. ed. Porto Alegre: livraria do advogado. 2006. 350.
15. SILVA, José Afonso da. *Curso de Direito Constitucional Positivo*. 25. ed. São Paulo: Malheiros, 2005. p. 312-313.

serviço essencial de incumbência do Poder Público, não obstante o ensino possa ser oferecido também pela iniciativa privada, que o albergará apenas de forma secundária e condicionada.[16]

Apesar de definida como um direito de todos e dever do Estado e da família, note-se uma diferenciação no tratamento desta prerrogativa para os titulares idosos. Veja-se que – conforme o Capítulo VII (Da Família, da Criança, do Adolescente, do Jovem e do Idoso) do Título VIII (Da Ordem Social) da Constituição Federal de 1988 e conquanto conste no art. 227 que é dever da família, da sociedade e do Estado assegurar à criança, ao adolescente e ao jovem, com absoluta prioridade –, o direito à educação institui, sob a égide do art. 230, que referidos atores responsáveis (família, sociedade e Estado) têm, quando se trata de pessoas idosas, incumbência outra: o dever de amparo. Referido dever conecta-se, segundo este preceptivo, à sua participação na comunidade, à defesa de sua dignidade e bem-estar e à garantia do direito à vida.

Há, pois, uma diferenciação entre a conduta a ser adotada pelo Estado, pela família e pela sociedade quando se trata do resguardo de prerrogativas de, em primeiro lugar, crianças, jovens e adolescentes e, em segundo lugar, pessoas idosas. A exemplo de Silva, os direitos dos idosos associam-se essencialmente ao direito previdenciário e assistencial, não chegando a alcançar, em sua acepção mais ampla, o gozo de todos os direitos sociais:

> Não foram incluídos no art. 6º como espécie de direito social, mas, por certo, tem essa natureza. Uma dimensão integra o direito previdenciário (art. 201, I) e se realiza basicamente pela aposentadoria e o direito assistenciário (art. 203, I), como forma protetiva da velhice, incluindo a garantia de pagamento de um salário-mínimo mensal, quando ele não possuir meios de prover à própria subsistência, conforme, dispuser a lei. Mas o amparo à velhice vai um pouco mais longe, daí o texto do art. 230, segundo o qual a família, a sociedade e o Estado têm o dever de amparar as pessoas idosas, assegurando sua participação na comunidade, defendendo sua dignidade e bem-estar e garantindo-lhes o direito à vida, bem como a gratuidade dos transportes coletivos urbanos e, tanto quanto possível a convivência em seu lar.[17]

Percebe-se, assim, a divergência discursiva no texto constitucional no que diz respeito aos direitos das pessoas idosas em face dos direitos das demais pessoas de outros espectros etários. Reforça-se, pela redação consagrada, a intelecção de que a família, a sociedade e o Estado têm a obrigação de assegurar, para as crianças, jovens e adolescentes, a efetivação de direitos – entre eles, o direito à educação –, enquanto, no caso de pessoas idosas, seu posicionamento é diverso, consistindo, sobretudo, no dever de amparo. Referida tônica altera-

---

16. SILVA, José Afonso da. *Curso de Direito Constitucional Positivo*. 25. ed. São Paulo: Malheiros, 2005. p. 838.
17. SILVA, José Afonso da. *Curso de Direito Constitucional Positivo*. 25. ed. São Paulo: Malheiros, 2005. p. 321.

-se, contudo, a partir dos debates que se seguiram nas últimas décadas, ao se reconhecer às pessoas idosas o *status* de sujeitos de direitos. Em virtude disso, devem lhes ser assegurados todos os direitos sociais, entre os quais o direito à educação, em igualdade de condições com os demais.

2.2. Política Nacional do Idoso de 1994: a noção de "Universidade aberta para a terceira idade"

A despeito de se reconhecerem na Constituição Federal de 1988 os direitos das pessoas idosas ao amparo provido pelo Estado, pela família e pela sociedade, referidas previsões demandam atividade legiferante em virtude de seu cunho programático.[18] Em virtude disto, em 1994, foi promulgada a Política Nacional do Idoso, cujo objetivo consiste na asseguração dos direitos sociais do idoso, criando condições para promover sua autonomia, integração e participação efetiva na sociedade.[19]

Conforme apontado por Sousa, a Política Nacional do Idoso "veio consolidar os direitos dos idosos já assegurados na Constituição Federal, apresentando formas de concretização de instrumento legal capaz de coibir a violação desses direitos e promover a proteção integral do idoso", de maneira a tornar-se uma "norma orientadora da atuação governamental", ao consolidar "as novas exigências da sociedade brasileira para o atendimento da população idosa".[20] Referida política conta com 22 artigos, constando a referência à educação no Capítulo II (Dos Princípios e das Diretrizes), nestes termos:

> Art. 10. Na implementação da Política Nacional do Idoso, são competências dos órgãos e entidades públicos: III – na área de educação: a) adequar currículos, metodologias e material didático aos programas educacionais destinados ao idoso; b) inserir nos currículos mínimos, nos diversos níveis do ensino formal, conteúdos voltados para o processo de envelhecimento, de forma a eliminar preconceitos e a produzir conhecimentos sobre o assunto; c) incluir a gerontologia e a geriatria como disciplinas curriculares nos cursos superiores; d) desenvolver programas educativos, especialmente nos meios de comunicação, a fim de informar a população sobre o processo de envelhecimento; e) desenvolver programas que adotem modalidades de ensino à distância, adequadas às condições do idoso; f) apoiar a criação de universidade aberta para a terceira idade, como meio de universalizar o acesso às diferentes formas do saber.

---

18. SARLET, Ingo Wolfgang. *A eficácia dos Direitos Fundamentais*. 6. ed. Porto Alegre: livraria do advogado. 2006. passim. Concordando com Bonavides, destaque-se que a programaticidade não significa ausência de eficácia: "(...) a programaticidade das Constituições será contudo um mal se não servir também ao Direito, se não for para o Poder um instrumento de racionalização e eficácia governativa, se não vier embebida de juridicidade, se não representar aquele espaço onde o espírito da Constituição elege o seu domicílio e se aloja, mas, ao contrário, venha transformar-se nos Estados de constitucionalismo débil e apagada tradição jurídica em cômodo asilo das mais rudes transgressões constitucionais" (BONAVIDES, Paulo. *Curso de Direito Constitucional*. 15. ed. São Paulo: Malheiros. 2004. p. 251).
19. Art. 1º da Lei 8.842, de 4 de janeiro de 1994.
20. SOUSA, Ana Maria Viola de. *Tutela jurídica do idoso*: a assistência e a convivência familiar. São Paulo: Alínea, 2004. p. 124.

Percebe-se, neste diploma, a primeira menção legislativa ao conceito de "Universidade aberta para a terceira idade", inserto no art. 10, inc. III, alínea "f", como "meio de universalizar o acesso às diferentes formas do saber".

Historicamente, as primeiras universidades abertas à terceira idade foram estruturadas na França, em 1973, por meio das proposições do Professor Pierre Vellas, na Universidade de Toulouse.[21] A proposta inicial deste modelo educacional consubstancia-se na ocupação do tempo livre das pessoas idosas, com o objetivo de promover o convívio social e incrementar as relações entre os idosos. Com o passar do tempo, houve a ampliação dos fins visados para abranger a melhoria da saúde mental do idoso, bem como o fomento constante de sua emancipação e de sua participação cidadã, sempre considerando suas peculiaridades.[22]

Em território nacional, este modelo educacional foi implementado, pela primeira vez, há 22 anos, junto à Pontifícia Universidade Católica de Campinas, em 1990, que estabeleceu uma Universidade Aberta da Terceira Idade.[23] Atualmente, existem cerca de 200 programas desse tipo em instituições de ensino superior, a maioria destes caracterizados por projetos de extensão universitários, compondo, destarte, a educação não-formal.[24] São as Universidades Abertas que despertam o debate, no âmbito dos cursos superiores, sobre da adaptação de metodologias para a educação de idosos e o acolhimento do envelhecimento como uma fase a ser considerada no processo educativo e de formação da personalidade.

2.3. Estatuto do Idoso de 2003: a educação como um direito do idoso

Apesar de contar com mais de 20 anos de existência, a Política Nacional do Idoso não encontrou efetividade prática, na medida em que não fixou uma estrita atribuição de competências às entidades responsáveis de forma que se pode afirmar que este diploma "lança a semente para a criação do Sistema Jurídico de Garantias, que ocorrerá com o Estatuto do Idoso".[25]

Assim, considerando que "direitos apenas formalmente inseridos na lei não conferem aos idosos a dignidade, o respeito, e a integração no novo modelo da

---

21. M. CACHIONI et al. Brazil. In: FINDSEN, Brian et al (Eds). *International Perspectives on Older Adult Education*: Research, Policies and Practice. Suíça: Springer. 2016.
22. SOUSA, Ana Maria Viola de et al. Direito dos idosos à educação: análise do filme "o estudante" sob a perspectiva pontual da Gerontagogia. In: *Políticas Culturais em Revista*, 1(6), p. 137-151, 2013.
23. Id. Ibid.
24. M. CACHIONI et al. Brazil. In: FINDSEN, Brian et al (Eds). *International Perspectives on Older Adult Education*: Research, Policies and Practice. Suíça: Springer. 2016. p. 64.
25. ALCÂNTARA, Alexandre de. Da Política Nacional do Idoso ao Estatuto Do Idoso: a difícil construção de um Sistema de Garantias de Direitos da Pessoa Idosa. In: ALCÂNTARA, Alexandre de et al. *Política nacional do idoso*: velhas e novas questões Rio de Janeiro: Ipea, 2016. p. 363.

sociedade atual e nem mesmo na futura",[26] iniciam-se, em 1997, os debates para a promulgação de uma nova legislação, que pudesse suprir as falhas de efetivação da Política Nacional do Idoso.[27] Constituiu-se, em 2001, a Comissão Especial da Câmara Federal para tratar do Estatuto, com a promoção de seminários nacionais e regionais tendentes a promover debates prévios à aprovação do texto. Em virtude disto, aprova-se, em outubro de 2003, o Estatuto do Idoso, com vigência fixada a partir de 1º de fevereiro de 2004.[28]

Em seu art. 2º, explicita-se diretamente a titularidade do idoso relativa a todos os direitos fundamentais inerentes à pessoa humana e lhe são asseguradas todas as oportunidades e meio para a preservação de sua saúde física e mental e seu aperfeiçoamento moral, intelectual, espiritual e social, em condições de liberdade e dignidade. Digna de nota é a diferenciação entre a redação do art. 3º deste diploma, que traça os deveres da família, da comunidade, da sociedade e do poder público e os direitos pertinentes à pessoa idosa, e o art. 230 da Constituição Federal de 1988, que fixava, principalmente, o dever de amparo a ser prestado pela família, pelo Estado e pela sociedade e a asseguração do direito à vida.[29]

O Estatuto do Idoso, composto de 118 artigos, organizados em sete títulos, dispõe especificamente sobre a educação em seu Capítulo V, juntamente com as referências às matérias de cultura, esporte e lazer. Note-se que este texto traz a primeira referência da educação como um direito do idoso e titularizado por ele. Ademais, esta lei trata da instituição explícita e direta do dever de incumbência da família, da comunidade, da sociedade e do Poder Público de assegurar com absoluta prioridade a efetivação do direito à educação. Com este teor, dispõe a redação original do Estatuto que o "idoso tem direito à educação, cultura, esporte, lazer, diversões, espetáculos, produtos e serviços que respeitem sua peculiar condição de idade".[30]

Fixa-se, ademais, no que diz respeito à temática de gozo do direito à educação por pessoas idosas, que o Poder Público criará oportunidades de acesso à educação, promovendo adequação de currículos, metodologias e materiais

---

26. SOUSA, Ana Maria Viola de. *Tutela jurídica do idoso*: a assistência e a convivência familiar. São Paulo: Alínea, 2004. p. 9.
27. ALCÂNTARA, Alexandre de. Da Política Nacional do Idoso ao Estatuto Do Idoso: a difícil construção de um Sistema de Garantias de Direitos da Pessoa Idosa. In: ALCÂNTARA, Alexandre de et al. *Política nacional do idoso*: velhas e novas questões Rio de Janeiro: Ipea, 2016.
28. Art. 118 da Lei 10.741, de 1º de outubro de 2003.
29. Art. 3º da Lei 10.741, de 1º de outubro de 2003: É obrigação da família, da comunidade, da sociedade e do Poder Público assegurar ao idoso, com absoluta prioridade, a efetivação do direito à vida, à saúde, à alimentação, à educação, à cultura, ao esporte, ao lazer, ao trabalho, à cidadania, à liberdade, à dignidade, ao respeito e à convivência familiar e comunitária.
30. Art. 20 da Lei 10.741, de 1º de outubro de 2003.

didáticos destinados aos idosos.[31] Neste ponto, cumpre destacar que, de acordo com Cachioni, a discussão a respeito desta temática vem ocorrendo de maneira incipiente e isolada. É preciso mais: conhecer e respeitar a história de vida destas pessoas, de forma que, enquanto educandos, não podem ser meros recipientes de conhecimento, mas devem ser percebidos como participantes ativos do saber.[32]

Por fim, previa-se, em redação original do art. 25 deste Estatuto, o apoio, por parte do Estado, à criação de universidade aberta para as pessoas idosas e o incentivo à publicação de livros e periódicos, de conteúdo e padrão editorial adequados ao idoso, com leitura facilitada e adaptada à natural redução da capacidade visual. Referida previsão passou, a partir da Lei 13.535, de 2017, para o parágrafo único deste dispositivo, sendo a nova redação do *caput* destinada ao acolhimento da educação de pessoas idosas na perspectiva da educação ao longo da vida.

3. EDUCAÇÃO AO LONGO DA VIDA: ESCLARECIMENTOS CONCEITUAIS

A expressão "educação ao longo da vida" (ELV) passou a ser mundialmente utilizada a partir dos trabalhos efetivados na Comissão Internacional para o Desenvolvimento da Educação, que foi criada pela Unesco e presidida por Edgar Faure. Com o passar das décadas, a expressão sofre mutações semânticas normativas e executivas, que impactaram profundamente a estruturação dos serviços educacionais voltados para a execução desta perspectiva educacional.

Nesta seção, desvelam-se as acepções associadas à ELV, buscando inteligir, em seguida, se referido conceito dá guarida à educação formal e não-formal e que tipo de perspectiva de ELV pode ser defendida com vistas à manutenção dos princípios de preparo para a participação democrática e emancipação cidadã do educando.

3.1. Educação ao longo da vida, educação permanente e aprendizagem ao longo da vida: conceitos sinônimos?

Apesar de incluída apenas recentemente nas normas nacionais, a expressão "educação ao longo da vida" foi utilizada, pela primeira vez, na Inglaterra, em 1919, em documento intitulado *Lifelong Education, Education for Life*, no qual se debatia a formação vocacional dos operários. Sua tradução para o francês concretizou-se por meio do conceito de *Éducation Permanente*, consagrada esta

---

31. Art. 21 da Lei 10.741, de 1º de outubro de 2003.
32. M. CACHIONI et al. Brazil. In: FINDSEN, Brian et al (Eds). *International Perspectives on Older Adult Education*: Research, Policies and Practice. Suíça: Springer. 2016.

a partir dos estudos de Edgar Faure, especialmente com o relatório da Unesco de 1972, intitulado "Aprender a Ser: a educação do futuro".[33]

Nesta investigação, admite-se que a ideia de EPE reportava-se inicialmente à educação de adultos, realizada comumente em cursos noturnos, sendo, em seguida, associada à educação profissional contínua, para, então, referir-se, sobretudo, ao processo educativo que considera os múltiplos aspectos da personalidade do educando, como os intelectuais, afetivos, estéticos, sociais e políticos, em uma visão integrada da ação educativa. Portanto, a "educação permanente" torna-se, na década de 1970, a expressão de um relacionamento envolvente entre todas as formas, expressões e momentos do ato educativo.[34] Neste contexto, Gadotti considera que "a matriz fundadora da Educação ao Longo da Vida é a Educação Permanente. Há total coerência entre essas duas expressões. Uma pode ser substituída pela outra sem nenhuma perda de significado".[35] Neste sentido, fundamenta-se uma noção processual de educação, cuja caracterização não se mostra exclusivamente pertinente a uma fase específica da vida do educando, mas também concerne todo o decurso de sua vida:

> A partir de agora, a educação não se define mais em relação a um conteúdo determinado que se trata de assimilar, mas concebe-se, na verdade, como um processo de ser que, através da diversidade de suas experiências, aprende a exprimir-se, a comunicar, a interrogar o mundo e a tornar-se sempre mais ele próprio. A ideia de que o homem é um ser inacabado e não pode realizar-se senão ao preço de uma aprendizagem constante, tem sólidos fundamentos não só na economia e na sociologia, mas também na evidência trazida pela investigação psicológica. Sendo assim, a educação tem lugar em todas as idades da vida e na multiplicidade das situações e das circunstâncias da existência. Retoma a verdadeira natureza que é ser global e permanente, e ultrapasse os limites das instituições, dos programas e dos métodos que lhe impuseram ao longo dos séculos.[36]

Na década de 1990, produz-se um novo relatório no âmbito da Unesco, intitulado "Educação, um tesouro a descobrir", que propõe uma atualização da noção de ELV, fundamentada em quatro pilares: aprender a aprender, aprender a conviver, aprender a fazer e aprender a ser.[37] A partir de tais vigas, o conceito de ELV leva à eliminação da distinção tradicional entre educação formal inicial e educação permanente, convergindo em direção à noção de "sociedade educa-

---

33. GADOTTI, Moacir. Educação Popular e Educação ao longo da vida. Brasil. Ministério da Educação. Secretaria de Educação Continuada, Alfabetização, Diversidade e Inclusão. *Coletânea de textos Confintea Brasil+6*: tema central e oficinas temáticas. Brasília: MEC, 2016.
34. FAURE, Edgar. *Aprender a ser*. Lisboa: Bertrand, Difusão Europeia do Livro, 1974. p. 219-220.
35. GADOTTI, Moacir. Educação Popular e Educação ao longo da vida. Brasil. Ministério da Educação. Secretaria de Educação Continuada, Alfabetização, Diversidade e Inclusão. *Coletânea de textos Confintea Brasil+6*: tema central e oficinas temáticas. Brasília: MEC, 2016. p. 52.
36. FAURE, Edgar. *Aprender a ser*. Lisboa: Bertrand, Difusão Europeia do Livro, 1974. p. 225.
37. DELORS, Jacques. *Educação*: um tesouro a descobrir. Relatório para a Unesco da Comissão Internacional sobre Educação para o século XXI. 8. ed. São Paulo/ Brasília: Cortez/MEC, 2003.

tiva", no seio da qual tudo pode dar base a oportunidades de aprendizagem e de desenvolvimento de talentos.[38]

Para Gadotti, este relatório deixa de enfocar a educação, desviando as intenções originais concernentes à EPE para a ideia de aprendizagem, omitindo, ademais, uma expressa referência ao conceito de permanência do acesso ao ensino em todas as etapas da vida.[39] Consequentemente, a reformulação proposta nas últimas décadas de ELV reproduziria um conceito de EPE desligado de sua proposição original, conexa à participação e à democracia, para referenciar-se em uma noção tecnicista e instrumental de educação como formação para o mercado.[40] Surgiria, neste sentido, uma nova expressão, que, apesar de comumente utilizada como sinônimo das anteriores, encerraria um significado diverso: a noção de "Aprendizagem ao Longo da Vida".

Considerando referido enfoque na aprendizagem, reafirmou-se, em 2009, no relatório-síntese da VI Conferência Internacional de Educação de Adultos (Confintea), denominado "Marco de Ação de Belém", que:

> O papel da aprendizagem ao longo da vida é fundamental para resolver questões globais e desafios educacionais. Aprendizagem ao longo da vida, "do berço ao túmulo", é uma filosofia, um marco conceitual e um princípio organizador de todas as formas de educação, baseada em valores inclusivos, emancipatórios, humanistas e democráticos, sendo abrangente e parte integrante da visão de uma sociedade do conhecimento.[41] (Unesco, 2009, p. 6)

Portanto, apesar de possuírem a mesma matriz, as ideias de ELV, EPE e ALV distanciam-se em essência, se se considerarem os propósitos fixados nos marcos referenciais internacionais redigidos sobre a matéria.[42]

---

38. DELORS, Jacques. *Educação*: um tesouro a descobrir. Relatório para a Unesco da Comissão Internacional sobre Educação para o século XXI. 8. ed. São Paulo/ Brasília: Cortez/MEC, 2003. p. 32.
39. GADOTTI, Moacir. Educação Popular e Educação ao longo da vida. Brasil. Ministério da Educação. Secretaria de Educação Continuada, Alfabetização, Diversidade e Inclusão. *Coletânea de textos Confintea Brasil+6*: tema central e oficinas temáticas. Brasília: MEC, 2016.
40. GADOTTI, Moacir. Educação Popular e Educação ao longo da vida. Brasil. Ministério da Educação. Secretaria de Educação Continuada, Alfabetização, Diversidade e Inclusão. *Coletânea de textos Confintea Brasil+6*: tema central e oficinas temáticas. Brasília: MEC, 2016; LIMA, Licínio. A Educação faz tudo? Crítica ao pedagogismo na "sociedade da aprendizagem". *Revista Lusófona de Educação*, [S.l.], v. 15, n. 15, aug. 2010. ISSN 1646-401X. Disponível em: [http://revistas.ulusofona.pt/index.php/rleducacao/article/view/1519]. Acesso em: 11.08.2018.
41. Unesco. *Marco de Ação de Belém*. VI Conferência Internacional de Educação de Adultos. Belém: Unesco, 2009. p. 6.
42. Com este teor, afirma Gadotti: "Quando eu estava escrevendo minha tese de doutorado, nos anos 1970, não havia distinção entre 'Educação Permanente', 'Educação ao Longo da Vida' e 'Aprendizagem ao Longo da Vida', que traduziam a expressão inglesa Lifelong Education e Lifelong Learning. Essas expressões traduziam as mesmas intenções, os mesmos pressupostos. O que aconteceu nas décadas seguintes foi um completo distanciamento das raízes humanistas iniciais." GADOTTI, Moacir. Educação Popular e Educação ao longo da vida. Brasil. Ministério da Educação. Secretaria de Educação Continuada,

Para além de conceituações divergentes, essas siglas representam ainda um emprego desvirtuado de seu sentido teórico original, fazendo as vezes de bandeiras simbólicas da noção de educação como salvação, equivalente a um "medicamento administrado para tratar dos males de que tantos pacientes sofrem".[43] Referidos males consistem na ausência de preparação para o emprego e para a aplicação técnica de conhecimentos, persistentes, sobretudo, na realidade de indivíduos de determinados estratos sociais, os quais não são público-alvo de referidas "curas educacionais". Estas destinam-se a sanar um mal de insuficiência do indivíduo por meio da aquisição de conhecimentos que o adequam à competitividade do mundo moderno.[44] Pode-se inferir, portanto, que há dois sentidos de ELV: um conexo à intenção inicial consagrada na noção de EPE, voltada para a participação democrática e para a emancipação cidadã do indivíduo; e outro mais afeto ao conceito de ALV, a partir do qual se sobressaem as noções de formação profissional e técnica, em um âmbito educacional formal e controlado.[45]

Considerando referida discussão, imprescindível compreender em que sentido de ELV pauta-se a noção hodiernamente consagrada no Estatuto do Idoso, a fim de que possam se estruturar políticas públicas consoante com a noção processual de educação para a emancipação e para participação cidadã. Diante disso, surgem dois questionamentos: Considera-se, na expressão utilizada no Estatuto do Idoso, uma perspectiva de educação formal ou não-formal? Ainda, qual a perspectiva de ELV capaz de atender à percepção da educação como um processo infindável e permanente, consagrado à emancipação cidadã?

Alfabetização, Diversidade e Inclusão. *Coletânea de textos Confintea Brasil+6*: tema central e oficinas temáticas. Brasília: MEC, 2016, p. 57.

43. LIMA, Licínio. A Educação faz tudo? Crítica ao pedagogismo na "sociedade da aprendizagem". *Revista Lusófona de Educação*, [S.l.], v. 15, n. 15, ago. 2010, p. 11, ISSN 1646-401X. Disponível em: [http://revistas.ulusofona.pt/index.php/rleducacao/article/view/1519]. Acesso em: 11.08.2018.

44. Para Lima, as primeiras discussões acerca de EPE fundamentavam-se na excedência de mão de obra e na noção de educação para a compreensão humana. Neste sentido: "não por acaso, os conceitos de educação permanente e de sociedade da aprendizagem remetiam, originalmente, para uma sociedade marcada pela existência de tempos livres, evoluindo para uma sociedade caracterizada pelo excesso de mão-de-obra. Não se trata, portanto, da defesa de uma formação perpétua e de uma aprendizagem incessante, orientadas para a aquisição de qualificações técnicas ou de competências com vista à constituição do trabalhador flexível, como é hoje assumido pela "escola técnico-profissional" da educação para o trabalho". LIMA, Licínio. A Educação faz tudo? Crítica ao pedagogismo na "sociedade da aprendizagem". *Revista Lusófona de Educação*, [S.l.], v. 15, n. 15, ago. 2010, p. 50, ISSN 1646-401X. Disponível em: []http://revistas.ulusofona.pt/index.php/rleducacao/article/view/1519>. Acesso em: 11.08.2018.

45. Similarmente a esta compreensão, entende Lima: "As últimas décadas têm revelado um complexo processo de mudança, tanto conceptual quanto de orientação política, fazendo esbater a origem mais democrática e emancipatória do ideal de educação ao longo da vida e preferindo realçar as capacidades adaptativas e funcionais traduzidas pelo elogio da aprendizagem ao longo da vida". LIMA, Licínio. A Educação faz tudo? Crítica ao pedagogismo na "sociedade da aprendizagem". *Revista Lusófona de Educação*, [S.l.], v. 15, n. 15, ago. 2010, p. 50, ISSN 1646-401X. Disponível em: [http://revistas.ulusofona.pt/index.php/rleducacao/article/view/1519]. Acesso em: 11.08.2018.

3.2. Educação ao longo da vida: formal ou não-formal?

Considerando a visão processual da educação, que se perpetua ao longo de toda a vida de um cidadão, é preciso compreender quais os formatos educacionais concernentes às políticas públicas derivadas do direito à educação. Afinal, fixaria o direito à educação apenas o direito à educação formal ou estaria neste albergado o ensino não formal?

Para Gadotti, a educação formal seria aquela dotada de objetivos específicos delimitados, sendo sua caracterização fixada nas instituições educacionais em sentido estrito, como escolas e universidades, dotadas de reconhecimento por órgãos oficiais e submetidas a uma fiscalização – por meio de Ministérios da Educação. Alicerça-se esta em uma diretriz educacional central – currículo – e possui estruturas e setores bem delimitados, estabelecidos hierárquica e burocraticamente. Em contraposição, a educação não-formal contaria com maior grau de difusão, não apresentando mencionadas hierarquia e burocracia, ademais de não seguir, rigidamente, um sistema de progressão e de evolução em etapas.[46]

Ao mesmo tempo que entende pela existência da distinção, Gadotti a nega, propondo que "toda educação é, de certa forma, educação formal, no sentido de ser intencional".[47] Destaca-se, assim, que dois fatores de distinção mais claros nesta delimitação se referem ao espaço de concretização da educação e ao tempo da aprendizagem. Neste sentido, enquanto a educação formal dar-se-á geralmente no espaço da escola, denotando sequencialidade, a educação não-formal poderá ocorrer em múltiplos ambientes além da própria instituição educacional, como em ONG's, associações de bairro e instituições comunitárias. Outrossim, enquanto há uma maior maleabilidade quanto ao tempo de aprendizagem na educação não formal, pois atende às peculiaridades de cada indivíduo: na educação formal, há uma tendência a haver períodos delimitados para a aquisição de competências específicas, o que significa fracasso se a aquisição do conhecimento não for obtida no tempo considerado adequado.

No contexto da educação ao longo da vida, referidas noções de tempo e espaço apresentam maiores possibilidades de rearranjo, rompendo as fronteiras da estruturação estrita da educação formal. Isso não implica dizer que a educação formal deixe de figurar como um baluarte de efetivação do direito à educação na perspectiva ao longo da vida. Aqui, inclui-se na conceituação a não-formalidade, consistente na consideração de diferentes tempos e espaços de execução. Similarmente, para Gadotti:

---

46. GADOTTI, Moacir. A questão da educação formal/não-formal. *Droit à l'education*: solution à tous les problèmes sans solution? Institut International des droits de l'enfant, Sion, 2005.
47. GADOTTI, Moacir. A questão da educação formal/não-formal. *Droit à l'education*: solution à tous les problèmes sans solution? Institut International des droits de l'enfant, Sion, 2005. p. 2.

Uma das potencialidades do princípio da "aprendizagem ao longo da vida" é que ele quebra uma visão estanque da educação, dividida por modalidades, ciclos, níveis etc. Ele articula a educação como um todo, independentemente da idade, independentemente de ser formal ou não-formal. Se a educação e a aprendizagem se estendem por toda a vida, desde o nascimento até a morte, significa que a educação e a aprendizagem não se dão somente na escola e nem no ensino formal. Elas se confundem com a própria vida, que vai muito além dos espaços formais de aprendizagem. Assim, podemos dizer que tanto a educação quanto a aprendizagem não podem ser controlados pelos sistemas formais de ensino. Este princípio nos obriga a termos uma visão mais holística da educação. (...) Por outro lado, se a educação ao longo da vida se dá em espaços formais e informais, reduzir esse conceito à educação formal seria, também, privá-lo de uma de suas grandes potencialidades. Por isso não devemos confundir Educação ao Longo da Vida como a Educação Formal.[48]

Portanto, ao se referir à perspectiva da ELV, o Estatuto do Idoso prevê que as atividades a serem fornecidas por meio de cursos ou programas de extensão, presenciais ou à distância, qualificam-se por serem formais e não-formais.[49] Desta maneira, esclarece o Estatuto que a organização do serviço fornecido levará em conta formatações outras, não apenas aquelas fixadas no conjunto de normas oficiais, atendendo, assim, à necessidade de se considerar os diferentes contextos de vida de cada educando.

A recente modificação no diploma impõe, contudo, que estas atividades sejam fornecidas no seio das instituições de ensino superior e determina que uma entidade tipicamente associada à educação formal se responsabilize pela execução das atividades educacionais não-formais. Referida previsão consagra um contrassenso quanto ao espaço e ao ator responsável pela educação não-formal, o que implica um retrocesso a um entendimento de que a educação deve estar sob o monopólio de instituições classicamente associadas à formalidade do ensino.

3.3. Por uma Educação ao Longo da Vida na Perspectiva da Educação Popular

Considerando o analisado, a educação direcionada para idosos deve ter um enfoque que ultrapassa a aquisição de conteúdo, alinhando-se, na perspectiva da ELV, a uma noção de educação enquanto atividade em permanente processo. Neste sentido, deve-se considerá-la "como um processo de afirmação do indivíduo através da tomada de consciência para um autodeterminismo na condução de alternativas, a fim de dominar as diferentes situações em que será levado a viver".[50]

---

48. GADOTTI, Moacir. Educação Popular e Educação ao longo da vida. IBrasil. Ministério da Educação. Secretaria de Educação Continuada, Alfabetização, Diversidade e Inclusão. *Coletânea de textos CONFINTEA Brasil+6*: tema central e oficinas temáticas. Brasília: MEC, 2016. p. 55.
49. Art. 25, *caput*, do Estatuto do Idoso.
50. BARCIA, Mary F. *Educação Permanente no Brasil*. Petrópolis, Vozes, 1982. p. 63.

Referida atividade inicia-se com o nascimento do indivíduo e jamais alcança seu termo, dando guarida não apenas à aprendizagem formal, mas também à informal; não apenas ao aprendizado técnico e científico, mas também à emancipação cidadã e à participação democrática. Sousa et al. entendem que estes fins educativos incluem a cidadania ativa, a realização pessoal e a integração social.[51] Veja-se que referida percepção alinha-se ao considerado no Estatuto do Idoso, no qual estão asseguradas todas as oportunidades e meios para a preservação da saúde física e mental da pessoa idosa e seu aperfeiçoamento moral, intelectual, espiritual e social, inexistindo expressa referência ao aprimoramento laboral ou profissional.[52]

Tendo em vista citada delimitação de objetivos e referenciada discussão acerca das possíveis acepções advindas da interpretação do conceito de ELV, Gadotti entende que tais objetivos são fixados em um sentido de ELV pautado pela "Educação Popular" (EPO), na medida em que, a partir da EPO, a ELV volta-se para a participação, para a cidadania e para a autonomia dos indivíduos. Neste sentido, para o autor, a ELV, na perspectiva proposta no contexto da EPO, considera as diferentes expressões da vida humana, sejam estas artísticas ou culturais, ligadas ou não ao desenvolvimento local e à economia solidária, à sustentabilidade socioambiental, à afirmação das identidades dos diferentes sujeitos e de seus coletivos, à inclusão digital e ao combate a qualquer tipo de preconceito.[53]

Para Pontual, afirmar a ELV, na perspectiva da EPO, significa também atribuir-lhe a missão de promover uma cidadania ativa e transformadora, e construí-la com base nas práticas da democracia participativa, objetivando um modelo de desenvolvimento promotor da justiça social, da inclusão com equidade, da sustentabilidade e da superação de todas as formas de violência e discriminação. Para o autor, referida formulação da ELV direciona-se para a integração de diversas modalidades e estilos de educação e formação, institucionalizadas ou não, desenvolvidas tanto com base em organizações e movimentos sociais quanto com base em políticas públicas do Estado.[54]

Deste modo, no âmbito da discussão conceitual entre as definições de "Aprendizagem ao Longo da Vida", "Educação ao Longo da Vida" e "Educação

---

51. SOUSA, Ana Maria Viola de et al. Direito dos idosos à educação: análise do filme "O estudante" sob a perspectiva pontual da Gerontagogia. In: *Políticas Culturais em Revista*, 1(6), p. 137-151, 2013.
52. Art. 2º, *caput*, do Estatuto do Idoso.
53. GADOTTI, Moacir. Educação Popular e Educação ao longo da vida. Brasil. Ministério da Educação. Secretaria de Educação Continuada, Alfabetização, Diversidade e Inclusão. *Coletânea de textos Confintea Brasil+6*: tema central e oficinas temáticas. Brasília: MEC, 2016.
54. PONTUAL, Pedro. Educação ao Longo da Vida na perspectiva da Educação Popular e da participação social. Brasil. Ministério da Educação. Secretaria de Educação Continuada, Alfabetização, Diversidade e Inclusão. *Coletânea de textos Confintea Brasil+6*: tema central e oficinas temáticas. Brasília: MEC, 2016. p. 70.

Permanente", a EPO pode ser estabelecida executivamente, como substrato de orientação das políticas educacionais que consideram a continuidade da educação durante toda a vida. Neste sentido, a despeito de qual seja o termo utilizado, sempre ter-se-á em mente, na elaboração de referidas propostas educacionais voltadas para pessoas idosas, as concepções que se assentem no preparo e aperfeiçoamento para a participação democrática e para a emancipação cidadã do educando.

4. O DIREITO À EDUCAÇÃO AO LONGO DA VIDA: ANALISANDO A NOVA REDAÇÃO DO ART. 25 DO ESTATUTO DO IDOSO

Apresenta-se a educação como um fator essencial "para que os indivíduos tenham acesso ao conjunto de bens e serviços disponíveis na sociedade. Ela é um direito de todo ser humano como condição necessária para ele usufruir de outros direitos constituídos numa sociedade democrática".[55] Sua concretização influencia na formação de sujeitos de direitos participativos e emancipados, aptos a demandar diretamente os direitos fundamentais que titularizam. Pode-se entender, portanto, que a educação consiste em um direito fundamental cuja execução condiciona a qualidade da efetivação dos demais direitos fundamentais.

Nesta seção, intenta-se elucidar quais os contextos de inclusão da ELV no direito interno, fixando-se as motivações legislativas que levaram à previsão desta expressão no arcabouço jurídico brasileiro. Busca-se, com isto, fixar que compreensão de ELV deve ser preservada no âmbito da formulação de políticas públicas de execução desta perspectiva educacional.

4.1. A inclusão da "perspectiva da educação ao longo da vida" na tramitação legislativa

A modificação do Estatuto do Idoso, que incluiu a perspectiva da educação ao longo da vida, apresenta, em seu processo de tramitação, eventos que fornecem pistas sobre o sentido legislativamente visado na expressão adicionada. Veja-se, a princípio, que o Projeto de Lei do Senado 344, de 2012, de autoria do Senador Cristovam Buarque, previa não a alteração deste diploma, mas, sim, da LDBEN, para incluir, no art. 44, a oferta, no âmbito das instituições de ensino superior, de cursos e programas de extensão para o atendimento das pessoas idosas, por meio de atividade formais e não formais, na perspectiva da EPE.

Em sede de justificativa, a proposição aponta o crescimento da população brasileira com mais de 60 anos de idade, sendo este contingente formado em grande parte por pessoas com escolaridade igual ou superior ao ensino fundamental.

---

55. GADOTTI, Moacir. A questão da educação formal/não-formal. *Droit à l'éducation*: solution à tous les problèmes sans solution? Institut International des droits de l'enfant, Sion, 2005. p. 1.

Afirmando, ademais, a multiplicação de iniciativas associadas às Universidades Abertas à Terceira Idade como indicativo de que as universidades seriam o melhor ambiente para acolher as demandas educacionais deste segmento, aponta-se que está "mais do que na hora de acolher no texto da LDB um dispositivo para articular as demandas dos idosos por educação com as atividades das instituições de educação superior".[56]

Referida proposição, quando da análise na Comissão de Direitos Humanos e Legislação Participativa, recebeu, do relator Senador Paulo Paim, a crítica da imprecisão do texto, de maneira a deixar "margem a leituras dúbias quando de sua futura interpretação pelo Poder Judiciário",[57] de maneira que seria preciso "estabelecer com clareza que a obrigatoriedade estabelecida no parágrafo inserido refere-se apenas à universidade pública, ficando as instituições privadas com a opção de fazê-lo".[58] Em virtude disto, sofreu o projeto, nesta comissão, emenda com o fito de fixar aludida obrigatoriedade somente no âmbito das universidades públicas.

Em seguida, somente sob o crivo da Comissão de Educação, Cultura e Esporte a proposição de modificação legislativa voltou-se para o art. 25 do Estatuto do Idoso. Em sede de justificativa, citada alteração assentava-se sobre a necessidade de suprir uma lacuna na Lei 10.741 de 2004, que, apesar de garantir o direito à educação, não o fazia de modo a imprimir efetividade ao direito de acesso às pessoas idosas a programas de educação superior. Destarte, em redação final desta proposição, dispôs-se que as instituições de educação superior ofertariam aos idosos, na perspectiva da EPE, cursos e programas de extensão, presenciais ou a distância, constituídos por atividades formais e não formais. A original redação do art. 25, *caput*, passou, com isto, integralmente ao parágrafo único do preceptivo. Veja-se, sobre isto, que nas emendas propostas perdeu-se tanto a referência à obrigatoriedade do fornecimento de referido serviço educacional quanto a qualificação das universidades privadas como entes responsáveis.

Em tramitação na Câmara dos Deputados, o projeto seguiu sem alterações até chegar à Comissão de Direitos das Pessoas idosas, onde recebeu emenda para o acolhimento da expressão "educação ao longo da vida", em substituição à "educação permanente". Referido conceito fora acrescido sob a justificativa de que seria "mais coerente com a literatura especializada e as discussões acerca do incremento de oportunidades educacionais às pessoas idosas e aos demais cida-

---

56. Senado Federal. Projeto de Lei do Senado 344, de 2012. Autoria: Senador Cristovam Buarque. 2012a.
57. Senado Federal. Parecer acerca do Projeto de Lei do Senado 344/2012. Comissão de Direitos Humanos e Legislação Participativa. Relatoria: Senador Paulo Paim. 2012b.
58. Senado Federal. Parecer acerca do Projeto de Lei do Senado 344/2012. Comissão de Direitos Humanos e Legislação Participativa. Relatoria: Senador Paulo Paim. 2012b.

dãos".⁵⁹ Mencionada emenda deixa, contudo, de conter os motivos pelos quais a ELV seria mais adequada à estruturação da educação de idosos.

Considerando que a redação original da proposição albergava a proposta da EPE, cumpre interpretar o texto atualmente consagrado sob a égide do art. 25 do Estatuto do Idoso a partir dos preceitos da participação democrática e a da emancipação cidadã dos educandos idosos. Veja-se que a ideia original de EPE compõe-se como uma crítica ao sistema educacional que segrega nas "etapas ao longo da vida os períodos de formação (correspondentes à infância e à juventude), trabalho produtivo (idade adulta) e tempo livre (velhice, tempo posterior à aposentadoria) (...), trazendo a ideia de contínua atualização de conhecimentos".⁶⁰ Aproxima-se, assim, de uma leitura que respeite os desígnios primeiros da educação permanente aquela que entenda a ELV sob o viés EPO (GADOTTI, 2016; PONTUAL, 2016).⁶¹

4.2. A modificação da LDBN para o acolhimento da educação e aprendizagem ao longo da vida

Além das previsões constantes no Estatuto do Idoso, é preciso analisar o tratamento dispensado à educação de pessoas idosas nas demais legislações pertinentes à matéria, considerando, neste sentido, a recente alteração da LDBEN para também acolher a perspectiva da ELV. Primeiramente, a LDBEN não faz nenhuma referência, em sua redação, à educação de idosos, tampouco propõe o tema "envelhecimento" como componente dos currículos escolares.

Como reflexo disto, vê-se a total ausência de menção ao tema do envelhecimento e da educação de idosos nos Parâmetros Curriculares Nacionais (PCN), que, na apresentação dos temas transversais, olvida a disposição constante no Estatuto do Idoso acerca da inclusão, nos currículos mínimos dos diversos níveis de ensino formal, de conteúdos voltados ao processo de envelhecimento, ao respeito e à valorização do idoso, de forma a eliminar o preconceito e a produzir conhecimentos sobre a matéria.⁶² Cumpre destacar também que nenhum órgão responsável por emitir pareceres, resoluções, recomendações e notas técnicas, no âmbito do Minis-

---

59. Câmara dos Deputados. Parecer da Comissão de Defesa dos Direitos das Pessoas Idosas acerca do Projeto de Lei 6.350, de 2013. Relatora Deputada Leandre. 2016.
60. SARAIVA, Irene Skorupski. *Educação de jovens e adultos*: dialogando sobre aprender e ensinar. Passo Fundo: UPF. 2004. p. 31.
61. GADOTTI, Moacir. Educação Popular e Educação ao longo da vida. Brasil. Ministério da Educação. Secretaria de Educação Continuada, Alfabetização, Diversidade e Inclusão. *Coletânea de textos CONFINTEA Brasil+6*: tema central e oficinas temáticas. Brasília: MEC, 2016; PONTUAL, Pedro. Educação ao Longo da Vida na perspectiva da Educação Popular e da participação social. Brasil. Ministério da Educação. Secretaria de Educação Continuada, Alfabetização, Diversidade e Inclusão. *Coletânea de textos CONFINTEA Brasil+6*: tema central e oficinas temáticas. Brasília: MEC, 2016.
62. Art. 22 da Lei 10.741, de 1º de outubro de 2003.

tério da Educação – entre eles, a Secretaria de Educação Continuada, Alfabetização, Diversidade e Inclusão (SECADI) –, exarou qualquer regulamentação acerca da educação de idosos.[63]

A despeito de não comportar nenhuma previsão acerca da educação de idosos, a LDBEN prevê, em seu art. 37, *caput*, a educação de jovens e adultos, destinada àqueles que não tiveram acesso ou continuidade de estudos no ensino fundamental e médio na idade própria. No §1º deste dispositivo, estabelece-se ainda que os sistemas de ensino devem assegurar gratuitamente aos jovens e aos adultos, que não puderam efetuar os estudos na idade regular, oportunidades educacionais apropriadas, considerando as características do alunado, seus interesses, condições de vida e de trabalho, mediante cursos e exames.

Em consequência disto, a educação de idosos tem sido incluída, genericamente, na Educação de Jovens e Adultos (EJA), sem especificações referentes a este alunado. Outrossim, associa-se, nesta legislação, a educação fornecida para além do período considerado como adequado para escolarização, como estritamente voltada para suprir uma insuficiência do sistema educacional, que fracassou no fornecimento do serviço educacional na idade própria. A EJA – incluindo a educação de idosos – é legislativamente concebida, neste esteio, como uma "escolarização de segunda oportunidade", cujo efeito principal é o de remediação.[64] Tem-se, assim, uma perpetuação da ideia de educação, aprendizagem e ensino como específica de determinada fase da vida e destoante da noção de educação como um processo que se realiza no delongar de toda a vida.

Em modificação ao texto da LDEBN, a Lei 13.632, de 6 de março de 2018 inclui, no texto deste diploma normativo, a perspectiva da educação ao longo da vida para assegurar que, mesmo nos casos de escolarização na idade apropriada, haverá o fornecimento de oportunidades educacionais a todos – incluindo as pessoas idosas. Neste sentido, o art. 3º deste diploma passa a incluir, como um de seus princípios, a garantia do direito à educação e à aprendizagem ao longo da vida. Ademais, a redação do art. 37 é modificada para que a EJA seja destinada àqueles que não tiveram acesso ou continuidade de estudos nos ensinos fundamental e médio na idade própria, deixando-se claro que esta constitui instrumento para a educação e a aprendizagem ao longo da vida. Desta forma, garante-se que, mesmo quando se tenha em vista a escolarização do educando, suas peculiaridades serão

---

63. M. CACHIONI et al. Brazil. In: FINDSEN, Brian et al (Eds). *International Perspectives on Older Adult Education*: Research, Policies and Practice. Suíça: Springer. 2016.
64. LIMA, Licínio. Aspectos Contemporâneos da Educação ao Longo da Vida. Brasil. Ministério da Educação. Secretaria de Educação Continuada, Alfabetização, Diversidade e Inclusão. *Coletânea de textos Confintea Brasil+6*: tema central e oficinas temáticas. Brasília: MEC, 2016. p. 17.

consideradas no processo de aprendizagem, partindo-se de seu saber de mundo e de suas experiências individuais anteriores.

4.3 EJA ou ELV? Por um entendimento do direito à educação de jovens, adultos e idosos na perspectiva da ELV sob o viés da EPO

Como visto, a educação de idosos tem sido tratada dentro do contexto geral da EJA em virtude da ausência de menções específicas no âmbito das metodologias e de currículos acerca do ensino deste segmento. Assim, as Políticas Públicas Educacionais, fundamentadas em referidas perspectivas, findam por compreender o idoso como adulto, não se tendo em conta suas demandas específicas enquanto alunado.

De fato, o grupo de idosos está incluído genericamente em regulamentações associadas à modalidade "EJA", mencionando-se, neste sentido, o Parecer 11/2000 da Câmara de Educação Básica do Conselho Nacional de Educação, que traça as Diretrizes Curriculares Nacionais para a Educação de Jovens e Adultos. Neste, estabelece-se que "a barreira posta pela falta de alcance à leitura e à escrita prejudica sobremaneira a qualidade de vida de jovens e de adultos, estes últimos incluindo também os idosos".

Denota-se, assim, a referência ao segmento de pessoas idosas", sem um maior detalhamento ou consideração de especificações de suas demandas educacionais. Ademais, considerando-se o sentido dos mencionados preceptivos e propondo-se a EJA como uma modalidade compensatória e de segunda oportunidade, cumpre-se repetir o questionamento já alinhado em Lima: quando esta "não for mais necessária num dado momento histórico (como acontece já em vários países), isso significará, então, que poderemos prescindir de políticas públicas de educação de adultos?".[65]

Do mesmo modo, a ELV é, por vezes, considerada como equivalente da EJA, entendendo-se a ELV como o ensino efetivado depois da idade considerada apropriada. Não obstante, a referidas expressões não são sinônimas, e uma não pode ser substituída pela outra, dado que a ELV é "mais ampla do que o universo da EJA e também da educação popular de adultos, representando uma filosofia educativa que pode conferir uma nova centralidade à EJA, dependendo, no entanto, de sua orientação político-educativa".[66] Deste modo, não se pode confundir

---

65. LIMA, Licínio. Aspectos Contemporâneos da Educação ao Longo da Vida. Brasil. Ministério da Educação. Secretaria de Educação Continuada, Alfabetização, Diversidade e Inclusão. *Coletânea de textos Confintea Brasil+6*: tema central e oficinas temáticas. Brasília: MEC, 2016. p. 18.
66. LIMA, Licínio. Aspectos Contemporâneos da Educação ao Longo da Vida. Brasil. Ministério da Educação. Secretaria de Educação Continuada, Alfabetização, Diversidade e Inclusão. *Coletânea de textos Confintea Brasil+6*: tema central e oficinas temáticas. Brasília: MEC, 2016. p. 15.

EJA com ELV, uma vez que "se as duas expressões se identificassem não seria uma educação 'ao longo da vida', mas apenas ao longo da vida dos adultos. Seria ao 'longo da vida', menos a vida da criança e do adolescente".[67]

A despeito de não se confundirem referidas expressões, o surgimento da ELV nas agendas políticas tem suscitado o debate do esquecimento dos esforços despendidos na alfabetização e na escolarização propostas pela EJA. Gadotti aponta que a EJA "vem sendo subsumida pela Educação ao Longo da Vida", em virtude de sua ineficiência como "uma política 'compensatória', uma política desatualizada diante dos compromissos assumidos pelo Brasil", em virtude do que "seria preciso ressignificar o conceito de Educação de Jovens e Adultos (EJA) com base na visão da Educação ao Longo da Vida".[68] Para o autor, referida reformulação conceitual significaria uma inversão de prioridades, visto que o analfabetismo entre adultos e idosos permanece ainda como uma significativa problemática não suficientemente endereçada na agenda política educacional:

> O analfabetismo continua fora da agenda política. Parece que cansamos de alfabetizar adultos. É a política da desistência. Não respeitando a biografia dos analfabetos adultos, tentamos "letrá-los" e não conseguimos. Então, coloca-se a culpa nos próprios analfabetos. Eles são inalfabetizáveis! Não podemos considerar os adultos e os idosos seres inalfabetizáveis. Não acredito na política da inalfabetizabilidade. Por causa dessa política, 13 milhões de brasileiros vão morrer sem nunca ter lido um livro. Mas não serão só eles a terem perdido a leitura dos livros. O Brasil perderá também 13 milhões de histórias que não encontraram papel, lápis e caneta para serem registradas. Isso empobrece um país. É a renúncia a um Brasil alfabetizado.[69]

Por este motivo, antes de se falar de uma ELV que subjugue as políticas de EJA ou de uma inversão de prioridades para o favorecimento da educação de idosos em universidades, faz-se necessário compreendê-las como derivações legislativas e executivas de uma mesma proposta conceitual. Portanto, uma proposição de ELV que promova a abertura dos ambientes universitários para a terceira idade não deve se contrapor ao ensino oferecido a idosos no âmbito da EJA, na medida em que ambos devem ter os mesmos objetivos de permanente desenvolvimento pessoal, social e político de educandos idosos.

Desta maneira, articulam-se os art. 25 do Estatuto do Idoso e art. 37 da LDBEN para que ambas as propostas educacionais sejam articuladas por uma

---

67. GADOTTI, Moacir. Educação Popular e Educação ao longo da vida. Brasil. Ministério da Educação. Secretaria de Educação Continuada, Alfabetização, Diversidade e Inclusão. *Coletânea de textos Confintea Brasil+6*: tema central e oficinas temáticas. Brasília: MEC, 2016. p. 50.
68. GADOTTI, Moacir. Educação Popular e Educação ao longo da vida. Brasil. Ministério da Educação. Secretaria de Educação Continuada, Alfabetização, Diversidade e Inclusão. *Coletânea de textos Confintea Brasil+6*: tema central e oficinas temáticas. Brasília: MEC, 2016. p. 65.
69. GADOTTI, Moacir. Educação Popular e Educação ao longo da vida. Brasil. Ministério da Educação. Secretaria de Educação Continuada, Alfabetização, Diversidade e Inclusão. *Coletânea de textos Confintea Brasil+6*: tema central e oficinas temáticas. Brasília: MEC, 2016. p. 66.

mesma perspectiva filosófica de ELV sob o viés da EPO. Por esta argumentação, as políticas educacionais em jogo nesta base conceitual promovem uma "educação transformadora, entendendo a educação como um processo de conscientização e de transformação social, num movimento permanente de superação da desumanização".[70]

5. CONCLUSÃO

Neste trabalho, percebeu-se, inicialmente, por meio do histórico traçado a partir da Constituição Federal de 1988, que o direito à educação de pessoas idosas apenas recentemente, a partir do Estatuto do Idoso de 2003, vem sendo tratado expressamente. Neste sentido, inferiu-se que o Texto Constitucional, apesar de tratar da educação como um direito de todos, dispôs especificamente sobre o dever de amparo da família, da sociedade e do Estado para com pessoas idosas, deixando de referenciar especificamente os direitos sociais pertinentes a este segmento. Além disso, a Política Nacional de Idosos de 1994, a despeito de tratar da competência de órgãos e entidades públicas no tocante à área da educação, não previu a estruturação de uma política pública educacional apta a articular os conceitos por ela instaurados, como o de Universidade Aberta à Terceira Idade.

Perscrutaram-se, em seguida, os conceitos associados à "educação ao longo da vida", intentando desvendar o significado da inclusão desta expressão no Estatuto do Idoso, a partir da Lei 13.535, de 2017. Foram identificados debates sobre essa concepção, nascidos da ideia de "educação permanente", que buscava, em sua formatação original, promover a participação democráticas de pessoas idosas. Demonstrou-se que, a partir das discussões e negociações internacionais ocorridas na segunda metade do século XX, a expressão passou a ser paulatinamente substituída por outras, a saber "educação ao longo da vida" e "aprendizagem ao longo da vida", sendo a primeira mais recorrentemente utilizada nos documentos acerca da temática. Concluiu-se pela necessidade de se fixar uma perspectiva de ELV aproximada às noções de educação popular, tendo em vista as preocupações esposadas por esta com a emancipação cidadã e a participação democrática dos educandos.

Ao fim, analisaram-se os processos legislativos que conduziram à inclusão da perspectiva da ELV no art. 25 do Estatuto do Idoso e no art. 37 da LDBEN. Mostrou-se, inicialmente, que a redação original da proposição que alterou o Estatuto do Idoso reportava-se à ideia de EPE, fixando, ademais, a obrigatoriedade de prestação do serviço pelas universidades tanto públicas quanto privadas.

---

70. GADOTTI, Moacir. Educação Popular e Educação ao longo da vida. Brasil. Ministério da Educação. Secretaria de Educação Continuada, Alfabetização, Diversidade e Inclusão. *Coletânea de textos Confintea Brasil+6*: tema central e oficinas temáticas. Brasília: MEC, 2016. p. 64.

Inferiu-se, por fim, que a inclusão da perspectiva da ELV na LDBEN, que considera as prestações educacionais executadas na EJA, em decorrência do art. 37 da LDBEN, e nas instituições de ensino superior, em virtude do art. 25 do Estatuto do Idoso, deve comungar de uma mesma filosofia educacional, que considere as peculiaridades do educando idoso por meio de currículos e metodologias específicas, buscando-se, permanentemente, o fomento ao seu desenvolvimento pessoal, social e político.

5
CONQUISTAS E DESAFIOS PARA A TUTELA DOS DIREITOS DA PESSOA IDOSA[1]

Tânia da Silva Pereira

Advogada especializada em Direito de Família, Infância e Juventude. Mestre em Direito Privado pela UFRJ, com equivalência em Mestrado em Ciências Civilísticas pela Universidade de Coimbra (Portugal). Professora de Direito aposentada da PUC/Rio e da UERJ.

Livia Teixeira Leal

Doutoranda e Mestre em Direito Civil pela UERJ. Pós-Graduada pela EMERJ. Professora convidada da PUC-Rio, da EMERJ e da ESAP. Assessora no Tribunal de Justiça do Rio de Janeiro – TJRJ.

Sumário: 1. Considerações iniciais – 2. O idoso no direito brasileiro – 3. Desafios e alternativas para a tutela dos direitos da pessoa idosa – 4. Conclusão.

1. CONSIDERAÇÕES INICIAIS

O envelhecimento da população brasileira é uma realidade incontestável, não só pelo que traduz em termos absolutos, diante do aumento do número de pessoas idosas, mas, especialmente, pelo que representa em termos relativos, pela redução considerável de pessoas jovens. Segundo levantamento publicado em 2016 pelo Instituto Brasileiro de Geografia e Estatística (IBGE), o Brasil possui aproximadamente 25 milhões de pessoas acima dos 60 anos de idade e a expectativa é de que a população idosa no Brasil seja de mais de 41 milhões de pessoas até 2030.

A ampliação do tempo de vida se faz acompanhar de uma melhora substancial dos parâmetros da saúde das populações, ainda que estas conquistas estejam longe de distribuir de forma equitativa nos diferentes países e contextos socioeconômicos. O envelhecimento da população é uma aspiração natural de

---

1. Parte do presente artigo decorre da pesquisa realizada no período 2012/2013, no desenvolvimento do *Projeto Cuidado*, que resultou no texto "A sustentabilidade do idoso: as conquistas e desafios para um envelhecimento sustentável", escrito pelas mesmas autoras, o qual compôs a obra coletiva editada pela Atlas, intitulada *Cuidado e Sustentabilidade*, sob a coordenação de Tânia da Silva Pereira (Brasil), Guilherme de Oliveira (Portugal) e Alda Marina de Campos Melo (Brasil).

qualquer sociedade, mas não basta por si só. "Viver mais é importante desde que se consiga agregar qualidade a esses anos adicionais de vida".[2]

Norberto Bobbio aponta três perspectivas sob as quais a velhice pode ser compreendida: a *cronológica*, meramente formal, que considera uma faixa etária em que o indivíduo, independentemente de características pessoais, é considerado idoso; a *burocrática*, que marca a idade que gera direito a benefícios; e a *psicológica ou subjetiva*, que considera o momento em que o indivíduo sente-se, de fato, velho.[3]

A legislação brasileira adota o critério cronológico, tendo em vista sua maior objetividade, considerando idosa a pessoa com 60 anos ou mais. Reconhecida a especial vulnerabilidade desse grupo, coube à Lei n° 10.741, de 1º de outubro de 2003, conhecida como "Estatuto do Idoso", fixar direitos próprios, na esteira do comando constitucional presente nos arts. 229 e 230 da CRFB.

A respeito da concepção de "vulnerabilidade", observa Heloisa Helena Barboza que todos os seres humanos são vulneráveis, na medida em que podem ser atingidos em seu complexo psicofísico, mas os seres humanos diferem-se em relação à vulnerabilidade, devendo receber tratamentos diferenciados de acordo com os formatos e as peculiaridades desta. Assim, para fins de tratamento jurídico, deve-se identificar as "situações substanciais específicas" em que haja um desequilíbrio expressivo, para que sejam delineadas normas específicas de proteção de grupos que se encontrem em situações de vulnerabilidade potencializada, capazes de promover o reequilíbrio dessas relações por meio de uma tutela jurídica direcionada.[4]

Na mesma esteira, assinala Carlos Nelson Konder que a vulnerabilidade, enquanto categoria jurídica, "insere-se em um grupo mais amplo de mecanismos de intervenção reequilibradora do ordenamento, com o objetivo de, para além da igualdade formal, realizar efetivamente uma igualdade substancial".[5]

Com efeito, a sociedade brasileira vem construindo, desde o final do século XX, uma nova imagem do idoso e do envelhecer, influenciada em parte pela força das mídias, "destacando-se o fato de que os idosos também procuram conquistar o

---

2. VERAS, Renato Peixoto. Novos desafios contemporâneos no cuidado ao idoso em decorrência da mudança do perfil demográfico da população brasileira. In: LEMOS, Maria Tereza Toríbio Brittes; ZAGAGLIA, Rosângela Alcântara (org.). *A arte de envelhecer: saúde, trabalho, afetividade e Estatuto do Idoso*. Aparecida/SP: Ideias e Letras, 2004. p. 149.
3. BOBBIO, Norberto. *O tempo da memória: de senectude e outros escritos autobiográficos*. Rio de Janeiro: Campus, 1997. p. 17.
4. BARBOZA, Heloisa Helena. Vulnerabilidade e cuidado: aspectos jurídicos. In: PEREIRA, Tânia da Silva; OLIVEIRA, Guilherme de (coord.). *Cuidado e vulnerabilidade*. São Paulo: Atlas, 2009. p. 107 e 111.
5. KONDER, Carlos Nelson. Vulnerabilidade patrimonial e vulnerabilidade existencial: por um sistema diferenciador. *Revista de Direito do Consumidor*, v. 99, p. 101 – 123, Mai – Jun / 2015.

seu espaço social com mais dignidade, conscientes dos seus direitos de cidadania e da sua importante participação na vida do País".[6]

Neste processo, insta salientar o papel do sistema jurídico para a consagração dessa nova ótica, sobretudo por meio do reconhecimento de direitos pela legislação e pela sua efetivação pelos tribunais, sendo certo, ainda, como ressalta Pérola Melissa Vianna Braga, que "socializar o envelhecimento é um processo de aprendizagem sobre as características e demandas do envelhecer", significando "incitar a sociedade a absorver o envelhecimento como um processo complexo, que envolve uma mudança de comportamento e principalmente uma mudança de pensamento e de reflexão". Nesses termos, "[n]ão adianta tratar bem o idoso porque isto é lei. É preciso respeitar e aceitar o envelhecimento porque ele faz parte da própria vida".[7]

Sem pretender esgotar o tema, cujos desmembramentos não se encerram em simples reflexões, nossa proposta é analisar os instrumentos jurídicos de proteção da pessoa idosa, verificando os desafios para a efetivação dos direitos reconhecidos a esta parcela da população e buscando alternativas para a concretização dos avanços.

2. O IDOSO NO DIREITO BRASILEIRO

A Constituição da República, em seu artigo 1º, prevê como fundamentos a *cidadania* e a *dignidade da pessoa humana*, determinando como objetivos fundamentais da República Federativa do Brasil a construção de uma *sociedade livre, justa e solidária*, e a promoção do bem de todos, *sem qualquer tipo de discriminação*.[8]

Seguindo este preceito, o art. 226 da CRFB/88 conferiu à família proteção especial do Estado, determinando, ainda, em seu § 8º, que este deve assegurar assistência a cada um dos que a integram, criando mecanismos para coibir a violência no âmbito de suas relações. Este dever de proteção é estendido aos membros da família e à sociedade como um todo quanto ao amparo das pessoas idosas, devendo ser assegurada a participação comunitária dos mais velhos, e garantidos a eles, também, a dignidade, o bem-estar e o direito à vida (art. 230, CRFB/88). O constituinte teve, ainda, o cuidado de dar preferência ao lar da

---

6. NOVAES, Maria Helena. *Psicologia da terceira idade*: conquistas possíveis, rupturas necessárias. Rio de Janeiro: NAU, 2000. p. 9.
7. BRAGA, Pérola Melissa Vianna. *Curso de Direito do Idoso*. São Paulo: Atlas, 2011. p. 1.
8. Art. 1º, CF/88: "A República Federativa do Brasil, formada pela união indissolúvel dos Estados e Municípios e do Distrito Federal, constitui-se em Estado Democrático de Direito e tem como fundamentos: (...) II – a cidadania; III – a dignidade da pessoa humana; (...)".
Art. 3º, CF/88: "Constituem objetivos fundamentais da República Federativa do Brasil: I – construir uma sociedade livre, justa e solidária; (...) IV – promover o bem de todos, sem preconceitos de origem, raça, sexo, cor, idade e quaisquer outras formas de discriminação".

pessoa idosa como local de execução de programas de amparo, visando fortalecer os laços familiares.

A Lei 10.741/2003 veio regular de forma mais ampla os direitos do idoso, estabelecendo a garantia da proteção integral e da prioridade absoluta da população idosa e determinando o dever de todo cidadão de comunicar à autoridade competente qualquer forma de violação que tenha testemunhado ou de que tenha conhecimento (art. 4º, § 6º). O "Estatuto" prevê, ainda, que devem ser asseguradas todas as oportunidades e facilidades para preservação da saúde física e mental e do aperfeiçoamento moral, intelectual, espiritual e social do idoso, em condições de liberdade e dignidade (art. 2º).

O legislador estabeleceu, ademais, a corresponsabilidade da família, da comunidade, da sociedade e do Poder Público em relação à efetivação dos direitos fundamentais da pessoa idosa. Além de especificar as obrigações das entidades de atendimento (arts. 49 e 50), identificou responsabilidades na esfera criminal, por ação ou omissão (arts. 95-108), visando o tratamento privilegiado aos maiores de sessenta anos.

No âmbito das responsabilidades familiares, a Constituição Federal determina o dever dos pais de criar e educar os filhos menores, e dos filhos maiores de ajudar e amparar os pais na velhice, carência ou enfermidade (art. 229). Para o idoso, este amparo é essencial para a garantia efetiva dos direitos reconhecidos.

O direito aos alimentos em favor da pessoa idosa foi previsto pela Lei 10.741/2003 como obrigação solidária dos familiares, de modo que é facultado ao autor o direito de acionar um único prestador, o qual deverá cumprir a totalidade da obrigação e a quem é assegurado o direito de regresso contra os demais codevedores.

Admite o art. 13 do "Estatuto" a possibilidade de acordos relativos a alimentos serem referendados pelo Ministério Público, assumindo, a partir de então, força de título executivo extrajudicial, independente de homologação pelo Poder Judiciário. Alerte-se que, com base no artigo 2º da Lei 11.737 de 14 de julho de 2008, o art. 13 do "Estatuto" passa a dispor que "as transações relativas a alimentos poderão ser celebradas perante o Promotor de Justiça ou Defensor Público, que as referendará, e passarão a ter efeito de título executivo extrajudicial, nos termos da lei processual civil". O art. 14 constitui o Poder Público como devedor dos alimentos ao idoso sem condições econômicas de se sustentar, assim como seus familiares obrigados.

Deve-se destacar que "o direito aos alimentos é personalíssimo, impenhorável e imprescritível, mas as prestações vencidas prescrevem no prazo de dois anos", devendo o magistrado pautar-se no binômio necessidade/possibilidade para sua determinação. Assim, "se o idoso tem necessidade e a família tem possibilidade, a pensão alimentícia será fixada pelo juiz da Vara da Família através da ação de alimentos proposta pelo idoso ou por seu curador".[9]

No seio familiar, também se destaca a figura dos avós como corolário maior do relacionamento entre pais e filhos, como colaboradores indispensáveis na proteção e criação de seus netos. Dessa forma, a Lei 12.398/2011, alterando o art. 1.589 do Código Civil de 2002 e o art. 888 do Código de Processo Civil, estendeu o direito de visita aos avós, devendo-se ressaltar que a conotação da convivência com os avós foi ampliada, de modo a incluir nele o direito de hospedagem, bem como o de correspondência, donde se conclui que, atualmente, eles têm a faculdade de usufruir a companhia dos netos em outro lugar que não a sua casa, podendo até tê-los por um pernoite, por exemplo.

Nesse contexto, a presença dos avós no âmbito da família pode proporcionar a expansão do universo familiar, representando aos netos um aprendizado contínuo quanto às rotinas diárias, alimentação, etc., bem como um efetivo exemplo de experiência e de hábitos de vida. A troca de conhecimentos propiciada entre gerações pode ser um referencial importante para aqueles que se encontram em fase peculiar de desenvolvimento, na medida em que os avós são pessoas que "percorreram vários momentos do ciclo do grupo familiar e têm uma experiência de vida a relatar".[10]

Nossos Tribunais têm reconhecido a importância dos avós ao estabelecer que "a avó tem o direito de exercer a visitação em relação aos netos e estas tem o direito de receber o afeto avoengo, estreitar laços de convivência familiar e ampliar a convivência social".[11] Assim, "não havendo nada que impeça a convivência da avó com a neta, salvo a vontade equivocada dos genitores, é cabível estabelecer a regulamentação de visitas, que deverá ser cumprida pelos réus, sob pena de fixação de astreintes".[12]

O "Estatuto" também privilegia a convivência e a responsabilidade familiar. O art. 10 indica, entre os vários aspectos da liberdade do idoso, seu direito à participação na vida familiar e comunitária (V). Nessa toada, a coabitação no recesso do lar é um direito fundamental, sendo certo que seu afastamento só pode ocorrer se, havendo parentes, estes não tiverem condições de mantê-lo (art. 3º, V).

---

9. BRAGA, Pérola Melissa Vianna. Op. cit., p. 19.
10. BARROS, Myriam Lins de. *Autoridade e Afeto*: avós, filhos, netos na família brasileira. Rio de Janeiro: Zahar, 1987. p. 74.
11. TJRS, 7ª Câmara Cível, Agravo de Instrumento 70052709318, Rel. Des. Sérgio Fernando de Vasconcellos Chaves, Julg.: 08.03.2013, DJ: 15.03.2013.
12. TJRS, 7ª Câmara Cível, Apelação Cível 70050894963, Rel. Des. Sérgio Fernando de Vasconcellos Chaves, Julg.: 24.10.2012, DJ: 26.10.2012.

Alerte-se que o "Estatuto" impõe às entidades que desenvolvem programas de institucionalização de longa permanência a observância de princípios de preservação dos vínculos familiares, bem como, a participação do idoso nas atividades comunitárias, de caráter interno e externo (art. 49, incisos I e IV). Todas as entidades de atendimento devem buscar a preservação dos vínculos familiares, não ficando restrita aos serviços que atendam apenas às necessidades básicas do idoso (art. 50, VI). Entre as medidas, deverá oferecer acomodações apropriadas para o idoso receber visitas. O Estatuto impõe a essas entidades participação do idoso em atividades comunitárias de caráter interno e externo (art. 49, IV, Estatuto do Idoso), primando pelo atendimento personalizado e não massificado, promovendo a participação em atividades rotineiras de lazer e nas datas comemorativas tais como Natal, Páscoa e Ano Novo, respeitando suas limitações e fazendo que sejam partícipes nas decisões que lhe afetam, situando-se como sujeitos de direitos e obrigações.[13]

É garantido ao idoso o direito à vida e à saúde, mediante "políticas sociais públicas que permitam um envelhecimento saudável e em condições de dignidade" (art. 9º). Este dever do Estado envolve o acesso ao Sistema Único de Saúde, o fornecimento de medicamentos e outros recursos relativos ao tratamento, habilitação ou reabilitação, o atendimento domiciliar nos casos em que o idoso não puder se locomover, dentre outros. Assegura-se, outrossim, o direito do idoso de optar pelo tratamento de saúde que lhe for mais favorável. Caso ele não esteja em condições de proceder à opção, esta será feita pelo curador, pelos familiares ou pelo médico, de acordo com as circunstâncias (art. 17).

Ainda, no que concerne à saúde, importa ressaltar a importância da previsão da bula quanto às peculiaridades da posologia e das possíveis contraindicações do medicamento para idosos. Estes, assim como as crianças, possuem peculiaridades concernentes à idade, que demandam uma atenção especial que seja capaz de protegê-los em sua situação de maior vulnerabilidade.

Buscando impedir eventuais abusos pelas operadoras de planos de saúde, o Estatuto do Idoso veda, em seu art. 15, § 3º, a discriminação do idoso nos planos de saúde pela cobrança de valores diferenciados em razão da idade. Em relação a essa disposição, o Superior Tribunal de Justiça já se manifestou de modo a permitir o reajuste das mensalidades pelas administradoras dos planos de saúde, desde que haja previsão contratual expressa, sejam observadas as normas expedidas pelos órgãos governamentais reguladores e não sejam aplicados percentuais que onerem

---

13. MAIO, Iadya Gama. Comentários ao art. 49 e incisos do Estatuto do Idoso. In: PINHEIRO, Naide Maria (coord.). *Estatuto do Idoso comentado*. Campinas/SP: Servanda, 2012. p. 381.

excessivamente ou discriminem o idoso, devendo haver justificativa contábil que fundamente o ajuste.[14]

O Estatuto do Idoso prevê também a garantia do direito à liberdade, ao respeito e à dignidade à pessoa idosa, que se traduz na possibilidade de ela se locomover livremente, de acordo com as suas condições de saúde, e de não ficar em instituições contra a sua vontade, podendo, ainda, optar pelo tratamento que julgar mais adequado às suas necessidades, quando for possível, e dispor de seus bens. A garantia de liberdade de locomoção é viabilizada, ainda, pela gratuidade nos transportes públicos, que devem contar com assentos preferenciais para idosos e dar prioridade a estes no embarque.

No que se refere à proteção da dignidade da pessoa idosa, o direito à Previdência e à Assistência social cumpre papel relevante, à medida que possibilita que o idoso possua recursos mínimos para prover sua subsistência e que ele receba um retorno financeiro compatível com o seu tempo de dedicação e empenho quando não puder mais trabalhar.

Quanto à condição do idoso no mercado de trabalho, merece destaque o art. 7º, inciso XXX, da Carta Magna, que proíbe diferença de salários, de exercício de funções e de critério de admissão por motivo de idade. Garante-se, assim, a isonomia e a não discriminação dos trabalhadores.

A respeito dessa seara, Renato Peixoto Veras aponta três hipóteses que podem explicar a redução do número de idosos no mercado de trabalho: a) a ampliação de pessoas cobertas pela Previdência Social, que, apesar dos valores pagos serem extremamente exíguos, hoje atinge uma parcela maior de idosos do que antigamente, particularmente nas áreas rurais; b) a redução da atividade agrícola em função do êxodo rural e do crescimento da industrialização; e c) a pouca qualificação operacional do idoso, se comparada à da geração mais jovem, o que exclui do mercado de empregos mais bem pagos.[15] Alerta, porém, que, "ao contrário do que se pensa, a maioria dos brasileiros que já completou 65 anos continua trabalhando ou, pelo menos, está à procura de emprego e contribui com uma boa parte do rendimento familiar", conforme pesquisa do IPEA (Instituto de Pesquisa Econômica).[16]

---

14. "Tese para os fins do art. 1.040 do CPC/2015: O reajuste de mensalidade de plano de saúde individual ou familiar fundado na mudança de faixa etária do beneficiário é válido desde que (i) haja previsão contratual, (ii) sejam observadas as normas expedidas pelos órgãos governamentais reguladores e (iii) não sejam aplicados percentuais desarrazoados ou aleatórios que, concretamente e sem base atuarial idônea, onerem excessivamente o consumidor ou discriminem o idoso". STJ, 2ª Seção, REsp 1.568.244 / RJ, Rel. Min. Ricardo Villas Bôas Cueva, Julg.: 14.12.2016, DJe 19.12.2016.
15. VERAS, Renato Peixoto (Org.). *Terceira Idade*: alternativas para uma sociedade em transição. Rio de Janeiro: Relume-Dumará, 1999. p. 45.
16. MORENO, Denise Gasparini Moreno. *O Estatuto do Idoso*. Rio de Janeiro: Forense, 2007. p. 18-19.

Os idosos têm, ainda, garantido pelo Estatuto o direito à educação, à cultura, ao esporte e ao lazer, respeitada a sua condição peculiar de idade (art. 20), podendo ter acesso aos diversos meios de comunicação, espetáculos, produtos e serviços que não apresentem violações aos seus direitos, dada a sua vulnerabilidade. Sob este aspecto, deve-se destacar a importância da participação do idoso em atividades educativas, que estimulem a movimentação, o raciocínio e a concentração, proporcionando bem-estar e integração com outras pessoas.

Aponta-se, por fim, as alterações promovidas ela Lei n. 13.466, de 12 de julho de 2017, que realiza duas modificações práticas relevantes no Estatuto do Idoso: *a inclusão do § 7º no art. 15*, prevendo a preferência especial dos maiores de oitenta anos sobre os demais idosos nos atendimentos de saúde, e *a inclusão do § 5º no art. 71*, que garante prioridade processual especial aos maiores de 80 anos, reconhecendo a vulnerabilidade acentuada desse grupo, que deve expressar um tratamento adequado nas situações mais rotineiras. Isso porque a população idosa também tende a envelhecer, elevando-se o número de indivíduos com 80 anos ou mais, que poderá atingir 20% dos idosos até 2050, representando 13 milhões de indivíduos.[17]

Verifica-se, desta forma, a existência de um arcabouço jurídico de proteção ao idoso que cada vez mais almeja a efetividade no cotidiano das relações. É preciso que a norma traga não somente o amparo legal aos direitos dos idosos, mas também a possibilidade de transformar socialmente a visão do ancião na sociedade, sendo observada não em função de uma coerção, mas de uma efetiva alteração do modo de enxergar o idoso.

Nesse sentido, como observa Pérola Melissa Vianna Braga, a Lei 10.741/2003, em seu art. 8º, determina que o envelhecimento constitui um direito social, de modo que "a proteção ao envelhecimento não é direito somente daquele que possui idade mais avançada, mas também um elemento de segurança jurídica que atinge a sociedade como um todo". Além disso, ao considerar o direito ao envelhecimento como um direito personalíssimo, a Lei reconhece que envelhecer é inerente à condição humana.[18]

3. DESAFIOS E ALTERNATIVAS PARA A TUTELA DOS DIREITOS DA PESSOA IDOSA

Não obstante os inúmeros avanços, os idosos ainda são vítimas de muitas formas de violação, seja no ambiente doméstico ou asilar, seja nas ruas. Devido

---

17. CAMARANO, Ana Amélia. Perspectivas de crescimento da população brasileira e algumas implicações. *In: Novo regime demográfico*: uma nova relação entre população e desenvolvimento? Rio de Janeiro: IPEA, 2014. p. 195.
18. BRAGA, Pérola Melissa Vianna. Op. cit., p. 63.

à sua própria condição de fragilidade e dependência, o idoso também se recente do fenômeno do aumento da violência na sociedade atual; sendo quase sempre vítimas de agressões de diversas naturezas, na maioria das vezes, perpetradas no seu próprio lar, por aqueles a quem cabe o *munus* legal de protegê-lo, isto é, os próprios parentes, filhos, netos etc.[19]

O maior desafio consiste na identificação desses casos, que são pouco relatados em virtude do medo do idoso de ficar sozinho, já que muitas vezes os agressores são parentes próximos ou cuidadores. O receio do abandono e a sensação de culpa, por se sentirem um peso para a família, impedem que os idosos que estejam sofrendo algum tipo de agressão a denunciem, constituindo um verdadeiro obstáculo para a garantia efetiva de seus direitos.

Segundo Pérola Melissa Vianna Braga, "existem muitos relatos de idosos que são forçados a deixar seus lares por pressão de familiares ou de fazer a partilha de bens e objetos ainda em vida, como se fossem meros espectadores da morte. Também são comuns os relatos de idosos que são proibidos de namorar, de dançar ou de exercer atividades de lazer por imposição dos filhos e netos que têm o que consideram um vexame ou prova de que o idoso perdeu o juízo".[20] Estes ainda são grandes obstáculos à garantia de proteção aos idosos, tendo em vista que as violações ocorrem no contexto intrafamiliar, o que dificulta o conhecimento e o controle deste tipo de situação.

O art. 19 da Lei 10.741/2003, em seu § 1º, indica que constitui violência contra o idoso qualquer "ação ou omissão praticada em local público ou privado que lhe cause morte, dano ou sofrimento físico ou psicológico". O dispositivo estabelece, ainda, que os casos de suspeita ou confirmação de violência contra os idosos devem ser obrigatoriamente comunicados às autoridades policiais; aos Ministérios Públicos, ao Conselho Nacional do Idoso; aos Conselhos Estaduais e Municipais do Idoso.

Este tipo de violência pode ocorrer de várias formas: física, psicológica, sexual e financeira. É preciso estar atento a alguns sinais que indicam que o idoso pode estar sofrendo algum tipo de violação, tais como: constatação de abandono ou ausência de cuidador durante longos períodos; existência de uma demanda elevada aos serviços de saúde, especialmente de urgência, ou ao contrário, retardo na busca de atendimento médico quando necessário; ansiedade dos familiares ou cuidadores durante as visitas domiciliares ou hospitalizações; discordância entre

---

19. LANA, Roberto Lauro. A criminologia e o idoso. In: SEGUIN, Élida Seguin (Coord.). *Direito das minorias, promoção da sociedade brasileira de vitimologia*. Rio de Janeiro: Forense, 2001. p. 99.
20. BRAGA, Pérola Melissa Vianna. Op. cit., p. 71.

a história contada pelo paciente e a relatada pelos responsáveis ou cuidadores; respostas vagas e confusas ao ser o idoso questionado sobre algo; dentre outras.[21]

Quanto à violência contra o idoso no seio familiar, geralmente as agressões acontecem na clandestinidade, sendo marcadas pela cumplicidade do silêncio entre vítimas e algozes, o que dificulta sua apuração. As pessoas mais velhas têm vergonha de relatar as violências que sofrem pela culpa implícita de não terem sabido educar, principalmente se as agressões não forem físicas. Estes sentimentos de vergonha e de culpa são acrescidos de um certo descrédito, por conta de uma presunção de senilidade.[22]

Discute-se a possibilidade de o "abandono afetivo inverso" gerar o dever de indenizar. Nota-se, a este respeito, que o dever de cuidado, que se manifesta, inicialmente, no exercício do poder familiar, posteriormente se consubstancia no dever de solidariedade e de amparo que possuem os filhos em relação aos pais idosos. Assim, se a omissão no dever de cuidado dos pais em relação aos filhos gera a obrigação de indenizar,[23] a mesma lógica deve ser aplicada na hipótese inversa, ou seja, quando os filhos abandonam a mãe ou o pai idoso à sua própria sorte. O ordenamento jurídico delineia uma rede de solidariedade e responsabilidade que constituem uma via de mão-dupla, de modo que a omissão no dever de cuidado dos filhos em relação aos pais idosos também constitui ilícito civil, gerando o dever de reparar.

Com relação ao transporte, apesar do avanço da Lei nº 10.741/03, que assegura aos idosos gratuidade nos transportes coletivos públicos urbanos e semiurbanos (art. 39), além de 5% das vagas nos estacionamentos públicos e privados (art. 41), ainda são frequentes as cenas de desrespeito e abuso contra os mais velhos. Observa-se que, com um estilo de vida que exige cada vez mais velocidade, muitas vezes os idosos são desconsiderados, não sendo raras situações em que o ônibus não para no ponto para que o idoso suba, ou casos de freadas bruscas nos transportes, que podem provocar lesões e quedas.

É preciso, portanto, buscar uma compatibilização entre o tempo em que a sociedade vive nos dias atuais com o tempo do idoso, através da compreensão e do respeito à sua condição de vulnerabilidade.

Merece, ainda, atenção a disposição do art. 1.641, II, do Código Civil, que estabelece o regime da separação obrigatória de bens aos maiores de 70 anos. Em sua redação original, o mesmo dispositivo determinava a imposição legal da separação de bens aos maiores de 60 anos, tendo a Lei 12.344, de 09 de dezembro de

---

21. Extraído da Cartilha do Idoso – CODIMM-SESED/RN. Disponível em: [http://codimm.blogspot.com.br/2010_10_01_archive.html].
22. Elida Seguin, In *O idoso aqui e agora*. Rio de Janeiro: Lumen Juris, 2001. p. 21.
23. STJ, 3ª Turma, REsp 1159242 / SP, Rel. Min. Nancy Andrighi, Julg.: 24.04.2012, DJe 10.05.2012.

2010, elevado este marco etário para 70, em razão do aumento da expectativa de vida dos brasileiros.

No entanto, não obstante a alteração legislativa, a determinação da Lei é alvo de elevadas críticas, por restringir o direito de optar pelo regime de bens utilizando apenas o critério etário. É clara a intenção da norma no sentido de proteger o patrimônio do idoso e a expectativa dos futuros herdeiros, mas a restrição que impõe carece de coerência em relação aos princípios constitucionais da isonomia e da dignidade humana.

Antônio Carlos Mathias Coltro esclarece que a pessoa maior de setenta anos "é considerada pelo Código Civil uma pessoa capaz de ser vítima de aventureiros, portanto justificam tal restrição como de caráter protetivo, com propósito de obstar o casamento exclusivamente com interesse econômico". Para o mesmo autor, a imposição do regime legal às pessoas maiores de 70 anos "vai, também, de encontro aos direitos constitucionais, da igualdade jurídica, da intimidade e da garantia do justo processo legal".[24]

A proteção do patrimônio do idoso não pode ocorrer de maneira impositiva, desconsiderando-se a sua vontade, de modo a restringir de forma injustificada a sua liberdade. A nosso ver, a utilização do critério etário para a determinação coercitiva do regime da separação de bens não se justifica no contexto principiológico da Constituição Federal e do Estatuto do idoso.

Com o envelhecimento, surgem, ainda, as limitações, as doenças e a necessidade maior de cuidados. O grande desafio é envelhecer com autonomia e dignidade, ciente do direito de usufruir os benefícios de ser idoso. O Estatuto do Idoso veio reforçar esses direitos. Dentre eles pode-se incluir o direito a uma morte digna.

Este tema envolve reflexões que não se restringem aos interesses dos idosos. A morte e o morrer certamente ameaçam a condição humana.[25] O doente idoso, como qualquer pessoa em condição frágil de saúde, consciente de sua temporariedade, sente-se vulnerável diante da perspectiva da morte. Frente a este destino inevitável, com o qual todos os seres humanos irão se deparar, busca-se a garantia do direito de morrer com dignidade, possibilitando-se que o paciente opte por não prolongar extraordinariamente a vida mediante um tratamento inútil, que acabará por estender um sofrimento.

---

24. COLTRO, Antônio Carlos Mathias. Casamento, o regime etário obrigatório e a união estável: da inconstitucionalidade à inaplicabilidade. *Atualidades de Direito de Família e Sucessões*. São Paulo: Notadez, 2008. p. 41.
25. GEERTZ, Clifford. *A interpretação das culturas*. Rio de Janeiro: Guanabara/Koogan, 1989. p. 114.

Roxana Cardoso Brasileiro Borges esclarece que "a concepção de dignidade da pessoa humana que nós temos liga-se à possibilidade de a pessoa conduzir sua vida e realizar sua personalidade conforme sua própria consciência, desde que não sejam afetados direitos de terceiros. Esse poder de autonomia também alcança os momentos finais da vida da pessoa". A mesma autora chama atenção para os casos em que os tratamentos médicos acabam se tornando um fim em si mesmos e o ser humano passa a ser o segundo plano. Para ela, nestas situações, o paciente corre o risco de ser submetido a medidas desproporcionais, tendo em vista que os "interesses da tecnologia deixam de estar subordinados aos interesses do ser humano".[26]

Além disso, os cuidadores, salvo raras exceções, pouco interagem com o doente, sobretudo aqueles que são responsáveis pelos "procedimentos" e "protocolos" (médicos, enfermeiros, etc.). Para Vera Regina Waldow, "o envolvimento subjetivo no sofrimento de outra pessoa somente é possível quando existe interesse ou preocupação. Assim, o toque empático é interesse tangível, ou ainda, um interesse genuíno transformado em toque. De alguma maneira, o toque tangível é um cuidado que ameniza o sofrimento, a solidão da dor".[27]

O que se propõe, portanto, para a preservação da integridade física e psíquica do paciente idoso, é a humanização do tratamento médico, com foco no sujeito em situação de vulnerabilidade, provocada pela proximidade do fim da vida. Neste sentido, a liberdade do paciente de poder optar pelo tratamento que será realizado ainda é um grande desafio, sobretudo quando se trata de vida ou morte, de intervir ou não em um processo natural da existência humana.

O direito à morte digna, apesar de não ter sido regulamentado pela legislação brasileira, encontrou base na Resolução 1.805/2006, do Conselho Federal de Medicina, que permitiu que o médico suspendesse ou limitasse tratamentos que prolongassem a vida do paciente em fase terminal, de enfermidade grave e incurável, com o consentimento do paciente ou de seu representante legal. Esta Resolução também previu a manutenção do recebimento dos cuidados necessários para aliviar os sintomas que levassem ao sofrimento, sendo assegurada a assistência integral, o conforto físico, psíquico, social e espiritual, sendo assegurado o direito da alta hospitalar.

A Resolução 1.995/2012, do Conselho Federal de Medicina, que dispõe sobre as diretivas antecipadas de vontade dos pacientes, também representa um gran-

---

26. BORGES, Roxana Cardoso Brasileiro. *Eutanásia, ortotanásia e distanásia*: breves considerações a partir do direito brasileiro. Disponível em: [http://jus2.uol.com.br/doutrina/texto.asp?id=7571]. Acesso em: 09.09.2019.
27. Vera Regina Waldow, reportando-se a Gadow. *O cuidado na saúde: as relações entre o eu, o outro e o cosmos*. Petrópolis/RJ: Vozes, 2004. p. 157.

de avanço neste sentido. De acordo com a mesma Resolução, entende-se como diretivas antecipadas de vontade "o conjunto de desejos, prévia e expressamente manifestados pelo paciente, sobre cuidados e tratamentos que quer, ou não, receber no momento em que estiver incapacitado de expressar, livre e autonomamente, sua vontade". O reconhecimento deste direito possibilita que o médico leve em consideração a vontade do paciente quando este se encontrar incapaz de se comunicar ou de expressar de maneira livre e independente suas vontades.

Neste âmbito, o denominado *Testamento Vital* vem ganhando destaque, na medida em que possibilita que uma pessoa determine previamente as condições de tratamento ao qual será submetida quando não puder mais expressar a sua vontade. Embora autorizado pela Resolução 1.995/2012, ainda não há regulamentação que disponha sobre suas condições de validade, sendo certo que já é regulado por vários países, como: Estados Unidos, Alemanha, Espanha, Inglaterra, Portugal, dentre outros.

As leis brasileiras também não preveem a prática de eutanásia, ortotanásia ou distanásia, de modo que a Constituição Federal e o Código Penal não fazem qualquer menção acerca do tema. Contudo, importa observar que, não obstante a falta de regulamentação legal, o Testamento Vital é reconhecido no Brasil desde 2012 como diretivas antecipadas de vontade dos pacientes.

Alexandre Magno Fernandes Moreira destaca as implicações práticas e bioéticas decorrentes deste tema, destacando o risco de pacientes internados em hospitais públicos serem constrangidos a aceitar o procedimento para ceder vagas a outras pessoas com chance de cura, a falibilidade típica de quaisquer diagnósticos, sempre existindo a chance, mesmo que remotíssima, que uma nova técnica possa vir a curar o paciente, o alcance da indisponibilidade do direito à vida e da legitimidade do representante legal do paciente inconsciente ou incapaz autorizar a ortotanásia. Além disso, segundo ele, um dispositivo como esse poderia servir para que determinados grupos tentassem justificar práticas como eutanásia, suicídio assistido e aborto.[28]

Entretanto, a vontade do paciente manifestada no pleno gozo de suas faculdades mentais não pode ser simplesmente ignorada, de modo a afetar sua integridade física e psíquica. O idoso possui o direito à dignidade, que deve ser garantido em todas as fases de sua vida, inclusive diante da morte.

Na medida em que o ordenamento estabelece como dever de todos – Estado, Família e Sociedade – a proteção dos direitos do idoso, é necessário que haja uma atuação conjunta para prevenir e acabar com os casos de violência e discriminação

---

28. MOREIRA, Alexandre Magno Fernandes. *A ortotanásia e a Resolução CFM 1.835/2006*. Disponível em: [http://www.direitonet.com.br/artigos/x/33/73/3373/]. Acesso em: 10.09.2019.

contra os idosos. Para que se construa uma sociedade mais justa e solidária, deve-se preservar o ancião, que faz parte da edificação da base da sociedade: a família.

4. CONCLUSÃO

Reconhecer o valor e o sentido da vida na velhice exige mudanças de atitudes. Em qualquer idade, estamos sempre vivendo o presente, visitando o passado e o futuro na nossa imaginação. Somos o que lembramos e o que planejamos. É preciso viver cada idade a seu modo, sem deixar se enganar por falsas ideias da velhice, a qual abrange inquestionáveis perdas, sem afastar conquistas e vivências positivas.

A condição de idoso nos remete aos estudos sobre a *vulnerabilidade*; para o Direito todas as pessoas são vulneráveis e, portanto, todas são protegidas pela cláusula geral de tutela implícita na Constituição Federal. Contudo, podemos afirmar que o "Estatuto do Idoso" (Lei nº 10.741/03) representa a proteção especial dos maiores de 60 anos em razão de "situações substanciais específicas" as quais exigem tratamento adequado.

Atualmente, inúmeras atitudes negativas da sociedade são flagrantes frente aos idosos. A idade funciona como um relógio social, sendo o indicador do envelhecimento como processo biológico, psicológico, sociológico e cultural. De outro lado, vivemos o ideal estético de um corpo jovem, contexto no qual o velho é "feio".

Além disso, as representações do corpo envelhecido são influenciadas pela divisão de classes. A velhice vincula-se ao sentimento de solidão que remete a outras realidades concretas: aposentadoria, dificuldades nos relacionamentos com a família, entre outras. Passa-se a ideia de que os velhos são desinteressantes, exigentes, queixosos, dependentes e intrometidos. São tratados com impaciência e descaso. O idoso não compõe o setor produtivo da sociedade, não faz parte da engrenagem da produção econômica.[29]

Vive-se, nesse cenário, o desafio de se implementar habilidades para que as pessoas assumam, responsavelmente, as diferentes etapas de suas vidas. A presença dos idosos na vida das crianças representa a expansão do universo familiar. O resgate de sua história, os relatos de suas experiências de vida lhes permitem não esquecer as lembranças, os compromissos cotidianos, suas tarefas. "Caso contrário elas seriam membros de uma sociedade sem passado, sem memória e sem compromissos, uma sociedade de pura competição que pode facilmente se autodestruir".[30]

---

29. Essas "atitudes negativas" foram apresentadas por Maria Helena Novaes em palestra proferida na Puc/Rio em 2006.
30. FERREIRA, Odson Costa. *O idoso no Brasil*: novas propostas. Rio de Janeiro: O. Costa Ferreira, 1990. p. 12.

Indiscutivelmente vivemos o desafio de criar novas diretrizes para a proteção do idoso, não só no âmbito do atendimento à saúde, como na manutenção da qualidade de vida, dentro ou fora da família, sendo certo o incontestável envelhecimento da população, o que representa preservar as habilidades físicas e mentais necessárias à manutenção de uma vida independente e autônoma, ainda que convivendo com limites.

As *vivências intergeracionais* destacadas por Maria Helena Novaes permitem ao idoso ser aceito, reconhecido e amado, encontrando, assim, força para enfrentar inseguranças e possibilitando um relacionamento mais prazeroso e gratificante, numa visão ampla de tempo, na qual todos encontram seu lugar e compreendem as peculiaridades de cada geração.[31]

As vantagens da troca intergeracional, para a mesma autora, são importantes não somente para neutralizar a tendência dos idosos de afastamento dos contextos sociais, como de preparar tanto crianças, jovens, adultos e idosos a conviverem numa sociedade solidária, validando estratégias sociais e comunitárias, com mensagens de tolerância e de harmonia relacional.[32] E conclui: "o contado dos mais idosos com os mais jovens renova pensamentos, levando à aceitação do *outro*, o que contribui para uma maior compreensão da realidade, por meio da comunicação e da expressão criativa".[33]

Neste contexto de evolução, é fundamental que a família, não importa o modelo assumido, represente um referencial e um estímulo para se encontrar novas alternativas de convivência, reforçando a solidariedade nas instituições, predispondo as atitudes de tolerância, de aceitação mútua e dedicação aos outros, contribuindo para a construção de uma sociedade solidária e cidadã.

A busca pela concretização dos direitos do idoso também se reflete em ações voltadas para o resgate da cidadania das pessoas maiores de 60 anos, para as quais deverá ser garantido o futuro para as atuais e novas gerações. Dentre elas, podemos destacar os programas de inclusão dos idosos nos processos de decisão social que lhes sejam pertinentes; igualdade de oportunidades; projetos de qualificação profissional, principalmente para idosos desempregados, cuja experiência possa contribuir na produção e na capacitação dos mais jovens; participação democrática na definição de ações que visem melhorar a qualidade de vida; programas geradores de renda para pessoas idosas, respeitadas suas limitações; a conscientização da população como um todo quanto à importância de se cultivar raízes e de preservar os laços intergeracionais, bem como quanto aos direitos da pessoa idosa.

---

31. NOVAES, Maria Helena. *Paradoxos Contemporâneos*. Rio de Janeiro: E-papers, 2008. p. 125.
32. Ibidem, p. 127.
33. Ibidem, p. 131.

Para tanto, o Poder Público deve, dentro das propostas educacionais do ensino fundamental, implementar programas que visem ao esclarecimento dos jovens quanto à importância de respeitar, apoiar e valorizar os mais velhos.

Com efeito, os maiores de 60 anos têm demonstrado, quase sempre, seu desempenho intelectual e profissional, sua capacidade de aprender, seu interesse em relação ao futuro, sem desprezar a necessidade de reconquistar espaço como seres atuantes, aptos a desenvolver suas potencialidades a fim de contribuir para a comunidade. Sua presença na vida familiar, redimensionando os limites da privacidade reconquistados pela amizade e carinho de todos, exige que a sociedade enfrente os equívocos que envolvem esta destacada parcela da população.

Parte II
AUTONOMIA E VULNERABILIDADE DA PESSOA IDOSA NAS SITUAÇÕES EXISTENCIAIS E FAMILIARES

1
NOTAS SOBRE A ALIENAÇÃO FAMILIAR DO IDOSO E DA PESSOA COM DEFICIÊNCIA[1]

Vitor Almeida

Doutor e Mestre em Direito Civil pela Universidade do Estado do Rio de Janeiro (UERJ). Professor Adjunto de Direito Civil da Universidade Federal Rural do Rio de Janeiro (ITR/UFRRJ). Professor dos cursos de especialização do CEPED-UERJ, PUC-Rio, EMERJ e ESAP-PGE/RJ. Vice-diretor do Instituto Brasileiro de Bioética e Biodireito (IBIOS). Advogado.

Sumário: 1. Considerações iniciais: vulnerabilidades e direito à convivência familiar – 2. O direito à convivência familiar das pessoas idosas e/ou com deficiência e a função instrumental da família no desenvolvimento da personalidade – 3. A alienação da pessoa com deficiência e/ou idosa no contexto familiar. A alienação das pessoas submetidas à curatela – 4. Considerações finais.

1. CONSIDERAÇÕES INICIAIS: VULNERABILIDADES E DIREITO À CONVIVÊNCIA FAMILIAR

A preocupação com o direito à convivência familiar não se restringe apenas às relações entre pais e filhos menores. Em comunidades intermediárias, reforça-se a importância da manutenção dos vínculos e interações entre os familiares, em especial, em relação aos integrantes vulneráveis, cujas demandas exigem enérgica atenção dos demais membros no intuito de oferecer amparo, auxílio e cuidado, indispensáveis à luz do comando constitucional da solidariedade familiar. No caso de crianças e adolescentes, o ordenamento jurídico dispõe de diversos dispositivos legais e instrumentos que obrigam os pais a conviverem com seus filhos e exercerem o dever de cuidado. Inclusive, na hipótese de descumprimento de tais deveres os pais podem ser responsabilizados civilmente no caso de abandono "afetivo".[2] Além disso, a edição da Lei 12.318/2010, que dispõe sobre a alienação

---

1. Partes das conclusões presentes neste texto já foram anteriormente objeto de investigação em ALMEIDA, Vitor. Reflexões sobre alienação familiar da pessoa com deficiência. *Revista Eletrônica de Direito do Centro Universitário Newton Paiva*, v. 41, p. 128-144, 2020. A versão ora publicada foi revisada, atualizada e ampliada.
2. Em sede pretoriana, cf. o pioneiro julgado que reconheceu o abandono afetivo e o consequente dever de indenizar: "Civil e processual civil. Família. Abandono afetivo. Compensação por dano moral. Possibilidade. 1. Inexistem restrições legais à aplicação das regras concernentes à responsabilidade civil e o consequente dever de indenizar/compensar no Direito de Família. 2. O cuidado como valor jurídico objetivo está incorporado no ordenamento jurídico brasileiro não com essa expressão, mas com locuções e termos que manifestam suas diversas desinências, como se observa do art. 227 da CF/88. 3. Compro-

parental, é exemplo eloquente de proteção à integridade psicofísica de crianças e adolescentes e de promoção do direito à convivência familiar. Nesse sentido, os atos de alienação parental consistem, basicamente, na interferência a formação psicológica de infantes de maneira promovida ou induzida por um dos genitores com o intuito de repudiar o outro genitor ou que cause prejuízo ao estabelecimento ou à manutenção de vínculos com este.

Tais objetivos da Lei 12.318/2010 encontram relevo igualmente em relação à exigência constitucional de garantia do direito à convivência familiar de outros sujeitos vulneráveis nos tecidos familiares. Desse modo, cabe investigar a possibilidade de reconhecer que os casos de interferências promovidas ou induzidas que visem o afastamento de parentes com acentuada vulnerabilidade, a exemplo das pessoas idosas e com deficiência, submetidas ou não à curatela, nos termos autorizados pela lei, em nítido prejuízo à manutenção do sadio convívio familiar, em consonância com o seu melhor interesse e como forma de combater a violência psicológica intrafamiliar, também configura hipótese de alienação familiar, sem base legal explícita, hábil a permitir a repressão pelo ordenamento jurídico. Decerto, fundamentos constitucionais e legais não faltam para a garantia da convivência familiar de pessoas vulneráveis.

Ancorada no art. 230 da Constituição, visualiza-se que a Lei 10.741/2003 garante o direito à convivência familiar das pessoas idosas como obrigação da família, da comunidade, da sociedade e do Poder Público, consoante expressa o art. 3º. Além disso, assegura o direito à liberdade de participação na vida familiar (art. 10, § 1º, V) e estabelece que as medidas de proteção ao idoso devem levar em conta o fortalecimento dos vínculos familiares (art. 44). A bem da verdade, ao mesmo tempo que o amparo familiar na velhice é fundamental para a garantia de uma vida digna e de participação na vida familiar e comunitária, por outro, é comum os familiares eclipsarem as vontades, os desejos e as preferências de pessoas idosas, em nítido movimento paternalista e de infantilização, o que não

---

var que a imposição legal de cuidar da prole foi descumprida implica em se reconhecer a ocorrência de ilicitude civil, sob a forma de omissão. Isso porque o *non facere*, que atinge um bem juridicamente tutelado, leia-se, o necessário dever de criação, educação e companhia – de cuidado – importa em vulneração da imposição legal, exsurgindo, daí, a possibilidade de se pleitear compensação por danos morais por abandono psicológico. 4. Apesar das inúmeras hipóteses que minimizam a possibilidade de pleno cuidado de um dos genitores em relação à sua prole, existe um núcleo mínimo de cuidados parentais que, para além do mero cumprimento da lei, garantam aos filhos, ao menos quanto à afetividade, condições para uma adequada formação psicológica e inserção social. 5. A caracterização do abandono afetivo, a existência de excludentes ou, ainda, fatores atenuantes – por demandarem revolvimento de matéria fática – não podem ser objeto de reavaliação na estreita via do recurso especial. 6. A alteração do valor fixado a título de compensação por danos morais é possível, em recurso especial, nas hipóteses em que a quantia estipulada pelo Tribunal de origem revela-se irrisória ou exagerada. 7. Recurso especial parcialmente provido". STJ, REsp 1159242/SP, 3ª T., rel. Min. Nancy Andrighi, j. 24.04.2012, DJ 10.05.2012.

tem respaldo na promoção de uma vida autônoma e independente. É preciso compreender, portanto, que assegurar o direito à convivência familiar de pessoas idosas não significa a mitigação de sua autonomia, mas sim o fortalecimento dos vínculos afetivos para a promoção de sua liberdade e participação social.

No caso das pessoas com deficiência, a ordem jurídica brasileira atualmente é ainda mais enfática em relação ao convívio familiar. O Estatuto da Pessoa com Deficiência – EPD (Lei 13.146/2015) foi pródigo ao afirmar em diversas passagens os direitos inerentes a uma vida familiar livre de discriminações e em igualdade de oportunidades com as demais pessoas, embebido das diretrizes emanadas da Convenção Internacional dos Direitos das Pessoas com Deficiência (CDPD), internalizada no ordenamento brasileiro com *status* de emenda constitucional, nos termos do § 3º do art. 5º da Lei Maior. Em seu preâmbulo, a CDPD afirma que "a família é o núcleo natural e fundamental da sociedade e tem o direito de receber a proteção da sociedade e do Estado". Prossegue ao estabelecer "que as pessoas com deficiência e seus familiares devem receber a proteção e a assistência necessárias para tornar as famílias capazes de contribuir para o exercício pleno e equitativo dos direitos das pessoas com deficiência" (item *x*). O reconhecimento da relevância do núcleo familiar na formação da personalidade de um indivíduo encontra especial significado no caso das pessoas com deficiência, eis que contribui para o exercício da capacidade em igualdade de oportunidade e encontra pleno amparo no movimento de inclusão social desse grupo historicamente estigmatizado, na linha do que foi encampado pela lei protetiva em conformidade com os desígnios convencionais/constitucionais.

Nessa linha, o direito à convivência familiar, amplamente previsto em sede constitucional e infraconstitucional, é fartamente reconhecido às pessoas idosas e com deficiência, seja como necessário à sua inclusão social, mas principalmente como indispensável ao inerente cuidado devotado aos vulneráveis por força da solidariedade constitucional. É de se afirmar, portanto, que eventuais disputas familiares, que envolvem, não raras vezes, questões argentárias ou puramente egoístas, acabam por afastar do convívio a pessoa vulnerável dos demais parentes em razão de postura individualista e abusiva que interfere de modo provocado ou induzido na integridade psicofísica do parente vulnerável alienado e viola seu direito fundamental à convivência familiar, o que deve ser de todo combatido pelo Direito.

Diante de tal cenário, parece salutar refletir sobre a extensão e o alcance da Lei 12.318/2010, conhecida como lei da alienação parental, aos demais sujeitos vulneráveis no âmbito familiar e que também sofrem com o afastamento induzido ou provocado dos demais parentes. A mencionada Lei, como visto, trata do combate aos atos de alienação parental, ou seja, da interferência na formação psicológica da criança ou do adolescente promovida ou induzida por um dos genitores, pelos avós ou por aqueles que detêm a autoridade, a guarda ou a vigilância, com a finalidade de repudiar um dos genitores ou causar prejuízo ao estabelecimento ou à manutenção de vínculos com este, nos termos do seu art. 2º. Nada obsta, no entanto, que se verifique na realidade dinâmica das famílias, em giro contrário, que filhos adultos ou cônjuges/companheiros, entre outros parentes próximos, também exerçam atos comissivos ou omissivos dolosos de interferência nociva no convívio familiar, sobretudo, em situações em que se aproveita da situação de vulnerabilidade ou da própria situação de curatela para afastamento provocado ou induzido entre pais idosos e seus demais filhos em razão de litígio entre irmãos ou mesmo entre irmãos e parentes próximos. Viola-se o direito fundamental à convivência familiar e a própria dignidade do sujeito alienado, eis que afeta os vínculos afetivos formados ao longo da vida e, por conseguinte, ofende sua integridade psicofísica.

À luz de tais considerações, busca-se definir o conteúdo do direito à convivência familiar das pessoas idosas e com deficiência, em especial a partir da função das entidades familiares de servirem ao livre desenvolvimento da personalidade de seus integrantes, como espaço adequado de cuidado e solidariedade. Por conseguinte, como medida de afirmação e efetividade da convivência familiar, defende-se a extensão, no que couber, da lei da alienação parental aos demais casos de interferências promovidas ou induzidas que visem o afastamento de parentes com acentuada vulnerabilidade, a exemplo das pessoas idosas e com deficiência, submetidas ou não à curatela nos termos da lei, em nítido prejuízo à manutenção do sadio convívio familiar, em consonância com o melhor interesse de cada grupo específico e suas intrínsecas vulnerabilidades. Almeja-se, com base em tais objetivos e a partir de pesquisa bibliográfica e documental, analisar o fenômeno da alienação de pessoas idosas e com deficiência mental ou intelectual em situação de curatela pelas razões que a lei indica e os instrumentos de proteção em prol da efetividade do direito à convivência familiar e do direito à integridade psicofísica à luz da legalidade constitucional.

2. O DIREITO À CONVIVÊNCIA FAMILIAR DAS PESSOAS IDOSAS E/OU COM DEFICIÊNCIA E A FUNÇÃO INSTRUMENTAL DA FAMÍLIA NO DESENVOLVIMENTO DA PERSONALIDADE

O equilíbrio entre a preservação da autonomia e a atenção à vulnerabilidade da pessoa idosa e/ou com deficiência sempre foi delicado, especialmente no campo das relações familiares tal sopesamento adquire ares ainda mais intrincados, eis que são vínculos íntimos e afetivos e, indiscutivelmente, constitutivos do desenvolvimento da personalidade do próprio ser. Tal sintomática assertiva é reforçada com a preocupação deliberada do legislador pátrio ao elaborar o EPD com os altos propósitos de assegurar e promover, em condições de igualdade, o exercício dos direitos e das liberdades fundamentais por pessoa com deficiência, visando à sua inclusão social e cidadania, e, por consequência, o reconhecimento de sua plena capacidade civil em todos os aspectos da vida, especialmente no campo da vida familiar.

Idêntica preocupação é extraída do Estatuto do Idoso, que igualmente assegura o direito à convivência familiar (art. 3º), bem como realça a tutela da liberdade, do respeito e da dignidade da pessoa idosa (art. 10) e o reconhecimento do envelhecimento como um direito personalíssimo e sua proteção um direito social (art. 8º), sempre guiados pelo princípio do melhor interesse, estampado no art. 230 da Constituição. Reitere-se, por óbvio, que senescência não é sinônimo de incapacidade ou mesmo sua restrição, sendo imperioso promover a autodeterminação na esfera existencial das pessoas idosas e sua participação com independência na comunidade, sociedade e no ambiente familiar.[3] É bem verdade que a afirmação da capacidade da pessoa idosa é despicienda no Estatuto do Idoso, eis que nunca foi causa de incapacidade no direito civil brasileiro. Ademais, os direitos ligados à constituição da família nunca lhe foram negados ao longo da vida, mas sim restringidos na fase da velhice, a exemplo do regime da separação obrigatória de bens para pessoas acima de 70 (setenta) anos (art. 1.641, II, do Código Civil) e da forte limitação na tomada de decisões a respeito da saúde no fim da vida.

De modo mais enfático, notadamente em relação às pessoas com deficiência, os incisos do art. 6º do EPD revelam de forma nítida o objetivo da lei inclusiva em afirmar e garantir a sua capacidade civil para casar-se e constituir união estável (inciso I), exercer direitos sexuais e reprodutivos (inciso II), exercer o direito de decidir sobre o número de filhos e de ter acesso a informações adequadas sobre reprodução e planejamento familiar (inciso III), conservar sua fertilidade, sendo vedada a esterilização compulsória (inciso IV), exercer o direito à família e à convivência familiar e comunitária (inciso V) e exercer o direito à guarda, à tutela, à curatela e à adoção, como adotante ou adotando, em igualdade de oportunidades com as demais pessoas (inciso VII).

Tais dispositivos descortinam o espírito do estatuto protetivo em assegurar que as pessoas com deficiência possam livremente escolher o arranjo familiar de acordo com as suas preferências e desejos, calcado ou não em um modelo de conjugalidade. Nesse sentido, reconhece que as pessoas com deficiência podem

---

3. Seja consentido remeter a ALMEIDA, Vitor; SANTOS, Deborah Pereira Pinto. Reflexões sobre o direito à autodeterminação existencial da pessoa idosa. In: BARLETTA, Fabiana Rodrigues; ALMEIDA, Vitor (Org.). *A tutela jurídica da pessoa idosa*: melhor interesse, autonomia e vulnerabilidade e relações de consumo. Indaiatuba, SP: Foco, 2020, passim.

ainda exercer os encargos da guarda, tutela e curatela,[4] desde que não se encontrem submetidas à curatela, o que limita, a depender do caso, o exercício das funções ali indicadas, eis que sempre necessário observar os demais valores constitucionais em jogo, a exemplo dos princípios do melhor interesse da criança e do adolescente e da pessoa idosa (arts. 227 e 230, CR).

A preocupação do legislador com as relações familiares é fortalecida mesmo nos casos em que a pessoa com deficiência extraordinariamente é submetida à curatela, uma vez que expressamente prevê que tal medida não alcança a sexualidade e o matrimônio (art. 85 § 1º). Uma interpretação sistemática da lei permite afirmar que a curatela, em regra, não alcança nenhum dos direitos existenciais relacionados à vida familiar indicados, de forma exemplificativa, no elenco previsto no art. 6º do EPD.[5] À luz do texto constitucional, nem poderia ser outra a conclusão, eis que a pluralidade e a não hierarquia das entidades familiares são pressupostos indispensáveis para evitar a discriminação e a preponderância entre os modelos de família, o que deve ser de todo afastado. Com isso, em regra, a curatela é restrita aos atos de natureza patrimonial e negocial, e, portanto, não alcança os direitos existenciais vinculados ao direito à família, salvo quando expressamente a sentença que definir os contornos da curatela eventualmente restringir alguma situação existencial de natureza familiar e sempre em proteção da dignidade da pessoa com deficiência.

A importância dos laços familiares no desenvolvimento da personalidade das pessoas com deficiência é realçada em outras passagens do vigente marco normativo de proteção das pessoas com deficiência. Desse modo, o art. 114 do EPD, por exemplo, conferiu nova redação ao art. 1.777 do Código Civil para reforçar a preservação do direito à convivência familiar, de modo a afastar o recolhimento dos curatelados em estabelecimentos que os afaste desse convívio. Cabe sublinhar a relevância do direito à convivência familiar, realçado em diversos dispositivos do EPD. Assim, além da sua menção no art. 6º, inciso V, é dever do Estado, da sociedade e da família assegurar à pessoa com deficiência, com prioridade, a efetivação do direito à convivência familiar, conforme estampado

---

4. Cf. ALMEIDA, Vitor; YOUNG, Beatriz Capanema. *A pessoa com deficiência como curador*: entre o direito a exercer a curatela e o melhor interesse do curatelado. No prelo.

5. "A interpretação sistemática da Lei revela que o elenco de hipóteses ali contido não é exaustivo. Foram, porém, contempladas as situações nas quais mais fortemente se faziam presentes a desigualdade e a discriminação das pessoas com deficiência, inclusive nos textos legais. A presença de uma deficiência era pressuposto bastante para retirar das pessoas a capacidade jurídica para estabelecer relações existenciais, tomando-se sempre como argumento o caso das deficiências mais severas, as quais eram e ainda são generalizadas para impedir, de modo difuso, o exercício de direitos existenciais, notadamente os relacionados à vida familiar". BARBOZA, Heloisa Helena; ALMEIDA, Vitor. Art. 6º. In: BARBOZA, Heloisa Helena; ALMEIDA, Vitor (Org.). *Comentários ao Estatuto da Pessoa com Deficiência à luz da Constituição da República*. Belo Horizonte: Fórum, 2018, p. 61.

no art. 8º.⁶ Preocupou-se, ainda, nos termos do art. 31, que o direito à moradia digna da pessoa com deficiência seja, preferencialmente, efetivado no seio da família natural ou substituta, com seu cônjuge ou companheiro.⁷

Mas, sem dúvida, o alcance do direito à família, como preferiu o legislador mencionar na primeira parte do inciso V do art. 6º, merece ser mais bem explorado. A propósito, em linha de unidade sistemática do ordenamento, cabe interpretá-lo à luz das disposições da Convenção Internacional das Nações Unidas sobre os Direitos das Pessoas com Deficiência e seu protocolo facultativo (CDPD), que foram ratificados pelo Congresso Nacional através do Decreto Legislativo 186, de 09 de julho de 2008, e promulgados pelo Decreto 6.949, de 25 de agosto de 2009. A par disso, as disposições da CDPD encontram-se formalmente incorporadas, com força, hierarquia e eficácia constitucionais, ao plano do ordenamento positivo interno do Estado brasileiro, nos termos do art. 5º, §3º, da Constituição Federal. A internalização à ordem constitucional brasileira da CDPD como emenda constitucional revolucionou o tratamento da questão, ao colocá-la no patamar dos direitos humanos e ao adotar o denominado modelo social da deficiência.⁸

Logo em seu preâmbulo, a CDPD ressalta que a família é o "núcleo natural e fundamental da sociedade e tem o direito de receber a proteção da sociedade e do Estado e de que as pessoas com deficiência e seus familiares devem receber a proteção e a assistência necessárias para tornar as famílias capazes de contribuir para o exercício pleno e equitativo dos direitos das pessoas com deficiência". No entanto, o núcleo dos direitos ligados à vida familiar na CDPD encontra-se previsto em seu art. 23 que trata do "respeito pelo lar e pela família". Determina, portanto, o dever dos Estados Partes na adoção de "medidas efetivas e apropriadas para eliminar a discriminação contra pessoas com deficiência, em todos os aspectos relativos a casamento, família, paternidade e relacionamentos, em igualdade de condições com as demais pessoas". Deve ser assegurado, dessa forma, "o direito das pessoas com deficiência, em idade de contrair matrimônio, de casar-se e estabelecer família, com base no livre e pleno consentimento dos pretendentes"; "decidir livre e responsavelmente sobre o número de filhos e o espaçamento entre esses filhos e de ter acesso a informações adequadas à idade e a educação em matéria de reprodução e de planejamento familiar, bem como os meios necessários para exercer esses direitos"; e,

---

6. O direito à convivência familiar é novamente mencionado no art. 39 do EPD como um dos objetivos perseguidos pelos serviços, programas, projetos e benefícios no âmbito da política pública de assistência social à pessoa com deficiência e sua família.
7. "Art. 31. A pessoa com deficiência tem direito à moradia digna, no seio da família natural ou substituta, com seu cônjuge ou companheiro ou desacompanhada, ou em moradia para a vida independente da pessoa com deficiência, ou, ainda, em residência inclusiva".
8. Cf. BARBOZA, Heloisa Helena; ALMEIDA JUNIOR, Vitor de Azevedo. Reconhecimento e inclusão das pessoas com deficiência. *Revista Brasileira de Direito Civil – RBDCivil*, v. 13, p. 17-37, Belo Horizonte, jul.-set., 2017.

que as "pessoas com deficiência, inclusive crianças, conservem sua fertilidade, em igualdade de condições com as demais pessoas" (art. 23, 1, *a*, *b* e *c*).

É de se afirmar, portanto, que as disposições contidas no EPD seguem as prescrições emanadas da CDPD no tocante à liberdade das pessoas com deficiência em exercer os atos relacionados à vida familiar. E nem poderia ser diferente, tendo em vista a supremacia das normas da Convenção que foram internalizadas com *status* de emenda constitucional, como já afirmado. É nítido que o objetivo central da CDPD é respeitar as decisões da pessoa com deficiência no que tange à aspectos genuínos ligados à família, seja o casamento, a união estável, a autonomia reprodutiva, a maternidade, a paternidade e a convivência familiar de forma ampla e responsável, sem discriminações ou limitações legais incompatíveis com a capacidade.

A CDPD preocupou-se em sopesar os direitos de todos os integrantes da comunidade familiar, de modo a preservar os interesses merecedores de tutela de todos os envolvidos, sem descurar do respeito ao direito à família que é garantido à pessoa com deficiência. Desse modo, prevê que os direitos e as responsabilidades "das pessoas com deficiência, relativos à guarda, custódia, curatela e adoção de crianças ou instituições semelhantes" devem ser igualmente reconhecidos, em busca do delicado equilíbrio entre os direitos fundamentais de cada membro da entidade familiar. Em casos de colisão de interesses, fundamental o critério da prevalência do superior interesses das crianças (e adolescentes)[9] apontado pela CDPD, e, em sintonia com a Constituição de 1988, para o encaminhamento mais adequado da questão, sem sacrificar totalmente os direitos asseguradas à pessoa com deficiência, cabendo aos Estados Partes prestar a devida assistência para o adequado exercício das responsabilidades na criação dos filhos (art. 23, 2).

Cabe frisar que no caso de adoção o Estatuto da Criança e do Adolescente (Lei 8.069/90) estabelece no art. 197-A, inciso VI, incluído por força da Lei 12.010/2009, a necessidade de apresentar atestado de sanidade física e mental dos postulantes à adoção domiciliados no Brasil por ocasião da propositura da petição inicial de habilitação dos pretendentes. A restrição imposta por tal dispositivo parece contrariar o disposto no art. 6º, inciso VII, do EPD, especialmente em interpretação

---

9. Cabe lembrar que a Convenção sobre os Direitos da Criança foi adotada pela Assembleia Geral da ONU em 20 de novembro de 1989. O Congresso Nacional brasileiro aprovou, pelo Decreto Legislativo 28, de 14 de setembro de 1990, a Convenção sobre os Direitos da Criança, a qual entrou em vigor internacional em 02 de setembro de 1990, na forma de seu artigo 49, inciso 1. O Governo brasileiro ratificou a referida Convenção em 24 de setembro de 1990, tendo a mesmo entrado em vigor para o Brasil em 23 de outubro de 1990, na forma do seu artigo 49, incisos 2. O Decreto 99.710, de 21 de novembro de 1990, promulgou a referida Convenção. Nos termos do ser art. 1, para "efeitos da presente Convenção considera-se como criança todo ser humano com menos de dezoito anos de idade, a não ser que, em conformidade com a lei aplicável à criança, a maioridade seja alcançada antes". A Lei 8.069/90 (Estatuto da Criança e do Adolescente), no seu art. 2º, considera "criança, para os efeitos desta Lei, a pessoa até doze anos de idade incompletos, e adolescente aquela entre doze e dezoito anos de idade".

conforme à CDPD, uma vez que o art. 23, item 2, estabelece que os Estados Partes devem assegurar os direitos e as responsabilidades das pessoas com deficiência relativos à adoção de crianças e prestar a devida assistência para que tais pessoas possam exercer suas responsabilidades na criação dos filhos. Mais razoável seria em caso de curatela de pessoas com deficiência mental ou intelectual averiguar as restrições impostas ao curatelado e os limites da curatela. É de ser afirmar completamente equivocado o termo e a exigência de atestado de "sanidade física" na medida em que deficiência de natureza física não impede ninguém de cuidar e criar seu filho, cabendo em situações específicas a assistência e o apoio necessários.

Nessa linha, o direito à família e à convivência familiar, ambos previstos no art. 6º, inciso V, do EPD, parecem encontrar seu conteúdo mínimo e, assim, os parâmetros de seu alcance no art. 23 da CDPD. Ao lado do art. 8º, que prevê especificamente o direito à sexualidade, à paternidade, à maternidade e à convivência familiar, atuam como *cláusula geral de promoção da autonomia familiar* da pessoa com deficiência, de modo a permitir a constituição e manutenção dos vínculos familiares que melhor se adequem ao seu projeto existencial de vida e ao desenvolvimento de sua personalidade. A interpretação sistemática da CDPD e do EPD, portanto, reforça a ideia de respeito à autonomia da pessoa com deficiência na vida familiar, sem discriminação e preconceitos, e, acima de tudo, da importância da família no desenvolvimento da sua personalidade.

Em paralelo ao respeito à autonomia na vida familiar, amplamente reconhecido às pessoas com deficiência, como visto, indispensável proteger as situações de vulnerabilidade no ambiente familiar, prevenindo casos de abandono, negligência e abusos praticados pelos demais integrantes da família. A CDPD determina que os Estados Partes adotem as salvaguardas apropriadas e efetivas para prevenir abusos em relação ao exercício da capacidade legal (art. 12.4), o que inclui a autodeterminação no que tange à vida familiar. Reconhece, outrossim, que alguns integrantes da família são mais frequentemente atingidos no contexto familiar, como as mulheres e as meninas que estão "expostas a maiores riscos, tanto no lar como fora dele, de sofrer violência, lesões ou abuso, descaso ou tratamento negligente, maus-tratos ou exploração" (Preâmbulo, *q*). Assegura, ainda, que "as crianças com deficiência terão iguais direitos em relação à vida familiar" e, para tanto, "os Estados Partes fornecerão prontamente informações abrangentes sobre serviços e apoios a crianças com deficiência e suas famílias" para evitar ocultação, abandono, negligência e segregação.

Para o alcance da igualdade e da não discriminação, a Lei Brasileira de Inclusão[10] se preocupa com a vulnerabilidade da pessoa com deficiência e determina no art. 5º sua proteção contra toda forma de negligência, discriminação, exploração,

---

10. A Lei 13.146/2015 é conhecida como Lei Brasileira de Inclusão (LBI) ou Estatuto da Pessoa com Deficiência (EPD). No presente trabalho utiliza-se indistintamente ambas as nomenclaturas.

violência, tortura, crueldade, opressão e tratamento desumano ou degradante, seja no ambiente intrafamiliar ou comunitário. O parágrafo único do art. 5º do EPD reconhece, a propósito, que crianças, adolescentes, mulheres e pessoas idosas são especialmente vulneráveis para fins de aplicação do *caput*. Depreende-se, portanto, que a CDPD e o EPD caminham na mesma direção de promover a autonomia e a capacidade, notadamente para fins de exercício dos direitos ligados à vida familiar, mas não descura da vulnerabilidade que lhe é inerente e que situações de negligência, abandono, abusos de toda ordem,[11] ocultação e discriminação podem ocorrer no interior dos agrupamentos familiares e serem praticados por aqueles a quem o ordenamento imputa o dever de protegê-los.

O reconhecimento do direito à família e à convivência familiar, nos termos do EPD e da CDPD, é justificado igualmente pelo objetivo de inclusão social e respeito à dignidade das pessoas com deficiência. Com base no modelo social, é indispensável retirar ou suavizar as barreiras socialmente impostas às pessoas com deficiência, especialmente para o exercício de direitos relacionados à constituição familiar, como o casamento, a união estável, a maternidade e a paternidade. Antes da convivência comunitária, a família representa a comunidade intermediária e *locus* privilegiado de formação do ser e desenvolvimento das suas potencialidades, além de propiciar uma rede de apoio e suporte crucial para as necessidades humanas. A família, portanto, desempenha função essencial no livre desenvolvimento da personalidade de seus membros, notadamente para as pessoas vulneráveis, que necessitam do apoio, amparo, cuidado, assistência, respeito e consideração, que se efetivam nos vínculos familiares, tais como as pessoas idosas e/ou com deficiência

---

11. O jornalista Joseph Shapiro, após longa investigação, constatou que há uma epidemia silenciosa de abuso sexual que atinge as pessoas com deficiência intelectual: "We found that there is an epidemic of sexual abuse against people with intellectual disabilities. These crimes go mostly unrecognized, unprosecuted and unpunished. A frequent result was that the abuser was free to abuse again. The survivor is often re-victimized multiple times". Disponível em: [https://www.npr.org/2018/01/08/570224090/the-sexual--assault-epidemic-no-one-talks-about]. Acesso em: 28.03.2020. Tradução nossa: "Descobrimos que existe uma epidemia de abuso sexual contra pessoas com deficiência intelectual. Esses crimes passam na maior parte do tempo sem serem reconhecidos, sem serem executados e impunes. Um resultado frequente foi que o agressor estava livre para abusar novamente. O sobrevivente é frequentemente vitimizado várias vezes". A respeito da violência obstétrica, Aline de Miranda Valverde Terra e Ana Carla Harmatiuk Matos constatam que há "um grupo de mulheres ainda mais indefesas, hipervulneráveis, que se encontram em situação de maior desamparo e que sofrem de forma mais intensa e cruel com práticas violentas e hostis ligadas à gestação: as mulheres com deficiência. [...] Esse contingente populacional, dado as sobreposições de gênero e deficiência, vivencia especificidades que tornam ainda mais evidente a sua precarização (BUTLER, 2015, p. 46-47). Essa realidade decorre, em alguma medida, da histórica adoção de um regime das incapacidades baseado no modelo médico da deficiência, que não apenas negava capacidade e autonomia à pessoa com deficiência, resultando na sua objetificação e completa desconsideração de seus desejos e vontades, como também entendia a deficiência como um "problema" exclusivamente da pessoa que a apresentava, impondo-lhe – no mais das vezes – o intransponível ônus de se adaptar à sociedade". TERRA, Aline de Miranda Valverde; MATOS, Ana Carla Harmatiuk. Violência obstétrica contra a gestante com deficiência. *Pensar – Revista de Ciências Jurídicas*, v. 24, p. 4, 2019.

Nessa linha, a instrumentalização das famílias à autorrealização individual modifica sua tradicional vocação de instituição como fim si mesma, afigurando-se, atualmente, como o grupo social intermédio hábil a proporcionar o desenvolvimento dos membros da comunidade.[12] A concepção instrumental das entidades familiares é fundamental para que as pessoas com deficiência possam efetivamente exercer o direito à família e à convivência familiar a partir das suas diferenças e de acordo com suas necessidades. Assim, a partir de uma visão mais democrática das famílias, persegue-se o ideal da igualdade e da liberdade com a diminuição do discurso autoritário e patriarcal e, por conseguinte, emerge a valorização da socioafetividade.[13] Desse modo, a ideia de família-instrumento serve como chave de leitura para definir os contornos da proteção das pessoas com deficiência nas relações familiares que devem ser guiadas pela promoção da capacidade, em igualdade de condições, sem discriminações e em nome da sua dignidade.

3. **A ALIENAÇÃO DA PESSOA COM DEFICIÊNCIA E/OU IDOSA NO CONTEXTO FAMILIAR. A ALIENAÇÃO DAS PESSOAS SUBMETIDAS À CURATELA**

A plena capacidade civil das pessoas com deficiência, como visto, foi assegurada no art. 6º do EPD, inclusive para os atos de autonomia existencial, consoante afirmado nos incisos do mencionado dispositivo. No entanto, permitiu o legislador que em situações extraordinárias a pessoa com deficiência fosse submetida à curatela "proporcional às necessidades e às circunstâncias de cada caso" e "no menor tempo possível" (art. 84, § 3º), afetando tão somente os seus atos de natureza patrimonial e negocial. A incapacidade de pessoa com deficiência mental ou intelectual, quando admissível, será sempre relativa, pois findou no direito brasileiro a incapacidade absoluta de pessoa maior de idade. É de se ressaltar ainda que, nos termos do art. 4º, III, do Código Civil, é considerada relativamente incapaz a pessoa que não possa exprimir sua vontade, temporária ou permanentemente, de forma consciente e autônoma, relativa a determinados atos patrimoniais/negociais, mas que, eventualmente, podem atingir os existenciais, desde que como salvaguarda para prevenir abusos e impedir que direitos sejam violados. Como se vê, cuida-se de critério genérico e que afasta o viés discriminatório do regime anterior do Código Civil.[14]

---

12. BODIN DE MORAES, Maria Celina. A família democrática. *Na medida da pessoa humana*: estudos de direito civil-constitucional. Rio de Janeiro: Renovar, 2010, p. 207-234.
13. Sobre o assunto, cf. CALDERON, Ricardo Lucas. *Princípio da Afetividade no Direito de Família*. Rio de Janeiro: Renovar, 2013.
14. Seja consentido remeter a ALMEIDA, Vitor. *A capacidade civil das pessoas com deficiência e os perfis da curatela*. Belo Horizonte: Fórum, 2018, p. 229-251.

A curatela, nessa perspectiva, transforma-se em instrumento de proteção e apoio da pessoa com deficiência declarada como relativamente incapaz, mas que se volta, como sua função precípua, à conquista da autonomia perdida ou fortemente mitigada da pessoa com deficiência, em razão do impedimento de longo prazo intelectual ou mental que em interação com as barreiras sociais impedem a plena participação social com as demais pessoas. Sua flexibilidade permite moldar, à luz das circunstâncias do caso concreto, o apoio da forma mais apropriada – se representação ou assistência, de acordo com o projeto terapêutico personalizado e individualizado.[15]

A definição da curatela, isto é, dos poderes do curador e das restrições impostas ao curatelado, deve ser feita diante de cada caso concreto, uma vez que a curatela constitui medida extraordinária, devendo constar da sentença as razões de sua definição, preservados os interesses do curatelado (art. 85, § 2º). Nos casos em que o juiz não fixar os poderes de representação como mecanismo de apoio, a regra recairá sobre a assistência, a qual é mais compatível com a imperiosa exigência de preservação da autonomia das pessoas com deficiência, ainda que submetidas a regime de apoio. Com o chamado *giro funcional da curatela*, preserva-se a capacidade civil da pessoa com deficiência ao máximo possível, no que diz respeito, sobretudo, a seus interesses existenciais, como prevê o art. 6º do EPD, bem como em relação à sua excepcionalidade enquanto medida protetiva.[16] Apesar da restrição do alcance da curatela aos atos patrimoniais e negociais, nos termos do art. 85, *caput*, do EPD, é admissível estendê-la as situações existenciais, apenas em caráter excepcional, em decorrência e por força da cláusula geral da dignidade da pessoa humana, através de decisão judicial, sempre proferida para proteção ou benefício, e no interesse da pessoa com deficiência.[17]

A funcionalização da curatela, à luz dos comandos da CDPD e do EPD, evidencia que ela deve promover os princípios constitucionais de dignidade humana e solidariedade social, com o máximo respeito à sua autonomia, sobretudo nos aspectos existenciais da vida, que inclui os direitos relacionados à vida familiar. Em diversos casos, as potencialidades afetivas do incapaz se mantêm idôneas e devem ser preservadas. Fundamental, nesse sentido, promover o direito à convivência familiar da pessoa com deficiência com todos os parentes com quem manteve vínculos de afetividade e de afinidade ao longo da construção da sua trajetória mesmo após o comprometimento psíquico que permitiu a excepcionalidade

---

15. Idem, ibidem, p. 195-229.
16. Idem, ibidem, p. 229-258.
17. Neste sentido, foi aprovado o Enunciado 637 do Centro da Justiça Federal que: "Admite-se a possibilidade de outorga ao curador de poderes de representação para alguns atos da vida civil, inclusive de natureza existencial, a serem especificados na sentença, desde que comprovadamente necessários para proteção do curatelado em sua dignidade".

do recurso à curatela. Cabe ao curador na busca pelo resgate da autonomia do curatelado preservar o seu convívio familiar de forma ampla de modo a permitir o desenvolvimento da personalidade e respeitar sua autonomia existencial afirmada ao longo da vida.

Não é incomum que em razão de disputas entre familiares, por motivos econômicos ou puramente egoístas, a pessoa submetida à curatela acabe afastada de seus parentes com vínculos mais íntimos e duradouros ao longo da construção da subjetividade. Não raro, inclusive, observam-se interferências indevidas em liames mais próximos da relação de parentesco como filhos, netos, irmãos e até mesmo cônjuges ou companheiros visando obter algum proveito econômico ou mesmo influenciá-lo na formulação de testamento ou disposição de bens em vida, mediante captação dolosa da vontade, bem como por razões individualistas e em benefício próprio. Diante de tal cenário, constata-se que a vulnerabilidade de determinadas pessoas no ambiente familiar propicia a sua manipulação por terceiros, eclipsando a real vontade do vulnerável de modo a prejudicar suas escolhas no seio familiar.

Indiscutível, portanto, que não são apenas crianças e adolescentes que sofrem interferência em sua formação para repudiar ou prejudicar o vínculo com um dos genitores por meio de práticas induzidas ou promovidas. Tais ações que visam a manipulação do indivíduo em formação também alcançam outros sujeitos vulneráveis, eis que fragilizados por razões da idade avançada ou por impedimentos de longo prazo de natureza mental ou intelectual que em interação com as barreiras socialmente impostas impedem a plena e equitativa participação em igualdade de condições com as demais pessoas, de que são bons exemplos as pessoas idosas e com deficiência.

A rigor, o induzimento ou promoção de atos que importem no repúdio ou efetivo prejuízo à convivência com algum parente próximo por parte de quem deveria cuidar e promover o melhor interesse do vulnerável configura verdadeira violência psicológica e violação de direitos fundamentais, como a convivência familiar e a integridade psicofísica. Impedir ou criar obstáculos ao desfrute de elos de afetividade familiar por interesses escusos ou egoístas reforçam a vulnerabilidade do sujeito que deveria ser protegido e amputa ainda mais sua autonomia em terreno tão íntimo em que se enquadra o campo familiar. Ademais, demonstra a violação do dever de cuidado que é imputado a quem juridicamente é responsável pelo familiar vulnerável. Em especial, para fins dos objetivos traçados para o presente trabalho, cabe investigar o papel do curador nos atos de alienação familiar da pessoa com deficiência intelectual ou mental, idosa ou não, submetida à curatela.

Cioso da prática de violência intrafamiliar, o legislador constituinte determinou, em seu art. 226, § 8º, que o "Estado assegurará a assistência à família na pessoa de cada um dos que a integram, criando mecanismos para coibir a violência no âmbito de suas relações". A rigor, a chamada violência intrafamiliar comporta diversas formas de abuso que acontecem entre os membros de uma família, o que denota as relações de poder e de assimetria no interior dos agrupamentos familiares e prejudicam e inferiorizam, sobretudo, os familiares vulneráveis. Nesse contexto, a violência pode ser física, psicológica, sexual e mesmo em forma de negligência e de abandono e geralmente decorre de relações de subordinação e dominação em razão dos laços familiares pautados, entre outros, em temor reverencial, cuidado e dependência econômica. A violência intrafamiliar, portanto, "é um fenômeno complexo que desconhece qualquer fronteira de classe social, cultura e nível de desenvolvimento econômico, e pode ocorrer tanto no domínio íntimo do lar como no domínio público e em qualquer etapa da vida" e que pode decorrer, entre outros, de dificuldades "financeiras, desemprego, problemas com a justiça, abuso de álcool e drogas".[18]

Na linha da diretriz constitucional estampada no art. 226, § 8º, impõe-se que os atos de alienação no âmbito da família não sejam limitados somente às crianças e adolescentes, mas igualmente alcancem outras pessoas vulneráveis no interior dos agrupamentos familiares, uma vez que a família é a base da sociedade e merece especial proteção e todas as formas de violência intrafamiliar devem ser combatidas. Destaca-se, nesse sentido, a promulgação da Lei 11.340, de 07 de agosto de 2006, conhecida como Lei Maria da Penha, que criou mecanismos para coibir a violência doméstica e familiar contra a mulher, nos termos do § 8º do art. 226 da Lei Maior, e a promulgação da Lei n. 13.104, 09 de março de 2015, conhecida como Lei do Feminicídio, que alterou o art. 121 do Código Penal para prever o feminicídio como circunstância qualificadora do crime de homicídio contra a mulher por razões da condição do sexo feminino, que envolve violência doméstica e familiar (art. 121, § 2º, VI, § 2º, I), e o incluiu no rol dos crimes hediondos (art. 1º, I, da Lei 8.072/90). Tais diplomas evidenciam a recente preocupação do legislador em combater a violência doméstica e familiar contra a mulher em razão da vulnerabilidade de gênero.

O Estatuto do Idoso, preocupado com a vulnerabilidade social da pessoa idosa, assegura, em seu art. 4º, que nenhum idoso será vítima de qualquer tipo de violência e determina que os casos de suspeita ou confirmação de violência praticada contra idoso serão objeto de notificação compulsória pelos serviços de saúde públicos e privados (art. 19).[19] Por sua vez, o EPD protege a pessoa com

---

18. PADOVANI, Ricardo da Costa; WILLIAMS, Lúcia Cavalcanti de Albuquerque. Histórico de Violência Intrafamiliar em Pacientes Psiquiátricos. *Psicologia Ciência e Profissão*, ano 28, v. 3, p. 522, set., 2008.
19. A Lei 12.461/2011 incluiu o § 1º ao art. 19 e definiu que, para os efeitos desta Lei, considera-se violência contra o idoso qualquer ação ou omissão praticada em local público ou privado que lhe cause morte, dano ou sofrimento físico ou psicológico.

deficiência contra toda forma de violência, nos termos do art. 5º, e considera especialmente vulneráveis a criança, o adolescente, a mulher e o idoso, com deficiência (parágrafo único). Na mesma linha do Estatuto do Idoso, o EPD estabelece que os casos de suspeita ou de confirmação de violência praticada contra a pessoa com deficiência serão objeto de notificação compulsória pelos serviços públicos e privados à autoridade policial e ao Ministério Público, além dos Conselhos dos Direitos da pessoa com Deficiência (art. 26).[20] Inegável, portanto, que o ordenamento brasileiro já dispõe de arsenal razoável para combater todas as formas de violência intrafamiliar contra as pessoas vulneráveis, em que pese os desafios da efetividade dos marcos legais mencionados.

O direito das famílias contemporâneo vive momento pendular ao transitar por dois valores constitucionais de igual patamar hierárquico. Se, por um lado, deve-se assegurar a liberdade nas escolhas existenciais que propiciem o desenvolvimento pleno da personalidade de cada pessoa integrante da família, por outro, a tutela das vulnerabilidades é imprescindível a fim de que as relações familiares se desenvolvam em ambiente de igualdade de direitos e deveres,[21] harmônico e de proteção contra qualquer forma de violência. O princípio da dignidade e da solidariedade familiar amparam o dever de cuidado como necessário para a tutela das vulnerabilidades no cenário democrático das famílias, em que se torna legítima a interferência do Estado para coibir os abusos e as violências no interior dos arranjos familiares.

No cenário de maior liberdade na constituição e desconstituição familiar, impulsionada por meio da Emenda Constitucional 66/2010, e de proteção das vulnerabilidades no contexto familiar, em especial de crianças e adolescentes, assentada na proteção constitucional integral e prioritária que lhes é assegurada (art. 227), que é promulgada a Lei 12.318, de 26 de agosto de 2010, conhecida como lei da alienação parental. A confusão entre conjugalidade e parentalidade sempre foi comum e em diversas situações os filhos tornam-se instrumentos de vingança, sendo levados a odiar e rejeitar quem decidiu pôr fim à relação conjugal. Observa-se que com "a dissolução da união, os filhos ficam fragilizados, com sentimentos de orfandade psicológica. Este é um terreno fértil para plantar a ideia de abandonada pelo genitor".[22] A rigor, tal prática sempre existiu, mas somente

---

20. O parágrafo único do art. 26 do EPD define que, "para os efeitos desta Lei, considera-se violência contra a pessoa com deficiência qualquer ação ou omissão, praticada em local público ou privado, que lhe cause morte ou dano ou sofrimento físico ou psicológico".
21. TEPEDINO, Gustavo. O conceito de família entre autonomia existencial e tutela de vulnerabilidades. *Tribuna do Advogado*, ano LXV, n. 555, fev., 2016. Disponível em: [https://www.oabrj.org.br/tribuna/ordem-age-garantir-tributacao-menor-advogados/conceito-fam-ilia-entre-autonomia-existencial]. Acesso em: 28.05.2020.
22. DIAS, Maria Berenice. Alienação parental: um crime sem punição. In: DIAS, Maria Berenice (Coord.). *Incesto e alienação parental*: realidades que a justiça insiste em não ver. 2. ed., rev., atual e ampl. São Paulo: Ed. RT, 2010, p. 15.

recebeu atenção mais recentemente. Nos anos oitenta do século passado, a alienação parental foi inicialmente definida como síndrome por força da construção teórica do psiquiatra americano Richard Gardner.[23] Posteriormente, despertou interesse da área da Psicologia e do Direito.

Inegavelmente, a alienação parental é um fenômeno jurídico contemporâneo potencializado em razão do aumento de separações e divórcios em que há alto grau de litigiosidade.[24] Doutrina autorizada sustenta, com base na doutrina da proteção integral que molda o conjunto de direitos e deveres enfeixados pela autoridade parental, que "seria perfeitamente factível a identificação e a sanção de práticas alienadoras", independentemente de lei específica. No entanto, em um país de forte matriz positivista, a edição da Lei de Alienação Parental tem importante função pedagógica e fornece segurança jurídica, na medida em que tipifica condutas antijurídicas com as consequentes sanções correlatas.[25] Mesmo assim, há que se frisar que o ordenamento jurídico pátrio já tinha instrumentos jurídicos disponíveis para combater a alienação parental.[26]

---

23. "A primeira definição da Síndrome da Alienação Parental – SAP foi apresentada em 1985, por Richard Gardner, professor de psiquiatria clínica no Departamento de Psiquiatria Infantil da Universidade de Columbia, nos Estados Unidos da América, a partir da sua experiência como perito judicial. A síndrome geralmente tem seu início a partir das disputas judiciais pela guarda dos filhos, uma vez que os processos de separação em geral tendem a despertar sentimentos de traição, rejeição, abandono e angústia – quando surge o medo de não ter mais valor para o outro". MADALENO, Ana Carolina Carpes; MADALENO, Rolf. *Síndrome da alienação parental*: a importância de sua detecção com seus aspectos legais e processuais. Rio de Janeiro: Forense, 2013, p. 41.
24. "A Síndrome de Alienação Parental é um acontecimento frequente na sociedade atual, que se caracteriza por um elevado número de separações e divórcios. [...] A situação que desencadeia a Síndrome de Alienação Parental está relacionada com a separação e o divórcio, mas traços de comportamento alienante podem ser identificados no cônjuge alienador durante os anos tranquilos da vida conjugal. Essa predisposição, entretanto, é posta em marcha a partir do fator separação (gatilho ou fato desencadeante). Não resta dúvida que a Síndrome de Alienação Parental é uma forma de maltrato ou abuso, para a qual os operadores do direito devem estar atentos". TRINDADE, Jorge. Síndrome de Alienação Parental (SAP). In: DIAS, Maria Berenice (Coord.). *Incesto e alienação parental*: realidades que a justiça insiste em não ver. 2. ed., rev., atual e ampl. São Paulo: Ed. RT, 2010, p. 22.
25. O art. 6º da Lei 12.318 traz, uma vez constatada a prática de alienação parental, medidas processuais que podem ser distinguidas em medidas de proteção às crianças e aos adolescentes e medidas punitivas ao genitor alienante: "Art. 6º Caracterizados atos típicos de alienação parental ou qualquer conduta que dificulte a convivência de criança ou adolescente com genitor, em ação autônoma ou incidental, o juiz poderá, cumulativamente ou não, sem prejuízo da decorrente responsabilidade civil ou criminal e da ampla utilização de instrumentos processuais aptos a inibir ou atenuar seus efeitos, segundo a gravidade do caso: I – declarar a ocorrência de alienação parental e advertir o alienador; II – ampliar o regime de convivência familiar em favor do genitor alienado; III – estipular multa ao alienador; IV – determinar acompanhamento psicológico e/ou biopsicossocial; V – determinar a alteração da guarda para guarda compartilhada ou sua inversão; VI – determinar a fixação cautelar do domicílio da criança ou adolescente; VII – declarar a suspensão da autoridade parental".
26. TEIXEIRA, Ana Carolina Brochado; RODRIGUES, Renata de Lima. Alienação parental: aspectos materiais e processuais. *Civilistica.com*, ano 2, n. 1, p. 4-5. Rio de Janeiro, jan.-mar., 2013. Disponível em: [http://civilistica.com/alienacao-parental/]. Acesso em: 28.05.2020.

A Lei 12.318/2010 prevê, exemplificativamente, os atos alienadores[27] e suas sanções, bem como alguns trâmites processuais especiais. Nos termos do art. 2º, "considera-se ato de alienação parental a interferência na formação psicológica da criança ou do adolescente promovida ou induzida por um dos genitores, pelos avós ou pelos que tenham a criança ou adolescente sob a sua autoridade, guarda ou vigilância para que repudie genitor ou que cause prejuízo ao estabelecimento ou à manutenção de vínculos com este". Com efeito, a prática da alienação parental se configura a partir de diversas atitudes que visam o afastamento da criança ou do adolescente do outro genitor, por meio de manipulação, implantação de falsas memórias, criação de dificuldades de convivência familiar, entre outros, mas que objetivem que o filho repudie o genitor alienado.

A rigor, aponta a doutrina que a alienação parental configura, nos termos do art. 187 do Código Civil,[28] abuso do direito e que não há óbices à sua aplicação no campo das situações jurídicas existenciais.[29] Nessa linha, "o abuso do direito, ligado à prática de alienação parental, viola diretamente o princípio do melhor interesse da criança – independente dos danos causados ao genitor alienado, pois o que se busca [...], na esteira do art. 227 da Constituição Federal, é a tutela diferenciada da população infantojuvenil".[30]

Desse modo, os atos de alienação parental consistem em exercício abusivo da autoridade parental (art. 1.637, CC), a qual se revela, a partir da sua compreensão atual, como situação jurídica complexa, que enfeixa uma série de direitos, deveres e poderes conferidos aos pais para a criação, educação e assistência de seus

---

27. "Art. 2º. [...] Parágrafo único. São formas exemplificativas de alienação parental, além dos atos assim declarados pelo juiz ou constatados por perícia, praticados diretamente ou com auxílio de terceiros: I – realizar campanha de desqualificação da conduta do genitor no exercício da paternidade ou maternidade; II – dificultar o exercício da autoridade parental; III – dificultar contato de criança ou adolescente com genitor; IV – dificultar o exercício do direito regulamentado de convivência familiar; V – omitir deliberadamente a genitor informações pessoais relevantes sobre a criança ou adolescente, inclusive escolares, médicas e alterações de endereço; VI – apresentar falsa denúncia contra genitor, contra familiares deste ou contra avós, para obstar ou dificultar a convivência deles com a criança ou adolescente; VII – mudar o domicílio para local distante, sem justificativa, visando a dificultar a convivência da criança ou adolescente com o outro genitor, com familiares deste ou com avós".
28. "Art. 187. Também comete ato ilícito o titular de um direito que, ao exercê-lo, excede manifestamente os limites impostos pelo seu fim econômico ou social, pela boa-fé ou pelos bons costumes".
29. Cf. TEIXEIRA, Ana Carolina Brochado; RODRIGUES, Renata de Lima. Alienação parental: aspectos materiais e processuais. *Civilistica.com*, ano 2, n. 1, p. 6. Rio de Janeiro, jan./mar., 2013. Disponível em: [http://civilistica.com/alienacao-parental/]. Acesso em 28.05.2020; SOUZA, Eduardo Nunes de. Abuso do direito: novas perspectivas entre a licitude e o merecimento de tutela. *Revista Trimestral de Direito Civil*, n. 50, p. 24-91. Rio de Janeiro: Padma, abr.-jun., 2012.
30. TEIXEIRA, Ana Carolina Brochado; RODRIGUES, Renata de Lima. Alienação parental: aspectos materiais e processuais. *Civilistica.com*, ano 2, n. 1, p. 7. Rio de Janeiro, jan.-mar., 2013. Disponível em: [http://civilistica.com/alienacao-parental/]. Acesso em: 28.05.2020.

filhos menores (art. 229, CF).[31] Tais práticas calcadas em condutas alienadoras por parte do genitor alienante "impedem o estabelecimento ou a manutenção de laços sadios de afeto entre o filho menor e o genitor alienado, violando, por consequência, o direito fundamental à convivência familiar entre eles".[32] O abuso da autoridade parental se verifica na medida em que o genitor alienante ao exceder os limites impostos pela ordem jurídica "compromete o exercício da autoridade parental pelo genitor alienado, invadindo um espaço de liberdade que não lhe é conferido, causando inevitáveis danos aos filhos, que crescem sem a referência biparental, mesmo tendo ambos os pais vivos e dispostos a cumprir os deveres oriundos do poder familiar".[33]

Inicialmente pensada para relações paterno-filiais, a alienação no âmbito das relações familiares também pode alcançar outros sujeitos vulneráveis. Assim, como visto, pessoas idosas e/ou com deficiência vulneráveis também podem ser manipuladas por terceiros, familiares ou não, atuando em prol da sua vontade e em prejuízo do melhor interesse dos vulneráveis e do direito constitucional à convivência familiar. Desse modo, mesmo diante do silêncio da Lei 12.318/2010 e da ausência de previsão expressa no Estatuto do Idoso e no EPD, nada obsta que uma interpretação assentada no melhor interesse dos vulneráveis e no combate à violência intrafamiliar permita que, de forma análoga, a prática de alienação seja aplicada de forma extensiva, desde que respeitadas às intrínsecas vulnerabilidades. Uma vez identificada que a alienação protege a integridade psicofísica do sujeito vulnerável alienado como forma de garantir o direito fundamental à convivência familiar e comunitária, a aplicação por extensão da lei da alienação parental aos demais familiares vulneráveis parece não encontrar óbice. Pelo contrário, é medida que se justifica pela atual compreensão de uma das vocações da família constituir na tutela das vulnerabilidades e do mandamento constitucional de obrigação do Estado de coibir a violência familiar.

Por isso, ainda que não conste expressamente o termo "alienação" no Estatuto do Idoso, nada impede que de forma análoga, como já dito, tal prática seja enquadrada nas situações de risco elencadas no art. 43 e a interpretação de violência contra o idoso se ampare nos termos do § 1º do art. 19, o qual considera qualquer ação ou omissão praticada em local público ou privado que lhe cause morte, dano ou sofrimento físico ou psicológico, o que demonstra que tais atos

---

31. TEIXEIRA, Ana Carolina Brochado. *Família, guarda e autoridade parental*. 2. ed. Rio de Janeiro: Renovar, 2009, p. 97.
32. TEIXEIRA, Ana Carolina Brochado; RODRIGUES, Renata de Lima. Alienação parental: aspectos materiais e processuais. *Civilistica.com*, ano 2, n. 1, p. 9. Rio de Janeiro, jan.-mar., 2013. Disponível em: [http://civilistica.com/alienacao-parental/]. Acesso em: 28.05.2020.
33. TEIXEIRA, Ana Carolina Brochado; RODRIGUES, Renata de Lima. Alienação parental: aspectos materiais e processuais. *Civilistica.com*, ano 2, n. 1, p. 9. Rio de Janeiro, jan.-mar., 2013. Disponível em: [http://civilistica.com/alienacao-parental/]. Acesso em: 28.05.2020.

não se restringem aos maus-tratos e ao abandono.[34] O próprio texto constitucional reconhece a vulnerabilidade geracional no início e no fim da vida ao estabelecer no art. 229 que os "pais têm o dever de assistir, criar e educar os filhos menores, e os filhos maiores têm o dever de ajudar e amparar os pais na velhice, carência ou enfermidade". Tal prática tem sido denominada de *alienação parental inversa* e decorre da violação do direito da pessoa idosa ao convívio familiar (art. 10, § 1º, V, do Estatuto do Idoso), além de ofender a sua integridade psicofísica e configurar constrangimento ou violência psicológica, como já afirmado.[35]

Igualmente não consta nenhuma menção ao termo "alienação" no EPD, o que não impede o mesmo raciocínio de aplicação por extensão da lei da alienação parental aos casos de pessoas com deficiência, estejam ou não submetidas à curatela, eis que o fundamento reside na vulnerabilidade e não na restrição judicial da capacidade. Como já realçado, o EPD foi pródigo ao afirmar o direito à família e à convivência familiar da pessoa com deficiência (art. 6º, V, e art. 8º) e a protege contra todas as formas de violência ao compreendê-la, para fins de aplicação da lei, como "qualquer ação ou omissão, praticada em local público ou privado, que lhe cause morte ou dano ou sofrimento físico ou psicológico". Uma interpretação sistemática do EPD, à luz da CDPD, permite afirmar que o combate à alienação de pessoas com deficiência decorre do amplo reconhecimento do direito à convivência familiar e da proteção contra qualquer forma de violência. Nesse quadrante, EPD e Estatuto do Idoso comungam dos mesmos valores e perseguem o mesmo escopo protetivo, além de, em diversas situações, atuarem conjuntamente, eis que o âmbito de incidência coincide nos casos de pessoas idosas com deficiência. Uma aplicação coordenada e conjunta só reforçam a extensão em forma análoga da alienação parental para os demais sujeitos vulneráveis no espaço familiar.

O EPD reconhece a plena capacidade dessas pessoas, nos termos do art. 6º, mas nada impede que em alguns casos a vulnerabilidade seja acentuada a ponto de permitir a configuração da prática da alienação, mormente nos casos em que

---

34. Conforme defende Claudia Gay Barbedo: "[...] o idoso, a criança e o adolescente estão no mesmo polo de fragilidade. O idoso, em razão da idade, que traz dificuldades inerentes, pode facilmente estar na condição de vítima. A criança e o adolescente, na condição de seres humanos em desenvolvimento, são pessoas fáceis de serem enganadas. Diante disso, justifica-se a possibilidade de extensão da Lei de Alienação Parental ao idoso". BARBEDO, Claudia Gay. A possibilidade de extensão da Lei da Alienação Parental ao idoso. In: COELHO, Ivone M Candido (Coord.). *Família contemporânea*: uma visão interdisciplinar. Porto Alegre: IBDFAM e Letra & Vida, 2011. p. 148. MITRE, Jaquelina Leite da Silva. *Alienação parental de idoso por analogia à alienação parental da criança e do adolescente*. Disponível em: [https://www.migalhas.com.br/depeso/310635/alienacao-parental-de-idoso-por-analogia-a-alienacao-parental-da-crianca-e-do-adolescente.] Acesso em: 29.05.2020.
35. O Projeto de Lei 9446/2017 foi apensado ao Projeto de Lei 4562/2016 e visa alterar a Lei 10.741, de 1 de outubro de 2003, que dispõe sobre o Estatuto do Idoso e dá outras providências, para dispor sobre o abandono afetivo do idoso por seus familiares, e a Lei 12.318, de 26 de agosto de 2010, que dispõe sobre a alienação parental e altera o art. 236 da Lei 8.069, de 13 de julho de 1990.

apresenta uma capacidade restringida ou comprometida a exigir a curatela como mecanismo de suporte e apoio. Nem sempre a decretação da curatela combate a alienação. Por vezes, a instituição de curatela para um dos filhos, por exemplo, reforça tal prática. Por isso, a curatela compartilhada prevista no art. 1.775-A do Código Civil pode ser um instrumento útil de combate a alienação de pessoas curateladas. Além disso, mesmo quando não comportar a curatela compartilhada por não atender ao melhor interesse do curatelado, é de se cogitar em medidas para assegurar a convivência familiar, inclusive por meio eventualmente do regime de visitação que pode ser fixado para o filho que não é o curador.

Insista-se, portanto, que nem sempre a decretação da curatela é uma medida de combate ao fenômeno da alienação, uma vez que em muitos casos o próprio curador é o responsável pelos atos de alienação e, por conseguinte, provoca o afastamento do curatelado alienado da sua rede familiar. Embora a curatela se restrinja aos atos de patrimoniais e negociais, nos termos do art. 85 do EPD, o papel do curador alcança a função de resgate da autonomia do curatelado (art. 758, CPC) e lhe é imputado o dever de cuidado, na medida em que tal encargo enfeixa poderes e deverem funcionalizados ao melhor interesse da pessoa relativamente incapaz. Uma vez caracterizada a prática de atos de alienação por parte do curador alienante nada impede a substituição do curador alienante por outro que atenda aos interesses do curatelado (art. 755, § 1º, do CPC), além de outras medidas previstas na Lei 12.318/2010 de caráter punitivo ao alienador como a estipulação de multa e o acompanhamento psicológico e/ou biopsicossocial, bem como eventual responsabilização civil.[36]

---

36. Em interessante julgado, o Tribunal de Justiça de Santa Catarina entendeu pela condenação à título de danos morais por atos análogos à alienação parental em razão do estado de vulnerabilidade e doença da genitora, eis que uma das irmãs afastou a outra do convívio com mãe sem autorização judicial: "Apelação cível. Ação de indenização por danos morais. Relação familiar dissidente das partes, irmãs entre si, em relação à genitora. Elementos análogos à alienação parental em razão do estado de vulnerabilidade e doença da genitora. Ponderação dos deveres, direitos e pressupostos das relações familiares. Utilização arbitrária de abusos análogos a medidas restritivas, sem amparo em decisão judicial. Responsabilidade civil. Pressupostos configurados. Dano moral reconhecido. Recurso desprovido. Incontroverso entre as partes, apenas que a genitora sofria de uma série de problemas de saúde, incluindo a degenerativa doença de Alzheimer. Diante do contexto, é de certa forma compreensível a distorção de percepções entre as partes sobre as vontades da genitora. É que a doença, específica, debilita o enfermo de tal forma que, sabidamente, é comum que este seja facilmente sugestionável ou convencido. Disto, é de se mitigar as acusações mútuas, de que as partes, cada uma, considera-se a legítima defensora dos reais interesses da genitora. Tendo em vista o estado de vulnerabilidade da genitora e a patologia específica, o caso não deixa de se parecer com aquele da alienação parental, ao inverso. Em verdade, o que se observa são medidas, próprias daquelas protetivas do Direito de Família, como interdição, tomadas de forma arbitrária e ao arrepio da Lei e dos ditames que regem as relações familiares. O ato de privar a irmã do contato com a genitora, sponte sua, independentemente de autorização judicial e dadas as circunstâncias do caso, gera dano moral indenizável". TJSC, ApCiv 0006690-70.2012.8.24.0005, 1ª Câmara de Direito Civil, rel. Des. Domingos Paludo, j. 25.08.2016.

Pessoas com deficiência, idosas ou não, portanto, também podem ser, em determinadas situações, facilmente manipuladas por terceiros, como, por exemplo, enfermeiros, cuidadores ou pessoas que detenham certa autoridade em função do cuidado e da dependência que tais relações geram. Como se constata, os alienadores no caso de pessoas idosas ou/e com deficiência podem não se restringir aos parentes, cônjuges e companheiros. Nos casos em que a pessoa com deficiência estiver em situação de risco, suscetível à alienação, mas não for caso de curatela, o parágrafo único do art. 10 do EPD o considera vulnerável, devendo o Poder Público adotar medidas para sua proteção e segurança. O Ministério Público e a Defensoria Pública, na função de *custos vulnerabilis*, tem o dever de atuar em prol das pessoas com deficiência vulneráveis de modo a evitar qualquer forma de violência, inclusive a psicológica em forma de alienação familiar.

Como se vê, os dilemas são delicados e de difícil solução, mas o enfrentamento é de todo necessário para uma tutela das famílias condizente com a pluralidade e com a redução das desigualdades no interior dos agrupamentos familiares. Em leitura sistemática, portanto, cabe ao curador promover os laços afetivo-familiares da pessoa com deficiência, permitindo o exercício mais amplo do seu direito à família, salvo de toda sorte de discriminações, de modo a assegurar o seu direito à convivência familiar com todos os parentes quando possível e em benefício da pessoa com deficiência, submetida ou não à curatela. A curatela não exige o afastamento da pessoa com deficiência do ambiente familiar ou dos parentes mais próximos ou pessoas com vínculo de afinidade e de afetividade, mas reforça sua necessidade de amparo afetivo para o resgate da sua dignidade. Nessa linha, refletir sobre as formas de alienação de sujeitos vulneráveis, como as pessoas idosas e as pessoas com deficiência, permite a proteção da integridade psicofísica e o direito à convivência familiar, ambos de índole constitucional, em favor do cuidado que deve permear as interações familiares hodiernas.

4. CONSIDERAÇÕES FINAIS

O direito à família e à convivência familiar constituem importantes instrumentos de emancipação da pessoa com deficiência, submetida ou não à curatela, os quais permitem que o direito ao livre desenvolvimento da personalidade, ancorado na cláusula geral de proteção da dignidade humana, seja concretizado em ambiente adequado às aspirações individuais de boa vida familiar. A solidariedade amalgamada no contexto familiar propicia, em parte, o amparo e o cuidado necessários para a superação das barreiras socialmente impostas e das vulnerabilidades cotidianamente vivenciadas. A negação ao *status* familiar e aos elos afetivos afronta diretamente a natureza humana e não encontra respaldo na legalidade constitucional.

A vulnerabilidade, portanto, é comum a espécie humana, mas fere e viola somente a dignidade de alguns, que somente será respeitada no cuidado com o outro vulnerado a partir do seu reconhecimento como agente de igual competência e valor, bem como com a promoção de sua autonomia para atuar na vida social e familiar de forma independente e empoderada.[37] Fundamental, portanto, compreender a vulnerabilidade da pessoa com deficiência no contexto familiar para protegê-la sem aniquilar sua autonomia para decidir sobre os rumos da sua vida, especialmente no que tange aos vínculos familiares.

Uma leitura sistemática do Estatuto do idoso e do EPD à luz da legalidade constitucional impõe que as práticas de alienação de pessoas vulneráveis idosas e/ou com deficiência sejam arduamente combatidas, eis que o direito à convivência familiar, a proteção à integridade psicofísica e a coibição de qualquer forma de violência, sobretudo quando em situação de risco, permite uma aplicação extensiva, no que couber, da lei de alienação parental (Lei 12.318/2010).

A prática de atos alienadores em desfavor de pessoas vulneráveis no contexto familiar independe da sujeição à curatela, mesmo porque em diversas situações se percebe que tal instituto é desvirtuado e serve como mecanismo para induzimento e promoção do afastamento da pessoa curatelada do convívio com os demais parentes próximos. Por isso, a curatela compartilhada surge como relevante mecanismo de combate às práticas de alienação entre parentes em proveito da condição de vulnerabilidade de sujeitos com autonomia reduzida ou vontade menosprezada dentro do contexto familiar. A defesa por uma aplicação extensiva das ferramentas de proteção contra práticas alienadoras encontra fundamento legal, como visto, bem como decorre da primordial necessidade de uma democratização das famílias e da redução das assimetrias de poder no espaço, por excelência, de desenvolvimento da autonomia existencial.

---

37. BAQUERO, Rute Vivian Angelo. Empoderamento: instrumento de emancipação social? – uma discussão conceitual. *Revista Debates*, v. 6, n. 1, p. 173-174. Porto Alegre, jan.-abr., 2012.

2
PESSOAS IDOSAS COM ALZHEIMER: DIÁLOGOS ENTRE A CONSTITUIÇÃO FEDERAL, O ESTATUTO DO IDOSO E O ESTATUTO DA PESSOA COM DEFICIÊNCIA

Guilherme Calmon Nogueira da Gama

Mestre e Doutor em Direito Civil pela UERJ. Professor Titular de Direito Civil da UERJ e do IBMEC/RJ e Professor Permanente do PPGD da UNESA (RJ). Pesquisador. Desembargador e Vice-Presidente do Tribunal Regional Federal da 2ª Região (RJ-ES). Membro da Academia Brasileira de Direito Civil e do IBDFAM.

Marina Lacerda Nunes

Graduada em Direito pela UERJ. Graduada em Letras Português pela UnB. Pesquisadora. Professora da Secretaria de Educação do Distrito Federal.

Sumário: 1. Noções gerais – 2. Tomada de decisão apoiada e a nova curatela sob a ótica do EPD – 3. Valor jurídico do cuidado e princípio da solidariedade – 4. Diretivas antecipadas como forma de preservação da autonomia existencial – 5. Possíveis soluções correspondentes aos estágios do Alzheimer – 6. Legislação estrangeira – 7. Considerações finais.

1. NOÇÕES GERAIS

Segundo dados da Organização Mundial de Saúde e da *Alzheimer's Disease International*, divulgados em 2012, a demência é a principal causa de incapacidade e dependência entre idosos mundialmente. Estima-se que a cada ano surgem 7,7 milhões novos casos de demência, dentre os quais o Alzheimer é o mais recorrente.[1]

Esse cenário alarmante do aumento significativo da incidência da doença de Alzheimer nas últimas décadas, sobretudo entre idosos, revela-se um grande desafio para família, sociedade e Estados, desde a vida pessoal de cada afetado pela doença até as políticas públicas que devem ser formuladas especialmente para pessoas com demência.

---

1. World Health Organization 2012. *Dementia*: a public health priority, p. 4. Disponível em: [http://apps.who.int/iris/bitstream/10665/75263/1/9789241564458_eng.pdf]. Acesso em: 09.10.2018.

Considerando as diretrizes da Constituição Federal de 1988, do Estatuto do Idoso (Lei 10.741/2003) e do recente Estatuto da Pessoa com Deficiência ou Lei Brasileira da Inclusão (Lei 13.146/2015), este trabalho pretende, diante da releitura da teoria das incapacidades, da ressignificação do instituto da curatela e da introdução do procedimento da tomada de decisão apoiada no Direito brasileiro, propor soluções jurídicas correspondentes aos estágios do Alzheimer, a partir da perspectiva da pessoa por trás da doença, que deve ter o exercício de sua capacidade civil garantido, enquanto possível, e sua autonomia existencial preservada, por exemplo, mediante o uso das diretivas antecipadas de vontade.

A falta de conscientização e compreensão das demências resulta, na maioria dos países, em estigmatização, em barreiras para o diagnóstico e o cuidado, atingindo os cuidadores, familiares e a sociedade física, psicológica e economicamente. Por isso, é imprescindível que a demência integre a agenda de saúde pública em todos os países.

Enquanto não logramos encontrar a cura para esse mal que cresce num ritmo epidêmico, urge buscar novas soluções e mecanismos jurídicos para atender essa parcela da população afetada pelo Alzheimer e assegurar-lhe, da melhor maneira possível, o direito ao livre desenvolvimento de sua personalidade e o exercício de todas as expressões de vida,[2] ainda que numa condição de extrema vulnerabilidade. O diagnóstico de Alzheimer não torna as pessoas menos humanas, nem interfere no núcleo duro de sua dignidade, que deve continuar sendo absolutamente considerado e respeitado. Mesmo acometidas com a doença, continuam traçando suas histórias e experiências, lutando e se superando a cada dia. O que as define não são o senso de desorientação, os esquecimentos constantes, a repetição de frases, o comprometimento cognitivo ou a dificuldade para executar atividades cotidianas, mas sim a sua trajetória de vida, o que construíram, seus valores, sonhos e paixões, sua liberdade de decidir por onde seguir enquanto for possível.

Os arts. 229 e 230 da Magna Carta asseguram à pessoa idosa o amparo por parte da família, da sociedade e do Estado, bem como sua participação na comunidade e a defesa de sua dignidade, seu bem-estar e seu direito à vida. São normas inovadoras se considerarmos que não existiam nos textos das Constituições brasileiras anteriores a 1988.

Em 2022, o Estatuto do Idoso, Lei 10.741, de 1º de outubro de 2003, aproxima-se de 20 (vinte) anos de vigência no ordenamento jurídico brasileiro. É possível reconhecê-lo como um microssistema legislativo que consagra normas de diversas naturezas, seja de Direito Civil, Direito Administrativo,

---

2. TEIXEIRA, Ana Carolina Brochado. Deficiência psíquica e curatela: reflexões sobre o viés da autonomia privada. *Revista Brasileira de Direito das Famílias e Sucessões*, Belo Horizonte, v. 7, 2009, p. 77.

Direito Processual Civil ou Direito Penal, de modo a permitir a concretização das prerrogativas e direitos dos idosos não apenas na família, mas também na sociedade e perante o Estado.[3]

No art. 8º, o Estatuto do Idoso prevê o envelhecimento como direito personalíssimo, sendo sua proteção considerada como um direito social. O conceito de envelhecimento não está estabilizado, já que são muitos os fatores a sopesar; porém, de acordo com a Organização Mundial da Saúde, o envelhecimento começa aos 55 (cinquenta e cinco anos) e dura até os 65 (sessenta e cinco anos), quando a velhice tem vez. É importante frisar a distinção entre envelhecimento e velhice para compreender melhor as diversas etapas desse processo, que compõem a condição de vulnerabilidade do idoso.

Essa vulnerabilidade potencializada é explicada por alguns fatores relacionados à idade avançada: abandono, fragilidade física e mental, interrupção da atividade produtiva, entre outros que esclarecem uma forte tendência sociocultural de marginalização ou infantilização da pessoa idosa, tornando-a invisível ou vazia de qualquer autonomia.

Dado esse nível de desigualdade, é fundamental refletir sobre alternativas que viabilizem a qualidade de vida do idoso, "fortemente determinada por sua habilidade de manter autonomia e independência"[4]. O princípio da solidariedade e o cuidado como valor jurídico surgem como possíveis formas de concretização do livre exercício do direito do idoso, respeitando suas escolhas individuais, seu nível de independência, suas vontades, seu discernimento. Contrapõe-se ao assistencialismo, tradição regida pela doença e que não atende a todas as reais e variáveis necessidades do idoso. O cuidado propicia a possibilidade do "envelhecimento ativo", conceituado como "o processo de otimização das oportunidades de saúde, participação e segurança, com o objetivo de melhorar a qualidade de vida à medida que as pessoas ficam mais velhas".[5]

Logo, os idosos, tais quais as crianças, adolescentes e consumidores, vêm sendo identificados como um grupo com particularidades que merece maior atenção por parte dos legisladores, dos tribunais e da doutrina. Heloisa Helena Barboza identifica a existência do melhor interesse do idoso na Constituição

---

3. GAMA, Guilherme Calmon Nogueira da. A pessoa idosa no Direito de Família. *Revista Eletrônica de Direito Civil* || *Civilistica.com*, v. 3, p. 1-14, 2013.
4. Organização Pan-Americana da Saúde. *Envelhecimento ativo*: uma política de saúde, 2005, p. 14. Disponível em: [http://bvsms.saude.gov.br/bvs/publicacoes/envelhecimento_ativo.pdf]. Acesso em: 07.10.2018.
5. Organização Pan-Americana da Saúde. *Envelhecimento ativo*: uma política de saúde, 2005, p. 13. Disponível em: [http://bvsms.saude.gov.br/bvs/publicacoes/envelhecimento_ativo.pdf]. Acesso em: 07.10.2018.

Federal como consectário natural da cláusula geral da tutela da pessoa humana, que atua como fonte da proteção integral que é devida ao idoso.[6]

Outrossim, é de suma importância destacar o advento da Lei 13.146/2015, mais conhecida por Estatuto da Pessoa com Deficiência ou Lei Brasileira de Inclusão, que traz diversas contribuições para o Direito brasileiro no que toca ao tratamento destinado à pessoa com deficiência física, sensorial, mental ou intelectual. Esse diploma legal surge como fruto de um movimento mundial de inclusão da pessoa com deficiência nas últimas décadas, que culminou na promulgação da Convenção Internacional dos Direitos da Pessoa com Deficiência pela ONU, da qual o Brasil é signatário. A CDPD foi incorporada ao ordenamento jurídico brasileiro pelo Decreto nº 6949/2009, através do rito do art. 5º, §3º da CRFB, com *status* de emenda constitucional, no entanto, somente com a instituição do EPD as diretrizes da referida Convenção passaram a se concretizar no plano infraconstitucional.

De acordo com seu art. 1º, o EPD pretende "assegurar e promover, em condições de igualdade, o exercício dos direitos e liberdades fundamentais por pessoa com deficiência, visando à sua inclusão social e cidadania". Nessa linha, em seu art. 6º, dispõe que "a deficiência não afeta a plena capacidade da pessoa", inclusive para o exercício de seus direitos de natureza existencial (casar-se, ter filhos, direito à convivência familiar e comunitária, direito ao planejamento familiar, entre outros).

Isso, evidentemente, provocou severas mudanças no tradicional regime das incapacidades do Código Civil de 2002, desvinculando as concepções de deficiência e incapacidade. Com a nova redação atribuída pelo EPD aos arts. 3º e 4º do CC/02, "os que, por enfermidade ou deficiência mental, não tiverem o necessário discernimento para prática dos atos da vida civil" e "os que, mesmo por causa transitória, não puderem exprimir sua vontade" saíram da categoria de absolutamente incapazes, permanecendo apenas os menores de 16 (dezesseis) anos. Serão, então, reputados relativamente incapazes os maiores de 16 (dezesseis) e menores de 18 (dezoito) anos, os ébrios habituais e os viciados em tóxicos, os pródigos e aqueles que, por causa transitória ou permanente, não puderem exprimir sua vontade.

O Alzheimer, do ponto de vista da Medicina e da Psiquiatria, é classificado como uma doença mental, assim como as demais demências. Salienta-se que existem distinções na conceituação de deficiências mentais e doenças mentais e que sua diferenciação é importante para fins de promoção de políticas públicas. Sem embargo, este trabalho toma como parâmetro uma definição de deficiência em sentido amplo, como um impedimento de longo prazo de natureza física,

---

6. BARBOZA, Heloisa Helena. O princípio do melhor interesse do idoso. In: PEREIRA, Tânia da Silva; OLIVEIRA, Guilherme de (Coord.). *O cuidado como valor jurídico*. Rio de Janeiro, 2008. p. 57.

sensorial, mental ou intelectual que, em conjunto com uma ou mais barreiras, obstrui a participação plena e efetiva da pessoa na sociedade em igualdade de condições com as demais, conforme prevê o art. 2º do EPD.

Verifica-se, portanto, um diálogo existente entre as três fontes legislativas previamente mencionadas — Constituição Federal, Estatuto do Idoso e EPD — que embasa a proposta de soluções jurídicas correspondentes aos estágios do Alzheimer, priorizando o exercício da capacidade civil da pessoa acometida com a doença e a preservação de sua autonomia existencial enquanto possível.

2. TOMADA DE DECISÃO APOIADA E A NOVA CURATELA SOB A ÓTICA DO EPD

A tomada de decisão apoiada é um mecanismo de apoio ao exercício da capacidade civil, introduzido pela Lei 13.146/2015, com a adição do art. 1.783-A, *caput*, e onze parágrafos ao texto do CC/02. Nos dizeres de Nelson Rosenvald e Cristiano Chaves, a TDA surge como um *tertium genus* protetivo, junto à curatela e à tutela, destinado à assistência da pessoa com deficiência que preserva sua autonomia e, portanto, a plenitude de sua capacidade civil.[7] Consiste num modelo protecionista para pessoas plenamente capazes, contudo em situação de vulnerabilidade por conta de uma limitação de ordem física, sensorial, intelectual ou mental.

Enquanto a curatela e a incapacidade relativa parecem atender preferencialmente aos interesses da sociedade (isolando os incapazes) e da família (impedindo que seu patrimônio seja dilapidado), em detrimento do próprio curatelado, a tomada de decisão apoiada busca garantir à pessoa com deficiência o direito de decidir de acordo com suas preferências, mas ciente dos efeitos de sua escolha. Vale ressaltar que a tomada de decisão apoiada não pretende substituir a curatela, mas opera lateralmente a ela, em caráter concorrente e não cumulativo.

É possível que se requeira apoio somente para situações jurídicas patrimoniais, somente para situações jurídicas extrapatrimoniais ou ainda somente para alguns atos específicos da vida civil. As demandas da pessoa requerente justificarão e identificarão a área na qual ela será apoiada.

Consoante o art. 1783-A, § 1º, do CC/2002, a pessoa com deficiência e os apoiadores devem apresentar termo em que constem os limites do apoio a ser oferecido e os compromissos dos apoiadores, bem como o prazo de vigência do acordo e o respeito à vontade, aos direitos e aos interesses do apoiado. Verifica-se que o núcleo do apoio é proporcionar qualidade de vida à pessoa com deficiência,

---

7. ROSENVALD, Nelson. FARIAS, Cristiano Chaves de. *Curso de Direito Civil*: parte Geral e LINDB. Salvador: Ed. JusPodivm, 2016. p. 338-339.

cabendo aos dois ou mais apoiadores seguirem fielmente o termo levado a juízo, tendo em consideração as reais necessidades e desejos do beneficiário.

A título exemplificativo, pode-se mencionar o caso das pessoas com limitações físicas ou sensoriais, tais quais a tetraplegia, a obesidade mórbida, a cegueira, as sequelas provocadas por um AVC e outras enfermidades que as privem das condições para a realização de certos atos e negócios jurídicos sozinhas. Se eventualmente precisarem de apoio, seus apoiadores não serão representantes ou assistentes, pois não há incapacidade ou submissão ao regime de curatela. O intuito não é restringir a plena capacidade, mas promover a autonomia, sem cerceá-la.

As decisões tomadas pela pessoa apoiada terão validade e efeito sobre terceiros, sem restrições, desde que inseridas nos limites do apoio acordado, conforme o § 4º do art. 1.783-A, do Código Civil. Terceiros que mantenham relação negocial com o apoiado podem exigir a contra-assinatura dos apoiadores no instrumento de contrato ou acordo que veicular o negócio jurídico firmado. Se, relativamente aos negócios jurídicos que podem gerar riscos ou potencial prejuízo à pessoa com deficiência, houver divergências entre a pessoa apoiada e um dos apoiadores, o magistrado deliberará sobre a questão, após a oitiva do Ministério Público e colhido o laudo da equipe multidisciplinar (art. 1.783-A, § 6º, CC/2002).

Ademais, nada impede que a pessoa vulnerável seja preventivamente contemplada pela tomada de decisão apoiada para depois ter sua incapacidade relativa reconhecida em processo judicial, em razão de não mais poder exprimir sua vontade, passando a ser submetida ao regime de curatela. É o exemplo da pessoa com um tipo de deficiência de ordem mental, progressiva e degenerativa, sem perspectiva de melhora ou cura, como o Alzheimer e outras espécies de demência.

Com o reconhecimento da plena capacidade civil da pessoa com deficiência e o advento do modelo da tomada de decisão apoiada, graças à influência da CDPD e das mudanças legislativas diretamente manejadas pela Lei 13.146/2015, a curatela torna-se medida extraordinária, disciplinada pelo Código Civil de 2002, pelo Estatuto da Pessoa com Deficiência e pelo Código de Processo Civil de 2015.

Conforme o art. 84, § 3º, do EPD, constrói-se um perfil funcional para curatela mais voltado para as preferências, vínculos de afetividade e direitos fundamentais do curatelado, estabelecendo o respeito às suas potencialidades e às "escolhas de vida que o indivíduo for capaz, concretamente, de exprimir, ou em relação às quais manifesta notável propensão".[8] Isso porque toda pessoa humana é titular de situações existenciais como direito à vida, ao nome, à saúde, à integridade física, à

---

8. PERLINGIERI, Pietro. *Perfis de Direito Civil*: introdução ao Direito Civil-Constitucional. Rio de Janeiro: Renovar, 2007. p. 164.

manifestação do pensamento, cujo exercício é essencial para o desenvolvimento de sua personalidade e não carece de sua condição intelectual (art. 85, § 1º, EPD).

Tendo em vista que a incapacidade relativa tem caráter excepcional e, por conseguinte, exige prova contundente, é importante sublinhar que o rol de hipóteses de incapacidade contempladas em lei é *numerus clausus*, ou seja, deve ser interpretado taxativamente. Logo, a decisão judicial de curatela não pode atingir valores constitucionalmente preservados em favor da pessoa, como a liberdade e a intimidade. Para a decretação da curatela, não é suficiente a mera existência de uma deficiência, somente se justificando nos moldes prescritos na norma (impossibilidade de exprimir vontade, prodigalidade, embriaguez habitual ou toxicomania). A curatela deve estar respaldada na proteção da dignidade da pessoa a ser curatelada, não de terceiros.

Daí a importância de se distinguir curatela e incapacidade. Ao reconhecer a incapacidade relativa (art. 4º, II, III e IV, do CC/2002), o juiz deferirá uma curatela cuja extensão seja proporcional à necessidade de proteção. Por exemplo, uma pessoa que, em razão de um avançado grau de deficiência ou por se encontrar em estado vegetativo, não consegue exprimir sua vontade, poderá ser submetida a uma curatela mais ampla, exercendo seu curador a função de representante de atos relativos a situações patrimoniais e situações existenciais. Já aquela pessoa que não exprime sua vontade, todavia guarda um determinado grau de compreensão, terá uma curatela de extensão menor, podendo manter, a título ilustrativo, os direitos políticos e sexuais.

Cristiano Chaves e Nelson Rosenvald advogam no sentido de que

> o princípio da dignidade humana (CF, art. 1º, III) não se compatibiliza com uma abstrata homogeneização de seres humanos em uma categoria despersonalizada de incapacidades. Por isso, a sentença de curatela tem de considerar os aspectos pessoais, individualizados, daquela pessoa humana, levando em conta as suas vontades e preferências, inclusive. Com isso, a sentença de curatela há de corresponder a um projeto terapêutico individual.[9]

A depender das singularidades de cada pessoa, bem como de sua condição física, psíquica e intelectual, após a oitiva do Ministério Público, a realização de perícia obrigatória por equipe multidisciplinar e a entrevista com a própria pessoa a ser submetida ao regime de curatela (arts. 751, *caput*, e 753, *caput* e § 1º, todos do CPC/2015), o magistrado proferirá a sentença que se traduzirá num autêntico projeto terapêutico individualizado[10], nomeando o curador, fixando os limites da curatela proporcionalmente às demandas do curatelado e apreciando

---
9. ROSENVALD, Nelson. FARIAS, Cristiano Chaves de. Op. cit., p. 348.
10. Ibidem, p. 348.

as características pessoais, habilidades, potencialidades, desejos e preferências do relativamente incapaz.

Sob o prisma de Cristiano Chaves e Nelson Rosenvald, faz-se mister dissociar as técnicas da representação e da assistência dos institutos das incapacidades absoluta e relativa, respectivamente. Sendo assim, a extensão da curatela poderá assumir três formas diferentes: (i) o curador pode se apresentar como um representante para todos os atos jurídicos porque o curatelado não tem condições de praticá-los, sequer em conjunto — no caso de alguém em coma ou inteiramente desprovido de discernimento; (ii) o curador pode ser representante para certos atos e assistente para outros, em um regime misto, reconhecendo no curatelado aptidão de praticar alguns atos conjuntamente com seu curador, mas não em outros, nos quais seria representado, por exemplo, nos atos patrimoniais; (iii) o curador operará sempre como assistente, na hipótese em que o curatelado tem condições de praticar todo e qualquer ato, desde que devidamente assistido, para sua proteção.[11]

Por outro lado, é certo que os poderes do curador, ainda que coincidam com a técnica da representação legal, não englobam os direitos políticos ou trabalhistas, bem como as questões relativas ao estado civil do curatelado. Nessa linha, Joyceanne Bezerra de Menezes discorda, inclusive, da aplicação do art. 1582, parágrafo único, do CC/02, que confere legitimidade ativa ao curador para propositura do divórcio ou separação. Quando muito, a autora aduz que esse poderia contestar tais ações.[12]

Por fim, cabe salientar a possibilidade de levantamento de curatela, prevista no *caput* do art. 756 do CPC/15, em concordância com a redação do art. 84, § 3º, do Estatuto que, em sua parte final, dispõe que a curatela "deverá durar o menor tempo possível". Se, posteriormente ao deferimento judicial da curatela, cessa a causa que a determinou e a pessoa com deficiência recupera a plenitude de sua manifestação de vontade, poderá ser levantado o mecanismo protetivo para a retomada da plena capacidade jurídica. Isso se coaduna com as diretrizes da nova curatela, que imputam ao curador deveres não apenas de administração de bens, mas também de cuidado assistencial à pessoa curatelada para que, sendo factível, recupere a plenitude de sua saúde o mais breve possível.

No próximo tópico, far-se-á uma breve reflexão sobre os conceitos de solidariedade e cuidado, na perspectiva de tutela da pessoa com deficiência, especialmente com Alzheimer.

---

11. ROSENVALD, Nelson. FARIAS, Cristiano Chaves de. Op. cit., p. 348.
12. MENEZES, Joyceane Bezerra de. O direito protetivo no Brasil após a convenção sobre a proteção da pessoa com deficiência: impactos do novo CPC e do Estatuto da Pessoa com Deficiência. *Civilistica.com*. Rio de Janeiro, a. 4, n. 1, jan.-jun./2015, p. 22. Disponível em:[http://civilistica.com/wpcontent/uploads/2016/01/Menezes-civilistica.com-a.4.n.1.2015.pdf]. Acesso em: 08.10.2018.

3. VALOR JURÍDICO DO CUIDADO E PRINCÍPIO DA SOLIDARIEDADE

Cabe salientar alguns conceitos jurídicos interligados à ideia de promoção da pessoa com deficiência, sobretudo do paciente de Alzheimer idoso, quais sejam: o cuidado e a solidariedade constitucional.

Na perspectiva da doutrinadora Heloisa Helena Barboza, a vulnerabilidade (derivada do latim *vulnerabilis*, que significa "que pode ser ferido") apresenta-se como característica ontológica intrínseca à espécie humana, isto é, qualquer pessoa pode ser considerada vulnerável e alguns, por circunstâncias diversas, nascem ou crescem mais fragilizados que outros:

> Todos os humanos são, por natureza, vulneráveis, visto que todos os seres humanos são passíveis de serem feridos, atingidos em seu complexo psicofísico. Mas nem todos serão atingidos do mesmo modo, ainda que se encontrem em situações idênticas, em razão de circunstâncias pessoais, que agravam o estado de suscetibilidade que lhes é inerente. Embora em princípio iguais, os humanos se revelam diferentes no que respeita à vulnerabilidade. [...]. Não há para tais pessoas possibilidade de exercer seus direitos, por vezes sequer de ter acesso a eles, em igualdade de condições, sendo necessário que o direito lhes propicie os meios para tanto.[13]

É cada vez mais evidente a necessidade de o Direito atentar-se para a complexidade do ser humano em seu processo de vida, bem como de reconhecer o pluralismo social e o decorrente desafio de pensar meios de concretização dos direitos fundamentais, em especial da liberdade e igualdade, frente a uma realidade de opressão e discriminação de determinados grupos de pessoas em esfera pública e privada. Faz-se urgente engendrar instrumentos de adequação dos direitos fundamentais à instável dinâmica da vida humana, sob pena de permanecerem no campo meramente formal, de que é bom exemplo a igualdade concebida em termos absolutos, sob a fórmula "todos são iguais perante a lei".[14]

A Constituição Federal de 1988 erigiu o ser humano como valor máximo do ordenamento jurídico brasileiro, garantindo-lhe tutela integral e privilegiada em suas relações existenciais, ao fixar a dignidade da pessoa humana como princípio fundamental do Estado Democrático de Direito. A partir desse princípio constitucional, consolida-se a presença de uma cláusula geral de tutela da pessoa humana, que "não admite a exclusão de quaisquer direitos e garantias, mesmo não expressos, desde que decorrentes dos princípios constitucionais, e condiciona o intérprete e legislador ordinário, modelando todo o tecido normativo infraconstitucional".[15]

---

13. BARBOZA, Heloisa Helena. Vulnerabilidade e cuidado: aspectos jurídicos. In: OLIVEIRA, Guilherme de; PEREIRA, Tânia da Silva (Coord.). *Cuidado & vulnerabilidade*. São Paulo: Atlas, 2009. p. 110.
14. Ibidem, p. 58.
15. TEPEDINO, Gustavo. A tutela da personalidade no ordenamento civil-constitucional brasileiro. *Temas de Direito Civil*. 3. ed. Rio de Janeiro: Renovar, 2004. p. 49-51.

Outrossim, o movimento da igualdade material ganha força e consistência com uma tutela diferenciada das pessoas "desiguais", assim identificadas em razão da condição existencial ou patrimonial particular em que se encontram. Estão abarcados nessa tutela diferenciada os "grupos minoritários", como o consumidor, a criança e o adolescente, o idoso, a pessoa com deficiência, os homossexuais, entre outros. Cabe aqui esclarecer a conotação qualitativa destinada ao termo "minoritários", reservado aos grupos sociais que, independentemente de sua expressão numérica, encontram-se qualitativamente em situação de desigualdade por motivos econômicos, sociais ou técnicos, sujeitos à dominação de outros grupos prevalentes.[16]

A vulnerabilidade dessas minorias é, de certa forma, potencializada, o que justifica a implementação de ações afirmativas em prol da preservação de seus direitos. A ação afirmativa pode incluir a edição de leis especiais de proteção aos grupos vulneráveis (uma ação positiva do Estado-legislador, a orientar a ação do Estado-executivo e Estado-juiz), como é o caso do Código de Defesa do Consumidor (Lei nº 8.078/90), do Estatuto da Criança e do Adolescente (Lei 8.069/90), do Estatuto do Idoso (Lei 10.741/2003) e, mais recentemente, do Estatuto da Pessoa com Deficiência (Lei 13.146/2015).

É de suma importância a construção de um diálogo harmônico entre o princípio da dignidade da pessoa humana (do qual deriva a cláusula geral de tutela da pessoa humana) e o princípio da solidariedade, elencado no art. 3º, I, da CF/88, que propugna a "construção de uma sociedade livre, justa e solidária" como um dos objetivos fundamentais da República Federativa do Brasil.

Consoante Claudia Lima Marques, a solidariedade pode ser compreendida como vínculo recíproco em um grupo, é a consciência de pertencer ao mesmo fim, à mesma causa, à mesma coletividade, apesar da independência de cada um; concomitantemente, tem um aspecto moral, derivado de um elo de responsabilidade e apoio mútuo a partir de um objetivo ou interesse compartilhado. A solidariedade, com seu interesse voltado para o grupo, pode ser concebida como um justo meio aristotélico ou virtude que se encontra entre dois excessos, o interesse centrado em si (*egoísmus*) e o interesse focado no outro (*altruismus*).[17]

Paulo Luiz Netto Lôbo declara que o "princípio da solidariedade é o grande marco paradigmático que caracteriza a transformação do Estado liberal e indi-

---

16. BARBOZA, Heloisa Helena. Op. cit., p. 60.
17. MARQUES, Claudia Lima. Solidariedade na doença e na morte: sobre a necessidade de "ações afirmativas" em contratos de plano de saúde e de planos funerários frente ao consumidor idoso. In: SARLET, Ingo Wolfgang (Org.). *Constituição, Direitos fundamentais e direito privado*. Porto Alegre: Livraria do Advogado, 2003. p. 186.

vidualista em Estado democrático e social",[18] é como a mola propulsora do livre desenvolvimento da pessoa. Ele compele a um dever de abstenção, caracterizado pelo respeito, contudo também fixa condutas positivas voltadas a proteger e perfazer a dignidade da pessoa humana.

Maria Celina Bodin de Moraes divide o princípio da dignidade humana em quatro postulados: igualdade, integridade psicofísica, liberdade e solidariedade. Aduz a autora:

> quando se reconhece a existência de outros iguais, daí imana o princípio da igualdade; se os iguais merecem idêntico respeito à sua integridade psicofísica, será preciso construir o princípio que protege tal integridade; sendo a pessoa essencialmente dotada de vontade livre, será preciso garantir, juridicamente, esta liberdade; enfim, fazendo ela, necessariamente, parte do grupo social, disso decorrerá o princípio da solidariedade.[19]

Essa solidariedade, intimamente associada à dignidade da pessoa humana, é responsabilidade do Estado, da família e de toda a sociedade, seja através de entidades públicas ou privadas, bem como das pessoas físicas, que ficam vinculadas a deveres de proteção e respeito à pessoa idosa com doença mental, tal como o Alzheimer.

Cabe aqui discorrer, em breves linhas, a respeito do princípio da solidariedade e interdependência entre gerações, definido como uma via de mão dupla, com pessoas jovens e idosas, em que se dá e se recebe. A solidariedade intergeracional é uma ideia que vem ganhando força na contemporaneidade, eis que se trata de uma contribuição inegável ao envelhecimento ativo. De acordo com o estudo *Envelhecimento ativo: uma política de saúde*, realizado pela Organização Mundial da Saúde, "a criança de ontem é o adulto de hoje e o avô ou avó de amanhã. A qualidade de vida que as pessoas terão quando avós depende não só dos riscos e oportunidades que experimentarem durante a vida, mas também da maneira como as gerações posteriores irão oferecer ajuda e apoio mútuos, quando necessário".[20]

Neste sentido, José Albertino Rodrigues, traduzindo a sociologia de Émile Durkheim, argumenta:

> Quanto mais solidários sejam os membros de uma sociedade, mais eles mantêm relações diversas, seja uns com os outros, seja com o grupo tomado coletivamente. [...]. A vida geral da

---

18. LÔBO, Paulo Luiz Netto. Família e solidariedade. *Boletim IBDFAM – Instituto Brasileiro de Direito de Família*. Porto Alegre: Síntese, n. 43, mar./abr., 2007, p. 5.
19. MORAES, Maria Celina Bodin de. O conceito de dignidade da pessoa humana: substrato axiológico e conteúdo normativo. In: SARLET, Ingo Wolfgang (Org.). *Constituição, direitos fundamentais e direito privado*. Porto Alegre: Livraria do Advogado, 2003. p. 117.
20. Organização Pan-Americana da Saúde. *Envelhecimento ativo*: uma política de saúde, 2005, p. 14. Disponível em: [http://bvsms.saude.gov.br/bvs/publicacoes/envelhecimento_ativo.pdf]. Acesso em: 07.10.2018.

sociedade não pode se desenvolver num certo ponto sem que a vida jurídica se desenvolva ao mesmo tempo e no mesmo sentido. Podemos portanto estar seguros de ver refletidas no direito todas as variedades essenciais da solidariedade social.[21]

Surge, então, a ideia do cuidado como valor jurídico, que possibilita o livre desenvolvimento da personalidade em toda a sua dimensão. Não se confunde com a solidariedade, que consiste em um princípio constitucional, muito embora sejam conceitualmente bem próximos. O cuidado, nas palavras de Leonardo Boff, "representa uma atitude de ocupação, preocupação, responsabilização e envolvimento com outro, entrando na natureza e na constituição do ser humano".[22] Logo, é da natureza do humano e, por isso, uma atitude permanente, uma relação de sujeito a sujeito, identificada como comunhão e não intervenção.

O dever de cuidado afasta qualquer herança assistencialista no trato com a pessoa a ser cuidada. O assistencialismo, orientado pela e para a doença,[23] espécie de paternalismo, acaba por não atender toda vastidão de necessidades reais e diversas da pessoa idosa com Alzheimer, por exemplo; ao contrário, opera na base de uma relação de poder e interferência nas escolhas do paciente. Viola diretamente a autonomia do assistido, sem respeitar sua capacidade de autodeterminação e, consequentemente, sua dignidade.

A solidariedade, somada à tolerância e ao cuidado, devem tecer os direitos das pessoas nos elos familiares e institucionais quando se busca tutelar o idoso acometido de demência avançada. Como leciona Tânia Pereira, isso descreveria "um aprendizado político na consciência de cidadania para a sociedade e para o direito".[24]

Os conceitos discutidos acima devem ser levados em conta não só na elaboração da legislação infraconstitucional e na execução de políticas públicas em favor das pessoas com Alzheimer, mas também na atividade de interpretação e aplicação das normas jurídicas, por seus operadores e demais destinatários. Há que preponderar uma ética reconstrutiva, uma dogmática renovada e uma interpretação protetiva e útil ao sujeito especial.[25]

A seguir, tratar-se-á da possibilidade de uso das diretivas antecipadas para preservação da autonomia dos pacientes com demência.

---

21. RODRIGUES, José Albertino (Org.), FERNANDES, Florestan (Coord.). *Durkheim*: Sociologia. 9. ed. São Paulo: Ática, 2000. p. 67.
22. BOFF, Leonardo. Justiça e cuidado: opostos ou complementares? In: PEREIRA, Tania da Silva; OLIVEIRA, Guilherme de (Coord.). *O cuidado como valor jurídico*. Rio de Janeiro: Forense, 2008. p. 7.
23. BARBOZA, Heloísa Helena. Op. cit., p. 70.
24. PEREIRA, Tânia da Silva. O cuidado como valor jurídico. In: PEREIRA, Tânia da Silva; PEREIRA, Rodrigo da Cunha (Coord.). *A ética da convivência familiar*: sua efetividade no cotidiano dos tribunais. Rio de Janeiro: Forense, 2006, p. 243.
25. MARQUES, Claudia Lima. *Op. cit.*, p. 177.

4. DIRETIVAS ANTECIPADAS COMO FORMA DE PRESERVAÇÃO DA AUTONOMIA EXISTENCIAL

Recentes estudos atestam que as diretivas antecipadas de vontade (DAV)[26] não se aplicam apenas à situação de terminalidade, mas a todos os estágios clínicos que conduzam a pessoa à situação de fim da vida. São estes: a doença terminal, o estado vegetativo persistente e doenças crônicas, principalmente a demência avançada. O reconhecimento da necessidade de preservação da autonomia do paciente nesses casos é condição *sine qua non* para assegurar ao indivíduo sua autonomia privada, pois somente assim ele será protagonista de suas relações e de sua própria existência.[27]

Historicamente, a demência avançada não integrava o rol de estados clínicos que possibilitavam recusa de tratamento ou procedimentos médicos nas diretivas antecipadas de vontade. Não obstante, o gradativo aumento da expectativa de vida da população mundial, comprovado pela redução da natalidade, pela elevação da longevidade humana e pela queda das taxas de mortalidade, gera profundos impactos na demanda da saúde.

Tais quais as doenças crônicas que evoluem no sentido de incapacitar o paciente, a demência avançada é uma das enfermidades que mais acometem a pessoa idosa. Esse é o caso do Alzheimer em sua terceira e última fase (nível avançado).

Importante ter em vista que as pessoas cada vez mais se preocupam com a velhice e, consequentemente, com a forma como irão morrer. Pesquisas norte-americanas constatam que os adultos mais velhos compõem o grupo majoritário de outorgantes de diretivas antecipadas de vontade e que incluem disposições sobre doenças crônicas e demência avançada em suas DAV.[28]

Considerando que a demência avançada retira progressivamente a autonomia do paciente para tomar decisões, é essencial incluir nas DAV disposições sobre a suspensão ou recusa de tratamentos e procedimentos médicos nesse estado clínico.

Para melhor compreender a proposta das diretivas antecipadas, necessário destacar a relevância do consentimento informado na relação médico-paciente, cuja

> maior finalidade é a concretização (ou não) de um acordo sobre o escopo, as finalidades e os limites da atuação médica. Além disso, consiste no único meio possível de definir, num caso concreto e unicamente aplicável a esse, aquilo que possa ser considerado como "bom" para o interessado.[29]

---

26. Ver Resolução n. 1995/2012 do Conselho Federal de Medicina (CFM). Disponível em: [http://www.portalmedico.org.br/resolucoes/CFM/2012/1995_2012.pdf]. Acesso em: 09.10.2018.
27. DADALTO, Luciana. *Testamento vital*. 3. ed. São Paulo: Atlas, 2015. p. 25-26.
28. BROWN, B. A. The history of advance directives: a literature review. *Journal of Gerontological Nursing* (2003), v. 29 (9), p. 11. Disponível em: [https://pdfs.semanticscholar.org/4e98/115b7a6b8bf-75f73799194b5bfccfc8e8864.pdf]. Acesso em: 05.10.2018.
29. RÜGER, André. *Conflitos familiares em genética humana*: o profissional da saúde diante do direito de saber e do direito de não saber. Belo Horizonte, 2007, p.160. Disponível em: [http://www.biblioteca.pucminas.br/teses/Direito_RugerA_1.pdf]. Acesso em: 07.10.2018.

O Código de Ética Médica em vigor prevê, em seu art. 22, que é vedado ao médico "deixar de obter o consentimento do paciente ou de seu representante legal após esclarecê-lo sobre o procedimento a ser realizado, salvo em caso de risco iminente de morte". Resta evidente, portanto, que o médico tem o dever de informar o paciente acerca do tratamento a que será submetido. A doutrina contemporânea tem substituído a expressão "consentimento informado" pela expressão "consentimento livre e esclarecido", afirmando que não basta a informação, é indispensável que o médico esclareça ao paciente sobre o tratamento indicado através de um diálogo, isto é, o paciente deve entender as informações que lhe foram prestadas de modo claro e compreensível a fim de que possa exercer sua autonomia no campo da saúde.

No que toca ao consentimento, debate-se a respeito da capacidade para consentir do paciente, quer dizer, se o paciente tem discernimento para consentir com determinado tratamento. Gilson Ely Chaves de Matos trata a capacidade como requisito essencial da validade do consentimento, sem o qual esse seria nulo. Imperioso ressaltar, no âmbito das situações jurídicas que envolvem médicos e pacientes, que capacidade de fato não é sempre sinônimo de discernimento, pois é possível que um paciente seja civilmente capaz, mas o médico constate que o paciente está usando medicamentos que afetem suas faculdades mentais ou ainda que a doença esteja afetando sua possibilidade de fazer escolhas autônomas. O que se questiona é exatamente a capacidade do paciente de tomar uma decisão e de entender as informações que serão prestadas pelo médico, e não a capacidade dele moldada ao Código Civil de 2002.[30]

Luciana Dadalto sustenta que a capacidade compreendida como discernimento é critério essencial para validade do consentimento prestado, embora a capacidade civil seja mera formalidade, não devendo ser considerada com o objetivo de aferir a validade do consentimento informado do paciente, pois, no caso concreto, deve-se verificar se, à época da manifestação do consentimento, o paciente estava em pleno gozo de suas funções cognitivas, não se ele se enquadrava na categoria de pessoa civilmente capaz. Nesse diapasão, Iara Antunes de Souza advoga que os curatelados, inclusive, podem manifestar sua vontade através das diretivas antecipadas de vontade, desde que comprovada sua capacidade de compreender, discernir e se expressar.[31]

O consentimento livre e esclarecido e as diretivas antecipadas de vontade são institutos próximos, já que ambos têm como efeito a aceitação ou não de algum

---

30. DADALTO, Luciana. Op. cit., p. 74.
31. SOUZA, Iara Antunes de. As Diretivas antecipadas de vontade diante da curatela: (Im)possibilidade de exercício da autonomia privada do incapaz. In: DADALTO, Luciana. *Diretivas Antecipadas de Vontade*: ensaios sobre o direito à autodeterminação. Belo Horizonte: Letramento, 2013. p. 231- 245.

tratamento médico. Alguns autores enquadram as diretivas antecipadas na sistemática da teoria geral do consentimento livre e esclarecido, contudo, aquelas são mais amplas e, ao expressar a vontade de uma pessoa, não se restringem a indicar a aceitação do que foi proposto por um médico em um momento determinado. Logo, esses institutos diferem em dois pontos cruciais: na abrangência das situações e no papel do médico na realização deles.

Sob a ótica de Cristina López Sánchez,

> una directriz anticipada es un término general que contiene instrucciones acerca de los futuros cuidados médicos que ha de recibir una persona en el caso de que se vuelva incapaz de expresarlos por si misma. Esta denominación, directrices anticipadas, en realidad constituye el género que comprende dos tipos de documentos en virtud de los cuales se puede plasmar por adelantado la voluntad de la persona que los redacta. Así, por um lado, ponemos el llamado testamento vital y por otro lado, el poder médico o poder para el cuidado de la salud que se otorga a um representante.[32]

Miguel Angel Sánchez elenca alguns benefícios advindos das diretivas antecipadas: redução do medo do paciente a respeito de situações inaceitáveis, a elevação de sua autoestima, a salvaguarda do médico contra reclamações e denúncias, a orientação do médico ante quadros difíceis e conflituosos, o alívio moral para familiares diante de situações duvidosas ou "potencialmente culpabilizadoras".[33]

Cabe aqui distinguir duas espécies de diretivas antecipadas de vontade: o testamento vital, limitado às situações de fim da vida, e o mandato duradouro, que possui escopo mais abrangente, havendo possibilidade de ambos coexistirem.

O mandato duradouro é uma DAV na qual o paciente designa um ou mais procuradores que deverão ser consultados pelos médicos em caso de incapacidade (definitiva ou não) do paciente, quando esses tiverem que tomar alguma decisão sobre recusa do tratamento. O procurador de saúde decidirá com base na vontade do paciente. Segundo os modelos de autonomia assinalados por Beauchamp e Childress, é possível deduzir que o mandato duradouro se encaixa no modelo de julgamento substituto, no qual "a intimidade do decisor substituto com o paciente seja suficientemente profunda e relevante para que o julgamento reflita os objetivos e opiniões do paciente".[34]

---

32. SÁNCHEZ, Cristina López. *Testamento vital y voluntad del paciente*: conforme a la Ley n. 41/2002, de 14 de noviembre. Madrid: Dykinson, 2003. p. 27-28.
33. GONZÁLES, Miguel Angel Sánchez. O novo testamento: testamentos vitais e diretivas antecipadas. In: BASTOS, Eliene Ferreira; SOUSA, Asiel Henrique. *Família e jurisdição*. Belo Horizonte: Del Rey, 2006. p. 91-137.
34. BEAUCHAMP, Tom L; CHILDRESS, James F. *Princípios de ética médica*. Trad. Luciana Pudenzi. São Paulo: Loyola, 2002. p. 197.

Esse instituto apresenta vantagens como: evitar incertezas em relação a quem tem o poder de decidir; respeitar o desejo de conferir legalmente poderes a alguém para que possa agir em nome do outorgante, quando ele estiver incapacitado; definir um padrão de decisão; obstar a determinação de uma medida de tutela ou curatela, quando desnecessária; e tutelar o respeito da vontade da pessoa incapaz (temporária ou definitivamente), mesmo que submetida ao regime de tutela ou curatela. Por outro lado, o maior dilema desse instituto é a escolha do mandatário na medida em que deve ser alguém com contato próximo ao paciente, que conheça profundamente seus desejos, interesses e preferências, e de sua inteira confiança.

Por sua vez, o testamento vital é uma declaração de vontade, realizada por meio de um negócio jurídico ou ato jurídico *strictu sensu*, pelo qual uma pessoa capaz expressa seus desejos acerca da suspensão de tratamentos médicos, tendo utilidade quando o paciente estiver em estado terminal, em estado vegetativo persistente ou com doença crônica avançada e incurável, inapto a manifestar sua vontade de modo livre e consciente. Nesse sentido, os dois objetivos centrais dessa espécie de DAV são: assegurar ao paciente que sua vontade será atendida no momento de terminalidade e conferir respaldo legal ao médico para a tomada de decisões conflituosas.

Feitas tais ponderações, resta patente a importância das diretivas antecipadas como instrumento de respeito à dignidade da pessoa humana, no viés da autonomia existencial, e como oportunidade de manutenção do diálogo ideal entre médico e paciente, sobretudo quando o paciente não puder se expressar.

5. POSSÍVEIS SOLUÇÕES CORRESPONDENTES AOS ESTÁGIOS DO ALZHEIMER

Nesta parte do trabalho, algumas questões se apresentam como decorrência do desenvolvimento dos aspectos até agora referenciados. Considerando: (i) o advento da Lei 13.146/2015 (resultado da incorporação da Convenção dos Direitos da Pessoa com Deficiência ao sistema jurídico brasileiro pelo rito do art. 5º, § 3º, da CF/88) e seu conteúdo reformador do tradicional regime das incapacidades, com as respectivas ressignificação do instituto da curatela como medida protetiva extraordinária e instituição da tomada de decisão apoiada; (ii) o diálogo entre o EPD, a CF/88 e o Estatuto do Idoso no tocante às suas diretrizes e garantias; (iii) as concepções do cuidado como valor jurídico e do princípio da solidariedade constitucional; (iv) o uso das diretivas antecipadas como possibilidade de autodeterminação da pessoa no campo da saúde, quando já não tiver condições de manifestar vontade, e como forma de preservação de seus interesses existenciais; (v) a incidência cada vez maior do mal de Alzheimer em maiores de 65 anos, em proporções quase epidêmicas no Brasil e no mundo (a partir do aumento da expectativa de vida e do envelhecimento populacional), os sintomas decorrentes de cada estágio da doença e suas consequências para vida do paciente, da família e da comunidade em geral, pretende-se aqui esboçar possíveis soluções jurídicas para cada fase da referida enfermidade mental, avaliando as possibilidades do paciente de Alzheimer com o fito de promover sua capacidade e dignidade.

Geralmente, a doença de Alzheimer é de evolução lenta e pode afetar o indivíduo de diferentes maneiras. Não existe um tempo de duração determinado ou determinável para cada etapa da doença, daí a importância de uma avaliação periódica da condição do paciente pelo médico, pelos demais profissionais de saúde envolvidos e pelos familiares.

A primeira fase apresenta sintomas como perda leve de memória recente, princípio de desorientação espacial, princípio de apatia, mantendo-se o raciocínio preservado porque não há um comprometimento cognitivo significativo ainda. Nesse estágio, o paciente, normalmente, recebe o diagnóstico de Alzheimer e inicia o tratamento com terapia ocupacional, sessões de fonoaudiologia e fisioterapia, uso de medicamentos prescritos pelo médico que têm como objetivo retardar a progressão da patologia e melhorar sua qualidade de vida.

Nesse momento, a pessoa acometida pelo Alzheimer ainda conserva um alto grau de discernimento e tem plenas condições de expressar sua vontade e preferências; logo a autodeterminação e gestão de seus interesses existenciais e patrimoniais são uma realidade para ela. Recomenda-se, nesta fase, a utilização do procedimento da tomada de decisão apoiada (TDA), a depender do apoio que necessita para administrar sua vida e seu patrimônio. A TDA não interfere na plena capacidade dessa pessoa, servindo-lhe como mecanismo de apoio para o exercício de sua capacidade civil em igualdade com os demais.

O papel dos apoiadores, eleitos pela pessoa com deficiência, com quem mantém vínculos e gozam de sua confiança, é de fornecer elementos e informações necessários ao apoiado para tomada de decisões. Essa medida constitui remédio personalizado para suas necessidades, prevalecendo as noções de cuidado e solidariedade estudadas anteriormente. Não há que se falar em substituição de vontade, mas em promoção da dignidade da pessoa humana, dos seus direitos fundamentais e do seu livre desenvolvimento.

A tomada de decisão apoiada permite que sejam desenvolvidas as habilidades da pessoa portadora de Alzheimer, fortalecendo seu discernimento e lhe dando voz ativa no processo de evolução da doença. Esse modelo inovador, incorporado ao ordenamento jurídico brasileiro pela Lei 13.146/2015, prestigia a autonomia da pessoa com deficiência e traduz precisamente a ideia de que a deficiência, seja de qual ordem for, não é sinônimo de incapacidade. Só poderá ser coberta pelo manto da incapacidade relativa a pessoa que não tiver discernimento e condições de manifestar sua vontade.

Ainda, propõe-se que o paciente, no estágio inicial da doença, o quanto antes puder, elabore diretivas antecipadas de vontade (DAV), que servirão como expressão de sua autonomia quando estiver comprometida e a pessoa não mais puder manifestar livre e conscientemente sua vontade. Nas DAV, cujas espécies são o testamento vital e o mandato duradouro, o paciente de Alzheimer pode esclarecer seus desejos sobre aceitação ou não de tratamentos médicos (testamento vital), bem como pode designar um procurador de saúde para tomar essas decisões em seu nome, respeitados seus interesses, quando for considerado incapaz (mandato duradouro).

Ao elaborar uma DAV, deve-se especificar as preferências do paciente para várias situações que surgirão no curso da doença de Alzheimer: participação em pesquisas médicas (especificar se ele está interessado e, se estiver, que nível de risco é aceitável), meio de alimentação caso passe a ter dificuldade de engolir, tratamento de pneumonia se já não houver qualidade de vida, entre outras.[35]

De igual modo, recomenda-se que a pessoa, uma vez diagnosticada com a referida doença, faça um testamento, se o desejar, o mais breve possível. Para evitar futuros litígios e contestações acerca da validade do testamento, é prudente que um médico especialista faça uma avaliação completa do paciente e ateste seu grau de discernimento e de aptidão de expressar sua vontade de maneira consciente. Dessa forma, a pessoa resguarda o cumprimento de sua vontade, disposta no testamento, após sua morte.

À medida que a doença avança e atinge um estágio moderado, detecta-se risco na vida independente, com necessidade de certo grau de supervisão, perda de memória moderada, prejuízo no raciocínio, perda progressiva da noção de tempo e espaço, dificuldade de se comunicar e de se expressar com clareza, dificuldade na execução de atividades diárias, variação de humor, entre outros.

Como medida excepcional, se restar comprovado que o paciente não consegue mais se expressar, sugere-se que ele próprio ou um dos legitimados para ação de curatela (interpretação sistêmica do art. 1.768, IV, do CC/02 c/c art. 747 do CPC/15) a proponham (existe um ônus persuasivo de quem queira submetê-lo ao regime de curatela). Nesse caso, é importante frisar que o juiz deverá deferir uma curatela sempre proporcional às circunstâncias ligadas à pessoa, vocacionada à sua dignidade, ressalvados seus direitos personalíssimos. A mentalidade do magistrado que apreciará as peculiaridades do caso concreto deve estar afinada

---

35. POIRIER, Judes; GAUTHIER, Serge. *Doença de Alzheimer*: o guia completo. Tradução de Janaína Marcoantonio. São Paulo: MG Editores, 2016. p. 62.

aos fenômenos da flexibilização, funcionalização e personalização da curatela de modo que a sentença desse processo constitua um autêntico projeto terapêutico individualizado. Isso significa que o juiz, auxiliado pelo Ministério Público e por equipe multidisciplinar composta por profissionais da saúde, assistentes sociais, psicólogos, regulamentará a extensão e os limites da atuação do curador.

Como nessa etapa do Alzheimer ainda existe algum grau de discernimento e consciência por parte do paciente, é possível que a sentença judicial, que deverá contar com forte carga argumentativa, determine um regime misto: o curador pode ser representante para atos específicos de cunho patrimonial, por exemplo, e assistente para outros, quando se verifica que o curatelado apresenta condições de praticar atos da vida civil, desde que devidamente assistido. É essencial que se preserve tanto quanto possível o exercício de sua autonomia no campo existencial, que abarca, entre outros, o direito ao próprio corpo, à escolha de tratamento médico, à privacidade, à convivência familiar e comunitária, à sexualidade.

Por fim, na fase avançada do Alzheimer, os sintomas revelam-se graves e cruéis: incapacidade para vida independente, necessidade de supervisão contínua, impossibilidade de realizar tarefas básicas, como tomar banho, vestir-se e comer, alienação, alto comprometimento cognitivo e na comunicação, total apatia, severo prejuízo na memória e não reconhecimento dos familiares e amigos. Para esse momento, não há outra solução senão que a pessoa seja representada em todos os atos jurídicos *lato sensu*, pois não possui condições de praticá-los, sequer em conjunto. Mesmo assim, a curatela não legitimará a neutralização da subjetividade da pessoa e sua redução a um dramático quadro biopsicossocial. O curador deve buscar atender interesses e preferências do curatelado, bem como a concretização de seus direitos fundamentais; afinal, ele não terá uma função meramente de gestor de patrimônio, mas de cuidador em primeiro lugar.

Portanto, esse representante tem um importante e difícil desafio todos os dias: descortinar a dura realidade do Alzheimer para enxergar a pessoa que existe por trás dela. Ele não trata somente a doença, mas cuida de um ser humano, caracterizado por suas singularidades e complexidades como qualquer outro. Faz-se urgente potencializar a integração do paciente de Alzheimer à essência do cuidado humanizado, que se reflete em uma atitude de ocupação, responsabilização e envolvimento com outro, desvendando sua natureza e possibilitando seu livre desenvolvimento.

Fundamental é a atuação do Ministério Público como fiscal da ordem jurídica (art. 752, § 1º, do CPC/15) nos processos que envolvem colocação de pessoa com deficiência mental em regime de curatela, bem como o cumprimento, pelo curador, do dever de prestar contas anualmente de sua administração ao juiz, apresentando o balanço do respectivo ano, conforme previsão contida no art. 84,

§ 4º, do EPD. Essa fiscalização e controle são indispensáveis justamente porque a curatela revela-se medida extraordinária, que consiste na restrição do direito fundamental da capacidade civil, conquistado a duras penas ao longo da história. Se essa medida é admitida para proteção dos vulneráveis que já não têm condições de gerir pessoalmente sua vida, é preciso assegurar-lhes rigoroso controle na aplicação da curatela a fim de obstar quaisquer tipos de violação à dignidade do curatelado.

Faz-se necessário que as decisões das cortes brasileiras se alinhem às diretrizes do Estatuto da Pessoa com Deficiência e ao entendimento da curatela como medida excepcional e personalizada aos interesses do curatelado. Consiste em um processo lento e gradual que continuará exigindo grande empenho dos operadores do Direito.

O próximo tópico limita-se a uma análise da legislação estrangeira no que diz respeito ao reconhecimento da capacidade civil das pessoas com deficiência, especialmente as pessoas com transtorno mental.

6. LEGISLAÇÃO ESTRANGEIRA

No plano internacional, surgem reformas legislativas que refream a aplicação dos institutos da curatela e da interdição em atenção aos direitos da personalidade. As principais temáticas observadas são: a máxima proteção da capacidade, o reforço dos direitos do maior incapaz, a adoção de medidas personalizadas conforme o grau de incapacidade e a tendência de adoção de estipulações em torno de futuras incapacidades.[36]

É essencial que os direitos sejam reconhecidos, respeitados e protegidos, a fim de empoderar as pessoas com deficiência, seus apoiadores e a comunidade como um todo. Um panorama legislativo garantidor de direitos e da dignidade da pessoa humana é imprescindível para certificar alta qualidade dos serviços oferecidos aos que sofrem com demência e seus cuidadores.

Um estudo realizado em 2009 pelo *Alzheimer Europe*[37] fornece informações sobre abordagens jurídicas a respeito de consentimento, capacidade e incapacidade em 30 países da Europa. Os sistemas jurídicos dos países participantes da aludida pesquisa reconhecem o direito de uma pessoa capaz consentir ou recu-

---

36. ABREU, Célia Barbosa. Curatela: uma Proposta de Leitura Constitucional do Artigo 1.772 do Código Civil Brasileiro. *Revista Brasileira de Direito das Famílias e Sucessões*, Belo Horizonte, v. 7, 2009, p. 96.
    TARTUCE, Flávio. *Direito Civil*: Lei de Introdução e Parte Geral. 12. ed., rev., atual. e ampl. Rio de Janeiro: Forense, 2016. v. 1, p. 96.
37. ALZHEIMER EUROPE. *Dementia in Europe Yearbook 2010*: with a focus on legal capacity and proxy decision making in dementia. Disponível em: [file:///C:/Users/sony/Downloads/2010%20YEARBOOK.pdf]. Acesso em: 08.10.2018.

sar tratamento médico e todos eles se pautaram pela presunção de capacidade (presume-se que as pessoas têm capacidade para tomar suas próprias decisões, a não ser que seja provado o contrário). Muitos países apresentam previsões legais quanto a formas de substituição de vontade pela pessoa com demência, por meio dos parentes ou curadores indicados pelos tribunais.

Em alguns países, a legislação autoriza uma flexibilização desses institutos, admitindo que a capacidade pode oscilar ou reduzir ao longo do tempo. A minoria dos países aprovou leis que permitem que a pessoa nomeie seu curador, caso sua capacidade seja prejudicada no futuro, sendo essa opção mais razoável que depender da decisão de um tribunal para designá-lo. Um importante componente do processo de substituição de vontade é garantir ao curatelado a proteção dos seus direitos contra abusos e exploração de um terceiro ou do próprio curador. As informações coletadas através da pesquisa da OMS sugerem que a legislação relacionada à proteção dos direitos das pessoas idosas com demência em países em desenvolvimento é ainda limitada.[38]

A Convenção dos Direitos da Pessoa com Deficiência, em seu art. 12.3, dispõe que os Estados Partes tomarão medidas apropriadas para propiciar o acesso das pessoas com deficiência ao apoio necessário ao exercício de sua capacidade legal. O tema da capacidade, entretanto, não é tão simples no contexto da demência. Devido ao progresso natural da doença, a tendência é que a habilidade de entender e tomar decisões autônomas e esclarecidas seja gradativamente prejudicada ao longo do tempo. Não obstante, a existência da demência não deve ser justificativa para deduzir que essa pessoa não pode tomar decisões sobre quaisquer aspectos de sua vida.

Desse modo, a CDPD apresenta uma abordagem funcional da capacidade civil, através da qual as habilidades, possibilidades e atitudes da pessoa (o que ela entende, conhece e no que acredita) são diretamente relevantes para que ela tome decisões. O oposto é a abordagem conservadora, por meio da qual se presume que a ausência de capacidade incide sobre todas as pessoas com demência, ou a abordagem baseada em resultados, em que a evidência de insuficiência numa área implica incapacidade para tudo. Por isso, a Convenção se aplica também às pessoas com demência no que toca à capacidade e à tomada de decisão.

Para evitar ou, pelo menos, reduzir os problemas inerentes aos limites da capacidade é que se deve dedicar grande ênfase na tomada de decisão apoiada, por exemplo, com familiares de confiança ou advogados. Esse tipo de mecanismo de apoio pode colaborar para suprir a lacuna entre o momento em que a pessoa com

---

38. World Health Organization. *Alzheimer's Disease International*. Dementia: a public health priority, 2012, p. 45. Disponível em: [https://apps.who.int/iris/bitstream/handle/10665/75263/9789241564458_eng.pdf;jsessionid=8127FE9FFD4300B1D9527D03D44E1546?sequence=1]. Acesso em 08.10.2018.

demência é plenamente capaz de tomar suas próprias decisões e o momento em que será necessária a atuação de um curador de maneira regular. O modelo da tomada de decisão apoiada, que envolve o apoiado o quanto possível em cada estágio da demência, ajuda a reforçar que, quando a capacidade é dramaticamente afetada, os apoiadores escolhidos pela pessoa com deficiência já conhecerão suas preferências e desejos, estando numa melhor posição para determinar qual seria sua vontade.

O art. 12.4 da CDPD esboça as salvaguardas efetivas que asseguram que as medidas relativas ao exercício da capacidade civil respeitem os direitos, a vontade e as preferências da pessoa com deficiência, sejam isentas de conflito de interesses e de influência indevida, sejam proporcionais e apropriadas às circunstâncias da pessoa, se apliquem pelo período mais curto possível e sejam submetidas à revisão regular por uma autoridade ou órgão judiciário competente, independente e imparcial. No Canadá e na Suécia, por exemplo, há modelos de tomada de decisão apoiada que estão sendo implementados para pessoas com deficiência mental. Países como a Alemanha e a França têm considerado a interdição como última *ratio*, por ser considerada solução drástica de restrição individual, sendo sempre desejável que se preserve a maior quantidade de direitos ao portador de transtorno mental.[39]

Cabe aqui tecer breves comentários sobre o instituto da capacidade civil e os respectivos mecanismos de apoio ou de substituição de vontade em três distintos sistemas jurídicos: o francês, o alemão e o italiano.

Em 2007, a França adotou uma lei que promoveu uma profunda reforma no sistema de proteção legal aos adultos incapazes. Anteriormente, o regime francês era baseado em leis de 1966 e 1968, que não correspondiam mais às demandas demográficas e sociológicas do país. Diversos motivos justificaram essa reforma: o aumento da expectativa de vida e o envelhecimento populacional, o aumento do número de processos de interdição e a sobrecarga dos tribunais e a previsão de aumento das despesas com o sistema existente, caso não houvesse reforma. Vale ressaltar que, ao longo do tempo, a proteção legal aos incapazes destinou-se mais a solucionar problemas de instabilidade econômica e social do que priorizar a vulnerabilidade física e psicológica dessas pessoas. A mencionada reforma legislativa, portanto, pretendia priorizar a proteção legal de pessoas cujas limitações mentais e físicas as impediam de gerir seus próprios interesses.

Essa lei, de 5 de março de 2007, que entrou em vigor em janeiro de 2009 na França, se refere à tutela dos interesses existenciais e patrimoniais da pessoa incapaz. O sistema jurídico francês, organizado pela Lei de 1968, previa três tipos

---

39. World Health Organization. *Alzheimer's Disease International*. Dementia: a public health priority, 2012, p. 45. Disponível em: [https://apps.who.int/iris/bitstream/handle/10665/75263/9789241564458_eng.pdf;jsessionid=8127FE9FFD4300B1D9527D03D44E1546?sequence=1]. Acesso em: 08.10.2018.

de medidas protetivas: duas permanentes, a *curatelle* e a *tutelle*, e uma transitória, a *sauvegarde de justice*. A reforma legislativa implementada em 2007 simplificou e harmonizou o cenário.[40]

A *sauvegarde de justice* é um mecanismo de apoio temporário ou de representação para atos específicos, que não interfere na capacidade civil do indivíduo. Já a *curatelle* é um modelo intermediário determinado quando a pessoa não é absolutamente incapaz de gerir sua própria vida, mas precisa ser assistida ou orientada na prática de atos da vida civil. Por sua vez, a *tutelle* aplica-se às pessoas que precisam ser representadas de maneira contínua para prática dos atos da vida civil, apenas no caso de a *sauvegarde de justice* e a *curatelle* não atenderem às demandas do indivíduo.

A lei reafirma os princípios da necessidade, da subsidiariedade e da proporcionalidade para aplicação das medidas protetivas e consolida alguns direitos das pessoas submetidas a essas medidas, como o direito ao voto ou a prerrogativa de audiência obrigatória quando se tratar de adulto. Por fim, um novo instrumento legal foi elaborado: the *mandat de protection future*. Ele possibilita que qualquer pessoa, não submetida à *tutelle* e que tenha recebido diagnóstico de demência, em preparação para um momento posterior no qual já não possa se autodeterminar, nomeie um ou mais representantes legais para todos os atos da vida civil, sem a necessidade de um procedimento judicial específico para isso.

Na Alemanha, o Código Civil distingue a capacidade de exprimir a vontade e a capacidade de fazer ou trabalhar, procurando manter o incapaz integrado à sociedade, exercendo atos ordinários da vida civil e realizando atividades laborativas. O ordenamento alemão prevê, igualmente, a realização de revisões periódicas da medida judicial de interdição do indivíduo, objetivando a não perpetuação de uma situação restritiva. Com base nessas revisões, é possível um abrandamento da medida como consequência de uma melhoria do quadro que justificou a interdição.[41]

O processo de declaração de incapacidade de uma pessoa como parte do processo de curatela foi abolido na Alemanha. Entretanto, ainda é possível obter essa declaração se realmente necessária. Num folheto informativo sobre a lei que regulamenta a curatela (*Bürgerliches Gesetzbuch/BGB*), produzido pelo Ministro da Justiça (*Bundesministerium der Justiz*, 1996), afirma-se que uma pessoa não

---

40. Alzheimer Europe. *Dementia in Europe Yearbook 2010*: with a focus on legal capacity and proxy decision making in dementia, p. 60-61. Disponível em: [file:///C:/Users/sony/Downloads/2010%20YEARBOOK.pdf]. Acesso em: 08.10.2018.
41. MEDEIROS, Maria Bernadette de Moraes. Interdição Civil: uma exclusão oficializada? *Revista Virtual Textos e Contextos*, n. 5, nov., 2006, p. 14. Disponível em: [http://revistaseletronicas.pucrs.br/ojs/index.php/fass/article/viewFile/1021/801]. Acesso em: 20.10.2016.

pode ser *entmündigt*. Esse termo significa "incapacitado" ou "declarado incapaz de administrar sua vida" e tem conotação de perda dos direitos fundamentais básicos que são adquiridos com a maioridade. A palavra "Geschäftsunfähig", usada no art. 104 do Código Civil alemão, equivale a "inapto a gerenciar atividades empresariais" e, por isso, tem um sentido menos depreciativo.[42]

A *Betreuungsgesetz* ("Lei de Curatela", em português) é parte do Código Civil alemão (BGB), entrou em vigor em janeiro de 1992 e é resultado da Lei de Reforma relativa à Tutela e Curatela de Adultos, de setembro de 1990. Ela é considerada um significativo aprimoramento das previsões legais anteriores sobre curatela e cuidado das pessoas vulneráveis. Antes da implementação do novo sistema de curatela, uma pessoa poderia ser declarada absolutamente incapaz e isso automaticamente acarretaria a perda do direito de votar, casar, fazer testamento, exercer atividade empresarial, inclusive, de adquirir roupas e comida de forma legítima. Daí o processo de declaração de incapacidade absoluta como parte do processo de curatela ter sido suprimido, em prol de uma interpretação mais flexível do instituto da curatela, pautada nas habilidades e necessidades concretas do curatelado e direcionada para sua autodeterminação.[43]

De acordo com o art. 1896 do BGB, o curador poderá ser indicado pelo tribunal competente se um adulto está total ou parcialmente inapto a administrar sua própria vida em razão de uma doença psíquica ou um impedimento mental. Nesse caso, o curador será nomeado somente para funções para as quais a curatela é necessária. Se os interesses da pessoa podem ser geridos satisfatoriamente de outro modo que não com a designação de um representante legal, isso será válido. De igual modo, se o curatelado precisa de assistência somente com tarefas domésticas, isso deve ser providenciado sem a obrigatoriedade de constituir um representante.

Além da curatela, o sistema jurídico alemão dispõe de uma espécie de mandato duradouro chamado *Vorsorgevollmacht* que só passa a ter validade jurídica quando a pessoa que o elaborou não está mais apta a gerenciar suas finanças e outros interesses. A pessoa que redige o mandato duradouro pode limitar os futuros poderes outorgados a determinados assuntos. Insta salientar que mandatário não é periodicamente fiscalizado.[44]

---

42. Alzheimer Europe. *Dementia in Europe Yearbook 2010*: with a focus on legal capacity and proxy decision making in dementia, p. 73. Disponível em: [file:///C:/Users/sony/Downloads/2010%20YEARBOOK.pdf]. Acesso em: 08.10.2018.
43. Alzheimer Europe. *Dementia in Europe Yearbook 2010*: with a focus on legal capacity and proxy decision making in dementia, p. 73. Disponível em: [file:///C:/Users/sony/Downloads/2010%20YEARBOOK.pdf]. Acesso em: 08.10.2018.
44. Alzheimer Europe. *Dementia in Europe Yearbook 2010*: with a focus on legal capacity and proxy decision making in dementia, p. 76. Disponível em: [file:///C:/Users/sony/Downloads/2010%20YEARBOOK.pdf]. Acesso em: 08.10.2018.

Por sua vez, na Itália, a Lei 6/2004 introduziu no sistema jurídico italiano as regras concernentes ao conhecido *amministrazione di sostegno* ("administrador de apoio"). Esse modelo é bem similar às inovações promovidas pela Lei da Curatela na Alemanha e significa que o tribunal competente nomeará uma pessoa que entenda ser adequadamente capaz de cuidar do apoiado e de seus interesses.

A expressão *amministrazione di sostegno* descreve o procedimento de intervenção protetiva gradual e corresponde às necessidades peculiares e aptidões do beneficiário. No momento presente, essa é a única lei vigente sobre curatela, ainda que ela não tenha revogado as normas prévias sobre interdição judicial (perda de direitos fundamentais básicos adquiridos com a maioridade) e inabilitação judicial para exercer atividade empresarial.

Essa lei consubstanciou uma notável mudança em toda a seção do Código Civil italiano referente à *infermitàdi mente* (insanidade), *interdizione* (interdição) e *inabilitazione* (inabilitação judicial). Hoje, o título dessa seção é "das medidas de proteção das pessoas privadas no todo ou em parte de autonomia" (arts. 404 a 413 do Código Civil Italiano). Tal diploma legal se aplica às pessoas inaptas a cuidar de seus próprios interesses em razão a doenças graves ou deficiências permanentes. Seu objetivo é equilibrar as divergentes exigências de independência e proteção, garantindo às pessoas o máximo de autonomia possível e, simultaneamente, assegurando que elas terão uma proteção proporcional e razoável às suas necessidades.[45]

Portanto, o *amministrazione di sostegno* dirige-se a pessoas que sofrem de insanidade, outro tipo de doença mental ou física, o que as impossibilita de gerenciar sua própria vida. Assim, não é necessário avaliar se a pessoa está em pleno gozo de suas faculdades; ao contrário, essa sistemática oferece uma extensa variedade de possibilidades. Também inclui o caso de temporária ou parcial invalidez vinculada à enfermidade ou deficiência, bem como situações em que é impossível cuidar dos interesses próprios. Consequentemente, a Lei 6/2004 engloba todos os casos de doenças mentais, vários tipos de transtornos mentais, inclusive demência em estágio intermediário.

Não há cobrança de custas processuais nem a necessidade de contratação de advogados para a realização do procedimento, que pode ser solicitado pelo próprio beneficiário da medida protetiva (evidentemente se ele for apto para fazer por conta própria), por seu cônjuge, por parentes consanguíneos até o quarto grau, por parentes afins até o segundo grau ou por membro do Ministério Público italiano.[46]

---

45. Alzheimer Europe. *Dementia in Europe Yearbook 2010*: with a focus on legal capacity and proxy decision making in dementia, p. 109. Disponível em: [file:///C:/Users/sony/Downloads/2010%20YEARBOOK.pdf]. Acesso em: 08.10.2018.
46. Alzheimer Europe. *Dementia in Europe Yearbook 2010*: with a focus on legal capacity and proxy decision making in dementia, p. 109. Disponível em: [file:///C:/Users/sony/Downloads/2010%20YEARBOOK.pdf]. Acesso em: 08.10.2018.

Ademais, enquanto a pessoa for capaz de compreender e querer, ela poderá outorgar a outra pessoa o poder de representação legal. Esse representante legal terá poder para praticar certos atos em nome do representado, por exemplo, dando ordens e recebendo pagamentos. A procuração pode ser genérica ou especial (limitada a assuntos específicos). Atos de administração extraordinária são possíveis apenas se especificamente detalhados no teor da procuração. Certos poderes não podem ser delegados, tal qual o poder de testar em nome do representado. A procuração pode ser revogada a qualquer momento pelo mandante ou renunciada pelos mandatários escolhidos. Ela permanece válida mesmo após a pessoa tornar-se incapaz de compreender e querer, mas, nesse caso, somente por um curto período de tempo já que será necessário instaurar o procedimento para obter a declaração de *interdizione, inabilitazione* ou *amministrazione di sostegno*.[47]

Segundo o entendimento de Nelson Rosenvald, extrai-se dos onze anos de vigência da *amministrazione di sostegno* que, mais do que uma reforma legislativa, a introdução dessa medida de apoio tornou-se uma verdadeira revolução institucional — reconhecida inclusive pela Corte Constitucional italiana (9/12/2005, n. 440) —, resultando na relegação da interdição a um espaço residual. De fato, a experiência italiana comprova que a curatela desempenha uma função patrimonial básica: solução de impasses concretos como comprar, vender, locar um imóvel e investir uma soma em dinheiro, sem uma legítima preocupação com os interesses existenciais e a dignidade do curatelado na maior parte dos casos.[48]

7. CONSIDERAÇÕES FINAIS

Como mencionado anteriormente, é de impressionar as estatísticas relacionadas à expansão do mal de Alzheimer no presente e no futuro. De acordo com os dados fornecidos pelo supracitado Relatório de 2012 da Organização Mundial da Saúde em parceria com o *Alzheimer's International Disease*, a cada quatro segundos surge um novo caso de demência no mundo. Esse é um tema que merece especial atenção por parte dos governos e da sociedade civil, pois são necessários planejamento e preparação para lidar com as consequências diretas e indiretas da doença. Também merece um exame minucioso por parte dos operadores do Direito, bem como dos profissionais da área de saúde, de assistência social, dos psicólogos e psiquiatras.

---

47. Alzheimer Europe. *Dementia in Europe Yearbook 2010*: with a focus on legal capacity and proxy decision making in dementia, p. 111-112. Disponível em: [file:///C:/Users/sony/Downloads/2010%20YEARBOOK.pdf]. Acesso em: 08.10.2018.
48. ROSENVALD, Nelson. *A tomada de decisão apoiada*. Disponível em: [http://www.nelsonrosenvald.info/single-post/2015/07/16/A-Tomada-de-Decis%C3%A3o-Apoiada]. Acesso em: 09.10.2018.

Nessa perspectiva, foram promissores: (i) a Constituição de 1988, ao prever, pela primeira vez em texto constitucional, o amparo à pessoa idosa; (ii) o Estatuto do Idoso, ao dispor o envelhecimento como direito personalíssimo, e sua proteção como direito social; e (iii) a Lei Brasileira de Inclusão, ao engendrar a desconexão de deficiência e incapacidade, possibilitar uma revisão funcional da teoria das incapacidades e uma releitura do instituto da capacidade civil, prestigiando a autonomia da pessoa com deficiência que tem condições de expressar sua vontade, sobretudo no que tange aos seus interesses existenciais e direitos personalíssimos. A partir do diálogo harmônico traçado entre essas três fontes normativas, pretendeu-se desenvolver soluções jurídicas aplicáveis a cada estágio da doença de Alzheimer, no que diz respeito ao exercício da capacidade civil da pessoa acometida por essa enfermidade, sobretudo idosa.

Ademais, a CF/88 erige a pessoa humana como valor unitário e fundamental da ordem jurídica. O ser humano é um todo, que não pode ser fragmentado. Por isso, a integridade humana não é vista apenas pelo viés psicofísico, mas comporta também um aspecto social. O indivíduo é o conjunto de todos os reflexos de sua personalidade, logo, utilizar somente o critério do discernimento para julgar se alguém é capaz ou não corresponderia a avaliar uma pessoa por um único aspecto de sua personalidade.[49]

Por esse ângulo, a existência de uma enfermidade mental, tal qual o Alzheimer, não implica necessariamente a incapacidade imediata do indivíduo e a pronúncia da curatela, com base unicamente no critério do discernimento, pode revelar-se uma medida desproporcional. Outrossim, é preciso considerar os diferentes estágios em que se apresentam as patologias mentais assim como o fato de que cada paciente reage de uma maneira diversa ao comprometimento de sua saúde e ao tratamento médico realizado, em virtude das diferenças biológicas do organismo humano e do histórico de cada um.

O propósito mais lídimo do presente artigo é convencer o leitor da relevância do tema da capacidade civil dos pacientes de Alzheimer e convidá-lo a lançar um olhar atento sobre as medidas protetivas previstas para as pessoas com demência de modo a enxergar a pessoa que existe por trás da doença/deficiência, tão merecedora de respeito, cuidado e consideração como qualquer outra.

---

49. ABREU, Célia Barbosa. Capacidade Civil, Discernimento e Dignidade do Portador de Transtorno Mental. *Revista Brasileira de Direito das Famílias e Sucessões*, v. 8, Belo Horizonte, 2009, p. 14.

3
A GUARDA DE FATO DE IDOSOS

Nelson Rosenvald

Pós-Doutor em Direito Civil pela Universidade Roma Tre (IT). Pós-Doutor em Direito Societário pela Universidade de Coimbra (PO). Doutor e Mestre em Direito Civil pela PUC/SP. Professor Visitante na Universidade de Oxford (UK). Procurador de Justiça do Ministério Público de Minas Gerais.

Sumário: 1. Introdução – 2. Compreendendo a guarda de fato.

1. INTRODUÇÃO

Na célebre obra de *Balzac*, a Comédia Humana, encontra-se o romance *Père Goriot*. É a história de um próspero empresário que doou todo o seu patrimônio a duas filhas, confiando receber delas carinho e apoio. Todavia, elas se casam com dois nobres e abandonam o pai. Com o passar do tempo, ele vai decaindo, chegando à extrema miséria. *Rastignac*, um jovem que vive na mesma pensão que *Goriot*, procura se relacionar com as filhas deste, transmitindo-lhes reiterados apelos do pai para que o visitem, até o momento da iminência de sua morte. Nem assim elas o visitam, sequer comparecem ao enterro. Enviam apenas as suas carruagens vazias para acompanhar o séquito.[1]

O direito privado despertou de uma longa letargia em relação ao tratamento jurídico que se deva conceder à pessoa idosa. Desafortunadamente, a civilística tradicional desumanizava o idoso pela lógica patrimonial da sua orgânica limitação para produzir patrimônio. Essa cultura de segregação perante àqueles que representassem um "estorvo" às relações econômicas, frequentemente impelia a família a neutralizar o idoso pela via da interdição e do isolamento. Mediante o *alter ego* de um curador – normalmente um filho –, administrava-se o patrimônio daquele que alcançava a idade provecta. Simultaneamente o idoso era excluído da convivência familiar por meio da internação em "asilos", verdadeiros depósitos humanos. Nada obstante, se a pessoa idosa não possui qualquer patologia que progressivamente retire o seu discernimento, jamais o fato isolado da idade

---

1. Obviamente inspirada no Rei Lear, a narrativa demonstra a que ponto chega o amor paterno e o egoísmo humano (no caso, das filhas). Ao contrário de *Shakesperare*, Balzac optou por acentuar a maldade e ignorar a existência afetiva e redentora da filha Cordélia.

avançada poderá impactar na formulação de normas ou de políticas públicas que suprimam a sua autonomia.

Em sede de direito à convivência, preferimos a clássica conceituação aristotélica de justiça como "dar as pessoas o que elas merecem". A lei não poderá ser neutra no que tange à qualidade de vida de crianças e adolescentes, cuja autonomia é um porvir, nem tampouco na qualidade de vida de idosos, cuja autonomia paulatinamente se esvaí. O ordenamento deverá se manifestar no tocante à constituição da subjetividade de nossos filhos e no cuidado com a preservação da estrutura psicofísica dos mais velhos e fragilizados, pois uma sociedade justa deve induzir os cidadãos a comportamentos virtuosos. Essa é a base de uma responsabilidade parental recíproca. Assim, o direito fundamental ao cuidado e ao amparo consiste não apenas em forte orientação ética, como em um compromisso constitucional com um dever de virtuosidade filial, promovendo o valor da importância da presença dos filhos adultos para a afirmação da dignidade dos pais no outono de suas vidas. A condição humana requer a pluralidade, seja em sua alvorada como em seus estertores. A entidade familiar se assume como solidária não apenas quando pais edificam a autonomia de seus filhos, mas simetricamente quando os filhos preservam a autodeterminação dos pais que se tornam velhos. O cuidado é um dever imaterial imprescindível à estruturação psíquica de crianças, adolescentes e idosos.

O ponto de partida para o debate se encontra em dois dispositivos da Constituição Federal. A teor do art. 229: "Os pais têm o dever de assistir, criar e educar os filhos menores, e os filhos maiores têm o dever de ajudar e amparar os pais na velhice, carência ou enfermidade". Conforme o art. 230: "A família, a sociedade e o Estado têm o dever de amparar as pessoas idosas, assegurando sua participação na comunidade, defendendo sua dignidade e bem-estar e garantindo-lhes o direito à vida". Priorizar a dignidade do idoso, seja em sua dimensão negativa (respeito), como em sua vertente positiva (autonomia) é igualmente um dever da família, como se evidencia da letra dos mencionados artigos 229 e 230 da Constituição Federal. Com o objetivo de dar eficácia a essas normas, foi promulgada a Lei 10.741/2003, instituindo o *Estatuto do Idoso*, destinado a regular os direitos assegurados às pessoas com idade igual ou superior a 60 (sessenta) anos. Naquilo que fere diretamente ao tema, a referida lei cuida da dignidade do idoso de maneira qualitativamente diversa em função de sua condição de sujeito vulnerável, que resulta, tanto de sua natural assimetria em um contexto individual de declínio das potencialidades psicofísicas, como também de sua dificuldade de inserção em um ambiente social culturalmente marcado por práticas discriminatórias.

Com efeito, o idoso não é individualmente incapaz, porém compõe um grupo vulnerável. A incapacidade é um estado da pessoa que presume a sua vulnerabilidade, mas a recíproca não é válida. Os idosos, por suas peculiaridades, possuem uma gradação de vulnerabilidade acentuada, uma *vulnerabilidade potencializada*, na acepção de Claudia Lima Marques,[2] por se encontrar em situação fática que se manifesta em vários aspectos de sua vida. Idade avançada e deficiência são conceitos apartados, pois aquela não é necessariamente qualificada pela existência de impedimentos ao exercício das plenas potencialidades vitais.[3] Não por outra razão, a Lei n. 13.146/15 (EPD) qualificou como especialmente vulnerável a pessoa idosa com deficiência, em virtude de impedimento de longo prazo de natureza física, mental, intelectual ou sensorial.[4] A vulnerabilidade aumenta de forma diretamente proporcional ao crescimento da expectativa de vida, que predispõe os mais velhos doenças crônicas neurodegenerativas, com destaque ao Alzheimer,[5] como principal causa de limitação de faculdades intelectivas e volitivas, sobremaneira a progressiva demência entre os idosos. Essa progressiva deterioração da capacidade não apenas converte os membros dessa faixa etária em alvo direto de agressões (inclusive abusos patrimoniais por parte da família), como também em potenciais criadores de riscos e danos para terceiros.

---

2. MARQUES, Claudia Lima. Solidariedade na doença e na morte. Sobre a necessidade de ações afirmativas em contratos de plano de saúde e de planos funerários frente ao consumidor idoso. *Revista Trimestral de Direito Civil*, v. 8, out./dez., 2001, p. 13.

3. Heloisa Helena Barbosa explica que, "a proteção especial dos vulneráveis não se limita ao consumidor. A definição de vulnerabilidade compreende além da ideia de risco, outras como carência, inferioridade, constrangimento e sofrimento, não episódicos, mas "naturalizados", ínsitos a situação da pessoa. Por definição, todos os seres humanos são vulneráveis, mas não basta afirmar a vulnerabilidade que lhes é intrínseca para que recebam tutela adequada. Para tanto é indispensável verificar as peculiaridades das diferentes situações de cada indivíduo e/ou grupo. Desse modo é preciso distinguir a vulnerabilidade – condição ontológica de qualquer ser vivo – da suscetibilidade ou vulnerabilidade secundária. Muitas pessoas têm a sua vulnerabilidade potencializada por problemas socioeconômicos ou de saúde e podem ser qualificados como vulnerados. Uma pessoa idosa é vulnerável, em razão do processo de envelhecimento, que pode atingir pessoas já vulneradas por doenças, pobreza ou deficiência física ou psíquica; estas estarão nitidamente em situação mais grave a exigir proteção diferenciada, diversa da conferida aos 'apenas' idosos". BARBOSA, Heloisa Helena. Proteção dos vulneráveis na Constituição de 1988. In: NEVES, Thiago Ferreira Cardoso. *Direito & Justiça Social*: por uma sociedade mais justa, livre e solidária: estudos em homenagem ao professor Sylvio Capanema de Souza. São Paulo: Atlas, 2013. p. 107-110.

4. Art. 5º da Lei n. 13.146/15: "A pessoa com deficiência será protegida de toda forma de negligência, discriminação, exploração, violência, tortura, crueldade, opressão e tratamento desumano ou degradante". Parágrafo único: "Para os fins da proteção mencionada no *caput* deste artigo, são considerados especialmente vulneráveis a criança, o adolescente, a mulher e o idoso, com deficiência".

5. A doença de *Alzheimer* é a causa de demência mais frequente em idosos, reforçando a associação entre demência e *alzheimer*. Todavia, saímos de um período em que a DA era considerada rara, para uma situação em que casos de demências não relacionadas a ela são erroneamente diagnosticadas como tal", diz o neurologista Paulo Caramelli, professor titular da UFMG. Caramelli qualifica esse fenômeno de "alzheimerização". "Embora a doença de Alzheimer seja a principal causa de demência em idosos, uma coisa não é sinônimo da outra. De um lado, existem cerca de 100 enfermidades que causam demência; de outro, hoje se sabe que a DA também provoca alterações anteriores e mais leves". Disponível em: [https://www1.folha.uol.com.br/equilibrioesaude/2018/04/alzheimerizacao-dedemencias-preocupa-medicos-e-atrapalha-busca-por-tratamento]. Acesso em: 03.03.2019.

Para além da inconteste evidência demográfica do envelhecimento populacional brasileiro, há uma constatação empírica que merece destaque. É um dado da experiência que os familiares não submetem os idosos progressivamente acometidos de enfermidades à curatela. Não o fazem por uma gama de razões: a) culturalmente, por não haver por parte de filhos o mesmo interesse afetivo que pais teriam em despender tempo, energia e recursos no cuidado com pais idosos, inclusive por não ser muito clara a diferenciação dentre uma real causa e incapacitação ou apenas uma lenta degeneração que é fruto da idade avançada; b) historicamente, por se considerar que instituições de recolhimento idosos possam se prestar a esse papel; c) ideologicamente, por se acreditar que a curatela ofende a autonomia das pessoas idosas – sobremaneira após a edição da CDPD e leis nacionais que minudenciam a fundamentalidade da autodeterminação –e que o melhor será evitar o estigma da "interdição", delegando-se àquelas pessoas a responsabilidade individual por suas próprias escolhas e comportamentos.

Esses fenômenos conjugados remetem a uma "crise da incapacitação", reduzindo-se paulatinamente o número de idosos com qualquer espécie de desordem mental cuja capacidade tenha sido modulada judicialmente. Consequentemente, apesar dessas pessoas se encontrarem parcialmente privadas de razão ou vontade para decidir sobre a sua pessoa ou patrimônio, encontram-se sob o cuidado de amigos, familiares ou em uma rede de apoio em residências de idosos. Para aquilo que especificamente nos interessa, devemos indagar: Na falta de representante legal, essas pessoas, cujo cuidado e vigilância ostentam a margem do direito, podem ser recepcionadas pelo direito como "guardiões de fato"?

Ilustrativamente, o guardião de fato não é inserido no rol dos objetivamente responsáveis pelo fato de terceiro do art. 932 do Código Civil. Solução distinta adotou o legislador alemão ao dispor que: "Quem, nos casos descritos nos parágrafos 823 a 826, não é responsável pelos danos causados por ele, de acordo com os parágrafos 827 e 828, deve reparar o dano causado de qualquer maneira, desde que a compensação pelo dano não possa ser reclamada contra um terceiro obrigado por um dever de controle e se, de acordo com as circunstâncias, em particular, das relações entre os participantes, uma compensação de acordo com a equidade é exigida e ele não está privado dos meios que ele precisa para atender aos seus meios de subsistência adequados, bem como para o cumprimento de suas obrigações legais de alimentos" (parágrafo 829, BGB). O Código Civil alemão propõe que reparação pelo guardião de fato seja subsidiária em relação à indenização exigida pelo "custodiante de direito". De qualquer forma, o mérito da norma consiste na ampliação do conceito de custódia, albergando não apenas os clássicos custodiantes legais (pais, tutores e curadores), porém qualquer pessoa que tenha o dever de controle sobre a causador material do dano.[6]

De lega ferenda, o ideal seria que o art. 932, II, do Código Civil contemplasse os guardiões de fato dentre os responsáveis pelo fato de outrem. Nada obstante, o objetivo desse artigo não é tratar da eventual responsabilidade civil de pessoas físicas ou jurídicas que tenham a seu cargo o dever de vigilância sobre pessoas maiores e não curateladas, porém o de verificar no que consiste a figura jurídica do guardião de fato e de que forma seria possível edificar um estatuto mínimo a seu respeito no ordenamento brasileiro. Diante da irrecusável tendência de envelhecimento populacional associado a uma rejeição social ao processo de curatela de idosos, torna-se imprescindível a caracterização do modelo jurídico que corresponda a uma atividade de prioritário cuidado, apoio e promoção da capacidade residual de idosos.

2. COMPREENDENDO A GUARDA DE FATO

É necessário compreendermos o conceito da "guarda de fato", sobremaneira em face do contraste entre a indefinição legal e a realidade de um fato tão frequente em caso de menores de idade, maiores de idade com incapacidade natural e, principalmente para o que nos interessa, idosos com doenças senis. Pode-se definir a guarda de fato como "uma situação em que uma pessoa se encarrega do cuidado de outra que necessita de proteção, sem intervenção administrativa ou judicial, e a margem da existência de um dever legal".[7] As pessoas submetidas a guarda de fato costumam ser maiores em situações de dependência, que carecem de condições materiais e afetivas e que se integram em uma família sem que existam vínculos de parentesco ou que por sua condição psíquica ou intelectual deveriam estar incapacitados, mas não estão.

Em termos gerais, a guarda de fato existirá desde que uma pessoa – natural ou jurídica – sem ter atribuídas faculdades de curatela ou tutela, encarrega-se voluntariamente de outra, seja criança ou idoso com deficiência, que se encontra em situação de desamparo. Pode-se dizer que a guarda de fato é uma instituição tão antiga como o ser humano, pois sempre existiram pessoas que espontaneamente cuidam de indivíduos desvalidos, sem obrigação para tanto. Talvez seja a figura mais utilizada na prática por serem os familiares ou amigos íntimos de pessoas

---

6. No mesmo sentido do BGB, caminha o PETL (*Principles of European Tort Law*) ao estabelecer que "a pessoa que é responsável por outra pessoa menor de idade ou sofre uma deficiência mental, responde pelo dano causado por essa outra pessoa, a menos que ele demonstre que ele próprio cumpriu o padrão de conduta que lhe era exigido na sua supervisão" (art. 6:101). O decisivo aqui é o fato da pessoa se encarregar de alguém com deficiência, independente de uma titularidade formal.
7. ALBALADEJO, Maria Cristina Berenguer. *Responsabilidad civil de la persona mayor con discapacidad*. Madrid: Reus Editorial, 2017. p. 60.

com deficiência não submetidas a procedimento de modificação de capacidade de agir que normalmente assumirão o cuidado delas.[8]

Se nos centrarmos na situação do menor de idade, a guarda de fato se exercerá normalmente pelos avós, vizinhos ou amigos dos pais. Situação que se verificará quando não existirem pais ou tutores que dos mesmos se encarreguem, ou quando existam, não assumam a responsabilidade parental ou as funções designadas por lei. No tocante as pessoas maiores com deficiência mental ou intelectual os guardiões costumam ser pais, irmãos, filhos e parentes próximos. A guarda de fato também poderá recair sobre uma instituição quando essas pessoas ingressem em centros habilitados para o exercício dessa função. Em qualquer caso, ela se desenvolve com naturalidade, sem conflitos ou litígios, proporcionando à pessoa com deficiência a atenção e apoio que necessita. A final, sabemos que para proteger, não é preciso incapacitar alguém previamente.

Podemos dizer que existem três formas de proteção e promoção de direitos fundamentais da pessoa com deficiência mental ou psíquica: a) curatela; b) tomada de decisão apoiada; c) guarda de fato. Não obstante as duas primeiras sejam modelos jurídicos reconhecidos na legislação civil brasileira, apartam-se em sua estrutura e função: a curatela é uma medida de incapacitação judicial de pessoas desprovidas de autodeterminação (art. 4., III, CC), cuja função precípua é a de proteção de quem necessita de representação ou assistência para a prática dos atos da vida civil. Em contrapartida, a TDA é uma medida de apoio a alguém que mantem a capacidade plena, sendo a sua funcionalidade primordialmente localizada na promoção, pelos apoiadores, dos espaços de autonomia da pessoa com deficiência em situação de vulnerabilidade.[9] Em contrapartida, considerando que o Código Civil prescindiu de uma tipificação ou caracterização legal da figura da guarda de fato, podemos afirmar que o guardador de fato será toda pessoa que custodie ou atenda alguém necessitado de proteção, sem possuir título legal que o habilite para tanto. Cuida-se de uma situação de atenção prolongada no tempo, ocupando uma posição de centralidade real entre as formas em que são atendidas as pessoas afetadas por uma deficiência.

Por conseguinte, nos planos estrutural e funcional a guarda de fato tanto poderá mimetizar a curatela como a TDA, recaindo sobre um heterogêneo universo de pessoas com ausência ou déficit de capacidade natural e não são curateladas ou apoiadas. Em casos mais graves, sob o ângulo jurídico a pessoa

---

8. ALGUACIL, Maria José García. *Protección Jurídica de las personas con discapacidad*. Madrid: Reus Editorial, 2017. p. 170.
9. Na VIII Jornada de Direito Civil do Conselho de Justiça Federal foi editado o Enunciado 640: "A tomada de decisão apoiada não é cabível, se a condição da pessoa exigir aplicação da curatela". O enunciado denota a recusa à fungibilidade entre a TDA e a curatela, justamente pela diversidade estrutural e funcional.

deveria estar curatelada e em outras situações, bastaria a realização do negócio jurídico de apoio.

Em nenhum momento a CDPD ou o legislador equiparam a guarda de fato a figura do curador ou do apoiador, basicamente porque aquelas são instituições reconhecidas pela autoridade judicial, enquanto que a guarda de fato se caracteriza pelo desconhecimento da instituição por autoridades e organismos encarregados de proteção de pessoas vulneráveis. Contudo, essa circunstância não reflete a vida em sociedade, pois enquanto no âmbito jurídico a sentença de incapacitação tradicionalmente se considerava um mecanismo idôneo de proteção à pessoa com deficiência mental ou intelectual, socialmente sempre foi a guarda de fato a medida preferida pelas famílias, relutantes em submeter um ente querido a um procedimento de modulação de capacidade.

Destarte, assumimos uma ampla visão da guarda de fato, a fim de que compreenda todos os casos em que uma pessoa, em princípio sem obrigação legal, assume o cuidado de outra que demanda proteção, independentemente de que esta tenha ou não a sua capacidade modificada por sentença, ou de que exista ou não um curador. Tirando a hipótese de menores (cuja responsabilidade objetiva é expressa para pais e tutores – 932, I, c/c 933 CC) e de maiores já curatelados (cuja responsabilidade objetiva é expressa para os curadores – 932, II, c/c 933 CC), merece enfoque a guarda de fato como uma atuação imediata sobre pessoas maiores cuja capacidade não tenha sido judicialmente modificada, mas em tese deveriam ter sido curateladas por se encontrarem em situação de ausência de autogoverno a teor do art. 4., III, do Código Civil (o incapaz natural), ou mesmo daquelas pessoas maiores cuja capacidade é plena, mantendo resíduos de autodeterminação que impedem a incapacitação, mas que necessitem de proteção pessoal e/ou patrimonial por terem limitações em suas faculdades intelectivas e volitivas que a coloquem em situação de risco, sem que tenham sido submetidas a tomada de decisão apoiada. Finalmente, haverá guarda de fato quando a pessoa for curatelada, mas o curador negligencie o exercício das suas funções.

Esta definição ampla permite que sejam considerados guardadores de fato tanto pessoas naturais (de forma espontânea ou como cuidadores profissionais) como pessoas jurídicas, tais como clínicas especializadas ou centros de residência para terceira idade. Pode-se cogitar de uma guarda de fato em sentido estrito (quando não há qualquer vínculo legal entre o cuidador e o cuidado), e uma guarda de fato *lato sensu*, que alcança uma juridicidade em certa medida, pois reconhecida pela autoridade judicial e sujeita a medidas de controle e vigilância. Com exceção dos familiares, os guardiões fáticos não possuem o dever de promover a modulação da capacidade de exercício em juízo. Tal como um gestor de negócios, não vemos problema que os atos praticados pelo cuidador sejam convalidados em juízo, quando houver interesse e utilidade para a pessoa com deficiência, ou mesmo anulados, quando houver ofensa a seus interesses particulares.[10]

Justamente por se tratar de um dos instrumentos protetivos que mais se concilia com os fins da Convenção de Direitos da Pessoa com Deficiência, a intervenção da autoridade judicial se produzirá no momento em que tenha conhecimento da situação da guarda de fato. Todavia, as medidas que adotará a partir desse momento não se passarão no interno de um procedimento de modificação de capacidade. O Ministério Público não terá que automaticamente demandar a incapacitação ou promover a tomada de decisão apoiada (medida que só poderá ser iniciada pelo próprio interessado),[11] se comprovado que nas circunstâncias do caso, a guarda de fato parece ser a instituição mais adequada para tutelar os interesses daquela pessoa. Com efeito, o melhor caminho para o magistrado que venha a ter conhecimento de uma guarda de fato que funcione a contento será a outorga ao guardião de faculdades já previstas para a tutela e curatela, como uma forma de agilizar trâmites e favorecer os interesses da pessoa sob a guarda. Não se trata de conceder um mandato ilimitado ao guardião, porém um reconhecimento da juridicidade da guarda com imposição de limites de atuação sob medida, conforme a concretude do caso.

Porém, para tanto, requer-se uma inovação legislativa que possa alçar aos planos da validade e eficácia os atos praticados pelo guardião de fato que redundam em utilidade à pessoa idosa em situação de hipervulnerabilidade, convertendo-a em uma forma de representação legal que torne efetiva a proteção e salvaguarda dos seus interesses, sem a necessidade de se socorrer de uma sentença de curatela em casos em que o indivíduo preserve resíduos de autogoverno.[12] Enquanto

---

10. Art. 861, Código Civil: "Aquele que, sem autorização do interessado, intervém na gestão de negócio alheio, dirigi-lo-á segundo o interesse e a vontade presumível de seu dono, ficando responsável a este e às pessoas com que tratar".
11. VIII Jornada de Direito Civil do CJF – Enunciado 639: "A opção pela tomada de decisão apoiada é de legitimidade exclusiva da pessoa com deficiência. A pessoa que requer o apoio pode manifestar, antecipadamente, sua vontade de que um ou ambos os apoiadores se tornem, em caso de curatela, seus curadores".
12. Na Espanha, recentes reformas legislativas substantivaram e procedimentalizaram a guarda de fato. Primeiramente, o art. 303 do CC, foi reformado pela Lei 26/2015, dispondo que "Cuando la autoridad judicial tenga conocimiento de la existencia de un guardador de hecho podrá requerirle para que la informe de la situación de la persona y los bienes del menor, o de la persona que pudiera precisar de una institución de apoyo, y de su actuación en relación a los mismos, pudendo establecer asimismo las medidas de control y vigilancia que considere oportunas. Cautelarmente, mientras se mantenga la situación de guarda de hecho y hasta que se constituya la medida de protección adecuada, si procediera, se podrán otorgar judicialmente facultades tutelares a los guardadores". Na sequência, o art. 52 da Lei de Jurisdição Voluntária estabelece um estatuto procedimental para a guarda de fato, nos seguintes termos: " A instancia del Ministerio Fiscal, del sometido a guarda o de cualquiera que tenga un interés legítimo, el juez que tenga conocimiento de la existencia de un guardador de hecho podrá requerirle para que le informe de la situación de la persona y bienes del menor o de la persona con capacidad modificada judicialmente que hubiere de estarlo y de su actuación en relación con los mismos. 2. El juez

a legislação civil e processual não for aprimorada e o fato jurídico da guarda de fato de pessoas com deficiência se mantiver periférico ao direito, somente sobejará o recurso ao modelo da gestão de negócios para se conferir pós-eficácia aos atos praticados pelo guardião de fato quando revertam em utilidade/proveito da pessoa vulnerável.

Cumpre recordar que em seu dia a dia, a pessoa maior com deficiência psíquica despida de representação terá a possibilidade de realizar uma atuação pessoal juridicamente válida na medida em que possua capacidade natural de se autodeterminar no momento em que atuou. Isto é, a pessoa não curatelada em tais circunstâncias possuirá uma capacidade formal, mas a eficácia real de seus atos dependerá daquilo que a capacidade natural lhe permita fazer. A evidente distinção consiste em que há uma presunção de invalidade dos atos praticados pela pessoa curatelada sem o seu curador (o registro civil facilmente comprovará) enquanto que na falta do devido processo legal, a pessoa interessada terá que provar a falta ou insuficiência de capacidade natural ao tempo da prática do ato pontualmente inquinado como inválido. Evidente, isso gerará reflexos, como a própria discussão sobre a boa-fé daquele que com ele contratou e uma paralisia generalizada da esfera jurídica da pessoa sob a guarda de fato, ao somarmos a sua eventual falta de capacidade natural com a ausência de legitimação do guardião para atuar em seu nome, tudo isso associado ao receio de terceiros em realizar atos jurídicos com uma pessoa com deficiência psíquica em tais circunstâncias.

O fundamental é compreender que como um fato jurídico, a guarda de fato não consiste em uma instituição legal, porém em uma situação de fato que o direito toma em consideração para a produção de determinados efeitos. Assim, quando eventualmente ela se torna objeto de regulação legal (sujeitos, requisitos, conteúdo, efeitos e extinção), poderá até mesmo conservar a nomenclatura, mas especificamente quando o cuidado recai sobre pessoas maiores com deficiência psíquica ou idosos com doenças crônicas degenerativas, culminará por altera a sua natureza, tornando-se um novo modelo jurídico de guarda, uma espécie de "guarda de direito" sem prévia incapacitação, ou uma espécie de "curatela light". Em outros termos, a guarda de fato se converte em uma situação transitória, cujo destino inexorável será o de desembocar em uma guarda legal. E para agravar, caso essa guarda de fato institucionalizada demande uma prévia avaliação formal da capacidade natural da pessoa com deficiência, ao fim e ao cabo teríamos um modelo jurídico parelho à curatela, apenas com a distinção do *nomen juris*.[13]

---

podrá establecer las medidas de control y vigilancia que estime oportunas, sin perjuicio de promover expediente para la constitución de la tutela o curatela. Tales medidas se adoptarán, previa comparecencia, citando a la persona a quien afecte la guarda de hecho, al guardador y al Ministerio Fiscal.

13. Carlos Martinez de Aguirre aponta que a crescente juridificação da guarda de fato turva os contornos legais da figura da guarda de fato, que já não mais será de fato e configurará uma nova instituição legal

Enquanto exerce a guarda de fato a revelia do direito, sem qualquer forma de legitimação da posição em que atue, o guardião estará privado de adotar medidas formais que redundem em benefício e interesse de outrem. Esse dado não é necessariamente negativo, pois cuidados básicos já são suficientes na maior parte dos casos em que a pessoa sob guarda de fato não possui patrimônio significativo que demande a tomada reiterada de decisões relevantes (que não poderiam ser levadas a efeito validamente pelo titular dos bens e por seu guardião). Assim, frequentemente, não será preciso que o guardião desenvolva qualquer atividade juridicamente relevante, fazendo com que a guarda de fato alcance os seus propósitos mesmo a margem do direito. Fundamentalmente, se a guarda de fato funciona adequadamente, não será necessária ou conveniente uma intervenção externa sobre a mesma, pois mesmo havendo em tese causa para uma curatela ou uma TDA, inexiste motivo para levar essas medidas adiante, pois as necessidades da pessoa estarão cobertas e, na medida do possível, bem atendidas.

Todavia, ao guardião de fato será interditada a possibilidade de peticionar em organismos oficiais, receber informações, ter acesso a conta bancária, a um notário, enfim, exercer a aquilo que se considera "administração ordinária" do patrimônio alheio, cingindo-se aos cuidados básicos com a vigilância da pessoa, alimentação e medicação. Ocorre que, na ausência de alternativas – como encontrar um segundo apoiador e iniciar um processo de Tomada de Decisão Apoiada – a premência da acreditação para a prática de atos (intervenções sanitárias e sociais imediatas, impedimento de esvaziamento patrimonial) muitas vezes conduz o guardião de fato a tomar a iniciativa de se converter em curador, sem que estejam presentes os requisitos legais para a adoção da medida excepcional e extrema de incapacitação.

Quer dizer, por vezes a curatela será uma opção necessária (embora dolorosa) para uma situação a princípio de guarda de fato, quando a pessoa tenha patrimônio significativo e careça completamente de autodeterminação, o que requer atos constantes de representação ou assistência. A titularidade de uma pluralidade de bens também dará ensejo a uma TDA quando a pessoa vulnerável com fragilização de autogoverno requeira coadjuvantes que possam lhe auxiliar em suas constantes decisões econômicas, evitando um descalabro patrimonial. Afora tais casos, como frisamos, em um país de enorme desigualdade socioeconômica como o Brasil, não haverá prejuízo de manter sobre a guarda de fato um enorme

---

de guardas, todavia desprovida dos controles derivados do procedimento de incapacitação. AGUIRRE, Carlos Martinez. *El tratamiento jurídico de la discapacidad psíquica*: reflexiones para una reforma legal. Pamplona: Aranzadi, 2014. p. 123.

número de pessoas que se localizam no limiar do mínimo existencial, quando a atuação do guardião seja positiva sob o aspecto pessoal e afetivo.

Como alternativa entre o binômio legal curatela/TDA e simplesmente manter as coisas como estão (deixar a guarda de fato completamente alijada de controles), impõe-se a delicada questão de modelar um estatuto mínimo de uma guarda de fato, pela qual se atribua ao guardião funções e faculdades, sem, contudo, realizar-se uma prévia avaliação formal da capacidade natural da pessoa sob guarda nem um controle judicial sobre a nomeação do guardião. De fato, não teríamos aí uma curatela, tampouco uma tomada de decisão apoiada, o que poderia gerar celeumas, pois qualquer intervenção legislativa sobre a guarda de fato implicará em um fator de heteronomia a limitar as possibilidades de atuação da pessoa com deficiência psíquica. A final, sem um controle judicial sobre a capacidade real de entender e querer da pessoa sob guarda de fato e da mensuração da idoneidade do guardião que atuará em seu nome, instala-se uma insegurança sobre a proteção adequada que se destine à pessoa com deficiência.

No estágio atual do direito brasileiro, nada existe em termos de intervenção do ordenamento sobre a guarda de fato. Ocorre que eventualmente pessoas com deficiência psíquicas alijadas do sistema binário da curatela/TDA necessitarão da intervenção formal por parte do guardião, mesmo em aspectos envolvendo atos sanitários ou obtenção de informações administrativas. Essa acreditação poderá ser obtida através de uma ata notarial. De acordo com o art. 384 do CPC/15: "A existência e o modo de existir de algum fato podem ser atestados ou documentados, a requerimento do interessado, mediante ata lavrada por tabelião". Tratando-se a guarda de fato de um fato notório sobre o qual se fundam direitos e se legitimam situações patrimoniais e existenciais com transcendência jurídica, a ata notarial será um meio típico de prova com presunção de veracidade e fé pública. Em linhas gerais, a ata notarial é um instrumento público, lavrado por tabelião de notas (Lei Federal nº 8.935/94, art. 7º, III) a requerimento de pessoa interessada, que se destina a atestar (através dos sentidos do próprio notário) e documentar a existência ou o modo de existir de algum fato jurídico.

Outra via de acreditação do guardião de fato será o procedimento de jurisdição voluntária, atividade de natureza jurisdicional exercida pelo Estado em processos cujas pretensões consistem na integração e aperfeiçoamento de negócios jurídicos que dependem do pronunciamento jurisdicional. Por essa via, obtém-se a declaração judicial da existência da guarda sobre a pessoa com deficiência, podendo o magistrado, alheio a legalidade estrita, ditar as medidas convenientes e oportunas (parágrafo único do art. 723 do CPC/15) a fim de evitar riscos e/ou prejuízos patrimoniais ao indivíduo vulnerável.

Nada obstante, o problema se encontrará nos limites da atuação do guardião de fato. Não lhe será facultado o exercício de atos que excedam o usual e culminem por repercutir na esfera existencial da pessoa com deficiência. Se na própria curatela a intervenção na esfera de intimidade do curatelado somente se justificará excepcionalmente (art. 749, CPC/15), não vemos a menor possibilidade de uma decisão no âmbito de jurisdição voluntária que legitime o guardião de fato a intervir em aspectos da vida pessoal, sexual e sanitária que não impliquem em riscos iminentes a vida ou a integridade da pessoa com deficiência, considerando-se ainda que o indivíduo preserva alguma aptidão de autodeterminação e interação social.

Por fim, a par da trilogia curatela/TDA/guarda de fato, cumpre lembrar que, no limite, existem pessoas formalmente incapacitadas, porém materialmente desprotegidas. A situação de desamparo resulta do incumprimento ou inadequado exercício dos deveres que incumbem legalmente ao curador, que resultem em real privação da indispensável assistência material ou moral à pessoa curatelada,[14] até mesmo em razão da inexistência de uma outra pessoa que em caráter substitutivo possa exercer a função de guardião de fato (não apena parentes, amigos, como um centro psiquiátrico ou uma residência de idosos).

O artigo 1781 do Código Civil proclama que as regras do exercício da tutela (artigos 1740 a 1752) se aplicam à curatela. De acordo com os artigos 1.740 e 1741 do CC, "incumbe ao tutor, quanto à pessoa do menor: I – dirigir-lhe a educação, defendê-lo e prestar-lhe alimentos, conforme os seus haveres e condição; II – reclamar do juiz que providencie, como houver por bem, quando o menor haja mister correção; III – adimplir os demais deveres que normalmente cabem aos pais, ouvida a opinião do menor, se este já contar doze anos de idade. Art. 1.741. Incumbe ao tutor, sob a inspeção do juiz, administrar os bens do tutelado, em proveito deste, cumprindo seus deveres com zelo e boa-fé". Adaptando-se essas atribuições ao universo da curatela de pessoas maiores com modulação de capacidade, temos que se instala a disfuncionalidade da curatela quando o curador objetivamente não alcança parâmetros mínimos de atenção a esses deveres patrimoniais e pessoais que inclusive são exemplificadas nos artigos 1.747 e 1.748 do CC.[15]

---

14. María Victoria Mayor del Hoyo explica que o conceito jurídico indeterminado ", assistência moral ou material" remete a um *standard* de trato com a pessoa. A desatenção material é menos complicada em sua delimitação teórica e na própria identificação prática em comparação com a desatenção moral. No amplo conceito de desatenção moral subsumam-se situações variadas como insultos, ameaças, castigos, abusos laborais, isolamentos injustificados e omissão do dever de coadjuvar, recuperar e integrar o curatelado socialmente, condutas que impedem a melhora da qualidade de vida da pessoa curatelada. HOYO, María Victoria Mayor del. *Un nuevo modelo de protección de las personas con discapacidad*. Pamplona: Aranzadi, 2014. p. 82.
15. Art. 1.747CC/02: "Compete mais ao tutor: I – representar o menor, até os dezesseis anos, nos atos da vida civil, e assisti-lo, após essa idade, nos atos em que for parte; II – receber as rendas e pensões do

Nas situações anômalas de ineficácia da instituição originalmente estruturada pelo legislador (curatela) em benefício da pessoa incapacitada o ordenamento deve instituir mecanismos que lhe ofereçam uma proteção funcional. A par da já positivada possibilidade de remoção do curador pelo Ministério Público,[16] *de lege ferenda*, diante da constatação concreta de um caso de desassistência fática, cremos que o Estado terá que intervir a fim de instituir uma curatela administrativa da pessoa incapacitada a ser fiscalizada pelo Ministério Público e modulada conforme os termos demarcados pela sentença de curatela e que durará indefinidamente até que a pessoa recupere o autogoverno, a menos que, em algum momento, o curador originário recupere a sua legitimidade para proteger a pessoa que remanesce desprovida de autodeterminação ou então seja identificado um novo sujeito que possa idoneamente exercer a função de curador.

Prosseguindo, é possível ainda cogitar de situações em que a pessoa incapacitada não está desamparada, mas o curador se encontra em um cenário de dificuldades que fatalmente resultará em desassistência. Assim, tal como previsto para a tutela (por extensão do referido artigo 1.774 do Código Civil), no art. 1.764, para além da hipótese de remoção – que requer um desamparo real e atual – cessarão as funções do tutor "ao sobrevir escusa legítima" (inciso II). Assim, o próprio curador poderá pleitear a resolução judicial da curatela, tendo em vista a demonstração inequívoca de um iminente desamparo pela impossibilidade de manutenção da necessária assistência pessoal e econômica à pessoa incapacitada. A causa da "escusa legítima" não poderá obviamente ser um fato voluntário, mas uma situação fortuita ou uma conduta culposa do próprio curador (v.g. alcoolismo).

Não defendemos de forma alguma a extensão de uma curatela administrativa em benefício de qualquer pessoa em tese tida como "incapaz" – mesmo quando desamparada -, porém somente em prol dos "incapacitados". Por um lado, qualquer pessoa carecedora de capacidade natural de autogoverno é incapaz, mesmo quando não tenha sido submetida a um processo formal de curatela que ao final promova a sua incapacitação. Por outro lado, o fato de ser incapaz por si só não autoriza que o Estado promova a sua incapacitação à revelia do

---

menor, e as quantias a ele devidas; III – fazer-lhe as despesas de subsistência e educação, bem como as de administração, conservação e melhoramentos de seus bens; IV – alienar os bens do menor destinados a venda; V – promover-lhe, mediante preço conveniente, o arrendamento de bens de raiz; Art. 1.748. Compete também ao tutor, com autorização do juiz: I – pagar as dívidas do menor; II – aceitar por ele heranças, legados ou doações, ainda que com encargos; III – transigir; IV – vender-lhe os bens móveis, cuja conservação não convier, e os imóveis nos casos em que for permitido; V – propor em juízo as ações, ou nelas assistir o menor, e promover todas as diligências a bem deste, assim como defendê-lo nos pleitos contra ele movidos".

16. Art. 761 CPC/15: "Incumbe ao Ministério Público ou a quem tenha legítimo interesse requerer, nos casos previstos em lei, a remoção do tutor ou do curador".

devido processo legal. O art. 12.4 da CDPD instituiu salvaguardas que, dentre outras, asseguram uma presunção de capacidade de qualquer pessoa, inibindo ingerências em sua capacidade ou qualquer forma de abuso em matéria de direitos humanos. É preciso estar incapacitado judicialmente e faticamente desassistido para que se cogite de uma intervenção extrema pela via da curatela administrativa.

Isso não impede que, chegando ao conhecimento do Ministério Público a notícia da existência de pessoa com incapacidade natural em estado de desamparo – portanto, desprovida de um guardião fático – promova a ação de curatela e tutela de urgência (v.g. nomeação de curador provisório) que confira proteção imediata a quem se encontre não só privado de autodeterminação como também de assistência.[17]

A proposta desenvolvida nos tópicos precedentes se dá com base na percepção do que temos atualmente positivado. Conforme o Art. 1.774 do CC/02, aplicam-se à curatela as disposições concernentes à tutela. Especificamente quanto à tutela a única norma que versa sobre a hipótese de desamparo de menores é o artigo 1.734 do Código Civil, dispondo que: "As crianças e os adolescentes cujos pais forem desconhecidos, falecidos ou que tiverem sido suspensos ou destituídos do poder familiar terão tutores nomeados pelo Juiz ou serão incluídos em programa de colocação familiar, na forma prevista pela Lei nº 8.069, de 13 de julho de 1990 – Estatuto da Criança e do Adolescente". Se resgatarmos essa norma ao âmbito da curatela, entenderemos que a remoção do curador será requisito *sine qua non* para a inclusão de uma pessoa incapacitada em um programa de "colocação familiar". Porém, mesmo que o Ministério Público se incumba desse mister, a colocação em família substituta é uma medida que ainda não foi normatizada (ou sequer pensada) para pessoas curateladas em situação de vulnerabilidade.

A colocação familiar ou acolhimento familiar não apenas não existe no âmbito da incapacidade como não foi desenhada para ela. Pelo contrário, é mecanismo ótimo para fazer frente às necessidades de tutela de menores em situação de risco ou efetiva desproteção.[18] As distinções entre menores e incapacitados

---

17. Art. 748 CPC/15: "O Ministério Público só promoverá interdição em caso de doença mental grave: I – se as pessoas designadas nos incisos I, II e III do art. 747 não existirem ou não promoverem a interdição; II – se, existindo, forem incapazes as pessoas mencionadas nos incisos I e II do art. 747".
18. A Lei 12.010/2009 (que alterou o ECA em diversos de seus dispositivos), enfatizou a necessidade de evitar ao máximo o acolhimento institucional (assim como o afastamento da criança/adolescente de sua família de origem), como fica claro dos princípios que acrescentou ao art. 100, par. único, do ECA, como o da "responsabilidade parental" (inciso IX, do citado dispositivo) e da "prevalência da família" (inciso X, do mesmo dispositivo). Também enfatizou, por exemplo, que o Conselho Tutelar não possui atribuição de promover o afastamento da criança ou adolescente (ainda que em situação de risco) de sua família de origem, fazendo constar do art. 136. par. único, do ECA que, caso o Colegiado do Conselho Tutelar entenda necessário tal afastamento, comunicará o fato ao MP, fornecendo

são evidentes e, teoricamente, parece mais simples encontrar acolhedores para crianças do que maiores desprovidos de autodeterminação, até por que a inserção em família substituta está orientada a uma futura adoção ou mesmo que assim não o seja, a casais que desejam ter a experiência de criar crianças, mesmo que temporariamente.

Todavia, a lacuna legislativa não nos impede de lembrar que o próprio preambulo da CDPD (letra x) enaltece a família como entidade fundamental da sociedade, sendo que as pessoas com deficiência e seus familiares devem receber a proteção e assistência necessárias para que as famílias possam contribuir para que aquelas gozem de seus direitos plenamente e em igualdade de condições. Realmente, a vida em família com a possibilidade do livre desenvolvimento da personalidade e respeito as vontades e preferências da pessoa com deficiência mental ou intelectual em seus resíduos de autonomia é um dado fundamental para que haja a ampliação do conceito de família substituta para o acolhimento de pessoas curateladas que não dispõem de cuidado em seu entorno familiar originário, encontrando-se em situação de desproteção. Uma curatela ou, na falta dela, o amparo por centros assistenciais, consistem em medidas que não oferecem uma vida em família. O curador não possui a obrigação de ter o curatelado em sua companhia e da mesma forma o diretor de um centro residencial ou instituição médica não terá entre os seus deveres de guarda, qualquer um que se relacione à doação de afeto.

O conteúdo da colocação familiar se assemelharia ao aspecto pessoal da curatela, tendo os acolhedores notoriamente de velar pela companhia, alimentação, educação e formação integral do curatelado (tal como ocorre com os menores) com a peculiaridade de que aos deveres ora descritos, acrescer-se-á a obrigação de proporcionar cuidados especiais que a especificidade da curatela impõe, promover a sua recuperação e reinserção em sociedade. Rememore-se que tal e qual a indispensabilidade do consentimento do adolescente (a partir de 12 anos) para a prática do ato jurídico, o mesmo se diga quanto a obtenção da anuência da pessoa incapacitada, quando a sua deficiência ainda lhe permita um discernimento suficiente para fazer da família substituta a família desejada, potencializando-se o respeito a sua vontade e preferências, como requer a CDPD.[19]

---

elementos que permitam que este ingresse com demanda de cunho necessariamente contencioso, em que fique claro a real necessidade da medida extrema. Tanto o afastamento da criança/adolescente do convívio familiar quanto sua colocação em família substituta, ainda que seja esta integrante da "família extensa" (parentes com relação de proximidade e afinidade/afetividade), é de competência exclusiva da autoridade judiciária, podendo o Conselho Tutelar, quando muito, em colaboração com o Juiz, tentar localizar parentes em condições de receber crianças/adolescentes sob guarda/tutela/adoção.

19. HOYO, María Victoria Mayor del. *Un nuevo modelo de protección de las personas con discapacidad.* Pamplona: Aranzadi, 2014. p. 113.

Basicamente, seria constituída uma nova entidade familiar em substituição ao núcleo originário do incapacitado, em um lar funcional, eis que vocacionado para proteger e promover direitos fundamentais da pessoa com deficiência, fornecer-lhe afeto e plena participação na vida comunitária, de forma similar a qualquer outra manifestação biológica ou socioafetiva de família. Neste design, na falta ou impossibilidade da própria família extensa da pessoa curatelada, cremos que os acolhedores não se limitariam a um par conjugal (seja ele proveniente do matrimônio, união estável ou homoafetiva) mas a qualquer dupla vinculada por um parentesco (mãe e avó, irmãos) ou mesmo um par de amigos que queiram assumir a função de familiares substitutos, com todas as suas responsabilidades.

4
REFLEXÕES SOBRE O DIREITO À AUTODETERMINAÇÃO EXISTENCIAL DA PESSOA IDOSA

Deborah Pereira Pintos dos Santos

Doutoranda e Mestre em Direito Civil pela Universidade do Estado do Rio de Janeiro (UERJ). Master of Law pela Harvard Law School (LLM 18'). Procuradora do Município do Rio de Janeiro (PGM-Rio). Advogada.

Vitor Almeida

Doutor e Mestre em Direito Civil pela Universidade do Estado do Rio de Janeiro (UERJ). Professor Adjunto de Direito Civil da Universidade Federal Rural do Rio de Janeiro (ITR/UFRRJ). Professor dos cursos de especialização do CEPED-UERJ, PUC-Rio, EMERJ e ESAP-PGE/RJ. Vice-diretor do Instituto Brasileiro de Bioética e Biodireito (IBIOS). Advogado.

A tragédia da velhice não é ser-se velho, mas ser-se novo (Oscar Wilde)

Sumário: 1. Notas introdutórias: o envelhecimento do corpo e a vulnerabilidade social. A tutela da pessoa idosa com deficiência – 2. Personalidade, capacidade e liberdade: entre conceitos, sentidos e função; 2.1 A capacidade de direito e de exercício. O regime das incapacidades: absoluta e relativa. O Estatuto da Pessoa com Deficiência e a capacidade das pessoas com deficiência mental e intelectual – 3. Capacidade e autonomia privada – 4. A vulnerabilidade da pessoa idosa e seu melhor interesse – 5. O direito à autodeterminação do idoso em situações existenciais – 6. Autonomia prospectiva existencial da pessoa idosa – 7. Notas conclusivas: soberania da pessoa sobre o próprio corpo e o protagonismo sobre a trajetória da vida.

1. NOTAS INTRODUTÓRIAS: O ENVELHECIMENTO DO CORPO E A VULNERABILIDADE SOCIAL. A TUTELA DA PESSOA IDOSA COM DEFICIÊNCIA

A finitude da vida e a vulnerabilidade do corpo são signos da humanidade, do destino comum que iguala as pessoas.[1] As marcas do tempo são visíveis e o corpo muda com o passar dos anos, e o processo de envelhecimento deve ser visto

---

1. BARROSO, Luís Roberto e MARTEL, Letícia de Campos Velho. A morte como ela é: dignidade e autonomia individual no fim da vida. In: PEREIRA, Tânia da Silva, MENEZES, Rachel Aisengart e BARBOZA, Heloisa Helena (Coord.). *Vida, morte e dignidade humana*. Rio de Janeiro: GZ, 2010, p. 176.

como uma fase da vida na qual a dignidade da pessoa humana merece especial proteção, em razão de sua maior vulnerabilidade.

Guita Grin Debert, em estudo de campo com um grupo de mulheres de vida ativa com mais setenta anos, observou que "elas não se consideravam velhas, sendo que a velhice era vista como um problema de outros que se comportavam como velhos, mesmo que com menos idade". Isso porque "a velhice não estava referida à idade, mas a perda de autonomia".[2] Nesse sentido, frase emblemática é atribuída a E. J. Stieglitz, para quem "a suprema tragédia da velhice é a convicção da inutilidade".[3]

O processo natural de envelhecimento do corpo não pode ser visto como sinônimo de perda de autonomia da pessoa. A idade não é um aspecto *per se* incidente sobre o *status personae*, sobre a capacidade jurídica como aptidão abstrata à titularidade de situações subjetivas. Além disso, o simples passar dos anos não é causa incapacitante, devendo ser verificada a real possibilidade de a pessoa fazer escolhas e adotar comportamentos correlatos às situações subjetivas interessadas.[4]

De fato, não é de todo recente a preocupação com o envelhecimento populacional e a posição do idoso na sociedade. Em âmbito internacional, em 1982, foi elaborado pela Organização das Nações Unidas (ONU), o Plano de Ação para o Envelhecimento, que ensejou a posterior adoção de uma Carta de Princípios da ONU para as Pessoas Idosas, em 1991, e a consagração do Ano Internacional do Idoso em 1999.[5] Em 15 de junho de 2015 foi aprovada a Convenção Interamericana sobre a proteção dos direitos humanos das pessoas idosas pelos Estados

---

2. DEBERT, Guita Grin. *A reinvenção da velhice*. São Paulo: EdUSP, 1999. p. 26. A partir de experiências em audiências na vara de órfãos e sucessões da comarca da capital do Estado do Rio de Janeiro, juíza Andrea Pachá desenvolveu essa mesma ideia no livro *Velhos são os outros*. Rio de Janeiro: Intrínseca, 2018.
3. STIEGLITZ, E. J. A suprema tragédia da velhice é a convicção da inutilidade. *Senecta*, Revista Médica, Rio de Janeiro, 1978, apud, BARRETO, João de Deus Lacerda Menna. Aspectos jurídicos do envelhecimento. *Revista de Jurisprudência*: Arquivos dos Tribunais de Alçada do Estado do Rio de Janeiro, 3ª série, n. 6, 1986.
4. PERLINGIERI, Pietro. *O direito civil na legalidade constitucional*. Renovar: Rio de Janeiro, 2008. p. 785.
5. "Com base no tema 'Uma sociedade para todas as idades', os países foram chamados a refletir, discutir e tomar ações para que pessoas idosas e também de todas as idades vivam de maneira digna, com respeito a seus direitos e sempre observando as peculiaridades de cada faixa etária. Independência, participação, cuidado, possibilidade de autossatisfação e possibilitar que sejam agregados novos papéis e significados para a vida na idade avançada são, resumidamente, segundo a ONU, palavras-chave que deverão estar presentes dentro de qualquer política destinada aos idosos, em qualquer parte do mundo". LOPES, Elisabete Mariucci e GARCIA, José Alton. A inclusão jurídica e social do idoso. *Revista Forense*, n. 415, v. 108, 2012, p. 98-99. Vale destacar, ainda, a Declaração Política e o Plano de Ação Internacional de Madri sobre o Envelhecimento (2002), bem como os instrumentos regionais, tais como a Estratégia Regional de Implementação para a América Latina e o Caribe do Plano de Ação Internacional de Madri sobre o Envelhecimento (2003), a Declaração de Brasília (2007), o Plano de Ação da Organização Pan-Americana da Saúde sobre a Saúde dos Idosos, Incluindo o Envelhecimento Ativo e Saudável (2009), a Declaração de Compromisso de *Port of Spain* (2009) e a Carta de San José sobre os direitos do idoso da América Latina e do Caribe (2012).

membros da Organização dos Estados Americanos (OEA), sendo que o Brasil – conjuntamente com a Argentina, Chile, Costa Rica e Uruguai – foi o primeiro país signatário do documento, que se destaca por ser o primeiro instrumento internacional juridicamente vinculante voltado à proteção e à promoção dos direitos humanos e liberdades fundamentais das pessoas idosas, em igualdade de condições.

Com o aumento da expectativa de vida da população brasileira nas últimas décadas,[6] a situação do idoso chamou a atenção do Constituinte e, com isso, a Constituição de 1988 introduziu direitos específicos para essa parcela da população, definindo responsabilidades, entre as gerações, para a família, o Estado e a própria sociedade.[7] No âmbito infraconstitucional, a Lei n. 8.842/1994 estabeleceu a Política Nacional do Idoso, que foi efetivada, na área de saúde, pela Política Nacional de Saúde do Idoso.[8] Posteriormente, em 2003, foi sancionado o Estatuto do Idoso (Lei n. 10.741/2003), que, além de descrever e enumerar os direitos da pessoa idosa, estabeleceu prioridades nas políticas públicas e indicou mecanismos pelos quais essa parcela da população poderá buscar o exercício da sua própria cidadania.[9]

Decerto, a cidadania da pessoa idosa não se reduz à mera sobrevivência, incluindo, sobretudo, a busca por uma vida qualitativamente digna. Se o tempo não traz em si causa de incapacidade, na atual ordem constitucional, a garantia de autonomia à pessoa é essencial para o envelhecimento com dignidade. Indispensável afirmar que o *direito à autodeterminação do idoso* é fundamental para o processo de autoconstrução da pessoa humana, sempre contínuo ao longo do acúmulo de primaveras, no entanto, sob risco constante em razão de sua vulnerabilidade, causada não só pela fragilidade e envelhecimento do corpo, mas, sobretudo, em razão do preconceito social ainda presente.

---

6. Segundo Pesquisa do IBGE, publicada na Folha de São Paulo, até o ano de 2060, os idosos serão ¼ da população brasileira. Disponível em: [http://www1.folha.uol.com.br/cotidiano/2013/08/1333690-idosos-serao-14-da-populacao-no-ano-de-2060-aponta-o-ibge.shtml]. Acesso em: 25.01.2014.
7. Art. 229: "os país têm o dever de assistir, criar e educar os filhos menores, e os filhos maiores têm o dever de ajudar e amparar os pais na velhice, carência ou enfermidade"; Art. 230: "a família, a sociedade e o Estado têm o dever de amparar as pessoas idosas, assegurando sua participação na comunidade e defendendo sua dignidade e bem-estar e garantindo-lhes o direito à vida", ambos da Constituição da República. Sob essa perspectiva, v. MARTINS, Ives Gandra da Silva. A família, a criança, o adolescente, o jovem e o idoso. In: MARTINS, Ives Gandra da Silva, MENDES, Gilmar Ferreira; NASCIMENTO, Carlos Valder (Org.). *Tratado de direito constitucional*. São Paulo: Saraiva, 2012. v. 2, p. 745.
8. Portaria n. 1.395/GM, de 10 de dezembro de 1999. Atualmente, após a entrada em vigor do Estatuto do Idoso, foi editada nova portaria pelo Ministério da Saúde, Portaria n. 2.528/GM, de 16 de outubro de 2006.
9. Cf. MORAES, Cristiana de Cássia Pereira; SOUZA, Rildo Bento de. Os caminhos da cidadania: a legislação brasileira referente à pessoa idosa. *Revista de Informação Legislativa*, n. 184, v. 46, 2009, p. 227-244.

A autonomia existencial da pessoa idosa depara-se com riscos ainda maiores quando vítima de múltipla discriminação, como no caso das pessoas idosas com deficiência, eis que além da condição de vulnerabilidade em razão do contínuo e complexo processo de debilitação física e mental, no campo social, a situação se agrava em virtude de fatores socioculturais de idolatria do *novo* e do *moderno* em detrimento do *velho* e *antigo*. Assim, pode-se afirmar que a vulnerabilidade da pessoa idosa se assenta tanto em fatores de ordem biológica e sociocultural. O mesmo pode-se estender às pessoas com deficiência, que além do impedimento de natureza física, mental, sensorial ou intelectual, também são marginalizados socialmente.

Neste trilho, a própria lei reforça a especial vulnerabilidade da pessoa idosa com deficiência, nos termos do parágrafo único do art. 5º do Estatuto da Pessoa com Deficiência (Lei n. 13.146/2015),[10] sendo necessária tutela enérgica protetiva em relação a esse grupo duplamente vulnerável no sentido do pleno reconhecimento de sua autonomia, ante a constante ameaça de sua negação, de modo a permitir a valorização, independência, protagonismo e liberdade da pessoa idosa com deficiência, especialmente sua autorrealização nas situações existenciais. Desse modo, o presente trabalho pretende abordar a autonomia na esfera existencial da pessoa idosa com deficiência, apontando os possíveis instrumentos para a promoção da efetiva autodeterminação e autorrealização.

2. PERSONALIDADE, CAPACIDADE E LIBERDADE: ENTRE CONCEITOS, SENTIDOS E FUNÇÃO

Antes de enfrentar os instrumentos de promoção da autonomia da pessoa idosa com deficiência, indispensável rastrear os sentidos de conceitos centrais para a ordem jurídica – como a personalidade e a capacidade. Isso porque reside justamente no regime das incapacidades um dos maiores obstáculos ao pleno reconhecimento da autonomia da pessoa idosa, especialmente com deficiência mental ou intelectual.[11]

Há dificuldade na doutrina para distinguir conceitualmente as ideias de personalidade e capacidade jurídica.[12] Quanto à primeira, a rigor, identificam-se dois sentidos técnicos para o termo.[13] Por um lado, sob o ponto de vista estrutural, personalidade é a qualidade para ser sujeito de direito (titular de direitos e deveres), conceito aplicável às pessoas físicas e jurídicas. Por outro, traduz, na

---

10. V. BARBOZA, Heloisa Helena; ALMEIDA, Vitor (Org.). *Comentários ao Estatuto da Pessoa com Deficiência à luz da Constituição da República*. Belo Horizonte: Fórum, 2018. p. 54-60.
11. Seja consentido remeter a ALMEIDA, Vitor. *A capacidade civil das pessoas com deficiência e os perfis da curatela*. Belo Horizonte: Fórum, 2019. p. 86-87.
12. Cf. CUPIS, Adriano. *Os direitos da personalidade*. 2. ed. São Paulo: Quorum, 2008. p. 19.
13. Já atribuía dois sentidos ao termo "personalidade", DANTAS, San Tiago. *Programa de Direito Civil*. 3. ed. Rio de Janeiro: Forense, 2001. p. 151.

perspectiva valorativa, "o conjunto de características e atributos da pessoa humana, considerada objeto de proteção privilegiada por parte do ordenamento, bem jurídico representado pela afirmação da dignidade humana, sendo peculiar, portanto, à pessoa natural".[14]

Nesse sentido, ter personalidade como *valor* é característica da pessoa humana, atraindo, por essa razão, disciplina jurídica típica e diferenciada, própria das relações jurídicas existenciais. Já a qualidade para ser sujeito de direito que o ordenamento concede indistintamente a todas as pessoas e, segundo opções de política legislativa, pode fazê-lo em favor de entes despersonalizados, designa a *subjetividade*, separando-se do sentido valorativo da *personalidade*.[15] Em poucas palavras, ter subjetividade é ter a *qualidade de sujeito de direito*, ser titular de situações jurídicas subjetivas: as pessoas físicas ou entidades jurídicas na dupla fisionomia de pessoas jurídicas ou entidades desprovidas de reconhecimento formal.

Já a capacidade de direito é a aptidão genérica da pessoa para ter a titularidade e exercer situações jurídicas subjetivas. Todo ente qualificado como pessoa – natural ou jurídica – pelo ordenamento jurídico possui capacidade.[16] Cuida-se de critério *quantitativo*, que se opõe ao critério *qualitativo* da subjetividade e, por isso, a capacidade é considerada como medida da personalidade (como subjetividade).

Por conseguinte, enquanto a personalidade é valor que emana do próprio indivíduo, a capacidade é atribuída pela ordem jurídica, como realização desse valor.[17] Como ensina Heloisa Helena Barboza, a capacidade é conceito dinâmico e admite graus, ausência parcial, limitações e extensões.[18] Assim também já se posicionava Moreira Alves:

> Com efeito, enquanto a *personalidade jurídica* é conceito absoluto (ela existe, ou não existe), *capacidade jurídica* é conceito relativo (pode-se ter mais capacidade jurídica, ou menos). (...) No direito romano, há exemplos esclarecedores dessa distinção. Basta citar um: no tempo Justiniano, os heréticos (que eram pessoas físicas; logo, possuíam personalidade jurídica) não poderiam receber herança ou legado (por conseguinte, sua capacidade jurídica era menor do que a de alguém que não fosse herético).[19]

---

14. TEPEDINO, Gustavo, BARBOZA, Heloisa Helena e MORAES, Maria Celina Bodin de. *Código Civil Interpretado Conforme a Constituição da República*. 2. ed. Rio de Janeiro: Renovar, 2008. v. 1, p. 4. A mesma posição foi antes desenvolvida em TEPEDINO, Gustavo. A tutela da personalidade no ordenamento civil-constitucional brasileiro. *Temas de Direito Civil*. 3. ed. Rio de Janeiro: Renovar, 2008. t. I, p. 28-29.
15. TEPEDINO, Gustavo, BARBOZA, Heloisa Helena e MORAES, Maria Celina Bodin de cit. p. 4-5. No mesmo sentido, TEPEDINO, Gustavo. A Crise de fontes normativas e técnica legislativa na parte geral do Código Civil de 2002. In: TEPEDINO, Gustavo (Coord.). *O Código Civil na perspectiva civil-constitucional*: parte geral. Rio de Janeiro: Renovar, 2013. p. XXVI-XXVII.
16. Conforme preceitua o art. 1º do Código Civil: "toda pessoa é capaz de direitos e deveres na ordem civil".
17. AMARAL, Francisco. *Direito Civil*: Introdução. 3. ed. Rio de Janeiro: Renovar, 2000. p. 216.
18. BARBOZA, Heloisa Helena. *Capacidad*. In: CASABONA, Carlos Maria Romeo (Diretor). *Enciclopedia de Bioderecho y Bioética*. Granada, 2011. t. I, p. 325 (tradução livre).
19. ALVES, José Carlos Moreira. *Direito Romano*. 13. ed. Rio de Janeiro: Forense, 2004. v. I, p. 97.

A capacidade é conceito necessariamente quantitativo, que admite gradação. Contudo, a pessoa, como sujeito de direito, possui subjetividade e tem garantido pelo ordenamento a titularidade de situações jurídicas, ainda que não possa exercê-las de forma autônoma. Assim, fundamental é a ideia de discernimento, que, para as pessoas naturais, separa a capacidade da incapacidade. A gradação da capacidade para as pessoas físicas depende do grau de discernimento.

Segundo Maria Celina Bodin de Moraes, "quem tem discernimento é considerado plenamente capaz; quem o tem reduzido é tido por relativamente incapaz; e aquele que não o tem é declarado absolutamente incapaz".[20] Desse modo, somente "quando temos discernimento, temos autonomia para decidir o que queremos".[21] A capacidade, numa perspectiva dinâmica, é o *quantum* – da aptidão genérica para titularizar situações jurídicas subjetivas que existe em todas as pessoas – que poderá ser efetivamente exercido de forma direta em um determinado dado caso concreto. Toda pessoa possui a qualidade de sujeito de direito e tem capacidade jurídica, mas nem todo sujeito de direito poderá exercer autonomamente as situações jurídicas de que é titular.

Nas pessoas jurídicas e nos entes despersonalizados, a lei estabelece os contornos e limites à sua capacidade.[22] Já para as pessoas físicas, a gradação da capacidade trará a bifurcação entre a capacidade de direito e a capacidade de fato conforme o nível de discernimento do indivíduo no caso concreto, sendo que qualquer limitação depende, igualmente, de previsão legal. Na esteira do ensinamento de Maria Celina Bodin de Moraes, quanto maior o discernimento, maior a capacidade e, como consequência, maior a liberdade da pessoa para realizar suas escolhas de vida. Nessa linha, a capacidade plena deve ser a regra no ordenamento, cuja função se aflora como consectário nuclear da liberdade para a prática dos atos da vida civil.

2.1 A capacidade de direito e de exercício. O regime das incapacidades: absoluta e relativa. O Estatuto da Pessoa com Deficiência e a capacidade das pessoas com deficiência mental e intelectual

Uma vez presente a personalidade e a capacidade de direito, tem-se que a capacidade de fato representa o poder que a pessoa natural tem de dirigir-se autonomamente na ordem civil.[23] Em outros termos, "é a idoneidade para atra-

---

20. MORAES, Maria Celina Bodin de. Uma aplicação do princípio da liberdade. *Na medida da pessoa humana*: estudos de direito civil constitucional. Rio de Janeiro: Renovar, 2010. p. 191.
21. Ibidem, p. 192.
22. Cf. AMARAL, Francisco. *Direito civil* cit., p. 227.
23. EBERLE, Simone. *A capacidade entre o fato e o direito*. Porto Alegre: Sergio Antonio Fabris Ed., 2006. p. 137.

vés de atos próprios ou mediante procurador (representante voluntário), agir juridicamente exercendo direitos e cumprindo obrigações, ou seja, praticando atos da vida civil".[24]

Como já repetido, todas as pessoas possuem capacidade de direito. É o *princípio da capacidade total de direito* no plano do direito privado. Segundo Pontes de Miranda, não há "incapacidade de direito, por motivo de religião ou de pertencer a uma ordem religiosa, ou por motivo de convicção filosófica ou política; nem se admite a morte civil, fundada em regras de direito romano ou canônico".[25] Diferentemente, a capacidade de fato pode não estar presente em todas as pessoas, ou, ao menos, não no mesmo grau.

Enquanto a capacidade de direito se refere à extensão ou medida do universo de situações jurídicas subjetivas ou relações jurídicas que são titularizadas por uma pessoa; a capacidade de fato, de exercício ou negocial, embora também um conceito quantitativo, se funda em premissas qualitativas ligadas ao pressuposto de "racionalidade humana" do conceito de pessoa.[26] Para separar a capacidade de fato da de direito, Caio Mário da Silva Pereira leciona que

> [...] a esta aptidão oriunda da personalidade, para adquirir os direitos na vida civil, dá-se o nome de *capacidade de direito*, e se distingue da *capacidade de fato*, que é a aptidão para utilizá-los e exercê-los por si mesmo. (...) Se hoje podemos dizer que toda pessoa é dotada de capacidade de direito, é precisamente porque o direito a todos confere, diversamente do que ocorria na antiguidade. E se aqueles que preenchem condições materiais de idade e saúde e etc. se dizem portadores de capacidade de fato, é também porque o ordenamento jurídico lhes reconhece a aptidão para o exercício pessoal dos direitos.[27]

Decerto, a capacidade de direito representa a posição estática do sujeito, enquanto a capacidade de fato traduz a atuação dinâmica. Aquela advém da simples condição de ser pessoa, detentora de subjetividade; esta depende, nas pessoas naturais, do nível de discernimento de cada indivíduo, do desenvolvimento da racionalidade humana. Com efeito, as limitações à capacidade de exercício devem ser vistas como excepcionais, sendo necessariamente estabelecidas em lei, tendo ainda que, em alguns casos, ser declarada por sentença, não se admitindo interpretação extensiva. Ou seja, a capacidade de fato é a regra, sendo a incapacidade (absoluta ou relativa) a exceção.

---

24. RODRIGUES, Rafael Garcia. A pessoa e o ser humano no novo Código Civil. In TEPEDINO, Gustavo (Coord.). *O Código Civil na perspectiva civil-constitucional*: parte geral. Rio de Janeiro: Renovar, 2013. p. 12.
25. PONTES DE MIRANDA. *Tratado de Direito Privado*. São Paulo: Ed. RT, 2012. t. I, p. 247-248.
26. SILVA, Denis Franco; CICCO, Maria Cristina de. *Pessoas*: conceito, capacidade, responsabilidade. In: LACERDA, Bruno Amaro; FERREIRA, Flávio Henrique Silva; FERES, Marcos Vinicius Chien (Org.). *Instituições de Direito*. Juiz de Fora: Ed. UFJF, 2011. p. 129-130.
27. PEREIRA, Caio Mário da Silva. *Instituições de Direito Civil*. 21. ed. Rio de Janeiro: Forense, 2005. V. I, p. 263-264.

Registre-se, ademais, que a restrição da capacidade de exercício não se confunde com a exigência de capacidade especial, nem com proibições ou impedimentos, hipóteses em que a pessoa tem plena capacidade, mas não poderá praticar determinados atos ou deverá atender a alguma exigência legal para tanto.[28] Igualmente, a capacidade de fato difere da legitimidade. Esta é a "aptidão para a prática de determinado ato, ou para o exercício de certo direito, resultante não da qualidade da pessoa, mas de sua posição jurídica em face de outras pessoas".[29] Assim, enquanto a capacidade é genérica, a legitimidade se refere a um determinado ato em particular.[30]

A ausência de capacidade de fato não interfere na titularidade de situações jurídicas subjetivas, pois a capacidade de direito estará sempre presente. O incapaz pode adquirir direitos e contrair obrigações. Para tanto, a lei prevê a necessidade de estar assistido ou representado, se relativa ou absolutamente incapaz, respectivamente.[31]

O instituto da incapacidade foi construído para a proteção de determinado grupo de pessoas em que a lei estabeleceu que faltavam determinados requisitos para o pleno exercício dos direitos, geralmente em razão da tenra idade ou de alguma deficiência psíquica, decorrente da ausência ou redução do discernimento. Tendo em vista a diversidade de condições pessoais dos incapazes, e a maior ou menor profundidade da redução do discernimento, o Código Civil separa, de um lado, "os que são inaptos para a vida civil, na sua totalidade" e, de outro, "os que são incapazes apenas quanto a alguns direitos ou à forma de exercício". Conforme a extensão da incapacidade, a lei gradua a forma de proteção, sendo os primeiros considerados *absolutamente incapazes,* que se sujeitam ao instituto da *representação*; e os segundos *relativamente incapazes,* que se submetem à *assistência*.[32]

Enfatiza a doutrina que a finalidade precípua do regime das incapacidades é a proteção do incapaz nas relações jurídicas patrimoniais. Decerto, as restrições à capacidade de agir, seja absoluta ou relativa, não existem para alhear os incapazes, mas para integrá-los ao mundo negocial.[33] No entanto, em razão das

---

28. BARBOZA, Heloisa Helena. Op. cit., p. 329-330 (tradução livre).
29. AMARAL, Francisco. Op. cit., p. 224-225.
30. Como exemplo, pode-se mencionar o art. 1. 647 do Código Civil, que trata da necessidade de outorga conjugal para a prática de determinados atos pelos cônjuges. Estabelece o dispositivo que "ressalvado o disposto no art. 1.648, nenhum dos cônjuges pode, sem autorização do outro, exceto no regime da separação absoluta: I – alienar ou gravar de ônus real os bens imóveis; II – pleitear, como autor ou réu, acerca desses bens e direitos; III – prestar fiança ou aval; IV – fazer doação não sendo remuneratória, de bens comuns, ou dos que possam integrar futura meação". Apesar de plenamente capaz, para que o cônjuge tenha legitimidade para praticar qualquer desses atos, precisará de autorização de seu consorte ou de suprimento judicial desta (art. 1.648). Nesse sentido, por exemplo, entende o STJ no enunciado n. 332 de sua Súmula que "a fiança prestada sem autorização de um dos cônjuges implica a ineficácia total da garantia".
31. PONTES DE MIRANDA. Op. cit., p. 249.
32. PEREIRA, Caio Mário da Silva. *Instituições de direito civil* cit., v. I, p. 272-273.
33. EBERLE, Simone. Op. cit., p. 139.

demandas crescentes das pessoas por autonomia, surge o questionamento quanto à aplicação das normas civis que regem a capacidade civil de modo irrestrito às relações existenciais.[34]

Como se verá adiante, a divisão estanque entre capacidade e incapacidade, entre capacidade de direito e de exercício, ressente-se do impacto provocado pelo crescimento da importância das relações não patrimoniais, que passaram a ser protegidas de forma prioritária pelo ordenamento jurídico, com base na cláusula geral de tutela da pessoa humana (at. 1º, III, da Constituição da República). Tal separação absoluta tende a ser bastante questionada, principalmente quanto a escolhas ligadas diretamente à autonomia existencial dos incapazes.[35]

A Lei Brasileira de Inclusão da Pessoa com Deficiência (Lei n. 13.146/2015), conhecida como Estatuto da Pessoa com Deficiência – EPD, instaurou profundas mudanças no instituto da capacidade jurídica. Encontra-se em seu art. 6º uma das mais importantes inovações promovidas pelo Estatuto: a afirmação de que a "deficiência não afeta a plena capacidade civil da pessoa, inclusive para":

> I – casar-se e constituir união estável;
>
> II – exercer direitos sexuais e reprodutivos;
>
> III – exercer o direito de decidir sobre o número de filhos e de ter acesso a informações adequadas sobre reprodução e planejamento familiar;
>
> IV – conservar sua fertilidade, sendo vedada a esterilização compulsória;
>
> V – exercer o direito à família e à convivência familiar e comunitária; e
>
> VI – exercer o direito à guarda, à tutela, à curatela e à adoção, como adotante ou adotando, em igualdade de oportunidades com as demais pessoas.

Para ratificar o reconhecimento da plena capacidade jurídica das pessoas com deficiência, espancando dúvida porventura existente, o Estatuto (art. 114) alterou o art. 3º do Código Civil, para declarar como absolutamente incapazes de exercer pessoalmente os atos da vida civil apenas os menores de 16 (dezesseis) anos, visto derrogar os incisos I a III do citado artigo, dando nova redação ao *caput*.[36] Com isso, findou-se no direito brasileiro a incapacidade absoluta de pessoa maior de idade.

---

34. TEIXEIRA, Ana Carolina Brochado. Integridade Psíquica e capacidade de exercício. *Revista Trimestral de Direito Civil*, v. 33, ano 9, jan./mar., 2008, p. 12.
35. Nesse diapasão, é o enunciado n. 138 da III Jornada de Direito Civil do CJF: "a vontade dos absolutamente incapazes, na hipótese do inciso I do art. 3º, é juridicamente relevante na concretização de situações existenciais a eles concernentes, desde que demonstrem discernimento bastante para tanto". Sob o ponto, v., no direito italiano, RODOTÀ, Stefano. *La vita e le regole*: tra diritto e non diritto. 2. ed. Milano: Feltrinelli Editore, 2012. p. 26-27.
36. Excluídos estão "os que, por enfermidade ou deficiência mental, não tiverem o necessário discernimento para a prática desses atos (inciso II)" e "os que, mesmo por causa transitória, não puderem exprimir sua vontade" (inciso III).

Os incisos II e III do art. 4º do Código Civil receberam nova redação, tendo sido suprimida a referência aos incapazes que por *deficiência mental, tenham seu discernimento reduzido* do inciso II e substituído a odiosa expressão *excepcionais, sem desenvolvimento mental completo*, por "aqueles que, por causa transitória ou permanente, não puderem exprimir sua vontade". Desse modo, "o EPD estabeleceu que a deficiência não é critério para aferição da capacidade (art. 6º, *caput*), em plena sintonia com o CDPD que reconhece a capacidade legal das pessoas com deficiência".[37]

No entanto, em interpretação sistemática do art. 6º cumulado com o art. 84, § 1º, ambos do EPD, nas hipóteses em que a pessoa com deficiência puder ser submetida à curatela, que se torna medida extraordinária e se legitima apenas como medida de proteção, devendo ser deferida de modo "proporcional às necessidades e às circunstâncias de cada caso" e "no menor tempo possível" (art. 84, § 3º), a incapacidade de pessoa com deficiência mental ou intelectual, quando admissível, será sempre relativa, eis que limitada aos atos relacionados aos direitos de natureza patrimonial e negocial (art. 85), não atingindo, em regra, os atos existenciais.

3. CAPACIDADE E AUTONOMIA PRIVADA

A ideia de liberdade, que remonta à concepção aristotélica, traduz-se no poder de autodeterminação, de deliberação sem interferências externas, como "decisão e escolha entre possíveis diversos".[38] A concepção liberal de autonomia do indivíduo consolidou-se na modernidade, com o Iluminismo, e teve sua expressão máxima na formulação moral sistemática de Kant, pela qual o homem, ser racional, é um fim em si mesmo.

Na Constituição da República de 1988, a cláusula geral de liberdade é extraída do princípio da legalidade, positivado no art. 5º, inciso II, segundo o qual "ninguém será obrigado a fazer ou deixar de fazer alguma coisa senão em virtude de lei". Se a lei não proíbe ou não impõe um dado comportamento, têm as pessoas a autodeterminação para adotá-lo ou não.

O princípio da liberdade individual consubstancia-se nos direitos à vida privada e à intimidade. Conforme autorizada doutrina, "liberdade significa, cada vez mais, poder realizar, sem interferências, de qualquer gênero, as próprias escolhas individuais – mais: o próprio projeto de vida, exercendo-o como melhor

---
37. ALMEIDA, Vitor. Op. cit., p. 192.
38. BARROSO, Luís Roberto. Eficácia e efetividade do direito à liberdade. *Temas de direito constitucional*. Rio de Janeiro: Renovar, 2001. p. 100.

convier".³⁹ Esse sentido de liberdade é essencial ao ser humano como condição para a vida com dignidade. Judith Martins-Costa afirma que

> [...] o homem modela a si mesmo com liberdade e nisto está a sua dignidade. A surpreendente correlação entre ser humano e autonomia, e entre essa e uma nova espécie de dignidade, (...) não mais uma dignidade do *que se tem*, mas do que *se é* como espécie no reino da natureza. (...) Daí que a *dignidade* – conotada ao ser humano, não ao *status* por ele ocupado na ordem social – valerá *singularidade* e *autonomia*.⁴⁰

Segundo Luís Roberto Barroso, a dignidade como autonomia envolve a *capacidade de autodeterminação*, sendo o direito de decidir os rumos da própria vida e de desenvolver livremente a própria personalidade. É o poder de realizar escolhas morais relevantes, assumindo a responsabilidade pelas decisões tomadas. Por trás da concepção de autonomia está um sujeito moral capaz de se autodeterminar, traçar os planos de própria trajetória e, por conseguinte, realizá-los. Com efeito, as "decisões sobre a própria vida de uma pessoa, escolhas existenciais sobre religião, casamento, ocupações e outras opções personalíssimas que não violem direitos de terceiros não podem ser subtraídas do indivíduo, sob pena de se violar sua dignidade".⁴¹

Por sua vez, a autonomia privada⁴² encontra-se entrelaçada com a *capacidade jurídica*.⁴³ Como visto, aos indivíduos às vezes faltam requisitos materiais para dirigirem-se com liberdade no mundo civil. Embora a ordem jurídica não negue a capacidade de gozo ou de aquisição, recusa-lhe a *autodeterminação*, interdizendo o exercício dos direitos, de modo pessoal e direto, todavia condicionando à intervenção de outra pessoa, que os representa ou assiste. Desse modo, ao lado do absoluta ou relativamente incapaz, existe sempre alguém que o represente ou assista, respectivamente, suprindo a sua incapacidade,⁴⁴ mas isso, sem dúvida, significa uma brutal restrição à autonomia da pessoa legalmente considerada incapaz.

Gustavo Tepedino afirma que a autonomia privada foi qualitativamente alterada na atual ordem constitucional. A noção, como concebida na visão patri-

---

39. MORAES. Maria Celina Bodin de. O princípio da dignidade da pessoa humana. *Na medida da pessoa humana*: estudos de direito civil constitucional. Rio de Janeiro: Renovar, 2010. p. 108.
40. MARTINS-COSTA, Judith. Indivíduo, pessoa, sujeito de direitos: contribuições renascentistas para uma história dos conceitos jurídicos. *Cadernos do Programa de Pós-Graduação em Direito* – PPGDir/UFRGS, 2009. v. 6, p. 9, texto gentilmente cedido pela autora. A autora baseia-se em Pico della Mirandola.
41. BARROSO, Luis Roberto; MARTEL, Letícia de Campos Velho. Op. cit., p. 191-192. Os autores baseiam-se nas lições de Ronald Dworkin.
42. Cf. AMARAL, Francisco. A autonomia privada como princípio fundamental do ordenamento jurídico: perspectiva estrutural e funcional. In: *Revista de Informação Legislativa*, ano 26, n. 102, abr./jun., 1989, p. 214.
43. Loc. cit.
44. DANTAS, San Tiago. Op. cit., p. 136-137.

monialista e individualista do século XIX, dá lugar à autonomia privada alterada substancialmente nos aspectos subjetivo, objetivo e formal. Quanto ao primeiro aspecto, assiste-se "a passagem do sujeito abstrato à pessoa concretamente considerada".[45] O ordenamento, que a partir da Revolução Francesa – em razão do princípio da igualdade formal –, passou a assegurar a toda pessoa tratamento isonômico perante a lei, volta a sua atenção no direito contemporâneo para as diferenças que a inferiorizam, tornando-a vulnerável, visando alcançar a igualdade substancial. "Daí voltar-se a ordem jurídica para a investigação das singularidades da pessoa humana".[46]

No que se refere ao segundo aspecto, a mudança no objeto da autonomia privada "revela-se no sentido de que novos interesses existenciais se sobrepõem aos interesses patrimoniais que caracterizavam os bens jurídicos no passado".[47] Por fim, a forma dos atos jurídicos passa a exercer papel de limitação da autonomia privada em favor de interesses socialmente relevantes e de proteção de pessoas em situação de vulnerabilidade.[48]

Assim, como visto, a pessoa natural, por ser sujeito de direito, acima de tudo pessoa concretamente considerada em sua múltipla dimensão, possui subjetividade e capacidade jurídica, sendo que o exercício depende de alguns requisitos exigidos pelo ordenamento. Por isso, esta última é variável, dependendo, na sua perspectiva dinâmica, do nível de discernimento para exprimir validamente sua vontade.[49] Leciona Maria Celina Bodin de Moraes que

> [...] para que o sujeito possa exercer pessoalmente a sua liberdade, isto é, gozar em primeira pessoa da liberdade que o ordenamento jurídico lhe concede, o Código Civil estabelece alguns requisitos, sem os quais ocorre a condição dita incapacidade. (...) O ordenamento considera como o divisor de águas, a linha que separa a capacidade da incapacidade: a noção de discernimento.[50]

Apesar de inegavelmente ligadas, a autonomia privada não se esgota na capacidade civil, questão que causa perplexidade no que diz respeito aos atos praticados por incapazes. Como observa Heloisa Helena Barboza, "não há como negar aos que têm a sua capacidade civil restringida, evidentemente nos limites

---

45. TEPEDINO, Gustavo. Normas constitucionais e Direito Civil na Construção Unitária do Ordenamento. *Temas de Direito Civil*. Rio de Janeiro: Renovar, 2009. t. III, p. 14.
46. Ibidem, p. 15.
47. Loc. cit.
48. Loc. cit.
49. Cabe lembrar que o EPD revogou os incisos dos arts. 3º e 4º do CC que mencionavam o termo "discernimento", que sempre foi de difícil compreensão para o Direito. Sobre as novas nuances do discernimento, cf. ALMEIDA, Vitor. Op. cit., p. 179-186.
50. MORAES, Maria Celina Bodin de. *Uma aplicação do princípio da liberdade* cit., p. 191.

do razoável, o poder de decisão com relação a determinados atos do cotidiano e mesmo da vida civil".[51]

Mais do que isso, na legalidade constitucional, a noção de autonomia privada sofreu uma profunda transformação conforme sua incidência ocorra no âmbito de uma relação patrimonial ou existencial.[52] Isso porque o legislador democrático entendeu que a vida, para ser digna, precisa, intrinsecamente, da maior liberdade possível nas relações não patrimoniais.[53]

Stefano Rodotà afirma que o *direito fundamental à autodeterminação* não pode ser reduzido à noção de autonomia privada que tem como ponto de referência as dinâmicas de mercado e as consequentes exigências de certeza na circulação dos bens. Evidencia-se, dessa forma, a impropriedade de adotar "aquelas categorias jurídicas para delinear o quadro institucional no qual se coloca o direito à autodeterminação, que se refere à vida, em si irredutível à lógica de mercado, e que deve verdadeiramente referir-se ao tema da personalidade e, definitivamente, da soberania".[54] De igual modo, para Pietro Perlingieri,

> [...] a contraposição entre capacidade e incapacidade de fato e incapacidade de entender e de querer, principalmente nas relações não patrimoniais, não corresponde à realidade. As capacidades de entender e de querer, de discernir, são expressões da gradual evolução da pessoa que, enquanto titular de direitos fundamentais, por definição não transferíveis a terceiros, deve ser colocada na condição de exercê-los paralelamente à sua efetiva idoneidade, não se justificando a presença de obstáculos de direito ou de fato que impeçam o seu exercício.[55]

Ressalte-se, a propósito, que os ensinamentos são inteiramente aplicáveis à realidade brasileira a partir da ordem constitucional instaurada em 1988. Em sendo a cláusula geral de tutela da pessoa humana princípio fundante da Constituição, as situações existenciais, por retratarem escolhas a respeito da própria pessoa do titular, de seu *corpo*, são personalíssimas, o que faz seu exercício, em princípio, incompatível de realização por outrem.

Decerto, o fato de uma pessoa ser incapaz não a torna menos pessoa ou menos merecedora de tutela em sua dignidade. Pelo contrário, a vulnerabilidade e a incapacidade são condições de determinadas pessoas humanas que exigem do ordenamento uma proteção reforçada e a promoção de suas escolhas existências. Assim, "a condição real de discernimento em cada caso passa a ser fundamental

---

51. BARBOZA, Heloisa Helena. Reflexões sobre a autonomia negocial. In: TEPEDINO, Gustavo; FACHIN, Luiz Edson (Coord.). *O direito e o tempo*: embates jurídicos e utopias contemporâneas: estudos em homenagem ao professor Ricardo Pereira Lira. Rio de Janeiro: Renovar, 2008. p. 417.
52. PERLINGIERI, Pietro. Op. cit., p. 347-349.
53. MORAES, Maria Celina Bodin de. *Uma aplicação do princípio da liberdade* cit., p. 190.
54. RODOTÀ, Stefano. Autodeterminação e laicidade. Tradução Carlos Nelson de Paula Konder. *Revista Brasileira de Direito Civil* – RBDCivil, Belo Horizonte, v. 17, p. 139-152, jul./set., 2018, p. 144.
55. PERLINGIERI, Pietro. Op. cit., p. 1003-1004.

para que tenha alguma eficácia a manifestação de vontade daquele considerado civilmente incapaz. [...] Ainda que em grau mínimo de autodeterminação [...] deve-se buscar a maior participação do incapaz, quer seja por idade, quer seja por doença".[56]

Portanto, torna-se imperiosa a reconfiguração do sujeito de direito, afastando-se de sua versão abstrata para valorar-se a pessoa humana concreta, inserida em determinada relação jurídica. Consoante ensinamento de Heloisa Helena Barboza, "os até então silenciosos passaram a ter reconhecido seu direito de manifestação, expressando autonomia condizente com seu desenvolvimento", o que, apesar de não autorizar, por si só, a concessão da capacidade civil plena, não pode ser desprezado em nome do princípio da dignidade da pessoa humana.[57] Tal caminho parece ter sido o trilhado pelo Estatuto da Pessoa com Deficiência, que expressamente reconheceu a plena capacidade das pessoas com deficiência, inclusive para os atos de autonomia existencial, mas permitiu que em casos extraordinários fosse submetido à curatela.

4. A VULNERABILIDADE DA PESSOA IDOSA E SEU MELHOR INTERESSE

A velhice é o tempo de toda vida humana em que o corpo sofre as mais consideráveis mutações de aparência e declínio de força e disposição. Apesar disso, o envelhecimento não deve ser visto como mero processo degenerativo do organismo, mas sim como "uma marcha contínua de transformação do ser humano, que pode ser caracterizado também pelo dinamismo". Isso porque as alterações físicas (ou até psíquicas) não significam, necessariamente, o aparecimento de alguma doença.[58]

A idade avançada não é causa de incapacidade em termos jurídicos. O critério etário (18 anos) é utilizado pela legislação para estabelecer marco a partir do qual a pessoa torna-se plenamente capaz. No entanto, não há parâmetro equivalente para a perda da capacidade, sendo necessário processo judicial em que se apurará a incapacidade do indivíduo, o qual poderá, então, sujeitar-se à curatela, mesmo assim nos limites fixados pela decisão judicial.[59] Como acentua Ana Carolina Brochado Teixeira:

> A fragilidade física, que normalmente acomete o idoso com o passar dos anos, não significa debilidade mental ou falta de discernimento, pois velhice não é, por si só, incapacitante, em

---

56. MEIRELES, Rose Melo Vencelau. *Autonomia privada e dignidade humana*. Rio de Janeiro: Renovar. 2009. p. 127-131.
57. BARBOZA, Heloisa Helena. *Reflexões...* cit., p. 422.
58. BRAGA, Pérola Melissa Vianna. *Curso de direito do idoso*. São Paulo: Atlas, 2011. p. 2.
59. Cf. DINIZ, Fernanda Paula. *Direitos dos idosos na perspectiva civil-constitucional*. Belo Horizonte: Arraes Editores, 2011. p. 75.

termos jurídicos. O envelhecer pode trazer muitas benesses, como a sabedoria advinda com a experiência, o maior conhecimento sobre a vida e sobre as pessoas. Também pode significar uma fase de maior aproveitamento da vida, com sossego e paz de espírito, na colheita dos frutos do caminho percorrido.[60]

Nada obstante, a fragilidade crescente do corpo com o passar dos anos é vista, socialmente, como fator incapacitante, desconsiderando-se o idoso como pessoa dotada de dignidade, e em processo de contínua construção de sua personalidade. Por isso, ressalta-se a importância de instalar-se "um novo discurso jurídico, para que o direito possa exercer sua função protetiva e promocional, de modo a neutralizar o viés social que carrega no seu cerne grande preconceito".[61]

Com efeito, a função promocional do direito deve garantir à pessoa humana um envelhecimento com autonomia.[62] Inegavelmente, ao idoso foi concedida proteção constitucional reforçada, em razão de sua especial vulnerabilidade, o que, todavia, não pode anular a liberdade que compõe o conteúdo do conceito de dignidade da pessoa humana.[63] Decerto, determinadas pessoas são circunstancialmente afetadas, fragilizadas por situações contingenciais como idade, seja a menoridade ou a senioridade, ou outras condições psicofísicas.

O movimento pela igualdade, em sua acepção material, ganhou consistência com a proteção especial de pessoas "desiguais", assim reconhecidas em razão de situação existencial peculiar em que se encontram, como decorrência necessária da cláusula geral de tutela da pessoa humana.[64] Sobre a difícil definição da vulnerabilidade no direito, discorre Yann Favier:

> [...] na esfera das relações de direito privado, a noção de vulnerabilidade não é propriamente jurídica. Se a vulnerabilidade não está instituída como tal no direito privado, ela é de toda sorte aplicada a este. A vulnerabilidade em direito aparece em uma relação de forças quando se faz necessário compensar desigualdades consideradas como 'naturais' e resultantes de um fato considerado objetivo (idade ou estado de saúde) ou como resultado de uma situação voluntária instituída entre pessoas privadas (em relação às obrigações).[65]

Nas situações jurídicas existenciais envolvendo vulneráveis, como os idosos, capazes ou incapazes juridicamente, não poderá haver comprometimento injustificado de sua autonomia, sob pena de sacrifício de sua liberdade e, em última

---

60. TEIXEIRA, Ana Carolina Brochado. Op. cit., p. 26.
61. Ibidem, p. 26.
62. BOBBIO, Norberto. *Da estrutura à função*: novos estudos da teoria do direito. Barueri: Manole, 2007. p. 13-14.
63. Cf. BARROSO, Luis Roberto; MARTEL, Letícia de Campos Velho. Op. cit., p. 189-190.
64. BARBOZA, Heloisa Helena. Op. cit., p. 419-420.
65. FAVIER, Yann. A inalcançável definição de vulnerabilidade aplicada ao direito: abordagem francesa. *Revista de Direito do Consumidor*, n. 85, v. 22, 2013, p. 16. Sobre a vulnerabilidade do idoso, v. BARLETTA, Fabiana. *O direito à saúde da pessoa idosa*. São Paulo: Saraiva, 2010. p. 27.

instância de sua dignidade. Mesmo reduzida em razão de seu estado de vulneração, a autonomia não poderá ser preterida em determinadas situações. Pelo contrário, o direito à autodeterminação dos vulneráveis deverá ser protegido e até encorajado.[66]

Por conseguinte, é necessário separar a incapacidade natural, inerente à idade, à fragilidade do corpo advinda com o passar dos anos, da incapacidade jurídica, que não está atrelada ao processo de envelhecimento, mas a outros fatores elencados pelo legislador, seja por motivos etários, deficiência intelectual ou outros contingenciais da vida, como a prodigalidade, ebriedade e uso de entorpecentes. Permita-se repetir que o avançar da idade, *per se*, não é fator gerador da incapacidade. Conforme Ana Carolina Brochado Teixeira:

> É de grande relevância distinguir-se a incapacidade natural, inerente à velhice, da incapacidade jurídica, que leva à perda da capacidade de agir. Sabe-se que o avançar da idade traz muitas mudanças. Entre elas, pode-se nomear a mais relevante, que se consubstancia na situação de fragilidade do idoso. Mas ela nem sempre significa fragilidade mental, impeditiva da autodeterminação. É por essa razão que o envelhecer não está atrelado à incapacidade jurídica, pois é possível um envelhecer saudável.[67]

De igual modo, segundo Yann Favier, no domínio da proteção dos maiores, o recurso ao conceito de vulnerabilidade teve como principal função repensar o esquema tradicional das incapacidades imaginado classicamente como instituto geral que não levava em conta a autonomia das pessoas. Assim, "tratava-se de recusar a noção demasiadamente ampla de incapacidade, especialmente em matéria pessoal, em proveito desta, mais neutra, de pessoal vulnerável".[68]

Portanto, se vulnerável não é sinônimo de incapaz, a vulnerabilidade inerente à condição da pessoa idosa não pode significar a sua *infantilização*. No Brasil, a questão foi tratada expressamente pela Política Nacional de Saúde do Idoso:

> A maior parte dos idosos é, na verdade, absolutamente capaz de decidir sobre seus interesses e organizar-se sem nenhuma necessidade de ajuda de quem quer que seja. Consoante aos mais modernos conceitos gerontológicos, esse idoso que mantém sua autodeterminação e prescinde de qualquer ajuda ou supervisão para realizar-se no seu cotidiano deve ser considerado um idoso saudável, ainda que seja portador de uma ou mais de uma doença crônica.
>
> Decorre daí o conceito de capacidade funcional, ou seja, a capacidade de manter as habilidades físicas e mentais necessárias para uma vida independente e autônoma. Do ponto de vista da saúde pública, a capacidade funcional surge como um novo conceito de saúde, mais adequado para instrumentalizar e operacionalizar a atenção à saúde do idoso. Ações preventivas, assistenciais e de reabilitação devem objetivar a melhoria da capacidade funcional ou, no

---

66. BARBOZA, Heloisa Helena. Op. cit., p. 423. Essa é também a lição, no direito italiano, de RODOTÀ, Stefano. *La vita...* cit., p. 28.
67. TEIXEIRA, Ana Carolina Brochado. Op. cit., p. 29.
68. FAVIER, Yann. Op. cit., p. 22. O autor comenta a alteração no Código Civil francês, pela Lei n. 2007-308, de 05.03.2007, que trouxe a *"réforme de la protection juridique des majeurs"*.

mínimo, a sua manutenção e, sempre que possível, a recuperação desta capacidade que foi perdida pelo idoso. Trata-se, portanto, de um enfoque que transcende o simples diagnóstico e tratamento de doenças específicas.[69]

Nada obstante, em muitas situações cotidianas, a família, sob o fundamento de cuidar do bem-estar da pessoa idosa, de protegê-la e poupá-la, alija-a inteiramente da tomada de decisões, tirando a sua liberdade de escolha. Assim, os familiares passam a controlar as finanças da pessoa idosa, que deixa de ter acesso ao seu próprio dinheiro, de poder pagar contas e fazer compras básicas, e determinam que não pode mais viver sozinha, criando-se forçadamente situação de dependência.[70] Ou seja, apesar de juridicamente capaz, é comum a pessoa idosa ter sua autonomia e independência castradas pelos familiares, que, equivocadamente, enxergam o processo de envelhecimento como incapacitante, embora formalmente não se encontrem nos arts. 3º e 4º do CC.

Entende-se, de forma diversa, que somente quando as faculdades intelectivas da pessoa estiverem gravemente comprometidas poderá ser cogitada a introdução de limites ao direito do idoso de concluir negócios e administrar seus bens, sendo imprescindível a verificação direta e concreta da impossibilidade de exprimir a vontade de forma permanente no processo de interdição para eventual perda ou redução da capacidade de fato.

Por sua vez, nas situações existenciais, afasta-se a discussão do âmbito da incapacidade, pois a existência de problemas relativos à capacidade negocial do idoso não implica a presença de problemas relativos à pessoa idosa como portador de interesses não patrimoniais merecedores de promoção e proteção. Em consequência, "a libertação das necessidades e respeito à dignidade, como concretização ao princípio da igualdade, que é válido prescindindo das condições pessoais e de idade".[71] O reconhecimento do princípio do melhor interesse do idoso procura "efetivar a proteção integral devida ao idoso, em razão da sua situação de vulnerabilidade potencializada pelas contingências existenciais, especializando a cláusula geral de tutela da pessoa humana, na linha já adotada para a criança e o adolescente e o consumidor".[72]

---

69. Introdução à Portaria n. 1.395/GM, de 10 de dezembro de 1999. Atualmente, está em vigor a Portaria n. 2.528/GM, 16 de outubro de 2006, que ressalta que "a finalidade primordial da Política Nacional de Saúde da Pessoa Idosa é recuperar, manter e promover a autonomia e a independência dos indivíduos idosos, direcionando medidas coletivas e individuais de saúde para esse fim, em consonância com os princípios e diretrizes do Sistema Único de Saúde. É alvo dessa política todo cidadão e cidadã brasileiros com 60 anos ou mais de idade".
70. Cf. BRAGA, Pérola Melissa Vianna. Op. cit., p. 48-49.
71. PERLINGIERI, Pietro. Op. cit., p. 788-789.
72. BARBOZA, Heloisa Helena. O Princípio do Melhor Interesse do Idoso. In: PEREIRA, Tânia da Silva; OLIVEIRA, Guilherme de (Org.). *O Cuidado como Valor Jurídico*. Rio de Janeiro: Forense, 2007. p. 71.

5. O DIREITO À AUTODETERMINAÇÃO DO IDOSO EM SITUAÇÕES EXISTENCIAIS

O direito à autodeterminação identifica-se com o projeto de vida realizado e desejado pela pessoa, "governado por um exercício ininterrupto de soberania que permite aquela livre construção da personalidade".[73] Nas situações subjetivas existenciais, a autonomia privada apresenta-se como verdadeiro instrumento de promoção da construção permanente da personalidade e identidade individual, ferramenta que permite que "por meio do poder de autodeterminação, garanta-se tutela às escolhas existenciais indispensáveis ao atendimento da dignidade humana de quem as pratica".[74]

Como já reiterado, a idade avançada não é causa incapacitante, devendo ser protegida a autonomia do idoso, ainda que seja considerado vulnerável. Aliás, sua autonomia deve ser enaltecida pelo ordenamento exatamente em razão de sua vulnerabilidade. O direito à liberdade significa que à pessoa idosa dever ser garantida a possibilidade de continuar fazendo suas próprias escolhas, como optar pelo tratamento de saúde que considerar mais apropriado, decidir sobre a forma de gastar suas economias, ou ainda escolher com quem vai se relacionar ou onde vai morar.[75]

Contudo, o próprio Código Civil traz dispositivo que contraria essa garantia de índole constitucional, estabelecendo a obrigatoriedade da adoção do regime da separação de bens no casamento em que um dos cônjuges (ou ambos) seja(m) maior(es) de setenta anos.[76] A justificativa apontada por parte da doutrina para a restrição legal é que "nesses casos, o consorte pode encontrar-se em estado de vulnerabilidade (física ou emocional ou ambas) que se torne mais facilmente suscetível à malícia de quem se contemple na relação interesses exclusivamente patrimoniais".[77] Ou seja, a *ratio* da norma funda-se no fato de que a pessoa idosa, por ser vulnerável, deve ser protegida contra-ataques em seu patrimônio por intermédio de um casamento cujo legislador presume ser por interesse.

Na vigência do Código Civil de 1916, que continha dispositivo com conteúdo similar, entendia o Supremo Tribunal Federal que "no regime de

---

73. RODOTÀ, Stefano. Autodeterminação e laicidade cit., p. 145.
74. MEIRELES, Rose Melo Vencelau. Op. cit., p. 89.
75. BRAGA, Pérola Melissa Vianna. Op. cit., p. 71.
76. Art. 1641: "é obrigatório o regime da separação de bens no casamento: (*omissis*) II – da pessoa maior de 70 (setenta) anos". Registre-se que o dispositivo foi recentemente alterado pela Lei n. 12.344/2010, sendo que antes a limitação legal surgia a partir dos sessenta anos de idade. A mudança foi provocada em razão do aumento da expectativa de vida dos brasileiros. Contudo, a alteração em nada afetou as críticas direcionadas à norma, que também era prevista no Código Civil de 1916.
77. BARRUFFINI, Frederico Liserre. Aspectos patrimoniais do casamento do maior de 60 anos: antes e depois do novo Código Civil. *Revista de Direito Privado*, n. 29, v. 8, 2007, p. 151-152.

separação legal de bens comunicam-se os adquiridos na constância do casamento".[78] Isso em razão da necessidade de ser reconhecida a colaboração e esforço comum entre os cônjuges, ainda que não houvesse uma repartição equânime da contribuição financeira.[79]

Superados os aspectos puramente patrimoniais, a questão central levantada é se poderia o Estado, em nitidamente postura paternalista, sob fundamento calcado na proteção patrimonial, interferir na autonomia de tais pessoas, impondo ao casamento celebrado por elas a separação como regime de bens forçado. Isso porque a lei civil traz uma presunção absoluta de que a pessoa idosa com mais de setenta anos não é capaz de gerenciar o seu próprio patrimônio ou não possui discernimento suficiente para escolher bem com quem deseja casar-se, ainda que não esteja submetida à curatela.

O EPD foi enfático ao reforçar que a curatela de pessoa com deficiência não afeta os seus direitos existenciais, mas tão-somente os direitos de natureza patrimonial e negocial (arts. 6º, I e 85, § 1º). Desse modo, apesar de o Estatuto não ter revogado expressamente o art. 1.641, II, do Código Civil, tal dispositivo parece afrontar o art. 230 da Constituição da República e os princípios norteadores do Estatuto que visam emancipar e promover a autonomia da pessoa com deficiência.

A constitucionalidade da norma do Código Civil é duvidosa por ter nítido viés discriminatório em relação às pessoas idosas. Além disso, também não se sustenta a tese de proteção de pessoas acima de 70 anos com deficiência mental ou intelectual que pudessem ser submetidas a tal regra, pois contraria a lógica da Lei de Inclusão e da Convenção de Nova Iorque, que possui *status* constitucional em nosso ordenamento. Trata-se, ademais, de hipótese de *infantilização do idoso* pela própria lei. Se é certo que podem ocorrer casamentos por interesse nesta faixa etária, também é induvidoso que eles poderão igual-

---

78. Enunciado n. 377 do verbete da Súmula do STF. V. RE 8.984/DF, DJ 11.01.1951: "o regime legal de separação patrimonial não proíbe que os cônjuges se associem e reúnam os bens adquiridos por sua atividade comum". Segundo a jurisprudência do Superior Tribunal de Justiça, "(...) As Turmas que compõem a Seção de Direito Privado desta Corte assentaram que para os efeitos da Súmula nº 377 do Supremo Tribunal Federal não se exige a prova do esforço comum para partilhar o patrimônio adquirido na constância da união. Na verdade, para a evolução jurisprudencial e legal, já agora com o art. 1.725 do Código Civil de 2002, o que vale é a vida em comum, não sendo significativo avaliar a contribuição financeira, mas, sim, a participação direta e indireta representada pela solidariedade que deve unir o casal, medida pela comunhão da vida, na presença em todos os momentos da convivência, base da família, fonte do êxito pessoal e profissional de seus membros. (...)" (REsp 736.627/PR, Rel. Ministro Carlos Alberto Menezes Direito, Terceira Turma, julg. em 11 abr. 2006, DJ 01.08.2006, p. 436).
79. PEREIRA, Caio Mário da Silva. *Instituições de Direito Civil*. 17. ed. Rio de Janeiro: Forense, 2009. v. V, p. 201. Sob a aplicabilidade do entendimento após a vigência do Código Civil de 2002, v. TEPEDINO, Gustavo. Controvérsias sobre o regime de bens no Código Civil. Novo Código Civil: cinco anos de vigência. *Revista do Advogado*, n. 28 da Associação dos Advogados de São Paulo, 2008, p. 117.

mente ocorrer em todas as idades.[80] Nada impede uma pessoa de desfrutar de seu patrimônio (e das companhias que desejar) durante qualquer fase da vida, mesmo na velhice.[81]

Com efeito, a norma possui evidente viés patrimonialista, de prevalência das situações jurídicas patrimoniais sobre as existenciais, o que não encontra mais guarida na atual ordem constitucional. Além de propiciar a releitura do princípio da autonomia privada nas situações patrimoniais, a interpretação civil-constitucional do direito civil impõe o reconhecimento da proteção reforçada das situações existenciais, pois são diretamente voltadas à promoção dignidade da pessoa humana.[82]

Portanto, a norma é eivada de vício de inconstitucionalidade, por violar o direito à autodeterminação do idoso, punindo-o pela escolha de se casar nesta fase da vida e submetendo-o a verdadeira interdição compulsória, em flagrante desrespeito aos princípios da igualdade, da dignidade da pessoa humana e da liberdade de constituir entidade familiar (arts. 1º, III e 226, da Constituição da República). Há claro caráter discriminatório em razão de restrição de direitos por causa de idade avançada, o que afronta o art. 3º, IV da Constituição de 1988.

Outra questão levantada acerca da autonomia existencial do idoso é seu consentimento, livre e esclarecido, para intervenções médicas em seu corpo. O direito à informação é garantidor da autonomia do paciente, independentemente de sua idade, e possui "a função instrumental de concretizar a autodeterminação pessoal, já que a toda pessoa deve ser assegurado o poder de decidir, livremente, sobre si próprio, seu corpo".[83] Para decidir sobre determinado tratamento, a pessoa deverá estar devidamente ciente acerca dos respectivos riscos, da forma a evitá-los ou minimizá-los. Nesse sentido, o art. 17 do Estatuto do Idoso prevê que "ao idoso que esteja no domínio de suas faculdades mentais é assegurado o direito de optar pelo tratamento de saúde que lhe for reputado mais favorável".

---

80. PEREIRA, Caio Mário da Silva. *Instituições de direito civil* cit., v. V, p. 197.
81. Em crítica ao dispositivo foi aprovado o Enunciado n. 125 na I Jornada da Direito Civil organizada pelo Conselho da Justiça Federal, com a proposta de revogação do dispositivo, ainda na sua redação primitiva, com a seguinte justificativa: "a norma que torna obrigatório o regime da separação absoluta de bens em razão da idade dos nubentes não leva em consideração a alteração da expectativa de vida com qualidade, que se tem alterado drasticamente nos últimos anos. Também mantém um preconceito quanto às pessoas idosas que, somente pelo fato de ultrapassarem determinado patamar etário, passam a gozar da presunção absoluta de incapacidade para alguns atos, como contrair matrimônio pelo regime de bens que melhor consultar seus interesses".
82. MEIRELES, Rose Melo Vencelau. Op. cit., p. 89. V., ainda, TEIXEIRA, Ana Carolina Brochado. Autonomia existencial. *Revista Brasileira de Direito Civil* – RBDCilvil, Belo Horizonte, v. 16, p. 75-104, abr./jun., 2018.
83. PEREIRA, Paula Moura Francesconi de Lemos. *Relação médico-paciente:* o respeito à autonomia do paciente e a responsabilidade civil do médico pelo dever de informar. Rio de Janeiro: Lumen Juris, 2011, p. 76.

Repita-se, à exaustão, velhice não é sinônimo de incapacidade e, sempre que possível, deverá ser preservado o direito à autodeterminação da pessoa, que não depende de sua idade.

A Convenção Interamericana de Proteção dos Direitos Humanos dos Idosos reforçou, em seu art. 11, que o "idoso tem o direito irrenunciável a manifestar seu consentimento livre e informado no âmbito da saúde", sendo que a "negação deste direito constitui uma forma de vulneração dos direitos humanos do idoso". A Convenção, ainda, determina no citado dispositivo que os Estados Partes se comprometam a elaborar e aplicar mecanismos "adequados e eficazes para impedir abusos e fortalecer a capacidade do idoso de compreender plenamente as opções de tratamento existentes, seus riscos e benefícios", com o objetivo de "garantir o direito do idoso a manifestar seu consentimento informado de maneira prévia, voluntária, livre e expressa, bem como a exercer seu direito de modificá-lo ou revogá-lo, em relação a qualquer decisão, tratamento, intervenção ou pesquisa no âmbito da saúde".

Por isso, a Convenção estabelece, ainda no aludido art. 11, a necessidade de que a informação direcionada à pessoa idosa "seja adequada, clara e oportuna, disponível de forma não discriminatória e acessível e apresentada de maneira compreensível de acordo com a identidade cultural, nível educativo e necessidades de comunicação do idoso". Assim, profissionais de saúde, sejam de instituições públicas ou privadas, estão impossibilitados de administrar "tratamento, intervenção ou pesquisa de caráter médico ou cirúrgico sem o consentimento informado do idoso", uma vez que a pessoa idosa, conforme assegura a Convenção Interamericana em seu art. 11, "tem direito a aceitar, recusar ou interromper voluntariamente tratamentos médicos ou cirúrgicos, inclusive os da medicina tradicional, alternativa e complementar, pesquisa, experimentos médicos ou científicos, sejam de caráter físico ou psíquico, e a receber informação clara e oportuna sobre as possíveis consequências e os riscos dessa decisão".

Em razão da fragilidade do corpo e da mente, fruto da perda da capacidade natural ao longo dos anos, os médicos devem ter cuidado redobrado ao prestarem as informações devidas à pessoa idosa. Para que haja o consentimento realmente esclarecido, é necessária maior atenção para procederem de acordo com o que o idoso realmente quer ou aceita para si, em especial no caso de haver divergência no modo de ver do médico e de seu paciente, ou deste e sua família. Conforme leciona Fabiana Rodrigues Barletta:

> [...] nesses quadros, a autodeterminação do paciente idoso deve ser preservada tendo em vista que o Direito lhe garante, enquanto capaz, o livre desenvolvimento de sua personalidade. Portanto, o trabalho dos médicos de dar ciência acerca da doença, de suas particularidades, dos tipos de intervenções possíveis ou não, das consequências de determinado

medicamento ou de determinada conduta médica, deve ser desenvolvido de forma mais qualificada e individualizada, atendendo às necessidades de um enfermo em condições muito peculiares.[84]

Não obstante, existem casos em que as informações não podem ser passadas diretamente para o paciente, quando ele não possui condições físicas ou psicológicas de recebê-las, casos em que "informar é mais nocivo do que não informar". Nessas hipóteses, os médicos deverão prestar as informações necessárias aos familiares ou responsáveis, os quais acabam tendo a responsabilidade de decidir pelo paciente o tratamento que será seguido.[85] A situação, que é comum com pacientes idosos, mormente aqueles com alguma deficiência – geralmente mental ou intelectual, possui previsão expressa no parágrafo único do art. 17 do Estatuto,[86] deve ser manejada com especial cautela, tendo em vista a possibilidade de cerceamento da autonomia da pessoa idosa com deficiência, devendo ser atestado cabalmente sua impossibilidade de tomar as decisões relativas à intervenção médica.

A Convenção Interamericana de Proteção dos Direitos Humanos dos Idosos prescreve que no art. 11 que "nos casos de emergência médica que ponham em risco a vida e quando não for possível obter o consentimento informado, poderão ser aplicadas as exceções estabelecidas em conformidade com a legislação nacional", o que impõe a necessidade de leitura atenta das prescrições legais nacionais sobre o assunto. No caso brasileiro, o art. 17 do Estatuto do Idoso, especialmente seu parágrafo único, deve ser lido à luz do princípio do melhor interesse do idoso,[87] sem desrespeitar sua autonomia no campo existencial. Consoante afirma Paula Moura Francesconi de Lemos Pereira, deve ser ressalvada

> [...] a possibilidade de o médico não divulgar ao paciente certas informações que poderiam constituir uma ameaça ao seu bem estar físico ou psicológico ou um dano à sua saúde, conduta que estaria legitimada pela aplicação dos princípios da beneficência e da não maleficência, os quais só poderão ser aplicados caso na ponderação não seja violada a autonomia do paciente. Nesse caso, o médico deve informar à família, entendida como o cônjuge ou companheiro, os

---

84. BARLETTA, Fabiana Rodrigues. Op. cit., p. 43.
85. PEREIRA, Paula Moura Francesconi de Lemos. Op. cit., p. 77. Conforme a autora aplica-se no caso o privilégio terapêutico, previsto no Código de Ética Médica (Resolução CFM n. 2.217/2018), no art. 34 *fine*, segundo o qual é vedado ao médico "deixar de informar ao paciente o diagnóstico, o prognóstico, os riscos e os objetivos do tratamento, salvo quando a comunicação direta possa lhe provocar dano, devendo, nesse caso, fazer a comunicação a seu representante legal".
86. Art. 17, parágrafo único: "Não estando o idoso em condições de proceder à opção, esta será feita: I – pelo curador, quando o idoso for interditado; II – pelos familiares, quando o idoso não tiver curador ou este não puder ser contactado em tempo hábil; III – pelo médico, quando ocorrer iminente risco de vida e não houver tempo hábil para consultar o curador ou a família; IV – pelo próprio medico, quando não houver curador ou família conhecido, caso em que deverá comunicar o fato ao Ministério Público".
87. Cf., por todos, BARBOZA, Heloisa Helena. O Princípio do Melhor Interesse do Idoso. In: PEREIRA, Tânia da Silva; OLIVEIRA, Guilherme de (Org.). *O Cuidado como Valor Jurídico*. Rio de Janeiro: Forense, 2007. p. 57-71.

filhos, os pais, parentes próximos ou mais distantes, ou representante legal (tutor ou curador) do paciente, a fim de obter o consentimento esclarecido. Se o paciente tiver condições psicológicas para suportar a notícia o médico deverá prestar informação verdadeira, mas sempre de forma a não traumatizá-lo e suficiente para a compreensão do diagnóstico e prognóstico.[88]

Por conseguinte, caberá ao médico responsável pelo tratamento do paciente idoso verificar sua *real capacidade para consentir* – independentemente da existência ou não da pessoa se encontrar sob curatela, que reconheça sua impossibilidade, ainda que transitória, para manifestar sua vontade de forma válida. Cabe frisar que o EPD estabelece que o consentimento, livre e esclarecido, da pessoa com deficiência é indispensável para tratamento, procedimento, hospitalização e pesquisa científica e em situação de curatela poderá ser suprido, na forma da lei, devendo ser assegurada sua participação no maior grau possível (arts. 11 e 12).[89] Para tanto, deverão ser levados em conta seu estado psicológico empírico, sua identidade individual, suas reações ao receber as informações, sua racionalidade para a tomada de decisões, podendo-se contar com o auxílio de familiares.[90]

6. AUTONOMIA PROSPECTIVA EXISTENCIAL DA PESSOA IDOSA

A Convenção Interamericana sobre a Proteção dos Direitos Humanos dos Idosos proclama entre seus princípios gerais, no capítulo II, artigo 3º, *c*, a dignidade, independência, protagonismo e autonomia do idoso, cabendo aos Estados Partes proteger e promover os direitos da pessoa idosa e seu desenvolvimento integral à luz de seu melhor interesse, fortalecendo o exercício de sua capacidade e potencialidades. Nessa esteira, a Convenção reconhece "o direito do idoso a tomar decisões, a definir seu plano de vida, a desenvolver uma vida autônoma e independente, conforme suas tradições e crenças, em igualdade de condições, e a dispor de mecanismos para poder exercer seus direitos", sendo indispensável assegurar o respeito à autonomia do idoso na tomada de suas decisões, "bem como a independência na realização de seus atos" (capítulo IV, art. 7º).

Em alguns casos, é vital a tarefa de planejar como será futuramente realizado o processo decisório nas hipóteses em que se verifica severo comprometimento

---

88. PEREIRA, Paula Moura Francesconi de Lemos. Op. cit., p. 78. Sob o ponto, v. BARROSO, Luis Roberto e MARTEL, Letícia de Campos Velho. Op. cit., p. 206. n. 86.
89. Cf. BARBOZA, Heloisa Helena; ALMEIDA, Vitor (Org.). *Comentários ao Estatuto da Pessoa com Deficiência à luz da Constituição da República*. Belo Horizonte: Fórum, 2018. p. 92-99.
90. Ibidem, p. 89-90. Sob o ponto, v. a discussão levantada sobre a eutanásia, no trabalho de BARBOZA, Heloisa Helena. Autonomia em face da morte: alternativa para a eutanásia? In: PEREIRA, Tânia da Silva; MENEZES, Rachel Aisengart; BARBOZA, Heloisa Helena (Coord.). *Vida, morte e dignidade humana*. Rio de Janeiro: GZ, 2010. p. 44, em que se relata a morte do Papa João Paulo II, já com idade bastante avançada e portador da doença de Parkinson: "se a conduta terapêutica foi esta, resta evidente o dramático conflitos entre a necessidade de tratamento e a vontade do pacientes, submetido a procedimento tormentoso e inútil aquela altura".

cognitivo resultando na inviabilidade da capacidade decisória por parte da pessoa idosa com deficiência. Nestas situações, com base na autonomia prospectiva, a referência seria a manifestação anterior de vontade, por meio de "diretivas antecipadas", quem podem conter desde a indicação de um responsável para tomar decisões em caso de incapacidade temporária ou permanente para fins de cuidado de saúde – os denominados "procuradores de saúde" – ou em situação de terminalidade – os chamados "testamentos vitais" –, bem como a permissão ou proibição de determinados procedimentos médicos – como, por exemplo, as ordens de não ressuscitação. No entanto, se ausentes os instrumentos acima apontados, "caberia recuperar o estilo de vida e os valores edificados pelo indivíduo no curso de sua existência e moldá-los os *melhores interesses* do enfermo".[91]

No Brasil, o Conselho Federal de Medicina editou a Resolução n. 1995, de 9 de agosto de 2012, que dispõe sobre as diretivas antecipadas de vontade dos pacientes, que embora de feição ético-administrativa, já configura avanço no respeito à decisão de enfermos incapacitados de exprimir sua vontade, que é apresenta como importante instrumento para pessoas idosas com deficiência. Nos termos do art. 1º da aludida Resolução, as diretivas antecipadas de vontade são definidas como o "conjunto de desejos, prévia e expressamente manifestados pelo paciente, sobre cuidados e tratamentos que quer, ou não, receber no momento em que estiver incapacitado de expressar, livre e autonomamente, sua vontade", sendo que "nas decisões sobre cuidados e tratamentos de pacientes que se encontram incapazes de comunicar-se, ou de expressar de maneira livre e independente suas vontades, o médico levará em consideração suas diretivas antecipadas de vontade" (art. 2º).[92]

Apesar do inegável avanço, a Resolução possui alto teor de paternalismo médico, o que de todo é compreensível em razão do órgão que a formulou. No entanto, tais prescrições éticas devem ser lidas à luz dos valores do ordenamento que, com base na cláusula geral de proteção e promoção da dignidade da pessoa humana, enaltece e assegura a autonomia do indivíduo para tomar as decisões relacionadas à sua existência, sobretudo aquelas vinculadas aos cuidados com a saúde e com o próprio corpo.

Nada impede, ainda, a denominada autocuratela que consiste em "declaração prévia de vontade na qual a pessoa ainda plenamente capaz escolhe o curador

---

91. BARROSO, Luis Roberto; MARTEL, Letícia de Campos Velho. Op. cit., p. 206, n. 86.
92. Art. 2º, Resolução n. 1995/2012: [...] § 1º Caso o paciente tenha designado um representante para tal fim, suas informações serão levadas em consideração pelo médico. § 2º O médico deixará de levar em consideração as diretivas antecipadas de vontade do paciente ou representante que, em sua análise, estiverem em desacordo com os preceitos ditados pelo Código de Ética Médica. § 3º As diretivas antecipadas do paciente prevalecerão sobre qualquer outro parecer não médico, inclusive sobre os desejos dos familiares. § 4º O médico registrará, no prontuário, as diretivas antecipadas de vontade que lhes foram diretamente comunicadas pelo paciente.

ou os curadores – em curatela compartilhada ou fracionada –, bem como nada impede que registre no documento algumas diretrizes para a gestão patrimonial e eventuais cuidados com a saúde, que serão levadas em conta pelo curador, desde que atendam ao seu melhor interesse".[93] Trata-se de mais um instrumento para a promoção da autonomia prospectiva da pessoa idosa com deficiência.

Apesar da importância das chamadas diretivas antecipadas como instrumento de promoção do respeito à vontade anteriormente externada pelas pessoas em momento de plena capacidade, no caso das doenças neurodegenerativas progressivas, cuja incidência em pessoas idosas é maior, que apresentam um retardamento dos efeitos mais severos, os idosos portadores dessas doenças tendem a apresentar intervalo de lucidez maior, mantendo a higidez mental por um período mais longo. Nesses casos, deve-se fortalecer através de mecanismos adequados à capacidade da pessoa idosa e não lhe negar por completo a sua autonomia.

Nesse sentido, o EPD criou novo instrumento de promoção dos interesses das pessoas com deficiência, mas que se encaixa perfeitamente aos casos de pessoas idosas que apresentem deficiência de alguma natureza, com o objetivo de assegurar o exercício da capacidade civil, sem submetê-las ao instituto da curatela, até então o único instrumento existente para a proteção dos direitos da pessoa incapaz maior de idade. O instituto foi denominado de *Tomada de Decisão Apoiada*, por força do art. 116 do Estatuto, que inclui o art. 1.783-A e seus onze parágrafos no vigente Código Civil.

Insta consignar que o instituto concretiza o art. 12.3 do Decreto n. 6.949/2009, que internalizou a Convenção das Nações Unidas sobre Direitos das Pessoas com Deficiência, que, por sua vez, estabelece que os "Estados Partes tomarão medidas apropriadas para prover o acesso de pessoas com deficiência ao apoio que necessitarem no exercício de sua capacidade legal". Conforme já afirmado, a referida Convenção integra o ordenamento brasileiro com força e eficácia de emenda constitucional.

Com efeito, a tomada de decisão apoiada já nasce diferenciada na medida em que visa preservar e fortalecer a capacidade civil das pessoas com deficiência, propiciando condições de seu exercício e promovendo sua autonomia e dignidade. Ao contrário, portanto, da curatela que se apresenta com perfil patológico, ou seja, destinada a proteger as pessoas já legalmente consideradas relativamente incapazes, outorgando poderes para que o curador gerencie os atos da vida civil, agora restringidos aos atos de natureza patrimonial e negocial (art. 85 do Estatuto).

A tomada de decisão apoiada serve, portanto, para apoiar as pessoas com deficiência na conservação de sua plena capacidade de fato, logo, promover a

---

93. ALMEIDA, Vitor. Op. cit., p. 265.

autonomia e a dignidade, sendo que os apoiadores funcionam como coadjuvantes do processo de tomada de decisões a respeito das escolhas de vida da pessoa com deficiência, e não o contrário, como na hipótese de curatela, quando se eclipsa a vontade da pessoa curatelada, num verdadeiro processo de substituição. Em outros termos, os apoiadores atuam ao lado e como auxiliares da pessoa com deficiência, que será a verdadeira responsável pela tomada de decisão. Destaque-se, portanto, que a tomada de decisão apoiada já nasce vocacionada à preservação da autodeterminação da pessoa com deficiência, com fins de manutenção do seu pleno estado de capacidade de agir.[94]

Nestes termos, estabelece o art. 1.783-A, incluído no Código Civil, por força do art. 116 do Estatuto, que a "tomada de decisão apoiada é o processo pelo qual a pessoa com deficiência elege pelo menos 2 (duas) pessoas idôneas, com as quais mantenha vínculos e que gozem de sua confiança, para prestar-lhe apoio na tomada de decisão sobre atos da vida civil, fornecendo-lhes os elementos e as informações necessários para que possa exercer sua capacidade". Como forma de reforçar a autodeterminação da pessoa com deficiência, a lei lhe reserva o direito de requerer o pedido de tomada de decisão apoiada, bem como indicar de forma expressa as pessoas aptas a lhe prestarem o apoio (art. 1.783-A, § 2º), demonstrando o vínculo e a confiança existente entre apoiador e apoiado. A tomada de decisão apoiada depende de processo judicial, com feição de jurisdição voluntária, e que não encontra disciplina processual específica no novel Código de Processo Civil, sendo que o § 3º do art. 1.783-A determina que, antes de se pronunciar sobre o pedido, o juiz deve, acompanhado por equipe multidisciplinar, após oitiva do Ministério Público, ouvir pessoalmente o requerente e as pessoas indicadas a lhe prestar apoio.[95]

O pedido de tomada de decisão apoiada exige a apresentação de termo em que constem os limites do apoio a ser oferecido e dos compromissos dos apoiadores, contendo inclusive o "prazo de vigência do acordo e o respeito à vontade, aos direitos e aos interesses da pessoa que devem apoiar", conforme prescreve o art. 1.783-A, § 1º. Independentemente do prazo de vigência estipulado no acordo

---

94. Cf. ALMEIDA, Vitor. Autonomia da pessoa com deficiência e tomada de decisão apoiada: alcance, efeitos e fins. In: TEPEDINO, Gustavo; MENEZES, Joyceane Bezerra de (Org.). *Autonomia privada, liberdade existencial e direitos fundamentais*. Belo Horizonte, MG: Fórum, 2018. p. 435-448.
95. Anderson Schreiber entende que a oitiva do Ministério Público "é uma exigência equivocada", pois "trata-se, aqui, de pessoa que, segundo o próprio Estatuto, é plenamente capaz, de modo que a intervenção do *Parquet* não encontra fundamento jurídico senão no próprio preconceito que o Estatuto pretendia extirpar: o de se tratar a pessoa com deficiência como alguém inapto a decidir sobre seus próprios rumos". Nessa linha, ainda pontua o mencionado autor que o "excessivo controle judicial que o Estatuto impõe ao processo de tomada de decisão apoiada tampouco se justifica, à luz da plena capacidade do beneficiário". SCHREIBER, Anderson. Tomada de Decisão Apoiada: o que é e qual sua utilidade? *Jornal Carta Forense*, 03 jun. 2016. Disponível em: [http://www.cartaforense.com.br/conteudo/artigos/tomada-de-decisao-apoiada-o-que-e-e-qual-sua-utilidade/16608]. Acesso em: 14.07.2016.

firmado em processo de tomada de decisão apoiada, a lei permite que a pessoa apoiada, a qualquer tempo, solicite o término do acordo firmado (art. 1.783-A, § 9°), como forma de resguardar o direito de escolha da pessoa com deficiência, que pode não mais confiar ou ter um vínculo suficiente com o apoiador. Nestes casos, entende-se que se trata de verdadeiro direito da pessoa apoiada, não sendo o caso do juiz ou outra autoridade perquirir os eventuais fundamentos da decisão já tomada.

Cabe sublinhar que a tomada de decisão apoiada pode anteceder a curatela, como nos casos de doenças neurodegenerativas progressivas, nas quais a pessoa ainda no estágio inicial da enfermidade tem condições de decidir. Sabedora de que futuramente o desenvolvimento da doença afetará sua capacidade de planejar, pode valer-se da decisão apoiada para formular diretiva antecipada de vontade sobre sua autocuratela, conforme já visto, e indicar seu curador ou curadores (curatela compartilhada, nos termos do art. 1.775-A), que nada impede sejam seus apoiadores. Pelo contrário, ainda na fase da lucidez e higidez mental a pessoa com deficiência poderá avaliar se os apoiadores são realmente aptos a exercerem em prol de seu melhor interesse o encargo da curatela. Tanto as diretivas antecipadas como a tomada de decisão apoiada são instrumentos hábeis a promover a autonomia prospectiva e o fortalecimento da capacidade civil das pessoas idosas com deficiência, sem prejuízo de se buscar outros instrumentos que visem a independência e a autonomia dessa população socialmente vulnerável.

7. NOTAS CONCLUSIVAS: SOBERANIA DA PESSOA SOBRE O PRÓPRIO CORPO E O PROTAGONISMO SOBRE A TRAJETÓRIA DA VIDA

Com a mudança do perfil populacional brasileiro nas últimas décadas em razão do aumento da expectativa de vida, novas situações jurídicas surgem na sociedade e a posição do idoso nas relações sociais assume especial relevo. Os cidadãos que envelheceram querem continuar exercendo com autonomia suas escolhas de vida, mas, muitas vezes, as demais pessoas e a própria família só enxergam o outro como velho e não a si próprios.[96]

O processo natural de envelhecimento do corpo, a que todas as pessoas estão sujeitas desde o momento do nascimento com vida, não pode significar *per se* a perda de autonomia. Realça-se, por oportuno, que a "dignidade, a identidade, a liberdade e a autodeterminação, a *privacy* nos seus diversos significados, são prerrogativas a serem declaradas com a especificação *no corpo*, portanto, na vida"[97] e não importa em que fase ou momento desta.

---

96. BRAGA, Pérola Melissa Vianna. Op. cit. p. 46.
97. RODOTÀ, Stefano. *Autodeterminação...* cit. p. 8.

O direito à autodeterminação significa também a soberania da pessoa sobre o próprio corpo, mesmo na velhice. O idoso, ainda que com deficiência de qualquer natureza, pode escolher livremente a pessoa com quem deseja dividir o restante de sua vida, casando-se (e deveria poder optar pelo regime de bens que lhe aprouver), e, igualmente, decidir a que tratamentos e intervenções médicas submeter-se, mesmo que sua decisão não coincida com a de seu médico ou de seus familiares.

A pessoa idosa, como qualquer outra, independentemente de idade, é dotada de igual dignidade, tendo idêntico *status personae,* com a única diferença do número de primaveras acumuladas. Ademais, se, como visto à exaustão, a idade avançada não é causa de perda da capacidade jurídica, não se pode desconsiderar a autonomia do idoso para tomada de decisões que envolvam seu projeto de vida, na realização de seus negócios, o que ensejaria, por conseguinte, a sua infantilização, postura paternalista que deve ser de todo evitada.

Ainda mais grave, no entanto, é a restrição fora do âmbito patrimonial. Decerto, o excesso de proteção do ordenamento para com pessoas em situação de vulnerabilidade (como os idosos) pode redundar na verdadeira supressão de sua subjetividade, na medida em que decisões sobre o desenvolvimento da personalidade – e, portanto, de relevância existencial – fiquem a cargo de terceiros.[98] Tal situação torna-se ainda mais evidente, como visto, nos casos de vulnerabilidade agravada, como é o caso da pessoa idosa com deficiência.

Mesmo no caso da pessoa idosa sujeita a curatela, ou seja, cuja capacidade de fato esteja reduzida pelo reconhecimento de sua incapacidade relativa para as relações jurídicas patrimoniais, a sua vontade nas situações jurídicas existenciais deverá ser preservada, o máximo possível, no exercício de seus interesses, afinal: "ninguém melhor do que ele poderá proteger, em certas circunstâncias íntimas, a sua personalidade".[99]

O reconhecimento da vulnerabilidade da pessoa não pode significar a expropriação da subjetividade e a negativa da complexa autonomia existencial. Isso porque se corre o risco de condenar à marginalidade todas as decisões que possuam conteúdo não patrimonial e desconsiderar o processo de autoconstrução da pessoa humana, que se renova ao longo de toda a vida.[100] Por isso, em razão de sua reconhecida vulnerabilidade, a pessoa idosa com deficiência merece tutela reforçada no ordenamento brasileiro no sentido de promover sua autonomia existencial e ampliar seu âmbito de tomada de decisões de cunho pessoal, permitindo que a dignidade humana seja concretizada em toda sua dimensão sociocultural.

---

98. RODRIGUES, Rafael Garcia. Op. cit., p. 13-14.
99. TEPEDINO, Gustavo. *A tutela constitucional...* cit., p. 203-204.
100. RODOTÀ, Stefano. La vita e Le regole cit., p. 27.

Simone de Beauvoir[101] talvez tenha nos brindado com um dos mais ricos ensinamentos ao refletir sobre a exclusão das pessoas idosas da sociedade a partir de um ponto de vista pessoal, sabedora de que se tornaria um deles, como quem pensava e refletia o próprio destino. Eis a chave para abordar o assunto: pensar e refletir a autonomia existencial do idoso como quem pensa e reflete a liberdade de si próprio.

---

101. BEAUVOIR, Simone. *A velhice*. São Paulo: Nova Fronteira, 1990. passim.

5
AS DIRETIVAS ANTECIPADAS DE VONTADE NO CONTEXTO PROTETIVO DO ENVELHECIMENTO ATIVO

Luciana Dadalto

Doutora em Ciências da Saúde pela Faculdade de Medicina da UFMG, Mestre em Direito Privado pela PUCMG, Consultora Jurídica e Advogada s. Administradora do portal www.testamentovital.com.br

Natalia Carolina Verdi

Messtre em Gerontologia pela PUCSP, Especialista em Direito Médico, Odontológico e Hospitalar pela Escola Paulista de Direito, Especialista em Direito da Medicina pelo Centro de Direito Biomédico da Faculdade de Direito da Universidade de Coimbra. Advogada Autônoma. Professora, Autora do blog www.portaldoenvelhecimento.com.br/category/direitos-do-longeviver/

Sumário: 1. Considerações iniciais – 2. Envelhecimento ativo e a autonomia no ordenamento jurídico brasileiro – 3. Pessoa idosa, Estatuto da Pessoa com Deficiência e a tomada de decisões para o fim de vida – 4. Documentos de diretivas antecipadas de vontade e envelhecimento ativo – 5. Considerações finais.

1. CONSIDERAÇÕES INICIAIS

Dois casos recentes ao redor do mundo evidenciaram a importância da discussão sobre Diretivas Antecipadas de Vontade feitas por pessoas idosas. Por essa razão, o presente artigo optou por discutir o tema no contexto protetivo do Envelhecimento Ativo a partir deles para, posteriormente, apresentar os argumentos éticos, bioéticos e jurídicos que circundam a temática.

Caso 1: Beatrice Weisman, uma senhora americana de 83 anos, sofreu AVC em junho de 2013 e ficou internada algumas semanas no Hospital Geral de Maryland. Ela havia deixado um documento no qual se recusava a ser mantida viva por aparelhos (testamento vital) e dava poderes para seu marido, Willian Weisman, tomar decisões sobre cuidados de saúde em seu nome (procuração para cuidados de saúde)

Diante da piora do quadro clínico, em agosto de 2013, William se reuniu com seus filhos e, juntos, decidiram deixar claro para a equipe médica que Beatrice não gostaria de ser reanimada. Como procurador para cuidados de saúde, Willian realizou o comunicado e determinou a anexação, em prontuário, do testamento vital, da procuração para cuidados de saúde e da explicitação da ordem de não reanimação, feita pelo procurador.

Ocorre que em 28 de agosto de 2013 Beatrice teve uma parada cardíaca e foi reanimada pela equipe de plantão, que não observou seus documentos de Diretivas Antecipadas de Vontade (DAV) e nem a decisão do procurador para cuidados de saúde. Durante o procedimento de reanimação a paciente teve costelas quebradas e formou-se um pneumotórax. Além da massagem cardíaca, a equipe usou desfibrilador e aplicou epinefrina no intuito de reanimá-la.

Após um ano da reanimação, seu marido faleceu. Graças aos esforços da família, Beatrice ainda está viva, reconhece seus familiares, mas precisa de cuidados especiais durante vinte e quatro horas.

Seu filho Cristian ajuizou em 2016 uma ação judicial contra o Hospital pedindo o reembolso das despesas hospitalares, no importe de U$ 250.000,00 (duzentos e cinquenta mil dólares) e o custeio com os cuidados de saúde com a paciente até a data de sua morte, no importe de U$180.000,00 (cento e oitenta mil dólares por ano), alegando, em apertada síntese que: a) as vontades da paciente foram ignoradas pela equipe; b) o descumprimento dos documentos de DAV gerou graves danos psíquicos ao procurador designado pela paciente, que se sentia culpado pelo descumprimento de sua vontade; c) a família gastou todo seu patrimônio para garantir qualidade de vida à Beatrice, que ficou com muitas sequelas, algumas incuráveis; d) a paciente nunca desejou ficar viva na condição em que se encontra.

Segundo a petição inicial, houve negligência do hospital uma vez que

> A Sra. Weisman sofreu indesejadas, violentas e dolorosas intervenções médicas dolorosa no final de sua vida, em violação dos seus desejos expressos. Seu marido sofreu o estresse de cuidar de uma esposa inválida, situação que, em última instância o levou à morte. Agora, sofrerá com uma morte artificialmente prolongada, gerando enormes gastos financeiros para sua família além de outros encargos. Ademais, passará o restante de sua vida de forma contrária a seus valores e desejos.[1]

O hospital alegou em sua defesa que a manutenção da vida não representa dano e que, no caso em questão, a paciente teve uma recuperação surpreendente. Contudo, ignora que três anos após o ocorrido a paciente ainda questione a razão de viver nas condições às quais está submetida.

---

1. WEISMAN vs MARYLAND GENERAL HOSPITAL. N. 24-C-16-004199. Disponível em: [www.thaddeuspope.com/images/WEISMAN_v_Univ_Maryland_July_2016_resuscitate_contra_POLST_.pdf]. Acesso em: 08.10.2018.

Em setembro de 2017 as partes chegaram a um acordo cujo valor não foi especificado, mas de acordo com o jornal The New York Times esse caso reascendeu a discussão acerca do descumprimento das DAV em ambientes hospitalares nos EUA e da futilidade terapêutica.

Caso 2: David Goodall, um renomado cientista australiano, em pleno gozo de suas faculdades mentais, decidiu, aos 104 anos, submeter-se ao suicídio assistido. Para tanto, fez seu testamento vital, uma espécie de documento de DAV, e deixou expressa a vontade. Como a prática é ilícita na Austrália, ele decidiu ir para a Suíça, único país do mundo que auxilia estrangeiros com condições incuráveis a realizarem o suicídio. O senhor Goodall era associado à organização Exit International, que auxilia estrangeiros a realizarem suicídio assistido na Suíça e, com o apoio dessa organização contactou a Dignitas, a mais conhecida organização que recebe estrangeiros para suicídio assistido, contudo, não recebeu a *green light*[2] para realizar o procedimento por não se enquadrar no critério da lei suíça para tanto. Em linhas gerais, a Dignitas argumentou que o Sr. Goodall não tinha uma doença grave, incurável e nem estava em terminalidade.

Assim, David Goodall procurou a LifeCircle/Eternal Spirit, outra organização suíça que recebe estrangeiros para suicídio assistido e lá obteve a autorização, pois os médicos dessa organização entenderam que, apesar de ele não ter uma doença terminal, era um paciente idoso com franca perda de qualidade de vida, portanto, tinha uma condição incurável.

No dia 10 de maio de 2018, pela manhã, o Sr. Goodall acionou um dispositivo que injetou em seu corpo uma dose letal de pentobarbital, substância mortal, e faleceu ao som da nona sinfonia de Bethoveen, acompanhado de netos, outros familiares e médicos.

2. ENVELHECIMENTO ATIVO E A AUTONOMIA NO ORDENAMENTO JURÍDICO BRASILEIRO

Segundo o IBGE, 30% da população total do Brasil em 2060 será de pessoas idosas.[3]

É importante salientar que "o envelhecimento não é sinônimo de incapacidades e dependência, mas de maior vulnerabilidade, requerendo cuidados que considerem as especificidades da população que envelhece. O processo de envelhecimento é natural, irreversível e individual, marcado pela heterogeneidade entre

---

2. A luz verde é a comprovação de que o indivíduo cumpre os critérios da organização e está apto a iniciar o processo para o suicídio assistido.
3. Instituto Brasileiro de Geografia e Estatística. Disponível em: [https://www.ibge.gov.br/pt/inicio.html]. Acesso em: 04.04.2022.

as pessoas idosas, em função de suas características sociais, pessoais, econômicas e culturais que foram estruturando ao longo da vida".[4]

Por esta razão, será necessário que a população que envelhece enfrente alguns desafios para que seu envelhecimento ocorra da forma entendida pela Organização Mundial de Saúde como ativa.[5]

A Organização Mundial de Saúde entende que o Envelhecimento Ativo deve aperfeiçoar as oportunidades em saúde, segurança, participação e informação[6] a todo aquele pessoa que é considerada idosa, ou seja, aos que possuem 65 (sessenta e cinco) anos ou mais nos países desenvolvidos ou 60 (sessenta) anos ou mais nos países em desenvolvimento, como no caso do Brasil.

O Envelhecimento Ativo "permite que as pessoas percebam seu potencial para o bem-estar físico, social e mental ao longo do curso da vida, e que essas pessoas participem da sociedade de acordo com suas necessidades, desejos e capacidades".[7]

A concretização do que almeja a Organização Mundial da Saúde para a efetivação do Envelhecimento Ativo no Brasil implica, portanto, no respeito e no acatamento da autonomia de todo aquele que, com 60 (sessenta) anos ou mais realize o que pretende.

Respeitar a autonomia de uma pessoa, independentemente da idade que ela tenha, é respeitar suas escolhas, segundo os valores, as opiniões e as crenças pessoais daquele sujeito em questão.

É agir de maneira isenta de julgamentos ou de críticas, realizando o que o outro entende como melhor para si, já que subjetivo e único é o entendimento sobre cada autonomia.

---

4. Ministério da Saúde. *Diretrizes Para O Cuidado Das Pessoas Idosas no SUS: Proposta De Modelo De Atenção Integral*. XXX Congresso Nacional de Secretarias Municipais de Saúde. Maio. 2014. Disponível em: [http://bvsms.saude.gov.br/bvs/publicacoes/diretrizes_cuidado_pessoa_idosa_sus.pdf]. Acesso em: 20.09.2018.
5. World Health Organization. *Envelhecimento ativo: uma política de Saúde*/ World Health Organization; tradução Suzana Gontijo. Brasília: Organização Pan-Americana de Saúde, 2006. 60 p. Disponível em: [http://bvsms.saude.gov.br/bvs/publicacoes/envelhecimento_ativo.pdf]. Acesso em: 18.09.2018.
6. É importante lembrar que "a Política do Envelhecimento Ativo foi revisada e, além dos pilares saúde, participação e segurança, foi acrescentado a aprendizagem ao longo da vida, produzindo assim um novo documento, intitulado Marco Político do Envelhecimento Ativo". ARAÚJO, Denise e CÔRTE, Beltrina. Como a mídia, no Brasil, apresenta o mercado de trabalho para pessoas com 60+?, em Envelhecimento e cuidados: uma chave para o viver. LUDOVICI, Flamínia Manzano Moreira (Org.) *Envelhecimento e cuidados: uma chave para o viver*. São Paulo: Portal do Envelhecimento, 2018. p. 152.
7. World Health Organization. *Envelhecimento ativo: uma política de Saúde*/ World Health Organization; tradução Suzana Gontijo. Brasília: Organização Pan-Americana de Saúde, 2006. 60 p. Disponível em: [http://bvsms.saude.gov.br/bvs/publicacoes/envelhecimento_ativo.pdf]. Acesso em: 18.09.2018.

A Organização das Nações Unidas entende que "a autonomia das pessoas no que se refere à tomada de decisões, desde que assumam a respectiva responsabilidade e respeitem a autonomia dos outros, deve ser considerada.. No caso das pessoas incapazes de exercer a sua autonomia, devem ser tomadas medidas especiais para proteger os seus direitos e interesses".[8]

Todavia, a realidade brasileira, objeto do presente trabalho, demonstra que o respeito a esta autonomia ainda está em construção, notadamente no que se refere à população com 60 (sessenta) anos ou mais, pois ainda há o estigma de improdutividade e de invalidez dessas pessoas, o que obsta a concretização plena do envelhecimento ativo.

Das visões distorcidas sobre a velhice e o envelhecimento, citemos alguns exemplos.

Tem-se comumente que ativo é aquele que está atrelado ao mercado de trabalho, que produz renda e que contribui economicamente para com a sociedade em que vive, entendimento que "diverge do sentido da OMS, em que o 'ativo' vai além da produção econômica".[9]

Pensemos, por exemplo, nas mulheres que sempre trabalharam em suas residências e que, aos 60 (sessenta) anos ou mais, encontram-se nesta mesma condição, sustentando em muitos casos sua família com atividade não remunerada por meio de uma economia considerada informal, ou nos casos de pessoas que dedicam seu tempo e são imensamente produtivas realizando trabalhos beneficentes.

Ainda, a título de exemplo, pensemos que já há muito tempo tem-se que envelhecer não significa ficar doente com o passar dos anos, o que implica em dizer que velhice não pode ser vista como doença e que afirmar o contrário nos dias atuais é absolutamente inaceitável, já que o contexto biopsicossocial de cada pessoa idosa deve ser considerado.

Entende-se que "a velhice não pode representar um estágio da vida relacionado à exclusão social ou rejeição familiar. Apenas demanda atenção especial, diante das fragilidades comuns de quem envelhece. Há de se assegurar maior longevidade, com qualidade de vida, que se expressa no respeito à pessoa idosa, em suas escolhas, opiniões e ações".[10]

---

8. ONU. *Declaração Universal sobre Bioética e Direitos Humanos*. Artigo 5º. Disponível em: [http://unesdoc.unesco.org/images/0014/001461/146180por.pdf]. Acesso em: 18.09.2018.
9. ARAÚJO, Denise; CÔRTE, Beltrina. Como a mídia, no Brasil, apresenta o mercado de trabalho para pessoas com 60+?. LUDOVICI, Flamínia Manzano Moreira (Org.) *Envelhecimento e cuidados*: uma chave para o viver. São Paulo: Portal do Envelhecimento, 2018. p. 152.
10. EHRHARDT, Marcos Júnior. A incapacidade civil do idoso. LEITE, George Salomão (Org.). *Manual dos Direitos da Pessoa Idosa*. São Paulo: Saraiva, 2017. p. 215.

Por isso tem-se que "o indivíduo pode envelhecer de forma natural, sabendo conviver bem com as limitações impostas pelo passar dos anos e mantendo-se ativo até fases tardias da vida (é o que chamamos senescência)".[11]

Todavia, ainda é muito comum, na medida em que a idade avança, a presença de concepções contrárias, taxando-se comumente aqueles de idade mais elevada como doentes, de maneira simplista e preconceituosa, colocando em xeque o aperfeiçoamento das oportunidades em saúde, conforme preconiza a OMS.

Em alguns casos, já que somos todos mortais, algumas pessoas com 60 (sessenta) anos ou mais apresentam "o envelhecimento anormal (patológico), no qual o indivíduo sofre o efeito negativo das doenças e problemas que podem afetar a pessoa idosa (é o que chamamos senilidade) fazendo com que haja uma incapacidade progressiva para uma vida saudável e ativa".[12]

Nestas situações, as pessoas idosas são bombardeadas pelos avanços tecnológicos nas ciências da saúde, de maneira impositiva, como medida única de salvação, sem nenhuma escolha ou consentimento livre e esclarecido, colocando em risco a informação, assegurada pela OMS como medida igualmente perseguida pelo envelhecimento ativo.

A informação então, passa a ser um objeto de luxo e um ideal ainda a ser alcançado, já que quase nada se informa à pessoa idosa ou não há escuta para com ele por parte de quem deveria haver, impactando numa supressão absoluta da dignidade humana, inerente a toda a população, independentemente da idade que se tenha.

Não é incomum o pensamento de que o tempo vivido traz consigo a impossibilidade de que decidam por si próprios, em atitudes que deixam de lado toda e qualquer possibilidade de se cogitar sobre o respeito à sua autonomia.

O passar dos anos acaba, assim, repercutindo em incontáveis situações nas quais a figura da pessoa idosa deixa de ser a de um cidadão, já que passa a ser apenas um sujeito de deveres, mas não de direitos.

Neste contexto, aos olhos de muitos, a pessoa idosa perde sua autonomia na medida em que a idade avança, refletindo num abalo à segurança perseguida pela OMS, já que impor deveres e suprimir direitos é refletir uma insegurança para todo aquele que vive nestas condições.

---

11. AYRES, José Ricardo C. M. *Uma concepção hermenêutica de saúde*. 2007. Disponível em: [http://www.scielo.br/pdf/physis/v17n1/v17n1a04.pd]. Acesso em: 03.10.2018.
12. Portal Educação. *Aspectos biológicos do envelhecimento*. Disponível em: [https://www.portaleducacao.com.br/conteudo/artigos/farmacia/aspectos-biologicos-do-envelhecimento/581]. Acesso em: 18.09.2018.

Entende-se que "a sociedade moderna encontra-se diante de uma situação contraditória: de um lado, defronta-se com o crescimento massivo da população idosa, e, de outro, se omite perante a velhice ou adota atitudes preconceituosas contra a pessoa idosa, retardando destarte a implementação de ações que visam minorar o pesado fardo dos que ingressam na terceira idade".[13]

Todavia, ainda que muitas situações fáticas contrariem o que é perseguido pela OMS como pilares do envelhecimento ativo, o ordenamento jurídico brasileiro vigente possui apontamentos para que caminhos sejam construídos, a fim de que ele deixe de ser apenas um ideal e passe a ser uma realidade minimamente latente, de maneira a efetivar a autonomia de todo aquele que atinge 60 (sessenta) anos ou mais.

É sabido que "a legislação brasileira seguiu as recomendações e diretrizes internacionais contidas nos documentos da Organização das Nações Unidas".[14]

Nesse contexto, desde a concepção até a chegada da finitude, todo cidadão brasileiro é detentor de garantias e de deveres, ou seja, deve-se respeitar a autonomia de qualquer pessoa no território nacional até seu último suspiro, a fim de que sua vontade seja concretizada, desde que esta vontade não seja contrária ao que determina a legislação vigente no tocante à materialização do desejo em questão.

A população brasileira que passa por este natural processo de envelhecimento sob a égide do Estatuto da Pessoa Idosa[15] é a mesma que tem protegida a sua personalidade civil dos seus desde a sua concepção.[16]

É a sociedade que ampara os absolutamente incapazes, ou seja, os menores de 16 (dezesseis) anos, os relativamente incapazes, ou seja, os maiores de 16 (dezesseis) e menores de 18 (dezoito) anos, os ébrios habituais e os viciados em tóxico, os que por causa transitória ou permanente não puderem exprimir sua vontade, bem como os pródigos, conforme disposto no Código Civil,[17] observadas as alterações legislativas promovidas com a instituição do Estatuto da Pessoa com Deficiência.[18]

---

13. PAPALÉO, Matheus Netto. Estudo da Velhice. Histórico. Definição do Campo e Termos Básicos. In: FREITAS, Elizabete Viana; PY, Lygia. *Tratado de Geriatria e Gerontologia* 4. ed. Rio de Janeiro: Guanabara Koogan, 2016. p. 5.
14. BARROS, Jurilza Maria e RAUTH, Jussara. O Idoso Brasileiro e as Leis. Garantindo Direitos, Conquistando Qualidade de Vida. In: FREITAS, Elizabete Viana; PY, Lygia. *Tratado de Geriatria e Gerontologia*. 4. ed. Rio de Janeiro: Guanabara Koogan, 2016. p. 1560.
15. BRASIL. Lei Federal n.º 10.741, de 01 de outubro de 2003. Disponível em: [http://www.planalto.gov.br/ccivil_03/LEIS/2003/L10.741.htm]. Acesso em: 03.10.2018.
16. BRASIL. Lei 10.406 de 10 de janeiro de 2002. Disponível em: [http://www.planalto.gov.br/ccivil_03/Leis/2002/L10406.htm]. Acesso em: 03.10.2018.
17. BRASIL. Lei 10.406 de 10 de janeiro de 2002. Disponível em: [http://www.planalto.gov.br/ccivil_03/Leis/2002/L10406.htm]. Acesso em: 03.10.2018.
18. BRASIL. Lei Federal 13.146, de 06 de julho de 2015. Disponível em: [http://www.planalto.gov.br/ccivil_03/_ato2015-2018/2015/lei/l13146.htm]. Acesso em: 03.10.2018.

Esta população tem normas claras e rígidas para que alguém seja considerado como impossibilitado de decidir por si[19] e efetivamente se comprove como tal a efetivar a própria autonomia, já que em alguns casos a pessoa em questão não consegue esboçar qualquer reação ou opção para com os próprios desejos, como, por exemplo, quando acometida por doenças como Alzheimer, em algumas situações, já em estado vegetativo persistente.

Apesar disso, algumas atitudes acabam tolhendo direitos e apenas impondo deveres, refletindo uma sociedade que impossibilita a participação das pessoas idosas em muitas de suas questões, exatamente por estas mesmas razões, de maneira a tolher a autonomia dos idosos na medida em que os anos passam.

A realidade é que muitas pessoas idosas não têm qualquer participação social, seja porque as famílias das quais fazem parte os colocam como objetos de decoração em incontáveis casos na medida em que os anos os alcançam, seja porque a legislação ainda é violentada diuturnamente por parte de quem deveria zelar por seu cumprimento.[20]

Sob a égide da Constituição Federal vigente, promulgada no ano de 1988, a sociedade brasileira que comprovadamente envelhece, tem como um dos seus princípios fundamentais a dignidade da pessoa humana.[21]

A dignidade humana está atrelada à "capital importância para que os velhos sejam vistos pela sociedade brasileira como titulares de direitos, direitos estes que não prescrevem com a idade",[22] já que, até que se prove o contrário, segundo regras pré-estabelecidas vigentes, não há de se falar em supressão de autonomia para a realização de qualquer direito que se considere plausível e desejado, independentemente da idade que se tenha.

O princípio fundamental da dignidade da pessoa humana deve ser perseguido como um dos objetivos fundamentais a todas as pessoas, inclusive às com 60 anos ou mais, devendo ser assegurada a promoção do bem de todos, sem preconceitos de origem, raça, sexo, cor, idade ou de quaisquer outras formas de discriminação.[23]

---

19. BRASIL. Lei Federal 13.105, de 16 de março de 2015. Disponível em: [http://www.planalto.gov.br/ccivil_03/_ato2015-2018/2015/lei/l13105.htm]. Acesso em: 03.10.2018.
    Artigos 747 a 758. Disciplina acerca da curatela, a ser observado no caso de ser necessária a nomeação de um curador ao idoso que esteja, ainda que temporariamente, impossibilitado de expressar suas próprias vontades.
20. CAROLINO, Lilia Aparecida Pereira. *O idoso e a família nos dias de hoje*. Disponível em: [https://www.portaldoenvelhecimento.com.br/o-idoso-e-familia-nos-dias-de-hoje/]. Acesso em: 08.10.2018.
21. BRASIL. Constituição Federal. Disponível em: [http://www.planalto.gov.br/ccivil_03/Constituicao/Constituicao.htm] Acesso em: 03.10.2018.
22. RAMOS, Paulo Roberto Barbosa. *Fundamentos Constitucionais do Direito da Velhice*. Florianópolis: Livraria e Editora Obra Jurídica Ltda. 2002. p. 77.
23. BRASIL. Constituição Federal. Disponível em: [http://www.planalto.gov.br/ccivil_03/Constituicao/Constituicao.htm]. Acesso em: 03.10.2018.

Tem-se que "há vetor constitucional para a família, a sociedade e o Estado no sentido de amparar as pessoas idosas, assegurando a sua participação na comunidade, defendendo sua dignidade e bem-estar e garantindo-lhe o direito à vida".[24]

Desta forma, cabe à comunidade, à sociedade e ao Poder Público, a proteção integral da pessoa idosa, lembrando que "toda a atividade estatal tem como função proteger o bem de todos. E, no caso, os idosos, que correspondem a uma parcela vulnerável e expressiva".[25]

A respaldar a população sexagenária e os ainda mais longevos, tem-se também o amparo da Política Nacional do Idoso,[26] que em seu artigo 1º prevê, como um de seus objetivos, a criação de condições para promover a autonomia, a integração e a participação efetiva das pessoas nesta faixa etária.

Nota-se que a referida norma fora a primeira normativa jurídica a amparar a figura da pessoa idosa após a promulgação da Constituição Federal, e que vai ao encontro do que, em 2005, foi determinado pela OMS acerca da maneira como deve ser perseguido pelo processo de envelhecimento de forma ativa a todo aquele com 60 (sessenta) anos ou mais.

Esta realidade igualmente é refletida na Convenção Interamericana sobre a Proteção dos Direitos Humanos das Pessoas Idosas,[27] que é expressa ao ter igualmente preconizada a autonomia da pessoa idosa em normativo legal datado de 2015.

Como se percebe, o ordenamento jurídico nacional possui inúmeros normativos a viabilizar a concretização do que pretende a OMS para um país em que a população envelhece, existindo desde a promulgação da Constituição Federal regras claras para que saúde, segurança, participação e informação façam parte de uma realidade inconteste, a amparar de forma indubitável a autonomia de quem busca exercê-la.

Todavia, pensando a respeito do exercício da autonomia do a pessoa idosa e na tomada de decisões para o fim da vida, a fim de que se efetive o Envelhecimento Ativo perseguido pela Organização Mundial da Saúde, nos deparamos com

---

24. ARAUJO, Luiz Alberto David e NUNES, Vidal Serrano Junior. *Curso de Direito Constitucional*. 22. ed., rev. e atual. até EC 99 de 14 de dezembro de 2017. São Paulo: Editora Verbatim, 2018. p. 672.
25. CARVALHO, Thais Araújo de Oliveira Pereira Carvalho e ARAUJO, Luiz Alberto David. Conselho Nacional de Justiça e Envelhecimento: a Falta de uma Política Pública. FONSECA, Suzana Carielo da Fonseca (Org). *O Envelhecimento Ativo e seus fundamentos*. São Paulo: Portal Edições, 2016. p. 402.
26. BRASIL. Lei Federal 8.842, de 04 de janeiro de 1994. Disponível em: [http://www.planalto.gov.br/ccivil_03/leis/L8842.htm]. Acesso em: 03.10.2018.
27. Organização dos Estados Americanos. *Convenção Interamericana sobre a Proteção dos Direitos Humanos das Pessoas Idosas*. Aprovada no dia 15 de Junho de 2015 e da qual o Brasil é signatário junto com Argentina, Chile, Costa Rica e Uruguai. Disponível em: [http://www.mpsp.mp.br/portal/page/portal/CAO_Idoso/Textos/Conven%C3%A7%C3%A3o%20Interamericana.pdf]. Acesso em: 20.09.2018.

necessárias reflexões, em especial para que as pessoas com 60 (sessenta) anos ou mais tenham acesso à saúde de uma forma ampla e irrestrita, para que possam ter as informações necessárias e participem de maneira igualitária nos processos de escolha, de maneira a impactar em uma segurança efetiva para toda a sociedade.

3. PESSOA IDOSA, ESTATUTO DA PESSOA COM DEFICIÊNCIA E A TOMADA DE DECISÕES PARA O FIM DE VIDA

A lei 13.146 de 06 de julho de 2015 instituiu o Estatuto da Pessoa com Deficiência (EPD) no Ordenamento Jurídico, o qual, apesar de tratar de pessoas com deficiência, alterou sobremaneira as regras de capacidade civil no Brasil e, consequentemente, alterou o tratamento jurídico da pessoa idosa.

Se outrora a pessoa idosa poderia ser réu em uma ação de curatela com vistas a retirar-lhe de forma absoluta a capacidade civil, no contexto do EPD o instituto apenas terá o condão de gerar incapacidade relativa, por decisão judicial, quando restar provado que o idoso se enquadra em uma das hipóteses do artigo 4º do Código Civil.

> Art. 4º São incapazes, relativamente a certos atos ou à maneira de os exercer: (Redação dada pela Lei 13.146, de 2015)
>
> [...]
>
> II – os ébrios habituais, os viciados em tóxicos, e os que, por deficiência mental, tenham o discernimento reduzido;
>
> III – os excepcionais, sem desenvolvimento mental completo;
>
> II – os ébrios habituais e os viciados em tóxico;
>
> III – aqueles que, por causa transitória ou permanente, não puderem exprimir sua vontade;
>
> IV – os pródigos.
>
> Parágrafo único. A capacidade dos índios será regulada por legislação especial.

Nesse contexto, a doutrina contemporânea tem se debruçado no cotejo do EPD com o Estatuto da Pessoa Idosa no intuito de conformar esses institutos. Crippa, Gomes e Terra[28] criaram e validaram um instrumento capaz de identificar mudanças na capacidade decisória da pessoa idosa, com vistas a auxiliar os magistrados nas demandas de curatela, restando claro as diferentes nuances que atingem a capacidade decisória da pessoa idosa.

Pelo referido documento, nomeado pelos autores de Escala de Avaliação de Capacidade de Decisão (ESCADE) é possível diferenciar as situações de incapacidade para tomada de decisões negociais/patrimoniais e as dificuldades para

---

28. CRIPPA, Anelise; GOMES, Irenio; TERRA, Newton. Autonomia do idoso: escala de avaliação de capacidade de decisão. *Santa Maria*, v. 43, n. 3, p. 1-8, set./dez. 2017.

tomada de decisões existenciais, o que facilita a aplicação do EPD, uma vez que essa lei restringe os limites da curatela aos atos negociais e patrimoniais:

> Art. 85. A curatela afetará tão somente os atos relacionados aos direitos de natureza patrimonial e negocial.
>
> § 1º. A definição da curatela não alcança o direito ao próprio corpo, à sexualidade, ao matrimônio, à privacidade, à educação, à saúde, ao trabalho e ao voto.

Transpondo esse diploma legal para a prática, significa dizer que uma pessoa idosa pode ser curatelada e, portanto, necessitar de representante legal para realizar contratos e negócios jurídicos patrimoniais, mas não poderá esse curador tomar decisões existenciais sobre esta pessoa, nem mesmo sobre a saúde dele.

Vive-se, entretanto, um momento de adequação jurisprudencial acerca dessas modificações legislativas, razão pela qual não raro encontram-se decisões judiciais[29] dando poderes existenciais aos curadores de pessoas idosas, em claro descumprimento do EPD.

A situação se agrava quando a tomada de decisão se refere à situação de fim de vida da pessoa idosa, pois o estigma em relação à idade do paciente soma-se à dificuldade social em lidar com a finitude.

A finitude humana é objeto de discussão em diversos meios, e esta discussão se depara incontáveis vezes, com obstáculos para que uma reflexão a seu respeito seja amplamente alargada e se concretize de maneira humanamente digna, em especial porque a maioria das pessoas nega-se a pensar no próprio fim ou no fim daqueles que lhes são caros.[30]

Ser finito é uma condição humana, na qual o passar dos anos acaba por trazer consigo uma proximidade maior com a morte.

Ciente de sua finitude, toda pessoa, independentemente da idade que tenha, mas pensando na população mais longeva, em foco neste trabalho, possui condições de efetivamente realizar o que desejar e de realizar aquilo que entende como digno.

Pensemos numa situação, a título de exemplo, de uma pessoa que, com 63 (sessenta) e três anos, saudável, sem nenhuma condição incapacitante, com uma família que ama e por quem é amada, com um patrimônio construído ao longo de toda a sua vida, que vai ao médico para fazer exames de rotina e descobre-se portadora de uma síndrome rara que aos poucos lhe tolherá a liberdade de escolha, e, consequentemente, de exercício de autonomia.

---

29. A título de exemplo: TJSP. Ap. Cív. 1023680-56.2015.8.26.0071. Des. Rel. Fernanda Gomes Camacho, DJ 18.05.2018.
30. GAWANDE, Atul. *Mortais*: nós, a medicina e o que realmente importa no final. São Paulo: Objetiva, 2015.

Apresenta o diagnóstico incapacitante que em um curto espaço de tempo a deixará paralisada sobre uma cama, sem previsão alguma de reversibilidade, dependendo de um terceiro para realizar tudo que ela precise.

Ciente desta condição, esta pessoa tem como opções primárias negar-se a qualquer tratamento e deixar que o diagnóstico se concretize, deixando a vida seguir seu curso, sem que queira fazer uso dos avanços da tecnologia em saúde, ou talvez queira se submeter a tudo que lhe estiver disponível em termos de cuidados, prolongando o inevitável. O que é o correto?

Para responder a esta pergunta, é preciso ter em mente que a noção de certo e errado é pessoal e dependerá, exclusivamente, dos valores e desejos dessa pessoa. Assim, independentemente de qual seja a escolha, a autonomia desse idoso deverá e precisará ser respeitada, em conformidade com ordenamento vigente.

Saliente-se que a pessoa idosa é "um ser capaz de agir livremente. Para determinar se esse realmente é o caso, três condições devem ser preenchidas: a pessoa deve agir intencionalmente (querer fazer algo), com conhecimento do que faz (das consequências de suas ações) e livre de influências externas (por exemplo), não ser impedido de agir).[31]

Para que a saúde se efetive, ressaltemos que a Constituição Federal dispõe que ninguém será submetido a tratamento humano ou degradante e que o Código Civil de 2002 dispõe em seu artigo 15 que a recusa de tratamento – independente de o paciente se encontrar em um estágio de fim de vida – é um direito de personalidade inafastável.

Todavia, para que possa escolher, seja em que sentido o for, o indivíduo precisa participar da discussão a respeito das possibilidades, devendo ser previamente esclarecido a respeito das consequências de qual for a sua escolha, de maneira a dar segurança ao profissional que o acompanhará pelo caminho escolhido e tendo segurança para si próprio, ciente de que o profissional que lhe assiste cumprirá seus desejos quando ele – o paciente – estiver incapacitado de expressar-se por si.

4. DOCUMENTOS DE DIRETIVAS ANTECIPADAS DE VONTADE E ENVELHECIMENTO ATIVO

Tem-se nos documentos Diretivas Antecipadas de Vontade (DAV) a possibilidade de materialização das escolhas do indivíduo. A literatura internacional deixa claro que tais documentos estão à disposição de todas as pessoas maiores e capazes e, portanto, não são exclusivos das pessoas idosas. Contudo, há uma prevalência maior de feitura desses documentos em pacientes idosos, o que demonstra que a

---

31. DALLÁGNOL. Darlei. *Bioética*. Rio de Janeiro: Zahar, 2005. p. 10.

aproximação com a finitude gera no indivíduo uma maior necessidade de encarar a inexorabilidade da morte e decidir entre tomar decisões sobre seu próprio fim de vida ou deixar que terceiros o façam.

Tratam-se, em suma, da materialização do anseio mundial pela valorização da vontade do paciente, movimento que teve início pós Segunda Guerra Mundial, frente à necessidade de proteção da autonomia dos pacientes – sujeitos vulneráveis na relação médico paciente.

Surge assim na década de 1950 o consentimento informado cujo principal objetivo era documentar o consentimento do paciente. Eis o alicerce desses documentos, a ideia de que o paciente – ainda que em fim de vida – deve ser sujeito ativo de seu processo de morte e que há de existir um documento capaz de instrumentalizar essa vontade.

Nesse contexto, a Sociedade Americana para a Eutanásia desenvolve, em 1967, a ideia de um documento de cuidados antecipados, nomeado de *living will*, no qual o paciente manifesta seu desejo de interromper a manutenção da vida quando tiver uma doença terminal. Dois anos mais tarde, em 1969, Luis Kutner,[32] advogado representante da entidade, publica a sistematização do *living will*, propondo duas possibilidades para instrumentalizar o documento: (i) um adendo ao Consentimento Informado feito em cirurgias e procedimentos complexos; ou (ii) um documento autônomo, feito especificamente com a finalidade de recusa de tratamento em caso de terminalidade.

O termo *diretivas* só aparece em 1977, na *Natural Death Act*,[33] lei californiana aprovada sobre forte clamor social após o caso Karen Quinlan. Segundo Willian,[34] a referida lei previa um documento chamado apenas de "diretivas para os médicos", que só podia ser feita por pacientes qualificáveis, entendidos como aqueles com uma condição de terminalidade certificada por dois médicos. Saliente-se que a literatura contemporânea entende que as diretivas previstas na lei californiana são sinônimos do *living will* criado por Kutner.

Em 1983, o estado da Califórnia manteve o pioneirismo na legalização de documentos de autonomia para tomada de decisões médicas e publicou o *California's Durable Power of Attorney for Health Care*,[35] reconhecendo o direito do

---

32. KUTNER, Luiz. *Due process of Euthanasia*: The Living Will, A Proposal. Indiana Law Journal, v. 44, 1969, p. 539-554.
33. CALIFÓRNIA. Natural Death Act. Disponível em: [http://192.234.213.35/clerkarchive/archive/Statutes/2001/2001_Statutes_1666_Vol_3.pdf]. Acesso em: 08.10.2018.
34. WILLIAM, J. Winslade. *Thoughts on Technology and Death: An Appraisal of California's Natural Death Act. 26 DePaul L. Rev. 717 (1977)*. Disponível em: [http://via.library.depaul.edu/law-review/vol26/iss4/2]. Acesso em: 04.10.2018.
35. TOWERS, B. *The impact of the California Natural Death Act. Journal of Medical Ethics.* 1978;4(2):96-98.

paciente a nomear um procurador para tomar decisões médicas quando estiver impossibilitado de fazê-lo, isentando o procurador de qualquer responsabilidade.

Seguindo o exemplo californiano, gradualmente outros Estados norte-americanos foram criando leis sobre os dois documentos da DAV conhecidos até o momento: *living will* e o *durable power of attorney*.

Segundo Dadalto,

> Coube, contudo, à lei federal de 1991, intitulada Patient Self Determination Act (PSDA) a sistematização desses institutos. Nota-se que essa lei retoma o termo directives da lei californiana, porém, como um gênero documental – advanced directives – de manifestações antecipadas de vontade para cuidados de saúde que se divide em duas espécies de documentos: living will e durable power of attorney.[36]

Assim, os documentos de Diretivas Antecipadas de Vontade podem ser entendidos com um gênero de manifestações de vontade sobre fim de vida, que se dividem, tradicionalmente, em duas espécies: o testamento vital e a procuração para cuidados de saúde.

No primeiro, a pessoa escreve a quais cuidados deseja ou não ser submetida quando estiver com uma doença grave, incurável e terminal. No segundo, a pessoa se abstém de manifestar seu desejo sobre os cuidados, mas designa uma pessoa de sua confiança para decidir em seu nome, quando necessário.

Ocorre que atualmente, nas últimas três décadas, a autonomia prospectiva – inicialmente reservada para manifestações de vontade sobre o fim da vida, foi expandida para outras manifestações antecipadas de vontade, razão pela qual outras espécies de documentos de diretivas foram criadas: as ordens de não reanimação, as diretivas psiquiátricas, as diretivas para demência, o plano de parto e os documentos de recusa terapêutica.[37]

Um estudo norte-americano publicado em 1993[38] (portanto, dois anos após a publicação da lei federal) afirma que as pessoas idosas têm maior propensão para evitar pensar sobre o fim da vida e procrastinar a feitura de documentos de DAV, e que quando decidem fazer, a principal justificativa é o desejo de não ser um fardo para a família. Esse estudo também afirma que idosos pessoas idosas que fazem uma procuração para cuidados de saúde têm maior propensão para escolher um membro da família como procurador.

---

36. DADALTO, Luciana. A judicialização do testamento vital: análise dos autos n. 1084405-21.2015.8.26.0100/ TJSP. In: *Civilistica.com*, a. 7, n. 2., 2018.
37. DADALTO, Luciana. Testamento Vital. 6 ed. Indaiatuba: Foco, 2022.
38. HIGH, Dallas M. Advance Directives and the Elderly: A Study of Intervention Strategies to Increase Use. In: *The Cerontologist*, 1993, v. 33, n. 3, 342-349.

Outro estudo norte-americano, publicado em 2014,[39] demonstra uma mudança na recepção das DAV pelas pessoas idosas estadunidenses, afirmando que cerca de 30% (trinta por cento) da população possui uma diretiva e que esse número sobre para cerca de 70% (setenta por cento) quando se observa apenas a população idosa. Segundo os autores, na última década (2000-2010) o envelhecimento populacional, a crescente tecnologização do processo de morrer e casos célebres como o de Terri Schiavo[40] colocaram as DAV na pauta de discussões pública e privadas, inclusive entre pessoas idosas, o que justifica o crescimento da adesão da população idosa.

No Brasil o tema é tratado até o presente momento[41] apenas em normas deontológicas da Medicina e da Enfermagem, sempre considerando – erroneamente que DAV é sinônimo de testamento vital. Enquanto o Código de Ética da Enfermagem estabelece em seu artigo X a necessidade do profissional respeitar as DAV do paciente, a resolução n. 1995/2012 do Conselho Federal de Medicina detalha as DAV, afirma a supremacia da vontade manifestada nesse documento sobre a vontade dos familiares e vincula os médicos à vontade do paciente, desde que estas não sejam contra as normas éticas.

A supracitada resolução é a primeira normativa sobre o tema no Brasil e, apesar de ser lei apenas entre médicos, tem sido de suma importância para o desenvolvimento dos documentos de manifestação prévia de vontade para o fim de vida no Brasil, positiva e negativamente.

Como já mencionado, a resolução CFM peca no aspecto conceitual ao tratar os documentos de DAV como sinônimo de testamento vital, mencionando apenas de forma superficial a procuração para cuidados de saúde quando, no parágrafo primeiro do artigo segundo, afirma que "caso o paciente tenha designado um representante para tal fim, suas informações serão levadas em consideração pelo médico".[42]

À primeira vista, o apontamento da falha conceitual pode parecer um preciosismo, contudo, a confusão terminológica iniciada pelo CFM gera graves impactos na aplicação prática-jurídica desses institutos no Brasil. Isso porque, quando da publicação da resolução, os operadores do direito pouco familiarizados com os

---

39. PIETTE, John; SILVEIRA, Maria J; WIITALA, Wyndy. Advance Directive Completion by Elderly Americans: A Decade of Change. In: *Journal of American Geriatrics Society*, 2014, v. 62, n. 4, p.706-710.
40. Sobre o caso recomenda-se: MEIRELLES; Jussara Maria; SIQUEIRA, José Eduardo. Morte digna nos Estados Unidos da América: Análise do caso Nancy Cruzan. In: DADALTO, Luciana; SÁ, Maria de Fátima Freire de (Coord.). *Direito e Medicina*: A morte digna nos tribunais. Indaiatuba: Editora Foco, 2018. p. 93-109.
41. O presente artigo foi escrito entre os meses de setembro e outubro de 2018 e revisado em abril de 2022.
42. Conselho Federal de Medicina. *Resolução 1995/2012*. Disponível em: [http://www.portalmedico.org.br/resolucoes/CFM/2012/1995_2012.pdf]. Acesso em: 08.10.2018.

conceitos, comemoraram o fato do CFM não nomear tais documentos como testamento vital, já que, juridicamente, o nome *testamento vital* é inadequado por remeter o instituto ao direito sucessório.

Contudo, a ausência de conhecimento acerca da história dos documentos de DAV fez com que essas comemorações fortalecessem o erro conceitual, abrindo margem para situações cada vez mais preocupantes para os estudiosos no tema. Vejamos:

A doutrina, de modo corriqueiro, tem trabalhado os documentos de DAV como um gênero de documentos de manifestação de vontade da pessoa, sem qualquer correlação com a questão de saúde. Nessa perspectiva, encontram-se autores que afirmam ser a tomada de decisão apoiada[43] e a autocuratela[44] espécies de documentos de DAV, ao arrepio da sólida literatura internacional sobre o tema.

Ademais, o Poder Judiciário tem nomeado de testamento vital toda e qualquer manifestação acerca de recusa de tratamentos, independente de se tratar de um paciente em fim de vida,[45] interpretando-o como um instrumento apenas de recusa e não de manifestação livre de vontade (que, como tal, pode ser positiva ou negativa), o que evidencia as dificuldades práticas acerca do testamento vital no Brasil.

A confusão é também frequente entre os profissionais de saúde. Gomes et al,[46] comprovaram que após cinco anos de publicação da resolução do CFM, o desconhecimento acerca do tema ainda é grande entre médicos, estudantes de medicina, pacientes idosos e seus cuidadores, evidenciando ainda que as pessoas idosas manifestam o desejo de fazer esses documentos quando informados acerca do teor dos mesmos.

Barbas e Oliveira[47] afirmam que a pessoa idosa deseja ter sua autonomia preservada e deseja expressar suas vontades, contudo, não o fazem por falta de conhecimento sobre o assunto. Burlá[48] afirma serem as DAV instrumento de

---

43. ROSENVALD, Nelson. *A fungibilidade entre a tomada de decisão apoiada e as diretivas antecipadas de vontade*. Disponível em: [https://www.nelsonrosenvald.info/single-post/2016/05/31/H%C3%A1-fungibilidade-entre-a-tomada-de-decis%C3%A3o-apoiada-e-as-diretivas-antecipadas-de-vontade-1]. Acesso em: 08.10.2018.
44. COELHO, Thais Câmara Maia Fernandes. *Autocuratela*. Rio de Janeiro: Lumen Juris, 2016.
45. Vide *Apelação Cível n. 70054988266/2013 e Agravo de instrumento 70065995078/2015*, ambos do Tribunal de Justiça do Rio Grande do Sul e Procedimento Ordinário 1084405-212015-8-26-0100 do Tribunal de Justiça de São Paulo.
46. GOMES, Bruna Mota Machado et. al. Diretivas antecipadas de vontade em geriatria. *Rev. bioét.* (Impr.). 2018; 26 (3): 429-39.
47. BARBAS, Stela; OLIVEIRA, Maria Zeneida Puga Barbosa Oliveira. Autonomia do idoso e distanásia. *Revista Bioética* (Impr.). 2013; 21 (2): 328-37.
48. BURLÁ, Claudia. *A aplicação das Diretivas Antecipadas de Vontade na pessoa com demência*. Tese de Doutorado. Tese (Doutorado) – Universidade do Porto, Faculdade de Medicina, 2015.

proteção do idoso, sendo necessário criar condições para que ele possa exercer esse direito.

Nesse cenário, é bem-vindo o projeto de lei do Senado n. 149/2018 que pretende regulamentar os documentos de DAV, em suas duas espécies voltadas para o fim de vida, no direito brasileiro, conferindo maior segurança jurídica às vontades dos indivíduos. O referido projeto já conta com texto substitutivo, aguarda designação de relator desde 2020 e, no momento em que esse artigo foi revisado, está aguardando realização de audiência pública.[49]

Percebe-se, por todo o exposto, que os documentos de DAV, notadamente as espécies clássicas e, também, mais recentemente, as diretivas para demência,[50] são instrumentos que se coadunam com as propostas acerca do Envelhecimento Ativo, pois reconhecem o indivíduo como protagonista de sua vida e de suas escolhas – desde que lícitas no país em que serão aplicadas –, contudo, há premente necessidade de maior divulgação sobre o tema e maior conscientização do idoso e de seus familiares acerca da autonomia no fim da vida.

5. CONSIDERAÇÕES FINAIS

Os casos apresentados nas considerações iniciais demonstram diversas formas de manifestação de vontade em documentos de DAV. Beatrice Weisman e David Goodall queriam apenas uma coisa: suas vontades respeitadas ao fim de sua vida.

Todavia, enquanto Beatrice estava em uma situação de perda de autonomia, David estava, contudo, cansado de uma vida sem qualidade. Se os documentos de DAV tradicionais os uniram, os desfechos de cumprimento de suas vontades os separaram.

Para David Goodall, o cumprimento de sua vontade e a realização do suicídio assistido representou seu derradeiro ato de autonomia. Para Beatrice Weisman, o descumprimento de sua vontade representou a quebra de seus projetos de vida.

Frise-se que não se está aqui a defender o suicídio assistido, mas sim em problematizar acerca da manifestação de vontade da pessoa idosa e do reconhecimento de sua vontade como um componente importante do Envelhecimento

---

49. Informações disponíveis em: https://www25.senado.leg.br/web/atividade/materias/-/materia/132773#:~:text=Estabelece%20a%20possibilidade%20de%20toda,de%20doen%C3%A7a%20grave%20ou%20incur%C3%A1vel.&text=Disp%C3%B5e%20sobre%20as%20diretivas%20antecipadas%20de%20vontade%20sobre%20tratamentos%20de%20sa%C3%BAde.,-Local%3A%20Plen%C3%A1rio%20do. Acesso em: 06.04.2022.
50. GASTER, Barack, et al. Advance Directives for Dementia: Meeting a Unique Challenge. *JAMA*. 2017;318(22) 2175–2176.

Ativo que, certamente, deverá ser conformada com o ordenamento jurídico vigente no país em que essa vontade for cumprida.

Lendo os dois casos sob a ótica do ordenamento jurídico brasileiro, resta claro que o descumprimento dos documentos de DAV de Beatrice também traria consequências jurídicas para os profissionais. No caso de David, seu testamento vital não seria cumprido em território brasileiro, uma vez que a assistência ao suicídio é crime.

Contudo, ambos os casos permitem, ao serem trazidas para a realidade brasileira, o seguinte questionamento: afinal, que autonomia está sendo proporcionada às pessoas idosas brasileiras em relação a seus desejos de fim de vida, com vistas à efetivas o envelhecimento ativo perseguido pela OMS?

Não há respostas prontas, mas há possibilidades argumentativas e elas precisam ser enfrentadas.

6
SOLIDARIEDADE E TUTELA DO IDOSO: O DIREITO AOS ALIMENTOS[1]?

Denis Franco Silva

Pós-Doutorado na Universitá degli Studi di Camerino. Doutor em Teoria do Estado e Direito Constitucional pela Pontifícia Universidade Católica do Rio de Janeiro (PUC-Rio). Mestre em Direito Civil Universidade Federal de Minas Gerais (UFMG). Professor-Associado III de Direito da Universidade Federal de Juiz de Fora na Graduação e no Programa de Pós-Graduação em Direito e Inovação (UFJF). Professor Visitante da Universidade Federal de Minas Gerais (UFMG).

Fabiana Rodrigues Barletta

Pós-Doutorada em Direito Público e Filosofia do Direito pela Universidade Federal do Rio Grande do Sul (UFRGS). Doutora em Teoria do Estado e Direito Constitucional pela Pontifícia Universidade Católica do Rio de Janeiro-PUC-Rio. Mestre em Direito Civil pela Universidade do Estado do Rio de Janeiro (UERJ). Professora-Associada II da Faculdade Nacional de Direito da Universidade Federal do Rio de Janeiro (UFRJ) na Graduação e no Programa de Pós-Graduação em Teorias Jurídicas Contemporâneas. E-mail: fabianabarletta2@gmail.com

Sumário: 1. Introdução – 2. A família nuclear e seus reflexos em relações intergeracionais – 3. Da fraternidade à solidariedade – 4. Solidariedade e deveres alimentares para com o idoso – 5. Conclusão.

1. INTRODUÇÃO

Há direitos de ordem patrimonial que funcionam como instrumentos para a concretude do princípio da dignidade da pessoa humana, pois estão intimamente ligados a seu pleno desenvolvimento.[2] Tais direitos possibilitam a satisfação de indigências sem as quais não é possível existir.[3]

---

1. [1] Em memória de *Denis Franco Silva*, que possui o afeto, a admiração e também o reconhecimento de sua carreira de professor e pesquisador universitário em dedicação exclusiva, pelos organizadores. Esse artigo foi revisado para essa obra. Inicialmente foi publicado em *Direito Civil Constitucional*: a ressignificação da função dos institutos fundamentais do direito civil contemporâneo e suas consequências. Florianópolis: Conceito, 2014. p. 453-465.
2. O desenvolvimento da pessoa de idade longeva consiste no caminhar, em patamar de dignidade, para a finitude.
3. Cf. assinala SCRHEIBER, Anderson. *Direito civil e constituição*. Rio de Janeiro: Atlas, 2013. p. 21: "Não há, como se vê, segregação, mas funcionalização do ter ao ser. Uma rígida distinção entre relações jurídicas patrimoniais e relações jurídicas existenciais seria, em primeiro lugar, impossível. Como aspecto

A própria metodologia do Direito Civil-Constitucional, que aponta para a primazia do *ser* sobre o *ter* não separa essas duas esferas dicotomicamente. Muitas vezes, para *ser* (estar vivo) é necessário, antes, *ter*. Alguns imperativos de índole material revelam-se imprescindíveis para que a pessoa apresente condições de existência e de saúde. Percebe-se então que, quando uma pessoa natural se encontra inábil para auferir por si própria seu sustento, os alimentos – prestados pela família ou pelo Estado – apresentam-se como direitos subjetivos exigíveis.[4]

A cláusula geral de tutela e promoção da pessoa humana no ordenamento brasileiro[5] representa a garantia do livre desenvolvimento de sua personalidade em qualquer espaço, público ou privado.

O princípio da solidariedade revela-se essencial na concretização dessa tutela justamente porque, a partir deste, se estabelecem os deveres prestacionais em relação à pessoa na sua conjuntura de vida e em sua unicidade. A pessoa, quando idosa, possui demandas diferenciadas em função de sua vulnerabilidade imanente.[6]

Observe-se, todavia, que se tratando especificamente da tutela de pessoas idosas no ambiente familiar, necessária se faz, inicialmente, digressão acerca da estrutura da família e dos reflexos da sua composição nos dias de hoje no que toca às relações intergeracionais.

2. A FAMÍLIA NUCLEAR E SEUS REFLEXOS EM RELAÇÕES INTERGERACIONAIS

O grupo familiar passou por uma verdadeira reformatação ao longo dos últimos dois séculos. De fato, uma série de transformações sociais, como a própria

---

da vida social, o patrimônio está direta ou indiretamente envolvido na imensa maioria das relações privadas. A relação de paternidade, por exemplo, impõe, a um só tempo, deveres existenciais (criação, educação etc.) e patrimoniais (alimentos, sucessão etc.)."

4. Veja-se art. 6º da Constituição da República brasileira, que faz referência expressa ao direito fundamental à alimentação, a partir da Emenda 64, de 4.02.2010.
5. TEPEDINO, Gustavo. A tutela da personalidade no ordenamento civil-constitucional brasileiro. In:____. *Temas de direito civil*. 4 ed. Rio de Janeiro: Renovar, 2008. p. 54: "Com efeito, a escolha da dignidade da pessoa humana como fundamento da República, associada ao objetivo fundamental de erradicação da pobreza e da marginalização, e de redução das desigualdades sociais, juntamente com a previsão do § 2º do art. 5º, no sentido da não exclusão de quaisquer direitos e garantias, mesmo que não expressos, desde que decorrentes dos princípios adotados pelo texto maior, configuram uma verdadeira *cláusula geral de tutela e promoção da pessoa humana*, tomada como valor máximo pelo ordenamento."
6. MARQUES, Claudia Lima; MIRAGEM, Bruno. *O novo direito privado e a proteção dos vulneráveis*. São Paulo: Ed. RT, 2012. p. 127, apoiando-se nas lições de Erick Jayme: "o direito pós-moderno caracteriza-se por *valorar o diferente e a diferença* (*Unterschied*), por pretender realizar o direito de ser diferente (*droit à la différence*) e manter-se diferente, ser igual mesmo na diferença (ser criança e incapaz e ser reconhecido como um pleno sujeito igual em direitos e qualificações, ser idoso e plenamente capaz e ser reconhecido como mais fraco a privilegiar de forma especial... etc.)"

noção de individualidade desenvolvida a partir da modernidade, indica que os limites do afeto familial se revelam mais restritos, dando origem, na dimensão sociológica, à chamada família nuclear, composta unicamente por pais e filhos. Da mesma forma, o papel a ser desempenhado pela família dentro da sociedade sofreu profundas modificações.

Alguns episódios políticos e suas consequências, como a formação do Estado nacional, a Reforma Protestante, a Contra Reforma Católica e até o constitucionalismo da Idade Moderna, tendo em vista sua dimensão macrocósmica e seu elevado poder de penetração, acabaram levando à perda da capacidade de reconhecimento da família fora das perspectivas do estado e da religião. A visão corrente de família, até hoje, encontra-se, em certa medida, permeada não por aquilo que ela é, mas pelo que o sagrado e o político tentaram fazer dela.[7]

A família, atualmente, deve ser vista como algo muito diferente da versão de família da época de despedida do *ancien régime* e do triunfo da ideologia liberal burguesa, com instauração da tríade liberdade, igualdade e fraternidade, visto que, naquele momento, nela se identificava o organismo provedor de recursos humanos a repor os contingentes dizimados por guerras e epidemias, cumprindo todo o ciclo econômico que ia da produção ao consumo. Em seu espaço, também ensinavam-se e aprendiam-se os ofícios.[8]

De fato, o desenvolvimento de espaços públicos de convivência como alternativa ao espaço privado da família – por exemplo: escolas, associações sindicatos e partidos políticos – acaba por transferir para esses o exercício de muitas atividades antes concentradas na unidade familiar.[9] Assim, aos poucos, a família tem passado da condição de unidade institucional a núcleo de convivência e companheirismo, fenômeno conhecido por "desencargo de funções", que leva a uma espécie de descompressão do grupo familiar. Perdendo esses papéis, a família acaba por reencontrar seu próprio papel, ou seja, o de local de amor, afeto e companheirismo,[10] centrada na ideia de afetividade.

Essa acepção da entidade familiar em torno do afeto, notadamente com a perda de funções econômicas de produção de bens e serviços, produziu impacto relevante sobre o próprio sentido e alcance do sentimento de família. É certo que, até o século XVIII, encontrava-se um número maior de pessoas a compor a unidade familiar, com "um elevado número de pessoas habitando o mesmo

---

7. Cf. VILLELA, João Baptista. Repensando o direito de família. *Anais do I Congresso Nacional da Associação Brasileira de Direito de Família*. Belo Horizonte: Del Rey, [s.d.], p. 15-16.
8. Cf. VILLELA. Op. cit., p. 17.
9. Cf. VILLELA. Op. cit., p. 17
10. Cf. VILLELA. Op. cit., p. 18.

fogo".[11] No entanto, com a industrialização e a migração das funções de produção para o mercado, a família, como unidade de produção, passou a tornar-se exceção, desaparecendo, por exemplo, a figura do agregado familiar dos artesãos ou comerciantes, a do aprendiz ou do oficial, bem como a de outros indivíduos ligados ao grupo familiar preponderantemente por razões econômicas. Esses, até então, representavam um papel tão importante dentro da família a ponto de os vínculos de parentesco assumirem posição secundária.[12]

A perda da função econômica de produção pelo agregado familial determinou, assim, uma marcante evolução no que se refere à sua composição. Se a família pode subsistir mesmo "amputada", pessoas passaram a sobreviver de forma mais isolada, tendo em vista que a divisão social do trabalho passou a permitir que a sociedade lhes forneça bens e serviços que, até então, não estavam à sua disposição. Daí surgiram as bases da família nuclear,[13] composta apenas por pais e seus filhos, a qual se consolidaria no século XX.

Ao longo do século XX, verificou-se maior facilidade para deslocamentos geográficos (migração da população para centros urbanos e abandono das pequenas comunidades), divisão social do trabalho, emancipação do gênero feminino, aumento dos indicadores de educação formal da população, surgimento de técnicas de contracepção e planejamento familiar, bem como centralidade do afeto nas famílias. Todos esses fatores foram determinantes para que a noção de entidade familiar tivesse seu sentido e alcance imediatos redefinidos para se referirem, basicamente, à unidade composta por pais e filhos.

Em função disso, filhos adultos passaram a estabelecer novos núcleos familiares em sincronia com aquele conhecido por tanto tempo. Todavia, deixou de existir a coincidência geográfica dos núcleos de habitação. Constatou-se, portanto, a partir da segunda metade do século XX, o que até então se considerava paradoxal: um único indivíduo pertence a dois núcleos familiares.

Esse processo, obviamente, afetou sobremaneira as relações intergeracionais no interior do ambiente familiar, mormente se associado ao crescente aumento da expectativa de vida da população.

Naturalmente, as relações internas à entidade familiar composta por cônjuge e filhos precedem as relações de filhos adultos com seus pais e tios.

Pais e tios idosos são lentamente excluídos do sentido e alcance imediato da expressão família no seu dia a dia e no seu convívio, embora reconhecidos e

---

11. CAMPOS, Diogo Leite de. *Lições de direito de família e sucessões*. 2 ed. Belo Horizonte: Del Rey, 1997. p. 55.
12. Cf. CAMPOS. Op. cit., p. 56.
13. Cf. CAMPOS. Op. cit., p. 60.

mantidos os vínculos jurídicos de parentesco. Tais transformações, por óbvio, não podem ser desconsideradas ao se refletir acerca da tutela integral da pessoa neste ambiente, notadamente porque se transformou, também, o valor de referência a ser concretizado na comunidade e, de forma mais ampla, na família. Se a família tradicional orientava-se pela fraternidade, a família, atualmente, deve se orientar a partir de um princípio de solidariedade.

3. DA FRATERNIDADE À SOLIDARIEDADE

A regulação do espaço privado da família durante a vigência do Código Civil de 1916 desenvolveu-se, inegavelmente, sob uma perspectiva fraterna à luz da tríade principiológica das revoluções liberais baseadas nos valores da liberdade, da igualdade e da fraternidade. Todavia, é inegável que a Carta Magna de 1988 inaugurou uma nova perspectiva ao estabelecer, em seu art. 3º, que se constitui um dos objetivos fundamentais da República Federativa do Brasil a construção de uma sociedade livre, justa e, grife-se, *solidária*.

Faz-se necessário, portanto, compreender que, assim como o conceito de fraternidade encontrava seu sentido e alcance em conjugação com os ideários de liberdade e igualdade formais, que compunham a tríade axiológica da modernidade, o conceito de solidariedade e sua concepção como norma dependem de sua conjugação com outros valores, notadamente segurança e diversidade.[14]

Deve se entender que fraternidade e solidariedade são conceitos que se articulam inicialmente com a ideia de reconhecimento e pertença, todavia, a partir de diferentes perspectivas. De fato, o credo liberal informativo da ideia de fraternidade encontra-se ligado aos anseios de construção do estado-nação e, assim, a uma certa pretensão de homogeneidade populacional em uma perspectiva de igualdade puramente formal. O apelo por fraternidade é, também, dessa maneira, de caráter mais sentimental do que operacional, na medida em que se liga a um conceito de liberdade baseado na não intervenção, isto é, ações efetivamente fraternas devem ser desenvolvidas não no espaço público, que se revela mínimo, mas por meio da voluntária atuação privada.

O conceito de solidariedade, por sua vez, embora parta também das imagens de vínculo sentimental e reconhecimento, articula-se com aquelas de forma diferente. A solidariedade é caracterizada por sentimento racionalmente guiado, limitado e autodeterminado, que compele à oferta de ajuda, apoiando-se, em uma mínima similitude, em interesses e objetivos, de forma a manter a diferença

---

14. Cf. DENNINGER, Erhard. "Segurança, diversidade e solidariedade" ao invés de "liberdade, igualdade e fraternidade". *Revista brasileira de estudos políticos*, n. 88, dezembro de 2003. Belo Horizonte: UFMG, 2003. p. 25.

entre os parceiros na solidariedade.[15] Trata-se de uma permanente injunção no sentido de mostrar decência em relação ao outro e afirmar a transcendência do "meramente jurídico" para as esferas da ética e da moral.[16]

Assim como a ideia de fraternidade somente pode ser compreendida a partir de suas interações com a liberdade e a igualdade liberais, a compreensão da solidariedade articula-se com o desejo de diversidade, com o fomento a posturas positivas de atendimento das necessidades especiais do outro por uma via de reconhecimento mais ampla, qual seja, a da inclusão em razão da simples condição humana, respeitando-se diversidades étnicas, culturais sociais ou, no que é particularmente relevante neste momento, geracionais.[17] Portanto, diferentemente da ideia de altruísmo, em que se converte em interesse próprio o interesse de um outro específico, de "espírito de equipe ou grupo" (que se aplica tão somente aos membros do grupo), a essência da solidariedade encontra-se na hipótese de que pessoas devem responder de maneira empática a uma *condição* que aflija "outros", independentemente de quem sejam tais outros.[18]

Ao tradicional significado de pluralidade subjetiva e unicidade do objeto referente ao direito obrigacional soma-se diverso de muito maior relevância, que conclama, a partir do art. 3º da Constituição da República de 1988, uma função promocional da atuação estatal aliada à concepção de justiça distributiva e voltada à igualdade substancial. Isso pressupõe a assunção comum de riscos e a consciência de que todos são responsáveis pelo destino de todos.[19] Essa é a compreensão do princípio de solidariedade que se projeta sobre a ideia de solidariedade familiar.

4. SOLIDARIEDADE E DEVERES ALIMENTARES PARA COM O IDOSO

Segundo Vanessa Buholt e Clare Venger, pode-se utilizar como parâmetro relativamente seguro para definir a presença ou a ausência daquilo que é descrito como solidariedade familiar ao menos cinco dimensões relacionais, a saber: solidariedade estrutural (proximidade física dos familiares), solidariedade associacional (frequência de contato), solidariedade afetiva (proximidade emocional),

---

15. Cf. DENNINGER. Op. cit., p. .36.
16. Cf. DENNINGER. Op. cit., p. 35.
17. Cf. DENNINGER. Op. cit., p. 35.
18. ARNSPERGER, Christian; VAROUFAKIS, Yanis. Towards a theory of solidarity. *Erkenntnis*, v. 59, n. 2, sept., 2003, p.157.
19. Nas palavras de BODIN MORAES, Maria Celina. O princípio da solidariedade. In:_____. *Na medida da pessoa humana*. Rio de Janeiro: Renovar, 2010. p. 239-240: "A expressa referência à solidariedade, feita pelo legislador constituinte, longe de representar um vago programa político ou algum tipo de retoricismo, estabelece em nosso ordenamento um princípio jurídico inovador, a ser levado em conta não só no momento da legislação ordinária e na execução de políticas públicas, mas também nos momentos de interpretação e aplicação dos direitos por seus operadores e demais destinatários, isto é, por todos os membros da sociedade".

solidariedade consensual (similaridade de opiniões) e solidariedade funcional (recebimento e fornecimento de ajuda ou suporte econômico).[20]

A ideia de uma solidariedade normativa, que implica deveres perante uma pessoa específica a ser considerada dentro do ambiente familiar, no caso o idoso, não se podem desconsiderar tais dimensões. A tutela da pessoa, que se pretende integral, somente pode se concretizar levando-se em consideração os variados aspectos das relações familiares, sempre multidimensionais. Se credor e devedor ordinariamente encontram-se relacionados a partir de uma única dimensão – o crédito – o mesmo não ocorre entre membros de uma família.

É certo que o dever de alimentar insere-se na dimensão funcional da solidariedade familiar e, no caso do idoso, seu direito à percepção de alimentos pode facilmente ser reconduzido a seus fundamentos constitucionais, pois a Constituição da República proclama, em seu art. 230, que "a família, a sociedade e o Estado têm o dever de amparar as pessoas idosas, assegurando sua participação na comunidade, defendendo sua dignidade e bem-estar e garantindo-lhes o direito à vida." Fato é que a normativa constitucional garante a todos o direito à vida, independente de idade, com base no princípio da dignidade da pessoa, que pressupõe uma existência envolta no bem-estar. Pontue-se, porém, que, ao tratar do idoso, a Constituição *reafirma* seu direito à vida e ao bem-estar de maneira específica.

A razão dessa garantia é o reconhecimento de que o idoso necessita de acurada atenção, pois, pelas circunstâncias de ser que envelhece, sua vida não possui as mesmas qualidades da experimentada por pessoas de outra faixa etária e de, por conseguinte, seu bem-estar se encontrar, de maneira mais latente, em risco. Idosos são, muitas vezes, invisíveis socialmente[21] e, como visto, a redefinição sociológica da família em moldes de família nuclear implicou o movimento de distanciamento, ou mesmo de exclusão, do idoso desse ambiente.

O elemento mais diferenciador que o art. 230 da Constituição da República de 1988 traz à colação é o dever de amparo à pessoa idosa, advindo da família, da sociedade e do Estado, ou seja, faz-se clara a presença do princípio da solidariedade nesse mandamento. Tal determinação constitucional acerca do dever de amparo ao idoso impõe, diante de uma lógica solidária, melhor compreensão das disposições relativas ao direito à alimentação pelo idoso constantes do Estatuto do Idoso (Lei 10.741/2003).

---

20. Cf. BUHOLT, Vanessa; WENGER, Clare. Differences over time in older people's relationships with children and siblings. *Ageing & Society*, v. 18, 1998, Cambridge: Cambridge University, 1998, p. 544.
21. BARBOZA, Heloisa Helena. O princípio do melhor interesse do idoso. In: PEREIRA, Tânia da Silva; DE OLIVEIRA, Guilherme (Coord.). *O cuidado como valor jurídico*. Rio de Janeiro: Forense, p. 67, faz referência expressa a tal invisibilidade e desenvolve, da página. 63 a 68, considerações sobre a vulnerabilidade do idoso.

O Estatuto do Idoso estabelece, em seu art.11, que os alimentos serão prestados ao idoso na forma da lei civil e, em seu art. 14, institui um papel subsidiário ao Estado no que se refere ao dever de se responsabilizar pelos idosos sem condições de prover o seu sustento. Somente no caso de também os familiares do idoso não possuírem condições para fazê-lo é que o Estado passa a atuar, em clara manifestação de lógica fraternal.

A ideia de cooperação não pode mais ser compreendida a partir da lógica da fraternidade, uma vez que esta se encontra associada aos postulados de liberdade e igualdade formal, componentes de uma ideologia liberal que se pauta, como é sabido, no não intervencionismo, visto que asseguradora de liberdades de caráter negativo. Nesse caso, o suporte familiar na velhice ou em situações de necessidade é tido como tradicional e até mesmo natural, de acordo com o modelo de hierarquia compensatória, no sentido de os pais sustentarem os filhos na infância e de os filhos sustentarem os pais na velhice, com o acionamento de formas mais "distantes" de suporte apenas quando os provedores do topo da hierarquia familiar encontram-se ausentes ou indisponíveis.[22]

Por mandamento constitucional, disposto no art. 229, "os pais têm o dever de assistir, criar e educar os filhos menores, e os filhos maiores têm o dever de ajudar e amparar os pais na velhice, carência ou enfermidade", mas esta disposição apenas afirma que existe um dever compensatório entre pais e filhos. Tal modelo é incorporado em políticas sociais através do que se chama de princípio da subsidiariedade, ou seja, um modelo em que a responsabilidade primeira de prover cuidados cabe à família, enquanto a seguridade social assume função residual e atua como uma espécie de rede de segurança.[23] Essa ideia costuma ser reforçada, ainda, com o argumento de que serviços formais de seguridade social não devem ser expandidos por desencorajar cuidados familiares ou outras modalidades informais de cooperação.[24]

Não é esse o modelo de tutela ao idoso imposto pela lógica da solidariedade constitucional!

Ademais, o Estatuto do Idoso cunhou, para o ator social que tutela, em seu art. 8º, um direito personalíssimo, o de envelhecer, e, portanto, o de se vulnerabilizar, além de dois subprincípios a guiar a interpretação de suas disposições: o da proteção integral, na forma do art. 2º, e o da absoluta prioridade, na forma do art. 3º, pontuados em diversas circunstâncias trazidas pelo próprio Estatuto, mas

---

22. Cf. DAATLAND, Svein Olav; HERLOFSON, Katharina. "Lost solidarity" or "changed solidarity" a comparative european view of normative family solidarity. *Ageing & Society*, v. 23, 2003. Cambridge: Cambridge University, 2003, p. 538.
23. Cf. DAATLAND; HERLOFSON. Op. cit., p. 538.
24. Cf. DAATLAND; HERLOFSON. Op. cit., p. 538.

também estendidos a todas as situações em que caiba ao Direito intervir quando o idoso figurar numa relação jurídica de direito público ou de direito privado.

O princípio da absoluta prioridade na aferição de direitos pelo idoso decorre da proteção ao envelhecimento em razão das situações de urgência dele decorrentes. Os velhos têm urgência por estarem com sua saúde em declínio. Se não tiverem certas primazias, perdem o bem-estar ou mesmo a vida, por terem reservas de vitalidade menores. Sabe-se que a vida é finita, mas é dever das instituições preservá-la dentro das possibilidades reais.

O princípio da solidariedade constitucional que informa os subprincípios da proteção integral e da absoluta prioridade do idoso implica, necessariamente, o afastamento do tradicional modelo de hierarquia compensatória e subsidiariedade da atuação estatal em matéria de alimentos. A lógica da solidariedade impõe outra solução.

Independentemente da capacidade econômica dos elencados pela lei civil como obrigados à alimentação do idoso, entende-se que o Estado também pode ser demandado diretamente. A existência de capacidade econômica por parte dos familiares poderia ensejar, tão somente, eventual direito de regresso, cuja delimitação de alcance ultrapassa os limites deste trabalho.

O direito prestacional aos alimentos deve ser também dever do Estado.

Assegurar alimentos aos idosos que deles necessitam, na perspectiva do dever de ampará-los por se tratarem de pessoas em contingências especialíssimas de vida, faz parte da concepção de um Direito solidário, conforme direcionamento da Constituição da República de 1988, baseado no princípio da dignidade da pessoa humana. Contextualizado, o princípio da dignidade, nos estados específicos de sua incidência na velhice, fala por si: é a pessoa – na sua conjuntura de vida e em sua unicidade – um dos fundamentos do próprio Estado Democrático de Direito.[25]

O Estado ao qual se refere o art. 1º da Constituição tem íntima ligação com a solidariedade social, já que a própria ideia de democracia repousa sobre a multiplicidade de situações que demandam atitudes de cooperação com as diversas situações da pessoa, uma vez que ela se imiscui numa sociedade plural e heterogênea, o que gera, por consequência, heterogeneidades nas precisões dos que a compõem.[26] Sob essa ótica deve ser apreciada a problemática dos grupos de pessoas idosas.

---

25. Dispõe o Artigo 1º da Constituição da República brasileira que "a República Federativa do Brasil, formada pela união indissolúvel dos Estados e Municípios e do Distrito Federal, constitui-se *Estado Democrático de Direito* e tem como fundamentos [...] III, *o princípio da dignidade da pessoa humana*". [Grifou-se].
26. Veja-se FARIAS, José Fernando de Castro. *A origem do direito de solidariedade*. Rio de Janeiro: Renovar, 1998. p. 187.

O princípio constitucional da solidariedade determina, portanto, que o Estado, como prestador de assistência ao idoso, encontre-se abrangido pelo alcance de tal regra de solidariedade obrigacional, podendo ser demandado, portanto, não apenas de forma subsidiária, como daria a entender o art. 14 do Estatuto do Idoso se interpretado a partir da lógica fraternal e do modelo estrito de hierarquia compensatória. Isso porque, em virtude da crescente expectativa de vida da população, não é incomum que três, ou até mesmo quatro gerações de uma mesma família coexistam por um período de tempo considerável. Levando-se em conta a eventual limitação de recursos de cada uma dessas gerações, o estabelecimento de relações de suporte econômico na velhice acabaria por ser deveras dificultado.

Além disso, asseverar amparo aos idosos parte da compreensão que eles fazem jus a um acolhimento especial. Tal acolhimento especial oscila entre o reconhecimento de sua autonomia – que deve ser afiançada pela preservação da sua capacidade de exercício nos atos da vida civil, apesar de certos declínios físicos e psíquicos causados pelo envelhecimento – e o de sua necessidade de proteção, em virtude das conjunturas específicas que permeiam sua vida social, bem como, agora em sentido diverso, pelos mesmos declínios físicos e psíquicos que, se não lhes retiram a capacidade, certamente os fragilizam.[27] É essa ambivalência que confere sentido ao dever de cuidado que deve permear as relações em que o idoso esteja imiscuído.

O princípio da proteção integral, no que se refere aos alimentos, diz respeito às precisões advindas das minúcias da condição de idoso, que podem demandar alimentação especial, gastos com saúde diferenciados como, por exemplo, fisioterapia, uma casa com certos aparatos para deficiências visuais, de audição, de locomoção, de alcance, de manuseio ou, talvez, uma entidade de atendimento que já possua esses elementos.

Somados, os princípios da proteção integral e da absoluta prioridade compõem um só princípio: o do melhor interesse do idoso.[28] Essa construção decorre das necessidades ambivalentes de autonomia, que advêm do princípio da liberdade e de proteção, sucedâneo do princípio de solidariedade, conferidas ao idoso de forma peculiar e, na medida do caso concreto, de acordo com suas especificidades, a fim de se preservar seu melhor interesse num ou noutro sentido.

---

27. Segundo PERLINGIERI, Pietro. *Perfis do direito civil*: introdução ao direito civil-constitucional. Tradução de: Maria Cristina de Cicco. 3 ed. Rio de Janeiro: Renovar, 1997. p. 168: "A inexistência de problemas relativos à capacidade negocial do idoso não implica a inexistência de problemas ligados ao idoso como portador de interesses, caso a caso, especiais e merecedores de proteção e promoção."
28. Seja consentido remeter a BARLETTA, Fabiana Rodrigues. *O direito à saúde da pessoa idosa*. São Paulo: Saraiva, 2010, p. 85-126. passim.

Outro ponto que merece análise é a possibilidade, criada pelo art. 12 do Estatuto do Idoso, de atribuir ao vulnerável a opção de escolher a que prestador de alimentos demandar e que tem sido sujeita a críticas de inconstitucionalidade.[29]

Bem antes da vigência do Estatuto do Idoso, a então Lei de Locações de Imóveis Urbanos (Lei 8.245, de 18 de outubro de 1991) fixou, em seu art. 30, que o locatário mais idoso deveria ser o escolhido, na hipótese de multiplicidade de locatários, para exercer o direito de preferência. Esse dispositivo foi, por alguns intérpretes, considerado inconstitucional, mas a Constituição já previa o dever de amparo ao idoso e uma "interpretação reunificadora do direito privado"[30] não permitiria que fosse aventada tal inconstitucionalidade sob o pálio de se estar a ferir o princípio da isonomia.[31]

Há que se observar que quando o idoso recorre à via judicial para ter acesso aos alimentos, ele o faz, na maioria das vezes, porque perdeu sua autonomia no que concerne às condições de trabalho para se manter. Observe-se que tal situação é bastante diferente da conjuntura da criança e do adolescente. Quando esses precisam de alimentos, são representados ou assistidos por alguém, não ocupam estes, assim se diga, a "linha de frente" do conflito. Eles não se expõem. Há quem o faça por eles. Ademais, crianças e adolescentes nunca gozaram de autonomia para se satisfizer materialmente.

Com o idoso ocorre o contrário. Ele já se sustentou por meio do trabalho e, por suas vicissitudes peculiaríssimas, perdeu condições de subsistir autonomamente. Essa situação não é amena, pelo contrário, muitas vezes é percebida como humilhação. Veja-se o quadro: o idoso não tem mais conservas de força para o trabalho físico ou intelectual por declínios de saúde e de dificuldade de adaptação social a um mundo que já não é mais o seu (dificuldades socioprodutivas),[32] mas

---

29. DE FARIAS, Cristiano e ROSENVALD, Nelson. *Curso de direito civil*: direito das famílias. 4 ed. Salvador: JusPodivm, 2012. v. 6, p. 774, que cogita da inconstitucionalidade do dispositivo no caso concreto pela possibilidade de ferir a prioridade absoluta e proteção integral conferidas à criança e ao adolescente pelo art. 227 da Constituição.
30. TEPEDINO, Gustavo. Premissas para a constitucionalização do direito civil. In: ___. *Temas de direito civil*. 4 ed. Rio de Janeiro: Renovar, 2008. p. 17.
31. Sobre esse ponto posicionou-se TEPEDINO, Gustavo. Op. cit., p. 16 e 17, nos seguintes termos: "[...] Há uma enorme diferença entre a discriminação arbitrária e o tratamento legitimamente diferenciado. Se a Constituição determina o dever do Estado em amparar idosos, conforme dicção expressa no artigo 230, esse dever não pode ser interpretado apenas como um estímulo à construção de asilos. O tratamento diferenciado do legislador das locações corresponde justamente ao ditado constitucional que, expressão da dignidade da pessoa humana, imagina ser mais tormentoso para o locatário mais idoso a mudança de residência, daí decorrendo o desempate a seu favor no exercício do direito de preferência."
32. Os escritos de BOBBIO, Norberto. *O tempo de memória: de senectude e outros escritos autobiográficos*. Tradução de VERSIANI, Daniela. Rio de Janeiro: Elsevier, 1997. p. 49 e 50 demonstram as dificuldades socioprodutivas aludidas, bem como os problemas de adaptação ao novo na velhice: "O tempo urge. Eu deveria acelerar os movimentos para chegar a tempo e, em vez disso, vejo-me obrigado, dia após dia, a mover-me mais devagar. Emprego mais tempo e disponho de menos tempo. Pergunto a mim mesmo,

tem discernimento suficiente para saber que, se não pedir ajuda, vai sucumbir e que só lhe cabe, portanto, pleitear alimentos.

Submeter o idoso ao tradicional modelo de hierarquia compensatória disposto pelo Código Civil em seus artigos 1.696 e 1.697, que chama primeiramente à obrigação alimentar o parente mais próximo em grau, parece, no mínimo, cruel. Se assim fosse, o idoso teria que demandar, pessoalmente, contra aqueles que talvez mais ame e isso sim poderia trazer, de fato, um grande problema para a manutenção da solidariedade afetiva, entendida como proximidade emocional, tal como apontado.

Pesquisas empíricas comprovam que maior solidariedade funcional (prestação concreta de ajuda ou suporte econômico) entre familiares encontra-se associada a um vínculo descrito como de menor solidariedade afetiva e associativa, não se tratando de relações entre pais e filhos menores.[33]

Se fossem mantidas as disposições do Código Civil para o idoso, ele, já precedido nas dimensões afetiva e associacional por outros, como o cônjuge e os filhos, na estrutura da família nuclear, teria que, para manter a própria subsistência, tomar medidas que aludem a maior isolamento e exclusão emocional e menor frequência de contato, ou seja, maior desamparo existencial ou, simplesmente, solidão.

Como dito anteriormente, as relações entre o idoso e os apontados como prestadores de alimentos no tradicional modelo de hierarquia compensatória revela-se insuficiente. Os vínculos de solidariedade que os unem não se verificam somente na dimensão funcional (recebimento de ajuda ou suporte, notadamente, econômico). As dimensões afetivas (proximidade emocional) e associacionais (frequência de contato) revelam-se extremamente importantes dentro da concepção de amparo.

---

preocupado: – Será que vou conseguir? Sinto-me compelido pela necessidade de terminar, pois sei que o pouco tempo que me resta para viver não me permite parar de vez em quando para descansar. E contudo, sou obrigado a marcar o passo, embaraçado nos movimentos, desmemoriado e portanto obrigado a anotar tudo de que preciso em folhas que, no momento oportuno, não encontrarei. Inventaram instrumentos maravilhosos para ajudar a memória, reduzir o tempo necessário à escrita, mas não sei utilizá-los, ou utilizo-os muito mal para deles extrair todos os possíveis benefícios. Meu pai andava de bicicleta quando já haviam inventado o automóvel. Eu voltei a escrever com caneta-tinteiro (com uma letra tão ilegível que deixo meus leitores desesperados). E, no entanto, sobre a escrivaninha do meu lado, vê-se um belíssimo computador. Diante dele fico intimidado. Ainda não consegui ter com ele a necessária intimidade para usá-lo com a desenvoltura com que outrora eu usava a máquina de escrever. Como o rapazinho que aprende a tocar piano, também eu precisaria de uma professora severa que ordenasse: – E agora faremos meia hora de exercícios."

33. Neste sentido veja-se BUHOLT, Vanessa; WENGER, Clare. Differences over time in older people's relationships with children and siblings. *Ageing & Society*. v. 18, 1998, Cambridge: Cambridge University, 1998. p. 537-562.

O princípio constitucional da solidariedade impõe, por consequência, o ônus da necessidade de alimentos para além mesmo do núcleo de convivência afetiva ou associativa do idoso. Dessa maneira, deve ser aplaudida a regra de solidariedade obrigacional (aquela que constitui por unidade de objeto e pluralidade de devedores sem benefício de ordem) contida no art. 12 do Estatuto do Idoso.

Tal regra torna menos custoso para a pessoa idosa fazer a opção quanto a quem acionar, não só pelas condições econômicas que esse possua, mas também para se preservar psiquicamente ou não se melindrar com aquele com quem mais se relaciona emocionalmente, seja mais ou menos abastado.

Resta claro, contudo, que a preocupação em se estabelecer responsabilidade efetivamente solidária entre familiares e Estado, no que se refere à assistência material do idoso, visando a preservar seu amparo existencial implica – de maneira implícita, também como forma de manifestação concreta do princípio constitucional de solidariedade – deveres não patrimoniais de amparo e assistência por parte dos familiares, como o de frequência de contato, visando a evitar exclusão e isolamento.

Sob a égide da solidariedade, para todas as relações familiares cabe a máxima cunhada pela Ministra Nancy Andrighi em demanda por responsabilização civil advinda de abandono familiar: "amar é opção, cuidar é dever".[34] Passa-se, assim, da ordem afetiva para a ordem ética, do que somos e queremos ao que devemos.[35]

Se o afeto não se faz exigível, o comportamento de forma interessada e ocupada com aquele que necessita de cuidados sim.[36] Se o amor não está ao nosso alcance, atitudes compassivas estão. Conforme assevera Comte-Sponville: "Ama e faz o que queres, pois – ou compadece-te e faz o que deves".[37]

5. CONCLUSÃO

O Estatuto do Idoso garante, corretamente, que o idoso opte, no âmbito da família, pelo prestador da obrigação alimentar que mais lhe convier por diversos fatores, já que a reconhece como solidária a todos os parentes, independente de grau. Esse entendimento deve ser extensivo ao Estado.

---

34. STJ. Recurso Especial 1.159.242-SP.
35. COMTE-SPONVILLE. Pequeno tratado das grandes *virtudes*. São Paulo: Martins Fontes, 2000. p. 129.
36. Neste aspecto, a título de curiosidade, é interessante fornecer notícia acerca de recente alteração na Lei da República Popular da China sobre a Proteção dos Direitos e Interesses dos Idosos, que estabelece a obrigação de visitação frequente aos idosos pelos filhos, embora não estabeleça as penalidades aplicáveis em caso de descumprimento. A versão oficial do texto integral em inglês encontra-se disponível em [http://www.china.org.cn/english/government/207403.htm].
37. COMTE-SPONVILLE. Op. cit., p. 129.

Quando o ser humano envelhece, passa a carregar, de modo imanente, uma vulnerabilidade advinda de decadências em aptidões físicas e intelectuais, que, muitas vezes, inviabilizam sua capacidade de trabalho, a fim de se abastecer de maneira autônoma. Se, além de não mais conseguir trabalhar, os recursos amealhados ao longo da vida mostrarem-se insuficientes para manutenção das necessidades do idoso e o *quantum* que a aposentadoria ou a assistência lhe auferir apresentarem-se escassos para sua manutenção em patamares de dignidade, Estado e família devem estar, conjuntamente, no polo passivo da obrigação alimentar, a fim de atender o direito de um ator social que faz jus à proteção integral, segundo seu melhor interesse.

O princípio do melhor interesse do idoso tem sede constitucional, na forma do art. 5º, § 2º da Constituição da República que o recepciona, desde seu preâmbulo, quando proclama por uma ordem justa e solidária que visa à dignidade da pessoa humana, onde está incluída a idosa, na sua unicidade de ser encanecido.[38] O princípio da solidariedade social não se restringe apenas à ambiência da família, mas alcança o Estado e o faz igualmente responsável, pois ambas as instituições devem ser tocadas pelo dever de amparo aos idosos, que cabe a toda a sociedade.

---

38. Posição amplamente defendida em BARLETTA, Fabiana Rodrigues. *O direito à saúde da pessoa idosa*. São Paulo: Saraiva, 2010. p. 112-126, *passim* e especificamente também na página 313, no item 16 de suas conclusões.

7
A OBRIGAÇÃO ALIMENTAR DOS AVÓS (IDOSOS) E O MELHOR INTERESSE DE CRIANÇAS E ADOLESCENTES: TRAJETÓRIA EVOLUTIVA E PONDERAÇÕES À LUZ DA APLICAÇÃO JUDICIAL BRASILEIRA

Vanessa Ribeiro Corrêa Sampaio Souza

Doutora em Direito Civil pela Universidade do Estado do Rio de Janeiro (UERJ). Professora associada de direito civil da Universidade Federal Rural Rio de Janeiro (UFRRJ-ITR).

Sumário: 1. Introdução – 2. Dos indivíduos às pessoas idosas – 3. A presença do idoso no contexto familiar – 4. Proteção jurídica conferida às crianças e adolescentes – 5. Crianças e adolescentes na condição de credores de prestações alimentícias devidas pelos avós; 5.1 O Superior Tribunal de Justiça e as ações de alimentos propostas em face dos avós – 6. Conclusão.

1. INTRODUÇÃO

A presente pesquisa tem por objetivo apresentar a evolução do tratamento jurídico conferido aos idosos e às crianças/adolescentes no que diz respeito à interseção entre os seus interesses nos casos de prestação de alimentos pelos avós. A família, enquanto núcleo para o cumprimento de interesses como a solidariedade, permite a discussão acerca dos alimentos avoengos, o que põe em voga a necessidade de ponderação entre os interesses de crianças, com vistas ao seu desenvolvimento, e idosos, pessoas com necessidades especiais em função das alterações físicas e metabólicas sofridas pelo corpo no decorrer do tempo. Nesse intento, serão descritos julgados do Superior Tribunal de Justiça (2005-2021) sobre a temática, com vistas à identificação dos fatores de ponderação envolvidos nas referidas decisões, sobretudo no que pertine a uma eventual atuação protetiva em favor dos idosos.

2. DOS INDIVÍDUOS ÀS PESSOAS IDOSAS

Enquanto o valor patrimonialista foi preponderante para justificar o sistema jurídico e conformar a atribuição de direitos, não foi possível estabelecer normas cuja finalidade fosse a proteção do indivíduo enquanto pessoa humana. Nesse contexto, a personalidade assumia sentido mais instrumental que finalístico e o sujeito de direito recebia proteção jurídica formal do Estado que, em termos civis, preocupava-se tão somente com a expressão válida de sua vontade, objetivo que dependia tão somente da idade ou inexistência de perturbação mental.

A invisibilidade de algumas figuras alimentava esse sistema e assumia, ao lado da atribuição de papeis específicos, a responsabilidade por sua reprodução e deletérias decorrências. A submissão feminina, a menor atenção às crianças e adolescentes e a desconsideração para com os idosos, sobretudo aqueles que não assumiam a figura da chefia familiar, exemplificam aquela invisibilidade e constituem situações cuja mudança perpassa uma modificação axiológica cuja implantação se aliou à ocorrência de lutas e à expressão de políticas de proteção setorizadas.

A atual normativa constitucional fundamenta um tratamento específico e cuidadoso para aqueles que naturalmente possuem condições que conduzem à vulnerabilidade, entendidos como tais, mais comumente, as crianças, os adolescentes, os idosos e as pessoas com deficiência. Essas pessoas, por sua própria condição, independentemente de quaisquer relacionamentos sociais ou jurídicos que venham a estabelecer, já se encontram em estado peculiar por conta das necessidades de adaptação física (modificações corporais decorrentes da idade[1] e possíveis repercussões psíquicas a elas referentes) e de afirmação de direitos (preservação ou conquista de autonomia). Ou seja, diferentemente de situações jurídicas como a do consumidor – também considerado vulnerável, cuja esfera de proteção se apresenta relacionada aos negócios – aquelas pessoas, por sua condição humana, já se apresentam como dignas de diferenciada tutela.

Nesse sentido parece conduzir-se o entendimento de Heloisa Helena Barboza:

> Considerados tais aspectos panorâmicos da situação do idoso, parece razoável concluir que ele se encontra no grupo dos que têm sua vulnerabilidade potencializada, inscrevendo-se, para fins de elaboração e aplicação das leis, na categoria dos vulneráveis, ou seja, daqueles que já se encontram, por força das contingências, em situação de desigualdade, devendo ser 'discriminado positivamente', para resguardo de sua dignidade.[2]

A cláusula geral de promoção da pessoa humana alberga a noção de proteção aos idosos e cria base valorativa cuja finalidade está em justificar e suprir ações voltadas

---

1. Partindo de uma análise mais generalista sobre o tema, BARLETTA, Fabiana Rodrigues. A pessoa idosa e seu direito prioritário à saúde: apontamentos a partir do princípio do melhor interesse do idoso. *Revista do IBDFAM: Famílias e Sucessões*, n. 06, nov./dez. 2014, p. 73-86, afirma que: "O envelhecimento acarreta 'trocas anatômicas e funcionais não produzidas por doenças' e que diferem entre os indivíduos, mas que fazem parte de um 'processo biológico intrínseco, declinante e universal, no qual se podem reconhecer marcas físicas e fisiológicas inerentes'" (p. 75).
2. BARBOZA, Heloisa Helena. O princípio do melhor interesse do idoso. In: PEREIRA, Tânia da Silva; OLIVEIRA, Guilherme de. *O cuidado como valor jurídico*. Rio de Janeiro: Forense, 2008. p. 57-71, p. 67 e 68.

para o benefício desse grupo, afastando lacunas na regulação do assunto. Assim, para Heloisa Helena Barboza, a exemplo do que acontece com as crianças e adolescentes, é possível identificar no sistema nacional o princípio do melhor interesse do idoso.[3]

Em contexto mais abrangente, a preocupação com a questão dos idosos se apresenta desde a Declaração Universal dos Direitos Humanos, em seu artigo 25, 1, ao se referir genericamente à garantia de direitos na velhice,[4] tendo sido feita nova menção ao mesmo grupo em outro documento, qual seja a enunciação dos princípios das Nações Unidas para as pessoas idosas, adotados pela Resolução 46, de 16 de dezembro de 1991, e que se referem expressamente à independência, participação, assistência, realização pessoal e dignidade.[5] No Brasil, a Lei 8.842, de 04 de janeiro de 1994, dispôs sobre a Política Nacional do Idoso, cujo art. 1º, estabelecedor de seus objetivos, vem assegurar os direitos sociais dos idosos, criando condições para promover a sua autonomia, integração e participação efetiva na sociedade. Em termos de principiologia, atribuiu à família, à sociedade e ao Estado o dever de assegurar ao idoso os direitos de cidadania, sua participação na comunidade, sua dignidade, bem-estar e o direito à vida (art. 3º, I).[6] Acompanhando o mesmo critério etário adotado nesta Política Nacional (60 anos), a Lei 10.741, de 1º de outubro de 2003, criou programa amplo de atuação em favor desse específico grupo, sendo pródigo no elenco dos direitos e na estruturação de uma política de atendimento – que incluiu o acesso à justiça e a punição mediante infrações administrativas e criminais.

Essa política de proteção integral se manifesta em seu art. 3º da seguinte forma:

> Art. 3º É obrigação da família, da comunidade, da sociedade e do Poder Público assegurar ao idoso, com absoluta prioridade, a efetivação do direito à vida, à saúde, à alimentação, à educação, à cultura, ao esporte, ao lazer, ao trabalho, à cidadania, à liberdade, à dignidade, ao respeito e à convivência familiar e comunitária.[7]

O tratamento legislativo setorizado inclui a implantação de políticas públicas e a efetivação de direitos, além de inserir nesse contexto a participação da família e de grupos menores aos quais pertencem os idosos. Optou por uma tutela baseada em suas condições subjetivas, ao mesmo tempo em que estabeleceu uma proteção que abstratamente não encontra limites, salvo nos casos de concreta ponderação com interesses dos próprios idosos e/ou de terceiros.[8]

---

3. Ibidem, p. 57.
4. *Adotada e proclamada pela Assembleia Geral das Nações Unidas (resolução 217 A III) em 10 de dezembro 1948.* Disponível em: [https://www.unicef.org/brazil/pt/resources_10133.html]. Acesso em: 25.08.2017.
5. Disponível em: [http://direitoshumanos.gddc.pt/3_15/IIIPAG3_15_1.htm]. Acesso em: 25.08.2017.
6. Disponível em: [http://www.planalto.gov.br/ccivil_03/leis/L8842.htm]. Acesso em: 25.08.2017.
7. Disponível em: [http://www.planalto.gov.br/ccivil_03/leis/2003/L10.741.htm].
8. BARBOZA, Heloisa Helena. O princípio do melhor interesse do idoso. Op. cit., p. 57-71.

3. A PRESENÇA DO IDOSO NO CONTEXTO FAMILIAR

A intenção constitucional de criar uma sociedade solidária (art. 3º, I) assumiu configuração mais específica ao abranger as relações familiares, conforme se depreende do art. 229, CR. De acordo com essa previsão, não se almeja tão somente que a família seja igualitária e democrática,[9] mas também solidária no que diz respeito ao cuidado, atenção e responsabilidade pela vivência digna de seus integrantes, entendidos estes como aqueles cujo vínculo se estabelece pelo parentesco – em quaisquer de suas formas –, mas também pelas relações de conjugalidade e companheirismo.

A composição das famílias afigura-se como algo bastante particular, sendo em alguns casos uma escolha refletida e, em outros, uma contingência determinada por fatores econômicos ou necessidades relacionadas à saúde. Dessa forma, a depender do contexto, a presença do idoso no arranjo pode ser definidora a respeito das características e da qualidade de vida a serem conferidas ao núcleo, o que se demonstra mediante residência conjunta e transferência de auxílio e de apoio entre as gerações[10] (por exemplo: ajuda na administração da casa e, principalmente, na criação e educação dos netos). Mas, segundo estudos, a participação dos idosos pode ser ainda bastante ativa em termos financeiros, pois a permanência no emprego ou o recebimento de benefícios previdenciários faz com que homens idosos ainda mantenham o papel tradicional de chefe e provedor da família, ao mesmo tempo em que mulheres idosas terminam por se manter naquele papel tradicional de cuidadoras da família, ou acumular, em certos casos, o papel de provedoras.[11] Segundo indicadores sociais divulgados em 2014, 64,4% dos idosos se insere no domicílio como a pessoa de referência, sendo 80,3% homens.[12] Ainda no Brasil, a maioria dos idosos encontra-se em arranjos familiares mais amplos (84,9% convive com cônjuge, filhos ou outros parentes) e nesses arranjos o rendimento mensal *per capita* médio é 25,0% maior que os rendimentos dos arranjos familiares sem idosos.[13] Esse quadro se repete em 2016, ao se identificar que somente em 11% dos arranjos integrados por pessoa com sessenta anos ou mais, encontra-se rendimento familiar *per capita* de até meio salário mínimo. Considerando que 69% dos rendimentos dessas pessoas provém de aposentadoria

---

9. MORAES, Maria Celina Bodin de. A família democrática. Disponível em: [http://www.ibdfam.org.br/_img/congressos/anais/31.pdf]. Acesso em: dez. 2017.
10. CAMARANO, Ana Amélia; KANSO, Solange; MELLO, Juliana Leitão e; PASINATO, Maria Thereza. Famílias: espaço de compartilhamento de recursos e vulnerabilidades. In: CAMARANO, Ana Amélia (Org.). *Novos idosos brasileiros: muito além dos 60?* Rio de Janeiro: IPEA, 2004. p. 137-169, p. 139.
11. Ibidem, p. 141.
12. Síntese de indicadores sociais: uma análise das condições de vida da população brasileira. v. 34. IBGE: Rio de Janeiro, 2014. p. 37.
13. Síntese de indicadores sociais: uma análise das condições de vida da população brasileira. v. 34. IBGE: Rio de Janeiro, 2014. p. 37.

ou pensão, é possível afirmar que essas rendas garantem aos idosos e aos familiares que com eles convivem uma menor vulnerabilidade econômica.[14] Esse quadro social evidencia certa dependência financeira familiar em relação aos idosos e faz parte de um contexto mais amplo no qual – não necessariamente por questões econômicas e políticas – se constata que os pais vêm ajudando cada vez mais e por mais tempo os seus filhos, ainda que estes já sejam maiores, tenham terminado seus estudos e até possuam emprego.[15]

Em paralelo a tais questões, na seara das relações derivadas do parentesco em linha reta, tem-se que o dever de garantir a sobrevivência alcança inicialmente e de maneira recíproca os pais e os filhos, reservada a extensão obrigacional aos casos de impossibilidade total ou parcial do devedor mais próximo. A responsabilidade parental se especializa no dever de cuidar, criar e educar, o que inclui o fornecimento de alimentos até que os filhos possam sozinhos prover às suas necessidades, momento em que se tornam responsáveis pela saúde e pelo suprimento das necessidades dos pais, especialmente nas situações de carência, enfermidade ou velhice (art. 229, CR). O avanço da idade se caracteriza por modificações orgânicas que, apesar de atingirem diferentemente as pessoas, são normalmente inafastáveis no contexto da finitude humana. Assim, há verdadeiro entrelaçamento nas relações de cuidado e de solidariedade familiar, ora na condição de provedor, ora na condição de carecedor de atenção e de alimentos.

Além das questões econômicas, a convivência, enquanto elemento formador do amadurecimento da pessoa, se enriquece a partir da união entre as gerações, sendo essa uma realidade que já operou modificações no mundo jurídico, a exemplo do exercício do direito de visitas pelos avós, estabelecido por meio de alteração promovida pela Lei 12.398/11 no Código Civil. Essa alteração normativa tornou indiscutível a concretização de interesses de natureza existencial e promoveu a continuidade do relacionamento familiar em extensão mais ampla, mesmo diante da dissolução ou inexistência de eventuais vínculos de união entre os pais. Essa postura fortalece a união familiar em favor do cumprimento do melhor interesse da criança e do adolescente e, sobretudo, permite a oxigenação do processo educativo por viabilizar contato entre as diferentes gerações, com todas as vantagens daí advindas: transmissão de noções de solidariedade, alteridade, aceitação, tolerância, renovação dos pensamentos, além de evitar o costumeiro isolamento sofrido pelos avós que se colocam na condição de idosos.[16]

---

14. Síntese de indicadores sociais: uma análise das condições de vida da população brasileira. v. 36. IBGE: Rio de Janeiro, 2016, p. 32.
15. HYMOWITZ, Carol. Filhos que arruínam aposentadoria dos pais. *Jornal Valor econômico*, 23.03.2015. Disponível em: [www.valor.com.br]. Acesso em: 10.10.2016.
16. PEREIRA, Tania da Silva. Proteção dos idosos. *Tratado de direito das famílias*, Belo Horizonte: Ibdfam, 2015. p. 343-365.

4. PROTEÇÃO JURÍDICA CONFERIDA ÀS CRIANÇAS E ADOLESCENTES

A mudança do paradigma valorativo utilizado para fundamentar toda a sorte de direitos previstos na Constituição de 1988 atingiu, também, a conformação jurídica até então conferida às crianças e aos adolescentes. A invisibilidade desses sujeitos no trato das questões políticas e jurídicas constituiu-se, durante muito tempo, como a nota essencial das relações sociais, estabelecidas maciçamente para atender aos interesses dos adultos.

Tal quadro passou a ser revertido a partir do momento em que documentos legislativos internacionais conferiram, efetivamente, às crianças e aos adolescentes uma série de direitos cujo respeito passou a ser imposto a todos, dos representantes da esfera estatal até aqueles que participam do convívio familiar.

O princípio do melhor interesse da criança teve sua origem na Inglaterra, onde, através do instituto do *parens patriae*, conferiu inicialmente à Coroa e depois ao Chanceler – a partir do século XIV – a atribuição de proteger e cuidar daqueles que não podiam fazê-lo por si mesmos. Em termos judiciais, nos idos do século XVIII, as suas bases podem ser encontradas em casos como *Finlay v. Finlay*, *Rex v. Delaval* e no caso *Blissets*, quando foram fixados posicionamentos no sentido de que o interesse da criança deveria ser sempre utilizado como um direcionamento máximo para a decisão do caso *sub judice*, superando até mesmo, se fosse o caso, o direito de seus pais. No entanto, a efetivação do princípio, nesse mesmo país, somente teria ocorrido em 1836.[17]

Nos Estados Unidos, segundo os ensinamentos de Tânia da Silva Pereira, o princípio teria sido utilizado em 1813, no caso *Commonwealth v. Addicks*, na Pensilvânia. Na disputa sobre a guarda de uma criança foi decidido que ela deveria permanecer com a sua mãe, a despeito do adultério por esta cometido, uma vez que cuidava corretamente do filho.[18]

Em termos de orientação normativa internacional, o direito dos menores passou a ser cogitado, principalmente, com a Declaração de Genebra, de 1924, que enunciou a necessidade de se conferir à criança uma proteção especial. Logo em seguida, foram criadas: a Declaração Universal dos Direitos Humanos das Nações Unidas, de 1948, e a Declaração Universal dos Direitos da Criança, de 1959, acompanhada, em 1969, pela Convenção Americana sobre os Direitos Humanos (Pacto de San Jose da Costa Rica), ratificado pelo Brasil, em 1992, através

---

17. PEREIRA, Tânia da Silva. O 'melhor interesse da criança'. In: PEREIRA, Tânia da Silva (Org.). *Direito da criança e do adolescente*: uma proposta interdisciplinar. Rio de Janeiro: Renovar, 1996. p. 1-101, p. 1-2.
18. PEREIRA, Tânia da Silva. O 'melhor interesse da criança'. In: PEREIRA, Tânia da Silva (Org.). *Direito da criança e do adolescente*: uma proposta interdisciplinar. Rio de Janeiro: Renovar, 1996. p. 1-101. p. 3.

do Decreto 678, em que, no art. 19, foi imposto à família, à sociedade e ao Estado o dever de proteger as crianças de acordo com as exigências decorrentes de sua condição de menor. Sobre o assunto, porém, não deve ser omitida a importância da Convenção Internacional dos Direitos da Criança, de 1989, documento bastante abrangente, na medida em que condicionou a atuação dos órgãos públicos, privados e dos poderes estatais à consecução do melhor interesse da criança. Sua adoção interna se deu por meio do Decreto 99.710, de 21 de novembro de 1990.

A ratificação da Convenção em 1990, aliada aos termos constitucionais previstos no art. 227,[19] fez com que a proteção aos direitos da criança tenha assumido uma postura séria e demasiadamente ampla, a orientar a atuação de todas as instituições que trabalham com a causa do menor, sejam elas de cunho social, político ou jurídico. É a doutrina da proteção integral. Para Tânia da Silva Pereira, a ratificação brasileira dessa Convenção foi a responsável pela definitiva entrada do princípio do melhor interesse da criança em nosso sistema.[20]

Continuando a diretriz que confere ao menor todos os direitos necessários para uma condução digna de sua vida, o Estatuto da Criança e do Adolescente, lei 8069/90, pretendeu, através de sua qualidade de microssistema, conferir uma regulamentação que fosse a mais completa possível, passando, então, a considerar a situação da criança e do adolescente sob o aspecto da preferência na efetivação de políticas públicas – previstas no art. 4º – e também na sua inserção como sujeito de direitos – art. 15. Nesse último caso, deve-se afirmar que, inclusive dentro da própria família, não mais se tolera que os menores sejam considerados como meros objetos, cujo destino anteriormente era guiado pela vontade dos genitores, principalmente a do pai.

Um outro fator que desperta a atenção para a análise do Estatuto é o de que, com a finalidade de conferir uma proteção abrangente, resolveu enunciar norma genérica em seu art. 6º, segundo a qual a condição de ser uma pessoa em desen-

---

19. "É dever da família, da sociedade e do Estado assegurar à criança e ao adolescente, com absoluta prioridade, o direito à vida, à saúde, à alimentação, à educação, ao lazer, à profissionalização, à cultura, à dignidade, ao respeito, à liberdade e à convivência familiar e comunitária, além de colocá-los a salvo de toda forma de negligência, discriminação, exploração, violência, crueldade e opressão." BRASIL. *Constituição da República Federativa*. São Paulo: Saraiva, 2016. Segundo Tânia da Silva Pereira, a enunciação constitucional de direitos para as crianças e adolescentes decorreu em grande parte do trabalho de articulação popular existente a partir de 1985, quando foram inúmeras as discussões travadas entre setores governamentais e segmentos da sociedade civil, tendo surgido inclusive o Fórum DCA, Fórum nacional permanente de direitos da criança e do adolescente. PEREIRA, Tânia da Silva. Direito da criança e do adolescente: a convivência familiar e comunitária como um direito fundamental. In: PEREIRA, Rodrigo da Cunha (Coord.). *Direito de família contemporâneo*: doutrina, jurisprudência, direito comparado-interdisciplinar. Belo Horizonte: Del Rey, 1997. p. 639-694, p.647.
20. PEREIRA, Tânia da Silva. O 'melhor interesse da criança'. In: PEREIRA, Tânia da Silva (Org.). *Direito da criança e do adolescente*: uma proposta interdisciplinar. Rio de Janeiro: Renovar, 1996. p. 1-101, p. 7.

volvimento deve sempre guiar a atividade do intérprete no momento de aplicar as normas para o fim de resolver os casos em concreto.

Sobre esse assunto, elucidativa a explicação de Antônio Carlos Gomes da Costa:

> A afirmação da criança e do adolescente como 'pessoas em condição peculiar de desenvolvimento' não pode ser definida apenas a partir do que a criança não sabe, não tem condições e não é capaz. Cada fase do desenvolvimento deve ser reconhecida como revestida de singularidade e de completude relativa, ou seja, a criança e o adolescente não são seres inacabados, a caminho de uma plenitude a ser consumada na idade adulta, enquanto portadora de responsabilidades pessoais, cívicas e produtivas plenas. Cada etapa é, à sua maneira, um período de plenitude que deve ser compreendida e acatada pelo mundo adulto, ou seja, pela família, pela sociedade e pelo Estado. A consequência prática de tudo isto reside no reconhecimento de que as crianças e adolescentes são detentores de todos os direitos que têm os adultos e que sejam aplicáveis à sua idade e mais direitos especiais, que decorrem precisamente do seu estatuto ontológico de 'pessoas em condição peculiar de desenvolvimento.[21]

A análise, segundo esse prisma, torna-se bastante atrativa pelo fato de reconhecer e exigir a efetivação dos direitos dos menores, proscrevendo-se épocas em que a consideração social e jurídica se circunscrevia às relações principalmente patrimoniais traçadas pelos adultos na condução de suas vidas. A configuração normativa atual, felizmente, é inversa. Além da preocupação em fazer-se cumprir, da melhor forma, a doutrina do melhor interesse, considera que as crianças e os adolescentes devem ser considerados como sujeitos especiais, pessoas em desenvolvimento, devendo-se, então, garantir-lhes, através de todos os meios possíveis, o acesso ao bem-estar e à vida digna.

5. CRIANÇAS E ADOLESCENTES NA CONDIÇÃO DE CREDORES DE PRESTAÇÕES ALIMENTÍCIAS DEVIDAS PELOS AVÓS

Percebe-se, dessa forma, que há uma similaridade na trajetória das crianças, adolescentes e idosos, estando todos numa condição física natural que exige cuidados e proteção, ao mesmo tempo que envolvidos em discussões sobre a autonomia: os primeiros para conquistá-la, os segundos para mantê-la.

O ambiente familiar se apresenta, nesse contexto, como promovedor e responsável pela observância desses "novos" direitos, ao mesmo tempo em que propicia a análise de questões que põem em aparente contraste os interesses dos idosos e dos menores.

---

21. COSTA, Antônio Carlos Gomes da. In: CURY, Munir et alii (Coord.) *Estatuto da criança e do adolescente comentado*. São Paulo: Malheiros, 2002. p. 40.

5.1 O Superior Tribunal de Justiça e as ações de alimentos propostas em face dos avós

Em simetria à previsão codificada disposta no art. 1696, a interpretação majoritária acerca do pensionamento dos netos pelos avós baseia-se na subsidiariedade da obrigação (Enunciado 596, da Súmula do Superior Tribunal de Justiça),[22] devendo ser exauridas todas as formas de cobrança aos pais (o que inclui a utilização da prisão coercitiva[23]), para que só então sejam buscados outros devedores na linha ascendente.[24] O parentesco, em concepção objetiva, gera a obrigação de subsistência, sendo presumida a necessidade das crianças e adolescentes, pessoas em desenvolvimento e, portanto, dependentes de bens necessários ao cumprimento das previsões constitucionais e estatutárias. Nesse sentido, as relações estabelecidas entre avós e netos envolvem idealmente a convivência e o cuidado, mas não responsabilidade imediata daqueles pelo suprimento de suas necessidades físicas. Nesse ponto, é o exercício do poder familiar que, muito corretamente, prepondera na jurisprudência do Superior Tribunal de Justiça.

Ademais, devem ser consideradas as condições financeiras do pai e da mãe para que sejam bem definidas as condições do eventual pagamento pelos avós.[25]

---

22. Aprovada pela Segunda Seção em 08.11.2017, e publicada no DJe de 20.11.2017: A obrigação de alimentos dos avós tem natureza complementar e subsidiária, somente se configurando no caso de impossibilidade total ou parcial de seu cumprimento pelos pais. Disponível em: [www.stj.jus.br]. Acesso em: 15.09.2019.
23. Enfático nesse sentido o Recurso Especial 1.211.314 (j. 15.09.11). Em semelhante caso: se o pai foi condenado não se verifica a sua impossibilidade, cabível a execução com pedido de prisão por edital, por estar desaparecido. Brasil. Superior Tribunal de Justiça, Recurso Especial 1.211.314, Rel. Min. Nancy Andrighi. Brasília 15 de setembro de 2011. Disponível em: [www.stj.jus.br]. Acesso em: 15.01.2018. Vide também: Brasil. Superior Tribunal de Justiça. AgRg no AResp 390.510. Rel. Ministro Raul Araújo. Brasília, 17 de dezembro de 2013. Disponível em [www.stj.jus.br]. Acesso em: 15.01.2018; BRASIL. Superior Tribunal de Justiça. Agravo em Recurso Especial 740.032-BA Rel. Ministro Marco Aurélio Bellizze. Brasília, 21 de setembro de 2017. Disponível em: [www.stj.jus.br]. Acesso em: 15.09.2019.
24. Nesse caso, a ação de alimentos não foi sequer proposta em face do pai; foi proposta diretamente em face dos avós. Brasil. Superior Tribunal de Justiça, HC 38.314, Rel. Min. Marilza Maynard. Brasília 04 de abril de 2005. Disponível em: [www.stj.jus.br]. Acesso em: 15.01.2018. Brasil. Superior Tribunal de Justiça. AgInt no AResp 1.223.379. Rel. Desembargador convidado Lázaro Guimarães. Brasília, 26 de junho de 2018. Disponível em: [www.stj.jus.br]. Acesso em: 15.09.2019. Brasil. Superior Tribunal de Justiça. AgInt no AResp 1.152.908. Rel. Antônio Carlos Ferreira. Brasília, 18 de setembro de 2018. Disponível em: [www.stj.jus.br]. Acesso em: 15.09.2019.
25. A responsabilidade dos avós só vai ser utilizada se houver falta, impossibilidade ou insuficiência *dos dois genitores*. Nesse caso específico, a mãe e o espólio do pai poderiam pagar. Para as instâncias ordinárias, a obrigação do avô surgiria automaticamente com a morte do filho. Nesse Recurso Especial havia desconhecimento do paradeiro do pai, condenado a 30% do s.m. A avó tinha 67 anos à época. Menores de 9 e 6 anos. Os dois genitores deveriam estar impossibilitados. No caso, não se demonstrou a impossibilidade da mãe. Foi considerado também o fato de a avó ser idosa, com rendimentos líquidos inferiores a 1 s.m. Brasil. Superior Tribunal de Justiça. Recurso Especial 1.415.753. Ministro Relator Paulo de Tarso Sanseverino. Brasília, 24 de novembro de 2015. Disponível em: [www.stj.jus.br]. Acesso em: 15.01.2018.

Inclusive, em termos processuais, só se permite a cumulação subjetiva entre avós e pais se provada, de antemão, a impossibilidade financeira dos últimos.[26]

Esse posicionamento, como referido, atende aos valores que informam a estrutura e a organização do poder familiar, além de preservar os idosos – qualidade da grande maioria dos avós, ainda que não necessariamente –, principalmente quanto às condições econômicas e, por consequência, de sua saúde, subsistência, moradia e lazer. Ao lado da subsidiariedade, aponta-se a complementaridade como característica da obrigação avoenga, diante da impossibilidade de atendimento total à necessidade da criança e do adolescente (insuficiência de meios), sendo possível que os avós sejam chamados a complementar a pensão e garantir àqueles os meios adequados para uma digna sobrevivência, com vistas ao efetivo cumprimento do art. 227 da Constituição, que dispõe expressamente sobre a responsabilidade familiar.[27-28]

No Recurso Especial 579.385, foi fixada interpretação sobre o termo "falta" (art. 1696, CC), no sentido de que não deve ser interpretado de maneira restritiva, devendo abarcar todas as situações de impossibilidade de pagamento, sejam oriundas da morte dos pais, incapacidade de exercício de atividade remunerada ou insuficiência de recursos necessários para suprir as necessidades do filho.[29] No entanto, no que diz respeito à morte,[30] foi possível verificar outra sorte de ponderação, simétrica à característica da subsidiariedade, segundo a qual torna-se

---

26. Possível o pedido concomitante entre pai e avó, desde que justificada a impossibilidade do primeiro. Brasil. Superior Tribunal de Justiça. Recurso Especial 373.004. Ministro Relator Aldir Passarinho Junior. Brasília, 27 de março de 2007. Disponível em: [www.stj.jus.br]. Acesso em: 15.01.2018.
27. Sobre a natureza subsidiária e complementar do pensionamento, v. as seguintes decisões: REsp. 1.415.753; AgRg no Ag 1.010.387; REsp. 70.740; REsp 79.409; REsp. 81.838; REsp. 831.497; AgRg no Ag 1010387; REsp. 858.506; REsp. 1415753. Pai que mora no exterior: Improcedência do pedido feito pela neta porque tem pai. O fato deste morar no exterior não pode fazer com que a obrigação recaia sobre os avós. Além disso, não se provou a possibilidade dos avós paternos: Brasil. Superior Tribunal de Justiça. Recurso Especial 576.152. Ministro Relator Aldir Passarinho Junior. Brasília, 08 de junho de 2010. Disponível em: [www.stj.jus.br]. Acesso em: 15.01.2018.
28. Apesar das aparentes "regras" da subsidiariedade e complementação do provisionamento, é possível encontrar, mais raramente, casos em que a renitência quanto ao pagamento pelo pai/mãe devedor e consequentes dificuldades de sobrevivência encontradas pelas crianças, determinem a prestação pelos avós, sobretudo diante da evidência de possibilidade financeira por eles. No caso, tratava-se de uma já longa discussão sobre a ilegitimidade do avô para o pensionamento. Ao fim, prevaleceu a tese do relator de que se o pai não vem cumprindo a sua obrigação, demonstrada a necessidade das crianças, e o fato de os avós possuírem condições financeiras, estes deveriam ser condenados ao pagamento. O espírito da lei mandaria adotar tal postura. Brasil. Superior Tribunal de Justiça. Recurso Especial 119.336. Ministro Relator Raul Araújo. Brasília, 11 de junho de 2002. Disponível em: [www.stj.jus.br]. Acesso em: 15.01.2018.
29. Brasil. Superior Tribunal de Justiça. Recurso Especial 579.385. Ministro Relator Nancy Andrighi. Brasília, 26 de agosto de 2004. Disponível em: [www.stj.jus.br]. Acesso em: 15.01.2018.
30. Sobre a morte do pai que não deixou patrimônio e a diluição da responsabilidade entre todos os avós: Brasil. Superior Tribunal de Justiça. Recurso Especial 401.484. Ministro Relator Fernando Gonçalves. Brasília, 07 de outubro de 2003. Disponível em: [www.stj.jus.br]. Acesso em: 15.01.2018.

necessário investigar se o genitor falecido deixou bens a serem partilhados entre os herdeiros, caso em que a responsabilidade deveria recair sobre o espólio.[31] Dessa forma:

> A jurisprudência desta Corte estabeleceu entendimento no sentido de que o espólio tem a obrigação de continuar prestando alimentos àquele a quem o falecido devia, mesmo que vencidos após a morte deste, ao argumento de que o alimentado e herdeiro não pode ficar à mercê do encerramento do inventário, notadamente considerada a morosidade inerente a tal procedimento e o caráter de necessidade implícito nos alimentos.[32]

Essa mesma postura foi reiterada no julgamento do Recurso Especial 1.249.133-SC, sendo fixada a premissa de que o falecimento do pai do alimentante não implicaria de maneira automática na transmissão do dever alimentar aos avós, cabendo ser analisada a condição econômica da mãe, o fato de haver pensão previdenciária e a possibilidade do espólio do falecido-pai arcar com as referidas prestações.[33] Esse posicionamento se insere em anterior discussão acerca da transmissibilidade da prestação alimentícia, antes restrita ao pagamento de alimentos já vencidos, mas não para os vincendos. Em essência, o fundamento da decisão se amparou em exceção descrita no voto vencedor do REsp. 1.354.693 que, reafirmando a regra da possibilidade de cobrança dos alimentos devidos e não pagos, fixou que, excepcionalmente, somente o herdeiro poderia pedir alimentos ao espólio, enquanto durasse o inventário. Na *praxis*, contudo, necessário atentar-se para a possível necessidade de complementação da prestação caso seja difícil para o alimentando obter o pagamento das pensões durante a tramitação do inventário, por natureza um procedimento intrincado e permeado de discussões.

Ainda que não exista uma análise específica sobre o assunto, quando aventada controvérsia sobre a extensão do valor a ser pago pelos avós, a inclinação do Superior Tribunal de Justiça, coerente com a natureza secundária da obrigação, vai pelo provimento de alimentos naturais e não civis aos netos, cabendo estes

---

31. Se o pai faleceu, não caberia pedido direto ao avô, e sim ao espólio do pai. O voto vencedor foi no sentido de que a responsabilidade do espólio deve ocorrer quando o alimentando é herdeiro, de modo a afastar a obrigação do avô. No caso não foram aventadas as possibilidades da mãe, nem o eventual pensionamento previdenciário ao qual o filho teria direito. Houve voto vencido (Ministro Antônio Carlos Ferreira), para quem a responsabilidade do avô surgiria como decorrência da morte do filho, por relação jurídica autônoma e direito próprio, cabendo ao espólio somente as dívidas vencidas. BRASIL. Superior Tribunal de Justiça. Recurso Especial 1.249.133. Ministro Relator Antônio Carlos Ferreira. Brasília, 16 de junho de 2016. Disponível em: [www.stj.jus.br]. Acesso em: 15.01.2018.
32. Brasil. Superior Tribunal de Justiça. Recurso Especial 1.010.963. Ministro Relator Nancy Andrighi. Brasília, 26 de junho de 2008. Disponível em: [www.stj.jus.br]. Acesso em: 15.01.2018. No mesmo sentido: Recurso Especial 219.199, j. 10.12.2003; Recurso Especial 60.635, j. 03.02.2000.
33. Brasil. Superior Tribunal de Justiça. Recurso Especial 1.249.133. Rel. Ministro Raul Araújo. Brasília, 16 de junho de 2016. Disponível em: [www.stj.jus.br]. Acesso em 15.09.2019.

últimos aos pais.[34] Essa realidade restou manifestada no Recurso Especial 366.837, em que a complementação da pensão pelos ascendentes de segundo grau, em que pese a boa situação financeira apresentada por eles, deveria restringir-se ao básico necessário para a subsistência dos netos.[35] A previsão contida no art. 1694 não apresenta esse tipo de distinção, referindo-se indiscriminadamente ao provimento integral que alcance, até mesmo, a garantia da condição social. No entanto, mais uma vez com base na excepcionalidade do pagamento de pensão pelos avós, fixou-se que o padrão de vida a ser oferecido aos netos deve guiar-se pela condição dos pais e não daqueles.

Sobre a diluição da responsabilidade avoenga entre paternos e maternos,[36] há certo consenso – muito adequado e acertado, aliás – no sentido da definição da obrigação alimentar dos ascendentes em benefício dos descendentes como de natureza divisível e não solidária, haja vista a inexistência de previsão legal neste sentido.[37] Em sendo a responsabilidade repartida pelos ascendentes existentes, a aplicação do binômio necessidade-possibilidade deve ser direcionada a cada um dos avós por ser regra inafastável para a quantificação regular dos alimentos.

---

34. Segundo Yussef Said Cahali: "Quando se pretende identificar como alimentos aquilo que é estritamente necessário para a mantença da vida de uma pessoa, compreendendo tão somente a alimentação, a cura, o vestuário, a habitação, nos limites assim do *necessarium vitae*, diz-se que são alimentos naturais; todavia, se abrangentes de outras necessidades, intelectuais e morais, inclusive recreação do beneficiário, compreendendo assim o *necessarium personae* e fixados segundo a qualidade do alimentando e os deveres da pessoa obrigada, diz-se que são alimentos civis." CAHALI, Yussef Said. *Dos alimentos*. 8. edição. São Paulo: Ed. RT, 2013. p. 18.
35. Brasil. Superior Tribunal de Justiça. Recurso Especial 366.837. Ministro Relator Ruy Rosado Aguiar. Brasília, 19 de dezembro de 2002. Disponível em: [www.stj.jus.br]. Acesso em: 15.01.2018.
    Nessa decisão, o pai das crianças, sem emprego, viveria às custas de seus próprios pais, levando vida de muito conforto e luxo. Não obstante sua condenação e não pagamento, nenhum pedido de execução havia sido feito pelas partes interessadas, daí a manutenção da condenação dos avós em termos de alimentos complementares. Houve voto vencido do Relator Ministro Ruy Rosado, para quem não seria justo deixar as crianças à mercê do trabalho da mãe e dos avós maternos, devendo os paternos proporcionar aos netos o mesmo padrão que ofertam ao filho. No mesmo sentido da manutenção do valor da pensão nos restritos limites da necessidade dos alimentandos: AgRg no AREsp 609.271 (j. 17.11.15).
    Na doutrina, v. o posicionamento de Maria Berenice Dias: (p. 80): "Trata-se de obrigação sucessiva, subsidiária e complementar. Os avós assumem proporcionalmente a parte dos alimentos que o genitor não guardião não puder suportar. São devedores de obrigação proporcional e divisível todos os avós vivos. Ainda assim, os avós não são obrigados a dar ao neto o padrão de vida de que desfrutam." DIAS, Maria Berenice. *Alimentos aos bocados*. São Paulo: Ed. RT, 2013. p. 80.
36. Brasil. Superior Tribunal de Justiça. Recurso Especial 366.837. Ministro Relator Ruy Rosado Aguiar. Brasília, 19 de dezembro de 2002. Disponível em: [www.stj.jus.br]. Acesso em: 15.01.2018. REsp. 609.271; Brasil. Superior Tribunal de Justiça. Recurso Especial 401.484. Ministro Relator Fernando Gonçalves. Brasília, 07 de outubro de 2003. Disponível em: [www.stj.jus.br]. Acesso em: 15.01.2018.
37. Importante notar que em benefício dos idosos há previsão diversa na Lei 10.741/03, art. 12, estipulada a solidariedade da dívida, cabendo a escolha de qualquer um dos descendentes para o suprimento das necessidades.

Sobre o art. 1698, CC, explica Leonardo Greco: "A codificação civil prevê uma nova modalidade de intervenção, *sui generis*, pois o parente chamado a integrar a lide o fará como litisconsorte, e não como responsável numa possível ação regressiva. Esse chamamento deve ocorrer no bojo do processo de conhecimento e vem sendo denominado pela doutrina chamamento ao processo do devedor de alimentos."[38] Em posicionamento bastante antigo, o Superior Tribunal de Justiça, ainda na vigência do Código Civil de 1916, entendeu que o litisconsórcio entre os avós não seria necessário, e sim facultativo, sujeitando-se o credor à sua omissão. Ou seja, se o próprio alimentando optou pela escolha de somente alguns avós como réus, deveria suportar os efeitos de sua escolha e aceitar que a condenação considerasse tão somente a possibilidade dos citados, dada a ausência dos outros ascendentes.[39] Em 2005, a questão novamente veio à tona – o Tribunal de Justiça do Rio Grande do Sul entendera pelo litisconsórcio facultativo – e foi necessário definir se a interpretação referente ao art. 397 do anterior Código, poderia, ou não, ser aplicada ao atual art. 1698. A votação foi unânime no sentido da obrigatoriedade da inclusão processual de todos os avós, com argumentos no sentido de que a referida inclusão seria benéfica para o menor, por permitir de antemão uma consideração global acerca das possibilidades dos devedores, além do que, segundo mencionado por um dos ministros, se o entendimento não fosse este o alimentando poderia, ao seu alvitre, escolher um dos avós, que teria que suportar sozinho o cogitado encargo, quando, na verdade, a responsabilidade repousa sobre todos. Ainda em 2018, o entendimento se manteve.[40] A se considerar a obrigatoriedade do chamamento, cada caso concreto deve ser analisado com muito cuidado, pois as delongas e consequências processuais não devem pôr em risco a vida do alimentando. Mais recentemente, a qualidade de listisconsórcio facultativo foi aplicada para a integração da lide pelos demais avós, ficando entendido no caso que caberia ao autor, ao réu ou ao MP, quando de sua participação no processo, a possibilidade de requerer a inclusão dos demais devedores. Além de facultativo, seria também simples, estabelecidas decisões diversas em função dos critérios que norteiam as prestações alimentícias. Segundo o entendimento desta decisão, a possibilidade de o réu pedir a inclusão dos outros coobrigados

---

38. GRECO, Leonardo. *Instituições de processo civil*. 5. ed. Rio de Janeiro: Forense, 2015. v. I, p. 509.
39. Brasil. Superior Tribunal de Justiça. Recurso Especial 50.153. Ministro Relator Barros Monteiro. Brasília, 12 de setembro de 1994. Disponível em: [www.stj.jus.br]. Acesso em: 15.01.2018. Brasil. Superior Tribunal de Justiça. Recurso Especial 261.772. Ministro Relator Sálvio de Figueiredo Teixeira. Brasília, 20 de novembro de 2000. Disponível em: [www.stj.jus.br]. Acesso em: 15.01.2018.
40. Brasil. Superior Tribunal de Justiça. REsp. 658.139. Relator Ministro Fernando Gonçalves, Brasília, 11 de outubro de 2005. Brasil. Superior Tribunal de Justiça. Recurso Especial 958.513. Ministro Relator Aldir Passarinho Junior. Brasília, 22 de fevereiro de 2011. Disponível em: [www.stj.jus.br]. Acesso em: 15.01.2018; brasil. Superior Tribunal de Justiça. Agravo Interno nos EDcl no AREsp 1.073.088-SP. Ministro Relator Maria Isabel Gallotti. Brasília, 25 de setembro de 2018. Disponível em: [www.stj.jus.br]. Acesso em: 15.09.2019.

somente se daria nos casos de requerente representado, pois o próprio representante, por vezes, deve ser chamado para dividir a responsabilidade. Se se tratar de requerente maior, sem representante, a escolha dele é livre, arcando com o fato de ter escolhido somente o réu para cumprimento da obrigação, sem prejuízo da possibilidade de propor ação futura.[41]

Por fim, o não pagamento da dívida alimentar pelos avós pode dar ensejo à execução com utilização da prisão coercitiva, da mesma forma como ocorre com os pais. No entanto, dada a condição de idoso, por vezes a utilização do encarceramento pode ser uma realidade atentatória à própria integridade física, o que já permitiu, pelo mesmo tribunal, a sua substituição pela prisão domiciliar.[42] Mais recentemente, o rito da execução (com prisão) proposta em face dos avós foi convertido para o procedimento de penhora e expropriação, em caso de alimentos espontaneamente acordados e inadimplidos pelos avós. O Tribunal de Justiça de São Paulo havia determinado a prisão do casal por descumprimento de acordo no qual os ascendentes assumiram o dever de custear as despesas escolares dos netos, tendo ocorrido descumprimento por dificuldades financeiras enfrentadas pelos devedores. *In casu*, prevaleceu o entendimento de que a natureza subsidiária e complementar da obrigação avoenga deveria conduzir à autorização para modificação do rito mais gravoso, não justificada a prisão de um casal de idosos, sobretudo por não se qualificarem como os devedores originários da obrigação.[43]

6. CONCLUSÃO

A trajetória da tutela normativa a envolver crianças e adolescentes é muito similar à ocorrida, pouco tempo mais tarde, com os idosos no Brasil. Consideradas as vulnerabilidades de cada um, foram necessárias modificações na atribuição de direitos e especial adaptação da família com criação de políticas públicas setorizadas. No entanto, esses destinos paralelos tendem a se encontrar nos litígios familiares, tanto naqueles que dizem respeito à convivência – seja no caso de guarda atribuída aos avós ou no exercício do direito de visitas –, como também naqueles que dizem respeito à necessidade de pensionamento dos netos pelos avós, a envolver, a um só tempo, aspectos patrimoniais ligados ao sustento

---

41. BRASIL. Superior Tribunal de Justiça. Recurso Especial 1.897.373 – MG (2020/0249903-9), 3ª Turma, Ministro Moura Ribeiro, Brasília, 10 de agosto de 2021. Disponível em [https://scon.stj.jus.br/SCON/GetInteiroTeorDoAcordao?num_registro=202002499039&dt_publicacao=19/08/2021]. Acesso em: 08.05.2022.
42. Brasil. Superior Tribunal de Justiça. RHC 38824. Ministro Relator Nancy Andrighi. Brasília, 17 de outubro de 2013. Disponível em: [www.stj.jus.br]. Prisão domiciliar em execução de alimentos em face da avó com problemas de saúde. A prisão era legal, vez que a avó se encontrava inadimplente, mas como a mesma contava com 77 anos e era portadora de cardiopatia grave, obteve prisão domiciliar.
43. Brasil. Superior Tribunal de Justiça. RHC 416.886-SP. Relatora Ministra Nancy Andrighi. Brasília, 12 de dezembro de 2017. Disponível em: [www.stj.jus.br]. Acesso em: 15.09.2019.

financeiro, como também existenciais corporificados na orientação emocional e nos cuidados físicos com os menores.

A sensibilidade inerente a essas questões se agrava ao unir pessoas com necessidades parecidas, mas nem sempre com possibilidades correlatas. Alcançar um equilíbrio necessário para esses problemas torna-se, então, tarefa bastante árdua.

Para ilustrar a forma como a matéria vem sendo tratada na aplicação do direito de família brasileiro, foram analisadas as decisões do Superior Tribunal de Justiça sobre o tema, sendo, a partir daí fixadas algumas diretrizes informadoras desse conflito.

Indiscutível, à luz da previsão codificada, a responsabilidade dos avós pela subsistência dos netos, mas a proteção das crianças deve se materializar de maneira subsidiária, considerada a obrigação primária dos pais, titulares do poder familiar. A interpretação jurisprudencial considera a falta do pai ou mãe em sentido amplo, a englobar desde a técnica configuração civil da ausência à impossibilidade inafastável de pagamento. Não sendo possível o pensionamento, ou o sendo em montante insuficiente ao atendimento das necessidades, serão chamados os ascendentes de segundo grau para complementar o pagamento. Mas, essa análise ponderada se manifesta na irrefutável prova da impossibilidade dos pais, não sendo assim considerado o simples não pagamento, sem exaurimento das vias necessárias (a incluir a prisão). Isso se dá porque o recurso à segunda linha do parentesco não deve ser utilizado como via de garantia pelo inadimplemento dos regulares devedores, o que banalizaria a responsabilidade avoenga.

Além da subsidiariedade, a proteção aos avós se manifesta na tendência de o pagamento restringir-se aos alimentos naturais, sem vinculação ao atendimento de necessidades que escapem a uma vida digna e se amparem na manutenção de um padrão mais elevado de vivência. A fração do pensionamento, a espelhar a divisibilidade da obrigação, é uma diretriz que inclui e ressalta a necessidade de que todos os avós, ou outros ascendentes, sejam chamados ao cumprimento da obrigação, sendo, porém, discutível a razoabilidade da imposição de litisconsórcio necessário entre os réus. A ser dessa forma, cada caso deve ser analisado de maneira específica, de maneira que outros instrumentos processuais, como os alimentos provisórios, sejam utilizados como meio para não sacrificar o interesse do alimentando, já tão desgastado com a necessidade de pleitear judicialmente o cumprimento de seus direitos. A discussão segue entre as turmas do Superior Tribunal de Justiça, tendo sido a facultatividade do listisconsórcio aplicada mais recentemente.

Uma vez descumprido o pensionamento, estão sujeitos os avós a todos os seus regulares efeitos, o que inclui a possibilidade de pedido coercitivo de prisão, considerada, de fato, a condição física do parente para suportar tão pesado ônus.

Em casos mais graves, a prisão domiciliar afigurou-se como uma realidade proporcional ao deslinde da questão.

Enfim, é possível afirmar que o Superior Tribunal de Justiça, nos limites de sua análise, pratica uma ponderação razoável dos interesses em jogo. As minúcias fáticas dos casos em sua grande maioria não são analisadas, com base na súmula 7, assim, não são encontradas discussões profundas sobre as condições econômicas dos idosos para arcar com a obrigação. No entanto, abstratamente, sem descurar da importância das prestações alimentícias, são fixadas diretrizes que consideram a excepcionalidade e a necessidade de que as obrigações avoengas sejam minimamente prejudicais aos idosos, atendendo, em equilíbrio bastante delicado, os interesses constitucionalmente amparados em disputa.

8
CONSIDERAÇÕES SOBRE ALIMENTOS NO ABANDONO AFETIVO E A TUTELA DO IDOSO SOB A ÓTICA CIVIL-CONSTITUCIONAL[1]

Flavia Zangerolame

Mestre em Direito Civil pela Universidade do Estado do Rio de Janeiro (UERJ). Professora-assistente de Direito Civil na Faculdade de Direito do IBMEC-RJ. Professora de Direito Civil da EMERJ e da pós-graduação da PUC-Rio. Pesquisadora do Tribunal de Justiça do Estado do Rio de Janeiro e Líder do Grupo de pesquisa CNPQ-CAPES "Tutela das Famílias, Criança e Adolescente: Estudos na perspectiva Civil-Constitucional".

> Vamos, não chores...
> A infância está perdida.
> A mocidade está perdida.
> Mas a vida não se perdeu.
> O primeiro amor passou.
> O segundo amor passou.
> O terceiro amor passou.
> Mas o coração continua.
> Carlos Drummond de Andrade.

Sumário: 1. Introdução: a obrigação alimentar nas relações parentais – 2. Aspectos jurídicos dos alimentos em favor da pessoa idosa – 3. Afetividade, dever de cuidado e os problemas envolvendo o abandono afetivo e abandono afetivo inverso – 4. Contornos da aplicação da boa-fé objetiva nas relações familiares e a figura do *tu quoque* no abandono moral inverso – 5. Considerações finais.

1. INTRODUÇÃO: A OBRIGAÇÃO ALIMENTAR NAS RELAÇÕES PARENTAIS

Com o advento de uma Constituição da República fortemente influenciada pelo pensamento kantiano e consagradora da primazia dos valores existenciais, o capítulo VII, ao tratar "Da Família, da Criança, do Adolescente, do Jovem e do

---

1. Dedico o presente trabalho a Heloísa Helena Barbosa, minha eterna orientadora, pela condução das ideias desenvolvidas no texto e para Elcinho, com amor. Um agradecimento especial ao Vitor Almeida, Patrícia Garcia e Pedro Gueiros, por tudo e por tanto.

Idoso" destaca, logo no dispositivo inaugural, que a família é a base da sociedade, justificando a alta densidade da tutela funcionalizada à dignidade dos membros que a compõe, por exercer o papel de instrumento de desenvolvimento da pessoa humana em todas as suas potencialidades.

Para além das intensas modificações sociais, a estrutura familiar, profundamente alterada em sua função, natureza, composição e concepção, abandona a posição de espaço destinado aos cultos religiosos e passa a ser protegida pelo Estado como célula pertencente à sociedade civil (não integrante da estrutura política estatal), reconhecida pelos variados modelos existentes no tecido social, a partir da regulação estatal.

Estejam ou não previstas expressamente na Constituição, as famílias, identificadas na solidariedade, um dos princípios constitucionais que fundamenta a afetividade, assume novos contornos e se despoja, de vez, do individualismo estruturante do Direito Civil no século anterior, desempenhando o papel de família-instrumento.

Protegida no plano constitucional, as famílias assumem o espaço seguro de desenvolvimento das potencialidades da pessoa humana, como a identidade pessoal dos seus membros, contam, para cumprimento de tal desiderato, com mecanismos no plano existencial e patrimonial para a consecução desse fim último, que é assegurar a felicidade dos seus componentes, justificando o tratamento jurídico especial sob a perspectiva humanista, em especial nos vínculos parentais.

A cláusula geral de tutela da pessoa humana, cuja superioridade valorativa impõe ao intérprete a compreensão das relações existenciais em franca primazia sobre as patrimoniais: a parte patrimonial do direito das famílias merece estudo conformado ao papel funcionalizado que exerce em relação à tutela da pessoa humana baseado na *affectio*. E é a partir dessa perspectiva que se afigura a urgência do tratamento de questões envolvendo a obrigação alimentar nas relações parentais.

Destinado a "fazer viver", prover e conservar a vida daqueles que, por si, não podem se autossustentar, o instituto dos alimentos é fundamental para a própria continuidade da humanidade, gregária por natureza e que necessita da manutenção da vida, tanto intra como extrauterina (no caso de alimentos gravídicos, regulados pela Lei 11.804/2018), voltado para o suprimento das carências da pessoa humana em cada etapa da vida, que é vulnerável desde o início de sua existência e, depois, na velhice.

Por essa razão, os alimentos, inseridos no capítulo integrante das situações subjetivas patrimoniais do Direito das Famílias – o que não conduz à marginalização do âmbito de proteção normativa – se traduz em imposição legal outorgada aos parentes, reciprocamente considerados, para satisfação das necessidades primordiais ou vitais da pessoa humana. No caso das relações paterno-filiais, ressalta a responsabilidade pela própria continuidade da vida do beneficiário da verba e a característica de permanência que é própria da definitividade dos vínculos paterno-filiais.

Nesse sentido, este artigo tem o objetivo de examinar e contextualizar a sistemática dos alimentos, tradicional categoria integrante das situações subjetivas patrimoniais, à luz da legalidade constitucional e a partir das hipóteses do chamado abandono afetivo, abandono afetivo inverso e as possíveis soluções para adequada tutela do idoso segundo a metodologia civil-constitucional.

Ainda, à luz do *modus vivendi* de índole constitucional, analisar-se-á a obrigação alimentar nas relações parentais; a devida distinção entre a afetividade e o dever de cuidado e os problemas envolvendo o abandono afetivo e o abandono inverso; o enfrentamento da controvérsia envolvendo a aplicação da boa-fé objetiva nas relações familiares e a figura do *tu quoque* no abandono afetivo inverso. Concluindo-se, ao final, as propostas para arbitramento dos alimentos no abandono afetivo inverso, sempre à luz da cláusula geral de tutela da pessoa humana e considerada a magnitude das relações existenciais.

2. ASPECTOS JURÍDICOS DOS ALIMENTOS EM FAVOR DA PESSOA IDOSA

A proteção à pessoa idosa, no plano constitucional, está regulada no capítulo VIII (Da Família, da Criança, do Adolescente, do Jovem e do Idoso), merecendo destaque o dever geral de amparo inerente às relações parentais e o dever geral de tutela da pessoa idosa pela família, sociedade e Estado, nos termos dos artigos 229 e 230 (este último dispositivo regulamentado pelo Estatuto do Idoso). No plano internacional, o Brasil é, desde 2015, signatário da Convenção Interamericana sobre a Proteção dos Direitos Humanos dos Idosos,[2] que, na mesma direção do texto constitucional, promove, protege e assegura "todos os direitos humanos e liberdades fundamentais da pessoa idosa", reconhecendo necessidade de tutela especial a esse grupo especial considerado "hipervulnerável"[3] ou portador de vulnerabilidade agravada.[4]

---

2. O projeto de Decreto Legislativo 863-B/2017, oriundo da mensagem 412/2017 (Mensagem de Acordos, convênios, tratados e atos internacionais), em trâmite na Câmara, poderá ser aprovado com status de emenda constitucional, nos termos do §3º do artigo 5º da Constituição da República Federativa do Brasil (consulta disponível em: [http://imagem.camara.gov.br/Imagem/d/pdf/DCD0020181201001990000.PDF#page=113]. Acesso em: agosto, 2019).
3. Cf. SCHMITT, Carlos Cristiano. *Consumidores hipervulneráveis*: a proteção do idoso no mercado de consumo. São Paulo: Atlas, 2014.
4. Sobre vulnerabilidade agravada, a lição de Bruno Miragem e Claudia Lima Marques: "A vulnerabilidade do idoso como consumidor, de sua vez, é demonstrada a partir de dois aspectos principais: (a) a diminuição ou perda de determinadas aptidões físicas ou intelectuais que o torna mais suscetível e débil em relação à atuação negocial dos fornecedores; (b) a necessidade e cativity em relação a determinados produtos ou serviços no mercado de consumo, que o coloca numa relação de dependência em

Se, por um lado, a doutrina civilista reconhece a obrigação alimentar como um importante instrumento para desonerar o Estado no campo da assistência aos desamparados,[5] transferindo o ônus de amparo aos integrantes da família, por outro, surge a necessidade fundamental de compatibilizar a função do dever alimentar com o abandono da concepção de família como unidade econômica e que não se adequa mais à noção de unidade produtiva, tampouco seguro contra a velhice, cuja atribuição cabe no Estado contemporâneo à previdência social.[6]

As estruturas familiares migram de uma avaliação de unidade econômica para, faticamente, representarem um grupamento coeso e que tem na *interdependência* a baliza para o bem-estar de seus membros,[7] sendo a família um dos institutos de direito civil que mais sofreu com os influxos sociais provocadores da reestruturação e deslocamento do centro de tutela constitucional "e que a milenar proteção da família como instituição, unidade de produção e reprodução dos valores culturais, éticos, religiosos e econômicos, dá lugar à tutela essencialmente funcionalizada à dignidade de seus membros, em particular no que concerne ao desenvolvimento da personalidade dos filhos".[8]

Youssef Said Cahali[9] conceitua assim alimentos como modalidade de assistência legal em favor daquelas pessoas que possuem vínculo parental e não detêm autonomia sobre a própria sobrevivência, como acentua a seguir:

> Neste sentido, constituem os alimentos uma modalidade de assistência imposta por lei, de ministrar os recursos necessários à subsistência, a conservação da vida, tanto física como moral e social do indivíduo; sendo, portanto, a obrigação alimentar "le devoir imposé juridiquement à une personne d'assurer la subsistance d'une autre personne".[10]

---

relação aos seus fornecedores. MARQUES, Claudia Lima. MIRAGEM, Bruno. *O novo direito privado e a proteção dos vulneráveis*. 2. ed., rev., atual. e ampl. São Paulo: Ed. RT, 2014. p. 148.

5. Complementa Carlos Roberto Gonçalves: "Malgrado a incumbência de amparar aqueles que não podem prover a própria subsistência incumba precipuamente ao estado, este a transfere, como foi dito, as pessoas que pertencem a um mesmo grupo familiar, as quais, por um imperativo da própria natureza, tem um dever moral, convertido em obrigação jurídica, de prestar auxílio aos que, por enfermidade ou por outro motivo justificável, dele necessitem. GONÇALVES, Carlos Roberto. *Direito Civil brasileiro 6: Direito de família*. 15. ed. São Paulo: Saraiva, 2018. p. 510.
6. Paulo Luiz Netto Lôbo. A repersonalização das relações de família. In: BITTAR, Carlos Alberto (Coord.). *O direito de família e a Constituição de 1988*. São Paulo, Saraiva, 1989. p. 53-81.
7. BODIN DE MORAES, Maria Celina Bodin de. *Danos à pessoa humana*: uma leitura civil-constitucional dos danos morais. Rio de Janeiro: Renovar, 2003. p. 111.
8. TEPEDINO, Gustavo. A disciplina civil-constitucional das relações familiares. *Temas de Direito Civil*. 3. ed. Rio de Janeiro: Renovar, 2004. p. 395.
9. Prossegue o autor, invocando lição de Cicu: adotada no direito para designar o conteúdo de uma pretensão ou de uma obrigação, a palavra "alimentos" vem a significar tudo o que é necessário para satisfazer os reclamos da vida, são as prestações com as quais podem ser satisfeitas as necessidades vitais de quem não pode provê-la por si; mais amplamente, é a contribuição periódica assegurada a alguém, por um título de direito, para exigi-la de outrem, como necessário à sua manutenção. CAHALI, Yussef Said. *Dos alimentos*. 4. ed. São Paulo: Ed. RT, 2003. p. 13-14.
10. "O dever legal de uma pessoa de prover a subsistência de outra" (tradução livre).

A compreensão atual dos alimentos encontra fundamento no princípio da solidariedade familiar (artigo 229 da Constituição da República) e destoa do sentido de dever puramente moral ou obrigação ética que era a base do instituto no direito romano, fundado no *officium pietatis* e no dever de equidade.[11] Nessa ótica, a partir dos contornos marcadamente institucionais em razão da própria função que encerra, a de manter a vida (com dignidade) do credor a obrigação alimentar está atrelada ao quadrinômio necessidade-possibilidade-proporcionalidade-reciprocidade[12] e se distingue das obrigações civis e dos deveres familiares de sustento, assistência e socorro que os pais têm em relação aos filhos menores, de cumprimento incondicional até a cessação da maioridade, quando os alimentos passar a ser devidos com fundamento diverso, consistente na relação de parentesco.[13]

Enquanto o *direito* aos alimentos é personalíssimo, incessível, impenhorável, incompensável, imprescritível, intransacionável, irrepetível, irrenunciável e atual,[14] a *obrigação de prestar* alimentos, por sua vez, possui características que são pontuadas, de forma mais ou menos uníssona, pela doutrina, interessando, ao enfrentamento desse estudo, o caráter recíproco da obrigação alimentar, investigar se a reciprocidade dos alimentos nas relações parentais pode ser tomada como absoluta e insuscetível de flexibilização, ou mesmo o afastamento completo da obrigação alimentar em função de uma causa de exclusão.[15]

A reciprocidade informa que um credor de alimentos poderá vir a se tornar devedor em relação ao atual beneficiário, invertendo-se as posições jurídicas em função da modificação do quadro fático durante a vida de relação. Tal afirmação não corresponde ao mesmo que dizer que os parentes, reciprocamente considerados, devam alimentos de forma simultânea entre si, mas sim que a obrigação alimentar poderá ser invertida com alteração das necessidades, que surgem do desenrolar natural da vida, a provocar o câmbio das necessidades (e vulnerabilidades) nas relações humanas,[16] nesse processo que é viver, se desenvolver e morrer.

---

11. GONÇALVES, Carlos Roberto. *Direito Civil brasileiro 6:* Direito de família. 15. ed. São Paulo: Saraiva, 2018. p. 502.
12. PEREIRA, Caio Mário da Silva. *Instituições de Direito Civil.* Rio de Janeiro: Forense, 2013. v. 5, p. 573.
13. Cahali destaca que a prestação de alimentos é apenas a forma de adimplemento da obrigação alimentar e cessa com a maioridade, nos termos seguintes: "[...] cessada a menoridade, cessa *ipso jure* a causa jurídica da obrigação de sustento adimplida sob a forma de prestação alimentar, sem que se faça necessário o ajuizamento, pelo devedor, de uma ação exoneratória. [...] Daí a possibilidade de o obrigado suspender, incontinenti, os pagamentos ou requerer simples ofício ao juiz, ao empregador, para suspender os descontos". CAHALI, Yussef Said, *Dos alimentos.* 2. ed. Ed. RT, 1993. p. 506.
14. GONÇALVES, Carlos Roberto. *Direito Civil brasileiro 6:* Direito de família. 15. ed. São Paulo: Saraiva, 2018. p. 513.
15. Segundo os artigos 1.696 e 1.697, o direito à prestação de alimentos é recíproco entre pais e filhos, e extensivo a todos os ascendentes, recaindo a obrigação nos mais próximos em grau, uns em falta de outros.
16. MADALENO, Rolf. Alimentos e sua compreensão atual. In: TEIXEIRA, Ana Carolina Brochado; RIBEIRO, Gustavo Pereira Leite (Org.). *Manual de Direito das Famílias e Sucessões.* 3. ed. Rio de Janeiro: Processo, 2017. p. 411.

Intrinsecamente ligada ao já referido princípio constitucional da solidariedade familiar, a reciprocidade é, de fato, um dos substratos da cláusula geral de tutela da pessoa humana,[17] corolário natural da aplicação direta das disposições constitucionais[18] ao direito privado, remodelado e ajustado às grandes transformações sociais, em especial na "virada de Copérnico"[19] do direito das famílias, e que impõe tanto o dever de sustento como o dever alimentar recíproco nas relações paterno-filiais, de modo a assegurar a continuidade da vida, seja na fase inicial ou, marcadamente, no final do ciclo de vida, quando os atores assumem a condição natural de pessoa idosa, a merecer tratamento especial com liberdade, respeito e dignidade durante o envelhecimento, direito personalíssimo e cuja proteção assume status de direito social fundamental.

Reconhece-se que o parentesco produz efeito jurídico de gerar a obrigação alimentar entre os parentes, mas a efetiva condenação dependerá da linha e grau em que se situem. Não há limitação na linha reta senão a decorrente da própria existência humana, recaindo-se a obrigação aos graus mais próximos em detrimento dos mais remotos e, na linha transversal ou colateral, estender-se-á até o segundo grau, como regulam os artigos 1.696 e 1.697 do Código Civil.

Como uma das características mais marcantes da obrigação alimentar, a divisibilidade determina que cada devedor seja responsável por sua cota-parte, arbitrada de acordo com o seu padrão socioeconômico. Caso o arbitramento seja em patamar inferior às necessidades do credor, este deverá acionar todos os devedores, segundo o critério da proximidade de grau prevista no artigo 1.696 do Código Civil, sob pena de arcar com a omissão em demandar os demais e a divisão entre tantos devedores ocasionará a fixação em patamar diferenciado, a

---

17. BODIN DE MORAES, Maria Celina Bodin de. *Danos à pessoa humana*: uma leitura civil-constitucional dos danos morais. Rio de Janeiro: Renovar, 2003. p. 85.
18. Neste sentido, Pietro Perlingieri: "A constitucionalização do direito representa não somente uma exigência da unidade do sistema e do respeito da hierarquia das suas fontes, mas também, o caminho para obviar o risco das degenerações do Estado de direito formal. Não se trata de destruir, mas de adequar a interpretação e as técnicas aos valores primários, evitando aceitar como válidas as praxes oficiais". PELINGIERI, Pietro. *O direito civil na legalidade constitucional*. Rio de Janeiro: Renovar, 2008. p. 577; TEPEDINO, Gustavo. A Disciplina Civil-constitucional das Relações Familiares. In: TEPEDINO, Gustavo. *Temas de direito civil*. Rio de Janeiro: Renovar, 1999. p. 347-366.
19. Metáfora adotada por Luiz Edson Fachin para ilustrar a profunda transformação ocorrida no Direito Civil, fundado no individualismo e patrimonialismo, com centralidade no Código Civil e, através da "virada de Copérnico", passa a ter o centro de regulação na Constituição da República, marcada por valores solidaristas e orientado pela cláusula geral de tutela da pessoa humana, inserida no ápice da normatização. CANÁRIO, Pedro; VASCONCELLOS, Marcos de. A virada de Copérnico: *Crítico da jurisprudência, Fachin tem a chance de transformá-la*. Disponível em: [https://www.conjur.com.br/2015-abr-17/critico-jurisprudencia-fachin-chance-transforma-la]. Acesso em: setembro, 2019.

depender da avaliação da condição social de cada devedor.[20] A regra, no Direito Civil brasileiro, é, portanto, a divisibilidade da obrigação alimentar.

O revés da divisibilidade é a solidariedade, tomada no sentido obrigacional e regulada no artigo 264 do Código Civil, que a identifica "quando na mesma obrigação concorre mais de um credor, ou mais de um devedor, cada um com direito, ou obrigado, à dívida toda".

No entanto, se a pessoa idosa figurar como credora de alimentos, o ordenamento instituiu a única hipótese de solidariedade legal na obrigação alimentar como forma de ampliar os meios de adimplemento da verba, com excepcional possibilidade de direcionamento da demanda a quaisquer dos devedores,[21] afastando a regra geral da divisibilidade da obrigação alimentar e a ordem de convocação prevista no artigo 1.698 do Código Civil.

A *ratio* da solidariedade legal consiste em, justamente, promover tratamento digno e assegurar à pessoa idosa todos os direitos fundamentais inerentes à pessoa humana, direcionando a cobrança em face daquele que possuir melhores condições socioeconômicas para tanto. Nisso reside a vantagem da solidariedade instituída em favor de pessoa idosa: consiste em, justamente, poder acionar quaisquer dos credores, escolhendo, dentre os devedores, numa visão pragmática, aquele que detiver melhores condições de solvabilidade do pensionamento.

Na prática, constata-se que a escolha em demandar apenas contra um dos devedores solidários poderá, de fato, influenciar no balanceamento de um dos vértices do quadrinômio, que é efetiva possibilidade do credor. De forma técnica, a fixação da pensão na obrigação alimentar solidária em favor de pessoa idosa não deverá desconsiderar a efetiva capacidade econômica do familiar devedor acionado. Ainda que arque com quantitativo que que, em tese, seria devida pelos demais coobrigados, o devedor não poderá ser condenado, tão somente com fundamento na solidariedade, a custear montante acima de sua efetiva e comprovada capacidade financeira.[22]

---

20. "Parece ter sido mesmo esta a intenção do legislador: evitar que o credor escolha um devedor, deixando outro de lado. Todavia, como foi dito, se assim fizer, sujeitar-se-á às consequências de sua omissão, obtendo apenas uma parte do montante que necessita ponto a inovação, além de ensejar o incidente que pode atrasar a decisão, tem o grave inconveniente de obrigar uma pessoa a litigar contra quem, por motivos que só ela interessa um, não deseja litigar". GONÇALVES, Carlos Roberto. *Direito Civil Brasileiro*. Direito de Família. 16. ed. São Paulo: Saraiva, 2019. v. 6, p. 514.
21. Lei 10.741/2003: "Art. 12. A obrigação alimentar é solidária, podendo o idoso optar entre os prestadores".
22. Discute-se, ainda, se a solidariedade da obrigação alimentar em favor a tutela da pessoa idosa teria aplicação generalizada, possibilitando que a pessoa idosa acionasse quaisquer dos obrigados, sem restrição quanto ao grau de proximidade parental ou, diversamente, estaria subordinado ao chamamento preferencial entre os graus mais próximos, como acontece no regime tradicional. Considerando a ausência de disposição específica no Estatuto do Idoso, tem-se a impossibilidade de condicionantes quando o credor for pessoa idosa, podendo optar pelo prestador mais abastado, ainda que de grau mais afastado, respeitada, evidentemente, a proporcionalidade.

A característica da solidariedade da obrigação alimentar regulada no artigo 12 do Estatuto do Idoso não se confunde com o direito-dever de solidariedade social, corolário da dignidade humana, revestido de fundamentalidade e alçado, pelo legislador constitucional, como princípio jurídico, cláusula geral (técnica legislativa de conteúdo aberto e móvel) e um dos objetivos da República, nos termos do artigo 3º, III da Constituição da República. Além de evidenciar o sentido fático da coexistência, a solidariedade é princípio geral do ordenamento que extravasa da compreensão como comportamento empático, caridoso, religioso ou puramente ético entre os sujeitos envolvidos. A força normativa O efeito principal que se dessume de sua localização superior no sistema constitucional é a exigibilidade (como direito fundamental) que impõe deveres correspondentes à sua força normativa.[23]

Reconhecida a vulnerabilidade, o ordenamento jurídico deve assegurar meios de concretizar todas as oportunidades e facilidades para preservação da saúde física e mental da pessoa idosa, nos termos dos artigos 1º e 2º do Estatuto de regência,[24] o que implica em conferir proteção "a partir da sua inserção no meio social, e nunca como uma célula autônoma, um microcosmo cujo destino e cujas atitudes pudessem ser indiferentes às demais".[25]

Os alimentos fixados em favor da pessoa idosa devem conter, em sua rubrica, tudo o que se mostrar necessário outorgar a estes sujeitos uma vida com dignidade, com especial atenção para o incremento das necessidades que se relacionam com tutela psicofísica da pessoa idosa, garantindo que a etapa final da vivência seja feliz e, o tanto quanto possível, amenizada quando o avanço da idade vier acompanhado do processo doloroso inerente às doenças próprias dessa fase. Por essa razão, os alimentos permitem que a pessoa idosa disponha dos recursos necessários à diminuição ou extirpação dos quadros de deterioração próprios do processo de envelhecimento, a justificar a prioridade na tramitação dos processos em favor de pessoa idosa, na forma do artigo 71 do Estatuto do Idoso.[26]

---

23. "Como se vê, a solidariedade social, na juridicizada sociedade contemporânea, já não pode ser considerada como resultante de ações eventuais, éticas ou caridosas, pois se tornou um princípio geral do ordenamento jurídico, datado de força normativa e capaz de tutelar o respeito devido a cada um". BODIN DE MORAES, Maria Celina. *Danos à pessoa humana*: uma leitura civil-constitucional dos danos morais. Rio de Janeiro: Renovar, 2003. p. 115-116.
24. "Art. 2º: O idoso goza de todos os direitos fundamentais inerentes à pessoa humana, sem prejuízo da proteção integral de que trata esta Lei, assegurando-se lhe, por lei ou por outros meios, todas as oportunidades e facilidades, para preservação de sua saúde física e mental e seu aperfeiçoamento moral, intelectual, espiritual e social, em condições de liberdade e dignidade".
25. BODIN DE MORAES, Maria Celina. *Danos à pessoa humana*: uma leitura civil-constitucional dos danos morais. Rio de Janeiro: Renovar, 2003. p. 177.
26. "Art. 71. É assegurada prioridade na tramitação dos processos e procedimentos e na execução dos atos e diligências judiciais em que figure como parte ou interveniente pessoa com idade igual ou superior a 60 (sessenta) anos, em qualquer instância".

O credor da verba alimentar, pessoa idosa, possui pretensão exercitável ainda que perceba algum tipo de benefício previdenciário, caso se constate a insuficiência do valor dos proventos para arcar com as despesas ordinárias, de forma a assegurar o atendimento integral de todas as suas necessidades. A verba alimentar também se destina a garantir a fruição do padrão social do beneficiário, de acordo com o artigo 1.694 do Código Civil, cujo conteúdo abrange tudo o que for necessário ao desenvolvimento das necessidades vitais e da fruição do padrão de vida. No entanto, algumas consequências jurídicas podem advir do descumprimento do direito-dever de solidariedade em favor da pessoa idosa, demandando reflexão sobre eventuais consequências jurídicas envolvendo o instituto dos alimentos e as deteriorações dos vínculos efetivos.

3. AFETIVIDADE, DEVER DE CUIDADO E OS PROBLEMAS ENVOLVENDO O ABANDONO AFETIVO E ABANDONO AFETIVO INVERSO

Vários fatores associados são capazes de justificar o advento da chamada "revolução da longevidade":[27] o desenvolvimento tecnológico, as políticas públicas mais eficientes no campo do saneamento básico que promovem o incremento da qualidade de vida, queda da natalidade, o avanço da medicina e da pesquisa cientifica no campo da prevenção são alguns dos muitos exemplos multifatoriais que conduzem à reflexão de um futuro desenhado a partir da presença cada vez maior da pessoa idosa na composição da sociedade brasileira, que deverá chegar a um quarto da população até 2060, segundo dados do IBGE.[28]

Assegurar a vida desse grupo com dignidade, autonomia, inclusão, integração na sociedade e propiciar meios efetivos para a tomada de decisões a respeito da

---

27. Título da conferência proferida por Alexandre Kalache, gerontólogo, na abertura da exposição "A vivir que son 100 años. Una visión científica de la longevidad y el envejecimiento saludable", ocorrida em 01/10/2018, em Madri. Dada a pertinência com o tema, transcrevo a interessante constatação do autor sobre longevidade e solidariedade nas relações parentais: "Nesse futuro, vamos ter de repensar o nosso curso de vida e redesenhar a longevidade. Em vez de vivermos uma vida dividida sequencialmente em aprender, depois trabalhar e, no fim, se aposentar, vamos viver de uma maneira diferente, em que as diferentes fases acontecem ao mesmo tempo. Nosso aprendizado será ao longo de toda a vida, junto a trabalho, diversão e cuidado com filhos e pais. Como o mundo está em transformação, vamos ter de construir uma vida de aprendizado constante. Parar no meio do caminho para repensar, fazer um período sabático aos 45 anos, para pensar no que quer fazer nesta segunda metade da vida. Tirar um ano para cuidar da mãe que adoeceu, porque solidariedade rima com longevidade". VIVA A LONGEVIDADE, 2018. *A longevidade passa por uma revolução: Alexandre Kalache, gerontólogo e presidente do Centro Internacional de Longevidade Brasil, abre o evento mostrando como está se desenhando o futuro da longevidade*. Disponível em: [https://www.vivaalongevidade.com.br/forum-da-longevidade/alexandre-kalache-a-longevidade-passa-por-uma-revolucao]. Acesso em: agosto, 2019.
28. Instituto Brasileiro de Geografia e Estatística. *Projeção da População 2018: número de habitantes do país deve parar de crescer em 2047*. Disponível em: [https://agenciadenoticias.ibge.gov.br/agencia-sala-de-imprensa/2013-agencia-de-noticias/releases/21837-projecao-da-populacao-2018-numero-de-habitantes-do-pais-deve-parar-de-crescer-em-2047]. Acesso em: agosto, 2019.

condução da própria vida[29] é responsabilidade outorgada à família, sociedade e Estado, que devem, de forma interdependente, concretizar o modelo de proteção pelo olhar da solidariedade familiar. Solidariedade e longevidade possuem simbiose e interação: não se concebe longevidade saudável sem a presença da solidariedade.

No que se refere, especificamente, ao dever de cuidado nas relações parentais, o enfrentamento da obrigação alimentar[30] e seu eventual afastamento merece detida observação a partir do desenvolvimento da historicidade familiar, ganhando relevo nos casos em que a fenomenologia social revela deterioração dos espaços afetivos entre os membros de um mesmo grupo.

Indaga-se se a deterioração (ou mesmo inexistência) das relações afetivas e o descumprimento imotivado do dever de cuidado nas relações familiares por parte dos genitores poderia influenciar (assim como ocorre no direito dos danos)

---

29. Sobre autonomia da pessoa idosa, José de Oliveira Ascensão: "Centremo-nos pois no essencial. Cabe ao homem, na sua essência psicoespiritual, pugnar para continuar a ser senhor de si mesmo. Cabe-lhe assumir o seu destino, em toda a medida alcançável pelas capacidades que lhe restem. Cabe-lhe não capitular. ASCENSÃO, José de Oliveira. Aceitação, adaptação, esperança: as coordenadas fundamentais do envelhecimento. *Civilistica.com*. Rio de Janeiro, a. 6, n. 2, 2017. Disponível em: [http://civilistica.com/aceitacao-adaptacao-esperanca/]. Acesso em: agosto, 2019.

30. No campo da responsabilidade civil, o fundamento jurídico é mesmo: é preciso considerar, dada a diversidade de estruturas, a distinção dos padrões de aferição dos danos injustos nas relações conjugais e parentais, para reconhecer que, no que toca às relações parentais, a existência de dano moral a ser compensado em função do abandono *afetivo* (abandono moral) decorre do descumprimento da responsabilidade parental, que, numa ponderação entre liberdade dos pais e solidariedade familiar/integridade psicofísica dos filhos, há de prevalecer a última opção, na esteira do pensamento de Maria Celina Bodin de Moraes (Danos morais em família: conjugalidade, parentalidade e responsabilidade civil. In: BODIN DE MORAES, Maria Celina. *Na medida da pessoa humana*: estudos de direito civil-constitucional. Rio de Janeiro: Renovar, 2010) e da conclusão tomada por ocasião do julgamento do Resp 1.159.242/SP, de relatoria da Ministra Nancy Andrighi, nos termos da ementa a seguir: "Civil e processual civil. Família. Abandono afetivo. Compensação por dano moral. Possibilidade. 1. Inexistem restrições legais à aplicação das regras concernentes à responsabilidade civil e o consequente dever de indenizar/compensar no Direito de Família. 2. O cuidado como valor jurídico objetivo está incorporado no ordenamento jurídico brasileiro não com essa expressão, mas com locuções e termos que manifestam suas diversas desinências, como se observa do art. 227 da CF/88. 3. Comprovar que a imposição legal de cuidar da prole foi descumprida implica em se reconhecer a ocorrência de ilicitude civil, sob a forma de omissão. Isso porque o *non facere*, que atinge um bem juridicamente tutelado, leia-se, o necessário dever de criação, educação e companhia – de cuidado – importa em vulneração da imposição legal, exsurgindo, daí, a possibilidade de se pleitear compensação por danos morais por abandono psicológico. 4. Apesar das inúmeras hipóteses que minimizam a possibilidade de pleno cuidado de um dos genitores em relação à sua prole, existe um núcleo mínimo de cuidados parentais que, para além do mero cumprimento da lei, garantam aos filhos, ao menos quanto à afetividade, condições para uma adequada formação psicológica e inserção social. 5. A caracterização do abandono afetivo, a existência de excludentes ou, ainda, fatores atenuantes – por demandarem revolvimento de matéria fática – não podem ser objeto de reavaliação na estreita via do recurso especial. 6. A alteração do valor fixado a título de compensação por danos morais é possível, em recurso especial, nas hipóteses em que a quantia estipulada pelo Tribunal de origem revela-se irrisória ou exagerada. 7. Recurso especial parcialmente provido". STJ. REsp 1159242/SP, Rel. Ministra Nancy Andrighi, Terceira Turma, julgado em 24.04.2012, DJe 10.05.2012).

na obrigação alimentar, de modo a retirar-lhe sua força normativa em razão da ocorrência do denominado abandono moral, erroneamente nomeado como abandono afetivo pela comunidade jurídica.[31]

A resposta para tal indagação deve ser construída a partir da compreensão dos institutos de direito civil à luz da legalidade constitucional, no sentido de que exercem papel funcionalizado à tutela da pessoa humana, que é a real destinatária da proteção conferida pela ordem jurídica constitucional. Os alimentos, como um dos instrumentos tradicionais nas relações familiares, de nítido caráter patrimonial-assistencial, como se revelou outrora, deve ser concebido somente em torno de sua finalidade nas relações familiares. Esse é, de fato, o melhor entendimento de dever de solidariedade familiar pelo aspecto do amparo recíproco capitulado no artigo 229 do texto da Constituição da República.

Segundo Elizabeth Roudinesco, a família "atualmente é reivindicada como o único valor seguro ao qual ninguém quer renunciar. Ela é amada, desejada e sonhada por homens, mulheres e crianças de todas as idades, de todas as orientações sexuais e de todas as condições".[32] A família foi, é e continuará sendo o espaço seguro em que os integrantes recebem acolhida, reconhecimento, segurança e encontram meios de desenvolvimento da própria personalidade. A família foi, é e continuará sendo o espaço seguro em que os integrantes recebem acolhida, reconhecimento, segurança e encontram meios de desenvolvimento da própria personalidade.

A construção da personalidade perpassa, necessariamente, pelo ciclo de desenvolvimento da pessoa humana, desde os estágios mais primitivos, formadores do desenvolvimento psicofísico, até atingir o seu ápice na vida adulta. As fases de transicionalidade (que representa o processo de transição gradual da separação entre o genitor e a criança) e o posterior amadurecimento, até a completude da formação, devem ser permeados de vínculos saudáveis, conquistados pelo cumprimento dos deveres jurídicos inerentes ao pleno exercício da parentalidade.[33] Nessa linha, pontua Ana Carolina Brochado Teixeira: "o dever de criar tem sua gênese na existência da criança. A partir daí, dura como obrigação jurídica até que o filho alcance a maioridade".[34]

---

31. Nestes termos, lição de Maria Celina Bodin de Moraes. A nova família de novo. Estruturas e função da família contemporânea. In: TEIXEIRA, Ana Carolina Brochado; RIBEIRO, Gustavo Pereira Leite (Coord.). *Manual de Direito das Famílias e das Sucessões*. 3. ed. Rio de Janeiro: Editora Processo, p. 1-28.
32. ROUDINESCO, Elizabeth. *A família em desordem*. Rio de Janeiro: Jorge Zahar Editor, 2003. p. 198.
33. WINNICOTT, Donald Woods. *A família e o desenvolvimento individual*. 4. ed. São Paulo: WMF Martins Fontes, 2011.
34. TEIXEIRA, Ana Carolina Brochado. A (des)necessidade da guarda compartilhada ante o conteúdo da autoridade parental? In: TEIXEIRA, Ana Carolina Brochado; RIBEIRO, Gustavo Pereira Leite (Coord.). *Manual de Direito das Famílias e Sucessões*. 3. ed. Rio de Janeiro: Processo, 2017. p. 251.

Esses vínculos são formados em torno da afetividade, elevada à categoria de princípio jurídico[35] e que representa o elemento unificador dos integrantes em torno de uma comunhão de vida que possibilita a realização pessoal de cada um dos seus membros.[36] Muito embora o texto constitucional não se refira à afetividade de forma expressa, por outro lado, não permanece imune à função que este princípio constitucional implícito desempenha nos mais variados campos do Direito das Famílias (como, exemplificativamente, no reconhecimento da igualdade jurídica entre os filhos e da união estável como entidade familiar).

A *affectio*, vínculo que reúne os integrantes da família em torno de um projeto coletivo e ainda propicia um espaço sadio de desenvolvimento pessoal, como princípio jurídico vetor do Direito das Famílias, é vivenciada através do direito fundamental à convivência familiar e comunitária, regulado pelo artigo 227 da Constituição da República. Segundo magistério de Paulo Lobo,[37] "a realização pessoal da afetividade, no ambiente de convivência e solidariedade é a função básica da família de nossa época", destacando que as antigas funções, como a procracional e econômica, possuem papel secundário em razão da primazia do afeto no âmbito do direito das famílias na contemporaneidade.

De um modo geral, doutrina define o princípio da afetividade como a base da constituição das relações familiares e o elemento unificador dos seus integrantes.[38] Se a qualidade dos vínculos formados passa a ter relevância para o sistema a partir de um princípio constitucional implícito, é possível afirmar que os deveres

---

35. No Brasil, de forma pioneira, a afetividade como valor reunificador e repersonalizador da Família pode ser vista pela obra de João Baptista Vilella, "Desbiologização da paternidade". Universidade Federal De Minas Gerais. *Desbiologização da paternidade*. Disponível em: [https://www.direito.ufmg.br/revista/index.php/revista/article/view/1156/1089]. Acesso em: setembro, 2019. e Paulo Luiz Neto Lobo, Direito Civil – Famílias. LÔBO, Paulo Luiz Netto. *Direito Civil: Famílias*. 2. ed. São Paulo: Saraiva, 2009. O Supremo Tribunal Federal reconheceu, ao julgar o RE (tema 622), o reconhecimento da parentalidade socioafetiva, asseverando que: "A compreensão jurídica cosmopolita das famílias exige a ampliação da tutela normativa a todas as formas pelas quais a parentalidade pode se manifestar, a saber: (i) pela presunção decorrente do casamento ou outras hipóteses legais, (ii) pela descendência biológica ou (iii) pela afetividade." A seguir, a tese resultante do julgamento, tomado sob o rito da repercussão geral: "A paternidade socioafetiva, declarada ou não em registro público, não impede o reconhecimento do vínculo de filiação concomitante baseado na origem biológica, com os efeitos jurídicos próprios".
36. Cf. CALDERÓN, Ricardo Lucas. *Princípio da afetividade no direito de família*. 2. ed. Rio de Janeiro: Forense, 2017.
37. LÔBO, Paulo Luiz Netto. *Direito Civil* – Famílias. São Paulo: Saraiva, 2008. p. 15.
38. "O princípio da efetividade tem fundamento constitucional; não é petição de princípio, nem fato exclusivamente sociológico ou psicológico. No que respeita aos filhos, a evolução dos valores da civilização ocidental levou à progressiva superação dos fatores de discriminação, entre eles. Projetou-se, no campo jurídico-constitucional, a afirmação da natureza da família como grupo social fundado essencialmente nos laços de afetividade, tendo em vista que consagra a família como unidade de relações de afeto, após o desaparecimento da família patriarcal, que desempenhava funções procracionais, econômicas, religiosas e políticas". LÔBO, Paulo Luiz Netto. Entidades familiares constitucionalizadas: para além do *numerus clausus*. Revista Brasileira de Direito de Família, v. 3 n. 12. Porto Alegre, Síntese, 2002, p. 40-55.

existentes nas relações paterno-filiais devem ser vivenciados à luz do princípio constitucional da afetividade, que por sua vez, é manifestação do exercício do direito fundamental à convivência familiar e comunitária e da solidariedade familiar.

A solidariedade familiar e o dever de amparo à pessoa idosa, previstos nos artigos 229 e 230 da Constituição da República abriga o contudo que lhe são inerentes (assistência, criação, educação e amparo). Na legislação infraconstitucional, os deveres estão regulados nos artigos 1634, I e II do Código Civil e artigo 22 da Lei 8.069/90, impondo aos genitores o dever de "guarda, sustento e educação" e de ter os filhos em sua companhia. Tais deveres refletem a obrigação dos pais para além do conteúdo biológico e patrimonializado, mas centrado em torno do exercício da afetividade no cuidado e desenvolvimento da prole, que, por sua vez, prestará amparo e assistência à pessoa idosa, em verdadeiro movimento cíclico do dever jurídico de cuidado, que alterna os prestadores conforme vai girando a roda da vida nas relações parentais, num sistema de alternância das vulnerabilidades.[39]

Vulnerabilidade é uma característica reveladora da fraqueza ou situação de desigualdade entre os polos de uma relação, a reclamar tutela diferenciada ou, segundo Vitor Almeida, "uma tutela mais enérgica com o objetivo de reequilibrar relações sociais tradicionalmente desiguais, com fundamento da solidariedade social, igualdade substancial e justiça social".[40]

A mesma roda da vida pode, não raras vezes, provocar desencontros e desajustes entre os seus componentes, que dependem de si mesmos, em primeiro plano, para desenvolverem-se em toda a plenitude do ser. Entretanto, é importante destacar que, a partir do momento em que a pessoa humana passa a desempenhar um projeto parental, assume com essa escolha a sujeição ao princípio da parentalidade responsável, regulado no artigo 227 da Constituição da República e que o acompanha de forma duradoura, assim como permanentes são os vínculos familiares.[41]

A parentalidade responsável, que revela uma função e não se confunde com a relação biológica, impõe aos exercentes o cuidado e criação dos filhos baseado no aspecto material e moral, com atenção, escuta dos filhos, abertura, compreensão e apoio em todas as etapas evolutivas, num espaço democrático, em que a

---

39. Heloisa Helena Barbosa, ao discorrer sobre vulnerabilidade, aduz que o conceito de vulnerabilidade, abstratamente considerado, pode se referir a qualquer ser vivo que poderá, em situações específicas, ser vulnerado, do ponto de vista concreto. Identifica-se, assim, a simultaneidade de tutela geral e abstrata e de uma tutela concreta para todo aqueles que se encontrarem em uma conjuntura potencializadora da vulnerabilidade. BARBOZA, Heloisa Helena. Vulnerabilidade e cuidado: aspectos jurídicos. In: PEREIRA, Tania da Silva; OLIVEIRA, Guilherme de (Org.). *Cuidado e Vulnerabilidade*. São Paulo: Atlas, 2009. p. 106-118.
40. ALMEIDA, Vitor. *A capacidade civil das pessoas com deficiência e os perfis da curatela*. Belo Horizonte: Fórum, 2019. P. 116.
41. Que só excepcionalmente podem ser afastados, como na hipótese extrema de destituição do poder familiar, prevista no artigo 1.638 do Código Civil.

autoridade parental é desempenhada pelo olhar do respeito à originalidade do filho, negociada com os pais no curso da vida de relação.[42]

O princípio constitucional do melhor interesse da criança, que insere tutela absoluta e com prioridade conferida às crianças e adolescentes reverbera na parentalidade responsável: o projeto parental deve ser estruturado a partir do vetor do melhor interesse e proteção integral e que terá, no curso da convivência familiar, o exercício dos deveres (funções) parentais a partir da premissa máxima eleita pelo constituinte.

A solução para os conflitos familiares envolvendo relações paterno-filiais deve ter, como fiel da balança, a afetividade, tão importante na construção do desenvolvimento da personalidade dos filhos, como destaca Giselda Hironaka.[43] Se o afeto está na base de constituição das relações familiares, os conflitos de interesses aí desenvolvidos devem ter como vetor, em suas resoluções, também na seara da afetividade, traduzida, evidentemente, no dever de cuidado como valor jurídico.

Sobre o valor jurídico do cuidado nas relações paterno filiais, Tânia da Silva Pereira destaca a função humanizadora do cuidado no desenvolvimento de crianças e adolescentes.[44]

---

42. "Nesta família democrática, a tomada de decisão deve ser feita através da comunicação, através do falar e do ouvir. Entre marido e mulher, busca-se atingir o consenso; entre pais e filhos, a conversa e o diálogo aberto. Mas tampouco falta autoridade na família; no entanto é uma autoridade democrática que ouve, discute e argumenta. Sustenta-se que a autoridade deve ser negociada em relação aos filhos. Não há espaço para a tirania na família democrática, nem por parte dos pais e nem por parte dos filhos. Em síntese, segundo Giddens, a família democrática caracteriza-se pelos seguintes traços distintivos: igualdade emocional e sexual, direitos e responsabilidades mútuas, guarda compartilhada, coparentalidade, autoridade negociada sobre os filhos, obrigações dos filhos para com os pais e integração social". BODIN DE MORAES, Maria Celina. A Família Democrática. *Anais do V Congresso Brasileiro de Direito de Família*. São Paulo: Thomson IOB, 2005.
43. "O afeto, reafirme-se, está na base de constituição da relação familiar, seja ela uma relação de conjugalidade, seja de parentalidade. O afeto está também, certamente, na origem e na causa dos descaminhos desses relacionamentos. Bem por isso, o afeto deve permanecer presente, no trato dos conflitos, dos desenlaces, dos desamores, justamente porque ele perpassa e transpassa a serenidade e o conflito, os laços e os desenlaces; perpassa e transpassa, também, o amor e os desamores. Porque o afeto tem um quê de respeito ancestral, tem um quê de pacificador temporal, tem um quê de dignidade essencial. Este é o afeto de que se fala. O afeto-ternura; o afeto-dignidade. Positivo ou negativo... O imorredouro afeto. O afeto está na construção, mas deve estar também na ruptura relacional, resguardando as pessoas para além daquela dose certamente incontrolável de sofrimento que não se pode impedir. E os que estão encarregados de administrar o conflito devem estar comprometidos com o respeito a esse afeto atávico. Sem medo. Sem preconceito. Municiados da necessária rede – redonda, oval, quadrada, retangular... cada um sabe construir suas próprias redes, porque, afinal, elas não passam de buracos amarrados por barbantes – para alcançar também os peixes dourados". HIRONAKA, Giselda Maria Fernandes Novaes. Sobre peixes e afetos - Um devaneio acerca da ética no direito de família. In: PEREIRA, Rodrigo da Cunha (Coord.). *Família e dignidade humana*. Anais do V Congresso Brasileiro de Direito de Família. Belo Horizonte: IBDFAM, 2006. p. 424-437.
44. PEREIRA, Tânia da Silva; OLIVEIRA, Guilherme de. *O cuidado como valor jurídico*. Rio de Janeiro: Forense, 2008. p. 309.

O cuidado como "expressão humanizadora", preconizado por Vera Regina Waldow, também nos remete a uma efetiva reflexão, sobretudo, quando estamos diante de crianças e jovens que, de alguma forma, perderam a referência da família de origem(...). A autora afirma: "o ser humano precisa cuidar de outro ser humano para realizar a sua humanidade, para crescer no sentido ético do termo. Da mesma maneira, o ser humano precisa ser cuidado para atingir sua plenitude, para que possa superar obstáculos e dificuldades da vida humana."

A partir de tais premissas, se no âmbito das relações parentais houver, de alguma forma, a deterioração dos afetos (pelo próprio desajuste no curso da relação parental), a ponto de provocar ruptura geradora do denominado abandono *afetivo* – expressão que goza de popularidade na comunidade jurídica, porém, tecnicamente, trata de hipótese de abandono moral – representado pela violação, pelo genitor, do dever de cuidado, tem-se como premissa inafastável o reconhecimento da falta, pelos pais, do atendimento à responsabilidade parental inerente ao princípio da solidariedade familiar, em prejuízo dos filhos, que são vulneráveis nessa relação que nasce e se desenvolve naturalmente desequilibrada.[45]

O cuidado assume, no ordenamento, tutela como valor jurídico objetivo e merece observação arguta para além do direito dos danos, na medida em que a análise da conduta dos responsáveis poderá influenciar no dever alimentar, tendo em conta que nas relações paterno-filiais a natureza é assistencial e não ressarcitória ou compensatória.

A falha eventualmente causada pelos genitores é compreendida, aqui, num sentido amplo e não se resume ao adimplemento ou inadimplemento de obrigações patrimoniais. Crianças, vulneráveis em razão da própria condição de pessoa em desenvolvimento e merecedoras de tutela amplificada nessa etapa crucial de evolução, podem ser vítimas de abandono moral por parte dos genitores, descumpridores do dever de cuidado no sentido mais generalista e abrangente da palavra A assunção de valor objetivo ao cuidado é capaz de fornecer, na prática, critérios seguros para apuração do descumprimento do dever de cuidado, que se alinha, efetivamente, ao princípio de liberdade com que os pais agem no decorrer da própria vida. A liberdade não pode ser tomada em absoluto se, ao ser exercitada, ferir o melhor interesse da criança sob a forma de descumprimento de dever

---

45. Elucidativa conclusão de Maria Celina Bodin de Moraes e Ana Carolina Brochado Teixeira: "Essa palavra, responsabilidade, é o que melhor define hoje a relação parental do ponto de vista legal. Trata-se, com efeito, de uma relação assimétrica, entre pessoas que estão em posições completamente diferentes, sendo uma delas de dotada de particular vulnerabilidade. Além disso, a relação é tendencialmente permanente, sendo custoso e excepcional o seu término: de fato, a perda ou suspensão do poder familiar só ocorre em casos de risco elevado ou de abuso (Código Civil, arts. 1.637 e 1.638). Assim, com uma autoridade parental raramente cessa, a responsabilidade não pode, evidentemente, evanescer se por simples ato de autonomia". BODIN DE MORAES, Maria Celina; TEIXEIRA, Ana Carolina Brochado. Descumprimento do art. 229 da Constituição Federal e responsabilidade civil: duas hipóteses de danos morais compensáveis. *Revista de Investigações Constitucionais*, v. 3, p. 117-139, 2016, p. 127.

de cuidado e de todos os demais princípios que circundam a tutela máxima de crianças e adolescentes nas relações familiares.

Assim, a violação ao dever de cuidado assume contornos técnicos[46], de modo a afastar a confusão entre afetividade e eventual falta de amor. Não se pode identificar a problemática do abandono moral pelas lentes do descumprimento do dever de amar o filho, inexistente no ordenamento jurídico. Não há norma prevista no arcabouço legislativo pátrio que imponha, aos pais, como obrigação legal, o dever de amar seus filhos e, pelo princípio constitucional da legalidade, o Judiciário também não poderia fazê-lo, a despeito de parecer imoral. O que os pais, de fato, possuem, em relação à figura dos filhos, é o dever de cumprir objetivamente o cuidado da prole, como corolário da dignidade humana e da escolha de uma sociedade que se desenvolva a partir da tutela absoluta e prioritária da criança e do adolescente.

Nesse sentido, caso uma criança tenha sofrido abandono moral no curso da vida, concretizado a partir do descumprimento do dever objetivo de cuidado pelo genitor (que não se resume, necessariamente, em abandono financeiro, como nas recorrentes hipóteses em que o genitor é mero provedor da pensão alimentar arbitrada em juízo, mas descumpre outros inúmeros e tão importantes deveres parentais no âmbito existencial, como a assistência moral), mostra-se desinfluente que possua figura parental substitutiva ao longo da vida[47] para efeito de aferição do denominado abandono inverso.

---

46. Sobre violação ao dever objetivo de cuidado, transcreve-se importante julgamento no Superior Tribunal de Justiça: "Civil e processual civil. Família. Abandono afetivo. Compensação pelo dano moral. Possibilidade. 1. Inexistem restrições legais à aplicação das regras concernentes à responsabilidade civil e o consequente dever de indenizar/compensar no Direito de Família. 2. O cuidado como valor jurídico objetivo está incorporado no ordenamento jurídico brasileiro não com essa expressão, mas com locuções e termos que manifestam suas diversas desinências, como se observa do art. 227 da CF/88. 3. Comprovar que a imposição legal de cuidar da prole foi descumprida implica em se reconhecer a ocorrência da ilicitude civil, sob a forma de omissão. Isso porque o non facere, que atinge um bem juridicamente tutelado, leia-se, o necessário dever de criação, educação e companhia – de cuidado – importa em vulneração da imposição legal, exsurgindo, daí, a possibilidade de se pleitear a compensação por danos morais por abandono psicológico. 4. Apesar das inúmeras hipóteses que minimizam a possibilidade de pleno cuidado de um dos genitores em relação à sua prole, existe um núcleo mínimo de cuidados parentais que, para além do mero cumprimento da lei, garantam aos filhos, ao menos quanto à afetividade, condições para a adequada formação psicológica e inserção social. 5. A caracterização do abandono afetivo, a existência de excludentes ou, ainda, fatores atenuantes – por demandarem revolvimento de matéria fática – não podem ser objeto de reavaliação na estreita via do recurso especial. 6. A alteração do valor fixado a título de compensação por danos morais é possível, em recurso especial, nas hipóteses em que a quantia estipulada pelo Tribunal de origem revela-se irrisória ou exagerada. 7. Recurso especial parcialmente provido" (STJ, REsp 1159242/SP, Rel. Ministra Nancy Andrighi, Terceira Turma, julgado em 24.04.2012, DJe 10.05.2012).
47. Relevância importante para efeito de reconhecimento da responsabilidade civil por ofensa à integridade psicofísica, como ensina Maria Celina Bodin de Moraes, que afasta a compensação com fundamento na responsabilidade civil nas hipóteses em que o filho possua uma figura parental substitutiva, pois a ofensa à integridade psicofísica careceria de efetiva demonstração. BODIN DE MORAES, Maria Celina. *Na medida da pessoa humana*: Estudos de direito civil-constitucional. Rio de Janeiro: Renovar, 2010.

De fato, a figura do abandono inverso caracteriza-se nas hipóteses em que os filhos relegam os pais ao abandono, no sentido do descumprimento do dever de cuidado como decorrência da solidariedade familiar, numa espécie de parentalidade responsável às avessas: o princípio da filiação responsável, que lhe é recíproco.

Importante, a esta altura, delimitar a incidência do dever alimentar dos filhos em relação aos pais, em especial quando atingem idade avançada, em que o sustento próprio começa a dificultar em razão dos avanços naturais de limitações relacionadas com a velhice em si.

O pagamento de alimentos por um filho em favor de seus pais não possui grandes questionamentos em razão da expressa previsão constitucional, a não ser nas hipóteses em que o filho, agora acionado como devedor de alimentos com base na relação de parentesco, sofreu, durante o seu desenvolvimento, abandono moral pelo genitor, que, agora, no giro da balança da vida, passa a desenvolver a necessidade de percepção da verba.

Logo, é possível afirmar que uma criança, vítima de abandono moral por um de seus genitores (resultado da violação dos deveres inerentes ao cuidado parental) e que deveria, pelo princípio prioridade absoluta e da parentalidade responsável, receber tratamento prioritário no curso do desenvolvimento, vai crescer e se desenvolver sem a presença daquela figura parental que voluntariamente tenha se afastado.[48]

Pessoas que se desenvolvem num seio de uma família e que contam, em sua historicidade pessoal, com o registro de um abandono moral praticado pelo genitor no momento mais delicado para a pessoa humana, que é a formação/construção da personalidade e identidade pessoal não poderão, de fato, ser identificadas como praticantes da figura do abandono afetivo (*rectius*: moral) inverso.

Se o abandono moral inverso representa o outro lado da moeda e se materializa nas hipóteses em que os filhos, que deixam de assumir o amparo dos pais "na velhice, carência ou enfermidade" por força de mandamento constitucional e descumprem o dever de cuidado em desfavor dos idosos (possuidores de interesse merecedor de tutela), certo é que a exigibilidade jurídica da verba alimentar resta afastada em razão de o filho figurar como vítima da violação do dever de cuidado na infância ou adolescência.

Isso porque, embora há entendimento no sentido de que a tutela do idoso assume, com o advento do Estatuto do Idoso, a mesma dimensão valorativa

---

48. Há, de fato, hipóteses que poderiam, numa primeira vista, justificar o afastamento entre genitores e seus filhos, como nos casos em que a mãe, que detenha a guarda unilateral, altera o domicílio sem comunicar ao outro genitor, em atos caracterizadores de alienação parental e nas demais hipóteses típicas da ausência de separação necessária dos espaços da conjugalidade e parentalidade.

da tutela de crianças e adolescentes, que estariam situadas em idêntico plano axiológico em razão do tratamento especial que o legislador confere aos grupos vulneráveis,[49] não se pode concordar com essa construção, em função da leitura do artigo 227 da Constituição da República.

É clara a opção do constituinte pela prioridade *absoluta* (acima de qualquer outra) de crianças e adolescentes, adjetivo que não foi utilizado no tratamento outorgado aos idosos pelo artigo 229 da Constituição da República, o que não diminui a importância da tutela em favor da pessoa idosa, que, assim como as crianças e adolescentes, estão apartados do processo produtivo econômico. Apenas não se mostra possível proceder à equiparação valorativa entre um grupo vulnerável e outro (embora o segundo seja, também merecedor de significativa tutela), por razões de escolha do próprio legislador constitucional, que erigiu a criança e adolescente ao topo do regime de prioridades.

A configuração do abandono moral inverso – assim entendido, nos termos assinalados, como a violação, pelos filhos, do dever de cuidado ou descumprimento do mandamento geral previsto no artigo 229 da Constituição da República, decorrente da vulneração da solidariedade familiar – deve ser examinada à luz da existência de elementos potencialmente justificadores da prática (inicialmente) ilícita em desfavor da pessoa idosa, mormente nas hipóteses de abandono moral sofrido no curso da infância/adolescência.

Argui-se a respeito da solução jurídica possível nos casos em que o credor dos alimentos foi praticante, no passado, do abandono moral em detrimento do filho, a quem poderá vir a acionar em demanda de natureza alimentar, no futuro, caso deles necessite, quando assumir a condição de pessoa idosa, podendo valer-se, inclusive, da solidariedade em seu favor, prevista no artigo 12 da Lei 10741/03.

A solução da controvérsia deve ser enfrentada a partir do princípio da proteção da confiança e sua aplicabilidade nas relações familiares em função do merecimento de tutela da família cuja importância sobressai "nas relações afetivas,

---

49. Comunga desse pensamento Maria Berenice Dias: "Quer atentando ao princípio da igualdade, que não permite tratamento desigual a quem faz jus a proteção diferenciada, quer em respeito à dignidade da pessoa humana, dogma maior do sistema jurídico, não há como deixar de reconhecer que, com o Estatuto do Idoso, houve a equiparação de direitos e garantias aos dois polos da existência humana. O que era assegurado aos jovens foi estendido aos idosos. Os direitos e garantias concedidos às crianças e adolescentes serviram de modelo para os chamados 'adultos maiores'. Assim, as prerrogativas deferidas nos respectivos estatutos devem contemplar ambos os segmentos, que, em razão da idade, não dispõem de meios de prover a própria subsistência. Via de consequência, o que foi outorgado aos maiores de 60 anos deve ser alcançado também aos menores de idade". DIAS, Maria Berenice. *Os alimentos após o Estatuto do Idoso*. Disponível em: [http://www.mariaberenice.com.br/manager/arq/(cod2_531)9__os_alimentos_apos_o_estatuto_do_idoso.pdf]. Acesso em: agosto, 2019.

que se traduzem em uma comunhão espiritual e de vida"[50] e que volta o olhar para os efeitos fáticos derivados de uma determinada conduta, que antes era centrado, unicamente, para as suas fontes e não, propriamente, para as suas consequências.[51] E as consequências das condutas violadoras dos interesses merecedores de tutela nas relações familiares que vão impactar, diretamente, na obrigação alimentar.

4. CONTORNOS DA APLICAÇÃO DA BOA-FÉ OBJETIVA NAS RELAÇÕES FAMILIARES E A FIGURA DO *TU QUOQUE* NO ABANDONO MORAL INVERSO

A cláusula geral de boa-fé objetiva, ao exigir que as relações (negociais) se estabeleçam em padrões de conduta revestidas de probidade, integridade, deveres de transparência, informação e proteção, "atua como fonte de do conteúdo contratual, determinando a sua otimização, independentemente da regulação voluntaristicamente estabelecida"[52] também permeia as relações familiares a partir da tutela da confiança.

A partir dessa premissa, é possível identificar a geração de deveres positivos decorrentes da e criação dos deveres positivos, que devem ser desempenhados pelos genitores e que são geradores da criação de legitimas expectativas na vivência da complexidade das relações parentais.

Para além do individualismo marcante nos códigos oitocentistas, o direito civil contemporâneo, vivenciado à luz da legalidade constitucional, orienta-se pela primazia da tutela existencial, que encontra, na afetividade, o seu princípio sistematizador das relações familiares, prescrevendo deveres de conduta nas relações parentais derivados do dever jurídico de cuidado dos pais em relação aos filhos e, reciprocamente, dos filhos em relação aos pais. Porém, é impres-

---

50. "A família é valor constitucionalmente garantido nos limites de sua conformação e de não contraditoriedade aos valores que caracterizam as relações civis, especialmente a dignidade humana: ainda que diversas possam ser as suas modalidades de organização, ela é finalizada à educação e à promoção daqueles que a ela pertencem. O merecimento de tutela da família não diz respeito exclusivamente às relações de sangue, mas, sobretudo, àquelas afetivas, que se traduzem em uma comunhão espiritual e de vida". PERLINGIERI, Pietro. *Perfis do Direito Civil*. Tradução de Maria Cristina De Cicco. 2. ed. Rio de Janeiro: Renovar, 2002. p. 243.
51. Merece registro a observação de Anderson Schreiber a respeito da interação entre o princípio da confiança e a solidariedade, pois a proteção da confiança está "inserida no amplo movimento de solidarização do direito, vem justamente valorizar a dimensão social do exercício dos direitos, ou seja, o reflexo das condutas individuais sobre terceiros. Em outras palavras, o reconhecimento da necessidade de tutela da confiança desloca a atenção do direito, que deixa de ser exclusivamente sobre a fonte das condutas para observar também os efeitos fáticos de sua adoção". SCHREIBER, Anderson. O princípio da boa-fé objetiva no Direito de Família. In: PEREIRA, Rodrigo da Cunha (Coord.). *Família e Dignidade Humana*. V Congresso Brasileiro de Direito de Família. São Paulo: IOB Thomson, 2006, 437-458.
52. MARTINS-COSTA, Judith. *A Boa-Fé no Direito Privado*: critérios para a sua aplicação. 2. ed. São Paulo: Saraiva, 2018. p. 440.

cindível perceber que a relação é naturalmente assimétrica em razão da própria condição humana, que no estágio embrionário da vida não possui condições de manutenção autônoma, que vai, também, sendo diminuída durante o transcurso da existência, justificadora da tutela necessária da pessoa idosa, invertendo-se as posições na relação parental.

Durante a vida de relação, é esperado dos pais, como dever jurídico decorrente da parentalidade, que exerçam, com responsabilidade, os deveres de cuidado dos filhos, conferindo-lhes, para além da assistência material, a assistência moral, que revela-se fundamental para o pleno desenvolvimento de suas potencialidades, ainda mais considerando a importância da tutela psíquica da pessoa humana, que não depende, apenas, de insumos materiais para efetiva formação do ser.

Se é certo que os membros de uma mesma família possuem deveres de conteúdo moral, tais deveres poderão ser evidenciados através da proteção da confiança nas relações familiares, que, como "as relações civis – e a ciência jurídica como um todo – encontram o seu fundamento de validade contemporâneo no proteger as expectativas justas e legítimas reciprocas existentes entre as pessoas".[53] Neste ponto, a aplicabilidade da cláusula geral de boa-fé objetiva no âmbito das relações familiares produz, como consequência, a vedação e comportamento contraditório igualmente nesse campo em que vínculos tão importantes são formados e exigem, sobretudo, a permanência ou reiteração, traduzida numa relação continuativa de cuidado, numa espécie de dever de caráter permanente e que não se confunde com (inexistente) obrigação de amar.[54] Esse o ponto nodal da questão.

A quebra ou violação da justa expectativa – ou expectativa esperada dos pais, em relação aos filhos, terá como consequência da máxima importância dos interesses merecedores de tutela nas relações paterno-filiais esvaziará os correspectivos deveres dos filhos em razão da anterior quebra da solidariedade familiar,

---

53. Na mesma linha da proteção da confiança nas relações familiares, prosseguem os autores: "Trata-se, em verdade, da efetivação da solidariedade social abraçada constitucionalmente, que se cristaliza através da tutela jurídica da confiança, impondo um dever jurídico de não serem adotados comportamentos contrários aos interesses e expectativas despertadas em outrem". FARIAS, Cristiano Chaves de; ROSENVALD, Nelson. *Direito das Famílias*. Rio de Janeiro: Lumen Juris, 2008. p. 65.

54. "Aqui não se fala ou se discute o amar e, sim, a imposição biológica e legal de cuidar, que é dever jurídico, corolário da liberdade das pessoas de gerarem ou adotarem filhos. O amor diz respeito à motivação, questão que refoge os lindes legais, situando-se, pela sua subjetividade e impossibilidade de precisa materialização, no universo meta-jurídico da filosofia, da psicologia ou da religião. O cuidado, distintamente, é tisnado por elementos objetivos, distinguindo-se do amar pela possibilidade de verificação e comprovação de seu cumprimento, que exsurge da avaliação de ações concretas: presença; contatos, mesmo que não presenciais; ações voluntárias em favor da prole; comparações entre o tratamento dado aos demais filhos – quando existirem –, entre outras fórmulas possíveis que serão trazidas à apreciação do julgador, pelas partes. Em suma, amar é faculdade, cuidar é dever" (STJ, REsp 1159242/SP, Rel. Ministra Nancy Andrighi, Terceira Turma, julgado em 24.04.2012, DJe 10.05.2012).

ante o reconhecimento da juridicização da ética da reciprocidade sem o viés da violência,[55] mas pelo olhar da dignidade da pessoa humana.

Quer se afirmar que as situações subjetivas de Direito de Família geram, no âmbito das relações familiares, o respeito pelo dever de cuidado no curso da vida dos envolvidos, de modo que eventual desrespeito acarretará descumprimento da cláusula geral de boa-fé objetiva, cuja técnica legislativa (de conteúdo aberto e móvel (poderá afastar, juridicamente, o dever alimentar quando, no futuro, o descumpridor desejar acionar o filho, vítima de abandono moral, cuja configuração exige, evidentemente, reiteração ou certa situação de permanência.

Se o ordenamento veda a adoção de comportamento contraditórios como modalidade específica de abuso do direito (cuja proibição geral está regulada no artigo 884 do Código Civil), plenamente aplicável ao direito das famílias, é juridicamente possível defender o esvaziamento ou afastamento, como escusa legitima, do filho acionado em ação de alimentos, caso tenha, comprovadamente, sido vítima de abandono moral no curso da vida de relação.[56]

Dentre as figuras parcelares da boa-fé objetiva, é possível identificar o *tu quoque* no comportamento incoerente e contraditório do genitor, que, com fundamento na necessidade de receber alimentos em razão a condição de pessoa idosa, acionar o filho, pugnando pelo cumprimento da obrigação alimentar (cuja pretensão exercitável em juízo poderia, inclusive, gerar a prisão civil como medida de coerção), mas que, durante a vida familiar, foi descumpridor dos deveres de cuidado em favor do, agora, devedor de alimentos.

A figura do *tu quoque,* de largo reconhecimento no âmbito da relações contratuais e nos tribunais brasileiros,[57] pode ser identificada pela conduta

---

55. Maria Celina Bodin de Moraes, em precisa explicação a respeito da ética de reciprocidade, afirma: "Se a solidariedade objetiva decorre da necessidade imprescindível de coexistência, a solidariedade como valor deriva da consciência racional dos interesses em comum interesses esses que implicam, para cada membro, a obrigação moral de não fazer aos outros o que não deseja que lhe seja feito. Esta regra, ressalte-se, não possui qualquer conteúdo material, enunciando apenas uma forma, a forma da reciprocidade, indicativa de que a cada um que, seja o que for que possa querer, deve fazê-lo pondo-se de algum modo no lugar de qualquer outro". BODIN DE MORAES, Maria Celina. O princípio da solidariedade. In: PEIXINHO, Manoel Messias; et al. (Org.). *Os princípios da Constituição de 1988.* Rio de Janeiro: Renovar, p. 171.
56. Neste sentido, alguns precedentes nos tribunais estaduais, como a ementa ilustrativa a seguir: "Alimentos. Solidariedade familiar. Descumprimento dos deveres inerentes ao poder familiar. É descabido o pedido de alimentos, com fundamento no dever de solidariedade, pelo genitor que nunca cumpriu com os deveres inerentes ao poder familiar, deixando de pagar alimentos e prestar aos filhos os cuidados e o afeto de que necessitavam em fase precoce do seu desenvolvimento. Negado provimento ao apelo" (TJRS, AC 70013502331, Rel. Desembargador Maria Berenice Dias, Sétima Câmara Cível, julgado em 15.02.2006).
57. O Superior Tribunal de Justiça reconhece a aplicação da figura do *tu quoque* nas relações civis e no direito processual penal, consoante se infere pela transcrição a seguir: "Os ditames da boa-fé objetiva, especificamente, o *tu quoque,* encontra ressonância no artigo 565 do Código de Processo Penal, ao dis-

de alguém que tenha descumprido "norma legal ou contratual, atingindo com isso determinada posição jurídica, não pode exigir do outro o cumprimento do preceito que ele próprio já descumprira"[58] e cujo exemplo, no Código Civil, pode ser retirado pela exceção de contrato não cumprido (artigo 476, I do Código Civil).

Na doutrina alemã, a figura do *tu quoque* (*tu quoque, fili mi*, atribuída ao imperador Júlio César, em diálogo com Marco Júlio Bruto, de quem era próximo) retira o fundamento de validade em oito princípios, dentre eles a recusa de proteção jurídica, vedação o comportamento contraditório (*venire contra factum proprium*), integridade e proporcionalidade e deve ser atualizada para adequar-se aos ditames do direito civil constitucionalizado, de modo a afastar o desejo de vingança privada para reconhecer a figura nas hipóteses em que a outra parte deva ser protegida de atuação daquele que, inicialmente, tenha violado deveres jurídicos.[59]

Sobre a contradição qualificada pela imputação de uma falta a quem inicialmente, a tenha cometido, que está impedido, por essa conduta inicial, de deduzir direito relacionado ao descumprimento inicial, a lição de Vítor Pimentel Pereira:[60]

> Aplicado à realidade contratual, indica que aquela pessoa que não é fiel ao contrato, não pode deduzir qualquer direito da violação do mesmo perpetrada pela parte contrária. Deste modo, a fórmula expressa que o violador de uma norma jurídica ou contratual não pode depois: 1) prevalecer-se da situação gerada contrariamente à boa-fé; 2) do lado ativo, exercer a posição jurídica em que foi inserido pela sua própria violação; 3) do lado passivo, exigir que a outra parte aceite o exercício da posição resultante de uma violação anterior.14 Assim, constitui-se como tipo de exercício inadmissível de posição jurídica15, em que o titular faltoso exercente de uma determinada posição não pode querer ver sua exigência ao outro contratante atendida, vez que este último poderá esgrimir contra ele a objeção de tu quoque (tu-quoque Einwand, em alemão).

A partir da análise detida dessa figura parcelar e levando em conta o descumprimento do dever jurídico de cuidado por parte, inicialmente, da pessoa idosa, tem-se a impossibilidade de acionar o filho em demanda alimentar, invocando solidariedade que não existe no plano material, diante da falta na construção do vínculo de afetividade.

---

por que não cabe a arguição de nulidade pela própria parte que lhe deu causa ou que tenha concorrido para a sua existência" (STJ, RHC 63.622/SC, Rel. Ministra Maria Thereza de Assis Moura, Sexta Turma, julgado em 01.10.2015, DJe 22.10.2015).

58. AGUIAR JUNIOR., Ruy Rosado de. *Extinção dos contratos por incumprimento do devedor (resolução)*. Rio de Janeiro: Aide, 1991. p. 249.

59. PEREIRA, Vitor Pimentel. *A fórmula tu quoque: origem, conceito, fundamentos e Alcance na doutrina e jurisprudência / formula tu quoque*: Origin, concept, background and scope in doctrine and Jurisprudence. Disponível em: [https://www.e-publicacoes.uerj.br/index.php/quaestioiuris/article/viewFile/9882/7744]. Acesso em: agosto, 2019.

60. Idem.

Crianças adolescentes, especialmente durante a fase de construção da própria personalidade e que erigiram as bases de sua identidade pessoal sem conviver com o duplo referencial, não poderão, em razão da solidariedade familiar e característica da reciprocidade, ser condenadas, futuramente, ao pagamento de alimentos em favor do genitor "abandonador", tão somente por ser pessoa idosa, em razão do reconhecimento da figura do *tu quoque* como escusa legítima da obrigação alimentar, , desapartado da boa-fé objetiva, que atuará como cláusula geral limitadora do exercício abusivo do direito aos alimentos.

5. CONSIDERAÇÕES FINAIS

A obrigação alimentar concernente às relações parentais possui questões que despertam interesse a partir do exame da conformidade ou adequação no cumprimento dos deveres objetivos de cuidado durante o curso da relação, estável pela própria natureza dos vínculos paterno-filiais.

A partir da apreciação da importância do cumprimento da obrigação alimentar em favor da pessoa idosa (única hipótese de solidariedade no ordenamento jurídico no trato alimentar), cujo objetivo de tutela é a preservação dos direitos fundamentais dessa categoria vulnerável em razão da peculiar condição de se encontrarem no ciclo mais avançado da vida, que demanda tratamento especial e peculiar que lhe é inerente, tem-se a conformação dos instrumentos das situações subjetivas patrimoniais funcionalizadas à promoção da pessoa humana na última etapa da vivência.

A solidariedade, componente da própria estrutura das relações familiares e que pode retratar tanto o sentido da solidariedade enquanto coexistência e solidariedade como valor, por ser, simultaneamente, fato social e valor jurídico, impõe a consideração recíproca pela tutela dos interesses de todos os sujeitos que vivenciam a coexistência conjunta.

A relação paterno-filial, naturalmente assimétrica, é regida pelo princípio constitucional da solidariedade, nos termos do artigo 229. O dispositivo subsequente, por sua vez, determina que a família, sociedade e Estado amparem as pessoas idosas, que, à toda evidência, goza dos direitos fundamentais e de proteção integral, fornecendo instrumentos aplicáveis à magnitude dos direitos tratados.

A pessoa idosa, durante o exercício parental, possui deveres inerentes ao dever objetivo de cuidado, que é revestido de valor jurídico e que conta com instrumentos para efetivação, correspondentes ao princípio norteador da sociabilidade a que aludiu Miguel Reale (num primeiro momento, pelo exercício do poder familiar e, posteriormente, deslocando o fundamento de validade para o parentesco).

Nessa ótica, o dever jurídico de mais alta densidade por escolha do legislador constituinte consiste no tratamento de crianças e adolescentes como prioridade absoluta, inseridas no vértice no tratamento prioritário, que denota que os pais, no exercício da autoridade parental, devem cumprir tais deveres de acordo com a relevância conferida pelo texto constitucional.

O descumprimento dos referidos deveres, de vulneração variável e que pode ocorrer pelas mais variadas formas (considerando que os deveres parentais não se esgotam ou satisfazem, unicamente, com o pagamento do pensionamento), importará na violação do dever de cuidado, incluindo a assistência moral, de modo a frustrar a tutela psicofísica necessária ao adequado desenvolvimento da pessoa humana. Implicará, em última análise, na violação dos princípios da afetividade e da solidariedade familiar.

Observa-se que a eticidade funciona como norte seguro do direito civil contemporâneo, funcionalizado à tutela da pessoa humana e à luz do *modus vivendi* de índole constitucional e que pode ser identificada como o fundamento de outros institutos do direito civil, como a exclusão do direito sucessório (revestida de fundamentalidade, na forma do artigo 5º, inciso XXX da Constituição da República) em razão a prática de atos graves de indignidade em desfavor de parentes com quem possua relação sucessória, nos moldes do artigo 1.814 do Código Civil. Assim como ocorre com a indignidade, o descumprimento de deveres éticos (e em desconformidade com o imperativo categórico kantiano de agir segundo a máxima em que a pessoa possa, ao mesmo tempo, desejar que ela se torne lei universal é, seguramente, assim como no direito sucessório, elemento legitimador do afastamento de dever assistencial envolvendo a obrigação alimentar, nos casos em que os genitores antecedem no descumprimento de princípios constitucionais nas relações familiares.

Observa-se que o comportamento esperado dos pais durante a vivência familiar e, em especial, no desenvolvimento dos filhos, protegidos como pessoas em desenvolvimento, é criador de justas expectativas.

A frustração das justas expectativas repercutirá na conclusão de que eventual violação do dever de amparo, previsto no artigo 230 da Constituição da República, somente terá lugar nas hipóteses em que, no curso da historicidade familiar, tenha havido o devido acatamento pelo respeito ao direito fundamental de cuidado dos filhos.

Assim, o artigo 1.696 do Código Civil deve receber interpretação conforme à Constituição, sem redução de texto, nos mesmos moldes da técnica empregada por ocasião do julgamento da ADIN 4277/DF e ADPF 132/RJ e correta intepretação do artigo 1.723 do Código Civil e um dos fundamentos para a referida conclusão consiste na vedação de adoção de comportamentos contraditórios no âmbito das relações civis, o que, com mais razão (pela natureza dos vínculos filiais) não afasta a vedação à incoerência no âmbito das relações familiares.

A consequência de descumprimento do dever de cuidado – abandono moral – pelos pais durante o trato com os filhos importará no afastamento do denominado abandono moral inverso, outorgando-se em favor dos filhos lesados na vida de relação uma verdadeira escusa legítima pelo incumprimento dos deveres parentais e resultando no afastamento do cumprimento do dever assistencial de alimentos, sem que tal represente caráter ou conteúdo reparatório ou compensatório.

O efeito prático no arbitramento dos alimentos consiste na possibilidade de o filho acionado invocar tese defensiva visando o afastamento da fixação da verba, valendo-se de prova segura da efetiva de violação do dever objetivo de cuidado e ofensa aos princípios da parentalidade responsável e da solidariedade familiar (cuja comprovação deve ser irrefutável, ainda que exercida *incidenter tantum* na demanda alimentar e sob o crivo do contraditório).

A proteção da pessoa idosa será efetivada por meio dos outros mecanismos dispostos à tutela dos direitos fundamentais inerentes à pessoa humana, que compete, além da família, à sociedade e ao Estado, por meio da solidariedade social, prevista no artigo 203, I da constituição da República e através do benefício assistencial.

Na síntese de Ernest Hemingway, "o mundo despedaça todas as pessoas e, posteriormente, muitos se tornam fortes nos lugares partidos".

9
A PROTEÇÃO DA VULNERABILIDADE DA PESSOA IDOSA EM NEGÓCIOS JURÍDICOS NÃO CONSUMERISTAS

Elisa Costa Cruz

Doutoranda em Direito Civil pela UERJ. Mestre em Direito Civil pela UERJ. Defensora Pública do Estado do Rio de Janeiro.

Sumário: 1. Introdução – 2. Vulnerabilidade e pessoa idosa – 3. O Código de Defesa do Consumidor e a proteção da vulnerabilidade – 4. A expansão das normas de proteção do Código de Defesa do Consumidor a negócios jurídicos não consumeristas – 5. Conclusão.

1. INTRODUÇÃO

As estatísticas divulgadas em 2018 pelo Instituto Brasileiro de Geografia e Estatística – IBGE informam que entre 2012 e 2018 o Brasil ganhou 4,8 milhões de pessoas idosas no país, assim reconhecidas pelo artigo 1º da Lei 10.741/2003 como aquelas com 60 (sessenta) anos ou mais. De acordo com a notícia, esse número representa um crescimento de 18% da população idosa no Brasil e supera a marca de 30,2 milhões de pessoas idosas apurado em 2017 na Pesquisa por Amostra de Domicílios Contínua – PNAD Contínua.[1]

O envelhecimento populacional não é apenas um fenômeno brasileiro, mas mundial,[2] e atrai sobre um envelhecimento saudável, mas também em aspectos jurídicos de reconhecimento e inclusão da pessoa idosa no meio social.

As questões são múltiplas e complexas, muitas ainda em estágio inicial de debate, considerando que possivelmente esse é um dos primeiros momentos em que a comunidade global se vê diante de uma expectativa tão longa.

---

1. Disponível em: [https://agenciadenoticias.ibge.gov.br/agencia-noticias/2012-agencia-de-noticias/noticias/20980-numero-de-idosos-cresce-18-em-5-anos-e-ultrapassa-30-milhoes-em-2017]. Acesso em: 18.02.2019.
2. "A Organização Mundial de Saúde (OMS) declarou na última quinta-feira (06) que nas próximas décadas a população mundial com mais de 60 anos vai passar dos atuais 841 milhões para 2 bilhões até 2050, tornando as doenças crônicas e o bem-estar da terceira idade novos desafios de saúde pública global." Informação disponível em: [https://nacoesunidas.org/mundo-tera-2-bilhoes-de-idosos-em-2050-oms-diz-que-envelhecer-bem-deve-ser-prioridade-global/]. Acesso em: 18.02.2019.

O objetivo desse trabalho está restrito ao âmbito do direito civil e à análise de como se pode realizar a tutela de interesses e direitos de pessoas idosas em negócios jurídicos que não são regulamentadas pelo direito do consumidor, aqui qualificados como negócios não consumeristas.

Busca-se analisar como o direito civil pode se articular de modo a resguardar a vulnerabilidade de pessoas idosas em negócios jurídicos em geral, considerando-se que o direito do consumidor possui uma base sólida e estável para responder a dilemas que venham a se apresentar no âmbito das relações de consumo.

Para tanto, estruturou-se o trabalho em três momentos: um primeiro, destinado ao aprofundamento do conceito de vulnerabilidade e o seu relacionamento com a pessoa idosa; em segundo lugar, propõe-se uma abordagem a tutela da vulnerabilidade no direito do consumidor; e, então ao seu momento final de análise quanto à possibilidade e instrumentos jurídicos para que se realize a tutela da pessoa idosa em negócios não abrangidos pelo direito do consumidor.

2. VULNERABILIDADE E PESSOA IDOSA

Vulnerabilidade é um conceito que surgiu, no direito brasileiro, a partir da Lei n. 8.078/1990 (Código de Defesa do Consumidor – CDC), ao prever como um dos princípios da Política Nacional das Relações de Consumo "*o reconhecimento da vulnerabilidade do consumidor no mercado de consumo*".

O Código de Defesa do Consumidor é um produto legislativo diretamente relacionado com os artigos 5º, XXXII, e 170, V, da Constituição da República e que impuseram ao poder público a tutela específica do direito dos consumidores como aplicação direta do princípio da dignidade da pessoa humana[3] como valor fundamental da ordem jurídica.[4]

Apesar desse substrato de justificação, é inegável que a ideia de vulnerabilidade surge vinculada a situações patrimoniais e contratuais,[5] fato que eviden-

---

3. MORAES, Maria Celina Bodin de. O princípio da dignidade da pessoa humana. In: MORAES, Maria Celina Bodin de. *Na medida da pessoa humana: estudos de direito civil-constitucional*. Renovar: Rio de Janeiro, 2010. p. 85.
4. CALIXTO, Marcelo Junqueira. O princípio da vulnerabilidade do consumidor. In: MORAES, Maria Celina Bodin de. *Princípios do direito civil contemporâneo*. Rio de Janeiro: Renovar, 2006. p. 318-319; e, BARROSO, Luis Roberto. *A Dignidade da Pessoa Humana no Direito Constitucional Contemporâneo*: natureza jurídica, conteúdos mínimos e critérios de aplicação. Disponível em: [http://www.luisrobertobarroso.com.br/wp-content/uploads/2010/12/Dignidade_texto-base_11dez2010.pdf]. Acesso em: 18.02.2019.
5. TEPEDINO, Gustavo. Os contratos de consumo no Brasil. In: TEPEDINO, Gustavo. *Temas de direito civil*. Renovar: Rio de Janeiro, 2008. t. II, p. 124.

ciará a dificuldade em sedimentar a transposição do conceito para situações que envolvam exclusiva ou majoritariamente situações existenciais.[6]

Tradicionalmente, distingue-se a vulnerabilidade em três espécies: econômica, jurídica ou técnica. A vulnerabilidade econômica ou fática consiste no reconhecimento da fragilidade do consumidor frente ao fornecedor que, por sua posição de monopólio, fático ou jurídico, por seu forte poderio econômico ou em razão da essencialidade do produto ou serviço que fornece, impõe sua superioridade a todos que com ele contratam. A vulnerabilidade técnica do consumidor consiste na ausência de conhecimentos específicos sobre o produto ou serviço que ele adquire ou utiliza em determinada relação de consumo. A vulnerabilidade jurídica consiste na falta de conhecimentos jurídicos específicos, ou seja, na falta de conhecimento, pelo consumidor, dos direitos e deveres inerentes à relação de consumo. Para Claudia Lima Marques, essa espécie de vulnerabilidade, denominada jurídica ou científica, também inclui a ausência de conhecimentos de economia ou de contabilidade.[7]

Ao trazer a expressão hipossuficiência no artigo 6º, V, o Código de Defesa do Consumidor instaurou um debate sobre a sua equivalência com o conceito de vulnerabilidade, havendo opiniões tanto favoráveis à identidade dos conceitos,[8] como considerando-os diferentes, sendo a hipossuficiência um aspecto particular da vulnerabilidade surgido do agravamento de situação individual.

É interessante observar que o aprofundamento dos estudos e da aplicação da ideia de vulnerabilidade pelo Código de Defesa do Consumidor ocorreu sem que a própria Constituição da República de 1988 mencionasse a palavra uma só vez em seu texto.

Da mesma forma, chama a atenção que na Lei n. 10.406/2002 (Código Civil) igualmente não tenha sido inserida normatização sobre vulnerabilidade e sua tutela, mesmo sendo a lei datada de 12 (doze) anos depois do Código de Defesa do Consumidor.

---

6. PERLINGIERI, Pietro. *Perfis do direito civil*: introdução ao direito civil constitucional. 3. ed. Rio de Janeiro: Renovar, 2007. p. 155-156.
7. MARQUES, Claudia Lima. *Contratos no código de defesa do consumidor*. 4. ed. São Paulo: Ed. RT, 2003. p. 148.
8. Sobre o tema, veja-se: ALMEIDA, João Batista. *A proteção jurídica do consumidor*. 7. ed. São Paulo: Saraiva, 2009. p. 16; PINHEIRO, J. S. O conceito jurídico de consumidor. In: TEPEDINO, Gustavo. *Problemas de direito civil-constitucional*. Renovar: Rio de Janeiro, 2000. p. 335; BENJAMIN, Herman de Vasconcellos et alli. *Código brasileiro de defesa do consumidor comentado pelos autores do anteprojeto*. 8. ed. Rio de Janeiro: Forense, 2004. p. 343; e, TEPEDINO, Gustavo. Os contratos de consumo no Brasil. In: TEPEDINO, Gustavo. *Temas de direito civil*. Renovar: Rio de Janeiro, 2008. t. II, p. 131; CALIXTO, Marcelo Junqueira. O princípio da vulnerabilidade do consumidor. In: MORAES, Maria Celina Bodin de. *Princípios do direito civil contemporâneo*. Rio de Janeiro: Renovar, 2006. p. 326-330.

Uma das possíveis explicações para essa omissão do Código Civil seja o fato de que o projeto de lei do Código foi apresentado ainda em 1975 e foi aprovado na década de 1980, aguardando-se por anos a sanção presidencial.[9] Quando se decidiu pela publicação, houve um processo simples de ajuste de redação do texto com a constituição vigente, mas em nada se alterou seu conteúdo.[10]

O debate sobre vulnerabilidade não existia ou não era juridicamente relevante nas décadas de 1970 e 1980, de modo que, seguindo-se as diretrizes, não teria sido cogitado incluí-la no texto do projeto.

O eixo de socialidade, que ao lado da eticidade e operabilidade, inspirou a elaboração do texto do Código poderia servir como cláusula de inclusão do debate sobre vulnerabilidade, mas é preciso reconhecer que ele não foi pensado para essa finalidade, mas sim para a superação do caráter individualista da lei vigente.[11]

É possível, então, afirmar que parte da ideologia liberal[12] do Código Civil de 1916 permaneceu no texto do Código Civil de 2002, apesar das mitigações normativas apresentadas pela incorporação da principiologia constitucional.[13]

Em uma tentativa de assegurar a maior concretude à vulnerabilidade, Heloisa Helena Barboza realiza essa construção a partir da vulnerabilidade, destacando que a tutela de pessoas vulneráveis não se limita ao consumidor, embora a construção doutrinária feita nesse ramo jurídico tenha fortemente contribuído para a delimitação de critérios e diretrizes para a definição de quem seriam os vulneráveis.[14] De acordo com a autora, vulnerabilidade constitui "característica ontológica de todos os seres humanos, a qual se desdobra em múltiplos aspectos existenciais, sociais, econômicos, possibilitando que determinadas pessoas sejam circunstancialmente afetadas, vulneradas ou fragilizadas.[15]

A vulnerabilidade, assim, distingue-se em vulnerabilidade primária e secundária, sendo essa última a que deve ser aprofundada para desvendar as causas da vulneração e os meios de sua superação, que conduzam à uma "proteção necessária para desenvolver suas potencialidades e sair da condição de vulneração e,

---

9. Para um histórico sobre a tramitação do Código Civil de 2002: [http://www.senado.leg.br/publicacoes/MLCC/]. Acesso em: 14.05.2018.
10. REALE, Miguel. Visão geral do novo Código Civil. *Revista da EMERJ*, v. 6, n. 24, p. 39-40, 2003.
11. Ibidem, p. 40-43.
12. DWORKIN, Ronald. *Uma questão de princípio*. São Paulo: Martins Fontes, 2005. p. 269-304.
13. TEPEDINO, Gustavo. Crise de fontes normativas e técnica legislativa na parte geral do Código Civil de 2002. In: TEPEDINO, Gustavo (Coord.). *A parte geral do novo Código Civil*. 2. ed. Rio de Janeiro: Renovar, 2003. p. XVIII.
14. BARBOZA, Heloisa Helena. Proteção dos vulneráveis na Constituição de 1988: uma questão de igualdade. In: NEVES, Thiago Ferreira Cardoso. *Direito e justiça social*. São Paulo: Atlas, 2013. p. 108.
15. Ibidem, p. 108-109.

paralelamente, respeitar a diversidade de culturas, as visões de mundo, hábitos e moralidades diferentes que integram suas vidas".[16]

A Lei n. 10.741/2003 (Estatuto da Pessoa Idosa),[17] aprovada cerca de 01 (um) ano após o Código Civil é igualmente omissa ao referenciar a pessoa idosa como vulnerável.[18] A expressão não aparece em nenhum momento do texto da lei, mas pode ser extraída do artigo 8º, que assegura o envelhecimento como direito personalíssimo e sua proteção um direito social, e do artigo 9º, que garante à pessoa idosa a efetivação de políticas públicas sociais que permitam um envelhecimento saudável e em condições de dignidade.

A justificação da proteção especial à pessoa idosa a partir de sua condição de vulnerável tem origem nas mudanças biológicas, que podem ocasionar perdas não lineares ou consistentes nas reservas fisiológicas, assim como mudanças nos papéis e posições sociais,[19] e busca assegurar a participação social e o exercício de situações subjetivas em condições de igualdade com os demais atores sociais.

3. O CÓDIGO DE DEFESA DO CONSUMIDOR E A PROTEÇÃO DA VULNERABILIDADE

A narrativa elaborada na seção anterior serviu para demonstrar que o conceito e conteúdo da vulnerabilidade surgiram a partir e uma perspectiva patrimonialista, isto é, de compensação de fragilidades surgidas com o aprofundamento do sistema capitalista no mundo.[20]

Isso significa dizer que a vulnerabilidade, ao menos num primeiro momento, surge delimitada pelas relações consumeristas, isto é, pelas relações travadas

---

16. Ibidem, p. 109.
17. Ao contrário da Lei n. 8.069/1990 (Estatuto da Criança e do Adolescente), que foi editado no contexto de um debate internacional sobre direitos humanos de crianças, não há tratado das Organizações das Nações Unidas sobre o tema; mas, nas Américas, foi aprovada pela Organização dos Estados Americanos a Convenção Interamericana sobre a Proteção dos Direitos Humanos dos Idosos, da qual o Brasil é signatário e pode ser. Acesso em: [http://www.sdh.gov.br/noticias/2015/junho/estados-membros-da-oea-aprovam-convencao-interamericana-sobre-protecao-dos-direitos-humanos-das-pessoas-idosas].
18. Em sentido contrário: SCHMITT, Cristiano Heinek. A hipervulnerabilidade como desafio do consumidor idoso no mercado de consumo. *Revista Eletrônica da Faculdade de Direito da Universidade Federal de Pelotas*, v. 3, n.1, p. 97-98, Pelotas, jan./jun. 2017.
19. Organização Mundial de Saúde (OMS). Relatório mundial de envelhecimento e saúde: resumo, 2015, p. 12. Disponível em: [https://sbgg.org.br/wp-content/uploads/2015/10/OMS-ENVELHECIMENTO-2015-port.pdf]. Acesso em: 18.02.2019.
20. EFING, Antônio Carlos. A vulnerabilidade do consumidor em era de ultramodernidade. *Revista de Direito do Consumidor*, v. 115, p. 149-165, jan./fev. 2018.

entre fornecedor e consumidor,[21] este enquanto destinatário final da circulação de bens e/ou serviços.[22]

O Código de Defesa do Consumidor atrai uma série de garantias legais de proteção da pessoa do consumidor e de regulamentação das relações de consumo tendo como fundamento a inerente vulnerabilidade do consumidor. O artigo 6º do Código de Defesa do Consumidor constitui uma boa síntese desse sistema diferenciado de proteção,[23] ao impor deveres de segurança, informação, educação, e resguardar os consumidores contra publicidade enganosa e abusiva e prestações desproporcionais.

Complementam a proteção contratual no Código de Defesa do Consumidor os artigos 46 a 54 com regras sobre dever de informação prévia ao consumidor, interpretação mais benéfica ao consumidor, rol exemplificativo de cláusulas abusivas, exercício de direito de arrependimento e garantia contratual.

Busca-se, com esse sistema especial, equalizar o posicionamento do consumidor diante do fornecedor de bens e produtos, em razão da distribuição anômala do poder econômico, técnico e/ou jurídico superior entre essas figuras.[24]

Tratando-se de pessoas idosas que participam de relações consumeristas, há forte tendência a que se classifiquem como consumidoras hipervulneráveis[25] de

---

21. Ver artigos 2º e 3º da Lei n. 8.078/1990 para os conceitos legais de consumidor e fornecedor.
22. Adota-se, aqui, a teoria finalista de consumidor. Para o aprofundamento do debate, sugere-se a leitura de: BENJAMIN, Antonio Herman de Vasconcellos e. O conceito jurídico de consumidor. *Revista dos Tribunais*, v. 628, p. 69-79, fev. 1988.
23. O artigo 6º do Código de Defesa do Consumidor é complementado pelas demais disposições do Código de Defesa do Consumidor, e por outras normas jurídicas que também tutelas relações de consumo, dentre elas, por exemplo, a Lei n. 8.137/1990.
24. Revela-se importante destacar que o direito do consumidor não se restringe ao direito contratual. Como bem destaca Antonio Herman Benjamin, "o Direito do Consumidor não é apenas um corpo de normas de proteção direta ao consumidor. Paralelamente, no estágio atual da sociedade de consumo, o Estado desenvolve regras de racionalização do consumo, p. ex., as de economia de combustível e eletricidade. Esta intervenção do Estado nem sempre é exercida no interesse dos consumidores, mas em nome do interesse público, conceitos nem sempre coincidentes. São medidas até antipáticas ao consumidor que vê sua "soberania" limitada. Essas medidas de controle de comportamento integram também o Direito do Consumidor, já que protegem um interesse abstrato dos consumidores (que não chega a confundir-se com o interesse público), mesmo que para tanto tenham que contrariar as aspirações imediatas dos seus tutelados. É o que sucede, p. ex., com o controle da produção e comercialização de álcool e tabaco, ou com a obrigatoriedade o uso de cinto de segurança em automóveis" (BENJAMIN, Antonio Herman de Vasconcellos e. O direito do consumidor. *Revista dos Tribunais*, v. 670, p. 49-61, ago. 1991).
25. "Sem embargo de se reconhecer valor àquelas provocações, é certo que essas não terão solução nesta sede. A proposta aqui é tão somente, abrindo caminho para reflexões envolvendo a hipervulnerabilidade, estabelecer novos parâmetros de discussão sobre o tema.

    Assim, acerca das proposições apresentadas, especialmente no que tange às características dos consumidores hipervulneráveis o que se tem constatado é o dissenso, construído pela diversidade de posicionamentos doutrinários quanto ao universo de sujeitos submetidos a essa nova ordem de proteção.

forma a atrair proteção ainda mais especializada, em garantia e concretização da dignidade da pessoa humana. Esse é o entendimento de Claudia Lima Marques:

> Tratando-se e consumidor 'idoso' (assim considerado indistintamente aquele cuja idade está acima de 60 anos) é, porém, um consumidor de vulnerabilidade potencializada. Potencializada pela vulnerabilidade fática e técnica, pois é um leigo frente a um especialista organizado em cadeia de fornecimento de serviços, um leigo frente que necessita de forma premente dos serviços, frente à doença ou à morte iminente, um leigo que não entende a complexa técnica atual dos contratos cativos de longa duração denominados de 'planos' de serviços de assistência à saúde ou assistência funerária.[26]

Vale dizer que o reconhecimento da pessoa idosa como consumidora hipervulnerável pode ser feito tanto nas categorias de consumidor direto, a que se refere o artigo 2º do Código de Defesa do Consumidor, como nas categorias de consumidor por equiparação do artigo 2º, parágrafo único, do artigo 17 e do artigo 29 do mesmo código,[27] ou seja, não apenas aquelas que tenham intervindo diretamente nas relações de consumo, como também indiretamente e as que tenham sido expostas ou sofrido danos em decorrência de atividades de consumo.

4. A EXPANSÃO DAS NORMAS DE PROTEÇÃO DO CÓDIGO DE DEFESA DO CONSUMIDOR A NEGÓCIOS JURÍDICOS NÃO CONSUMERISTAS

A proteção trazida pelo Código de Defesa do Consumidor às pessoas idosas enquanto consumidoras tem sua história bem sedimentada pela doutrina e pela jurisprudência, ainda que casos específicos venham a ensejar maior aprofunda-

---

Nesse contexto, enquanto para alguns somente poderiam ser caracterizados como hipervulneráveis os referidos na Constituição Federal como passíveis de proteção especial, a exemplo das crianças e idosos, para outros o enquadramento é decorrência natural da casuística. [...] Não obstante tal fato, assim como se verifica na regulação das relações jurídicas contratuais nas quais se experiência o diálogo de fontes, a solução das questões envolvendo a caracterização dos hipervulneráveis sugere o apoio no texto constitucional com o escopo de edificar uma normativa suficiente para amparar o novo grau de vulnerabilidade, com respeito à igualdade material e à dignidade humana. Nesse sentido, a proteção seria suficientemente garantida com a análise do caso concreto" (SANTOS, Adrianna de Alencar Setubal; VANCONCELOS, Fernando Antônio de. Novo paradigma da vulnerabilidade: uma releitura a partir da doutrina. *Revista de Direito do Consumidor*, v. 116, p. 19-49, mar./abr. 2018).

26. MARQUES, Claudia Lima. Solidariedade na doença e na morte: sobre a necessidade de "ações afirmativas" em contratos de planos de saúde e de planos funerários frente ao consumidor idoso. In: SARLET, Ingo Wolfgang (Org.). *Constituição, direitos fundamentais e direito privado*. Porto Alegre: Livraria do Advogado, 2003. p. 194.

27. A propósito, a ampliação do conceito de consumidor para as figuras equiparadas é um dos principais reflexos da compreensão atual sobre o objeto do direito do consumidor, a qual se afasta da teoria mais clássica de regulamentação de interesses de partes diretamente vinculadas em negócios jurídicos para abarcar todos os interesses individuais, coletivos e sociais que envolvem direitos dos consumidores. Para melhor compreensão, vide nota 23.

mento do debate. Mas afigura-se correto afirmar que há bases bem construídas para a construção de soluções a medida em que novas situações se apresentem.

Por outro lado, as relações não consumeristas afiguram-se mais difíceis por partirem do pressuposto de um (provável) igual status de seus participantes.

Retomando argumento apresentado em seção anterior desse trabalho, o direito civil brasileiro possui inspiração liberal na qual a igualdade formal constitui a base de construção das categorias jurídicas,[28] e a construção semântica das normas jurídicas parte desse pressuposto de igualdade de modo a regulamentar o maior número de situações possíveis e simultaneamente resguardar uniformidade de respostas a hipóteses com identidade estrutural e funcional. A partir desse reconhecimento de igualdade na lei (ou igualdade formal) deduz-se a igual possibilidade de atuação das pessoas, isto é, as quais exercem sua liberdade ou autonomia para a conformação de seus interesses não proibidos em lei.

Contudo, reconhecer a generalidade da escrita jurídica não é o mesmo do que afirmar sua neutralidade: a produção normativa e científica do direito deve ser analisada em conformidade com o contexto de sua época e da realidade constitucional vigente,[29] sendo que, por certo, o conhecimento acumulado pela doutrina civilista já não permite interpretar as normas à luz da igualdade tal como no início do século XX.

Diante da Constituição da República de 1988, as situações jurídicas precisam ser relidas e reinterpretadas à luz de seus princípios, notadamente a dignidade da pessoa humana. Torna-se incabível olhar a pessoa a partir de categorias abstratas, de modo que só existirá "verdadeira autonomia no âmbito de uma situação jurídica determinada, no diálogo entre fato e norma que considera a pessoa em suas peculiaridades, tutela suas vulnerabilidades e garante que ela tenha efetivas condições de um exercício pleno da sua liberdade".[30]

Esse é o motivo de se afirmar que apenas como pressuposto as relações não consumeristas têm como substrato uma igualdade, pois faz-se essencial a mediação dessas situações jurídicas com os valores constitucionalmente protegidos para que se possa aferir a extensão da proteção dos interesses em jogo.[31]

---

28. AMARAL, Francisco. *Direito civil*: introdução. 3. ed. rev. e atua. Rio de Janeiro: Renovar, 2000. p. 367.
29. PERLINGIERI, Pietro. *Perfis do direito civil*: introdução ao direito civil constitucional. 3. ed. Rio de Janeiro: Renovar, 2007.
30. TEIXEIRA, Ana Carolina Brochado; KONDER, Carlos Nelson. Autonomia e solidariedade na disposição de órgãos para depois da morte. *Revista da Faculdade de Direito da UERJ*, n. 18, 2010. Disponível em: [https://www.e-publicacoes.uerj.br/index.php/rfduerj/issue/view/146]. Acesso em: 19.02.2019.
31. "Diante disso, poderia haver a falsa impressão de que, uma vez atendidos os comandos da taxatividade e da tipicidade, caberia ao intérprete garantir plena efetividade aos direitos reais, sem que fosse necessário avaliar o ato de autonomia à luz da Constituição da República. Nada obstante, a taxatividade e a tipicidade não exaurem o exame do merecimento de tutela dos direitos reais, devendo o intérprete

Nesse processo interpretativo[32] a vulnerabilidade possui relevância, na medida em que constitui um vetor para a concretização da dignidade da pessoa humana. Considerada essa aproximação, assume especial importância e deve ser utilizada na análise de situações jurídicas que envolvam interesses ou direitos de pessoas idosas.

A vulnerabilidade pode servir como medida em concreto na valoração das situações jurídicas envolvidas, considerando-se, por exemplo, a patrimonialidade ou não da situação, assim como o contexto individual, social, histórico, econômico, psicológico envolvido, dentre outros, podendo interferir tanto na verificação da capacidade como nos efeitos do negócio praticado.[33]

---

analisar se a situação jurídica real respeita e promove os valores tutelados pelo ordenamento. Em todos os confins do direito privado, insista-se, a autonomia privada se revela remodelada sob o influxo dos princípios constitucionais. Portanto, as situações patrimoniais, sejam de crédito ou reais, devem não só ser submetidas a um juízo de licitude, como também de valor, pelo qual se verifica seu merecimento de tutela à luz do ordenamento civil-constitucional" (OLIVA, Milena Donato; RENTERÍA, Pablo. Tutela do consumidor na perspectiva civil-constitucional. *Revista de Direito do Consumidor*, v. 101, p. 103-136, set./out., 2015).

32. "[...] toda a técnica relacionada ao balanceamento revela-se de grande utilidade ao hermeneuta. Tampouco significa que a metodologia civil-constitucional não conheça, por analogia à teoria da ponderação, casos mais difíceis (no sentido de ensejarem um tipo ainda mais árduo de fundamentação a ser realizada pelo intérprete). Simplesmente a dificuldade nunca consistirá na impossibilidade de resolução de determinado caso por subsunção (uma impossibilidade permanente), mas em características de outra ordem" (SOUZA, Eduardo Nunes de. Merecimento de tutela: a nova fronteira da legalidade no direito civil-constitucional. *Revista de direito privado*, v. 58, p. 75-107, abr./jun., 2014).

33. "De fato, à luz da metodologia civil-constitucional, todo juízo de (in)validade dos atos de autonomia privada deve levar em consideração a gama de interesses merecedores de tutela no caso concreto. O civilista não se pode deixar seduzir, em suma, por qualquer das propostas extremistas: se é verdade, de uma parte, que a incapacidade de fato tem o condão de restringir em alguma medida o exercício da autonomia das pessoas com deficiência, é igualmente verdade, de outra parte, que a disciplina da incapacidade tem, como se expôs anteriormente, uma inegável vocação protetora de vulnerabilidades. Assentadas tais premissas (*rectius*: advertências), ao se investigar a validade de certo negócio jurídico praticado por pessoa com deficiência psíquica ou intelectual, não será possível restringir o processo de interpretação-qualificação do direito ao ultrapassado modelo subsuntivo. Caso assim se procedesse, a interpretação literal dos dispositivos legais pertinentes (arts. 3º e 4º c/c arts. 166, I, e 171, I, todos do Código Civil) poderia levar a uma conclusão tão simplista quanto perigosa: todo e qualquer efeito negocial seria reputado válido independentemente da averiguação da específica vulnerabilidade da pessoa humana e dos valores merecedores de tutela no caso concreto. Nada mais avesso aos propósitos protetivos que inspiraram a Lei n. 13.146/2015, a Convenção Internacional sobre os Direitos das Pessoas com Deficiência e que decorrem, sobretudo, da tábua axiológica constitucional. De fato, ao persistir no recurso à técnica regulamentar para disciplinar o problema da capacidade das pessoas com deficiência psíquica ou intelectual, submeteu-se o legislador às mesmas críticas que eram formuladas ao regime anterior. A solução apriorística da regra positivada, seja no sentido de se considerarem tais pessoas incapazes, seja no sentido de afirmar sua capacidade plena, não dá conta das múltiplas possibilidades de vulnerabilidade concreta e dos diversos graus de discernimento que podem ser apresentados pelo agente, a demandar um regime específico que, como se afirmou, apenas pode ser individualizado à luz do caso concreto" (SOUZA, Eduardo Nunes de; SILVA, Rodrigo da Guia. Autonomia, discernimento e vulnerabilidade: estudo sobre as invalidades negociais à luz do novo sistema das incapacidades. *Civilistica.com*. Rio de Janeiro, a. 5, n. 1, 2016).

O artigo 29 do Código de Defesa do Consumidor apresenta potencial mediador da aplicação da vulnerabilidade aos negócios jurídicos que veiculem interesses de pessoas idosas. Para tanto, e apropriando-se do caminho indicado por Bruno Miragem ao analisar litígio envolvendo duas sociedades empresárias, deve-se questionar o grau de intensidade na desigualdade de posições jurídicas e consequente fraqueza da pessoa a ser considerada vulnerável.[34] A ampliação do sistema protetivo negocial só será possível se a resposta a esse questionamento demonstrar um alto nível de desigualdade na relação, de tal modo que apenas a correção via vulnerabilidade seja capaz de assegurar alguma igualdade material entre os interessados.

Também Lucia Ancona Lopez de Magalhães Dias propõe uma interpretação expansiva para a vulnerabilidade ao tratar de relações interprofissionais, utilizan-

---

34. "Em outros termos, na linha de entendimento do julgado, a dependência de uma das partes de uma relação interempresarial, em acordo com circunstâncias específicas, poderá caracterizar sua vulnerabilidade para efeito da aplicação das normas do CDC. Esta tese, contudo, deve responder antes a duas questões específicas: primeiro, se o reconhecimento da vulnerabilidade e a aplicação das normas do CDC afastam a aplicação das leis próprias da relação entre empresários (Código Civil) ou de proteção da concorrência (Lei Federal 8.884/94); segundo, se há de se considerar, para identificação da vulnerabilidade, um grau de intensidade na desigualdade de posições jurídicas e consequente fraqueza da parte a ser qualificada como consumidora.

O caso em exame diz respeito a litígio entre uma rede de hotéis e uma distribuidora de gás, em que a primeira busca ressarcimento pecuniário das sobras de gás GLP que são devolvidas em seus recipientes originais, em vista da impossibilidade técnica de seu consumo, por conta do modo de acondicionamento do produto. Trata-se de questão que, a princípio, poderia ser solucionada pelas regras contratuais do Código Civil sobre vícios redibitórios ou cumprimento imperfeito da obrigação [11] e seus respectivos efeitos, dentre os quais o ressarcimento dos prejuízos causados.

O reconhecimento da vulnerabilidade da rede de hotéis, neste caso, se deu essencialmente em razão da extrema dependência do produto para o exercício de sua atividade negocial. Os outros argumentos afirmados no voto da Ministra-Relatora foram a natureza adesiva do contrato, assinalando a vulnerabilidade jurídica e a impossibilidade técnica de extração total do produto do recipiente, assinalando a vulnerabilidade técnica.

Lembre-se, contudo, que tanto o CDC quanto o Código Civil estabelecem regras sobre contratos de adesão; logo, será correto identificar contratos de adesão que não sejam de consumo. Da mesma forma, a impossibilidade de sanar o vício – como é o caso da impossibilidade da retirada da sobra de gás do recipiente – pode caracterizar vício do produto ou outro bem tanto no direito do consumidor quanto no direito civil. Daí porque, dentre os fatos identificados para justificar o reconhecimento da vulnerabilidade da rede de hotéis, o único que não se apresenta regulado também por normas de direito civil é a dependência extrema do produto para a continuidade do exercício da atividade econômica exercida pela empresa. Por outro lado, o reconhecimento da vulnerabilidade pode se dar em razão da consideração, em conjunto, de todos os fatos referidos no julgado, não se determinando a vulnerabilidade exclusivamente em razão de cada uma das circunstâncias tomadas de modo isolado.

O que se permite concluir do julgado, contudo, é que a jurisprudência se abre para a admissão de novos fatos, até então relacionados a circunstâncias meramente econômicas, tipicamente de mercado, relativas aos riscos negociais da empresa, como elementos informativos da presença de vulnerabilidade na relação entre pessoas jurídicas empresárias, a justificar, em certos casos, a aplicação das normas do CDC" (MIRAGEM, Bruno. Aplicação do CDC na proteção contratual do consumidor-empresário: concreção do conceito de vulnerabilidade como critério para equiparação legal. *Revista de Direito do Consumidor*, v. 62, p. 259-267, abr./jun., 2007).

do-se do artigo 29 do Código de Defesa do Consumidor para buscar o reconhecimento de invalidade de cláusula abusiva quando verificado, no caso concreto, a "*condição de vulnerabilidade técnica, jurídica ou fática da parte contratante que se diz prejudicada*" combinada com uma ponderação e valoração dos critérios de aferição da abusividade, tais como natureza e conteúdo do contrato, contexto de celebração, redação do documento, interesse das partes etc.[35]

Esse dispositivo legal revela-se, portanto, como poderoso instrumento de concretização da dignidade da pessoa humana da pessoa idosa, na medida em que contém parâmetros mais objetivos do que o princípio constitucional. Mas, como antes afirmado, a presença de pessoa idosa interessada deve estar acompanhada da verificação concreta de agravamento desproporcional de sua vulnerabilidade.

A utilização desse dispositivo do Código de Defesa do Consumidor atrai a aplicação das normas que asseguram ao consumidor uma tutela especial em razão de sua vulnerabilidade. Assim, às pessoas idosas comprovadamente vulneráveis em negócios regidos pela legislação civil, aplicam-se o princípio da interpretação mais benéfica, a boa-fé objetiva, a possibilidade de reconhecimento da nulidade de cláusula contratual por abusividade, dever de informação e obrigatoriedade de destaque a cláusulas de exclusão de direitos ou de redução de responsabilidade civil.

Um exemplo hipotético de aplicação dessa perspectiva está na celebração de contrato de locação em que o locatário seja pessoa idosa e nele seja inserido cláusula de rescisão contratual por dano ao imóvel decorrente de fixação de quadros na parede, e que essa cláusula esteja redigida em letras de tamanho menor do que as do restante do documento.

Parece-nos que em tal hipótese, sendo mínima a afetação do imóvel diante da necessidade de se assegurar moradia à pessoa idosa, que tal cláusula possa ser considerada válida, porque isso representaria um agravamento desproporcional da vulnerabilidade da pessoa idosa. A hipótese ainda é agravada pela diminuição da letra e, assim, afetação do direito à informação clara, precisa e completa dos termos negociais.

Outro exemplo é o Agravo de Instrumento julgado pelo TJ-PR que flexibilizou a possibilidade de penhora do bem de família do fiador em contrato de locação em caso que o fiador é pessoa idosa, com problemas de saúde, e foi detectada falha na informação no momento da celebração contratual. Como resultado, o TJ-PR manteve a impenhorabilidade do imóvel do fiador idoso.[36]

---

35. DIAS, Lucia Ancona Lopez de Magalhães. Um estudo das cláusulas abusivas no Código de Defesa do Consumidor e no Código Civil de 2002. *Revista de Direito Privado*, v. 32, p. 171-2000, out./dez., 2007.

36. Agravo de instrumento – Execução de título extrajudicial – Agravante fiador em contrato de locação comercial – Arguição de impenhorabilidade em exceção de pré-executividade – Lei 8.009/1990 – Bem de família – Único imóvel – Idoso, viúvo e de baixa renda – Prevalência do direito de moradia e proteção

A força atrativa das normas consumeristas conduz também à adoção da regra do sistema de responsabilidade civil objetiva,[37] elevado pelo Código de Defesa do Consumidor a instrumento de facilitação de acesso à justiça da pessoa em vulnerabilidade.[38] Afasta-se, portanto, a exceção contida no 14, § 4º, do Código de Defesa do Consumidor que elege a responsabilidade civil subjetiva com culpa presumida na responsabilidade por fato do serviço do profissional liberal.[39]

5. CONCLUSÃO

A mudança de um direito de base legalista-formal para um sistema jurídico que tem como paradigma a dignidade da pessoa humana e, assim, compreende a pessoa em suas peculiaridades, interesses e direitos, demanda a construção de respostas que atendam a novos conflitos que surjam na sociedade.

A construção de uma rede protetiva em favor de consumidores já se revelou (e ainda é) inovadora, na medida em que significou o reconhecimento expresso da desigualdade que as pessoas se submetiam para ter acesso aos bens e serviços em circulação e que, muitas das vezes, guardam relação com interesses de vida correntes.

Contudo, a prevalência da dignidade da pessoa humana como valor constitucional a ser constantemente perseguido exige que a sua aplicação às demais situações jurídicas nas quais a vulnerabilidade apresente-se não como um elemento *a priori*, mas como um dado concreto da realidade após o processo interpretativo.

Esse parece-nos ser o caso das pessoas idosas envolvidas em negócios jurídicos não consumeristas, as quais, aplicando-se a lógica tradicional de igualdade,

---

à dignidade humana – Interpretação restrita do inciso VII, do art. 3º da Lei 8.009/90 – Provimento do recurso para o fim de declarar a impenhorabilidade do único imóvel pertencente ao fiador agravante – Recurso conhecido e provido.

(TJPR – 17ª C.Cível – 0001017-55.2020.8.16.0000 – Cascavel – Rel.: Juiz de direito substituto em segundo grau Antonio Carlos Ribeiro Martins – J. 18.03.2021).

37. Artigos 12, 14, 18 e 20 do Código de Defesa do Consumidor.
38. Artigo 6º, VI, do Código de Defesa do Consumidor.
Vide também: "A constitucionalização do direito dos danos impôs, como se viu, a releitura da própria função primordial da responsabilidade civil. O foco que tradicionalmente recaía sobre a pessoa do causador do dano, que por seu ato reprovável deveria ser punido, deslocou-se no sentido da tutela especial garantida à vítima do dano injusto, que merece ser reparada. A punição do agente pelo dano causado, preocupação pertinente ao direito penal, perde a importância no âmbito cível para a reparação da vítima pelos danos sofridos" (MORAES, Maria Celina Bodin de. A constitucionalização do direito civil e seus efeitos sobre a responsabilidade civil. *Direito, Estado e Sociedade*, v. 9, n. 29, p. 245, jul./dez. 2006).
39. Para aprofundamento da responsabilidade subjetiva dos profissionais liberais, vide: BODIN DE MORAES, Maria Celina; GUEDES, Gisela Sampaio da Cruz. *Civilistica.com*. Rio de Janeiro, a. 4, n. 2, 2015.

poderiam ter sua dignidade vulnerada pela falta de instrumentos legais de equalização de seu status social em determinada situação jurídica.

O artigo 29 do Código de Defesa do Consumidor apresenta-se como instrumento potencial de balanceamento dessa situação concreta de desigualdade em favor das pessoas idosas, garantindo-lhes um regime de proteção especial que lhes assegura participação social em igualdade de condições com as demais pessoas.

10
CURATELA DO IDOSO E DA PESSOA COM DEFICIÊNCIA ADQUIRIDA

Micaela Barros Barcelos Fernandes

> Doutora em Direito Civil pela UERJ. Mestre em Direito da Empresa e Atividades Econômicas pela UERJ. Mestre em Direito Internacional e da Integração Econômica pela UERJ. Pós-Graduada em Direito da Economia e da Empresa pela FGV/RJ. Graduada em Direito pela UFRJ. Advogada. Membro da Comissão de Assuntos Legislativos da OAB – Seção RJ
> mibbf@yahoo.com.br

Sumário: 1. Introdução – 2. A tutela da pessoa humana em todas as fases da vida e a particular situação da pessoa idosa com perda de competências cognitivas – 3. Curatela: de instrumento de proteção do patrimônio e controle do curatelado a instrumento de apoio assistencial da pessoa e promovedor da autonomia, independente da interdição – 4. Novos contornos da curatela: efeitos ampliados ou reduzidos em função do atendimento das necessidades do curatelado; 4.1 Legitimidade ativa. Quem pode pedir a instituição da curatela; 4.2 Quem pode ser curador. Os responsáveis pelo cuidado do idoso; 4.3 Excepcionalidade da curatela e limites ao seu exercício. Foco nas necessidades do curatelado – 5. Síntese conclusiva.

1. INTRODUÇÃO

O envelhecimento da população é fato que vem sendo destacado nas estatísticas demográficas recentes em todo o mundo, impondo necessária atenção ao tema da velhice pelas diversas áreas do conhecimento. Dados da Organização Mundial de Saúde (OMS) apontam que o número de pessoas com idade superior a 60 anos chegará a 2 bilhões até 2050, o equivalente a um quinto da população mundial.[1]

No Brasil, os níveis de mortalidade também vêm reduzindo de forma contínua, e estes, somados à redução de taxa de fecundidade, levam à previsão de que, em 2030, o número de pessoas com mais de 60 anos superará o número de jovens entre 0 e 14 anos. A média da expectativa de vida do brasileiro já superou a marca dos 75 anos e, até 2060, a população com 80 anos ou mais deve somar a marca de 19 milhões de pessoas, segundo o IBGE.[2]

---

1. Fonte: ONU. Disponível em: [https://nacoesunidas.org/mundo-tera-2-bilhoes-de-idosos-em-2050-oms-diz-que-envelhecer-bem-deve-ser-prioridade-global/]. Acesso em: 30.08.2019.
2. Fonte: IBGE. Disponível em: [https://ww2.ibge.gov.br/home/estatistica/populacao/projecao_da_populacao/2013/default_tab.shtm]. Acesso em: 30.08.2019.

Tais mudanças no perfil demográfico da população trazem desafios de diversas ordens, e também à ciência jurídica, cabendo aos estudiosos analisar os remédios atualmente disponíveis para tutela da população idosa, com vistas à melhor aplicação do sistema de proteção em vigor, e, eventualmente, propor a reformulação do arcabouço jurídico existente, caso verificada a ineficiência dos remédios existentes.

O presente artigo busca contribuir com a análise que compete à doutrina, tendo sido dividido em três partes, a primeira na qual a condição do idoso é abordada, e apontadas as razões para sua maior vulnerabilidade e necessidade de proteção jurídica de forma a garantir sua autodeterminação, em consonância com o valor constitucional de tutela da pessoa humana em todas as suas fases; a segunda na qual a curatela é apresentada como um dos instrumentos possíveis de apoio ao idoso em situações determinadas, relacionadas à perda das competências cognitivas e funcionalidades, mas também apontados os seus riscos, em razão do seu uso histórico de invasão indevida na esfera de autonomia alheia; a terceira, tendo em perspectiva as reflexões antecedentes, na qual se busca contribuir para a definição de alguns contornos para a curatela, que deve ter seus efeitos ampliados ou reduzidos em função do atendimento das necessidades do curatelado. Tenta-se responder às questões sobre quem pode pedir a instituição da curatela, a quem compete o seu exercício, e quais os limites de atuação do curador.

2. A TUTELA DA PESSOA HUMANA EM TODAS AS FASES DA VIDA E A PARTICULAR SITUAÇÃO DA PESSOA IDOSA COM PERDA DE COMPETÊNCIAS COGNITIVAS

A pessoa humana está no centro axiológico do ordenamento jurídico brasileiro, devendo seu direito ao pleno desenvolvimento e exercício da autonomia ser priorizados em todas as fases da vida, o que significa que todos os instrumentos jurídicos devem ser interpretados com vistas à promoção da autoconstrução e reconstrução do ser, desde o nascimento até a morte.[3] O princípio da dignidade da pessoa humana é fundante em nossa República (art. 1º, III, da Constituição) e deve ser promovido tanto pela aplicação direta das normas constitucionais quanto das infraconstitucionais, estas formuladas para dar tratamento a situações específicas não detalhadas pela Constituição.

Por exemplo, para o começo da vida, o Estatuto da Criança e do Adolescente, Lei 8.069, de 1990, aborda os mecanismos de tutela especial que devem ser oferecidos nessa fase particular de desenvolvimento da personalidade. No

---

[3]. E mesmo até depois da morte, tendo em vista que valores da personalidade que se projetam no tempo, mesmo após a morte da pessoa, como o nome, a honra, a imagem, continuam sendo tutelados pelo Direito.

outro extremo, a velhice foi igualmente objeto de tutela específica por meio da aprovação do Estatuto do Idoso, Lei 10.741, de 2003. Antes mesmo desse diploma legal, a Política Nacional do Idoso, expressa na Lei 8.842, de 1994, também já se constituía como referência importante pela explicitação de direitos e garantias fundamentais da pessoa com mais de 60 anos.

Além desses instrumentos legais, de origem interna, também na esfera internacional, em 2015, a Organização dos Estados Americanos, em sua XLV Assembleia Geral, aprovou e abriu para assinatura a Convenção Interamericana sobre os Direitos das Pessoas Idosas, em resposta à crescente preocupação com o envelhecimento da população e com os desafios relacionados à proteção da pessoa idosa e seu papel na sociedade.

O Brasil foi um dos primeiros signatários de referida Convenção, apontada como o primeiro instrumento internacional juridicamente vinculante voltado para a proteção e promoção dos direitos das pessoas idosas. Sua aprovação constitui avanço nos esforços para assegurar, em caráter permanente, os direitos desse grupo populacional. A Convenção reconhece as pessoas idosas como sujeitos de direitos, empoderando-as e indicando garantias para sua plena inclusão, integração e participação na sociedade.

Todas essas normas são importantes para o exercício da autonomia pelas pessoas idosas, e para o combate ao estigma de que a velhice, ou o mero avançar da idade, é causa incapacitante, que conduz à perda da autonomia e possibilidade de plena participação da vida em sociedade. Ainda que se reconheça no curso do tempo fator inafastável de perdas, sejam elas de natureza material ou imaterial, é certo que em nossa ordem constitucional a magnitude do comando de proteção à pessoa impõe o respeito ao seu direito de autodeterminação em qualquer fase em que se encontre, e com as dificuldades que aparecerem.

Havendo situação de vulnerabilidade, pois, a tutela da pessoa deve se sustentar na oferta de mecanismos de especial apoio e proteção, jamais presumir perda gradual ou retirada da autonomia. No que tange à velhice, os desafios que se colocam são fruto não apenas das fragilidades físicas que o envelhecimento do corpo acarreta, mas também das dificuldades resultantes de uma visão social que foca mais na indicação das perdas que no reconhecimento das potencialidades, isto é, as dificuldades muitas vezes são criadas ou aumentadas pelo próprio ambiente, por barreiras sociais que obstaculizam a plena participação da pessoa idosa em sociedade.[4]

---

4. E aqui é possível fazer um paralelo com a pessoa com deficiência, embora sejam situações de vulnerabilidade distintas. Muitas das dificuldades enfrentadas por grupos vulneráveis são fruto da falta de uma abordagem social dos desafios, reduzindo-se a análise e as propostas de soluções a aparatos médicos, os quais, embora primordiais em sua função assistencial, não são suficientes para dar conta de toda ordem

A situação fica ainda mais delicada se, dentre as privações naturais já naturalmente enfrentadas na fase mais avançada da vida, há perda de competências cognitivas, prejudicando ainda mais o exercício da autonomia pela pessoa idosa. Se, de um lado, os avanços da ciência e da medicina propiciam maior longevidade, de outro, ainda não conseguiram resolver desafios decorrentes de várias doenças ou de suas sequelas, como os transtornos neurocognitivos que causam quadros demenciais de natureza reversível ou irreversível.

A título de ilustração, entre as demências reversíveis, isto é, nas quais, caso tratada a causa originária, os sintomas desaparecem, encontram-se aquelas motivadas por depressão, ou por razões de ordem endocrinológica (hipotireoidismo ou hipertireoidismo, diabetes, entre outras), desidratação, uso indevido de medicações, infecções e tumores cerebrais. Já em grupo mais dramático se encontram as demências irreversíveis, caracterizadas por processos degenerativos do cérebro, em que a perda cognitiva se instala de forma permanente, por exemplo, as motivadas por doença vascular, Alzheimer, Parkinson, e traumatismo craniano.

Se à pessoa idosa saudável o ordenamento já reconhece maior necessidade de proteção, a pessoa idosa acometida por doença que lhe dificulte o exercício da autonomia necessitará de apoio ainda maior, não só do Estado, como dos particulares com os quais se relacionar, principalmente seus familiares e pessoas dos seus círculos de relacionamento. Mas, também estes, para cumprirem da melhor forma possível seu papel de contribuir para o exercício da autonomia do idoso que lhes é próximo, precisam de instrumentos adequados de ação. O sistema jurídico deve, portanto, oferecer ferramentas úteis para cada situação.

Apesar de o Estatuto do Idoso e os diplomas legais mencionados terem sido aprovados para regular os direitos assegurados à pessoa idosa, a resposta jurídica para as situações de maior vulnerabilidade – quando, aos desafios da idade, conjugam-se os da saúde mental – é oferecida, além de pela própria Constituição, principalmente pelo Código Civil e, mais recentemente, pela Lei 13.146, de 2015 (conhecida como o Estatuto da Pessoa com Deficiência, ou o EPD), que veio instrumentalizar os valores incorporados à normativa constitucional brasileira por meio da Convenção sobre os Direitos das Pessoas com Deficiência, de 2007.[5]

Nesse cenário, uma das ferramentas disponíveis para apoio da pessoa idosa acometida por doença que lhe retire competências cognitivas é o instituto da

---

de dificuldades enfrentadas. Adotado um modelo social, é possível pensar de forma mais abrangente nos problemas e possíveis soluções, e, em consequência, moldar-se a ordem jurídica de forma a dar mais concretude à diretriz fundante de proteção da pessoa humana.

5. A Convenção sobre os Direitos das Pessoas com Deficiência (também conhecida como Convenção de Nova York, ou pela sigla CDPD), foi aprovada pela ONU em março de 2007, tendo o Brasil a assinado e incorporado ao ordenamento pátrio através do procedimento previsto no § 3º do art. 5º da Constituição, internalizando o texto, portanto, com força de emenda constitucional.

curatela, que sofreu profundas transformações no curso do tempo, como será mais bem visto no próximo item deste trabalho. A curatela tem justificativa assistencial, isto é, deve ser reconhecida como instrumento de apoio à pessoa maior de idade que, em situações extremas, não consiga exercer sozinha sua autonomia, seja por causa transitória ou permanente.

Embora o foco das reflexões aqui trazidas seja direcionado à pessoa idosa com perda de competências cognitivas, que não se confunde com a pessoa com deficiência, as considerações em muito se aproveitam para qualquer pessoa maior que se encontre em situação de deficiência adquirida.

As vicissitudes desses dois grupos se assemelham porque em ambas as situações a pessoa já atingiu a plena capacidade civil e, por algum tempo de sua vida, extenso ou curto, exerceu sua autonomia de maneira independente, mas, por alguma razão, passa a se encontrar impossibilitada de continuar a exercê-la, necessitando de instrumentos de apoio que possam garantir a proteção de seus interesses existenciais e patrimoniais.

A similitude dos desafios enfrentados pelos dois grupos é grande, tanto que não à toa as mudanças no regime de curatela, como instrumento possível de apoio para a pessoa idosa com doença debilitante das capacidades cognitivas, sob determinadas circunstâncias, foram feitas, no ordenamento brasileiro, pela via do EPD, instrumento normativo formulado sobretudo para tratar da proteção da pessoa com deficiência.

3. **CURATELA: DE INSTRUMENTO DE PROTEÇÃO DO PATRIMÔNIO E CONTROLE DO CURATELADO A INSTRUMENTO DE APOIO ASSISTENCIAL DA PESSOA E PROMOVEDOR DA AUTONOMIA, INDEPENDENTE DA INTERDIÇÃO**

A curatela é instituto bastante antigo, originado no direito romano, criado para suporte de pessoas que fossem consideradas incapazes para a prática de atos da vida civil. O objetivo inicial era a gestão do patrimônio, evitando o risco de sua perda, ou seja, foi criada como um mecanismo principalmente de proteção patrimonial do curatelado (e de seus herdeiros).

Entretanto, com o tempo, a curatela, apesar do seu fundamento de proteção ao patrimônio, acabou se tornando um instrumento de legitimação do controle de outros aspectos da vida do curatelado, de forma extensiva e indevida, por invadir a esfera de decisões sobre aspectos existenciais e personalíssimos. Ela historicamente sempre esteve vinculada ao processo de interdição, pelo qual à pessoa maior de idade considerada sem condições de reger sua própria vida era atribuído o status jurídico de incapaz.

A incapacidade era declarada em razão de uma série de causas possíveis, previstas logo na parte inicial do Código Civil. Para casos entendidos como mais graves pelo legislador, referido diploma previa o estado de incapacidade absoluta em seu artigo 3º. Conforme a redação original, entre tais casos, havia aqueles de pessoas que, nos termos do hoje revogado inciso II, por enfermidade ou deficiência mental, não tivessem o necessário discernimento para a prática dos atos da vida civil, bem como nos termos do inciso III, também revogado, aquelas que, mesmo por causa transitória, não pudessem exprimir sua vontade. Para os casos considerados menos graves, o legislador previa no artigo 4º do diploma civil a incapacidade relativa, referindo-se, entre outros, no inciso II, às pessoas que, por deficiência mental, tivessem o discernimento reduzido.

A interdição era sempre decretada em todas as hipóteses referidas. Assim, os maiores de idade, entre eles também os idosos, se acometidos por enfermidade mental, ou se, em decorrência de perdas cognitivas, ficassem sem o necessário discernimento para a prática dos atos da vida civil, ou ainda, mesmo que por causa transitória, não pudessem exprimir sua vontade, eram declarados totalmente incapazes. E, os idosos com discernimento reduzido, eram declarados relativamente incapazes.

Conforme a incapacidade fosse absoluta ou relativa, a interdição era, respectivamente, decretada de forma total ou parcial, e o idoso cuja incapacidade fosse declarada passaria a ter seus interesses defendidos por terceiros, por um representante que o substituía, se fosse a primeira hipótese, ou por um assistente que o acompanhava, se fosse a segunda. Em ambos os casos, o controle sobre os atos da pessoa maior de idade declarada incapaz era enorme, com o interditado invariavelmente submetido à curatela, esta com aplicação invasiva em aspectos da vida da pessoa.

Sem prejuízo da possibilidade de interdição de pessoas maiores em algumas situações no ordenamento brasileiro, ressalve-se que, desde 2002, o Código Civil já havia trazido uma mudança importante para a curatela, pois a desvinculou do instituto da interdição ao menos em algumas hipóteses, com a introdução da figura da autocuratela. Também chamada *curatela do enfermo*, por meio dela o próprio interessado, caso tivesse alguma enfermidade grave ou deficiência física, poderia instituir curador para cuidar de todos ou alguns de seus negócios ou bens, na forma do agora revogado artigo 1.780 do Código Civil.[6] A autocuratela, quando instituída, consagrava, no ordenamento brasileiro, a constituição do remédio da curatela independente do processo de interdição, funcionando, na prática, quase

---

6. Art. 1.780. A requerimento do enfermo ou portador de deficiência física, ou, na impossibilidade de fazê-lo, de qualquer das pessoas a que se refere o art. 1.768, dar-se-lhe-á curador para cuidar de todos ou alguns de seus negócios ou bens.

como um mandato amplíssimo do curatelado outorgado ao seu curador, para que cuidasse de seus interesses patrimoniais.

Ou seja, a partir de 2002, não necessariamente a curatela decorria de uma sentença de interdição, fosse ela total ou parcial. O idoso, ou qualquer pessoa maior de idade que, por exemplo, ficasse impedido de se locomover, mas plenamente lúcido, poderia pedir a autocuratela para a defesa dos seus interesses, sem que fosse submetido à interdição.

Com a revogação do artigo 1.780 do CC pelo EPD, parece que a intenção do legislador foi de extinguir a autocuratela, possivelmente porque outro instrumento de apoio do enfermo ou da pessoa com deficiência física foi colocado à sua disposição, a saber, a tomada de decisão apoiada, anunciada como de contornos mais brandos que a curatela. Embora a tomada de decisão apoiada não seja o tema deste trabalho, cabe breve ponderação se, primeiro, ela é realmente um substituto da figura da autocuratela, na medida em que impõe ao apoiado designar dois apoiadores, em vez de apenas um, dificultando o acesso do apoiado ao remédio; e segundo, considerando o novo perfil da curatela, sobre o qual se tratará melhor adiante, que foi ressignificada e passou a ser medida extraordinária e com efeitos limitados, não resultando da necessária incapacidade do curatelado, cabe a pergunta se ela própria já não seria o instrumento adequado para atendimento do interesse da pessoa enferma ou com deficiência, inclusive a dispensar a criação de um novel instituto como o da tomada da decisão apoiada.

Não obstante, é inquestionável que, após o EPD, a perspectiva da curatela como remédio desvinculado da incapacidade e da interdição foi confirmada e muito ampliada, tendo em vista que, em primeiro lugar, as hipóteses de interdição ficaram muitíssimo reduzidas, sobretudo com a exclusão de várias causas de incapacidade civil no ordenamento brasileiro, e, em segundo lugar, a curatela foi reforçada como instrumento unicamente de apoio, rechaçando-se expressamente o controle do curatelado, controle este que foi por longo tempo visto de forma acrítica por nossa doutrina e jurisprudência.

Em razão das alterações promovidas pelo EPD, a atuação invasiva do curador na vida do curatelado fica expressamente afastada por força de lei, corroborando-se a perspectiva da curatela como instrumento promocional, e não limitador da autonomia. Justamente por tal razão, o legislador preocupou-se em limitar seus efeitos aos atos relacionados aos direitos de natureza patrimonial e negocial, não tendo mais a curatela o condão de alcançar o curatelado em seu direito sobre o próprio corpo, sua sexualidade, privacidade, decisão sobre matrimônio, educação, saúde, projeto ou voto (artigo 85 do EPD).

O EPD, embora não seja uma norma jurídica produzida com atenção específica à condição do idoso, mas, sim, destinada a assegurar e a promover o exercício dos direitos e das liberdades fundamentais pela pessoa com deficiência, visando à sua inclusão social e cidadania (art. 1º), acabou por alterar no ordenamento brasileiro também no tratamento jurídico dado ao idoso, com ou sem deficiência, que se encontre em situação provisória ou permanente de grave perda cognitiva.

Em regra, a pessoa idosa acometida por doença, ainda que debilitante, não deve mais ser submetida à curatela, e muito menos interditada. Sem prejuízo da redução das hipóteses de decretação da incapacidade, a curatela se mantém como remédio possível em algumas hipóteses, porém a ser adotado com muito mais cautela, dada sua renovada natureza de medida extraordinária no novo regime (artigo 84, § 3º, do EPD).

A curatela, se originalmente instituída em "processo de interdição", não mais a ele se conecta, necessariamente. O EPD inclusive extinguiu sua previsão no Código Civil, substituindo-o por "processo que define os termos da curatela" (conforme art. 1.768, em sua nova redação). Ressalve-se, nesse ponto, que, embora posterior ao novo Código de Processo Civil, o EPD não fez os ajustes respectivos também no diploma processual, o que pode gerar controvérsias sobre a vigência de certos dispositivos legais, e sobre a possibilidade de interdição ou não em certos casos.

Com efeito, há tormentosa discussão sobre qual regra deve prevalecer entre as previstas pelos dois diplomas, de direito material e processual, mas a chave para a interpretação mais adequada em cada caso concreto será buscar sempre a norma que melhor dê cumprimento à diretriz constitucional de tutela da pessoa humana, reforçada pela Convenção sobre os Direitos das Pessoas com Deficiência, incorporada ao ordenamento brasileiro com *status* de emenda constitucional, permitindo a construção interpretativa das normas infraconstitucionais a partir dessa *ratio*.

Caso seguida apenas a literalidade da lei conforme redação atualmente em vigor, à curatela se sujeita um grupo muito reduzido de pessoas. Isso porque, com as alterações realizadas nos artigos 3º e 4º do Código Civil, são considerados absolutamente incapazes apenas os menores de 16 anos (para os quais o instrumento de apoio e proteção é a tutela), e, incapazes, relativamente a certos atos ou à maneira de os exercer, aqueles que, por causa transitória ou permanente, não puderem exprimir sua vontade.[7]

E aí se encontra o desafio do instituto na atualidade, como remédio que é: encontrar o equilíbrio na sua administração, para que seja eficaz no apoio às pessoas que dele necessitam, sem lhes tolher a autonomia. A legislação infraconstitucional, se de um lado determina o seu uso muito mais comedido, não autoriza, de outro,

---

7. Além dos maiores de 16 e menores de 18 anos, os ébrios habituais e viciados em tóxico, e os pródigos, grupos que não se enquadram no escopo deste trabalho.

que as pessoas maiores de idade fiquem abandonadas à própria sorte. A diretriz constitucional de tutela da pessoa humana não pode se traduzir em desamparo sob o discurso da preservação da autonomia.

Dessa maneira, em situações em que a pessoa não tem condições efetivas de exercer sozinha sua autonomia, a curatela pode e deve ser adotada, para que seja eficaz como remédio de apoio às pessoas que enfrentam o desafio da perda das competências e funcionalidades, ainda que cercada de cuidados para não obstar a autodeterminação do curatelado. Toda pessoa idosa, que já merece proteção especial em nosso ordenamento, se enfrentar alguma enfermidade, ainda que comprometa suas competências cognitivas, enquanto mantiver condições de discernimento e autodeterminação, não deve ser sequer submetida à curatela, e muito menos à interdição.

Não obstante, assumindo-se que o regime de curatela foi criado para proteção à pessoa, e agora inquestionavelmente não é mais atrelado a um estado necessário de incapacidade ou à interdição, e, sobretudo, assumindo-se que a curatela agora tem contornos mais bem definidos (com garantia da não invasão, pelo curador, em aspectos personalíssimos do curatelado), deve continuar sendo vista, ainda que como medida extraordinária, em termos práticos, como um remédio colocado à disposição da pessoa idosa que não mais tenha condições de exercer sua autonomia.

A curatela é instrumento de amparo que não pode ser demonizado porque no passado foi utilizado como instrumento de controle. Como muitos outros institutos jurídicos, ela adquiriu, na atualidade, novo significado e nova função, devendo, neste contexto, ser prestigiado.

Por isso mesmo, em que pesem as importantes restrições introduzidas pela CPDP[8] e o EPD, na prática, o uso da curatela continuará ocorrendo em sede

---

8. Interessante notar que a CPDP tem provocado a alteração de outras legislações nacionais, em resposta à exigência da norma convencional de desvincular a deficiência da incapacidade jurídica. Portugal, por exemplo, reformou recentemente seu Código Civil, por meio da Lei 49/2018, designada Lei do Maior Acompanhado, para eliminar a interdição e a inabilitação, introduzindo a figura do *acompanhamento*, instituída judicialmente, para apoio do maior impossibilitado, por razões de saúde ou deficiência, de exercer plena, pessoal e conscientemente os seus direitos e cumprir os seus deveres. Segundo o artigo 140 (1) do diploma civil português, em sua nova redação, o acompanhamento do maior visa assegurar o seu bem-estar, a sua recuperação, o pleno exercício de todos os seus direitos e o cumprimento dos seus deveres, salvo as exceções legais ou determinadas por sentença. O acompanhamento pode ser requerido pelo próprio beneficiário, ou, mediante autorização deste, pelo cônjuge, pelo unido de facto, por qualquer parente sucessível, ou, independentemente de autorização, pelo Ministério Público. Nos termos do artigo 141 do código luso, a autorização do beneficiário poderá ser suprida pela autoridade judicial, quando, em face das circunstâncias, o beneficiário não a possa livre e conscientemente dar, ou quando para tal considere existir um fundamento atendível. A medida de apoio lá criada parece estar a meio caminho entre a nossa tomada de posição apoiada e nossa curatela, agora ressignificada, mas com algumas características próprias, na medida em que contempla a representação geral ou especial,

judicial, sempre que necessário para a tutela do melhor interesse da pessoa que se encontre com dificuldades de discernimento, entre elas as idosas que estejam enfrentando transtornos de saúde que afetem de forma extrema suas competências cognitivas. E, apesar da previsão bastante restrita para sua instituição, dirigida somente a pessoas que, por causa transitória ou permanente, não puderem exprimir sua vontade, nos termos do artigo 1.767, I, do Código Civil,[9] é possível cogitar de sua aplicação a casos em que, ainda que presente a capacidade de expressar a vontade, a pessoa não tenha mais discernimento sobre o alcance e efeitos de sua manifestação, por exemplo, em razão de perdas cognitivas severas decorrentes de quadros de demência avançada.

Nesses casos, a condição da pessoa possivelmente será *equiparada* à das pessoas sem condições de expressar sua vontade, de forma a fazer com que a curatela seja instituída também nesses casos, em proteção ao próprio curatelado. Mas dois cuidados fundamentais se impõem ao intérprete: em primeiro lugar, se já é um remédio excepcional mesmo para pessoas sem condições de expressar sua vontade, às pessoas em condições a elas equiparadas deverá ser adotado com ainda maior parcimônia, com aumento do ônus argumentativo na sua aplicação, que já é grande em situações consideradas incontroversamente autorizadas por lei; em segundo lugar, a extensão do remédio será limitada tão somente para amparar as situações nas quais a pessoa a ser submetida à curatela ficaria sem proteção. Para os atos em que a pessoa idosa tem condições de entender o significado e efeitos de suas decisões, a curatela não tem alcance.

4. NOVOS CONTORNOS DA CURATELA: EFEITOS AMPLIADOS OU REDUZIDOS EM FUNÇÃO DO ATENDIMENTO DAS NECESSIDADES DO CURATELADO

Reconhecido o cabimento da curatela como instrumento de apoio da pessoa idosa sem condições de exercer sua autodeterminação, seja quando (i) não tenha mais condições de expressar sua própria vontade (como expressamente previsto no Código Civil), seja quando (ii) ainda que com condições de expressar sua vontade, não tenha mais discernimento para compreender o alcance e efeitos de sua manifestação (embora deva, neste caso, ser usada com absoluto cuidado e parcimônia), examinam-se algumas questões de ordem prática, a saber, sobre

---

conforme previsto no artigo 145 (b) do código luso, que seguirá regime semelhante ao da tutela naquele ordenamento (consoante o inciso 4 do mesmo dispositivo), bem como a administração total ou parcial de bens, conforme previsto no artigo 145 (c).

9. Como já mencionado, referido artigo faz, também, previsão de sujeição à curatela para os ébrios habituais, os viciados em tóxico, e os pródigos, mas sobre estas hipóteses não se tratará, por fugirem ao tema do trabalho.

quem pode pedir a instituição da curatela, quem pode exercê-la em benefício do idoso, e quais os limites no seu exercício.

4.1 Legitimidade ativa. Quem pode pedir a instituição da curatela

O processo de instituição da curatela, em razão das alterações promovidas pelo EPD e o CPC no ordenamento brasileiro, ficou bastante sujeito a controvérsias.

O artigo 1.768 do CC, em sua redação original, previa que: *a interdição deveria ser promovida: I – pelos pais ou tutores; II – pelo cônjuge, ou por qualquer parente; III – pelo Ministério Público*. O CPC, aprovado em março de 2015 (e tendo entrado em vigor a partir de março de 2016), em seu artigo 1.072, II, revogou o artigo 1.768 do Código Civil (e todos os seguintes, também referentes à curatela, até o artigo 1.773). E o fez por ter o legislador resolvido dispor sobre o (novamente assim nomeado) "processo de interdição" nos seus artigos 747 e seguintes.

Especificamente quanto à legitimidade ativa, o artigo 747 do CPC passou a prever que *a interdição pode ser promovida: I – pelo cônjuge ou companheiro; II – pelos parentes ou tutores; III – pelo representante da entidade em que se encontra abrigado o interditando; IV – pelo Ministério Público*.

O EPD, aprovado em julho de 2015, portanto, sendo lei posterior ao CPC de 2015 (mas tendo entrado em vigor antes do CPC, em janeiro de 2016), em seu artigo 114, aprovou duas mudanças referido artigo 1.768 do Código Civil, que havia sido revogado pelo novo CPC. Primeiro, fazendo referência ao *caput* do artigo, substituiu a expressão *a interdição* por *o processo que define os termos da curatela*, e, segundo, acrescentou o inciso IV, para prever a legitimidade ativa da própria pessoa no pedido de instituição da curatela.[10]

O EPD também alterou os dispositivos do CC referentes à curatela, mas não cuidou de adequar as mudanças necessárias no CPC, cujos delineamentos estão todos baseados no regime das incapacidades que vigorava no CC até a alteração pelo EPD. Este descuido certamente trará muita polêmica na compatibilização das normas.

---

10. O acréscimo deste inciso IV parece incoerente com a sistemática proposta pelo legislador do EPD, na medida em que a curatela, medida excepcional, não mais seria necessária ao enfermo, tanto que revogado pelo mesmo diploma (também conforme o artigo 114 do EPD) o artigo 1.780 do Código Civil, referente à autocuratela. Se o entendimento do legislador era pelo prestígio a soluções menos invasivas, não parecia fazer sentido a inclusão do inciso IV. Não obstante, outra interpretação possível para esta modificação é entender que não se pretendeu acabar com a autocuratela, apenas se optou por fazer sua previsão juntamente com as situações em que a curatela é pedida por terceiros interessados nos cuidados do curatelado, além do próprio Ministério Público.

E aqui cabe alguma digressão, que por si só já é tema para um trabalho autônomo, sobre o conflito de leis no tempo. Embora haja autores afirmando que o EPD, porque teve sua vigência iniciada antes do começo da vigência do CPC de 2015, foi revogado por este, é possível defender justamente o contrário, isto é, que diante de antinomias entre o EPD e o CPC, deve prevalecer o EPD, ainda que este não tenha expressamente revogado aquele, pois lhe é posterior.[11] O artigo 2º do Decreto-lei 4.657/1942 (a Lei de Introdução às normas do Direito Brasileiro, ou LINB) prevê expressamente a revogação de *lei anterior* por lei posterior, e não de *lei com vigência anterior* por lei com vigência posterior. Não obstante, a questão será identificar irrefutavelmente as antinomias, tendo em vista que, diante das possíveis variações na interpretação, alguns comandos legais aparentemente incompatíveis podem ser compatibilizados.[12]

Assumindo-se que em certas situações há de fato antinomia a ser solucionada, deve-se sempre buscar a solução que ofereça o melhor suporte dentro da premissa constitucional da tutela da pessoa humana. A prevalência, portanto, diante de controvérsia que pode ser infindável se baseada apenas em uma análise estrutural e cronológica dos dispositivos legais, deve ser resolvida de acordo com uma análise funcional da normativa aplicada aos casos concretos, em que se pondere para que serve cada instituto criado, qual a sua razão de ser no ordenamento, e a que objetivos atende.

Seguindo esse racional, chama atenção que, na aprovação do CPC de 2015, o legislador incorreu em um erro importante: voltar a vincular a curatela à interdição. Porque, como já mencionado na parte anterior deste trabalho, segundo a CPDP, norma de *status* constitucional, qualquer remédio de apoio à pessoa com deficiência (nesse grupo, para os fins deste trabalho, também incluído o idoso com debilidades cognitivas adquiridas) não pode ter o condão de lhe retirar a capacidade civil.

Se a curatela, como remédio de apoio, já deve ser vista como exceção, medida extraordinária, a interdição é, com muito maior razão, instrumento ainda mais excepcional, excepcionalíssimo, que só será adotado em casos extremos. A partir do EPD, haverá casos em que a curatela é instituída, mas o curatelado não deverá ser interditado. E, ainda que a interdição em situações mais dramáticas seja de fato necessária, a interdição passa a ser parcial, e não mais total.[13]

---

11. Apenas lembrando, o CPC de 2015, Lei 13.105/2015, foi promulgado em 16 de Março de 2015, e publicado no Diário Oficial da União no dia 17/03/2015, entrando em vigor 1 (um) ano após sua publicação (conforme seu artigo 1.045). Por sua vez, o EPD, Lei 13.146/2015, foi promulgado em 06 de Julho de 2015, e publicado no Diário Oficial da União em 06 de Julho de 2015, entrando em vigor 180 dias após sua publicação (conforme seu artigo 127).
12. Maria Helena Diniz lembra que, para haver antinomia real, será preciso a concorrência de três condições: a) incompatibilidade; b) indecidibilidade; e c) necessidade de decisão (DINIZ, Maria Helena. *Lei de Introdução ao Código Civil interpretada*. 5. ed. São Paulo: Saraiva, 1999. p. 70).
13. Ainda que aqui caiba uma crítica ao exagero da mudança no ordenamento, pois desconsiderou um sistema construído e que se relaciona com validade dos atos, prazos prescricionais para seu questiona-

Dentro desse espírito, a curatela era e continua sendo uma ferramenta a ser utilizada para os responsáveis por pessoas idosas que, diante do comprometimento de suas competências cognitivas em gravidade tal que não mais tenham condições de manifestar sua vontade, ou, ainda se manifestem, não mais tenham discernimento e condições de entendimento sobre as consequências de sua vontade, ou gestão dos próprios interesses em seu benefício.[14]

A curatela deve, portanto, ser instituída em situações de concreta necessidade para tutela do idoso, a pedido de qualquer pessoa em condições de lhe oferecer apoio. Nesse sentido, a norma prevista no CPC parece oferecer melhor previsão sobre a matéria, ao autorizar que o cônjuge ou companheiro, qualquer parente, o representante da entidade em que se encontra abrigada a pessoa a ser submetida a curatela, e também o Ministério Público promovam a ação para instituição da curatela. Em qualquer hipótese, nos termos do parágrafo único do artigo 747 do CPC, a legitimidade deverá ser comprovada por documentação que acompanhe a petição inicial.

4.2 Quem pode ser curador. Os responsáveis pelo cuidado do idoso

Com relação ao tema de quem pode ser o curador, a controvérsia é menos acesa, pois tanto o EPD quanto o CPC não alteraram o artigo 1.775 do Código Civil, que aponta, em ordem de preferência, quem pode assumir o encargo da curatela do idoso: primeiramente, o cônjuge ou companheiro (não separado judicialmente ou de fato); na falta deste, o descendente que se demonstrar mais apto,[15] sendo que, entre os descendentes, os mais próximos precedem os mais remotos; na falta

---

mento e outros institutos sobre os quais não se estenderá neste trabalho, mas que sofreram o impacto das mudanças. Embora muito bem-intencionadas, as mudanças parecem ter sido feitas sem o cuidado com as repercussões práticas na aplicação do ordenamento jurídico, que é uno e deve ser interpretado sistematicamente, trazendo enormes desafios à doutrina e à jurisprudência. Se de um lado, deve-se dar cumprimento aos pressupostos de inclusão e reconhecimento das pessoas atingidas pelo EPD, bem como promover-lhes autonomia, não se lhes deve retirar proteções importantes na esfera jurídica.

14. Há que se ter muito cuidado na avaliação concreta dessa hipótese, pois, para os parentes, normalmente os herdeiros, que muitas vezes podem ter interesses pessoais conflitantes com os do idoso, sobretudo interesses de ordem patrimonial, talvez o idoso lhes pareça, em algumas situações, sem condições de exercer sua autonomia de maneira segura e em benefício próprio, quando na verdade está apenas desfrutando de seus últimos anos, inclusive agindo de forma menos precavida ou até mesmo mais inconsequente, após uma vida de preocupações e poupanças. Isso não quer dizer, em absoluto, que o idoso terá perdido o controle sobre si mesmo, muito pelo contrário. Em algumas situações, pode até mesmo agir de forma incoerente com sua própria história, e estará exercendo plenamente seu direito à autodeterminação. Há um conjunto delicado de fatores que deve ser levado em consideração para instituição da curatela, por equipe multidisciplinar, sendo primordial o papel do Ministério Público e do Judiciário na preservação da autonomia do idoso na máxima medida possível.

15. O artigo não se refere somente a idosos, por isso prevê, em ordem de preferência, o pai ou a mãe como curadores preferenciais, na falta do cônjuge ou companheiro, mas, diante do recorte que se pretendeu fazer neste trabalho, faz mais sentido cogitar, na falta do cônjuge ou companheiro, dos descendentes, e não dos ascendentes, que certamente serão ainda mais idosos que o curatelado. Se já não tiverem

de descendentes, o juiz escolherá curador dativo, isto é, o encargo será assumido sobre terceiro que tenha condições de prestar apoio ao idoso, por exemplo, um parente em linha colateral, ou mesmo um amigo.

Deve-se ressalvar que a ordem de preferência para nomeação de curador expressa no artigo 1.775 não tem caráter absoluto, podendo, por exemplo, um filho ser nomeado em detrimento do cônjuge, ou mesmo um curador dativo ser nomeado em preferência aos parentes, em caso de conflito e animosidade destes com o curatelado. O instituto da curatela deve ser sempre aplicado como instrumento de apoio, portanto, a curatela deve ser deferida a quem tem melhores condições de assumir o encargo e oferecer cuidados ao curatelado.

Alteração interessante em nosso ordenamento promovida pelo EPD foi a introdução do artigo 1.775-A, pelo qual o juiz pode estabelecer a curatela compartilhada, isto é, conferindo o encargo a mais de uma pessoa. Este dispositivo é duplamente importante. Primeiro, porque conhecida a natureza de múnus público da curatela, e todas as responsabilidades que decorrem da instituição do encargo para o curador, a atribuição pode impor sobrecarga excessiva de deveres a uma única pessoa, ou seja, em nome de prestar amparo ao curatelado, a vida do curador pode se tornar bastante sacrificada. A possibilidade de partilha desse ônus, portanto, pode ser importante alívio a todos os que fazem parte do círculo de apoio de um idoso que carece de cuidados especiais.[16]

Mas não só, a alteração legal é bem-vinda também do ponto de vista do curatelado, na medida em que a partilha pode ser bastante útil para atender ao seu melhor interesse, por meio da distribuição de tarefas entre pessoas com perfis e habilidades variadas. Para diferentes funções e desafios, nada melhor do que diferentes expertises e formas de abordagens. Há tarefas específicas que podem ser mais bem desempenhadas por algumas pessoas que outras, por exemplo, um idoso com Alzheimer em estágio avançado, pode ter o amparo de um(a) filho(a) para controle de contas rotineiras e relacionamento com instituições bancárias, e de outro(a) filho(a) que tem conhecimentos em área biomédica para o apoio em consultas, exames, e procedimentos de saúde.

Embora o texto do dispositivo mencione expressamente a *pessoa com deficiência*, a norma há de ser aplicada sem ressalvas ao idoso que tenha perdido suas competências cognitivas. A *ratio* da legislação, amparada no valor constitucional

---

falecido, ou padecerem eles próprios com suas dificuldades pessoais, incorrerão em enorme encargo ao assumirem a curatela de um(a) filho(a) idoso(a).

16. Ressalve-se que a norma autoriza o compartilhamento do exercício da curatela, mas não a impõe. Assim, a decisão deverá, a partir das circunstâncias fáticas da demanda, considerar a medida que melhor resguarda os interesses do curatelado. Nesse sentido, STJ. REsp 1.795.395-MT. 3ª Turma, rel. Min. Nancy Andrighi, DJe 06.05.2021.

de tutela da pessoa humana, expande-se para todas as situações de manifesta vulnerabilidade, em que a falta de amparo, ou mesmo o amparo insuficiente, obstaculizariam o exercício da autonomia pelo idoso.

Sobre a relação do curador com o curatelado, outra norma que importa lembrar é a contida no artigo 497 do Código Civil, que estabelece que curadores não podem, mesmo em hasta pública, adquirir bens do curatelado confiados à sua guarda ou administração. A preocupação com o conflito de interesses está por trás da restrição legal. Da mesma maneira, visando à proteção patrimonial do idoso, os curadores ficam, nos termos do artigo 580 do Código Civil, impedidos de dar em comodato, sem autorização especial, os bens confiados à sua guarda.

Ainda sobre restrições, o artigo 1.523, inciso IV, do Código Civil estabelece a curatela entre as causas suspensivas para o casamento da pessoa curatelada com seu curador, enquanto o encargo vigorar e enquanto não saldadas as contas respectivas. A curatela suspende a possibilidade de casamento do curatelado também com descendentes, ascendentes, irmãos, cunhados ou sobrinhos do curador. O parágrafo único de referido artigo permite aos nubentes solicitar ao juiz que não lhes seja imposta a suspensão, se provarem a inexistência de prejuízo para os herdeiros, o ex-cônjuge e para a pessoa curatelada.[17]

4.3 Excepcionalidade da curatela e limites ao seu exercício. Foco nas necessidades do curatelado

A curatela é instrumento que, embora ressignificado para assumir contornos flexíveis, e sempre no sentido de proteção e apoio, continua sendo medida extraordinária (artigos 84, § 3º, e 85, § 2º, do EPD).

---

17. Sobre esse dispositivo, cabe talvez uma crítica. Embora a preocupação patrimonial seja compreensível, o ato do casamento é complexo, não consiste em mero ato de autonomia privada sobre aspectos patrimoniais. Muito pelo contrário, se relaciona, sobretudo, à autonomia existencial da pessoa para estabelecer relações familiares, amparada, inclusive, no artigo 226 § 7º, da Constituição, que consagra o livre planejamento familiar. Através do casamento, a pessoa escolhe um(a) parceiro(a) para seguir a vida em comum, independente da fase da vida em que se encontre, ou quanto tempo ainda possua. O vínculo, ainda que tenha repercussão patrimonial, não tem esta natureza exclusivamente. Dito isso, pode acontecer de pessoa submetida à curatela e seu curador, justamente pelo contato frequente, se envolverem a ponto de desejarem o casamento para si. Obviamente, há que se ter cuidado para que não haja alguma fraude, algum golpe que atinja o idoso justamente em situação de maior fragilidade emocional e vulnerabilidade. Daí a importância da previsão do parágrafo único do artigo, principalmente em proteção ao próprio curatelado. Contudo, há de se ponderar o que deve ser entendido como prejuízo aos herdeiros, e, sobretudo, ao ex-cônjuge (se é que este tem algum interesse legítimo que de fato mereça tutela do ordenamento), e se eventual interesse patrimonial destes pode se sobrepor a um interesse existencial do curatelado, principalmente considerando que o artigo 1.641, I, do Código Civil já impõe o regime de separação obrigatória de bens nas hipóteses de casamentos autorizados judicialmente. A título de ilustração para estas reflexões, registre-se o belo filme *O filho da noiva*, do cineasta Juan José Campanella, em que o protagonista organiza o casamento de sua mãe idosa, que sofre com Alzheimer, com o objetivo de atender seu desejo antes que faleça.

Reforçou o legislador que a curatela passa a ser aplicada somente de maneira proporcional às necessidades e às circunstâncias de cada caso, e durará o menor tempo possível (artigo 84, §§1º, e 3º, do EPD). Tais mudanças impõem, tanto à pessoa que requer a medida excepcional quanto ao juiz que a defere, ainda maior rigor na fundamentação respectiva, tendo em vista que não se trata mais de mera aplicação automática de um dispositivo legal.

O curador, que assume o encargo de cuidado do curatelado, passa com a instituição da curatela a gerir seus interesses, administrando seu patrimônio, e o apoiando em todos os atos da vida civil, além de se incumbir do ônus de prestar assistência ao curatelado, não só de alimentos, mas devendo atentar para o auxílio eficaz em todas as suas necessidades pessoais, devendo prestar contas com periodicidade no mínimo anual ao juízo que instituiu a curatela (artigo 84, § 4º, do EPD).

Desde a aprovação da CDPD, instrumentalizada pelo EPD, a intenção do legislador foi desvincular as deficiências das causas de incapacidade. Em consequência, as medidas de apoio, como a curatela (e também a tomada de decisão apoiada) não se conectam, necessariamente, à interdição. Assumindo essa premissa, é possível afirmar que o idoso submetido à curatela em algumas situações será também interditado, passando ao estado de relativamente incapaz, mas, na maioria dos casos, continuará plenamente capaz.

Poderá, então, ser submetida a curatela o idoso que: (i) conforme expressa previsão legal, estiver temporária ou permanentemente impedido de manifestar sua vontade (tenha ele ou não qualquer deficiência de natureza mental ou intelectual), o qual desde o início da vigência do EPD, é considerado pela lei civil relativamente incapaz, e também; (ii) por interpretação extensiva, ainda que considerado plenamente capaz, possua doença com tal nível de comprometimento do seu intelecto, de suas habilidades cognoscitivas, que sua manifestação de vontade não possa ser considerada fruto de sua autodeterminação. Nessa segunda hipótese, o fato da instituição da curatela não mais afastará a capacidade civil, mas apenas confirmará a necessidade de o curatelado, ainda que civilmente capaz, receber apoio para uma série de atos de sua vida, respeitados os limites e contornos previstos na legislação.

O processo, em ambas as hipóteses, isto é, de instituição da curatela com ou sem interdição, é sempre judicial, e deverá correr no foro do domicílio do idoso. Diante da multiplicidade de fontes normativas referentes à situação, vale dizer, Código Civil, Código de Processo Civil, Estatuto da Pessoa com Deficiência, além do próprio Estatuto do Idoso, as normas que devem orientar o juiz e todos os interessados, como já mencionado anteriormente, deverão ser, à luz dos valores constitucionais do nosso ordenamento, aquelas que melhor promoverem a tutela do idoso, e preservarem, na medida do possível, sua máxima autonomia.

O processo se inicia com o pedido de curatela, que deve ser instruído com um laudo médico para fazer prova das alegações apresentadas, ou justificada a sua ausência (artigo 750 do CPC). O juiz deve inicialmente citar o idoso para entrevistá-lo, acompanhado de especialista, acerca de sua vida, negócios, bens, vontades, preferências e laços familiares e afetivos e sobre o que mais lhe parecer necessário para convencimento quanto à sua capacidade para praticar atos da vida civil, devendo ser reduzidas a termo as perguntas e respostas (artigo 751 do CPC). Se o idoso não puder se deslocar, o juiz o ouvirá no local onde estiver, e ele deverá ter acesso aos recursos tecnológicos possíveis para auxílio na comunicação. O juiz também poderá requisitar a oitiva de parentes e de pessoas próximas.

Após a entrevista, o juiz deverá abrir prazo de 15 dias para o interditando, ou, conforme o caso, a pessoa a ser submetida à curatela, impugnar o pedido (artigo 752 do CPC). Essa precaução é necessária, inclusive, para evitar fraudes de terceiros contra o idoso, que pode estar lúcido e com plenas condições de exercer sua autonomia, porém enfrentando resistência dos familiares com relação a decisões pessoais sobre sua vida.

Decorrido o prazo de manifestação, o juiz determinará a produção de prova pericial, a ser realizada por equipe composta por experts com formação multidisciplinar (artigo 753 e § 1º do CPC). Na hipótese de ser recomendada a curatela, o laudo pericial indicará especificadamente, os atos para os quais haverá necessidade de curatela (artigo 753, § 2º, do CPC).

Se a sentença instituir a curatela, dela devem constar as razões e motivações de sua definição, preservados os interesses do curatelado (artigo 85, §2º do EPD).[18] O juiz nomeará curador, que poderá ser o requerente na ação, mas deverá ser sempre a pessoa que melhor possa atender aos interesses do curatelado (artigo 755, *caput* e § 1º, do CPC), e fixará os limites da curatela, considerando as características pessoais do idoso, observando suas potencialidades, habilidades, vontades e preferências.

A curatela, mesmo para o idoso acometido por doença que acarrete transtorno cognitivo grave, não mais deve ser vista como um remédio definitivo. Embora em muitos casos ela deva ser renovada sucessivamente, ela será sempre provisória. A premissa é de que a qualquer momento que possível deve ser feita a reversão da curatela, em razão da superação das barreiras sociais, dos avanços da medicina, e da possibilidade de utilização de outros instrumentos de apoio mais adequados a cada situação. Os casos devem ser resolvidos mediante análise

---

18. Se for o caso, além da instituição da curatela, também de decretação de interdição, o procedimento é o mesmo, e a sentença deverá ser inscrita no registro de pessoas naturais e imediatamente publicada na rede mundial de computadores, no sítio do tribunal a que estiver vinculado o juízo e na plataforma de editais do Conselho Nacional de Justiça (artigo 755, § 3º, do CPC).

concreta das particularidades da pessoa, cabendo tantas revisões quanto forem necessárias, sempre sob a fiscalização do Ministério Público.

Sobre o alcance dos efeitos da curatela, o artigo 1.772 do Código Civil, conforme redação atribuída pelo EPD, diz que o juiz determinará, segundo as potencialidades da pessoa, os limites da curatela, circunscritos a ações de caráter patrimonial. O mesmo comando é reforçado pelo próprio artigo 85 do EPD, que diz que a curatela afetará tão somente os atos relacionados aos direitos de natureza patrimonial e negocial, não tendo, segundo seu § 1º, a definição da curatela o condão de alcançar o direito ao próprio corpo, à sexualidade, ao matrimônio, à privacidade, à educação, à saúde, ao trabalho e ao voto.

Essas previsões suscitam algumas questões. Sem dúvida, a curatela atinge aspectos patrimoniais do idoso, mas cabe a pergunta sobre os seus limites em ambas as direções, isto é, de um lado, se os aspectos patrimoniais passam a ser geridos ilimitadamente pelo curador; e de outro, se aspectos patrimoniais são os únicos atingidos pela instituição da curatela, isto é, se é possível o uso do remédio também para a tutela de aspectos existenciais do idoso.

Sobre a primeira questão, diante da premissa de que a curatela é excepcional, e instituída para o melhor interesse do idoso, é forçoso concluir que, apesar da autorização legal para gestão, pelo curador, do patrimônio do curatelado, a curatela não institui regime de carta branca para que se faça o que bem entender. Ainda que o curador seja, por exemplo, exímio gestor de seus próprios bens, tenha conhecimento de aplicações financeiras rentáveis, não será o caso de, assumindo o encargo, ter liberdade para gerir o patrimônio do curatelado como lhe aprouver.

Se o perfil do idoso, por exemplo, antes de ser acometido pelo processo demencial que lhe impôs a condição da curatela, era de investidor arrojado, aqui é possível cogitar que seu curador, desde que plenamente habilitado e responsável em suas decisões, possa adotar o mesmo perfil na gestão do patrimônio alheio. Contudo, se o perfil do idoso era conservador, é esperado que o curador responsável pelo cuidado de seus bens materiais seja igualmente conservador, não alterando, em nome de possíveis ganhos que acredite certos, a orientação da gestão patrimonial. É sempre possível ao curador ser mais cauteloso do que o próprio titular dos bens seria, mas jamais menos.

Sobre a segunda questão, o legislador teve a preocupação de limitar a gestão dos interesses do curatelado a situações patrimoniais, com expressa vedação a ingerências sobre várias situações existenciais, tais como direito sobre o próprio corpo, sua sexualidade, privacidade, decisão sobre matrimônio, educação, saúde, projeto ou voto (artigo 85 do EPD). Contudo, ainda que tal limitação tenha sido, compreensivelmente, prevista, diante dos abusos históricos decorrentes da curatela, como em esterilizações, internações e outros tantos procedimentos realizados à revelia do curatelado ou mesmo contra sua vontade, é possível cogitar situações em que, justamente para garantir a proteção do idoso, o curador deva tomar decisões em seu nome, por exemplo, entre outras hipóteses, para garantir, no campo da saúde, o acesso ao melhor tratamento disponível para uma determinada condição médica.

Tem-se reconhecido mudanças no ordenamento brasileiro com relação a atos conectados ao fim da vida, como no reconhecimento do instrumento da diretiva antecipada de vontade, em que a pessoa pode orientar sobre sua decisão prévia em relação a uma série de situações-limite no tratamento de sua saúde. Por meio da diretiva antecipada de vontade, qualquer pessoa pode dispor sobre os procedimentos aos quais deseja ou não ser submetida, caso necessário, antecipando sua decisão sobre seguir com um tratamento ou negar o atendimento médico, para a eventualidade de futuramente estar impossibilitada de manifestar sua vontade, ou ainda, indicando quem, em seu nome, poderá responder no seu melhor interesse sobre a submissão ou não a tratamentos extremos.

Entretanto, esse tipo de prevenção ainda é raro em nossa sociedade. Ademais, nem sempre é possível para alguém, com perda ou não de suas competências cognitivas, prever todas as situações a que pode estar submetido, de forma a fazer a gestão preventiva total dos seus interesses, inclusive porque as técnicas de tratamento estão em permanente desenvolvimento. Pode-se, ademais, cogitar também da ineficácia de uma previsão anterior feita pelo idoso, quando muito desconectada do estado da técnica no momento de sua aplicação. Em qualquer hipótese, quando ao idoso não é possível manifestar a própria vontade, ou ele já está comprometido por algum transtorno grave, que irremediavelmente o impede de se manifestar com segurança para si próprio, ao curador caberá, em algumas situações, intervir em seu benefício.

Nessas situações-limite, por se referirem a aspectos existenciais, o curador não deve decidir diretamente, mas sim suscitar a dúvida ao juízo responsável pela instituição da curatela, para que ele possa, dentro do quadro posto, decidir como prosseguir, levando em conta o histórico comportamental do idoso, os tratamentos possíveis, os recursos disponíveis, e uma série de outros fatores. Mas há situações em que a consulta não será possível, ou mesmo cabível, seja em função da urgência, ou mesmo da natureza do ato médico a ser realizado. Na maioria das vezes, o curador é um parente ou alguém muito próximo do curatelado, e é provavelmente a pessoa mais qualificada a dizer, caso não previsto antecipadamente de maneira expressa pelo curatelado, qual seria a sua vontade.

Mas, para além dessas situações médicas, há restrições ao alcance da curatela expressamente mencionadas pelo legislador que não podem ser ignoradas. Com relação a esse tema, afiguram-se duas possibilidades de interpretação da norma contida no artigo 85 do EPD, o qual, ao se referir aos limites da curatela, determina que ela afetará tão somente *os atos relacionados aos direitos de natureza patrimonial e negocial*.

De um lado, é possível entender que o termo *negocial* previsto na parte final do dispositivo está necessariamente vinculado ao termo *patrimonial*, que lhe antecede na frase e, nessa hipótese, não se permitiria ao curador exercer nenhum ato negocial de natureza não patrimonial. De outro lado, se compreendido o termo *negocial* como passível de ser lido isoladamente, seria possível entender que permitido o alcance da curatela a atos negociais também referentes a situações não patrimoniais.

Ambas as abordagens acabam sendo muito estruturais e abstratas por, de plano, ou negar a atuação do curador em qualquer hipótese em que presente um interesse extrapatrimonial, reduzindo demasiadamente a proteção a ser dada ao curatelado, ou autorizar a ampliação do escopo de atuação do curador, e, portanto, aumentar o risco de invasão indevida em esfera personalíssima do idoso.

Sempre em linha com a premissa constitucional de atendimento ao melhor interesse da pessoa idosa, deve-se interpretar o texto legal com base em leitura funcional, isto é, adequada ao sentido da norma, buscando a resposta à questão de para que serve o instituto da curatela. Assumindo essa chave de interpretação, é forçoso reconhecer a possibilidade de, em certas situações, sempre justificadas, as decisões do curador poderem dizer respeito a interesses não patrimoniais do curatelado, devendo, em qualquer hipótese, o curador prestar contas de sua atuação.[19]

Por exemplo, na defesa dos direitos de personalidade do idoso, como sua honra ou imagem, que se projetam no tempo, e mesmo após sua morte, o curador não só pode como deve atuar, e não estará violando o encargo que lhe compete. Muito pelo contrário, nesse caso, é pela via da inação na proteção dos interesses do curatelado que o curador estará descumprindo o múnus que assumiu.[20]

O curador, portanto, não deve ser entendido como mero administrador dos bens e direitos do idoso. A instituição do encargo lhe impõe o dever de assumir

---

19. Ressalvando-se, conforme já confirmado pelo STJ, a dispensa da prestação de contas quando o(a) curador(a) é casado(a) em regime de comunhão universal com o(a) curatelado(a), com base na expressa previsão do artigo 1.783 do CC. Nesse sentido, por exemplo, STJ, AgInt nos EDcl no REsp 1851034-SP, 3ª Turma, rel. Min. Marco Aurélio Bellizze, DJe 25.06.2020. Sem prejuízo, tendo em vista os novos contornos e funções atribuídos à curatela, sendo a prestação de contas também oportunidade para verificação de sua adequada utilização, no melhor interesse, notadamente existencial, da pessoa curatelada, pode haver determinação judicial impondo a prestação, mesmo quando há casamento com regime de comunhão universal, como inclusive prevê a parte final do dispositivo legal.
20. Confirmando a validade de medidas tomadas no melhor interesse da pessoa submetida à curatela, por exemplo decidiu o STJ convalidando ato pelo qual o curador realizou a contratação de escritório de advocacia para defesa da pessoa submetida a curatela em ação rescisória. STJ. REsp 1.705.605-SC. 3ª Turma, Min. Nancy Andrighi, DJe 26.02.2020.

a responsabilidade pelo permanente processo de habilitação e reabilitação do curatelado, para a preservação e, sempre que possível, também o desenvolvimento de suas potencialidades em todos os aspectos, não apenas aptidões físicas, mas também cognitivas, sensoriais, psicossociais, emocionais, ou seja, todas as competências que efetivamente se somam no exercício de autonomia da pessoa.

E, ao lado dessas atribuições, cumpre ao curador atuar para defender os interesses do curatelado perante terceiros, agindo sempre em seu benefício, o que inclui, em algumas hipóteses, justificadamente e sujeitando-se a prestação de contas, tomar, inclusive, decisões em relação a aspectos não patrimoniais.

5. SÍNTESE CONCLUSIVA

Entre os desafios possivelmente enfrentados pelos idosos, há o risco de, na fase final da vida, serem acometidos por transtornos que lhes coloquem em situação de extrema vulnerabilidade, sendo os casos mais graves aqueles em que a pessoa, após uma vida autônoma e independente, se torna prisioneira de si mesma, vítima de doenças demenciais.

Nessas dramáticas hipóteses, a curatela, instituto antigo no direito civil, apresenta-se como um remédio possível, ao lado de outros novos, como a tomada de decisão apoiada, para proteção do melhor interesse do idoso. A curatela passou por algumas modificações no ordenamento brasileiro e hoje deve ser compreendida como um instrumento de apoio, jamais de substituição de vontade do curatelado, que sirva de auxílio à promoção de sua autonomia, em face de todos os desafios que se apresentem.

Atualmente, a curatela tem aplicação ligada ou não à ação de interdição. Em ambas as hipóteses, sem dúvida há maior necessidade de justificação para sua instituição, tanto no pedido pelos legitimados quanto na fundamentação da decisão pelo Judiciário. Apesar da profusão de fontes normativas incidentes sobre a matéria, a chave para interpretação reside na aplicação conjugada das normas que melhor promovam os interesses do curatelado, em consonância com a cláusula geral da tutela da pessoa humana, insculpida em nossa ordem constitucional.

Instituída a curatela, na medida do possível, o próprio idoso deve continuar participando da gestão dos seus interesses. Sem prejuízo, ao curador (ou aos curadores, quando estabelecida a curatela compartilhada), compete, visando sempre ao melhor interesse do curatelado, cuidar de todas as situações que lhe digam respeito.

Há, de acordo com o ordenamento brasileiro, expressa vedação à interferência em diversas situações existenciais, mas as limitações de atuação não devem ser entendidas como justificativa para deixar o idoso abandonado à própria sorte.

Sempre que inafastavelmente necessária a interferência em situações não patrimoniais, o curador poderá decidir, consultando previamente o juízo da curatela nas situações não emergenciais, ou, nas situações emergenciais, se não possível a consulta prévia, agindo e validando posteriormente a decisão tomada para tutela do idoso, prestando contas em qualquer hipótese.

As considerações sobre a curatela do idoso aqui trazidas se aplicam igualmente a situações de deficiência adquirida, em que pessoas maiores de idade, que já exerceram sua autonomia e independência, ao menos por algum tempo, são acometidas por transtornos que lhes coloquem em situação de extrema vulnerabilidade e dependente de instrumentos de apoio, entre eles, a curatela.

Parte III
A PROTEÇÃO DO IDOSO NAS RELAÇÕES DE CONSUMO

1
A PROTEÇÃO DISPENSADA À PESSOA IDOSA PELO DIREITO CONSUMERISTA É SUFICIENTE COMO UMA INTERVENÇÃO REEQUILIBRADORA?[1]

Claudia Lima Marques

Doutora e Pós-Doutora em Direito pela Universidade de Heidelberg, Alemanha. Mestre em Direito pela Universidade de Tübingen e Especialista em Direito Europeu pela Universidade do Sarre, Alemanha. Professora Permanente do PPGD/UFRGS. Presidente do Committee on International Protection of Consumers, ILA (Londres). Editora-Chefe da RDC (Brasilcon/RT). Advogada. E-mail: dirinter@ufrgs.br.

Fernanda Nunes Barbosa

Doutora em Direito pela Universidade do Estado do Rio de Janeiro (UERJ). Mestre em Direito pela Universidade Federal do Rio Grande do Sul (UFRGS). Professora da Graduação em Direito e do Mestrado em Direitos Humanos do UniRitter. Editora da Série Pautas em Direito/Editora Arquipélago. Advogada. E-mail: fernanda@tjnb.adv.br.

Ao se proteger o hipervulnerável, a rigor quem verdadeiramente acaba beneficiada é a própria sociedade, porquanto espera o respeito ao pacto coletivo de inclusão social imperativa, que lhe é caro, não por sua faceta patrimonial, mas precisamente por abraçar a dimensão intangível e humanista dos princípios da dignidade da pessoa humana e da solidariedade.
(REsp 931.513/RS, 1ª Seção, j. 25.11.2009, rel. p/ Acórdão Min. Herman Benjamin, DJe 27.09.2010)

Sumário: 1. Introdução – 2. O idoso como consumidor hipervulnerável e a proteção do Código de Defesa do Consumidor – 3. A proteção do idoso no cenário nacional pós Lei 10.741/2003 (Estatuto do Idoso) e o diálogo das fontes – 4. A insuficiência da proteção da pessoa idosa no crédito ao consumo e o superendividamento: a necessidade de aprovação do PL 3515/2015 – 5. Nota Conclusiva.

---

1. Nota da Coordenação: Artigo publicado anteriormente em TEIXEIRA, Ana Carolina Brochado; MENEZES, Joyceane Bezerra de. *Gênero, vulnerabilidade e autonomia*: repercussões jurídicas. 2 ed. Indaiatuba, SP: Foco, 2021, p. 371-393 e anterior à promulgação da Lei 14.181, de 1º de julho de 2021, que alterou a Lei 8.078, de 11 de setembro de 1990 (Código de Defesa do Consumidor), e a Lei 10.741, de 1º de outubro de 2003 (Estatuto do Idoso), para aperfeiçoar a disciplina do crédito ao consumidor e dispor sobre a prevenção e o tratamento do superendividamento. Para a presente publicação optou-se por manter a integridade do texto.

1. INTRODUÇÃO

No Brasil, segundo o Instituto Brasileiro de Geografia e Estatística (IBGE), existem hoje 31,981 milhões de idosos (maiores de 60 anos), correspondendo a 15,4% de nossa população, sendo a população com mais de 80 anos já de 2,2%, correspondendo a 4,524 milhões de pessoas.[2] No ano de 2018, o IBGE divulgou uma nova pesquisa sobre a projeção demográfica brasileira, que aponta o rápido e intenso processo de envelhecimento no país. Desde 2012, mais 4,8 milhões de pessoas passaram para a condição de idoso no Brasil e o crescimento deste grupo etário, em cinco anos, foi de 18%.[3]

Essa é uma tendência mundial, e que decorre tanto do aumento da expectativa de vida pela melhoria nas condições de saúde quanto pela questão da taxa de fecundidade, que tem decaído.[4] Ainda que o princípio democrático não induza a um "governo da maioria", mas, ao contrário, que sociedades de fato comprometidas com valores democráticos devem ser plurais e inclusivas, será que esse aumento quantitativo tem gerado um correspondente aprimoramento dos direitos, garantias e respectivos mecanismos de defesa do idoso no país?

A Constituição Federal brasileira, já em seu Art. 3º aponta, como objetivos fundamentais da República Federativa do Brasil: "I – construir uma sociedade livre, justa e solidária; II – garantir o desenvolvimento nacional; III – erradicar a pobreza e a marginalização e reduzir as desigualdades sociais e regionais; IV – promover o bem de todos, sem preconceitos de origem, raça, sexo, cor, idade e quaisquer outras formas de discriminação." No Artigo 5º, inciso XXXII, impõe ao Estado o dever de proteção dos consumidores: "O Estado, na forma da lei, promoverá a defesa do consumidor." No Art. 230, por sua vez, o legislador constituinte positivou ser dever da família, da sociedade e do Estado "amparar as pessoas idosas, assegurando sua participação na comunidade, defendendo sua dignidade e bem-estar e garantindo-lhes o direito à vida".[5] Verifica-se aqui, de diferentes formas, o claro mandamento de proteção do idoso, em especial se consumidor.

---

2. Os dados sobre o envelhecimento do Brasil são: População total Brasil: 207,853 milhões. População 60+ = 31,981 milhões – 15,4% (Homens-14,170 milhões; Mulheres-17,811 milhões); População 80+ = 4,524 milhões – 2,2% (Homens- 1,760 milhões; Mulheres-2,764 milhões). Fonte: Dados do IBGE a partir do PNAD continuado, relatório anual, acessível: [https://www.ibge.gov.br/estatisticas/sociais/populacao/17270-pnad-continua.html?edicao=24437&t=resultados]. Acesso em: 30.08.2019.
3. Disponível em: [https://agenciadenoticias.ibge.gov.br/agencia-noticias/2012-agencia-de-noticias/noticias/20980-numero-de-idosos-cresce-18-em-5-anos-e-ultrapassa-30-milhoes-em-2017]. Acesso em: 20.07.2019.
4. Disponível em: [https://agenciadenoticias.ibge.gov.br/agencia-noticias/2012-agencia-de-noticias/noticias/20980-numero-de-idosos-cresce-18-em-5-anos-e-ultrapassa-30-milhoes-em-2017]. Acesso em: 20.07.2019.
5. Na íntegra, dispõe o art. 230 da CF/88: "Art. 230. A família, a sociedade e o Estado têm o dever de amparar as pessoas idosas, assegurando sua participação na comunidade, defendendo sua dignidade e bem-estar e garantindo-lhes o direito à vida. § 1º Os programas de amparo aos idosos serão executados

Seguindo esse percurso, em âmbito internacional o Brasil foi um dos seis países que assinou, no ano de 2015, a Convenção Interamericana sobre a Proteção dos Direitos Humanos dos Idosos, instrumento cujo objetivo é "promover, proteger e assegurar o reconhecimento e o pleno gozo e exercício, em condições de igualdade, de todos os direitos humanos e liberdades fundamentais da pessoa idosa"[6]. Registre-se que na MSC 412/2017[7] constou a recomendação para que fosse adotado, em relação a esta Convenção, o procedimento previsto do § 3º do Art. 5º da Constituição Federal, para fins de sua equiparação a Emenda Constitucional, assim como se deu com os instrumentos da Convenção Internacional sobre os Direitos das Pessoas com Deficiência, tendo em vista suas motivações e, ainda, por se tratar do primeiro documento internacional juridicamente vinculante específico sobre os direitos das pessoas idosas.

O assédio de consumo e o fornecimento de crédito não responsável constituem, atualmente, um grande problema enfrentado pelo Direito do Consumidor, especialmente em relação ao consumidor idoso.[8] Por essa razão, o superendividamento representa um dos temas principais do processo de atualização do Código de Defesa do Consumidor em curso no país desde o ano de 2012.

O PLS 283/2012 (hoje PL 3515/2015, após aprovação unânime no Senado), Projeto de Atualização do Código de Defesa do Consumidor (CDC), introduziu no direito brasileiro a figura do combate ao 'assédio de consumo', nominando assim estratégias assediosas de marketing muito agressivas, que pressionam os consumidores, e o marketing focado em grupos de pessoas ou visando (*targeting*) grupos de consumidores muitas vezes os mais vulneráveis do mercado, como os idosos e aposentados em casos de créditos; as crianças; os analfabetos e analfabetos funcionais; as pessoas com deficiências e os doentes.

---

preferencialmente em seus lares. § 2º Aos maiores de sessenta e cinco anos é garantida a gratuidade dos transportes coletivos urbanos."

6. Disponível em: [https://www.camara.leg.br/proposicoesWeb/prop_mostrarintegra?codteor=1617507&filename=MSC+412/2017]. Acesso em: 15.08.2019.

7. Mensagem de Acordos, convênios, tratados e atos internacionais disponível em: [https://www.camara.leg.br/proposicoesWeb/fichadetramitacao?idProposicao=2158508&ord=1]. Acesso em 15.08.2019. Atualmente, transformada no PDC 863/2017.

8. Segundo DOLL e CAVALLAZZI, o crescimento rápido do número de pessoas idosas no Brasil, que têm na aposentadoria (verba regular e estável) sua principal garantia de renda; a existência de um programa de assistência social para pessoas idosas sem recursos próprios ("benefício assistencial ao idoso", o BPC, que paga um salário mínimo à pessoa com mais de 65 anos sem renda suficiente para a sua manutenção) e a edição de uma série de normas disciplinando o crédito consignado, iniciada em dezembro de 2003 com a Lei 10.820 (e que, em sua redação atual, permite a aposentados e pensionistas consignar até 35% de seus rendimentos para o pagamento de um crédito), são fatores determinantes para o grave problema do superendividamento dos idosos hoje no Brasil. DOLL, Johannes; CAVALLAZZI, Rosangela Lunardelli. Crédito consignado e o superendividamento dos idosos. *Revista de Direito do Consumidor*, ano 25, v. 107, p. 309-341, set.-out. 2016, p. 322-323.

O termo 'assédio de consumo' foi utilizado pela Diretiva europeia sobre práticas comerciais abusivas e daí chegou ao Projeto de Atualização do CDC. A Diretiva europeia nr. 2005/29/CE, em seu Art. 8º, utiliza, como termo geral, o de prática agressiva e inclui como espécies o assédio (*harassment*), a coerção (*coercion*), o uso de força física (*physical force*) e a influência indevida (*undue influence*).[9] A opção do legislador brasileiro foi de considerar o 'assédio de consumo' como o gênero para todas as práticas comerciais agressivas, que limitam a liberdade de escolha do consumidor.[10]

O CDC, em sua redação original, não usa a expressão *assédio de consumo*, mas sim prevalecimento "da fraqueza ou ignorância do consumidor, tendo em vista sua idade, saúde, conhecimento ou condição social" (Art. 39, IV) e aproveitamento "da deficiência de julgamento e experiência da criança" quanto à publicidade abusiva (Art. 37, §2º). Note-se que a jurisprudência tem reconhecido que são os idosos os mais afetados por este novo assédio de consumo e ofertas a distância, por *telemarketing* ou mesmo em domicílio – na solidão de suas casas e de suas vidas, essas ofertas, acompanhadas de uma boa conversa com os vendedores (e assinaturas gratuitas para os filhos), são momentos agradáveis, que se transformam depois em grandes incômodos.[11] Nas ruas e em suas casas são constantemente abordados e ofertas de crédito lhe são feitas (moldadas para eles, com crédito e reservas consignadas). Muitas vezes chegam a assinar em branco documentos para estes 'pastinhas e representantes bancários', especializados em contatar idosos e aposentados no interior do Brasil, e que muitas vezes caem em superendividamento.

Todo consumidor é reconhecido como vulnerável por lei, por força do Art. 4º, I, do Código de Defesa do Consumidor, que tem origem em discriminação positiva constitucional. Como ensina Bruno Miragem e reconhece a jurisprudên-

---

9. Veja estudo em: MARQUES, Claudia Lima. Schutz der Schwächeren im Privatrecht: Eine Einführung. In: Lena Kunz; Vivianne Ferreira Mese. (Org.). *Rechtssprache und Schwächerenschutz*. Heidelberg: Nomos, 2018, v. 1, p. 78 e s.
10. MARQUES, Claudia Lima. A vulnerabilidade dos analfabetos e dos idosos na sociedade de consumo brasileira: primeiros estudos sobre a figura do assédio de consumo. In: MARQUES, Claudia Lima; GSELL, Beate. (Org.). *Novas tendências do Direito do Consumidor*: Rede Alemanha-Brasil de pesquisas em Direito do Consumidor. São Paulo: Ed. RT, 2015, p. 46 e s.
11. Assim ensina o *leading case*: "Recurso especial – Responsabilidade civil – Ação de indenização por danos materiais e morais – Assinaturas de revistas não solicitadas – Reiteração – Débito lançado indevidamente no cartão de crédito – Dano moral configurado – Arts. 3º e 267, VI, do CPC – Ausência de prequestionamento – Súmulas STF/282 e 356 – *Quantum* indenizatório – Revisão obstada em face da proporcionalidade e razoabilidade. I – Para se presumir o dano moral pela simples comprovação do ato ilícito, esse ato deve ser objetivamente capaz de acarretar a dor, o sofrimento, a lesão aos sentimentos íntimos juridicamente protegidos. II – A reiteração de assinaturas de revistas não solicitadas é conduta considerada pelo Código de Defesa do Consumidor como prática abusiva (art. 39, III). Esse fato e os incômodos decorrentes das providências notoriamente dificultosas para o cancelamento significam sofrimento moral de monta, mormente em se tratando de pessoa de idade avançada, próxima dos 85 anos de idade à época dos fatos, circunstância que agrava o sofrimento moral" (STJ, 3ª T., REsp 1.102.787/PR, rel. Min. Sidnei Beneti, j. 16.03.2010, *DJe* 29.03.2010).

cia,[12] a "vulnerabilidade do idoso como consumidor, de sua vez, é demonstrada a partir de dois aspectos principais: (a) a diminuição ou perda de determinadas aptidões físicas ou intelectuais que o torna mais suscetível e débil em relação à atuação negocial dos fornecedores; (b) a necessidade e catividade em relação a determinados produtos ou serviços no mercado de consumo, que o coloca numa relação de dependência em relação aos seus fornecedores".[13]

Considerando este cenário, há no Brasil, atualmente, um esforço significativo da sociedade civil organizada e dos órgãos de defesa do consumidor pela aprovação do Projeto de Lei 3515/2015, da Câmara dos Deputados (antigo PLS 283/2012), Projeto de atualização do CDC, que inclui uma disciplina inteira no corpo normativo do Código sobre superendividamento e prevê a inclusão de norma protetiva do consumidor idoso superendividado na Lei 10.741 de 2003 (Estatuto do Idoso).

O objetivo do presente artigo é examinar, a partir da teoria do diálogo das fontes, se a proteção conferida ao idoso no Brasil pelos instrumentos normativos aplicáveis às suas relações de consumo tem sido suficiente para alcançar o reequilíbrio e a harmonia dos interesses deste grupo de vulneráveis no mercado de consumo brasileiro. E, em uma segunda parte, destacar a pesquisa empírica realizada pela UFRGS (Observatório do Crédito e Superendividamento), que comprova a insuficiência da proteção do idoso como consumidor, especialmente frente às práticas de assédio de consumo atuais, pleiteando a aprovação imediata do PL 3515/2015 de atualização do CDC, já aprovado por unanimidade no Senado Federal.

2. O IDOSO COMO CONSUMIDOR HIPERVULNERÁVEL E A PROTEÇÃO DO CÓDIGO DE DEFESA DO CONSUMIDOR

Como já vimos,[14] a vulnerabilidade é um estado *a priori*, é o estado daquele que pode ter um ponto fraco, uma ferida (*vulnus*),[15] aquele que pode ser "ferido"

---

12. Veja, por todos, decisão do TJRS. Apelação Cível 70025289943 – Des. Rel. Marilene Bonzanini Bernardi – j. em 18.02.2009, cuja ementa ensina: "Apelação cível. Consumidor. Serviços de telefonia móvel. Falha na prestação dos serviços. Cobranças abusivas. Vulnerabilidade agravada do consumidor idoso. Consideração. Rescisão do contrato determinada. Devolução de valores. Danos morais. Não configuração. Considerando a verossimilhança das alegações do autor, no sentido de que o serviço de telefonia móvel contratado para utilização no exterior mostrou-se defeituoso, culminando com cobranças abusivas, bem como tendo em vista a vulnerabilidade agravada do consumidor idoso, é de se julgar procedente o pedido de rescisão de contrato, sem o pagamento de multa, tornando-se inexigíveis os valores a título de ligações internacionais, determinando-se, outrossim, a devolução do valor pago pelo aparelho celular. Danos morais não configurados, na medida em que os incômodos vivenciados pelo autor não feriram sua dignidade a ponto de gerar direito à indenização. Apelo parcialmente provido."
13. MIRAGEM, Bruno Nubens. *Curso de direito do consumidor*. 7. ed. São Paulo: Ed. RT, 2018. p. 103 e ss.
14. MARQUES, Claudia Lima. *Contratos no Código de Defesa do Consumidor*. 9. ed. São Paulo: Ed. RT, 2019, p. 310 e s.
15. LACOUR, Clémence. *Vieillesse et vulnerabilité*. Marseilles: Presses Universitaires d'Aix Marseille, 2007, p. 28.

(*vulnerare*) ou é vítima facilmente.[16] Na jurisprudência, a expressão 'hipervulnerabilidade', criada por Antônio Herman Benjamin para destacar a situação de vulnerabilidade agravada de alguns grupos de consumidores, doentes, crianças, idosos, dentre outros, acabou se consolidando: "Ao Estado social importam não apenas os vulneráveis, mas sobretudo os *hipervulneráveis*. (...) Ser diferente ou minoria, por doença ou qualquer outra razão, não é ser menos consumidor, nem menos cidadão, tampouco merecer direitos de segunda classe ou proteção apenas retórica do legislador".[17] Na literatura brasileira a expressão é muito aceita,[18] assim como na Argentina.[19]

O Relatório-Geral da atualização do CDC já previa esta conexão entre a idade avançada, a hipervulnerabilidade do idoso e os perigos do crédito no Brasil:

> A doutrina alerta que as pessoas idosas no Brasil têm reduzida educação financeira,[20] ainda mais nos contextos populares, e a vulnerabilidade desse grupo pode ser um fator a levar ao superendividamento.[21] Conforme informa a manifestação do Núcleo de Estudos Interdisciplinares sobre o Envelhecimento e da Faculdade de Educação da UFRGS, há que se considerar os analfabetos funcionais, com extrema dificuldade para compreender textos complexos ou longos contratos, que seriam em torno de 2/3 da população com mais de 60 anos no Brasil. Esta observação foi comprovada na pesquisa "Idosos no Brasil", de 2006, do IPEA. Segundo estes dados de 2006, 23% dos idosos seriam totalmente analfabetos, e dos restantes 77% dos que sabem ler, mais de 26% consideram ler uma atividade extremamente difícil, significando que quase a metade da população idosa tem dificuldades ou mesmo não tem condições de ler um contrato bancário, considerando a alta concentração de analfabetos e analfabetos

---

16. Veja, por todos: FIECHTER-BOULVARD, Frédérique. La notion de vulnerabilité et sa consécration par le droit. In: COHET-CORDEY, Frédérique (Org.). *Vulnerabilité et droit*: le développement de la vulnerabilité et ses enjeux en droit. Grenoble: Presses Universitaires de Grenoble, 2000, p. 16 e ss.
17. STJ. Recurso Especial n. 586.316-MG; rel. Min. Antonio Herman Benjamin; j. 17.04. 2007.
18. Veja, por todos, NISHIYAMA, Adolfo Mamoru; DENSA, Roberta. A proteção dos consumidores hipervulneráveis: os portadores de deficiência, os idosos, as crianças e os adolescentes. *Revista de Direito do Consumidor*, n. 76, p. 13-45, out.-dez. 2010, p. 13 e s.
19. BAROCELLI, Sergio S. "Hacia la construcción de la categoría de consumidores hipervulnerables". In: BAROCELLI, Sergio S. (Dir.). *Consumidores Hipervulnerables*. Ed. El Derecho, Ciudad Autónoma de Buenos Aires, 2018, p. 9 e s.
20. DOLL, Johannes. Elderly consumer Weakness in 'Withholding Credit'. In: NIEMI, Joana; RAMSAY, Iain; WHITFORD, William C. (Ed.). *Consumer credit, debt and bankruptcy* – Comparative and international perspective. Oxford: Hart Publishing, 2009, p. 289 e s.
21. Segundo as conclusões da Tese de doutorado de BUAES, Caroline Stumpf, os fatores da maior vulnerabilidade dos idosos nos contratos de crédito seriam: "a fragilidade frente às perdas próprias do envelhecimento que são provocadas pelo declínio físico e cognitivo; a condição de pouca escolaridade que inviabiliza a compreensão das normas e contratos dos empréstimos; a tendência de consumir por impulso tendo em vista o uso de cartões de crédito, a facilidade de contratação de crédito consignado, a publicidade agressiva, as estratégias de *marketing* questionáveis e as pressões familiares." BUAES, Caroline Stumpf. Sobre a construção de conhecimentos: uma experiência de educação financeira com mulheres idosas em um contexto popular. Porto Alegre: UFRGS, 2011. Tese (Doutorado em Educação), Faculdade de Educação, Universidade Federal do Rio Grande do Sul, 2011.

funcionais neste grupo da população."²² E ainda que muitos idosos (e mulheres) são arrimo de família: "Sobre os idosos, mister alertar que o perfil do idoso brasileiro mudou.²³ Informa o Observatório do Crédito e Superendividamento da UFRGS, que segundo o IBGE, 62.4% de idosos no Brasil são considerados responsáveis por uma família e que 20% do total de lares brasileiros têm uma pessoa idosa como o principal arrimo de família.²⁴ ... A vulnerabilidade agravada dos consumidores idosos parece inconstestável no Brasil..."²⁵

O nascimento do direito do consumidor, como de todo direito dirigido à proteção (e promoção) de um determinado grupo social, surgiu da necessidade de se abordar questões próprias deste específico grupo de vulneráveis.²⁶ No cenário nacional, é a Constituição Federal de 1988 que inaugura a defesa do consumidor de forma sistematizada, como grupo social (Arts. 5°, inc. XXXII, e 170, inc. V²⁷), inclusive com a previsão do Art. 48 do Ato das Disposições Constitucionais Transitórias, que dispôs sobre a elaboração, pelo Congresso Nacional, do Código de Defesa do Consumidor.

Publicado como Lei 8.078, de 11 de setembro de 1990, o Código de Defesa do Consumidor previu, como um dos princípios da Política Nacional das Relações de Consumo, o reconhecimento da vulnerabilidade do consumidor no mercado (Art. 4°, I). Da mesma forma, reconheceu como prática abusiva a conduta do fornecedor que se prevalece da fraqueza ou ignorância do consumidor, tendo em vista sua idade, saúde, conhecimento ou condição social, para impingir-lhe seus produtos ou serviços (art. 39, IV) e proibiu toda publicidade que fosse discriminatória de qualquer natureza, incitasse à violência, explorasse o medo ou a superstição, se aproveitasse da deficiência de julgamento e experiência da criança, desrespeitasse valores ambientais, ou que fosse capaz de induzir o consumidor a se comportar de forma prejudicial ou perigosa à sua saúde ou segurança (Art. 37, § 2°). Com isso, reconheceu o legislador a vulnerabilidade do consumidor como grupo social e a hipervulnerabilidade de alguns subgrupos em especial. Ainda

---

22. BENJAMIN, Antonio Herman e MARQUES, Claudia Lima. *Relatório-Geral da Comissão de Juristas – Atualização do Código de Defesa do Consumidor*. Presidência do Senado Federal: Brasília, 2012, p. 53-54.
23. Veja CAMARANO, Ana Amélia. Envelhecimento da população brasileira: uma contribuição demográfica. In: FREITAS, Elizabete Viana et al. *Tratado de Geriatria e Gerontologia*. 2. ed. Rio de Janeiro: Guanabara Koogan, 2006, p. 88 e s.
24. IBGE. *Pesquisa de Orçamentos Familiares 2008 – 2009*. Despesas, rendimentos e condições de vida. Disponível em: [http://www.ibge.gov.br/home/estatistica/populacao/condicaodevida/pof/2008_2009/POFpublicacao.pdf]. Acesso em: 16.03.2011.
25. BENJAMIN, Antonio Herman e MARQUES, Claudia Lima. *Relatório-Geral da Comissão de Juristas – Atualização do Código de Defesa do Consumidor*. Presidência do Senado Federal: Brasília, 2012, p. 54.
26. Veja, por todos, SODRÉ, Marcelo Gomes. *A construção do direito do consumidor*. São Paulo: Atlas, 2009.
27. Art. 170, V, da CF: "A ordem econômica, fundada na valorização do trabalho humano e na livre iniciativa, tem por fim assegurar a todos existência digna, conforme os ditames da justiça social, observados os seguintes princípios: Defesa do consumidor."

que os idosos não tenham sido explicitamente referidos, este é, sem dúvida, um subgrupo especialmente vulnerável, como também reconhecem os documentos internacionais, de que é exemplo a "Convenção Interamericana sobre a Proteção dos Direitos Humanos dos Idosos", concluída no âmbito da Organização dos Estados Americanos (OEA), celebrada em Washington, em 15 de junho de 2015, e ainda pendente de ratificação pelo estado brasileiro.[28]

O artigo 5º da Convenção Interamericana sobre a Proteção dos Direitos Humanos dos Idosos,[29] cujo título trata da Igualdade e não discriminação por razões de idade, assim estabelece:

> Fica proibida pela presente Convenção a discriminação por idade na velhice.
>
> Os Estados Partes desenvolverão enfoques específicos em suas políticas, planos e legislações sobre envelhecimento e velhice, com relação aos idosos em condição de vulnerabilidade e os que são vítimas de discriminação múltipla, incluindo as mulheres, as pessoas com deficiência, as pessoas de diversas orientações sexuais e identidades de gênero, as pessoas migrantes, as pessoas em situação de pobreza ou marginalização social, os afrodescendentes e as pessoas pertencentes a povos indígenas, as pessoas sem teto, as pessoas privadas de liberdade, as pessoas pertencentes a povos tradicionais, as pessoas pertencentes a grupos étnicos, raciais, nacionais, linguísticos, religiosos e rurais, entre outros.

A disposição convencional ao assim estabelecer expressa, em mais um documento de significativo valor para a proteção e promoção dos direitos humanos – dentre os quais se inserem, a propósito, os direitos do consumidor[30] –, o reconhecimento de que as vulnerabilidades sociais decorrentes de processos discriminatórios históricos não constituem terrenos mutuamente excludentes. Nesse sentido, é importante que os documentos internacionais que tratam da eliminação de toda forma de discriminação, entendida essa como "qualquer distinção, exclusão, restrição ou preferência que tenha o propósito ou o efeito de anular ou prejudicar o reconhecimento, gozo ou exercício em pé de igualdade

---

28. O Projeto de Decreto Legislativo de Acordos, tratados ou atos internacionais 863/2017, que aprova o texto da Convenção Interamericana sobre a Proteção dos Direitos Humanos dos Idosos, está em tramitação na Câmara dos Deputados. Conforme última informação legislativa, o PDC foi encaminhado, em 18.12.2017, às Comissões de Defesa dos Direitos da Pessoa Idosa e Constituição e Justiça e de Cidadania (Art. 54 RICD). Proposição Sujeita à Apreciação do Plenário. Regime de Tramitação: Urgência (Art. 151, I "j", RICD). Disponível em: [https://www.camara.leg.br/proposicoesWeb/fichadetramitacao?idProposicao=2164910]. Acesso em: 15.08.2019.
29. Disponível em: [https://www.camara.leg.br/proposicoesWeb/prop_mostrarintegra?codteor=1617507&filename=MSC+412/2017]. Acesso em: 15.08.2019. No Art. 9º, relativamente ao "Direito à segurança e a uma vida sem nenhum tipo de violência", os Estados se comprometem a: "(...) i) Promover ativamente a eliminação de todas as práticas que geram violência e que afetam a dignidade e integridade da mulher idosa".
30. Defendemos tal perspectiva em: BARBOSA, Fernanda Nunes. O dano informativo do consumidor na era digital: uma abordagem a partir do reconhecimento do direito do consumidor como direito humano. *Revista de Direito do Consumidor*, v. 122, p. 203-232, mar.-abr. 2019.

de direitos humanos e liberdades fundamentais nos campos econômico, social, cultural ou em qualquer campo da vida pública",[31] apontem as intersecções existentes que podem agravar discriminações. "*Distinção, exclusão, restrição* ou *preferência* são termos que almejam alcançar todas as formas de prejudicar indivíduos ou grupos por meio de distinções ilegítimas no gozo e exercício de direitos".[32]

Para que se possa falar da proteção de qualquer grupo de vulneráveis de uma maneira válida e fiel é preciso, de um lado, analisar o arcabouço protetivo que tais pessoas recebem dos textos normativos aplicáveis em determinada ordem jurídica. De outro, da concretude que a eles é dada pelos poderes constituídos, observadas as devidas competências de cada um.

Relativamente à proteção dada não só pelo Código de Defesa do Consumidor, mas por todo o sistema de defesa do consumidor ao idoso, é possível reconhecer a edição de normas direcionadas a esse especial grupo de consumidores e normas que, embora não sejam a eles direcionadas, são aplicáveis a situações nas quais esse grupo se encontra especialmente vulnerável. É o que ocorre, por exemplo, nos campos da saúde,[33] do transporte público e dos serviços públicos em geral,[34]

---

31. RIOS, Roger Raupp. *Direito da antidiscriminação*: discriminação direta, indireta e ações afirmativas. Porto Alegre: Livraria do Advogado Editora, 2008, p. 20-21.
32. Ibidem, p. 20-21.
33. No campo da saúde enquadramos aqui, para os fins deste artigo, as questões pertinentes a alimentos e a produtos perigosos, tais como o cigarro e o álcool. A segurança alimentar é disciplinada, no âmbito internacional, pelo *Codex Alimentarius* (programa conjunto da Organização das Nações Unidas para Agricultura e Alimentação e da Organização Mundial da Saúde), e, no âmbito interno, por uma normativa bastante fragmentada, regendo-se, indiretamente, pelo CDC e, de modo mais específico, pelas inúmeras resoluções e portarias da ANVISA (veja-se sobre o tema: VAZ, Caroline. *Direito do consumidor à segurança alimentar e responsabilidade civil*. Porto Alegre: Livraria do Advogado, 2015). Já os produtos perigosos como o tabaco e o álcool são regulados, no âmbito internacional, pela Convenção Quadro para o Controle do Tabaco (CQCT), no caso dos cigarros, e, no âmbito interno, ambos os produtos são regulados, também de forma indireta, pelas normas do CDC, e, de forma direta, pela Lei 9.294/96 e, assim como os alimentos, por uma ampla normativa emanada da ANVISA. Embora tanto o consumo de cigarro como o de álcool tenham apresentado queda nos últimos anos no Brasil, internações e óbitos relacionados ao álcool aumentaram respectivamente 6,9% e 6,7%, na população de idosos, entre 2010 e 2016. (Confira-se mais dados em: [https://tobaccoatlas.org/country/brazil/]. Acesso em 01 de agosto de 2019; e [http://www.cisa.org.br/upload/Panorama_Alcool_Saude_CISA2019.pdf]. Acesso em: 1º.08.2019)
34. A Lei 10.048, de 08 de novembro de 2000, confere prioridade de atendimento às pessoas que especifica, dentre as quais se encontra o idoso (idade igual ou superior a 60 anos), nos seguintes termos: "Art. 2º As repartições públicas e empresas concessionárias de serviços públicos estão obrigadas a dispensar atendimento prioritário, por meio de serviços individualizados que assegurem tratamento diferenciado e atendimento imediato às pessoas a que se refere o art. 1º. Parágrafo único. É assegurada, em todas as instituições financeiras, a prioridade de atendimento às pessoas mencionadas no art. 1º. Art. 3º As empresas públicas de transporte e as concessionárias de transporte coletivo reservarão assentos, devidamente identificados, aos idosos, gestantes, lactantes, pessoas portadoras de deficiência e pessoas acompanhadas por crianças de colo." Dois anos antes, a CF já garantia aos então idosos (maiores de 65 anos), a gratuidade dos transportes coletivos urbanos (Art. 230, § 2º).

da habitação[35] e do fornecimento de crédito, tema que iremos aqui tratar. Se mesmo para o consumidor que aqui chamaremos de padrão por não pertencer a um especial subgrupo de consumidores não há falar em um único direito do consumidor, dadas as especificidades e riscos inerentes a cada tipo ou modalidade contratual, mas em uma série de direitos (direito do consumidor segurado, direito do consumidor bancário, direito dos usuários de serviços públicos, direito do consumidor turista, direito do consumidor digital etc.), imagine-se quando este for, em concreto, uma pessoa idosa,[36] ao que, não raro, ainda se agregam circunstâncias especiais que a *sobrevulneram*, como a presença de alguma deficiência física ou intelectual e o analfabetismo digital.

É fato que nem todas as pessoas acima de 60 anos são especialmente vulneráveis. Alguns idosos não parecem necessitar, em um primeiro momento, de proteção especial. Em pesquisa empírica realizada em parceria pela Universidade Federal do Rio Grande do Sul (UFRGS) e pelo PROCON-SP a respeito do consumidor de crédito no Brasil, que confirmou dados já apresentados em outras pesquisas nacionais, verificou-se, no entanto, que a grande maioria da população idosa brasileira padece de quatro fatores de risco para a vulnerabilidade: *i.* o analfabetismo e a escolaridade baixa; *ii.* a situação financeira (considerando os gastos com remédios e saúde, que aumentam na velhice[37]); *iii.* a fragilização da saúde (embora envelhecer não seja uma doença, o risco de contrair uma aumenta); e *iv.* a desvalorização do idoso no mundo contemporâneo, marcado pelo consu-

---

35. A especial vulnerabilidade do consumidor em contratos imobiliários também é largamente reconhecida em diversos aspectos. Em estudo empírico realizado por ZABAN e BESSA, os autores afirmam haver evidências que indicam a vulnerabilidade do consumidor em relação a questões financeiras na compra e venda de bens imóveis. Assim em: ZABAN, Breno; BESSA, Leonardo Roscoe. Estudo empírico sobre a capacidade de tomada de decisões financeiras por interessados na compra de imóveis. *Revista de Direito do Consumidor*, a. 24, v. 101, p. 209-237, set.-out. 2015. Da mesma forma, afirma PFEIFFER que: "Se a vulnerabilidade é parte integrante da relação de consumo, ela apresenta-se de forma intensificada na aquisição de imóveis em construção. Em primeiro lugar pela complexidade do contrato de compra e venda [...]. Em segundo lugar em razão do fator emocional, já que a aquisição de imóvel para a moradia representa a realização do grande sonho da vida do consumidor, o que faz com que ele fique psicologicamente mais propenso a não observar detalhes da contratação". PFEIFFER, Roberto Augusto Castellanos. Imóveis em construção, direito do consumidor e desenvolvimento. *Revista de Direito do Consumidor*, a. 24, v. 101, p. 81-101, set.-out. 2015.
36. Sobre este especial subgrupo de vulneráveis, veja-se: SCHMITT, Cristiano Heineck. *Consumidores hipervulneráveis: a proteção do idoso no mercado de consumo*. São Paulo: Atlas, 2014. Conforme antes referimos, a nomenclatura *hipervulneráveis* foi utilizada pela primeira vez por Antonio Herman Benjamin no REsp. 586.316/MG, em julgamento de 17 de abril de 2007, no qual o então Relator assim fez constar: "Ao Estado social importam não apenas os vulneráveis, mas sobretudo os *hipervulneráveis*".
37. Conforme o Art. 2º da Convenção Interamericana sobre a Proteção dos Direitos Humanos dos Idosos, o termo velhice corresponde à "Construção social da última etapa do curso de vida". Disponível em: [https://www.camara.leg.br/proposicoesWeb/prop_mostrarintegra?codteor=1617507&filename=MSC+412/2017]. Acesso em: 15.08.2019.

mismo, precarização das relações e instabilidade, o que o torna uma vítima fácil para práticas abusivas, marketing agressivo e crimes.[38]

Conforme já sustentamos em outra oportunidade, o direito privado não pode prescindir do reconhecimento da fraqueza de certos grupos da sociedade, que afinal se apresenta como ponto de encontro entre a função individual que tradicionalmente lhe é reconhecida, e sua função social,[39] afirmada no direito privado solidário que emerge da Constituição.[40] O *novo direito privado* nasce como espécie de direito privado, cuja característica marcante é a proteção da pessoa humana, valor que inspira e reforça, especialmente, o reconhecimento e proteção, entre todos, dos mais fracos, os vulneráveis da sociedade de massas contemporânea.[41]

3. A PROTEÇÃO DO IDOSO NO CENÁRIO NACIONAL PÓS LEI 10.741/2003 (ESTATUTO DO IDOSO) E O DIÁLOGO DAS FONTES

Assim como se dá com outros grupos sociais, também em relação ao idoso é possível reconhecer um amplo espectro normativo que interliga normas de variadas fontes, materiais e formais, conformando o ordenamento jurídico brasileiro em torno à tutela da dignidade humana das pessoas assim consideradas. Nesse cenário de pluralidade de fontes característica dos sistemas jurídicos contemporâneos,[42] a coerência do sistema torna-se uma busca incessante e uma necessidade, como forma de solucionar os conflitos que possam nascer entre elas.

É nesse cenário que a teoria de Erik Jayme do diálogo das fontes se insere, como parte de uma grande tradição de visão sistemática e funcional da ordem jurídica, atualizada por uma visão internacional e cultural do direito e uma nova perspectiva mais humanista. O diálogo das fontes é diálogo entre leis postas, mas também pode atingir normas narrativas de inspiração, *soft law*, costumes, princípios gerais, a exemplo do Art. 7º do CDC, e reconhecer a força dos princípios

---

38. DOLL, Johannes; CAVALLAZZI, Rosangela Lunardelli. Crédito consignado e o superendividamento dos idosos. *Revista de Direito do Consumidor*, ano 25, v. 107, p. 309-341, set.-out. 2016, esp. p. 338-339.
39. HIPPEL, Eike von. *Der Schutz des Schwächeren*. Tübingen: Mohr, 1982, p. 2.
40. MARQUES, Claudia Lima; MIRAGEM, Bruno. *O novo direito privado e a proteção do vulnerável*. São Paulo: Editora Ed. RT, 2012, p. 15.
41. Idibem, p. 21.
42. Essa pluralidade de fontes corresponde à *hipercomplexidade*, nas palavras do saudoso jurista brasileiro Antonio Junqueira de Azevedo. Para Antônio Junqueira, "[...]. "Paralelamente, outra característica dos tempos pós-modernos, a *hipercomplexidade*, que, no mundo jurídico, se revela na multiplicidade de fontes do direito, quer materiais – porque, hoje, são vários os grupos sociais, justapostos uns aos outros, todos dentro da mesma sociedade mas sem valores compartilhados (*shared values*), e cada um querendo uma norma ou lei especial para si –, quer formais – com um sem-número de leis, decretos, resoluções, códigos deontológicos, avisos etc. – quebram a permanente tendência à unidade do mundo do direito". AZEVEDO, Antonio Junqueira de. O Direito pós-moderno e a codificação. *Revista de Direito do Consumidor*, n. 33, p. 123-129, São Paulo, jan.-mar. 2000.

imanentes do sistema e do bloco de constitucionalidade. Nesse sentido, é teoria humanista e humanizadora, pois utiliza o sistema de valores, para ter em conta em sua coordenação ou a restaurar a coerência abalada pelo conflito de leis, o ponto de vista concreto e material das fontes em "colisão".[43]

Marco significativo na proteção dispensada ao idoso no Brasil no plano infraconstitucional, a Lei 8.842, de 04 janeiro de 1994, foi editada quase dez anos antes do Estatuto do Idoso, com o propósito de dispor sobre a Política Nacional do Idoso e criar o Conselho Nacional do Idoso. Conforme o artigo inaugural da Lei, "A política nacional do idoso tem por objetivo assegurar os direitos sociais do idoso, criando condições para promover sua autonomia, integração e participação efetiva na sociedade."

Em seu Art. 3º, a Lei estabelece uma série de princípios da política nacional do idoso[44] e, em seu Art. 10,[45] após dispor sobre as diretrizes (Art. 4º) e sobre a forma de

---

43. MARQUES, Claudia Lima. O "diálogo das fontes" como método da nova Teoria Geral do Direito: um tributo a Erik Jayme. In: Claudia Lima Marques (Coord.). *Diálogo das fontes: do conflito à coordenação de normas do direito brasileiro*. São Paulo: Ed. RT, 2012, p. 24-25.
44. "Art. 3º A política nacional do idoso reger-se-á pelos seguintes princípios: I – a família, a sociedade e o estado têm o dever de assegurar ao idoso todos os direitos da cidadania, garantindo sua participação na comunidade, defendendo sua dignidade, bem-estar e o direito à vida; II – o processo de envelhecimento diz respeito à sociedade em geral, devendo ser objeto de conhecimento e informação para todos; III – o idoso não deve sofrer discriminação de qualquer natureza; IV – o idoso deve ser o principal agente e o destinatário das transformações a serem efetivadas através desta política; V – as diferenças econômicas, sociais, regionais e, particularmente, as contradições entre o meio rural e o urbano do Brasil deverão ser observadas pelos poderes públicos e pela sociedade em geral, na aplicação desta lei."
45. "Art. 10. Na implementação da política nacional do idoso, são competências dos órgãos e entidades públicos: I – na área de promoção e assistência social: a) prestar serviços e desenvolver ações voltadas para o atendimento das necessidades básicas do idoso, mediante a participação das famílias, da sociedade e de entidades governamentais e não governamentais. b) estimular a criação de incentivos e de alternativas de atendimento ao idoso, como centros de convivência, centros de cuidados diurnos, casas-lares, oficinas abrigadas de trabalho, atendimentos domiciliares e outros; c) promover simpósios, seminários e encontros específicos; d) planejar, coordenar, supervisionar e financiar estudos, levantamentos, pesquisas e publicações sobre a situação social do idoso; e) promover a capacitação de recursos para atendimento ao idoso; II – na área de saúde: a) garantir ao idoso a assistência à saúde, nos diversos níveis de atendimento do Sistema Único de Saúde; b) prevenir, promover, proteger e recuperar a saúde do idoso, mediante programas e medidas profiláticas; c) adotar e aplicar normas de funcionamento às instituições geriátricas e similares, com fiscalização pelos gestores do Sistema Único de Saúde; d) elaborar normas de serviços geriátricos hospitalares; e) desenvolver formas de cooperação entre as Secretarias de Saúde dos Estados, do Distrito Federal, e dos Municípios e entre os Centros de Referência em Geriatria e Gerontologia para treinamento de equipes interprofissionais; f) incluir a Geriatria como especialidade clínica, para efeito de concursos públicos federais, estaduais, do Distrito Federal e municipais; g) realizar estudos para detectar o caráter epidemiológico de determinadas doenças do idoso, com vistas a prevenção, tratamento e reabilitação; h) criar serviços alternativos de saúde para o idoso; III – na área de educação: a) adequar currículos, metodologias e material didático aos programas educacionais destinados ao idoso; b) inserir nos currículos mínimos, nos diversos níveis do ensino formal, conteúdos voltados para o processo de envelhecimento, de forma a eliminar preconceitos e a produzir conhecimentos sobre o assunto; c) incluir a Gerontologia e a Geriatria como disciplinas curriculares nos cursos superiores; d) desenvolver programas educativos, especialmente nos meios de comunicação, a fim de informar a população sobre o processo de envelhecimento; e) desenvolver

organização e gestão da política nacional, a Lei trata da sua implementação, estabelecendo competências. Este talvez seja, ainda hoje, o dispositivo infraconstitucional mais relevante, nesta pluralidade de fontes, quando se trata de proteção efetiva – e promoção – dispensada ao idoso. Isso porque é por meio de políticas públicas que o Estado intervém de modo mais concreto na vida das pessoas, quando o direito em si já está garantido por meio das devidas escolhas constitucionais e legislativas, como se dá no caso da proteção do idoso no Brasil. Todavia, considerando que se trata de norma que depende, para a sua efetivação, de decisões do Poder Público, que as toma a partir de escolhas nem sempre claras e legítimas, a norma perde sua dimensão promotora de transformação social quando não são implementadas políticas públicas que instrumentalizem os direitos e garantias nela previstos.

Apesar da indiscutível importância da lei nos anos 1990 e do número crescente de idosos no Brasil desde a década de 1960, o assunto não recebeu maior atenção da grande mídia naquele momento, levando quase uma década para o tema do envelhecimento (e da proteção do idoso) ganhar a atenção pública (e também do Estado). Foi somente em 2003, conforme apontam Doll e Cavallazzi, com a edição da Lei 10.741/2003 (Estatuto do Idoso), que acrescentou "um tom mais protetivo ao idoso, proibindo uma série de ações discriminatórias em relação aos idosos e estabelecendo punições", que a política nacional da Lei 8.842/94 passou a ganhar verdadeiro reconhecimento.[46]

A prioridade assegurada ao idoso pelo Estatuto compreende, dentre outras ações, a preferência na formulação e na execução de políticas sociais públicas específicas (Art. 3º, § 1º, II). No entanto, é de fato patente o descompasso entre o envelhecimento rápido da população e a implementação de políticas concretas.[47] Embora o marco legal para defini-las exista desde os textos legais pós-Constituição Federal de 1988, principalmente o acima referido PNI, de 1994, e o Estatuto do Idoso, de 2003, as formas de atenção à pessoa idosa vêm sofrendo incursões e

---

programas que adotem modalidades de ensino à distância, adequados às condições do idoso; f) apoiar a criação de universidade aberta para a terceira idade, como meio de universalizar o acesso às diferentes formas do saber; [...] – na área de trabalho e previdência social: a) garantir mecanismos que impeçam a discriminação do idoso quanto a sua participação no mercado de trabalho, no setor público e privado; b) priorizar o atendimento do idoso nos benefícios previdenciários; c) criar e estimular a manutenção de programas de preparação para aposentadoria nos setores público e privado com antecedência mínima de dois anos antes do afastamento; [...] § 1º É assegurado ao idoso o direito de dispor de seus bens, proventos, pensões e benefícios, salvo nos casos de incapacidade judicialmente comprovada. § 2º Nos casos de comprovada incapacidade do idoso para gerir seus bens, ser-lhe-á nomeado Curador especial em juízo. § 3º Todo cidadão tem o dever de denunciar à autoridade competente qualquer forma de negligência ou desrespeito ao idoso."

46. DOLL, Johannes; CAVALLAZZI, Rosangela Lunardelli. Crédito consignado e o superendividamento dos idosos. *Revista de Direito do Consumidor*, ano 25, v. 107, p. 309-341, set./out. 2016, p. 316-317.
47. FALEIROS, Vicente de Paula. A política nacional do idoso em questão: passos e impasses na efetivação da cidadania. Disponível em: [http://repositorio.ipea.gov.br/bitstream/11058/9148/1/A%20Pol%C3%ADtica%20nacional%20do%20idoso.pdf]. Acesso em: 10.08.2019.

modificações, com a configuração ainda incipiente de uma política realmente articulada, abrangente e eficiente para essa população.[48] Cabe destacar que o mesmo Art. 3º, em seu § 2º, assegura, dentre os idosos, prioridade especial aos maiores de 80 (oitenta) anos, atendendo-se suas necessidades sempre preferencialmente em relação aos demais, exceto nos atendimentos à saúde em casos de urgência (Art. 3º, § 7º) (dispositivos incluído pela Lei 13.466, de 12 de julho de 2017).

O Estatuto do Idoso reconhece, ainda, a existência de um "direito personalíssimo" ao envelhecimento (Art. 8º), que deve ser garantido pelo Estado (Art. 9º), o qual também deve, por intermédio do Sistema Único de Saúde (SUS), garantir o acesso universal e igualitário para a prevenção, promoção, proteção e recuperação da saúde, incluindo a atenção especial às doenças que afetam preferencialmente os idosos.

É preciso recordar sempre que "as pessoas envelhecem nas condições econômicas e sociais em que viveram".[49] Considerando as desigualdades racial e de cor, social, de gênero e regional presentes ainda hoje na estrutura social do Brasil, justifica-se que os idosos de cor branca no país correspondem a 54% (a maioria); da cor preta, a 12%; parda, a 16%; amarela, a 2%; os indígenas, a 4%; os morenos, a 6% (4% se declaram de outra cor). Da mesma forma, entre os que ganham mais de 5 salários mínimos, que 70% sejam brancos e 6,6%, negros. Entre os idosos de cor preta, há mais homens (52%) que mulheres (48%). Há maior proporção de negros idosos no mercado de trabalho (28%) que a média geral dos idosos (23%), e entre os que não foram à escola, a proporção de negros (24%) é superior à média dos idosos (18%), sendo que 30% não sabem ler e escrever, enquanto a proporção de brancos que não frequentou a escola é de 23%. Ainda, entre os de cor preta, 17% estão aposentados e trabalhando, o que acontece para 9% dos brancos. Esses dados demonstram a desigualdade social de raça e cor existente no Brasil, que permanece na velhice[50] e descortinam a fundamentalidade de um diálogo de fontes que promova, na maior extensão possível, a tutela da pessoa humana idosa, mormente quando outros marcadores sociais como raça e cor, classe social, gênero, condição psicofísica e orientação sexual encontram-se presentes.

4. A INSUFICIÊNCIA DA PROTEÇÃO DA PESSOA IDOSA NO CRÉDITO AO CONSUMO E O SUPERENDIVIDAMENTO: A NECESSIDADE DE APROVAÇÃO DO PL 3515/2015

Aspecto de extrema relevância para uma intervenção estatal reequilibradora dos direitos do idoso está na introdução, no direito brasileiro, do combate

---

48. Ibidem.
49. Ibidem.
50. Ibidem.

ao já referido *assédio de consumo*. A figura do assédio de consumo,[51] criada pelo PLS 281, de 2012 (atual PL 3514/2015 da Câmara dos Deputados), ingressará na legislação brasileira por força explícita do inciso XII do Art. 6º do CDC, que definirá ser direito básico do consumidor "a liberdade de escolha, em especial frente a novas tecnologias e redes de dados, sendo vedada qualquer forma de discriminação e assédio de consumo." Também o PL 3515/2015 (antigo PLS 283, de 2012) prevê a figura do assédio de consumo, tipificando-o como prática comercial abusiva.

O combate ao assédio de consumo consolida o direito da pessoa a ser protegida contra todo tipo de cerco ao consumo. Entretanto, enquanto passava na Comissão de Defesa do Consumidor da Câmara de Deputados foi retirada, entre outros incisos e artigos, do projeto original a vedação do assédio de consumo aos grupos hipervulneráveis,[52] cujo inciso original tinha a seguinte redação:

> [Art. 54-C] Sem prejuízo do disposto no art. 39 deste Código e da legislação aplicável à matéria, é vedado ao fornecedor de produtos e serviços que envolvam crédito, entre outras condutas: (...)
>
> IV – *assediar ou pressionar o consumidor, principalmente se idoso*, analfabeto, doente ou em estado de vulnerabilidade agravada, para contratar o fornecimento de produto, serviço ou crédito, em especial à distância, por meio eletrônico ou por telefone, ou se envolver prêmio.

Também se mencione que no outro Projeto de Lei de Atualização do CDC, a norma do Art. 44-F do PLS 281 (Art. 45-F do PL 3514/2015 da Câmara dos Deputados),[53] que já no § 1º destaca a situação em que há prévia relação de consumo entre o remetente e o destinatário – caso em que o envio de mensagem não solicitada pode ser admitido, "desde que o consumidor tenha tido

---

51. Veja-se: MARQUES, Claudia Lima. A vulnerabilidade dos analfabetos e dos idosos na sociedade de consumo brasileira: primeiros estudos sobre a figura do assédio de consumo. In: MARQUES, Claudia Lima; GSELL, Beate (Org.). *Novas Tendências do Direito do Consumidor*: Rede Brasil-Alemanha de pesquisas em direito do consumidor. São Paulo: Ed. RT, 2015, p. 46-87.
52. Face ao reconhecimento da vulnerabilidade de todos os consumidores por força do Art. 4º, I, do CDC, Antônio Herman Benjamin denominou este consumidor de vulnerabilidade agravada, como o analfabeto e o superendividado, de hipervulnerável. E afirmou inclusive a necessidade de se assegurar seu acesso à Justiça, diretamente ou através do Ministério Público e a Defensoria Pública: "Ao se proteger o hipervulnerável, a rigor quem verdadeiramente acaba beneficiada é a própria sociedade, porquanto espera o respeito ao pacto coletivo de inclusão social imperativa, que lhe é caro, não por sua faceta patrimonial, mas precisamente por abraçar a dimensão intangível e humanista dos princípios da dignidade da pessoa humana e da solidariedade. Assegurar a inclusão judicial (isto é, reconhecer a legitimação para agir) dessas pessoas hipervulneráveis, inclusive dos sujeitos intermediários a quem incumbe representá-las, corresponde a não deixar nenhuma ao relento da Justiça por falta de porta-voz de seus direitos ofendidos" (REsp 931.513/RS, 1ª Seção, j. 25.11.2009, rel. p/ Acórdão Min. Herman Benjamin, DJe 27.09.2010).
53. "Art. 44-F. É vedado ao fornecedor de produto ou serviço enviar mensagem eletrônica não solicitada a destinatário que: I – não possua relação de consumo anterior com o fornecedor e não tenha manifestado consentimento prévio e expresso em recebê-la; II – esteja inscrito em cadastro de bloqueio de oferta; ou III – tenha manifestado diretamente ao fornecedor a opção de não recebê-la."

oportunidade de recusá-la" – nos §§ 2º, 3º, 4º e 5º do referido artigo também se regula o fenômeno.[54]

A título de contextualização da disciplina, cabe registrar que a doutrina e a jurisprudência já vêm – há bastante tempo – se preocupando com o problema do consumidor superendividado, número esse que cresceu significativamente com o *boom* da democratização do crédito das últimas décadas e para o qual também o papel da internet, com a facilitação do contato entre consumidores e fornecedores, foi fundamental. Hoje em dia o *crédito fácil* é um dos principais produtos oferecidos no mercado de consumo, inclusive e especialmente ao idoso, e o CDC não permanecerá alheio a esta realidade. Nesse sentido, registra-se a relevância da Emenda de Plenário proposta pelo Partido dos Trabalhadores ao PL 3515/2015, que acrescenta modificações aos arts. 49 e 76 do CDC, para, respectivamente, alargar para 45 dias (ao invés dos atuais 7 dias), o prazo de reflexão ou direito de arrependimento nos casos de consumidor idoso, bem como incluir, como agravante dos tipos penais previstos no Código, o fato de a vítima ser pessoa idosa.[55]

Por fim, registre-se que o relatório final da comissão de juristas responsáveis pela atualização do Código de Defesa do Consumidor descreveu os objetivos do trabalho desempenhado na ocasião como o de promover o *reforço tridimensional da Lei consumerista*. Nesse sentido, os Projetos de Lei acima referidos corporificaram o reforço: *i)* da base constitucional; *ii)* da base ético-inclusiva e solidarista, e *iii)* da base da confiança, efetividade e segurança nas relações de consumo.[56] Com efeito, com todas as inclusões que se pretende introduzir tanto no âmbito do comércio eletrônico como no da proteção ao superendividamento, o consumidor passará a ter sua liberdade de escolha protegida de forma mais efetiva em um grande número de casos, para além dos

---

54. "[...]. § 2. O fornecedor deve informar ao destinatário, em cada mensagem enviada: I – o meio adequado, simplificado, seguro e eficaz que lhe permita, a qualquer momento, recusar, sem ônus, o envio de novas mensagens eletrônicas não solicitadas; e II – o modo como obteve os dados do consumidor. § 3. O fornecedor deve cessar imediatamente o envio de ofertas e comunicações eletrônicas ou de dados a consumidor que manifestou a sua recusa em recebê-las. § 4. Para os fins desta seção, entende-se por mensagem eletrônica não solicitada a relacionada a oferta ou publicidade de produto ou serviço e enviada por correio eletrônico ou meio similar. § 5. É também vedado: I – remeter mensagem que oculte, dissimule ou não permita de forma imediata e fácil a identificação da pessoa em nome de quem é efetuada a comunicação e a sua natureza publicitária. II – veicular, exibir, licenciar, alienar, compartilhar, doar ou de qualquer forma ceder ou transferir dados, informações ou identificadores pessoais, sem expressa autorização e consentimento informado do seu titular."
55. Disponível em: [https://www.camara.leg.br/proposicoesWeb/prop_mostrarintegra;jsessionid=78CB3A694882EAC3EEB47FC1773F3E1F.proposicoesWebExterno2?codteor=1925278&filename=EMP+2+%3D%3E+PL+3515/2015]. Acesso em: 31.10.2020. Também por Emenda de Plenário apresentada pelo Partido dos Trabalhadores, busca-se acrescentar a vedação às instituições financeiras, uma vez cumpridas as exigências para a concessão do empréstimo ao tomador final, de "utilizar a condição de pessoa idosa como critério para denegar empréstimo, ou estabelecer taxas de juros diferenciadas em desfavor da pessoa idosa".
56. BENJAMIN, Antonio Herman e MARQUES, Claudia Lima. *Relatório-Geral da Comissão de Juristas – Atualização do Código de Defesa do Consumidor*. Presidência do Senado Federal: Brasília, 2012, p. 21.

indiscutíveis ganhos já verificados com a recente aprovação da Lei Geral de Proteção de Dados (Lei 13.709, de 14 de agosto de 2018), a LGPD, no país.

Sem a atualização do CDC, a proteção hoje alcançada é insuficiente, como demonstra a análise dos resultados empíricos (6.165 casos de consumidores superendividados), que identificou diversos tipos de vulnerabilidade nestes consumidores.[57] Em manifestação à Câmara de Deputados, o Grupo de Pesquisa CNPq 'Mercosul, Direito do Consumidor e Globalização' da UFRGS resumiu a necessidade de intervenção estatal:

> *Considerando* que temos acompanhado a conciliação em bloco das dívidas dos consumidores de 6.165 superendividados,[58] que acertaram durante 5 anos suas dívidas em bloco com os seus 15.942 credores de forma parajudicial, no Projeto Piloto de Tratamento do Superendividamento do CEJUSC de Porto Alegre,[59] e que estes dados da pesquisa do Observatório-UFRGS demonstram que o superendividamento atinge os mais pobres da população (93,8% ganham até 5 salários mínimos, 81,7% ganham até 3 salários mínimos, 13,5% ganha menos de um salário mínimo e apenas 1,2% destes consumidores ganha mais de 10 salários por mês!), os quais não conseguem renegociar sozinhos (76,4% tentaram renegociar com os fornecedores), em especial, o grande número que são idosos (18,5% são maiores de 60 anos e 1% maiores de 80 anos, quando na população são apenas 11%),[60] pessoas que são arrimo de família (com 1 a 3 dependentes);[61]
>
> *Considerando* que a nossa pesquisa longitudinal demonstrou empiricamente que estas pessoas estão de boa-fé e desejam fortemente pagar suas dívidas, que ocorreram em virtude de um 'acidente da vida' (76,1% sofreu um imprevisto, como redução de renda-26,8%-, desemprego-23%-, doença familiar ou pessoal-18,1%-, divórcio/separação -4,8%- e morte na família -2,5%) e limpar seus nomes (95,4% não tem qualquer processo judicial e 90,2% não estava em bancos de dados negativos, como SPC, SERASA, CADIN antes da referida dívida),

---

57. Veja MARQUES, Claudia Lima. Conciliação em matéria de superendividamento dos consumidores: principais resultados de um estudo empírico de 5 anos em Porto Alegre. *Estudos de Direito do Consumidor*, Coimbra, v. 11, p. 13-43, 2016, p. 13 e s.
58. MARQUES, Claudia Lima; LIMA, Clarissa Costa de; BERTONCELLO, Káren. Dados da pesquisa empírica sobre o perfil dos consumidores superendividados da Comarca de Porto Alegre nos anos de 2007 a 2012 e notícia sobre o Observatório do Crédito e Superendividamento UFRGS-MJ. *Revista de Direito do Consumidor*, v. 99, p. 411-437, maio/jun. 2015, e veja também o pioneiro livro: MARQUES, Claudia Lima e CAVALLAZZI, Rosângela Lunardelli. (Org.). *Direitos do Consumidor endividado*: Superendividamento e Crédito. São Paulo: Ed. RT, 2006, p. 255-309.
59. LIMA, Clarissa Costa de. Adesão ao projeto Conciliar é Legal (CNJ): projeto piloto "Tratamento das situações de superendividamento do consumidor". *Revista de Direito do Consumidor*, São Paulo, n. 63, p.173-201, jul./set.2007 e LIMA, Clarissa Costa de.; BERTONCELLO, Káren Rick Danilevicz. Conciliação aplicada ao superendividamento: estudos de casos. *Revista de Direito do Consumidor*, São Paulo, n. 71, p. 106-141, jul.-set. 2009.
60. Veja MARQUES, Claudia Lima. A vulnerabilidade dos analfabetos e dos idosos na sociedade de consumo brasileira: primeiros estudos sobre a figura do assédio de consumo. In: MARQUES, Claudia Lima; GSELL, Beate. (Org.). *Novas tendências do Direito do Consumidor*: Rede Alemanha-Brasil de pesquisas em Direito do Consumidor. São Paulo: Ed. RT, 2015, p. 46-87.
61. MARQUES, Claudia Lima. Mulheres. Idosos e o Superendividamento dos Consumidores: cinco anos de dados empíricos do Projeto-Piloto em Porto Alegre. *Revista de Direito do Consumidor*, v. 100, p. 393-423, jul.-ago. 2015.

querendo evoluir da 'cultura-da-dívida' e da 'exclusão' da sociedade de consumo (72,5% já estão nos cadastros negativos e com isso têm dificuldades até para conseguir emprego) para uma cultura do pagamento,[62] com um plano de pagamento que permita manter seu mínimo existencial[63] e sustentar sua família (40,9% são solteiros os demais são casados, viúvos, divorciados ou com companheiros) e pagar os menores credores primeiro, depois os maiores, apesar do crédito consignado ou diretamente descontado em sua pensão, aposentadoria ou conta-salário (80,3% dos casos), permitindo assim com esta conciliação retirar seu nome dos cadastros negativos[64] e quitar sua dívida com todos os credores.[65]

Considerando que o Banco Mundial[66] frisou fortemente a importância de todos os países, especialmente os com menor educação financeira[67] e com menor empreendedorismo da população,[68] legislarem sobre superendividamento dos consumidores pessoas físicas,[69] de forma a evitarem o risco sistêmico de uma 'falência' em massa de consumidores em seus mercados, uma das causas da crise financeira mundial nascida nos EUA, com a 'falência'[70] em massa dos consumidores de crédito *subprime* e de hipotecas.[71]"

---

62. LIMA, Clarissa Costa e BERTONCELLO, Karen. D. *Superendividamento aplicado*. Rio de Janeiro: GZ, 2010, p. 269.
63. BERTONCELLO, Karen D. Identificando o mínimo existencial: proposições de concreção em casos de superendividamento do consumidor. Tese de Doutorado UFRGS (Porto Alegre), 2015, publicada nacionalmente in: BERTONCELLO, Káren Rick Danilevicz. *Superendividamento do consumidor– mínimo existencial – casos concretos*. São Paulo: Ed. RT, 2015.
64. Veja os casos em MARQUES, Cláudia Lima; LIMA, Clarissa Costa de; BERTONCELLO, Karen D. Prevenção e tratamento do superendividamento. *Caderno de Investigações Científicas* 1. Brasília, DPDC/SDE, 2010, p. 9 e s.
65. Veja os dados em MARQUES, Claudia Lima. Conciliação em matéria de superendividamento dos consumidores. In: MARQUES, Claudia Lima; CAVALLAZZI, Rosangela Lunardelli; LIMA, Clarissa Costa de. (Org.). *Direitos do consumidor endividado II*: vulnerabilidade e inclusão. São Paulo: Ed. RT, 2016, p. 265 e s.
66. Veja BANCO MUNDIAL (trad. Ardyllis Soares). Conclusões do Relatório do Banco Mundial sobre tratamento do superendividamento e insolvência da pessoa física – Resumo e conclusões finais, in *Revista de Direito do Consumidor*, v. 89, set.-out. 2013, p. 435 e s. e MARQUES, Claudia Lima; LIMA, Clarissa Costa de. Notas sobre as Conclusões do Relatório do Banco Mundial sobre o tratamento do superendividamento e insolvência da pessoa física. *Revista de Direito do Consumidor*, v. 89, set.-out. 2013, p. 453 e s.
67. Veja MARQUES, Claudia Lima. Estudo sobre a vulnerabilidade dos analfabetos na sociedade de consumo: o caso do crédito consignado a consumidores analfabetos. In: STOCO, Rui. (Org.). *Doutrinas essenciais*: dano moral. São Paulo: Ed. RT, 2015, v. 2, p. 973-1023.
68. Veja CARVALHO, Diógenes Faria de; FERREIRA, Vito Hugo do Amaral. Consumo(mismo) e (super)endividamento: (des)encontros entre a dignidade e a esperança. In: MARQUES, Claudia Lima; CAVALLAZZI, Rosangela Lunardelli; LIMA, Clarissa Costa de. (Org.). *Direitos do consumidor endividado II*: vulnerabilidade e inclusão. São Paulo: Ed. RT, 2016, p. 171-202.
69. MARQUES, Claudia Lima. Sugestões para uma lei sobre o tratamento do superendividamento de pessoas físicas em contratos de crédito ao consumo: proposições com base em pesquisa empírica de 100 casos no Rio Grande do Sul. In: MARQUES, Cláudia Lima; CAVALLAZZI, Rosângela Lunardelli (Org.). *Direitos do Consumidor endividado*: Superendividamento e Crédito. São Paulo: Ed. RT, 2006, p. 255-309.
70. BERTONCELLO, Karen Rick Danilevicz. Breves linhas sobre o estudo comparado de procedimentos de falência dos consumidores: França, Estados Unidos da América e Anteprojeto de lei no Brasil. *Revista de Direito do Consumidor*, v. 83, set.-out. 2012, p. 313 e s.
71. Assim NEFH, James (EUA). Preventing another financial crisis: The critical role of Consumer Protection Laws. *Revista de Direito do Consumidor*, v. 89, p. 29-40, set.-out. 2013, e RAMSAY, Iain e WILLIAMS, Toni (Reino Unido). Anotações acerca dos contornos nacionais, regionais e internacionais da proteção financeira dos consumidores após a Grande Recessão. *Revista de Direito do Consumidor*, v. 89, p. 41-58, set.-out. 2013.

Por fim, o Grupo concluiu pela necessidade de intervenção estatal na prevenção e tratamento do superendividamento dos consumidores e requereu a aprovação do PL 3515, de 2015.

No Projeto de Conciliação de Porto Alegre pudemos ainda analisar 55 relatórios de audiências de conciliação sobre superendividamento. Destas audiências, selecionamos uma para ilustrar a relevância da escolha do referido projeto, o assédio de consumo, em especial quanto aos consumidores idosos. Veja-se o emocionante relato de uma consumidora idosa e viúva, cuja dívida com o banco credor passava dos 15 mil reais. Colacionamos aqui o relato:

> Dona Maria*, uma senhora idosa e muito simples, chegou à sala de audiências de conciliação pedindo licença. Quieta e visivelmente intimidada por se encontrar dentro de uma instituição de justiça. Cumprimentou todos os presentes na sala e sentou-se.
>
> Após a exposição do funcionamento da audiência de conciliação pela conciliadora, na qual esta deixou claro a obrigação de sigilo dentre os presentes, finalmente perguntou a Dona Maria o que havia acontecido e por que estava ali.
>
> Dona Maria, em toda sua humildade, pegou sua pastinha de elástico com todas as faturas, boletos e comprovantes de pagamentos que possuía. Disse não saber se explicar muito bem, por isso precisava "mostrar nas folhas" [sic].
>
> Com os documentos em mãos, apontou para uma parcela que estava sendo descontada de sua conta bancária e disse "esse é o problema!".
>
> A conciliadora e a preposta se entreolharam, enquanto dona Maria tentava articular alguma explicação. Então, a representante do credor, um dos maiores bancos do Brasil, decidiu expor as informações que lhe haviam passado. Informou que Dona Maria não era inadimplente. Não havia propostas de acordo, pois não constava no sistema qualquer atraso no pagamento. Dona Maria pareceu confusa.
>
> A conciliadora tomou a fatura e tentou entender qual era a situação de Dona Maria. Percebeu que a parcela que ela contestava era em torno de 890 reais por mês. Mas também viu que constavam na fatura outros descontos entre 100 e 300 reais como "CREDCONSIG" (crédito consignado).
>
> A conciliadora perguntou, então, à concilianda qual era o total de sua dívida e por que a contraiu?
>
> Dona Maria balbuciou algumas palavras, parecendo não ter ideia do valor total. Explicou-se brevemente dizendo que sua aposentadoria não cobria suas despesas e que a situação piorou depois que precisou comprar remédios, sem mais explicações.
>
> A conciliadora, contudo, questionou Dona Maria sobre por que ela estava pagando uma parcela de 890 reais mensais, de um parcelamento tão extenso? O valor final calculado somava em torno de 18 mil reais. Questionou também se ela havia já entrado em contato com seu gerente para averiguar sobre essa parcela e estes outros descontos consignados em sua conta bancária.
>
> Dona Maria ficou muda. Depois de alguns segundos, fez menção de falar. Mas não conseguiu. Olhava fixamente para suas mãos, que se encontravam sobre suas pernas. Balbuciou que não sabia. A conciliadora, então, reforçou a dona Maria que ela precisava entrar urgentemente em contato com seu gerente, pois pelo que era possível extrair dos documentos, ela havia

utilizado todo seu limite do cheque especial e então tomado outros empréstimos através de créditos consignados menores. Contudo, havia muitos destes, o que indicava que não era a primeira vez que dona Maria se encontrava nessa situação. Nem mesmo a preposta do banco credor conseguia entender as faturas.

A conciliadora disse a Dona Maria que deveria ir acompanhada ao banco, para que alguém a ajudasse. Perguntou se ela tinha algum irmão, marido, filho para lhe auxiliar. Ela somente sacudiu a cabeça, em negação.

Após alguns segundos, Dona Maria estava em prantos. Pedia desculpas, dizia que não era uma pessoa ruim e "caloteira" [sic]. Disse que era sozinha e não tinha ninguém para lhe auxiliar com as contas e os pagamentos. Disse que somente convocou o banco credor para propor uma parcela menor, pois já não conseguia mais custear o mínimo para o seu dia a dia. Disse que não estava tentando "fugir de pagar" [sic]. A preposta se ofereceu para buscar um copo d'água enquanto a conciliadora ofereceu lenços a dona Maria, que sequer conseguia olhar para as demais presentes.

Ao retornar com o copo d'água, a preposta do banco pediu licença para falar de forma livre, independente de seu papel de representante do credor. Disse a dona Maria que ela não devia ter vergonha de sua situação, pois sequer era inadimplente. Disse que todos podem se encontrar em situações difíceis e não há problema em pedir ajuda. Admitiu, no entanto, que o banco não propõe renegociação ou acordos com clientes pagantes. Assim, sua única saída seria realizar uma revisão contratual ou simplesmente não pagar mais.

Dona Maria disse que tinha medo das cobranças do banco, caso não pagasse. Tinha medo de perder sua casa e não ter para onde ir.

A conciliadora, então, se aproximou de dona Maria, pediu para que olhasse para ela. Ela finalmente ergueu seu rosto, momento no qual a conciliadora pegou na sua mão e tentou acalmá-la. Disse que não há problema em pedir ajuda e que ninguém poderia tirar sua casa. Nem mesmo o banco. Disse que eles deviam escutá-la e explicar detalhadamente o que estava sendo cobrado. Aconselhou-a a ir pessoalmente na sua agência pedir explicações. Perguntou a dona Maria se ela possuía conta em outro banco, ao qual ela respondeu que sim. Aconselhou-a a passar sua aposentadoria para esta conta, para que cessassem os descontos consignados. Assim, poderia respirar por um instante e tentar acordo ou renegociação com o banco.

Dona Maria olhou para a preposta, como quem espera uma confirmação. Esta, à parte de qualquer dever legal de representação dos interesses do seu cliente, confirmou o conselho da conciliadora. Disse que, por experiência, essa era a melhor saída para sua situação. Reforçou, contudo, que deveria pedir esclarecimentos sobre sua situação financeira junto à agência do seu banco, assim como também verificar sua situação em outros bancos em que tenha conta.

Dona Maria agradeceu inúmeras vezes, novamente com lágrimas nos olhos. Parecia aliviada. Alguém havia lhe dado um norte sobre o que fazer e assegurado que sua casa não seria tomada pelo banco. Assim, após minutos de agradecimentos, deu-se por encerrada a audiência de conciliação e redigido o termo.

Depois que dona Maria saiu, a conciliadora e a preposta do banco credor discutiram a situação com mais frieza. A soma das parcelas a vencer de todos os empréstimos que constavam na fatura de dona Maria somavam em torno de 40 mil reais. A preposta confessou que ficava aliviada pelo sigilo das audiências no CEJUSC, pois assim podia ser completamente sincera com os conciliandos, principalmente estes que, em toda sua boa-fé, vinham pedir ajuda para evitar a inadimplência. Achava condenável os bancos se negarem a negociar com clientes pagantes, estando estes às vezes em situações beirando a miséria. O que parecia ser o caso de dona Maria, que recebia somente uma aposentadoria de 2 mil reais. A conciliadora confirmou a recorrência de casos como este. Assim como confirmou a resistência dos credores em renegociar." (Relato livre dos pesquisadores do Grupo de Pesquisa CNPq 'Mercosul, Direito do Consumidor e Globalização' da UFRGS – audiências no RS-Projeto-Piloto Superendividamento CEJUSC 2019).

Comparando as 55 audiências assistidas e relatadas com os dados de 5 anos do projeto de 2007 a 2012, com 6.165 consumidores superendividados e 15.942 credores, que realizaram mais de 5 mil audiências no Projeto Piloto de Tratamento do Superendividamento no CEJUSC em Porto Alegre,[72] o Observatório do Crédito e Superendividamento da UFRGS chegou às seguintes conclusões:

A. *Informações sobre o perfil de gênero*: Observa-se que a proporção entre homens e mulheres a procurar a conciliação por superendividamento manteve-se a mesma com sutil diminuição da porcentagem de mulheres (61,35% para 60%).

B. *Informações sobre Idade*: Fato interessante que se noticia destes dados mais recentes, e que corrobora com meu interesse de pesquisa no assédio de consumo aos consumidores idosos, é o aumento significativo do percentual de idosos que procuraram a conciliação por problemas de endividamento, de 18,6% para 42,4% (maiores de 60 anos).

C. *Informações sobre Estado Civil*: Quanto ao perfil do endividado no que tange ao seu estado civil, houve um significativo aumento na porcentagem de pessoas 'sozinhas' (solteiras, divorciadas, separadas ou viúvas), de 61,4% para 84%.

D. *Informações sobre a renda média individual mensal*: Observa-se continuidade também quanto ao perfil socioeconômico dos endividados, ressaltando-se, contudo, um aumento do percentual de endividados que ganham menos de 1 salário-mínimo (de 13,8% para 17,8%).

E. *Informações sobre número de credores*: Observa-se que em relação aos dados do relatório da pesquisa anterior (2011-2014), a prevalência de casos de devedores com somente um credor continua e até mesmo mostra-se mais acentuada (de 68% a 81,5%).

F. *Informações sobre causas das dívidas*: Em relação aos dados do relatório anterior, referente a 2011-2014, observa-se igualmente quanto às causas do superendividamento uma continuidade nos dados. Ressalto, contudo, o aumento na porcentagem de desemprego (24,3% para 33,3%) e divórcio/separação (4,7% para 13,3%) como causa das dívidas.

G. *Informações sobre o comparecimento das partes às audiências de conciliação*: Novamente, os dados abaixo demonstram uma certa continuidade proporcional da porcentagem de comparecimento às audiências em relação ao relatório anterior, ressaltando-se um aumento no número de audiências nas quais tanto credor como devedor compareceram (de 58,3% para 67,3%).

H. *Informações sobre o resultado das audiências*: Observa-se neste quesito novamente uma certa continuidade, contudo, com leve declínio quanto à porcentagem de êxito (de 30% para 25,7%).

---

72. Veja MARQUES, Claudia Lima. Conciliação em matéria de superendividamento dos consumidores: principais resultados de um estudo empírico de 5 anos em Porto Alegre. *Estudos de Direito do Consumidor*, v. 11, p. 13-43, Coimbra, 2016.

A situação geral é, portanto, de piora da proteção dos idosos em matéria de crédito. Há mais audiências e menos conciliação em bloco voluntária tanto para os idosos como para os consumidores em geral. Daí ser necessário e urgente a aprovação do PL 3515/2015 e a criação de um plano de pagamento 'judicial', em caso de não conciliação parajudicial. Destaca-se, ainda, a importância de afastar--se qualquer hipótese de arbitragem para as relações de consumo, mormente em se tratando de consumidores hipervulneráveis como os idosos, tendo em vista o retrocesso que significa para a tutela de seus direitos.

A Senacon está estudando, face ao Art. 51, VII, do CDC, como introduzir a arbitragem de consumo no Brasil, o que é um erro, como demonstram a captura das câmaras arbitrais privadas e os grandes escândalos contra os consumidores.[73] A arbitragem desvaloriza conquistas brasileiras como os Juizados Especiais (onde há uma arbitragem, mas com recurso) e as conciliações e mediações nos quase 900 PROCONs do país. Quatro argumentos podem ser trazidos contra a arbitragem de consumo (e o seu 'business' para os fornecedores!): 1) porque o árbitro, seja privado ou público – à diferença dos juizados de pequenas causas – não é ligado ao Judiciário, nem acompanhado pelo Poder Judiciário (no máximo, prestará contas ao Poder Executivo), o que impede o desenvolvimento da jurisprudência do direito do consumidor; 2) porque a arbitragem é sigilosa em seu resultado e nas provas que ali são feitas, bem como 'individual', assim não faz 'jurisprudência', nem é um caso de 'lider' (*leading case*), que possa influenciar outros casos, recursos repetitivos ou ações coletivas, nem determina o *recall* ou tem transparência suficiente para alertar o Sistema Nacional de Defesa do Consumidor do que está se passando; 3) porque ninguém fica sabendo sobre a base legal utilizada pelo árbitro na arbitragem, pois a arbitragem pode ser por equidade, logo não precisa utilizar como base uma vitória em ação coletiva de consumo, nem sequer o Código de Defesa do Consumidor ou as Resoluções das Agências, podendo se fundamentar nos usos e costumes do meio digital, ou qualquer outro princípio ou 'política' dos fornecedores e de sua federações e mesmo leis estrangeiras; e 4) porque a arbitragem é terminativa (*Binding*) e vinculante (compulsória) para os

---

73. Conforme já tivemos oportunidade de referir em outra sede, "Os escândalos do NAF (*National Arbitration Forum*) nos Estados Unidos, em que comprovadamente escritórios de advocacia eram donos do Tribunal Arbitral e estes mesmos escritórios representavam a maioria dos fornecedores que instituíam compulsoriamente o NAF mediante cláusulas compromissórias arbitrais, assustam. Segundo noticiou o Ministério Público de Minessota (o caso foi relatado em detalhes pelo professor norte-americano Peter Maggs publicado há algum tempo na RDC), apenas 1% dos casos deram ganho de causa aos consumidores nos vários anos em que o NAF atuou nas arbitragens de consumo de cartões de crédito, bancos, construtoras, até ser proibido de atuar em consumo em acordo. Efetivamente, não está comprovado que a experiência da arbitragem privada, sem participação do Estado, em matéria de consumo, é positiva. Não parece haver motivos para que se flexibilize desta forma o regime atual." MARQUES, Claudia Lima; LIMA, Clarissa Costa de. Anotação ao PLS 406, de 2013 sobre arbitragem. *Revista de Direito do Consumidor*, v. 91, p. 407-414, jan.-fev. 2014.

consumidores, que não mais poderão ir ao Judiciário ou se beneficiar da coisa julgada *erga omnes* de uma ação coletiva ou se uma sentença arbitral pode até mesmo ser executada em um país estrangeiro.

A Comissão Especial criada em 2019 para tratar do tema não pode concluir seus trabalhos face à pandemia, mas incluiu o combate ao assédio de consumo a grupos, como os idosos, cujas práticas comerciais abusivas brasileiras continuam a levar ao superendividamento estes consumidores. Mister identificar estas práticas de assédio[74] e proibi-las,[75] atualizando o CDC neste importante tema. Em 26 de setembro de 2020, o PL 3515/2015 teve sua urgência aprovada e agora já está pronto para ser votado, o que esperamos aconteça logo.

5. NOTA CONCLUSIVA

Retomando a pergunta inicial, se *a proteção dispensada à pessoa idosa pelo direito consumerista é suficiente como uma intervenção reequilibradora*, podemos apontar que o percurso está sendo trilhado nesse sentido. E muito já foi feito. O diálogo de fontes direcionado à proteção deste especial grupo social de vulneráveis vem sedimentando um caminho trilhado desde a Constituição Federal de 1988 e, na esfera infraconstitucional, pelo menos desde 1994.

À pergunta, no entanto, se o conjunto normativo atual já se mostra suficiente para uma efetiva proteção do consumidor idoso no mercado contemporâneo da oferta, em que a cativivade, a dependência, o analfabetismo (inclusive o digital) e o assédio de consumo constituem importantes entraves ao reequilíbrio de forças na relação consumidor-fornecedor, não se pode responder de modo afirmativo. Enquanto políticas públicas efetivas não forem implantadas e a atualização do Código de Defesa do Consumidor não for aprovada, ingressando com força no ordenamento jurídico brasileiro para incluir temas importantes como a proteção do consumidor frente ao comércio eletrônico e ao superendividamento, a tutela do idoso continuará insuficiente.

---

74. Veja o Art. 9º da Diretiva Europeia de 2005: "Artigo 9º Utilização do assédio, da coacção e da influência indevida: a fim de determinar se uma prática comercial utiliza o assédio, a coacção – incluindo o recurso à força física — ou a influência indevida, são tomados em consideração os seguintes elementos: a) O momento e o local em que a prática é aplicada, sua natureza e persistência; b) O recurso à ameaça ou a linguagem ou comportamento injuriosos; c) O aproveitamento pelo profissional de qualquer infortúnio ou circunstância específica de uma gravidade tal que prejudique a capacidade de decisão do consumidor, de que o profissional tenha conhecimento, com o objetivo de influenciar a decisão do consumidor; d) Qualquer entrave extracontratual oneroso ou desproporcionado imposto pelo profissional, quando o consumidor pretenda exercer os seus direitos contratuais, incluindo o de resolver o contrato, ou o de trocar de produto ou de profissional; e) qualquer ameaça de intentar uma ação, quando tal não seja legalmente possível."

75. Veja acordo entre a SENACON/MJ e o INSS para investigar práticas contra idosos: [https://extra.globo.com/noticias/economia/bancos-serao-investigados-por-se-aproveitar-da-vulnerabilidade-de-idosos-para-oferecer-consignado-23818748.html]. Acesso em: 30.08.2019.

É preciso recordar o caráter dinâmicos das relações sociais, especialmente numa época de grandes transformações tecnológicas. Atualizar a defesa do consumidor com o reconhecimento de figuras jurídicas antes desconhecidas, como o assédio de consumo, e instrumentos mais efetivos de reequilíbrio dessas relações marcadas pela desigualdade de forças (tanto econômica como técnica, informacional, psicológica etc.) é tarefa quotidiana. Neste momento histórico, enquanto o Congresso Nacional brasileiro não aprovar as necessárias atualizações em andamento desde o ano de 2012 não se pode afirmar que haja uma *suficiente* intervenção reequilibradora pelo direito do consumidor na proteção do idoso. Esperamos que não esteja longe o dia em que poderemos afirmar a sua chegada.

2
O MELHOR INTERESSE DA PESSOA IDOSA E A RELATIVA DIVERGÊNCIA DO STJ EM MATÉRIA DE PLANOS DE SAÚDE[1]

Fabiana Rodrigues Barletta

Professora-Associada IV da Faculdade Nacional de Direito da Universidade Federal do Rio de Janeiro- UFRJ na Graduação e no Programa de Pós-Graduação em Teorias Jurídicas Contemporâneas. Possui Pós-Doutorado em Direito do Consumidor pela Universidade Federal do Rio Grande do Sul-UFRGS. Doutora em Teoria do Estado e Direito Constitucional pela Pontifícia Universidade Católica do Rio de Janeiro PUC-Rio. Mestre em Direito Civil pela Universidade do Estado do Rio de Janeiro- UERJ. E-mail: fabianabarletta2@gmail.com

Flávio Alves Martins

Professor Titular da Faculdade Nacional de Direito da Universidade Federal do Rio de Janeiro- UFRJ na Graduação e no Programa de Pós-Graduação em Teorias Jurídicas Contemporâneas. Possui estágio pós-doutoral na Universidade de Coimbra. Doutor em Filosofia pela Universidade Federal do Rio de Janeiro – UFRJ. Mestre em Ciências Jurídicas pela Universidade Federal do Rio de Janeiro – UFRJ. E-mail flavioamartins@direito.ufrj.br

Sumário: 1. Introdução – 2. O princípio do melhor interesse da pessoa idosa; 2.1 O subprincípio da proteção integral à pessoa idosa; 2.2 O subprincípio da absoluta prioridade assegurada à pessoa idosa – 3. Observações preliminares sobre posições relativamente divergentes do STJ; 3.1 Exemplos de posicionamentos favoráveis à pessoa idosa no STJ – 3.2 O posicionamento relativamente desfavorável à pessoa idosa, comentado em partes, desde o Recurso Repetitivo (REsp 1568244) – 4. Considerações finais.

1. INTRODUÇÃO

A pessoa idosa é hipervulnerável numa relação de consumo porque, além de sua natural vulnerabilidade como consumidora, possui outra. A pessoa idosa possui maiores suscetibilidades não só pelas alterações biológicas provocadas pelo tempo. É suscetível também às mudanças no entorno social às quais necessita se adaptar e muitas vezes não consegue, pois sequer foi alfabetizada num mundo cada vez mais dinâmico, digital e contratualmente complexo, em massa. Esses fatores

---

1. Este artigo foi revisto e atualizado, inclusive no título, para compor a 2ª edição da obra Tutela jurídica da pessoa idosa. Coordenação: ALMEIDA, Vitor, BARLETTA, Fabiana. Indaiatuba: Foco, 2020.

podem gerar exclusão, isolamento e até desordens psicológicas no direito especialíssimo de envelhecer resguardado pelo artigo 8º do Estatuto da Pessoa Idosa. A pessoa idosa é muitas vezes afastada do trabalho remunerado. Não que não seja apta a trabalhar. Ela sofre discriminação e etarismo. Passa ao não pertencimento. Vive o não reconhecimento de quem foi um dia e de que muito colaborou. Passa a não ser reconhecida como sujeito de valor tão somente porque é velha.

Em busca da inclusão até na família e por declínios psicofísicos, que, todavia, não geram incapacidade, contratam o que não deveriam, pois a maior faixa de etária que sofre do superendividamento é a idosa. Fazem isso, em regra, para ajudar filhos e netos com recursos da aposentadoria. A instabilidade dos vínculos sociais na velhice traz consequências para a pessoa idosa. Solidão, vazio, perda da vontade de viver e angústia, são sentimentos recorrentes para grande parte das pessoas nesse perfil. É comum que certas pessoas idosas vivam separadas da família, em entidades de atendimento, em hospitais, ambulatórios e clínicas ou que, vivendo em família, não tenham voz ativa para as decisões do dia a dia. É custoso para a pessoa idosa e para a família manter um curador para as pessoas idosas que perderam a aptidão para as atividades corriqueiras como andar, tomar banho, entre outras.

As pessoas idosas, muitas vezes, gastam também o que não poderiam, pagando planos de saúde abusivos com receio de que numa internação no SUS, morram em condições de indignidade face a vida que possuíram com o trabalho quando jovens.

O direito à saúde na velhice possui ordem de prioridade, pois envelhecer e morrer devem ser processos naturais, contudo, amainados por cuidados no percurso da senescência e, no andamento de uma doença que acame a pessoa idosa, de cuidados psicológicos, paliativos e sociais, desde o início da velhice até os momentos antecessores à morte. Com a prosperidade da medicina hodierna não há razão para o envelhecimento se acompanhar de dores e sofrimentos.[2]

Visa-se, por meio da garantia do direito fundamental à saúde da pessoa idosa, o direito à vida no momento que antecede à finitude em decoro de condições. O princípio da dignidade da pessoa humana, previsto em várias constituições que abraçaram os direitos humanos fundamentais orienta no sentido de se garantir saúde à pessoa envelhecida, especialmente pelas reservas escassas da velhice, momento em que ela involuirá em resistência antes às adversidades e, em regra, adoecerá antes de morrer.[3]

---

2. BARLETTA. Fabiana Rodrigues. *O direito à saúde da pessoa idosa*. São Paulo: Saraiva, 2010, p. 55-79.
3. BARLETTA. Fabiana Rodrigues. O direito à autonomia do consumidor (pessoa idosa e doente) de planos de saúde e a responsabilidade civil do fornecedor dos serviços de saúde. *Revista de Direito do Consumidor*. ano 26. v. 113. Set./out. 2017, p. 39: "Consumidores pessoas idosas de serviços de saúde são hiper vulneráveis, logo, merecedores de um cuidado particular que os beneficie de modo especial. E se houver colisão inafastável entre o interesse da pessoa idosa doente e de outros consumidores em idade adulta ao direito à saúde, prevalecerá o interesse da pessoa idosa, com *absoluta prioridade* jungida a uma *tutela integral* conforme mandamento dos artigos 2º e 3º do Estatuto da Pessoa Idosa, que compõem o *princípio do melhor interesse da pessoa idosa.*"

Para explicar o porquê desse tratamento legitimamente diferenciado leva-se em conta o disposto na Constituição da República em seu artigo 230, *caput*: "A família, a sociedade e o Estado têm o dever de amparar as pessoas idosas, assegurando sua participação na comunidade, defendendo sua dignidade e bem-estar e garantindo-lhes o direito à vida".

2. O PRINCÍPIO DO MELHOR INTERESSE DA PESSOA IDOSA

O artigo 1º do Estatuto do Pessoa Idosa explica que a Lei é destinada a regular os direitos assegurados às pessoas com idade igual ou superior a 60 (sessenta) anos.

Os subprincípios da *proteção integral da pessoa idosa* e da *absoluta prioridade outorgada à pessoa idosa*, unidos, conformam o *princípio do melhor interesse da pessoa idosa*.

Antes mesmo de a Política Nacional do Idoso, Lei 8.842 de janeiro de 1994 e do Estatuto do Pessoa Idosa de 2003 entrarem em vigor, o Direito Civil constitucionalizado já compreendia que a pessoa idosa merece tratamento diferenciado considerando suas especificidades. Nesse diapasão, a Lei de Locações de imóveis urbanos, Lei 8.245, de outubro de 1991, dispunha favoravelmente à pessoa idosa em seu parágrafo único:

> Artigo 30. Estando o imóvel sublocado em sua totalidade, caberá a preferência à sublocatário e, em seguida, à locatário. Se forem vários os sublocatários, a preferência caberá a todos, em comum, ou a qualquer deles, se um só for o interessado.
>
> Parágrafo único. Havendo pluralidade de pretendentes, caberá a preferência à locatário mais antigo, e, se da mesma data, *à pessoa mais idosa*. [grifou-se]

A melhor doutrina compreendia que o dever de amparo do artigo 230 não remetia apenas à construção de asilos. "O tratamento diferenciado do legislador das locações corresponde justamente ao ditado constitucional que é expressão do princípio da dignidade da pessoa humana, imagina ser tormentoso para o locatário pessoa idosa. a mudança de residência, daí decorrendo o desempate em seu favor no exercício do direito de preferência."[4]

O princípio do melhor interesse da pessoa idosa é extraído do Estatuto do Pessoa Idosa. Mas não só. Extrai-se também da Constituição da República de 1988,[5] que se baseia no princípio da dignidade da pessoa humana e no dever de amparo à pessoa idosa. A interpretação das normas e das situações casuísticas em geral deve levar em consideração o que vai de encontro à *proteção completa da pessoa idosa*.

---

4. TEPEDINO, Gustavo. Premissas metodológicas para a constitucionalização do direito civil. *Temas de Direito Civil*. Rio de Janeiro: Renovar, 2008, p. 16-17.
5. BARBOZA, Heloisa Helena. O princípio do melhor interesse da pessoa idosa. In: ALMEIDA, Vitor, BARLETTA, Fabiana (Coord.). *A tutela jurídica da pessoa idosa*. São Paulo/Indaiatuba: Foco, 2020, p. 3-20. passim.

Em uma palavra, *o princípio do melhor interesse da pessoa idosa é também extraído do artigo 5º § 2º da Constituição da República* segundo a qual, "*os direitos e garantias expressos nesta Constituição não excluem outros decorrentes do regime e dos princípios por ela adotados,* ou dos tratados internacionais em que a República Federativa do Brasil seja parte."

Observe-se que *o melhor interesse da pessoa idosa pode ser compreendido como um princípio decorrente do princípio da dignidade da pessoa humana, de sede constitucional* e, se baseando no magistério de Humberto Ávila, pode ser feita a seguinte construção.

O melhor interesse da pessoa idosa constitui critério teleológico-objetivo da interpretação a justificar a tomada de decisões em benefício da pessoa idosa, possui dimensão de peso, a qual ganhará relevância no sopesamento com outros princípios que com ele colidam, apresenta-se na modalidade de comando de otimização. Ordena que *o melhor interesse da pessoa idosa* se realize na maior medida possível, de acordo com as possibilidades jurídicas e fáticas dadas por um caso concreto ou formuladas em abstrato, envolvendo a pessoa idosa. Ademais, possui como qualidade, a determinação da realização de um fim juridicamente relevante, qual seja, a *proteção integral e prioritária da pessoa,* que só será realizada se adotado certo comportamento.

Ainda segundo Humberto Ávila, pode ser entendido que a interpretação e aplicação do Estatuto da Pessoa Idosa demandam avaliação da correlação entre o estado de coisas colocado como fim – *o melhor interesse da pessoa idosa* e os efeitos decorrentes dessa conduta tida como necessária, isto é, a efetividade do princípio na prática.[6]

A *proteção integral* e a *absoluta prioridade* compõem o *princípio do melhor interesse da pessoa idosa,* que indica a direção dessa proteção e dessa prioridade, num movimento de junção de significados que gera uma acepção compatibilizada: *a pessoa idosa faz jus à tutela integral e prioritária de acordo com seu melhor interesse.*

Pesquisas apontam que a forma de violência mais descrita pelas próprias pessoas idosas, é o preconceito contra a velhice [etarismo] em virtude de seus recorrentes problemas de saúde.

Esta situação merece ser combatida pelo Poder Público, pela família, pela sociedade, pelos profissionais da saúde, da área social e do Direito. Pelo *princípio do melhor interesse da pessoa idosa* não se pode imaginar, em nenhuma hipótese, seja ela negligenciada ou discriminada por sua família, pelo Estado ou pela sociedade em qualquer de suas figurações. Isto se dá inclusive quando, sob a forma de contrato de plano de saúde, há cobrança de valores diferenciados em razão da mudança de faixa etária. O Estatuto da Pessoa Idosa veda expressamente tal majoração.

---

6. ÁVILA. Humberto. *Teoria dos princípios: da definição à aplicação dos princípios jurídicos.* 2 ed. São Paulo: Malheiros, 2003, 63-68.

2.1 O subprincípio da proteção integral à pessoa idosa

O subprincípio da proteção integral da pessoa idosa pode ser aferido pela exegese do artigo 2º do seu Estatuto que dispõe:

> A pessoa idosa goza de todos os direitos fundamentais inerentes à pessoa humana, sem prejuízo da *proteção integral de que trata esta Lei*, assegurando-lhe, por Lei, ou por outros meios, *todas as oportunidades e facilidades*, para preservação da sua saúde física e mental e seu aperfeiçoamento moral, intelectual, espiritual e social, em condições de liberdade e dignidade" [Grifou-se]

Quer-se, com isso, que a pessoa idosa tenha não só oportunidades, mas também, facilidades para preservar sua saúde psicofísica, para se aperfeiçoar em nível moral, intelectual, espiritual e social, para gozar de todos os seus direitos de ser humano, com a proteção integral que emana de cada linha do Estatuto, o qual, já de início, põe em relevo a liberdade e dignidade das pessoas que vivenciam a terceira idade.

As oportunidades e facilidades atribuídas à pessoa idosa constam do Estatuto da Pessoa Idosa como direitos fundamentais, portanto, como alicerces em que se edifica sua proteção integral. São eles: o direito à vida, à liberdade ao respeito e à dignidade, o direito aos alimentos, à saúde, à educação, à cultura, ao esporte e ao lazer, o direito à profissionalização e ao trabalho, à previdência ou à assistência social, à habitação e ao transporte.

Todos esses direitos são desenvolvidos ao longo do Estatuto de forma peculiar, destinados exclusivamente à pessoa idosa, de modo a tutelá-la de maneira plena em suas circunstâncias especiais. A fim de protegê-la integralmente, constam estatuídas medidas gerais e específicas de proteção, bem como toda a política de atendimento à pessoa idosa que engloba disposições gerais. Tratam-se, em capítulo específico, das entidades de atendimento à pessoa idosa, da sua fiscalização, das infrações administrativas e sua apuração e da apuração judicial de irregularidades nas entidades.

Há também, no referido Estatuto, um título exclusivo dedicado ao acesso à justiça, em que são definidas as atribuições do Ministério Público para com a pessoa idosa e a proteção judicial de seus interesses difusos, coletivos, individuais indisponíveis ou homogêneos. Ao final, o Estatuto da Pessoa Idosa tipifica crimes praticados especificamente contra a pessoa idosa e estabelece sanções penais aos transgressores.

Acentua-se que o subprincípio da proteção integral da pessoa idosa encontra-se inserido num ordenamento jurídico, que, por sua vez, deve ser considerado um sistema, pois a função do sistema faz-se necessária.[7]

---

7. PERLINGIERI, Pietro. *Perfis do direito civil: introdução à direito civil constitucional*. Trad. Maria Cristina De Cicco. Rio de Janeiro: Renovar, 1997, p. 78.

"A unidade interna não é um dado contingente, mas, a contrário, é essencial ao ordenamento, sendo representado pelo complexo de relações e de ligações efetivas e potenciais entre normas singulares e entre os institutos."[8]

O sentido de igualdade albergado pela Constituição da República de 1988 não é de uma igualdade meramente formal. Torna-se, portanto, indispensável a averiguação dos sentidos e alcance deste subprincípio no Direito Civil pátrio, cujas disposições referentes às pessoas idosas não se esgotam no âmbito do Estatuto.

2.2 O subprincípio da absoluta prioridade assegurada à pessoa idosa

O artigo 3º do Estatuto do Pessoa idosa assevera que:

> *É obrigação da família, da comunidade, da sociedade e do Poder Público assegurar à pessoa idosa, com absoluta prioridade, a efetivação do direito à vida, à saúde, à alimentação, à educação, à cultura, ao esporte, ao lazer, ao trabalho, à cidadania, à liberdade, dignidade, ao respeito à convivência familiar e comunitária* [Grifou se]

Com tal disposição evidencia-se que a pessoa idosa faz jus à tutela prioritária, que a coloca em situação preferencial na efetivação de direitos humanos fundamentais.[9] A prioridade assegurada à pessoa idosa se relaciona diretamente com a preservação de sua saúde, pois o bem-estar físico dialoga com a menor insegurança no convívio social e com a garantia de proteção e atendimento no momento em que se fizer necessário.

Veja-se que a absoluta prioridade atribuída à pessoa idosa acarreta obrigações para sua família, para a comunidade e a sociedade em que se insere e para o Poder Público. Nesse sentido, o Estatuto traça metas a serem levadas a cabo por cada uma dessas instituições no rol exemplificativo do parágrafo primeiro do artigo 3º, o qual determina que "a garantia de prioridade compreende":

"I – atendimento preferencial imediato e individualizado junto aos órgãos públicos e privados prestadores de serviço à população;" o que significa que a pessoa idosa gozará de atendimento privado ou público, incluindo concessionários e permissionários do serviço público, com absoluta primazia[10] e de maneira rápida. Nos casos em que houver necessidade, considerando as condições psicofísicas do indivíduo, pode-se dizer que o atendimento deve ser instantâneo, e mais, individualizado, ou seja, a distinguir a pessoa idosa de acordo com as suas especialidades intrínsecas.

Por exemplo: em caso de emergência ou urgência numa internação hospitalar em que concorram um velho e um jovem, o velho usufruirá primeiramente

---

8. PERLINGIERI, Pietro. *Perfis do direito civil*, p. 78.
9. Crianças e adolescentes gozam da mesma tutela prioritária.
10. RAMAYANA. Marcos. *Estatuto do idoso comentado*. Rio de Janeiro: Roma Victor, 2004, p. 17.

do serviço com a agilidade que sua penúria ensejar, levando em conta o contexto particularíssimo de sua idade avançada que demanda cuidados peculiares.[11]

"II – preferência na formulação e na execução de políticas sociais públicas específicas;" o que leva a entender que as políticas traçadas pela Política Nacional do Idoso e pelo Estatuto da Pessoa Idosa não se exaurem. Outras devem ser implementadas por meio do comando legislativo federal, estadual e municipal em categoria de preferência, tanto na formulação quanto na execução.

"III – destinação privilegiada de recursos públicos nas áreas relacionadas com a proteção à pessoa idosa;" o que já retrata, além do fragmento de um princípio, uma política pública em seu favor. Dessa forma, o orçamento da União, dos Estados e dos Municípios deverá destinar, impreterivelmente, verbas públicas para hospitais, clínicas, farmácias, escolas, entidades de atendimento, entidades de entretenimento e cultura, entre outros estabelecimentos dessa classe que visem a proteger, no sentido mais alargado dessa palavra a pessoa idosa, especialmente à pobre e desamparada.

"IV – viabilização de formas alternativas de participação, ocupação e convívio da pessoa idosa com as demais gerações;" no sentido de incentivar a socialidade da pessoa idosa tanto nas relações familiares e comunitárias, como também nas relações sociais que pode e deve cultivar nos ambientes públicos e privados. Devem ser criadas, para tanto, novas opções para que a pessoa idosa possa desenvolver sua sociabilidade e se integrar às gerações mais jovens.

"V – priorização do atendimento da pessoa idosa por sua própria família, em detrimento do atendimento asilar, exceto das que não a possuam ou careçam de condições de manutenção da própria subsistência;" o que implica solidariedade da família já que se refere à pessoa idosa que necessita de atendimento, ou seja, que sozinha não pode ministrar sua existência.

Este inciso leva em consideração que estão mais preparados para acolher a pessoa idosa aqueles que com ela possuem laços afetivos, em vez dos dotados de melhores capacidades profissionais. Sobressai o valor do afeto e a oportunidade de a pessoa idosa continuar vivendo em seu lar, ao lado de seus móveis e utensí-

---

11. Ressalte-se que o Estatuto da Pessoa Idosa inova ao atribuir esse tipo de prioridade ao ser humano de idade adiantada, pois a observação que se fazia antes da sua vigência era outra na seara médica. Cf. PAPALÉO NETTO. Matheus. O estudo da velhice no século XX: histórico, definição do campo e termos básicos. *Tratado de Geriatria e Gerontologia*, p. 4: "A política de desenvolvimento que domina as sociedades industrializadas e urbanizadas sempre teve mais interesse na assistência materno-infantil e dirigida às jovens. O investimento numa criança tem o retorno potencial de 50 a 60 anos de vida produtiva, enquanto cuidados médico-sociais direcionados à manutenção de uma vida saudável de uma pessoa idosa não podem ser encarados como investimento."

lios domésticos, os quais ajudam a manter uma sensação de aconchego e até de conforto espiritual.[12]

Ressalva-se, contudo, não recomendável a permanência domiciliar do ancião que precisa de atendimento e não possui família para provê-lo, bem como dos que a possuem, mas são tão pobres que não têm condições de manter sua sobrevivência.

Para as pessoas que não possuem família, a solução do atendimento asilar parece correta, o que não se pode dizer a respeito da pessoa idosa que, embora não tenha recursos para se manter, tiver família suficientemente abastada.

A não ser que se queira dizer que é a família que não dispõe de condições econômicas para cuidar da pessoa idosa, perspectiva não visualizada a partir da dicção do preceito, parece que, num direito personalista, em que o *ser* vale mais que o *ter*, no sentido de despatrimonializar e repersonalizar as relações familiares,[13] não exista espaço para que se deixe aos cuidados de uma entidade pública, a pessoa envelhecida que possua comunidade familiar.[14]

"VI – capacitação e reciclagem dos recursos humanos nas áreas de geriatria e gerontologia e na prestação de serviços às pessoas idosas;" para que haja mais pessoal qualificado para atender a pessoa idosa em diversos espaços sociais e nos ambientes de específica prestação de serviços às pessoas idosas, considerando, antes de tudo, a preservação de sua capacidade funcional.[15]

"VII – estabelecimento de mecanismos que favoreçam a divulgação de caráter educativo sobre os aspectos biopsicossociais de envelhecimento;" a fim de possibilitar que tanto as pessoas da terceira idade quanto as demais que compõem a sociedade, se esclareçam acerca das vicissitudes biológicas, psíquicas e sociais do envelhecimento por meio de cursos, cartilhas, informações por meio da imprensa, da internet, entre outros órgãos de informação em massa.

---

12. RAMAYANA. Marcos. *Estatuto do idoso comentado*, p. 18.
13. FACHIN, Rosana Amara Girardi. *Em busca da família do novo milênio*: uma reflexão crítica sobre as origens históricas e as perspectivas do direito de família brasileiro contemporâneo. Rio de Janeiro: Renovar, 2001, p. 11-13.
14. No sentido de valorização da pessoa nas relações familiares tuteladas pelo Estado, BARBOZA, Heloisa Helena. O direito de família brasileiro no final do século XX. *A nova família*: Problemas e Perspectivas. Rio de Janeiro: Renovar, 1997, p. 105: "Paralelamente a todas essas inovações, de igual ou maior importância, foi a *ampliação do papel do Estado*, a quem incumbe, além da função de proteção à família, o dever de assegurar-lhe assistência, *na pessoa de cada um dos que a integram*, deslocando o objeto de sua atenção para o *indivíduo*, em lugar da comunidade familiar." [grifou-se]
15. RAMOS, Luiz Roberto. Epidemiologia do envelhecimento. *Tratado de Geriatria e Gerontologia*, p. 77-78: "A manutenção da capacidade funcional é, em essência, uma atividade multiprofissional para a qual concorrem médicos, enfermeiras, fisioterapeutas, terapeutas ocupacionais, psicólogos e assistentes sociais. A presença destes profissionais da rede de saúde deve ser vista como prioridade. No entanto, *para que a atenção à pessoa idosa possa se realizar em bases interprofissionais, é fundamental que se estimule a formação de profissionais treinados, através da abertura de disciplinas nas universidades, de residências médicas e de linhas de financiamento a pesquisas que identifiquem a área da geriatria e gerontologia*." [Grifou-se]

O que é desconhecido não sensibiliza e nem atrai maiores interesses.

"VIII – garantia de acesso à rede de serviços de saúde e de assistência social locais." O que se visa é tornar certo e seguro o acesso da pessoa idosa à rede de serviços de saúde e de assistência social locais. Quanto ao acesso, verificam-se duas formas de apreciá-lo e ambas estão contidas no teor do enunciado normativo.

Em primeiro lugar, deve ser assegurado à pessoa idosa o atendimento de sua saúde e disponibilizada assistência social em seu benefício no local onde resida. Em segundo, a pessoa idosa tem que ter condições de acesso, no sentido de condição de transitar rumo a esses locais, pois é sabido que os velhos mais velhos possuem, muito frequentemente, alguma dificuldade de locomoção ou alguma deficiência física.

"IX – prioridade no recebimento da restituição do Imposto de Renda." O intento é que a pessoa idosa tenha acesso aos recursos materiais a que faz jus primeiramente, pois suas necessidades econômicas também são levadas em conta em cárter de primazia.

O parágrafo segundo do artigo 3º constitui a chamada pessoa super idosa.

Entende o artigo 3º, § 2º que: "entre as pessoas idosas, é assegurada prioridade especial às maiores de oitenta anos, atendendo-se suas necessidades sempre preferencialmente em relação às demais pessoas idosas."

Esse parágrafo é controvertido. Dentro da população idosa, cria-se uma regra que pode gerar injustiças, pois discrimina pessoas idosas mais jovens em face das pessoas idosas menos jovens. Para fazer um paralelo com outro grupo vulnerável, o das crianças, é o mesmo que dizer que crianças mais novas devem ter suas necessidades atendidas sempre preferencialmente em relação às demais crianças.

Não é assim que deveria ser. Pessoas idosas menos idosas podem ter condições materiais ou de saúde mais afetadas do que os mais anciãos. Desigualar por mero critério de idade dentro da mesma situação jurídica de vulnerabilidade por conta da velhice, faz com que os outros sujeitos de direito, noutras situações jurídicas patrimoniais ou existenciais, não tratem todo o contingente de pessoas idosas com precedência, enfraquecendo o princípio da absoluta prioridade para a categoria de pessoas envelhecidas.

Em regra, porém, os super idosos (maiores de oitenta anos) são mais frágeis. Mas a escolha da prioridade deve ser avaliada diante do caso concreto.

Acredita-se que cada um dos preceitos previstos no artigo 3º em comento, distinguem a pessoa idosa no sentido de lhe garantir prioridade em vários setores da sua vida pública e privada, mas não compõem um rol limitativo.

A fim de cumprir o preceito do *caput* do artigo 3º, outras ações que se mostrarem necessárias para afiançar a absoluta prioridade outorgada à pessoa idosa devem ser desenvolvidas por políticas públicas, pelo legislador, pela doutrina e pelos tribunais.

Diante de todo o exposto, cumpre nessa altura reforçar que o *subprincípio da proteção integral* jungido ao *subprincípio da absoluta prioridade* consubstancia um só *princípio: o do melhor interesse da pessoa idosa.*

Isso ocorre porque os princípios "precisam, para a sua realização, de uma concretização através de subprincípios e valores singulares, com conteúdo material próprio."[16]

Mas *o princípio do melhor interesse da pessoa idosa* "é, antes, a *ideia directiva* que *serve de base a todos estes subprincípios* e lhes indica a direcção, não podendo explicar-se esta ideia *directiva* de outro modo, senão aduzindo os seus subprincípios e princípios jurídicos gerais concretizadores na sua conjugação plena de sentido."[17]

3. OBSERVAÇÕES PRELIMINARES SOBRE POSIÇÕES RELATIVAMENTE DIVERGENTES DO STJ

Nos contratos de planos de saúde o consumidor pessoa idosa busca um bem fundamental para si: a proteção da sua saúde, direito prioritário na velhice, porque proporciona o gozo de outros direitos fundamentais.[18]

Por essa razão, além da fundamentalidade do direito à saúde em geral, a tutela do consumidor idoso para o alcance do contrato de Plano de Saúde deveria ser mais incisiva contra qualquer imposição lesiva[19] e contrária à boa-fé objetiva por parte do fornecedor.[20]

---

16. CANARIS, Claus-Wilhelm. *Pensamento sistemático e conceito de sistema na ciência do direito*. Trad. Antonio Menezes. Cordeiro, Lisboa: Calouste Gulbenkian. 1989, p. 87. Observe-se que Canaris faz alusão aos princípios gerais do direito, com os quais não se está a trabalhar, pois se opera com princípios de uma Lei especial como norteadores de um sistema que refletem os conteúdos valorativos constitucionais. De todo modo, sua construção permite compreender o sentido de subprincípios também nesse caso.
17. LARENZ, Karl. *Metodologia da ciência do direito*, p. 579, em que o autor dá, também, um exemplo de princípio e subprincípios: "Tomemos o princípio do Estado de Direito. Nele contém-se, sem dúvida, uma série de subprincípios, como, por exemplo, a legalidade da administração, a vinculação também do legislador a certos direitos fundamentais, a independência dos juízes, o direito de acesso à justiça, a proibição de intromissões arbitrárias no *status* jurídico do indivíduo e a proibição da retroactividade das Leis desvantajosas." [grifou-se]
18. BARLETTA, Fabiana Rodrigues. *O direito à saúde da pessoa idosa*, cit., p. 55-78.
19. Sobre lesão, veja-se BARLETTA. Fabiana Rodrigues. *Revisão contratual no código civil e no Código de Defesa do Consumidor*. Editora Foco: 2020, p. 98-102, passim.
20. MARQUES, Claudia Lima. Solidariedade na doença e na morte: sobre a necessidade de 'ações afirmativas' em contratos de Planos de saúde e de Planos funerários frente à consumidor pessoa idosa. In: SARLET, Ingo Wolfgang (Org.). *Constituição, direitos fundamentais e direito privado*.: Porto Alegre: Livraria do Advogado, 2003, p. 208 e 209, explica o que vem a representar um contrato cativo de longa duração, *verbis*: "Com o avançar da idade do consumidor, com o repetir de contribuições à sistema e com o criar de expectativas legítimas de transferência de riscos futuros de Saúde, os consumidores só tem a perder saindo de um plano. Assim, por exemplo, passados mais de 15 anos de convivência e cooperação contratual, rescindir o contrato ou terminar a relação contratual seria altamente negativo para os consumidores. Há o dever de boa-fé de cooperar para a manutenção do vínculo e para a realização das expectativas legítimas dos consumidores. [...] Efetivamente, o contrato de Planos de saúde é um contrato para o futuro, um contrato

Em 2003 promulgou-se a Lei 10.741 (Estatuto da Pessoa Idosa) que impôs aos planos privados de saúde o dever de não aumentar as prestações pagas pela pessoa idosa em razão de sua idade ou por ulteriores mudanças de faixa etária com base no artigo 15, § 3º.

Essa disposição permite que o serviço de saúde prestado à pessoa idosa possa ter aumento por outras razões que não a majoração da idade, como, por exemplo, a ampliação da sinistralidade.

Contudo, é vedado pelo Estatuto da Pessoa Idosa atrelar à pessoa idosa o aumento do preço das mensalidades dos planos de saúde que garantem esse bem essencial nos seguintes termos: "é vedada a discriminação da pessoa idosa nos planos de saúde pela cobrança de valores *diferenciados em razão da idade*." [grifou-se]

Porém, apesar do mandamento legislativo de uma Lei ordinária que dá eficácia social ao dever de amparo à pessoa idosa, conforme o artigo 230 da Constituição, o entendimento do STJ mudou em desfavor da legitimada constitucional, pessoa idosa. Favoreceu, pois, os planos de saúde.

Tais teses são embasadas no artigo 15 *caput*, e parágrafo único e 16, IV, da Lei 9.656 de 1998, a Lei de Planos de Saúde, genérica para todos os consumidores de planos de saúde não necessariamente pessoas idosas e posterior ao Estatuto da Pessoa Idosa.

As regras citadas, parcialmente colidentes com o Estatuto da Pessoa Idosa, são as seguintes:

> Artigo 15. A variação das contraprestações pecuniárias estabelecidas nos contratos de produtos de que tratam o inciso I e o § 1º do artigo 1º desta Lei [refere-se à Lei de Planos de Saúde], em razão da idade do consumidor, somente poderá ocorrer caso estejam previstas no contrato inicial as faixas etárias e os percentuais de reajustes incidentes em cada uma delas, conforme normas expedidas pela ANS, ressalvado o disposto no artigo 35-E."
>
> Parágrafo único. É vedada a variação a que alude o *caput* para consumidores com mais de sessenta anos de idade, que participarem dos produtos de que tratam o inciso I e o § 1º do art. 1º, ou sucessores, *há mais de dez anos*. [grifou-se]

Com isso as pessoas idosas (maiores de 60 anos) que estiverem no Plano de Saúde *interruptamente* ou seus ou sucessores, *há mais de dez anos*, terão o direito de não ter a variação das contraprestações pecuniárias. O parágrafo único é favorável às pessoas idosas que nunca tenham saído do plano há mais de dez anos e dos seus sucessores, o que não é fácil. Após os 50 anos as prestações aumentam sobremaneira e aos 59 anos, corriqueiramente, aumentam muito mais.

---

assegurador do presente, em que o consumidor deposita sua confiança na adequação e qualidade dos serviços médicos intermediados ou conveniados, deposita sua confiança na previsibilidade da cobertura leal destes eventos futuros relacionados com Saúde. É um contrato típico da pós-modernidade: um fazer de segurança e confiança, um fazer complexo, um fazer em cadeia, um fazer reiterado, um fazer de longa duração, um fazer de crescente essencialidade. É um contrato oneroso e sinalagmático, de um mercado em franca expansão, onde a boa-fé deve ser a tônica das condutas."

Artigo 16. Dos contratos, regulamentos ou condições gerais dos produtos de que tratam o inciso I e o § 1º do artigo 1º desta Lei devem constar dispositivos que indiquem com clareza:
IV – as faixas etárias e os percentuais a que alude o *caput* do artigo 15."

3.1 Exemplos de posicionamentos favoráveis à pessoa idosa no STJ

Observe-se que o STJ já entendeu aplicável favoravelmente à pessoa idosa o artigo 15 §3º do Estatuto da Pessoa Idosa, proibindo o reajuste de prestações por aumento da idade, mas permitindo aos planos de saúde continuarem podendo fazer, em contratos com pessoas idosas, os reajustes temporários, como faz aos outros segurados.

O que se reconhecia vedado era que, por envelhecerem, fossem cobrados valores diferenciados para mais às pessoas idosas, discriminando-as. Assim, após completar 60 (sessenta) anos, idade prevista para se considerar uma pessoa idosa, ela teria o direito de não ter sua mensalidade de Plano de Saúde majorada em razão de envelhecer mais, fazendo outros aniversários. Poderiam ocorrer outros reajustes, como o reajuste por anuidade ou o reajuste por sinistralidade, que manteriam a mutualidade do contrato de seguro, desde que tais reajustes não fossem abusivos.

Ainda que a pessoa idosa tivesse assinado um contrato de adesão de prestação de saúde em que fosse permitida a majoração de sua prestação pela idade, essa cláusula seria considerada nula e não alcançaria validade na forma do artigo 51 do Código de Defesa do Consumidor.[21] Mesmo que a pessoa idosa tivesse pactuado o aumento do valor pago ao Plano de Saúde antes da vigência do Estatuto da Pessoa Idosa e completasse a idade prevista no contrato que possibilitasse a majoração, o advento do Estatuto afastaria, inclusive, a validade desta cláusula no início de sua vigência.

Afirmava-se, em total consonância com o sentido do Estatuto da Pessoa Idosa, que seria vedada *a* discriminação da pessoa idosa em razão da idade, nos termos do artigo 15, § 3º do Estatuto da Pessoa idosa, o que impediria especificamente o reajuste das mensalidades dos planos de saúde que ocorressem apenas por mudança de faixa etária. Explicava-se, complementando a ideia principal e no mesmo viés protetivo, que tal vedação não envolveria os demais reajustes

---

21. Pioneiramente posicionou-se a doutrina de MARQUES, Claudia Lima. *Contratos no Código de Defesa do Consumidor*: o novo regime das relações contratuais. 5 ed. São Paulo: Ed. RT, 2006. p. 633: "Ainda hoje a Lei especial de 1998 determina, em seu artigo 35-G, que se aplicam 'subsidiariamente aos contratos entre usuários e operadoras de produtos que tratam o inciso I e o § 1º do artigo 1º desta Lei as disposições da Lei 8.078, de 1990'. Repita-se que este artigo da Lei especial não está dogmaticamente correto, pois determina que norma de hierarquia constitucional, que é o CDC (artigo 48 do ADCT), tenha apenas aplicação subsidiária à norma de hierarquia infraconstitucional, que é a Lei 9.656/98, o que dificulta a interpretação da Lei e prejudica os interesses dos consumidores que queira proteger. Sua *ratio* deveria ser a aplicação cumulativa de ambas as Leis, no que couber, uma vez que a Lei 9.656/98 trata com mais detalhes dos contratos de Planos privados de assistência à Saúde do que o CDC, que é norma principiológica e anterior à Lei especial. Neste sentido, importante repetir que há superioridade hierárquica do CDC, que deveria ser aplicado prioritariamente, como concorda parte da doutrina." Adiante MARQUES, Claudia Lima faz minuciosa análise das cláusulas sem validade (nulas) por serem abusivas, Op. cit., p. 897- 1088.

permitidos em Lei, mas ressalvava que esses estariam garantidos às empresas prestadoras de planos de saúde sempre que ressalvada a abusividade.

Sinteticamente, de forma alguma a pessoa idosa, por ter atingido a idade de sessenta anos ou mais poderia sofrer, em razão da idade, majoração na quantia paga ao seu plano de saúde.

Traz-se à colação julgado de 25 de março de 2008, em que o STJ enfrentou essa questão posicionando-se contra o reajuste nos planos de saúde dos maiores de 60 anos em virtude de sua idade como se transcreve:

> Direito civil e processual civil. Recurso especial. Ação revisional de contrato de plano de saúde. Reajuste em decorrência de mudança de faixa etária. Estatuto da pessoa idosa. Vedada a discriminação em razão da idade. *O Estatuto do Pessoa Idosa veda a discriminação da pessoa idosa com a cobrança de valores diferenciados em razão da idade (artigo 15, § 3º). Se o implemento da idade, que confere à pessoa a condição jurídica de idosa, realizou-se sob a égide do Estatuto da Pessoa idosa, não estará o consumidor usuário do Plano de Saúde sujeito à reajuste estipulado no contrato, por mudança de faixa etária.* A previsão de reajuste contida na cláusula depende de um elemento básico prescrito na Lei e o contrato só poderá operar seus efeitos no tocante à majoração das mensalidades do plano de saúde, quando satisfeita a condição contratual e legal, qual seja, o implemento da idade de 60 anos. Enquanto o contratante não atinge o patamar etário preestabelecido, os efeitos da cláusula permanecem condicionados a evento futuro e incerto, não se caracterizando o ato jurídico perfeito, tampouco se configurando o direito adquirido da empresa seguradora, qual seja, de receber os valores de acordo com o reajuste predefinido. Apenas como reforço argumentativo, porquanto não prequestionada a matéria jurídica, ressalte-se que o artigo 15 da Lei 9.656/98 faculta a variação das contraprestações pecuniárias estabelecidas nos contratos de planos de saúde em razão da idade do consumidor, desde que estejam previstas no contrato inicial as faixas etárias e os percentuais de reajuste incidentes em cada uma delas, conforme normas expedidas pela ANS. No entanto, o próprio parágrafo único do aludido dispositivo legal veda tal variação para consumidores com idade superior a 60 anos. E mesmo para os contratos celebrados anteriormente à vigência da Lei 9.656/98, qualquer variação na contraprestação pecuniária para consumidores com mais de 60 anos de idade está sujeita à autorização prévia da ANS (artigo 35-E da Lei 9.656/98). Sob tal encadeamento lógico, o consumidor que atingiu a idade de 60 anos, quer seja antes da vigência do Estatuto do Pessoa idosa, quer seja a partir de sua vigência (1º de janeiro de 2004), está sempre amparado contra a abusividade de reajustes das mensalidades com base exclusivamente no alçar da idade de 60 anos, pela própria proteção oferecida pela Lei dos Planos de Saúde e, ainda, por efeito reflexo da Constituição Federal que estabelece norma de defesa da pessoa idosa no artigo 230. A abusividade na variação das contraprestações pecuniárias deverá ser aferida em cada caso concreto, diante dos elementos que o Tribunal de origem dispuser. Por fim, destaque-se que não se está aqui alçando a pessoa idosa a condição que a coloque à margem do sistema privado de planos de assistência à saúde, porquanto estará ela sujeita a todo o regramento emanado em Lei e decorrente das estipulações em contratos que entabular, ressalvada a constatação de abusividade que, como em qualquer contrato de consumo que busca primordialmente o equilíbrio entre as partes, restará afastada por norma de ordem pública.[22] [grifou-se.]

---

22. STJ. Recurso Especial 809.329. 3ª Turma. Embargante: AMIL Assistência Médica Internacional LTDA. Embargado: Oracy Pinheiro Soares da Rocha. Relatora: Ministra Nancy Andrighi. Julgado em: 25.03.2008.

Em 06.11.2008 o mesmo Tribunal decidiu no mesmo sentido, favorável à pessoa idosa em matéria de reajustes de planos de saúde. No voto enfrentou, porém, novas questões:

> Direito civil e processual civil. Estatuto do Pessoa Idosa. Planos de saúde. Reajuste de mensalidades em razão de mudança de faixa etária. Vedação. O plano de assistência à saúde é contrato de trato sucessivo, por prazo indeterminado, a envolver transferência onerosa de riscos, que possam afetar futuramente a saúde do consumidor e seus dependentes, mediante a prestação de serviços de assistência médico-ambulatorial e hospitalar, diretamente ou por meio de rede credenciada, ou ainda pelo simples reembolso das despesas. Como característica principal, sobressai o fato de envolver execução periódica ou continuada, por se tratar de contrato de fazer de longa duração, que se prolonga no tempo; os direitos e obrigações dele decorrentes são exercidos por tempo indeterminado e sucessivamente. A firmar contrato de plano de Saúde, o consumidor tem como objetivo primordial a garantia de que, no futuro, quando ele e sua família necessitarem, obterá a cobertura nos termos em contratada. O interesse social que subjaz do Estatuto da Pessoa Idosa, exige sua incidência aos contratos de trato sucessivo, assim considerados os Planos de saúde, ainda que firmados anteriormente à vigência do Estatuto Protetivo. Deve ser declarada a abusividade e consequente nulidade de cláusula contratual que prevê reajuste de mensalidade de Plano de Saúde calcada exclusivamente na mudança de faixa etária – de 60 e 70 anos respectivamente, no percentual de 100% e 200%, ambas inseridas no âmbito de proteção do Estatuto do Pessoa Idosa. Veda-se a discriminação da pessoa idosa em razão da idade, nos termos do artigo 15, § 3º, do Estatuto do Pessoa idosa, o que impede especificamente o reajuste das mensalidades dos Planos de saúde que se derem por mudança de faixa etária; tal vedação não envolve, portanto, os demais reajustes permitidos em Lei, os quais ficam garantidos às empresas prestadoras de Planos de saúde, sempre ressalvada a abusividade. Recurso especial conhecido e provido. [Grifou-se.][23]

Contudo, houve mudanças no posicionamento do STJ.

3.2 O posicionamento relativamente desfavorável à pessoa idosa, comentado em partes, desde o Recurso Repetitivo (REsp 1568244)

O STJ, por meio do REsp 1568244, entendeu admissível o reajuste em razão da mudança de faixa etária das prestações pagas pela pessoa idosa em planos de saúde nos seguintes termos do julgado em 14.12.2016, data de publicação na fonte, DJe 19.12.2016, RDTJRJ vol. 111, p. 97. RT vol. 980, p. 598. Tema Repetitivo 952, cuja ementa se transcreve.

Posteriormente, decorrem dele os comentários.[24]

> Recurso especial repetitivo. Negativa de prestação jurisdicional. Não ocorrência. Civil. Plano de saúde. Modalidade individual ou familiar. Cláusula de reajuste de mensalidade por mu-

---

23. STJ. Recurso Especial 989380. 3ª Turma. Recorrente: Ministério Público do Estado do Rio Grande do Norte. Recorrida: UNIMED Natal Cooperativa de Trabalho Médico. Relatora: Ministra Nancy Andrighi. Julgado em: 06.11.2008.
24. STJ. Recurso Especial 2015/0297278 que foi afetado o Recurso 1568244/RJ. REsp 1568244 / RJ. 2ª Seção. Relator: Min. Ricardo Villas Boas Cuêva. Julgado em: 14.12.2016. Tema Repetitivo: 952.

dança de faixa etária. Legalidade. Último grupo de risco. Percentual de reajuste. Definição de parâmetros. Abusividade. Não caracterização. Equilíbrio financeiro-atuarial do contrato. 1. A variação das contraprestações pecuniárias dos planos privados de assistência à saúde em razão da idade do usuário deverá estar prevista no contrato, de forma clara, bem como todos os grupos etários e os percentuais de reajuste correspondentes, sob pena de não ser aplicada (arts. 15, *caput*, e 16, IV, da Lei 9.656/1998). 2. A cláusula de aumento de mensalidade de plano de saúde conforme a mudança de faixa etária do beneficiário encontra fundamento no mutualismo (regime de repartição simples) e na solidariedade intergeracional, além de ser regra atuarial e asseguradora de riscos. 3. Os gastos de tratamento médico-hospitalar de pessoas idosas são geralmente mais altos do que os de pessoas mais jovens, isto é, o risco assistencial varia consideravelmente em função da idade. Com vistas a obter maior equilíbrio financeiro ao plano de saúde, foram estabelecidos preços fracionados em grupos etários a fim de que tanto os jovens quanto os de idade mais avançada paguem um valor compatível com os seus perfis de utilização dos serviços de atenção à saúde.

4. Para que as contraprestações financeiras dos idosos não ficassem extremamente dispendiosas, o ordenamento jurídico pátrio acolheu o princípio da solidariedade intergeracional, a forçar que os de mais tenra idade suportassem parte dos custos gerados pelos mais velhos, originando, assim, subsídios cruzados (mecanismo do community rating modificado). 5. As mensalidades dos mais jovens, apesar de proporcionalmente mais caras, não podem ser majoradas demasiadamente, sob pena de o negócio perder a atratividade para eles, o que colocaria em colapso todo o sistema de saúde suplementar em virtude do fenômeno da seleção adversa (ou antisseleção). 6. A norma do artigo 15, § 3º, da Lei 10.741/2003, que veda "a discriminação do idoso nos planos de saúde pela cobrança de valores diferenciados em razão da idade", *apenas inibe o reajuste que consubstanciar discriminação desproporcional ao idoso*, ou seja, aquele sem pertinência alguma com o incremento do risco assistencial acobertado pelo contrato. [grifou-se] 7. Para evitar abusividades (Súmula 469/STJ) nos reajustes das contraprestações pecuniárias dos planos de saúde, alguns parâmetros devem ser observados, tais como (i) a expressa previsão contratual; (ii) não serem aplicados índices de reajuste desarrazoados ou aleatórios, que onerem em demasia o consumidor, em manifesto confronto com a equidade e as cláusulas gerais da boa-fé objetiva e da especial proteção ao idoso, dado que aumentos excessivamente elevados, sobretudo para esta última categoria, poderão, de forma discriminatória, impossibilitar a sua permanência no plano; e (iii) respeito às normas expedidas pelos órgãos governamentais: a) No tocante *aos contratos antigos e não adaptados, isto é, aos seguros e planos de saúde firmados antes da entrada em vigor da Lei 9.656/1998,* deve-se seguir o que consta no contrato, respeitadas, quanto à abusividade dos percentuais de aumento, as normas da legislação consumerista e, quanto à validade formal da cláusula, as diretrizes da Súmula Normativa 3/2001 da ANS. b) *Em se tratando de contrato (novo) firmado ou adaptado entre 02.01.1999 e 31.12.2003,* deverão ser cumpridas as regras constantes na Resolução CONSU 6/1998, a qual determina a observância de 7 (sete) faixas etárias e do limite de variação entre a primeira e a última (o reajuste dos maiores de 70 anos não poderá ser superior a 6 (seis) vezes o previsto para os usuários entre 0 e 17 anos), não podendo também a variação de valor na contraprestação atingir o usuário idoso vinculado ao plano ou seguro saúde há mais de 10 (dez) anos. c) *Para os contratos (novos) firmados a partir de 1º.01.2004,* incidem as regras da RN 63/2003 da ANS, que prescreve a observância (i) de 10 (dez) faixas etárias, a última aos 59 anos; (ii) do valor fixado para a última faixa etária não poder ser superior a 6 (seis) vezes o previsto para a primeira; e (iii) da variação acumulada entre a sétima e décima

faixas não poder ser superior à variação cumulada entre a primeira e sétima faixas. 8. *A abusividade dos aumentos das mensalidades de plano de saúde por inserção do usuário em nova faixa de risco, sobretudo de participantes idosos, deverá ser aferida em cada caso concreto. Tal reajuste será adequado e razoável sempre que o percentual de majoração for justificado atuarialmente*, a permitir a continuidade contratual tanto de jovens quanto de idosos, bem como a sobrevivência do próprio fundo mútuo e da operadora, que visa comumente o lucro, o qual não pode ser predatório, haja vista a natureza da atividade econômica explorada: serviço público impróprio ou atividade privada regulamentada, complementar, no caso, ao Serviço Único de Saúde (SUS), de responsabilidade do Estado. [grifou-se] 9. Se for reconhecida a abusividade do aumento praticado pela operadora de plano de saúde em virtude da alteração de faixa etária do usuário, para não haver desequilíbrio contratual, faz-se necessária, nos termos do artigo 51, § 2°, do CDC, a apuração de percentual adequado e razoável de majoração da mensalidade em virtude da inserção do consumidor na nova faixa de risco, *o que deverá ser feito por meio de cálculos atuariais na fase de cumprimento de sentença.* [grifou-se] 10. TESE para os fins do artigo 1.040 do CPC/2015: O reajuste de mensalidade de plano de saúde individual ou familiar fundado na mudança de faixa etária do beneficiário é válido desde que (i) haja previsão contratual, (ii) sejam observadas as normas expedidas pelos órgãos governamentais reguladores e (iii) não sejam aplicados percentuais desarrazoados ou aleatórios que, concretamente e sem base atuarial idônea, onerem excessivamente o consumidor ou discriminem o idoso. 11. Caso concreto: Não restou configurada nenhuma política de preços desmedidos ou tentativa de formação, pela operadora, de "cláusula de barreira" com o intuito de afastar a usuária quase idosa da relação contratual ou do plano de saúde por impossibilidade financeira. Longe disso, não ficou patente a onerosidade excessiva ou discriminatória, sendo, portanto, idôneos o percentual de reajuste e o aumento da mensalidade fundados na mudança de faixa etária da autora. 12. Recurso especial não provido.

Acórdão

Vistos e relatados estes autos, em que são partes as acima indicadas, prosseguindo o julgamento, após o voto-vista do Sr. Ministro Marco Buzzi acompanhando o Sr. Ministro Relator, decide a Segunda Seção, por unanimidade, negar provimento ao recurso especial, aprovadas, em sessão anterior, as teses repetitivas para os efeitos dos artigos 1.038 e 1.039 do CPC/2015. Os Srs. Ministros Marco Buzzi (voto-vista), Marco Aurélio Bellizze, Nancy Andrighi, Luis Felipe Salomão, Paulo de Tarso Sanseverino e Antonio Carlos Ferreira votaram com o Sr. Ministro Relator. Não participaram do julgamento os Srs. Ministros Moura Ribeiro e Maria Isabel Gallotti.

Notas

Julgado conforme procedimento previsto para os Recursos Repetitivos no âmbito do STJ.

Veja os EDcl no REsp 1568244-RJ .

Veja os EDcl no REsp 1568244-RJ .

Veja os EDcl no REsp 1568244-RJ .

Veja os EDcl nos EDcl no REsp 1568244-RJ .

Informações complementares à ementa

[...] a jurisprudência desta Corte Superior é no sentido de que o reconhecimento de repercussão geral não impede o trâmite normal do recurso especial que verse sobre o mesmo tema, assegurando, apenas, o sobrestamento do recurso extraordinário a ser eventualmente interposto. Isso porque não há invasão de competências, já que cabe ao Superior Tribunal de Justiça aplicar o Direito ao caso concreto conforme a melhor interpretação da legislação federal infraconstitucional, ao passo que ao Supremo Tribunal Federal cumpre apreciar hipóteses de afronta à norma da Constituição Federal". [...] as instâncias ordinárias enfrentaram a matéria posta em debate na medida necessária para o deslinde da controvérsia. É cediço que a escolha de uma tese refuta, ainda que implicitamente, outras que sejam incompatíveis. Registre-se, por oportuno, que o órgão julgador não está obrigado a se pronunciar acerca de todo e qualquer ponto suscitado pelas partes, mas apenas sobre aqueles considerados suficientes para fundamentar sua decisão, o que foi feito.

Tese jurídica

O reajuste de mensalidade de plano de saúde individual ou familiar fundado na mudança de faixa etária do beneficiário é válido desde que (i) haja previsão contratual, (ii) sejam observadas as normas expedidas pelos órgãos governamentais reguladores e (iii) não sejam aplicados percentuais desarrazoados ou aleatórios que, concretamente e sem base atuarial idônea, onerem excessivamente o consumidor ou discriminem o idoso.

Recurso especial repetitivo. Negativa de prestação jurisdicional. Não ocorrência. Civil. Plano de saúde. Modalidade individual ou familiar. Cláusula de reajuste de mensalidade por mudança de faixa etária. Legalidade. Último grupo de risco. Percentual de reajuste. Definição de parâmetros. Abusividade. Não caracterização. Equilíbrio financeiro-atuarial do contrato.

1. variação das contraprestações pecuniárias dos planos privados de assistência à saúde em razão da idade do usuário deverá estar prevista no contrato, de forma clara, bem como todos os grupos etários e os percentuais de reajuste correspondentes, sob pena de não ser aplicada (arts. 15, *caput*, e 16, IV, da Lei 9.656/1998).

Comentário: a previsão contratual clara seria benéfica ao consumidor pessoa idosa caso o Estatuto da Pessoa Idosa não vedasse absolutamente (caso de nulidade do contrato) o reajuste por aumento de faixa etária na terceira idade.

2. A cláusula de aumento de mensalidade de plano de saúde conforme a mudança de faixa etária do beneficiário encontra fundamento no mutualismo (regime de repartição simples) e na solidariedade intergeracional, além de ser regra atuarial e asseguradora de riscos.

Comentário: a observação de que "a cláusula de aumento de mensalidade de Plano de Saúde conforme a mudança de faixa etária do beneficiário encontra fundamento no mutualismo" é correta, porque todos os contratos de seguro dependem da divisão conjunta de ônus. Contudo, com a vedação do Estatuto da Pessoa Idosa a divisão mútua de ônus não deve atingir a pessoa idosa em reajustes por conta do aumento da idade.

3. Os gastos de tratamento médico-hospitalar de idosos são geralmente mais altos do que os de pessoas mais jovens, isto é, o risco assistencial varia consideravelmente em função da idade. Com vistas a obter maior equilíbrio financeiro à plano de saúde, foram estabelecidos preços fracionados em grupos etários a fim de que tanto os jovens quanto os de idade mais avançada paguem um valor compatível com os seus perfis de utilização dos serviços de atenção à saúde.

Comentário: se esta assertiva fosse correta, se as pessoas devessem pagar apenas de acordo com o seu perfil de utilização em qualquer circunstância, não faria sentido haver a regra protetiva da parte idosa no Estatuto da Pessoa Idosa.

Comumente, as partes devem pagar de acordo com o seu perfil de utilização, mas nem sempre. Se a pessoa contribui por muitos anos, ainda que interrompa o pagamento, e, quando idosa, utilize mais, não deve ter sua prestação mensal majorada apenas por isso.

O Estatuto da Pessoa Idosa protege-a nesse ponto.

No Estado Democrático de Direito, o Poder Judiciário não pode deixar de aplicar uma regra produzida pelo Poder Legislativo e sancionada pelo Poder Executivo.

É a manutenção da legalidade e dos direitos e garantias fundamentais, dentre eles, o da integridade psicofísica da pessoa idosa, por meio do dever de amparo ao sujeito defendido constitucionalmente, que propicia a realização da democracia de inclusão dos mais fracos.

> 4. Para que as contraprestações financeiras dos idosos não ficassem extremamente dispendiosas, o ordenamento jurídico pátrio acolheu o princípio da solidariedade intergeracional, a forçar que os de mais tenra idade suportassem parte dos custos gerados pelos mais velhos, originando, assim, subsídios cruzados (mecanismo do *community rating* modificado). 5. As mensalidades dos mais jovens, apesar de proporcionalmente mais caras, não podem ser majoradas demasiadamente, sob pena de o negócio perder a atratividade para eles, o que colocaria em colapso todo o sistema de saúde suplementar em virtude do fenômeno da seleção adversa (ou antisseleção).
>
> 5. As mensalidades dos mais jovens, apesar de proporcionalmente mais caras, não podem ser majoradas demasiadamente, sob pena de o negócio perder a atratividade para eles, o que colocaria em colapso todo o sistema de saúde suplementar em virtude do fenômeno da seleção *advers* (ou antisseleção). 6. A norma do artigo 15, § 3º, da Lei 10.741/2003, que veda "a discriminação do idoso nos planos de saúde pela cobrança de valores diferenciados em razão da idade", *apenas inibe o reajuste* que consubstanciar discriminação desproporcional ao idoso, ou seja, aquele sem pertinência alguma com o incremento do risco assistencial acobertado pelo contrato." [Grifou-se]
>
> 6. A norma do artigo 15, § 3º, da Lei 10.741/2003, que veda "a discriminação do idoso nos planos de saúde pela cobrança de valores diferenciados em razão da idade", *apenas inibe o reajuste* que consubstanciar discriminação desproporcional ao idoso, ou seja, aquele sem pertinência alguma com o incremento do risco assistencial acobertado pelo contrato. [Grifou-se]

Comentários: de início, o julgado entende, sem ressalvas para a pessoa idosa, que a prestação pecuniária pelo serviço de saúde deve ter seus percentuais de reajuste previstos no contrato e que a Lei dos Planos de Saúde apenas inibe o reajuste desproporcional.

Observem-se que contratos de Planos de Saúde são contratos padronizados, chamados contratos de adesão. A pessoa idosa adere a eles sem poder discutir ou argumentar que consta no Estatuto da Pessoa Idosa que, a partir dos 60 (sessenta) anos prestações não podem sofrer reajustes por faixa etária.

Segundo princípio basilar do Código de Defesa do Consumidor o agente consumidor é sempre vulnerável diante o mercado e a pessoa idosa, e hipervulnerável nas relações de consumo com pessoas idosas, segundo a melhor doutrina.[25]

Portanto, aplicar o disposto no contrato sem maiores ressalvas é passível de discussão. O STJ, inclusive, reconhece esse direito adiante.

Porém, a atenção do STJ acerca do reajuste por aumento de faixa etária para o consumidor pessoa idosa se aplica, *apenas quanto ao entendimento dos Tribunais sobre se há abusividade e na fase de cumprimento de sentença*.

Parece não caber ao Poder Judiciário, face às justificativas dos itens 4, 5 e 6, acima comentados, fazer análise econômica do direito positivado, para que o contrato de Plano de Saúde *seja atrativo para as pessoas mais jovens*.

Ao Poder Judiciário não compete o poder de legislar, mas sim de interpretar no limite a legislação.

Não é tarefa do Judiciário, num modelo tripartite de poderes, dizer que uma regra em que se diz claramente "é vedado", na verdade não veda, apenas "inibe". Há várias maneiras de o legislador pronunciar uma nulidade com as expressões "é vedado" "não pode", "não deve", sem usar diretamente o "é nulo". Assim, a disposição do Estatuto da Pessoa Idosa em seu artigo 15 dispõe a respeito de uma nulidade contratual com efeitos desde a origem do contrato e de interesse público.

Contudo, atualmente, o STJ não tem reconhecido o dispositivo legal que contém a nulidade de pleno direito, ao vedar expressamente o reajuste: "é *vedada* a discriminação da pessoa idosa nos planos de saúde pela cobrança de valores diferenciados em razão da idade", extraído artigo 15, § 3º, do Estatuto do Pessoa Idosa. A repetição da palavra "vedada" visa agora à confirmação da nulidade prevista.

A insegurança gerada pela inaplicação do Estatuto do Pessoa Idosa não lesa apenas a pessoa idosa, a primeira prejudicada, mas à sociedade em geral, pois o disposto em Lei é elemento de segurança jurídica.

Se é tirada do cidadão a segurança jurídica do dispositivo legal submetido à tripartição de competências que sustenta a democracia, ele passa a não ter o ordenamento jurídico para confiar e agir de acordo.

---

25. A partir de voto pioneiro do Min. Antonio Herman Benjamin, a jurisprudência do STJ tem considerado hipervulneráveis pessoas em condições de vulnerabilidade agravada, nas palavras do jurista Bruno Miragem, a saber, portadores de doença celíaca, cf. REsp. 586316/MG. 2ª Turma. Julgado em 17.04.2007. Relator: Min. Herman Benjamin; índios, cf. REsp 1064009/SC. 2ª Turma. Julgado em 27.04.2011; Relator: Min. Herman Benjamin; deficientes auditivos, cf. REsp 9315/RJ. 1ª Seção. Julgado em 25.11.2004. Relator para o acórdão: Min. Herman Benjamin; crianças, cf. REsp. 1188105/RJ. 4ª Turma. Julgado em 05.03.2013. Relator: Min. Luis Felipe Salomão.

Instala-se um Estado de não direito, cuja produção da legislação passa a pertencer às Cortes Superiores, que não possuem esse papel na ordem constitucional.

> 7. Para evitar abusividades (Súmula 469/STJ) nos reajustes das contraprestações pecuniárias dos planos de saúde, alguns parâmetros devem ser observados, tais como (i) a expressa previsão contratual; ii) não serem aplicados índices de reajuste desarrazoados ou aleatórios, que onerem em demasia o consumidor, em manifesto confronto com a equidade e as cláusulas gerais da boa-fé objetiva e da especial proteção ao idoso, dado que aumentos excessivamente elevados, sobretudo para esta última categoria, poderão, de forma discriminatória, impossibilitar a sua permanência no plano; e (iii) respeito às normas expedidas pelos órgãos governamentais: a) No tocante às contratos *antigos e não adaptados*, isto é, às seguros e planos de saúde firmados antes da entrada em vigor da Lei 9.656/1998, deve-se seguir o que consta no contrato, respeitadas, quanto à *abusividade dos percentuais de aumento*, as normas da legislação consumerista e, quanto à validade formal da cláusula, as diretrizes da Súmula Normativa 3/2001 da ANS. b) Em se tratando de *contrato (novo) firmado ou adaptado* entre 02.01.1999 e 31.12.2003, deverão ser cumpridas as regras constantes na Resolução CONSU 6/1998, a qual determina a observância de 7 (sete) faixas etárias e do limite de variação entre a primeira e a última (o reajuste dos maiores de 70 anos não poderá ser superior a 6 (seis) vezes o previsto para os usuários entre 0 e 17 anos), não podendo também a variação de valor na contraprestação atingir o usuário idoso vinculado à plano ou seguro saúde há mais de 10 (dez) anos. c) Para os contratos (novos) firmados a partir de 1º.01.2004, incidem as regras da RN 63/2003 da ANS, que prescreve a observância (i) de 10 (dez) faixas etárias, a última aos 59 anos; (ii) do valor fixado para a última faixa etária não poder ser superior a 6 (seis) vezes o previsto para a primeira; e (iii) da variação acumulada entre a sétima e décima faixas não poder ser superior à variação cumulada entre a primeira e sétima faixas.
>
> 8. A abusividade dos aumentos das mensalidades de plano de saúde por inserção do usuário em nova faixa de risco, sobretudo de participantes idosos, deverá ser aferida em cada caso concreto. Tal reajuste será adequado e razoável sempre que o percentual de majoração for justificado atuarialmente, a permitir a continuidade contratual tanto de jovens quanto de idosos, bem como a sobrevivência do próprio fundo mútuo e da operadora, que visa comumente o lucro, o qual não pode ser predatório, haja vista a natureza da atividade econômica explorada: serviço público impróprio ou atividade privada regulamentada, complementar, no caso, ao Serviço Único de Saúde (SUS), de responsabilidade do Estado.

Comentários: a preocupação do STJ com o reajuste por aumento de faixa etária do consumidor pessoa idosa de Plano de Saúde se concentra na abusividade do reajuste avaliado caso a caso, como colocado nos itens 7 e 8.

Ocorre que os reajustes não considerados abusivos pelos Tribunais comumente expulsam pessoas idosas ou quase idosas dos Planos de Saúde nos quais permaneceram por anos, ainda que pagando em demasia, até que não aguentem pagar, sendo, pois, jogadas sumariamente no SUS. Ora, preocupar-se com a abusividade do reajuste posto no contrato é um modo de admiti-lo, cabendo apenas ao Poder Judiciário apontar a abusividade.

O Plano de Saúde exerce serviço de índole fundamental, portanto, em se tratando de saúde, não é possível admitir ganhos extorsivos, embora os serviços de saúde possam ser remunerados, pois a Constituição de 1988 também albergou a iniciativa privada.

> 9. Se for reconhecida a abusividade do aumento praticado pela operadora de plano de saúde em virtude da alteração de faixa etária do usuário, para não haver desequilíbrio contratual, faz-se necessária, nos termos do artigo 51, § 2º, do CDC, a apuração de percentual adequado e razoável de majoração da mensalidade em virtude da inserção do consumidor na nova faixa de risco, o que deverá ser feito por meio de cálculos atuariais na fase de cumprimento de sentença.

Comentários: do mesmo modo, observa-se que partirá do Poder Judiciário reconhecer ou não a abusividade do reajuste para não haver desequilíbrio contratual. Não é observada a regra do Estatuto da Pessoa Idosa do artigo 15 §3º atualizado nesse ano de 2022, mudando-se onde estava escrito idoso, para pessoa idosa, mas com a mesma redação: "É vedada a discriminação da pessoa idosa nos planos de saúde pela cobrança de valores diferenciados em razão da idade."

Nos termos do julgado faz-se necessária, com base o artigo 51, § 2º, do CDC, a apuração de percentual adequado e razoável, *a critério dos Tribunais*, de majoração da mensalidade em virtude da inserção do consumidor na nova faixa de risco, o que será feito por meio de cálculos atuariais *apenas* na fase de cumprimento de sentença.

> 10. Tese para os fins do artigo 1.040 do CPC/2015: O reajuste de mensalidade de plano de saúde individual ou familiar fundado na mudança de faixa etária do beneficiário é válido desde que *(i) haja previsão contratual, (ii) sejam observadas as normas expedida pelos órgãos governamentais reguladores e (iii) não sejam aplicados percentuais desarrazoados ou aleatórios que, concretamente e sem base atuarial idônea, onerem excessivamente o consumidor ou discriminem o pessoa idosa.*

Comentários: Esta é, em regra geral, a *tese* do item 10, formulada pelo STJ para reajustes em contratos de planos de saúde travados com pessoas idosas.

Isto posto, nos termos do Recurso Repetitivo (REsp 1568244) analisado, *há uma brecha para o consumidor* pessoa idosa de Planos de Saúde conforme o item (iii). O reajuste de mensalidade de plano de saúde individual ou familiar fundado na mudança de faixa etária do beneficiário é válido desde que "... (iii) não sejam aplicados percentuais desarrazoados ou aleatórios que, concretamente e sem base atuarial idônea, onerem excessivamente o consumidor ou discriminem a pessoa idosa."

Isto é, caso verificada pelos Tribunais lesão contratual, vício na vontade do negócio jurídico, os percentuais cobrados podem ser revisados pelo Poder Judiciário.

Note-se, a despeito desse único suspiro para a pessoa idosa averiguado diante do casso concreto pelo Tribunal, que o Plano de Saúde que contrata com o consumidor pessoa idosa é responsável por atendê-lo ou o consumidor pessoa idosa terá que recorrer ao SUS e disputará espaço com indigentes.

A democracia inclusiva do *caput* artigo 1º Constituição da República de 1988 exige *solidariedade social* não só entre particulares e Estado, mas especialmente entre o mercado fornecedor (iniciativa privada) e os sujeitos de direitos pessoas idosas que, ao escolherem pagar contratos de plano de saúde, estarão a colaborar com outras pessoas idosas, os miseráveis, que têm também direito fundamental à saúde e farão uso do SUS.[26]

A Constituição expõe claramente que é dever da família e da sociedade a*mparar a pessoa idosa,* logo, a pessoa idosa é um sujeito de direito especial porque tutelada pela Constituição. Daí decorre não só, mas primordialmente, sua tutela especial, segundo o seu *melhor interesse* e em *caráter prioritário e integral.*

Embora se reconheça que as pessoas idosas adoecem mais, há, como alicerce do Estatuto do Pessoa Idosa, o *princípio do melhor interesse* emanado do *subprincípio do atendimento integral* e em *absoluta prioridade.* Logo, ululante que a saúde da pessoa idosa é direito prioritário e que, embora a mutualidade (divisão mútua de ônus) faça sentido na seara dos contratos de seguro, é correto que as gerações jovens arquem mais, pela *solidariedade intergeracional, porque as pessoas idosas de hoje também tiveram ontem suas prestações reajustadas além de seu uso, pois já gozaram da juventude, quando pouco se adoece* e porque o Estatuto do Pessoa Idosa existe para ter eficácia.[27]

Não consta explicado, no teor do Recurso Repetitivo (REsp 1568244), que juízo crítico se utilizou para afastar os critérios clássicos de solução de antinomias, especialmente os trazidos por Norberto Bobbio[28] como o da *hierarquia constitucional*, em que se encontra o sujeito de direito pessoa idosa possuidor do direito à amparo dos artigos 229 e 230 da Constituição da República brasileira de 1988; da *cronologia,* em que a Lei posterior (Estatuto da Pessoa Idosa de 2003) é aplicada preferencialmente à anterior (Lei de Planos de Saúde de 1998).

Veja-se que o Estatuto da Pessoa Idosa é posterior à Lei de Planos de Saúde,

Também não foi levado em conta o critério da *especialidade,* em que a Lei que cuida de matéria mais específica afasta a mais genérica. A Lei 10.741 de 2003 (Estatuto do Pessoa Idosa) especialíssima quando trata da pessoa idosa é posterior à Lei 9.656 de 1998 (Lei de Planos de Saúde).

Parece límpido que a Lei (Lei de Planos de Saúde), que dispõe sobre um tipo de contrato em que pessoas de todas as idades podem contratar é menos "exclusiva", logo, menos específica, do que uma Lei (Estatuto do Pessoa Idosa) que cuida de um sujeito de direito de idade especificada exatamente para possuir direitos preferenciais, em absoluta prioridade, porque é ancião.

---

26. FARIAS, José Fernando de Castro. *A origem do direito de solidariedade.* Rio de Janeiro: Renovar, 1998. p. 276.
27. BARLETTA. Fabiana Rodrigues. *O direito à saúde da pessoa idosa,* cit., p. 215-244.
28. BOBBIO, Norberto. *Teoria do ordenamento jurídico.* 2. ed. Trad. Ari Marcelo Solon. São Paulo: EDIPRO, 2014, p. 93-98, passim.

O caso concreto levado à afetação foi o seguinte:

11. CASO CONCRETO: Não restou configurada nenhuma política de preços desmedidos ou tentativa de formação, pela operadora, de "cláusula de barreira" com o intuito de afastar o usuário quase idoso da relação contratual ou do Plano de Saúde por impossibilidade financeira. Longe disso, não ficou patente a onerosidade excessiva ou discriminatória, sendo, portanto, idôneos o percentual de reajuste e o aumento da mensalidade fundados na mudança de faixa etária da autora. 12. Recurso especial não provido.

Ao desconsiderar o artigo 15, § 3º do Estatuto do Pessoa Idosa nos termos que expõe, "com vistas a obter maior equilíbrio financeiro ao plano de saúde", o Recurso Repetitivo (REsp 1568244), numa ponderação de valores, desagasalhou a pessoa idosa por interesses mercadológicos.

4. CONSIDERAÇÕES FINAIS

Viver na velhice é mais difícil e mais dispendioso por decréscimos na saúde da pessoa somados às dificuldades relacionais com as novas gerações, com o mundo mais rápido, globalizado, digitalizado, massificado e ajustado por contratos de adesão lesivos, que propiciam ou potencializam o adoecimento e o alijamento dos longevos.

O Direito como instrumento de direção social possui ingerência nas situações jurídicas que possuirão dirigismo contratual mais acentuado a fim de proteger sujeitos de direito hipervulneráveis. Tanto é assim que a Constituição da República se ocupou do amparo às pessoas idosas como dever do Estado, da família e da sociedade e foi criado o Estatuto do Pessoa Idosa com viés protetivo e inclusivo.

Baseado no subprincípio da proteção integral da pessoa idosa em absoluta prioridade (*princípio do melhor interesse*) –, o Estatuto do Pessoa Idosa possui uma regra clara a vedar a discriminação da pessoa idosa com a cobrança de valores diferenciados em mensalidade de planos de saúde em razão da idade (artigo 15, § 3º). Essa regra ganha força se a interpretação dos casos concretos envolvendo sujeitos de direito pessoas idosas compreender que sua proteção completa, em primazia, é orientada pelo *princípio do melhor interesse da pessoa idosa*, de sede constitucional.

O atual entendimento do STJ com base no Recurso Repetitivo (REsp 1568244) parece compreender de maneira enviesada o artigo 15 § 3º do Estatuto do Pessoa Idosa, que diz de maneira clara e expressa *que é vedada a discriminação da pessoa idosa nos planos de saúde pela cobrança de valores diferenciados em razão da idade*.

Essa regra foi abraçada pelo STJ anteriormente, nos seguintes termos extraídos do voto da Ministra Nancy Andrighi.: "veda-se a discriminação da pessoa idosa em razão da idade, nos termos do artigo 15, § 3º, do Estatuto do Pessoa Idosa, o que impede especificamente o reajuste das mensalidades dos planos de saúde que se derem por mudança de faixa etária."

O Estatuto do Pessoa Idosa, que tem propósito tutelar uma legitimada constitucional, perde em concretude se o Poder Judiciário (STJ) o altera. Há um *déficit* democrático quando uma Lei que visa à igualdade substancial, sancionada pelo poder Executivo e formulada pelo Poder Legislativo (Estatuto da Pessoa Idosa), não é aplicada. Os hipervulneráveis pessoas idosas são prejudicadas, o princípio constitucional da igualdade material não é alcançado em benefício deles. O Estado Democrático de Direito é desfavoravelmente atingido.

A insegurança jurídica é, a um só tempo, contrária ao *princípio do melhor interesse da pessoa idosa*, contrária à democracia inclusiva fundada nos direitos fundamentais e fator de precariedade social.

3
REAJUSTES POR FAIXA ETÁRIA EM PLANOS DE SAÚDE E A (IM)POSSIBILIDADE DE REAJUSTE APÓS OS 60 ANOS: PROBLEMAS ANTIGOS NA NOVA JURISPRUDÊNCIA DO STJ

Gabriel Schulman

Doutor em Direito pela UERJ. Mestre em Direito pela UFPR. Especialista em Direito da Medicina pela Universidade de Coimbra. Professor da Universidade Positivo. Vice-Presidente da Comissão de Direito à Saúde da OAB/PR e Membro do Comitê Executivo de Saúde do CNJ/PR. Advogado e Consultor. E-mail: gabriel@schulman.com.br

Aryelen Kertcher

Bacharel em Direito e pesquisadora do grupo de pesquisa Sofia – Pessoa, Tecnologia e Mercado da Universidade Positivo.

O próprio viver é morrer, porque não temos um dia a mais na nossa vida que não tenhamos, nisso, um dia a menos nela.
(Fernando Pessoa)

Sumário: 1. Saúde e idade: associações comuns e dissociações necessárias – 2. Proteção da saúde da pessoa idosa na legislação – 3. Reajustes por faixa etária e a (im)possibilidade de reajuste após os 60 anos – 4. Posicionamento do STJ consagrado no recurso especial n. 1.568.244 (Recurso Repetitivo – Tema 952).

1. SAÚDE E IDADE: ASSOCIAÇÕES COMUNS E DISSOCIAÇÕES NECESSÁRIAS

A condição de idoso implica relevantes repercussões na vida e na esfera jurídica. Se por um lado a maturidade sinaliza a experiência, e a imagem do ancião é vinculada à sabedoria, o avanço da idade é também, muitas vezes, associado à senilidade, fraqueza e à doença.[1] Permita-se o leitor uma licença poética, um

---

1. Nessa linha, indica-se que "a representação do envelhecimento, sem estar associado à palavra 'ativo', foi baseada em aspectos negativos, ancorados em termos como velho, limitação, doença, inútil". FERREIRA, Olívia Galvão Lucena *et al*. Significados atribuídos ao envelhecimento: idoso, velho e idoso ativo. *Psico-USF*, 2010, v. 15, n. 3, p. 357-364, dez., 2010.

tanto inusitada, no imaginário que permeia as representações sociais captura a velhice como a fase de recolher-se:

> Chapeuzinho Vermelho gritou um olá, mas não houve resposta. Foi então até a cama e abriu as cortinas. Lá estava sua avó, deitada, com a touca puxada para cima do rosto. Parecia muito esquisita.
> "Ó avó, que orelhas grandes você tem!"
> "É para melhor te escutar!"
> "Ó avó, que olhos grandes você tem!"
> "É para melhor te enxergar!".[2]

Estes conflitos nas representações e atribuições de sentido à "pessoa idosa" em parte se devem ao fato de que a significação do idoso é atrelada, muitas vezes – inclusive no plano legislativo –, a critérios cronológicos, enquanto envelhecer é um processo multifatorial.[3]

No Relatório Mundial sobre Envelhecimento e Saúde, elaborado pela Organização Mundial da Saúde, sublinham-se importantes fatores a serem considerados na atenção à saúde do idoso, entre os quais: i-) não há uma pessoa tipicamente velha; ii-) as vidas mais longas não podem ser explicadas por um período prolongado de boa saúde;[4] iii-) a idade avançada não implica dependência; iv-) o impacto da população idosa na saúde é menor do que o esperado e depende muito dos modelos de atenção à saúde adotados.

A despeito disso, é reconhecido no âmbito da saúde suplementar a maior presença de doenças crônicas na população com maior idade, o que significa um reconhecido impacto financeiro. É a partir desta concepção que se admitiu o reajuste por faixa etária nos planos de saúde:

> é cediço que quanto mais avançada a idade do segurado, independentemente de ser ele enquadrado ou não como idoso, nos termos do respectivo Estatuto, maior será seu risco subjetivo, pois, normalmente, é provável que a pessoa de mais idade necessite de serviços de assistência médica com maior frequência do que a pessoa que se encontre em uma menor faixa etária. Trata-se de uma constatação natural, de um fato que se observa na vida e que pode ser cientificamente confirmado. Por isso mesmo, os contratos de seguro de saúde normalmente trazem cláusula prevendo reajuste em função do aumento da idade do segurado.

---

2. *Contos de Fadas*. Edição comentada e ilustrada. São Paulo: Zahar, 2013. p. 40.
3. SCHNEIDER, Rodolfo Herberto; IRIGARAY, Tatiana Quarti. O envelhecimento na atualidade: aspectos cronológicos, biológicos, psicológicos e sociais. *Estudos de Psicologia* (Campinas), 2008, v. 25, n. 4, p. 585-593.
4. Segundo a Organização Mundial da Saúde (OMS): "embora seja assumido muitas vezes que o aumento da longevidade está sendo acompanhado por um período prolongado de boa saúde, existem Resumo 6 Relatório mundial de envelhecimento e saúde poucas evidências sugerindo que os adultos maiores de hoje apresentam uma saúde melhor do que os seus pais tinham com a mesma idade". OMS. Relatório Mundial sobre Envelhecimento e Saúde. Resumo. OMS: Genebra, 2015, p. 5.

Atento a tal circunstância, veio o legislador a editar a Lei Federal nº 9.656/98, rompendo o silêncio que até então mantinha acerca do tema, preservando a possibilidade de reajuste da mensalidade de plano ou seguro de saúde em razão da mudança de faixa etária do segurado.[5]

Em relação às potencialidades da pessoa idosa, uma comparação bastante próxima ao modelo social da pessoa com deficiência[6] se faz cabível. Com efeito, a Organização Mundial da Saúde destaca que não se pode estabelecer uma associação imediata entre o envelhecimento e a dependência. Além disso, a capacidade funcional depende de fatores sociais, como o acesso a tratamentos e acessibilidade. Exemplos de adequação na saúde são barras de segurança, relógios grandes, elevação do assento sanitário, estímulo a exercícios, discussão multidisciplinar.

Nesta toada, a proteção da saúde do idoso é tema com crescente importância, seja sob o prisma quantitativo, seja sob a ótica qualitativa. Para se ter uma ideia, a população idosa deve crescer significativamente no Brasil. Segundo dados do IBGE, entre 2012 e 2017, o incremento foi de 4,8 milhões de idosos, atingindo-se 30,2 milhões em 2017.[7] Entre 1950 e 2000, a população idosa esteve sempre abaixo de 10%, ao passo que a partir de 2010 o indicar mudou, e espera-se em 2070 uma proporção de 35% de idosos.[8]

Os desafios no cuidado da saúde de idosos são amplos, e englobam o abandono de idosos (inclusive em hospitais[9]), a recusa a tratamentos, o direito de morrer, os modelos de atenção adequados às necessidades específicas e as barreiras para o consentimento diante das restrições à aptidão de decidir que sejam ou não equiparadas às deficiências. Um exemplo deste desafio é dos pacientes com Alzheimer, doença cuja conhecida progressividade[10] impõe obstáculos peculiares e que exigem uma resposta diferenciada para cada caso e que muda ao longo do tempo.

---

5. STJ. REsp n. 866.840/SP, Rel. Ministro Luis Felipe Salomão, 4ª Turma. DJe: 17.08.2011.
6. Sobre o tema cf.: Medeiros, Marcelo; Diniz, Débora. Envelhecimento e Deficiência. In: *Muito além dos 60: os novos idosos brasileiros*. Rio de Janeiro: Ipea, 2004. p. 107-120. PALACIOS, Agustina. *El modelo social de discapacidad*: orígenes, caracterización y plasmación en la Convención Internacional sobre los Derechos de las Personas con Discapacidad. Madrid (Espanha): Cinca, 2008. BARBOZA, Heloisa Helena. ALMEIDA, Vitor. (Coord.). *Comentários ao estatuto da pessoa com deficiência à luz da Constituição da República*. Belo Horizonte: Fórum, 2018.
7. IBGE. *Pesquisa Nacional por Amostra de Domicílios Contínua – PNAD*. Brasília, IBGE, 2017.
8. IBGE. *Síntese de indicadores sociais: uma análise das condições de vida da população brasileira*: 2016. Rio de Janeiro: IBGE, 2016, p. 19.
9. "O acusado abandonou seu pai, idoso de 78 anos de idade à época do fato, durante internação hospitalar, mesmo após diversas solicitações feitas pela administração do nosocômio, tendo sido, inclusive, ajuizada pelo Ministério Público medida de proteção em favor da vítima. O denunciado, ainda, ameaçava os funcionários do hospital quando aqueles lhe contatavam solicitando que acompanhasse seu genitor". TJRS. Apelação n. 70075015438 RS, Relator: Vanderlei Teresinha Tremeia Kubiak, 6ª Câmara Criminal, DJe: 05.04.2018.
10. BARNES, Josephine, *et al.* Alzheimer's Disease First Symptoms Are Age Dependent: Evidence from the NACC Dataset. *Alzheimer's & Dementia*: The journal of the Alzheimer's Association, n. 11, v. 11, p.

Em 1991, a Organização das Nações Unidas proclamou os Princípios das Nações Unidas para o Idoso, vale destacar os direitos a "Permanecer integrado à sociedade, participar ativamente na formulação e implementação de políticas que afetam diretamente seu bem-estar e transmitir aos mais jovens conhecimentos e habilidades", bem como a "Aproveitar as oportunidades para prestar serviços à comunidade, trabalhando como voluntário, de acordo com seus interesses e capacidades". Como ensina Barletta, o direito a envelhecer compreende a proteção da saúde, que por seu turno é base para a autonomia. Além disso, a saúde constitui condição essencial para o exercício de outros direitos, como ensina a autora.[11] Sublinha-se que a proteção da autonomia compõe as diretrizes da Nacional de Saúde da Pessoa Idosa (Ministério da Saúde, Portaria n. 2.528/2006).

A própria concepção do melhor interesse do idoso, como ensina Heloisa Helena Barboza,[12] não se estrutura sobre as mesmas bases do melhor interesse da criança e do adolescente, por se relacionar sobretudo a garantia de seus direitos fundamentais, à sua atenção prioritária, distanciando-se de uma ótica de simples substituição da vontade. Não obstante a intenção protetiva, assinale-se que o próprio Estatuto do Idoso incorpora os estereótipos da velhice ao prever no art. 17 que "Ao idoso que esteja no domínio de suas faculdades mentais é assegurado o direito de optar pelo tratamento de saúde que lhe for reputado mais favorável",[13] como que a explicitar uma conexão entre idade e perda da capacidade, muito embora a perspectiva clássica das incapacidades ainda se assente na presunção da capacidade[14] a todos os maiores de dezoito anos.

Sem ignorar que possa haver comprometimento das condições de decidir, não se pode associá-la, de forma direta, à idade,[15] eis que a competência para decidir em saúde é multifatorial e o aspecto cronológico não pode ser tomado como um critério necessariamente correto, muito menos objetivo. Em sintonia com este

---

1349-1357, 2015. ROSSOR, Martin, *et al*. The diagnosis of young-onset dementia. *Lancet neurology*, v. 9, n. 8, p. 793-806, 2010. p. 794.

11. BARLETTA, Fabiana Rodrigues. A pessoa idosa e seu direito prioritário à saúde: apontamentos a partir do princípio do melhor interesse do idoso. *Revista de Direito Sanitário*, USP, v. 15, p. 119-136, 2014. p. 124-126. Para um estudo mais profundo: BARLETTA, Fabiana Rodrigues. *O direito à saúde da pessoa idosa*. São Paulo: Saraiva, 2010.

12. BARBOZA, Heloisa Helena. O princípio do melhor interesse do idoso. In: PEREIRA, Tânia da Silva; OLIVEIRA, Guilherme de (Coord.). *O cuidado como valor jurídico*. Rio de Janeiro: Forense, 2008. p. 57-71.

13. Sobre o tema: AZEVEDO, Lilibeth de. *O idoso e a autonomia privada no campo da saúde*. Dissertação (Mestrado em Direito) – Faculdade de Direito, Universidade do Estado do Rio de Janeiro, Rio de Janeiro. 2012

14. FACHIN, Luiz Edson. *Teoria Crítica do Direito Civil*. 3. ed. Rio de Janeiro: Renovar, 2012. p. 147, 150.

15. GAMA, Guilherme Calmon; NOGUEIRA DA PONTES, João Gabriel Madeira; TEIXEIRA, Pedro Henrique da Costa. O direito civil-constitucional e o livre desenvolvimento da personalidade do idoso: o dilema de Lear. *Revista Brasileira de Direito Civil: RBDCivil*, Belo Horizonte, n. 2, p. 42-60, out./dez. 2014.

olhar voltado à autonomia, publicação do Ministério da Saúde,[16] esclarece-se que a Portaria n. 2.528/2006 que instituiu a Política Nacional de Saúde da Pessoa Idosa estruturou-se a partir das premissas do Plano de Madri (Declaração de Madrid), estabelecido na Segunda Assembleia Mundial Para o Envelhecimento, organizada pelas Nações Unidas, em 2002.[17] Entre as estratégias e premissas estão i-) participação ativa dos idosos e sua inserção; ii-) promoção do envelhecimento saudável, inclusive com políticas preventivas e de redução de fatores de risco; iii-) criação de ambiente propício ao envelhecer; iv-) integrar os idosos nas políticas de saúde, promover condições para igualdade de acesso, inclusive com eliminações de barreiras associadas como discriminação de gênero; v-) incluir a medicina tradicional quando conveniente e benéfico; vi-) "promover a autoassistência de idosos e aproveitar ao máximo suas vantagens e capacidades nos serviços de saúde e sociais".

2. PROTEÇÃO DA SAÚDE DA PESSOA IDOSA NA LEGISLAÇÃO

A legislação busca proteger o idoso em relação às cláusulas e práticas abusivas. No âmbito da saúde suplementar esta proteção se traduz na garantia do ingresso, bem como na permanência no plano de saúde. O dever de contratar é de marcada relevância nos planos de saúde, diante da utilidade marginal inversa,[18] vale realçar, com o passar dos anos o beneficiário tende a tornar-se menos interessante ao plano de saúde.

Entre os mecanismos de proteção, salienta Claudia Lima Marques, estão "fato da legislação determinar a abusividade de cláusulas de fim de vínculo e os aumentos arbitrários face à faixa etária".[19] No plano normativo, estas preocupações se refletem em normas que buscam assegurá-las. Extrai-se do Estatuto do Idoso (Lei n. 10741/2003), a previsão no art. 15, § 3º que fixa que "é vedada a discriminação do idoso nos planos de saúde pela cobrança de valores diferen-

---

16. BRASIL. Ministério da Saúde. Secretaria de Atenção à Saúde. Departamento de Ações Programáticas e Estratégicas. *Atenção à saúde da pessoa idosa e envelhecimento*. Brasília: Ministério da Saúde, 2010. p. 23.
17. ONU. *Plano de ação internacional sobre o envelhecimento*. Brasília: Secretaria Especial dos Direitos Humanos, 2003. Disponível em: [http://www.observatorionacionaldoidoso.fiocruz.br/biblioteca/_manual/5.pdf]. Acesso em: 02.05.2018. Para o original: UN. *Political Declaration and the Madrid International Plan of Action on Ageing*. Second World Assembly on Aging. Madrid, Spain, 8-12 april 2002. Disponível em: [http://www.un.org/en/events/pastevents/pdfs/Madrid_plan.pdf]. Acesso em: 02.05.2018.
18. SCHULMAN, Gabriel. *Planos de Saúde:* Saúde e Contrato na Contemporaneidade. Rio de Janeiro: Renovar, 2009. p. 347 e 349.
19. MARQUES, Claudia Lima. Solidariedade na doença e na morte: Sobre a necessidade de 'ações afirmativas' em contratos de planos de saúde e de planos funerários frente ao consumidor idoso. In: SARLET, Ingo Wolfgang (Org.). *Constituição, Direitos Fundamentais e Direito Privado*. 2. ed. Porto Alegre: Livraria do Advogado, 2006. p. 187-224. p. 211.

ciados em razão da idade". A Lei dos Planos de Saúde (Lei n. 9656/1998), em seu art.14 reforça que "Em razão da idade do consumidor, ou da condição de pessoa portadora de deficiência, ninguém pode ser impedido de participar de planos privados de assistência à saúde". De maneira similar, dispõe a Súmula Normativa n. 19/2011 da ANS que:

> A comercialização de planos privados de assistência à saúde por parte das operadoras, tanto na venda direta, quanto na mediada por terceiros, não pode desestimular, impedir ou dificultar o acesso ou ingresso de beneficiários em razão da idade, condição de saúde ou por portar deficiência, inclusive com a adoção de práticas ou políticas de comercialização restritivas direcionadas a estes consumidores.

Define-se no art. 15 da Lei dos Planos de Saúde que:

> A variação das contraprestações pecuniárias estabelecidas nos contratos de produtos de que tratam o inciso I e o § 1o do art. 1o desta Lei, em razão da idade do consumidor, somente poderá ocorrer caso estejam previstas no contrato inicial as faixas etárias e os percentuais de reajustes incidentes em cada uma delas, conforme normas expedidas pela ANS, ressalvado o disposto no art. 35-E. Parágrafo único. É vedada a variação a que alude o caput para consumidores com mais de sessenta anos de idade, que participarem dos produtos de que tratam o inciso I e o § 1o do art. 1o, ou sucessores, há mais de dez anos.

Garante-se ainda ao aposentado que contribuir ao plano de saúde o direito de nele permanecer na proporção de um ano para cada ano de contribuição (art. 31 da Lei n. 9.656/1998 e Resolução n. 279/2011 da ANS). A legislação vigente não torna menor o problema. Ocorre que há variações de legislação aplicável em relação à data da contratação, como no caso da legislação aplicável para reajustes por faixa etária, conforme o quadro abaixo:[20]

Data da contratação	Resolução aplicável sobre reajuste
Contratos anteriores à lei dos planos de saúde	Súmula Normativa n. 03/2001 da Agência Nacional de Saúde Suplementar – ANS
1999 e 2003	Resolução Normativa n. 06/1998 do Conselho de Saúde Suplementar – Consu
2004 em diante	Resolução Normativa n. 63/2003 da Agência Nacional de Saúde Suplementar – ANS

As controvérsias não ficam adstritas às resoluções, mas envolvem até mesmo a aplicação da Lei dos Planos de Saúde. Dessa maneira, em relação à legislação aplicável, é preciso destacar um fator específico dos idosos que consiste no fato

---

20. É a conclusão do STJ no julgamento do recurso repetitivo sobre a matéria, examinado com mais detalhe ao final deste artigo. STJ. REsp n. 1568244/RJ, Rel. Min. Ricardo Villas Bôas Cueva, 2ª, Seção, DJe: 19.12.2016.

de que muitos possuem planos de saúde anteriores à lei que regulamente o setor, conduzindo à insegurança sobre a legislação aplicável. Segundo a ANS "a virtual totalidade dos beneficiários não idosos conta com vínculos a planos novos, ao passo que aproximadamente um quarto dos beneficiários idosos ainda se encontra vinculado a contratos anteriores a publicação da referida Lei".[21]

A aplicação do Estatuto do Idoso também apresenta desafios, inclusive em relação aos casos de idoso que atingiram a de proteção legal posteriormente à entrada em vigor do Estatuto, como extrai-se do trecho em destaque:

> se o implemento da idade, que confere à pessoa a condição jurídica de idosa, realizou-se sob a égide da Lei nova, não estará o consumidor usuário do plano de saúde sujeito ao reajuste estipulado no contrato e permitido pela lei antiga. Estará amparado, portanto, pela Lei nova.
>
> Por isso, não há violação aos arts. 6º da LICC, e 15, § 3º, da Lei n.º 10.741/2003, porque a aplicação da Lei nova, na hipótese sob julgamento, não prejudica o ato jurídico perfeito ou o direito adquirido. Prosseguindo-se, pela relevância da questão posta em julgamento, para adentrar na seara de Lei que não está em discussão, porque não prequestionada, mas apenas para fins de reforço argumentativo, ressalte-se que o art. 15 da Lei n.º 9.656/98 faculta a variação das contraprestações pecuniárias estabelecidas nos contratos de planos de saúde em razão da idade do consumidor, desde que estejam previstas no contrato inicial as faixas etárias e os percentuais de reajuste incidentes em cada uma delas, conforme normas expedidas pela ANS. No entanto, o próprio parágrafo único do aludido dispositivo legal veda tal variação para consumidores com idade superior a 60 anos.

Em acórdão da mesma relatora, em que se revisitou a matéria, considerou-se que o advento do Estatuto do Idoso proibiu qualquer reajuste baseado em faixa etária em prejuízo do idoso, independente da data de celebração:

> nula a cláusula de contrato de plano de saúde que prevê reajuste de mensalidade baseado exclusivamente na mudança de faixa etária, ainda que se trate de contrato firmado antes da vigência do Estatuto do Idoso, porquanto, sendo norma de ordem pública, tem ela aplicação imediata, não havendo que se falar em retroatividade da lei para afastar os reajustes ocorridos antes de sua vigência, e sim em vedação à discriminação em razão da idade.[22]

Outro aspecto importante a salientar é a conexão entre o reajuste e o direito à permanência do contrato. É que por vezes se pode usar como meio para enxotar o beneficiário do contrato reajustes desarrazoados. No Superior Tribunal de Justiça

---

21. OLKIVEIRA, Martha. *Idoso na saúde suplementar*: uma urgência para a saúde da sociedade e para a sustentabilidade do setor. Rio de Janeiro: Agência Nacional de Saúde Suplementar, 2016. p. 27.
22. STJ. REsp n. 1228904/SP, Rel. Min. Nancy Andrighi, 3ª Turma. DJe: 08.03.2013. No mesmo sentido: "A partir de 1º de janeiro de 2004, entrou em vigor a Lei 10.741/2003 (Estatuto do Idoso), diploma que confere especial proteção às pessoas com idade igual ou superior a sessenta anos, consubstanciando norma cogente (imperativa e de ordem pública), cujo interesse social subjacente exige sua *aplicação imediata sobre todas as relações jurídicas de trato sucessivo*, a exemplo do plano de assistência à saúde". STJ. REsp n. 1280211/SP, Rel.: Min. Marco Buzzi, 2ª Seção, DJe: 04.09.2014.

já se decidiu que "A cláusula contratual que preveja aumento de mensalidade com base exclusivamente em mudança de idade, visando forçar a saída do segurado idoso do plano, é que deve ser afastada".[23]

3. REAJUSTES POR FAIXA ETÁRIA E A (IM)POSSIBILIDADE DE REAJUSTE APÓS OS 60 ANOS

O reajuste de mensalidade nos planos de saúde compreende um amplo espectro de situações, bem como de modalidades de reajuste. Tal como em outras modalidades contratuais (como locação, prestação de serviços ou mensalidades escolares) aplica-se um aumento anual. Mas há também reajustes por faixa etária, revisão técnica (Resolução normativa n. 19/2002 da ANS).

Os planos individuais subordinam-se ao reajuste anual segundo as normas da ANS, ao passo que planos coletivos dependem de normas mais complexas, como um padrão específico dos planos. Para o idoso, as múltiplas modalidades representam duplo desafio, a saber, a compreensão de um setor complexo e o custo elevado nas faixas etárias mais elevadas. Nesta pesquisa, o recorte consiste no entendimento do Superior Tribunal de Justiça sobre o reajuste por faixa etária após os 60 anos.

Com a edição do Estatuto do Idoso, a aplicação do disposto no art. 15, § 3º foi recepcionada pelo STJ como a vedação do reajuste por faixa etária da pessoa idosa, ao que se seguiu alguma discussão sobre o reajuste aos 58 e 59 anos.[24] Nessa linha, decidiu-se:

> *Deve ser declarada a abusividade e consequente nulidade de cláusula contratual que prevê reajuste de mensalidade de plano de saúde calcada exclusivamente na mudança de faixa etária. Veda-se a discriminação do idoso em razão da idade, nos termos do art. 15, § 3º, do Estatuto do Idoso, o que impede especificamente o reajuste das mensalidades dos planos de saúde que se derem por mudança de faixa etária. Precedentes do Superior Tribunal de Justiça. 2. Da leitura das razões expendidas*

---

23. STJ. Resp n. 1718410/SP, Rel. Min. Marco Aurélio Bellizze, DJe: 10.09.2018. Com igual compreensão afirmou-se: "a variação das mensalidades ou prêmios dos planos ou seguros saúde em razão da mudança de faixa etária não configurará ofensa ao princípio constitucional da isonomia, quando baseada em legítimo fator distintivo, a exemplo do incremento do elemento risco nas relações jurídicas de natureza securitária, desde que não evidenciada a aplicação de percentuais desarrazoados, com o condão de compelir o idoso à quebra do vínculo contratual, hipótese em que restará inobservada a cláusula geral da boa-fé objetiva, a qual impõe a adoção de comportamento ético, leal e de cooperação nas fases pré e pós pactual". STJ. AgRg no AREsp. n. 730.952/RJ, Rel. Ministro Marco Aurélio Bellizze, 3ª Turma DJe: 22.09.2015.
24. "A cláusula que prevê o reajuste da mensalidade em razão da mudança de faixa etária dos 59 (cinquenta e nove) anos é utilizada como meio de ludibriar o estabelecido no Estatuto do Idoso que é aplicado apenas para as pessoas com mais de 60 (sessenta) anos. Reconhecida a abusividade da cláusula que prevê o aumento da mensalidade exclusivamente em razão da faixa etária, impõe-se a restituição dos valores pagos a maior, na forma simples, razão pela qual a manutenção da sentença é medida que se impõe". STJ. AgRg no AREsp n. 530.722/RJ, Rel. Ministro Antonio Carlos Ferreira, 4ª Turma, DJe: 23.06.2015.

na petição de agravo regimental não se extrai argumentação relevante apta a afastar os fundamentos do julgado ora recorrido. Destarte, deve a decisão ser mantida por seus próprios e jurídicos fundamentos.[25]

A interpretação adotada inicialmente foi, portanto, de que o reajuste por faixas etárias deveria encerrar ao se alcançar a condição de idoso, vedada a cláusula contratual em contrário:[26]

> O entendimento firmado por esta Corte é no sentido de que, face a incidência das disposições do CDC e do Estatuto do Idoso, deve ser declarada a abusividade e consequente nulidade de cláusula contratual que prevê reajuste de mensalidade de plano de saúde calcada exclusivamente na mudança de faixa etária.[27]

Gradativamente, contudo, a concepção de que o Estatuto do Idoso veja o reajuste por faixa etária sofreu uma profunda alteração. Da vedação ao reajuste por faixa etária, migrou-se para uma admissibilidade em abstrato e uma necessidade da apuração de eventual abusividade em concreto.[28] Em 2011, decidiu-se que:

> *deve-se admitir a validade de reajustes em razão da mudança de faixa etária, que, como visto, se justifica em razão do aumento do risco subjetivo*, desde que atendidas certas condições, quais sejam: a) previsão no instrumento negocial; b) respeito aos limites e demais requisitos estabelecidos na Lei Federal 9.656/98; e c) observância do princípio da boa-fé objetiva, que veda índices de reajuste desarrazoados ou aleatórios, que onerem em demasia o segurado.[29]

Em contraposição, em acórdão publicado em 2012, ao decidir-se o AgRg no agravo em recurso especial n. 96.799 assinalou-se que "somente após a vigência do Estatuto do Idoso, é que fica sobrestado o reajuste para aqueles que completam 60 anos ou mais, nos termos delineados pelo contrato e pela legislação vigente". Além disso, considerou-se que "as disposições que tratam

---

25. STJ. AgRg no AgRg no REsp n. 533539/RS, Rel. Min. Fernando Gonçalves, 4ª Turma, DJe: 08.03.2010. No mesmo sentido: STJ. AgRg no Resp n. 707286/RJ, Rel. Min. Sidnei Beneti, DJe: 18.12.2009.
26. STJ. AgRg no AgRg no REsp n. 533.539/RS, Rel. Min. Fernando Gonçalves, 4ª Turma, DJe: 08.03.2010.
27. O acórdão refere-se a diversos precedentes: STJ. REsp n.1228904/SP, Rel. Min. Nancy Andrighi, 3ª Turma, DJe: 08.03.2013; STJ. AgRg nos EDcl nos EDcl no Ag n. 819.369/RJ, Rel. Min. Sidnei Beneti, DJe: 06.05.2011; STJ. AgRg no AgRg no REsp n. 533539, DJe: 08.03.2010.
28. STJ. AgRg no AREsp n. 416164/ PE, Rel. Min. Antonio Carlos Ferreira, 4ª Turma, DJe: 02.12.2014. STJ. AgRg no AgRg no AREsp n. 580.832/SC, Rel. Min Antonio Carlos Ferreira, 4ª Turma, DJe: 09.12.2014. STJ. AgRg no AREsp n. 563.555/SP, Rel. Min. Ricardo Villas Bôas Cueva, 3ª Turma, DJe: 19.03.2015. STJ. AgRg no AREsp n. 704.901/DF, Rel. Min. Luiz Felipe Salomão, 4ª Turma, DJe: 17.03.2016. EDcl no AREsp 194.601/RJ, Rel. Min. Maria Isabel Gallotti, 4ªTurma, DJe: 09.09.2014.
29. STJ. REsp n. 866.840/SP, Rel. Min. Luis Felipe Salomão, 4ª Turma. DJe: 17.08.2011. Assim também: STJ. AgRg no AREsp n. 669.264/RJ, Rel. Min. Antonio Carlos Ferreira, 4ª Turma, DJe: 04.09.2015; STJ. AgInt no AREsp n. 906.826/RS, Rel. Min. Maria Isabel Gallotti, 4ª Turma. DJe: 20.02.2017; STJ. REsp n. 1.568.244/RJ, Rel. Min. Ricardo Villas Bôas Cueva, 2ª Seção, DJe: de 19.12.2016. STJ. AgInt no AREsp n. 1.562.747/RJ, Rel. Min. Antonio Carlos Ferreira, 4ª Turma, DJe: 17.08.2017; STJ. Agint no Aresp n. 1.048.548/RS, Rel. Min. Antonio Carlos Ferreira, 4ª Turma, DJe: 22.08.2017.

do reajuste por mudança de faixa etária foram redigidas de forma clara e em destaque, sendo, portanto, válidas".[30]

A alteração no entendimento jurisprudencial está analisada de maneira bastante clara no acórdão que julgou o recurso especial de n. 1.280.211.[31] Sua fundamentação ressalta que o reajuste por faixa etária proibido é aquele que "caracterizar discriminação ao idoso, ou seja, a prática de ato tendente a impedir ou dificultar o seu acesso ao direito de contratar por motivo de idade". O caso envolvia o aumento de 93% na contraprestação aos 60 anos de idade. Em abstrato, decidiu-se pela legalidade do reajuste por faixa etária:

> A variação das mensalidades ou prêmios dos planos ou seguros saúde em razão da mudança de faixa etária não configurará ofensa ao princípio constitucional da isonomia, quando baseada em legítimo fator distintivo, a exemplo do incremento do elemento risco nas relações jurídicas de natureza securitária, desde que não evidenciada a aplicação de percentuais desarrazoados, com o condão de compelir o idoso à quebra do vínculo contratual, hipótese em que restará inobservada a cláusula geral da boa-fé objetiva, a qual impõe a adoção de comportamento ético, leal e de cooperação nas fases pré e pós pactual.

No caso concreto, o reajuste foi repudiado por "destoa significativamente dos aumentos previstos contratualmente para as faixas etárias precedentes".[32] Como critérios considerou-se ainda que se deve "aferir a integridade dos cálculos atuariais, com base no efetivo incremento do risco pactuado, comparados com os aumentos relativos às demais faixas etárias e com os critérios estipulados pela Agência Nacional de Saúde, sempre afastado o lucro predatório".

No agravo de instrumento no recurso especial n. 1297945 também se destacou a vedação de reajuste por faixa etária em contratos firmados há mais de 10 (dez) anos, por força do disposto na Resolução Consu n. 06/1998, art. 2º, § 1º, que determina que "A variação de valor na contraprestação pecuniária não poderá atingir o usuário com mais de 60 (sessenta) anos de idade, que participa de um plano ou seguro há mais de 10 (dez) anos, conforme estabelecido na Lei 9.656/98".[33] Esta disposição, vale ressaltar, é repetida no art. 15 da Lei dos Planos de Saúde. Desta maneira: "A cláusula que estabelece o aumento da mensalidade do plano de saúde, de acordo com a faixa etária, mostra-se abusiva

---

30. STJ. AgRg no AREsp n. 96799/RS, Rel. Min. Sidnei Beneti, 3ª Turma. DJe: 03.04.2012.
31. STJ. REsp n. 1280211/SP, Rel.: Min. Marco Buzzi, 2ª Seção. DJe: 04.09.2014.
32. Este embasamento repetiu-se em: STJ. AgRg no AREsp n. 558.918/SP, Rel. Min. Ricardo Villas Bôas Cueva, 3ª Turma, DJe: 22.10.2015.
33. Neste diapasão: "nos termos do parágrafo único do artigo 15 da Lei 9.656/98, apenas os planos ou seguros saúde firmados há mais de 10 (dez) anos por maiores de 60 (sessenta) anos não podem sofrer variação das mensalidades ou prêmios em razão da mudança de faixa etária. STJ. AgInt no REsp 1297945/SP, Rel. Min. Luis Felipe Salomão, 4ª Turma. DJe 18.10.2016.

após o beneficiário complementar 60 anos de idade e se tiver mais de 10 anos de vínculo contratual".[34]

Uma vez ultrapassada a compreensão da vedação do reajuste por faixa etária após 60 anos, o STJ passou a adotar três critérios centrais para avaliar, em concreto, a abusividade: a-) previsão contratual; b-) respeito à legislação; c-) vedação ao reajuste por faixa etária "que veda índices de reajuste desarrazoados ou aleatórios, que onerem em demasia o segurado".[35]

A nova interpretação se traduziu na aceitação de reajuste de 62,55%, a consumidor que completou 70 anos de idade.[36] Igualmente, considerou-se abusivo o reajuste de 92%, desacompanhado de critérios que justifiquem o aumento.[37] Em outro julgamento, rejeitou-se o aumento de 119%, que implicou o aumento de R$ 238,56 para R$ 523,36. Deste último julgado, extrai-se instigante fundamentação que considerou que a má-gestão não pode ser atribuída ao beneficiário, nem pode ser "responsabilizados por erros de cálculos atuariais" da operadora. Com fulcro em tais considerações, declarou nulo o reajuste unilateral da mensalidade.[38] Em diversos julgados do STJ conclui-se que a abusividade somente pode ser verificada nas instâncias inferiores, diante do enunciado das súmulas 5 e 7 da corte.[39] Com tal premissa, rejeitou-se aumento por faixa etária, em percentual de 67,57% ao contratante que completou 59.[40] Por outro lado, há julgados em que, aparentemente se faz análise em abstrato do percentual, como no AgRg no AREsp n. 558.918:

> Na hipótese em foco, o plano de saúde foi reajustado no percentual de 93% (noventa e três por cento) de variação da contraprestação mensal, quando do implemento da idade de 60 (sessenta) anos, majoração que, nas circunstâncias do presente caso, destoa significativamente dos aumentos previstos contratualmente para as faixas etárias precedentes, a possibilitar o reconhecimento, de plano, da abusividade da respectiva cláusula.[41]

---

34. STJ. AgInt nos EDcl no AREsp n. 1164581/RS, Rel. Min. Moura Ribeiro, 3ª Turma, DJe: 14.06.2018. Com igual conclusão: AgInt no STJ. AgInt no AREsp n. 1191139 / RS. Rel. Min. Luis Felipe Salomão, 4ª Turma. DJe: 27.02.2018.
35. STJ. AREsp n. 194601/RJ, Rel. Min. Maria Isabel Gallotti. DJe: 25.04.2014. Assim também: STJ. REsp n. 1568244/RJ, Rel. Min. Ricardo Villas Bôas Cueva, 2. Seção, DJe: 19.12.2016.
36. STJ. REsp n. 646.677/SP, Rel. Min. Raul Araújo, 4ª Turma, DJe: 09.09.2014.
37. STJ. AgRg no AREsp n. 705.022/PA, Rel. Min. Raul Araújo, 4ª Turma, DJe: 17.09.2015.
38. STJ. AgInt no AREsp n. 1045603/RS, Rel. Min. Marco Aurélio Bellizze, 3ª Turma, DJe: 26.10.2017.
39. STJ. AgInt no AREsp n. 1.068.112 /DF, Rel. Min, Antonio Carlos Ferreira, 4ª Turma, DJe: 21/11/2017
40. STJ. AgInt no AgInt no AREsp n. 1108399/RS, Rel. Min. Ricardo Villas Bôas Cueva, 3ª Turma, DJe: 05.09.2018. STJ. AgInt no AREsp n. 1.053.170/DF, Rel. Min. Lázaro Guimarães. 4ª Turma. DJe: 26.02.2018. STJ. AgInt nos EDcl no REsp n. 1.698.817/SP, Rel. Min. Paulo De Tarso Sanseverino, 3ª Turma, DJe: 21.05.2018. AgInt nos EDcl no AREsp n. 1.169.809/RS, Rel. Min. Marco Aurélio Bellizze, 3ª. Turma, DJe: 18.05.2018. STJ. AgInt no AREsp n. 1.076.705/SP, Rel. Min. Antonio Carlos Ferreira, 4ª Turma. DJe: 1º.08.2017.
41. STJ. AgRg no AREsp n. 558.918/SP, Rel. Min. Ricardo Villas Bôas Cueva, 3ª Turma, DJe: 22.10.2015.

Como já se observa, a alteração da compreensão da jurisprudência da corte não se fez de uma vez, mas em um movimento de sístoles e diástoles. Exemplarmente, em acórdãos de 2014 e 2015 decidiu-se novamente pela vedação do reajuste por faixa etária aos 60 anos ao fundamento de que "na realização dos cálculos atuariais, o aumento de custo representado pelo incremento da idade para além dos 60 anos deve ser repartido entre todos os segurados, de modo a que não haja sobrecarga de preço para os idosos".[42] Destacou-se que "A jurisprudência do STJ considera abusiva cláusula contratual que prevê reajuste de mensalidade de plano de saúde em decorrência de mudança de faixa etária do segurado".[43]

Além das vedações legais, destacou-se que a "cláusula contratual que prevê a majoração da mensalidade exclusivamente em razão da mudança de faixa etária promove profundo desequilíbrio contratual, de acordo com o previsto no artigo 4°, inciso III, do Código de Defesa do Consumidor, ao passo que inviabiliza o acesso da pessoa a qualquer plano de saúde".[44]

Em sentido diverso, a jurisprudência do STJ considera que o afastamento da cláusula de reajuste constitui hipótese de anulabilidade e permite a repetição do indébito com fulcro no enriquecimento sem causa. Com base em tais fundamentos, conclui-se que podem "ser repetidas as prestações eventualmente pagas a maior no período de 3 (três) anos compreendidos no interregno anterior à data de ajuizamento da ação (art. 206, § 3°, CC/2002 c/c o art. 219, *caput* e § 1°, do CPC [1973])".[45]

4. POSICIONAMENTO DO STJ CONSAGRADO NO RECURSO ESPECIAL N. 1.568.244 (RECURSO REPETITIVO – TEMA 952)

Diante das divergências em matéria de reajuste por faixa etária, o STJ afetou a questão à sistemática dos recursos repetitivos. Consagrou, no recurso, a seguinte conclusão:

> O reajuste de mensalidade de plano de saúde individual ou familiar fundado na mudança de faixa etária do beneficiário é válido desde que
>
> (i) haja previsão contratual,
>
> (ii) sejam observadas as normas expedidas pelos órgãos governamentais reguladores e
>
> (iii) não sejam aplicados percentuais desarrazoados ou aleatórios que, concretamente e sem base atuarial idônea, onerem excessivamente o consumidor ou discriminem o idoso.[46]

---

42. STJ. REsp n. 1.381.606/DF, Ral. Min. Nancy Andrighi, 3ª Turma, DJe: 07.10.2014.
43. STJ. AgRg no AREsp n. 60.268, Rel. Min. Raul Araújo, 4ª Turma, DJe: 05.02.2015 Assim também: AgRg no REsp n. 1.315.668/SP, Rel. Min. Nancy Andrighi, 3ª Turma, DJe: 24.03.2014.
44. STJ. AgRg no AREsp n. 599.346/RS, Rel. Min. Moura Ribeiro, 3ª Turma, DJe: 21.05.2015.
45. STJ. AREsp n. 1360969/RS, Rel, Min. Marco Buzzi, 2ª Seção, DJe: 19.09.2016.
46. STJ. REsp n. 1568244/RJ, Rel. Min. Ricardo Villas Bôas Cueva, 2ª, Seção, DJe: 19.12.2016.

Em relação à modalidade de contratação, os planos de saúde dividem-se entre familiares ou individuais e coletivos, que por sua vez podem ser coletivos empresariais (como os contratados para sócios e empregados) e coletivos por adesão (como as contratações por sindicatos e entidades de classe como OAB, CREA).

A tese consagrada no recurso repetitivo versa sobre a aplicação do reajuste por faixa etária nos contratos individuais ou familiares, o que a torna não aplicável aos contratos coletivos, os quais correspondem a 80% dos planos de saúde.[47] É interessante notar que em posterior julgamento, o STJ rechaçou o reajuste por faixa etária, com base no Estatuto do Idoso, justamente por envolver um plano de saúde coletivo:

> [...] o consumidor que atingiu a idade de 60 anos, quer seja antes da vigência do Estatuto do Idoso, quer seja a partir de sua vigência (1º de janeiro de 2004), está sempre amparado contra a abusividade de reajustes das mensalidades com base exclusivamente no alçar da idade de 60 anos, pela própria proteção oferecida pela Lei dos Planos de Saúde e, ainda, por efeito reflexo da Constituição Federal que estabelece norma de defesa do idoso no art. 230. Ademais, foi expressamente registrado na decisão embargada que no julgamento do REsp 1.568.244/RJ, sob a sistemática dos recursos representativos da controvérsia, a discussão envolveu reajuste etário em planos individuais ou familiares. Ao caso sob análise, contudo, por se tratar de plano coletivo, o referido *leading case* não pode ser aplicado. Nesse contexto, o presente agravo não se revela apto a alterar o conteúdo do julgado impugnado, devendo ele ser integralmente mantido pelos seus próprios fundamentos.[48]

Dessa maneira, o reajuste dos planos individuais ou familiares segue os percentuais estabelecidos pela ANS para o reajuste anual, e a sistemática delineada no recurso repetitivo para reajuste por faixa etária.

Como uma segunda conclusão importante do acórdão, é que compete à operadora de plano de saúde demonstrar a pertinência do percentual de reajuste estabelecido no contrato. Se por um lado tal sistemática faz sentido, de outro, a verificação da adequação do cálculo atuarial em um processo individual revela-se um procedimento de extrema dificuldade. O acórdão que delineou o recurso repetitivo aponta que "a apuração de percentual adequado e razoável de majoração da mensalidade em virtude da inserção do consumidor na nova faixa de risco, o que deverá ser feito por meio de cálculos atuariais na fase de cumprimento de sentença".[49]

A solução adotada pelo Superior Tribunal de Justiça deixou de enfrentar o reajuste dos planos coletivos, os quais correspondem a três quartos dos contratos. Além disso, não foram estabelecidos critérios suficientemente seguros para

---

47. STJ. REsp n. 1568244/RJ, Rel. Min. Ricardo Villas Bôas Cueva, 2ª, Seção, DJe: 19.12.2016.
48. STJ AgInt nos EDcl no AREsp n. 1164581/RS, Rel. Ministro Moura Ribeiro, 3ª Turma, DJe: 14.06.2018.
49. STJ. REsp n. 1568244/RJ, Rel. Min. Ricardo Villas Bôas Cueva, 2ª, Seção, DJe: 19.12.2016.

averiguação da abusividade. Não bastasse, em cumprimento de sentença se prevê um cálculo atuarial de complexidade ímpar, inviável de ser realizado de forma individualizada haja vista que a perspectiva que orienta os planos de saúde é justamente a projeção dos grandes números.[50]

Em outras palavras, a partir da premissa de que o aumento deve ser justificado com base em um risco atuarialmente estabelecido, consegue-se efetivamente elaborar cálculos para a adequação, com base em um único contratante? Isto é, pode-se (re)calcular para uma pessoa qual seria o risco correto para sua faixa?

A nova compreensão do Superior Tribunal de Justiça não resolve por completo a questão e mantém vivos problemas antigos. Em questão, o delicado equilíbrio entre a tutela das expectativas dos contratantes, o equilíbrio contratual e a garantia de efetiva proteção da pessoa idosa, inclusive com o direito a manter-se no plano de saúde nas fases mais avançadas da vida.

Para arrematar, vale resgatar a provocação de Julio Dantas: "Afinal, a velhice é um simples preconceito aritmético, – e todos nós seríamos mais moços se não tivéssemos o péssimo hábito de contar os anos que vivemos".[51]

---

50. GOMES, Orlando. Seguro-Saúde. Regime Jurídico. *Revista de Direito Público*, São Paulo, RT, n. 76, ano XVII, p. 249-258, out./dez. p. 198.
51. DANTAS, Julio. *Eva*. Lisboa: Portugal-Brasil, 1925. p. 86.

4
O IDOSO SOB A ÓTICA DO DIREITO DO CONSUMIDOR: UM HIPERVULNERÁVEL E A SUA NECESSÁRIA PROTEÇÃO

Cristiano Heineck Schmitt

Doutor e Mestre em Direito pela Faculdade de Direito da UFRGS. Pós-graduado pela Escola da Magistratura do Rio Grande do Sul-Ajuris. Professor da Escola de Direito da PUCRS. Professor de Cursos de Especialização – Pós-graduação em Direito, Membro da Comissão Especial de Defesa do Consumidor da OAB/RS. Membro do Conselho Municipal de Defesa do Consumidor de Porto Alegre/RS. Diretor do Instituto Brasilcon. Autor de livros e de artigos jurídicos, Membro da Câmara de Saúde Suplementar da Agência Nacional de Saúde Suplementar – ANS. Advogado.

Camila Possan de Oliveira

Mestre em Direito do Consumidor e da Concorrência na UFRGS. Especialista em Direito Bancário, em Direito do Consumidor e em Direito Processual Civil. Graduada em Ciências Jurídicas e Sociais pela PUCRS. Graduanda de Análise e Desenvolvimento de Sistemas na Uniritter.

Sumário: 1. Introdução – 2. A mudança de paradigma nas relações contratuais: a proteção do "mais fraco"; 2.1 A influência do direito social sobre o direito contratual; 2.2 A vulnerabilidade do consumidor no mercado de consumo – 3. A "hipervulnerabilidade" do consumidor idoso; 3.1 O reconhecimento de uma "hipervulnerabilidade" contratual do consumidor idoso; 3.2 Situações paradigmáticas de proteção especial ao consumidor idoso – 4. Conclusão.

1. INTRODUÇÃO

A defesa do consumidor, no ordenamento jurídico pátrio, trata-se de direito fundamental expresso na Constituição Federal,[1] sendo nela igualmente apresentado como princípio conformador da ordem econômica,[2] sendo um dos fundamentos do Estado e instrumento para constituir-se em uma sociedade livre,

---

1. Assim, inciso XXXII do artigo 5º da Constituição Federal. Acrescenta-se o fato de que a própria Constituição Federal ter ordenado ao legislador ordinário, através do artigo 48 do Ato das Disposições Constitucionais Transitórias, a redação de um diploma consumerista, o que ocorreu no ano de 1990, muito embora o período de *vacatio legis* tivesse postergado a vigência da referida norma para o ano de 1991.
2. Assim, inciso V do artigo 170 da Constituição Federal.

justa e solidária,[3] que garanta o desenvolvimento nacional,[4] que busque erradicar a pobreza e a marginalização, reduzindo as desigualdades sociais e regionais,[5] promovendo o bem de todos,[6] sem discriminação.[7]

O consumidor, por sua vez, é reconhecido como ente vulnerável no mercado e nas relações de consumo, como expressa o inciso I do artigo 4º do Código de Defesa do Consumidor. Considerando-se o fato de que a Constituição Federal de 1988 promove intensa reformulação no direito privado, ao conceber a ideia de criação de um diploma de proteção aos direitos do consumidor, reconhecemos que existe um nova definição de igualdade no direito contratual, ou seja, um igualdade dos desiguais, a qual somente será alcançada com a intervenção estatal nas relações particulares, "assegurando direitos aos mais fracos, por exemplo, os consumidores, e impondo deveres para os mais fortes, como os fornecedores de produtos e serviços na sociedade de consumo ou no mercado brasileiro".[8]

Não podemos tratar como um mero assistencialismo a tendência a proteger o mais fraco – um favor *debilis* – na tutela de defesa do consumidor. O que se objetiva com esta tutela especial, como ensinam Benjamin e outros, é "a superação da ideia – comum no direito civil do século XIX – de que basta a igualdade formal para que todos sejam iguais na sociedade".[9] Em verdade, ao se pugnar por uma tutela efetiva de proteção do consumidor, a pretensão volta-se ao equilíbrio das relações negociais, o qual poderá ser maculado diante de eventual abuso do detentor dos meios de produção, responsável pela inclusão de bens e serviços no mercado.

Em razão disto, alguns questionamentos precisam ser levantados como: há realmente uma "hipervulnerabilidade" de determinadas categorias de consumidores, especificamente, os consumidores idosos? Existem elementos normativos que possam indicar a preocupação com esta categoria de indivíduos? Estaria havendo um reconhecimento judicial desta situação específica, promovendo uma nova hermenêutica-jurisdicional no campo das relações contratuais?

---

3. Assim, inciso I do artigo 3º da Constituição Federal.
4. Assim, inciso II do artigo 3º da Constituição Federal.
5. Assim, inciso III do artigo 3º da Constituição Federal.
6. Assim, inciso IV do artigo 3º da Constituição Federal.
7. Assim, *caput* do artigo 5º da Constituição Federal.
8. BENJAMIN, Antônio Herman V.; BESSA, Leonardo Roscoe e MARQUES, Claudia Lima. *Manual de Direito do Consumidor*. São Paulo: Ed. RT, 2007. p. 30-31.
9. *Manual...* cit., p.31. Segundo Benjamin e outros, reconhece-se que "alguns são mais fortes ou detêm posição jurídica mais forte (em alemão, *Machtposition*), detêm mais informações, são *experts* ou profissionais, transferem mais facilmente seus riscos e custos profissionais para os outros, reconhecimento de que os "outros" geralmente são leigos, não detêm informações sobre os produtos e serviços oferecidos no mercado, não conhecem as técnicas de contratação de massa ou os materiais que compõem os produtos ou a maneira de usar os serviços, são pois mais vulneráveis e vítimas fáceis de abusos" (idem).

O presente artigo divide-se em duas grandes partes, sendo a primeira voltada para análise na mudança de paradigma operada nas relações contratuais, com a influência do direito social sobre o direito contratual, observando-se o reconhecimento da vulnerabilidade do consumidor no mercado de consumo. No segundo capítulo, abordar-se-á a questão da existência ou não de uma "hipervulnerabilidade" do consumidor idoso, com destaques para casos concretos.

2. A MUDANÇA DE PARADIGMA NAS RELAÇÕES CONTRATUAIS: A PROTEÇÃO DO "MAIS FRACO"

2.1 A influência do direito social sobre o direito contratual

Em uma sociedade pós-moderna,[10] entendemos crucial o direito ao equilíbrio contratual como consentâneo da garantia fundamental de defesa do consumidor, esculpida no inciso XXXII da Constituição Federal de 1988, o que deve ser concretizado também aos consumidores idosos.

Evidente que o Estado Social concede espaços para o liberalismo, tanto é que naquele mantinha-se viva a autonomia da vontade, com mitigação, no entanto, de sua força.

O problema surge, todavia, quando, dentro de um Estado que pode ser enquadrado como social, que, por exemplo, impõe limites a vantagens excessivas em casos específicos, por outro lado legitima espaços para o exercício irrestrito da autonomia da vontade, gerando desequilíbrio nas relações negociais.

Quando uma categoria exerce predominância sobre outra, como nos casos em que uma dita para a outra as regras de um contrato, sem qualquer fiscalização e de forma livre, não se pode cogitar, nessas situações, relações equilibradas. Se um dos contratantes observa a vontade do outro reduzida à mera aceitação do trato, sem que lhe fosse possibilitado barganhar, aquele que ocupa a posição dominante estabelecerá regras que resguardem somente os seus interesses, e,

---

10. Segundo Jayme, "A pós-modernidade vive de antinomias, de pares contrapostos: ela se define justamente através da modernidade, que ela não quer ser" (JAYME, Erik. Visões para uma teoria pós-moderna do Direito Comparado. Tradução de Claudia Lima Marques, *Revista dos Tribunais*, São Paulo, 759, p. 25, jan., 1999). O renomado professor de Heidelberg também aponta que, entre as características da pós-modernidade estão a pluralidade, com respeito à identidade cultural do indivíduo e dos povos, com valorização das diferenças entre as ordens jurídicas, a volta aos sentimentos e das emoções, com narrativas de experiências passadas (op. cit., p. 28). O jurista destaca as diferentes concepções de consumidor e sua importância para a descrição do fenômeno pós-moderno. Aduz que a sobrevivência de toda a ordem jurídica necessita da figura da pessoa média (*Durchschnittsperson*), cujas visões e expectativas serão o auxílio para a interpretação e concretização dos conceitos de direito, dos conceitos indeterminados e das cláusulas gerais, enfatizando a importância das projeções dessas valorações no âmbito do direito comparado" (op. cit., p.33).

nesse caso, não se poderá falar em contrato de prestações equilibradas. Todos os contratantes almejam uma vantagem na relação; o problema, observamos assim, surge com o desvirtuamento da vantagem que, de justa, pode transformar-se em puro desequilíbrio contratual.

Os contratos massificados são excelentes para demonstrar a fragilidade negocial dos grupos de consumidores, o que decorre da expansão industrial e comercial do século XIX e do fortalecimento econômico empresarial. Esta realidade acaba impondo novas construções para a teoria contratual, como forma de manter a convivência justa, digna e, até mesmo, pacífica entre os indivíduos, embora essa perspectiva tenha se protraído no tempo, postergando o início de um processo de concretização. Como já enfatizamos, "o Direito Contratual recebeu novos paradigmas e avanços com o surgimento dos códigos de consumo e das leis consumeristas".[11]

Pretendemos esclarecer, no entanto, se a mudança de pensamento, que ocasionou a intervenção estatal nas relações privadas no final do século XIX, no âmbito dos poderes legislativo, executivo e judiciário, tendo perdurado até os dias atuais, incide, sob qualquer forma, ou não, sobre os contratos de consumo celebrados entre fornecedores e pessoas idosas.

De acordo com Koppe Pereira,

> após um período em que foi adotado o sistema de livre manifestação das partes no mercado consumidor, quando se viu o desregrado domínio de uma das partes sobre a outra – fornecedores sobre consumidores – a sociedade passou a optar por uma intervenção do Estado no âmbito das relações jurídicas de consumo dentro da teoria sistêmica do direito, onde a norma jurídica se comunica "com o social e a práxis significativa fornece um importante passo para a construção de uma nova teoria do direito relacionada com as funções do Estado: aqui estamos claramente refletindo sobre o direito de um Estado Interventor".[12]

Para prosseguir com a análise das inquietações que o presente tópico pretende responder, buscamos auxílio também na da jurisprudência constitucional germânica. Esta tem protegido importantes institutos do direito privado, como a liberdade contratual, a partir da interpretação dos direitos fundamentais, ampliando, assim, a aplicação da constituição sobre as relações desenvolvidas entre agentes privados.

A partir desta concepção, passou-se a sustentar, por exemplo, que "...em uma paridade contratual perturbada o juiz é obrigado a um controle de conteúdo de contratos de fiança com o auxílio das cláusulas gerais do código civil".[13]

---

11. SCHMITT, Cristiano Heineck. *Cláusulas abusivas nas relações de consumo*. São Paulo: Ed. RT, 2006. p. 32-33.
12. KOPPE PEREIRA Agostinho Oli. *Responsabilidade civil por danos ao consumidor causados por defeitos dos produtos*: a teoria da ação sócia e o direito do consumidor. Porto Alegre: Livraria do Advogado, 2003. p. 197.
13. Assim HECK, Luís Afonso. Direitos fundamentais e sua influência no Direito Civil. *Revista de Direito do Consumidor*, São Paulo, 29, p. 51, janeiro/março de 1999.

De acordo com o anteriormente por nós afirmado,

> O Tribunal constitucional considerou contrário aos bons costumes, por exemplo, o endividamento de jovens em créditos bancários envolvendo somas altas, obtidos por cônjuges ou pais, muito embora suas rendas não chegassem à metade do valor do empréstimo. Agiu corretamente a Corte Constitucional, pois um indivíduo jovem que pretenda iniciar sua vida, endividado já no início, não tem condições de desenvolver sua personalidade, nem sequer viver com dignidade, tendo em vista a conclusão de um contrato carregado de cláusulas abusivas e que acusam desequilíbrio negocial. Tais atributos do ser humano receberam a proteção devida através dos artigos 1º e 2º da Lei Fundamental alemã.[14] Esta perspectiva essencial para a construção do que consideramos como "sociedade justa e solidária",[15] revela um ineditismo marcante, que lhe confere uma rara aplicação, desafiando, portanto, a busca de um número satisfatório de julgados cuja linha interpretativa conduza a resultado equivalente.[16]

HECK preconiza que no âmbito do Tribunal Constitucional Federal Alemão definiu-se o seguinte:

> A Lei Fundamental (...) contém em seu título de direitos fundamentais decisões básicas jurídico-constitucionais para todos os setores do direito....Quando os §§ 138 e 242 remetem, em geral, aos bons costumes, aos costumes de tráfego, assim como à boa-fé, eles pedem dos tribunais uma concretização pelo critério de concepções de valores que são, em primeiro lugar, determinadas pelas decisões de princípio da constituição.[17]

A soma de fatores reveladores de uma interferência estatal sobre as relações contratuais demonstra que inexistem barreiras para a aferição do desequilíbrio contratual entre particulares, principalmente entre consumidores e fornecedores, e, de forma ainda mais específica, nas contratações havidas com consumidores idosos.

2.2 A vulnerabilidade do consumidor no mercado de consumo

No mercado de consumo a vulnerabilidade do consumidor é um dos indicativos da necessidade de que este ente mais fraco da relação de consumo seja

---

14. A redação dos mencionados dispositivos é a seguinte: artigo 1º, n. 1: "A dignidade da pessoa humana é inviolável. Todas as autoridades públicas têm o dever de a respeitar e proteger"; artigo 2º, n. 1: "Todos têm o direito ao livre desenvolvimento da sua personalidade, desde que não violem os direitos de outrem e não atentem contra a ordem constitucional ou a lei moral". A tradução dos dispositivos citados é de ROGEIRO, Nuno. *A Lei Fundamental da República Federal da Alemanha*. Coimbra: Editora Coimbra, 1996. p. 124 e 125.
15. Vide inciso III do artigo 3º da Constituição Federal brasileira.
16. SCHMITT, *Cláusulas...* cit., p. 104.
17. Referência do jurista à decisão constante em BVerfGE 89, 214, na qual prescreveu-se: "Se as partes contratuais estipularam uma regulação em si admissível, então regularmente irá economizar-se um controle de conteúdo amplo. Mas se o conteúdo do contrato para uma parte é irregularmente agravante e, como compensação de interesses, manifestamente inadequado, então os tribunais não devem satisfazer-se com a afirmação "contrato é contrato". Eles devem, antes, clarificar se a regulação é uma consequência de poder de negociação estruturalmente desigual e, dado o caso, intervir corretivamente no quadro das cláusulas gerais do direito civil vigente" (apud SCHMITT, *Cláusulas...* cit., p.105).

protegido. Esta proteção, por sua vez, é exercida, principalmente, mediante a intervenção estatal nas relações de consumo.

A vulnerabilidade trata-se de uma condição específica do consumidor, o que significa que este ente relacional é frágil, e é observada, ao menos, sob três principais enfoques: a vulnerabilidade a partir da publicidade, a vulnerabilidade técnico-profissional e a vulnerabilidade jurídica.

Através da ótica da *publicidade, constata-se que, m*odernas técnicas de *marketing*, somadas a uma intensa publicidade, reforçada por mecanismos de convencimento e de manipulação psíquica utilizados pelos agentes econômicos, geram necessidades antes inexistentes, bem como representações ideais de situações de vida que induzem o consumidor a aceitá-las. Diante desta situação, o consumidor tem sua manifestação de vontade fragilizada, já não mais determinando suas prioridades e necessidades, e isso ocorre normalmente de forma por ele despercebida.[18]

Um atual exemplo sobre essa situação é a influência, quase que subliminar, sofrida pelos consumidores dos chamados influencers digitais: essa situação ocorre de forma mais corriqueira na plataforma do Instagram, de modo que os famosos nas mídias sociais utilizam produtos, nas fotos e vídeos de suas publicações, sem sequer noticiar aos que lhes assistem de que aquilo trata-se de uma publicidade. Assim, por exemplo, tem-se uma foto do influenciador online na praia, na qual, a legenda exalta as qualidades do lugar, a temperatura, mas na verdade, o que se deseja é mostrar um chinelo de uma determinada marca. O homem médio que visualiza a publicação não se dá conta, ao menos em um primeiro momento, de que se trata de uma técnica de marketing e, assim, incute no fundo do seu querer o desejo por aquele produto específico, já que ele é mostrado na publicação de uma personalidade famosa, em um momento ou um lugar que o consumidor gostaria de estar. Essa dentre outras práticas, tem sido utilizada com cada vez mais ferocidade com a finalidade de convencer o consumidor sobre a necessidade da compra de produtos ou serviços, fragilizando a sua verdadeira vontade.

ITURRASPE afirma que "o homem medieval, com suas escassas necessidades materiais, focadas nos alimentos e vestimentas, superava-as por seus próprios meios, ou recorria a poucos contratos de consumo".[19] De acordo com o jurista, o homem da pós-modernidade, por sua vez,

---

18. Assim, BONATO, Cláudio; MORAES, Valério Dal Pai. *Questões controvertidas no Código de Defesa do Consumidor*. 2. ed. Porto Alegre: Livraria do Advogado, 1999. p. 43.
19. SCHMITT, *Cláusulas....* cit., p. 162.

con motivo del *marketing*, de la publicidad, de la necessidad de vender más para producir más –y obtener mayores ganancias– há visto multiplicadas sus necessidades: en número y en calidad. Y a todas las siente, las vive como 'necessidades primarias y urgentes'. Es la sociedad del confort, del bienestar, de la opulencia, del 'tener' más y má cosas, como signo de realización personal, da satisfacción, de felicidad.[20]

Com esse descortinar de ideias é preciso mencionar que a vulnerabilidade do consumidor possui também natureza *técnico-profissional*. Neste sentido, MORAES descreve que

> A vulnerabilidade técnica acontece então quando o consumidor não detém conhecimentos sobre os meios utilizados para produzir produtos ou para conceber serviços, o que o torna presa fácil no mercado de consumo, pois, necessariamente, deve acreditar na boa-fé com que o fornecedor deve estar agindo.[21]

No que tange à vulnerabilidade *jurídica do consumidor, esta modalidade pode ser observada mediante a análise do uso de técnicas de contratação de massa que, por sua vez, podem ser representadas pelo instrumento que logrou-se chamar de contrato de adesão,* pelas condições gerais dos negócios e pelos demais instrumentos contratuais utilizados normalmente pelos fornecedores, que são empregados no intuito de conceder celeridade às contratações negociais. Dessa maneira, o mercado expõe, não raras vezes, fornecedores de produtos e serviços com setores jurídicos próprios e preparados para conflitos judiciais e extrajudiciais com seus consumidores.

Barbosa Moreira traz importantes afirmações sobre o tema dos contratos de adesão e a dos consumidores enquanto litigantes eventuais, ao passo que os fornecedores, podem ser observados como litigantes habituais.[22]

O reconhecimento oficial da vulnerabilidade do consumidor perante o fornecedor, e que não se confunde com a noção de hipossuficiência,[23] proporcionou a adoção de instrumentos capazes de garantir a maior paridade possível da posição do consumidor diante do fornecedor.

É justamente esta vulnerabilidade diagnosticada que pretendemos ver relacionada ao consumidor idoso, no intuito de analisar se este apresenta uma fragilidade acentuada no mercado de consumo, exigindo uma, ainda maior, proteção estatal no âmbito de determinadas relações negociais em que participa.

---

20. Idem.
21. MORAES, Valério Dal Pai. *Código de Defesa do Consumidor*: o princípio da vulnerabilidade no contrato, na publicidade, nas demais práticas comerciais. Porto Alegre: Síntese, 1999. 350p.
22. SCHMITT, *Cláusulas...* cit., p. 161.
23. Como ensina Moraes, "a hipossuficiência é um conceito relacionado ao processo e à possibilidade de custeá-lo, enquanto a vulnerabilidade é um conceito que relaciona as forças em geral dos dois polos da relação de consumo, verificando se um é mais fraco que o outro" (op. cit., p.122).

3. A "HIPERVULNERABILIDADE" DO CONSUMIDOR IDOSO

3.1 O reconhecimento de uma "hipervulnerabilidade" contratual do consumidor idoso

A Constituição Federal de 1988 insculpiu, em seu artigo 230, regra expressa acerca da proteção do idoso no âmbito social com a seguinte disposição: "A família, a sociedade e o Estado têm o dever de amparar as pessoas idosas, assegurando sua participação na comunidade, defendendo sua dignidade e bem-estar e garantindo-lhes o direito à vida".[24] O dispositivo constitucional é uma reiteração das prerrogativas fundamentais de proteção à dignidade,[25] à vida,[26] à igualdade,[27] possuindo como foco, no entanto, à pessoa idosa.

Contudo, foi a Lei 10.741/03, denominada de "Estatuto do Idoso", que providenciou grande incremento à proteção da pessoa idosa. Desde a sua promulgação o diploma passou a ser um grande marco oficial na regulamentação de direitos para as pessoas com idade superior a sessenta anos de idade, o que, por sua vez, conferiu melhor aplicabilidade ao supramencionado artigo 230 da Constituição Federal.[28]

O festejado diploma legal, em vigência desde início de janeiro de 2004, visa permitir a inclusão social dos idosos no Brasil, garantindo-lhes tratamento igualitário, e está perto de completar 20 anos. A passagem de tal tempo é motivo de comemoração por todos os juristas pátrios, bem como, pela sociedade. Através do Estatuto do Idoso, pretendeu-se impedir que os idosos continuassem sendo mantidos, em sua maioria, à margem da sociedade, como se fossem cidadãos de segunda classe.

Como já enfatizamos, ao citar o preconizado por Braga,

> O tipo de desenvolvimento econômico vigente no país tem gerado estruturalmente e sistematicamente situações práticas contrárias aos princípios éticos: gera desigualdades crescentes, gera injustiças, rompe laços de solidariedade, reduz ou extingue direitos, lança populações inteiras a condições de vida cada vez mais indignas. Ou seja, a classe dos excluídos está cada

---

24. *Caput* do artigo 230 da Constituição Federal de 1988.
25. Inciso III do artigo 1º da Constituição Federal de 1988.
26. *Caput* do artigo 5º da Constituição Federal de 1988.
27. Inciso IV do artigo 3º e *caput* do artigo 5º, ambos da Constituição Federal de 1988.
28. Cita-se, neste sentido, o enunciado dos artigos 2º e 3º do aludido estatuto: Art. 2º O idoso goza de todos os direitos fundamentais inerentes à pessoa humana, sem prejuízo da proteção integral de que se trata esta Lei, assegurando-lhe, por lei ou por outros meios, todas as oportunidades e facilidades, para preservação de sua saúde física e mental e seu aperfeiçoamento moral, intelectual, espiritual e social, em condições de liberdade e dignidade. Art. 3º É obrigação da família, da comunidade, da sociedade e do Poder Público assegurar ao idoso, com absoluta prioridade, a efetivação do direito à vida, à saúde, à alimentação, à educação, à cultura, ao esporte, ao lazer, ao trabalho, à cidadania, à liberdade, à dignidade, ao respeito e à convivência familiar e comunitária.

vez maior, dentre esses, temos os idosos. A sociedade brasileira está despreparada para receber a população crescente de idosos, afinal, o aumento da média de vida do brasileiro ainda não foi assimilado pela própria população."[29]

Na tentativa de corrigir algumas disparidades, o Estatuto do Idoso enuncia, por exemplo, garantias de prioridade ao idoso, que compreendem atendimentos preferenciais em órgãos públicos e privados, bem como destinação privilegiada de recursos destinados às áreas relacionadas à proteção do idoso.[30] O que tem sido visto é que a legislação trouxe efetivos benefícios às pessoas de sessenta anos ou mais e que, além disso, também deu início à certa mudança da consciência social, já que hoje as pessoas dão preferência aos idosos no transporte coletivo, em filas de espera, em estacionamentos etc., não apenas porque a lei assim ordena, mas porque o pensamento coletivo mudou.

É, contudo, na seara contratual, que veremos exposta uma intensa vulnerabilidade do consumidor idoso perante o fornecedor, o que quase duas décadas de vigor do Estatuto do Idoso ainda não foi corrigido, daí falarmos em "hipervulnerabilidade" como um paradigma a ser adotado na proteção do indivíduo mais fragilizado.

Sobre o tema já escrevemos anteriormente que o consumidor idoso pode vir a ser um hipervulnerável, pois para tanto, a circunstância do agravamento da vulnerabilidade deve ser observada no caso concreto.[31] É importante ressaltar que "considerando-se específicas limitações que atingem a pessoa idosa, ela pode ser transformada em um agente vulnerável, com a fragilidade agravada, tornando-se vítima potencial de determinados abusos."[32]

Neste sentido, Claudia Lima Marques afirma que o idoso, quando na posição de consumidor, é detentor de uma vulnerabilidade potencializada já que a sua vulnerabilidade é agravada nas formas técnica e fática, já que aquele com mais de sessenta anos é um leigo que, de forma constante e permanente, necessita

---

29. A autora é referida em artigo de nossa autoria intitulado "Indenização por dano moral do consumidor idoso no âmbito dos contratos de planos e de seguros privados de assistência à saúde" (*Revista de Direito do Consumidor*, São Paulo, n. 51, p. 131, julho/setembro de 2004). Segundo a autora: "Cabe ao Direito brasileiro reconhecer que o idoso não é um cidadão de segunda classe, mas uma pessoa mais bem-dotada cronologicamente. A sociedade e a família, consequentemente, precisam entender o envelhecimento de seus integrantes como uma evolução e não como um peso! Quando reconhecermos o potencial de nossos membros idosos, passaremos a lutar para que o Direito os reconheça como cidadãos. E finalmente, uma vez que os idosos tenham sua cidadania reconhecida e garantida, será possível dividir entre a Família, o Estado e a Sociedade, a responsabilidade e o prazer de cuidar daqueles que estão envelhecendo". Referida autora é citada por nós em artigo de nossa autoria intitulado (idem).
30. Assim, os incisos do parágrafo único do artigo 3º do Estatuto do Idoso.
31. SCHMITT, Cristiano Heineck. *Consumidores hipervulneráveis*: a proteção do idoso no mercado de consumo. São Paulo: Atlas, 2014. p. 234.
32. Ibidem, p. 234.

de serviços (principalmente os relacionados com saúde, doença e risco de morte iminente) e, além disso, não entende a complexa técnica dos contratos cativos de longa duração como os de saúde suplementar ou assistência funerária.[33]

3.2 Situações paradigmáticas de proteção especial ao consumidor idoso

O estudo de casos, a nosso ver, apresenta-se como importante ferramenta que serve para denunciar determinados abusos contratuais nos quais o consumidor idoso, em razão de sua idade avançada, passa a ser vitimado, sofrendo profundo desequilíbrio no mercado de consumo. Ou ainda, consoante assinalado por Schmitt,

> No caso do idoso, é elemento denunciador da sua fraqueza a relação de dependência acerca de determinados produtos e serviços, especialmente ligados à preservação da saúde já enfraquecida pelo avanço da idade. Em outras situações, esse indivíduo vê-se estigmatizado pelo fato de ser um idoso, condição pessoal confrontada com padrões ditados pela sociedade, em especial, aqueles que somente valorizam a juventude e a beleza corporal.[34]

O reconhecimento do idoso como um "consumidor especial" na condição de "hipervulnerável" ou detentor de vulnerabilidade agravada, ao longo da vigência do Estatuto do Idoso, tem permitido a punição de fornecedores que rescindam ilegalmente contratos de planos de saúde ou que imponham elevados reajustes prestações destes planos.

A falta de qualidade dos serviços públicos de saúde no Brasil, em total desobediência à Carta Magna no que toca ao direito à saúde, denuncia um ambiente de ausência de concorrência para as empresas administradoras de planos e seguros de assistência privada à saúde, que passam, então, a desfrutar de amplo mercado consumidor, podendo ditar as regras, praticando as mais diversas condutas prejudiciais aos consumidores de seus serviços.

Nesse descortinar de fatos é importante ressaltar a importância da livre concorrência aos consumidores, já que apenas em um mercado com liberdade de concorrência e sem barreiras à entrada de novos concorrentes é que os con-

---

33. MARQUES, Claudia Lima. Solidariedade na doença e na morte: sobre a necessidade de "ações afirmativas" em contratos de planos de saúde e de planos funerários frente ao consumidor idoso. In: SARLET, Ingo (Org.). *Constituição, direitos fundamentais e direito privado*. Porto Alegre: Livraria do advogado, 2003. p. 194.
34. SCHMITT, Cristiano Heineck. *Consumidores hipervulneráveis: a proteção do idoso no mercado de consumo*. São Paulo: Atlas, 2014. p. 235.

sumidores terão efetivo poder de escolha sobre os produtos e serviços, além da preservação do ser excedente[35] e a proteção do seu bem-estar.[36]

Dessa maneira, os fornecedores de planos de saúde têm plenas condições fáticas para exercer predomínio sobre seus consumidores, ditando, por exemplo, as regras de um contrato, de forma livre, ocasionando, como resultado lógico, relações desequilibradas.

Portanto, entendemos ser essencial, para a compreensão dessas afirmações, indicar alguns motivos e elementos normativos específicos que conferem proteção à posição contratual do consumidor idoso no âmbito dos contratos de planos e de seguros privados de assistência à saúde.

O Código de Defesa do Consumidor cogita uma fraqueza ainda maior, quando se trata de consumidor idoso, pois dispõe no inciso IV do caput do seu artigo 39 tratar-se de prática abusiva, vedando a sua prática pelo fornecedor de produtos ou serviços, "prevalecer-se da fraqueza ou ignorância do consumidor, tendo em vista sua idade, saúde, conhecimento ou condição social, para impingir-lhes seus produtos ou serviços".

Em similar linha de salvaguarda do consumidor idoso, a Lei 9.656/98, editada para regular os contratos de planos e de seguros privados de assistência à saúde, considerando a alteração imposta pela Media Provisória 2.177-44/01, previa, ao menos, três dispositivos expressos, e que se tratavam dos artigos 14, 15 (caput e parágrafo único) e 35-E (inciso I do *caput* e §§ 1º, 2º e 3º, e respectivos incisos), os quais voltam-se para a proibição de discriminação de consumidores idosos, delineando precisas regras de reajustes de prestações em razão de mudança de faixas etária.

No que tange ao artigo 35-E, conforme a redação que lhe foi dada pelas Medidas Provisórias 2.177-44/01 e 1.908-18/99, o mesmo teve a sua eficácia suspensa

---

35. O excedente do consumidor é a diferença entre a quantia que este sujeito da relação obrigacional estava disposto a pagar por um produto ou serviço e o que ele efetivamente teve de pagar pela prestação. Assim sendo, se o consumidor idoso estava disposto a pagar 500 reais a título de mensalidade de um plano de saúde e acabou por encontrar no mercado apenas opções de 400 e assim contratou, seu excedente foi de 100 reais. Em um mercado com livre concorrência, certamente, os concorrentes utilizaram o preço de seus produtos e serviços como um dos fatores de concorrência, por isso falamos que estes mercados preservarão o excedente do consumidor.
36. O bem-estar do consumidor é um conceito, de certa forma, amplo, a respeito do qual a doutrina ainda não chegou em consenso. Todavia, podemos afirmar que ele está intimamente ligado com a maneira, mediante a qual, o consumidor aplica e distribui seus recursos financeiros, aproveitando-os da menor maneira possível. De acordo com Heloisa Carpena, em um pequeno prazo ele pode significar adquirir o melhor produto ou a maior quantidade pelo menor preço, mas a longo prazo, o conceito de bem-estar pode estar relacionado com produtos com os maiores níveis de inovação e com a maior eficiência econômica. In: CARPENA, Heloísa. *Consumidor no direito da concorrência*. Rio de Janeiro: Renovar, 2005. p. 245.

em razão de medida liminar concedida parcialmente pelo Supremo Tribunal Federal no âmbito da Ação Direta de Inconstitucionalidade 1.931-8. Esta ação fora proposta pela Confederação Nacional de Saúde, órgão nacional representativo das empresas administradoras de planos e de seguros de assistência privada à saúde, contra os dispositivos da Lei 9.656/98 que, em outros aspectos, entende ofenderem o direito adquirido e o ato jurídico perfeito, em razão de regras que atingem contratos celebrados antes de sua vigência. Os dispositivos atacados, no caso, beneficiavam os consumidores, especialmente os idosos.

Ocorre que, na tentativa de restaurar direitos que tiveram a eficácia suspensa ante a liminar concedida no bojo da referida Ação Direta de Inconstitucionalidade 1.931-8, foi inserido, no corpo legal do Estatuto do Idoso (Lei 10.741/03), que passou a viger em janeiro de 2004, o § 3º do artigo 15, o qual veda quaisquer formas de discriminação do consumidor idoso de planos e seguros de saúde e que se manifestem através de cobranças de valores diferenciados em razão da idade.

Considerando que o Estatuto do Idoso é uma norma de proteção específica de pessoas de idade igual ou superior a sessenta anos de idade, como preceituado em seu artigo 1º, a leitura do § 3º do artigo 15 deste diploma legal deve ser realizada no sentido de concluir pela proibição de aumentos de mensalidade de contratos de planos e de seguros de assistência à saúde para consumidores que atinjam sessenta anos. Assim sendo, o último aumento permitido por mudança de faixa etária deve ocorrer aos cinquenta e nove anos do consumidor, restando vedado qualquer outro acima desta idade.

Destaca-se que, tal como redigido, o § 3º do artigo 15 do Estatuto do Idoso incide sobre contratos anteriores e posteriores a sua vigência, conforme é possível vislumbrar da sua análise: Artigo 15. [...] § 3º É vedada a discriminação do idoso nos planos de saúde pela cobrança de valores diferenciados em razão da idade".[37]

No entanto, a questão da aplicação ou não dos dispositivos legais supramencionados, ou seja, o parágrafo 3º do artigo 15 do Estatuto do Idoso, bem como o artigo 35-E da Lei 9.656/98, sobre os contratos ajustados antes de suas respectivas vigências, dependia do julgamento final da referida Ação Direta de Inconstitucionalidade 1.931-8.

Conforme já defendemos,

> [...] são plenamente aplicáveis às relações contratuais mantidas entre consumidores idosos e administradoras de planos e de seguros de assistência à saúde as normas constantes do Código de Defesa do Consumidor (Lei 8.078/90), com destaque para os incisos III e IV do

---

37. BRASIL. *Lei 70.741 de 2003*. Dispõe sobre o Estatuto do Idoso e dá outras providências. DOU de 03.10.2003.

artigo 6º, para os artigos 30, 31, 36, 37, 46, 47 e 51, e para os parágrafos 3º e 4º do artigo 54, os quais garantem o direito do consumidor à informação plena e compreensível acerca do serviço contratado, proibindo a propaganda enganosa, tornando vinculativa toda e qualquer promessa prestada pela fornecedora, prevendo a interpretação pró-consumidor em casos de dúvidas decorrentes da interpretação de cláusulas contratuais, e vedando a utilização de cláusulas reputadas abusivas, que acarretem desequilíbrio contratual em detrimento do consumidor.[38]

Com o julgamento[39] da Ação Direita de Inconstitucionalidade em comento o Supremo Tribunal Federal decidiu que dois artigos expressos da Lei 9.656/98, que pugnavam pela aplicação da mesma a contratos anteriores, eram tidos como inconstitucionais, violando o ato jurídico perfeito. Por outro lado, continua aplicável o CDC, com exceção das autogestões, de forma que situações de desequilíbrio, ou que desvirtuem o objeto do contrato, restam classificadas como abusivas e nulas de pleno direito.

Sobre o tema em enfoque, é preciso chamar a atenção para a tentativa de exclusão de pessoas idosas de planos de saúde. Esta situação prejudica severamente aquele indivíduo que, durante boa parte de sua vida, contribuiu com mensalidades para com a empresa administradora de planos e de seguros de saúde, e, ao alcançar uma faixa etária de maior risco, quando presumidamente utiliza-se com mais frequência dos serviços garantidos pelo seu contrato, é afastado injusta e ilicitamente da contratação.

Uma mera análise lógica denota que, ao ter que utilizar serviços garantidos pelo plano ou pelo seguro de saúde de forma mais constante, o idoso transforma-se em motivo de despesa para o fornecedor. Tanto isto é verdade que o avanço da idade se torna fundamento suficiente para o aumento do valor das mensalidades de planos ou seguro de saúde.

Assim, à medida que o indivíduo envelhece, sua mensalidade segue aumentando, de acordo com a sua faixa etária, pois especula-se que, quanto mais velho, mais doente é o consumidor, e daí a razão de ter que pagar mais pela assistência à saúde.

No entanto, caso a administradora de planos de saúde resolva aumentar, de forma arbitrária, as mensalidades dos consumidores idosos, a fim de compensar o

---

38. Indenização... cit., p. 135.
39. Neste sentido, observe-se como restou ementada a Ação Direta de Inconstitucionalidade: Ação direta de inconstitucionalidade – Norma atacada – Alteração – Prejuízo. A superveniente modificação da norma impugnada, sem aditamento à inicial, implica o prejuízo do controle concentrado de constitucionalidade. Planos de saúde – Regência – Observância. Os planos de saúde submetem-se aos ditames constitucionais, à legislação da época em que contratados e às cláusulas deles constantes – considerações. In: Brasil. Supremo Tribunal Federal. ADI 1931, Relator(a): Min. Marco Aurélio, Tribunal Pleno, julgado em 07.02.2018, Acórdão Eletrônico DJe-113 Divulg 07.06.2018 Public 08.06.2018.

uso intenso dos serviços cobertos, incidirá em violação de dispositivos normativos como o inciso X do caput do artigo 51 do Código de Defesa do Consumidor.[40]

As tentativas de afastar o consumidor idoso do serviço de planos de saúde têm sido feitas mediante as mais diversas artimanhas obscuras como, por exemplo, em situações que: 1) a operadora de saúde suplementar deixa de enviar os boletos bancários de pagamento das mensalidades do plano de saúde ao consumidor; 2) a fornecedora dos serviços de plano de saúde envia bloquetos de cobrança com valores equivocados com a finalidade de impedir o pagamento usual da mensalidade para que se configure a hipótese de inadimplência do consumidor – é necessário ressaltar que uma vez configurada a inadimplência, o consumidor pode ter o seu contrato rescindido, com amparo no inciso II do parágrafo único do artigo 13 da Lei 9.656/98, não podendo mais ser invocada a cobertura da administradora para o tratamento de enfermidades que ele possa vir a apresentar.[41]

Neste sentido, há o caso judicial ocorrido no ano de 2002 com dois consumidores, à época com 71 e 68 anos respectivamente, os quais propuseram uma ação indenizatória por danos morais e materiais contra determinada a empresa administradora de planos de saúde.[42]

---

40. De acordo com o aludido dispositivo legal, é reputada abusiva e nula de pleno direito a cláusula contratual que permita "ao fornecedor, direta ou indiretamente, variação do preço de maneira unilateral".
41. A inadimplência e a fraude são as duas únicas hipóteses admitidas pela legislação para justificar a suspensão, ou rescisão do contrato de plano ou de seguros de assistência à saúde.
42. Assim, como comentados por nós em outra oportunidade ("Indenização... cit., p. 140-141): "O referido processo, em que atuamos como patrono dos consumidores, trata-se de verdadeiro *leading case* sobre a matéria, especialmente ante a ausência de abordagem judicial acerca de situação específica. Trata-se do processo 109736281, que, em primeiro grau, tramitou perante a 7ª Vara Cível do Foro Central da comarca de Porto Alegre/RS. Resumindo-se o caso, em 1985, um dos autores-consumidores. havia celebrado um contrato de assistência médica, ingressando como associado da Golden Cross, principalmente por ter sido, há vários anos, representante comercial da mesma. A outra coautora era esposa do primeiro., e como tal foi incluída como sua dependente. Conforme pactuado, cabia à fornecedora enviar aos consumidores os bloquetos de cobrança das mensalidades do plano adquirido. Ocorre que os consumidores, no caos, não receberam da fornecedora os bloquetos referentes aos meses de março e abril de 2001, fato comunicado inúmeras vezes à Golden Cross. Contudo, foi enviado aos autores o bloqueto do mês de maio de 2001, o qual foi adimplido, mesmo que informando valor substancialmente superior ao normalmente pago (R$612,00). A mensalidade de maio fora elevada, sem aviso algum por parte da fornecedora, para R$811,00, perfazendo uma diferença de quase R$200,00 em relação ao último pagamento, realizado em fevereiro do mesmo ano. O referido aumento motivou novo pedido de explicações à fornecedora, a qual não se manifestou. Entretanto, após o mês de maio de 2001, os autores tentaram insistentemente pagar as parcelas referentes aos meses de março e abril de 2001, pedindo a fornecedora envio dos bloquetos respectivos, que acredita-se não tenham sido enviados propositadamente. Assim se sucedeu com os meses posteriores a maio de 2001, ou seja, a fornecedora suspendeu o envio de bloquetos de cobrança da mensalidade dos planos. Surpreendentemente, a fornecedora informou aos autores que o plano havia sido rescindido por inadimplência, referente aos meses de março, abril e maio de 2001. Considerando como rescindido o plano, para reativá-lo, a fornecedora exigiu o montante de R$7.000,00 (sete mil reais), que representa soma maior do que o décuplo daquilo que vinha sendo pago pelos autores, que, em razão disto, recusaram a oferta. Somente a partir de e dezembro de 2001, a fornecedora resolveu restaurar o envio de bloquetos de cobrança do plano. Seguindo orientação da

Transcorrido o processamento regular da ação a sentença considerou a fornecedora culpada pela situação verificada com os consumidores. Inconformada com a condenação imposta, a fornecedora recorreu, interpondo a Apelação Cível 70005890710, a qual foi julgada em 03.09.2003, pela 6ª Câmara Cível do Tribunal de Justiça do Rio Grande do Sul.[43]

É certo que o sistema de funcionamento dos contratos de planos e de seguros de assistência privada à saúde admite diferenciação do valor das mensalidades de acordo com a faixa etária do consumidor, o que se dá porque presumidamente

---

fornecedora, os autores efetuaram o pagamento dos meses de dezembro de 2001, janeiro e fevereiro de 2002, na expectativa que lhe fossem enviados os bloquetos dos meses anteriores. Em março de 2002, os autores receberam para pagamento os bloquetos referentes aos meses de março, abril, maio (que já estava pago), junho, julho, agosto, setembro, outubro e novembro de 2001. Contudo, não foi possível quitar as parcelas de 2001 remanescentes, pois foi informado pela fornecedora, em março de 2002, que um dos coautores havia sido excluído do plano contratado desde maio de 2001. Os autores, que eram casados, não poderiam anuir com a situação criada pela fornecedora. Cumpre salientar que os autores, à época do início da vigência da lei reguladora de planos de saúde no Brasil, mantinham o contrato com a Golden Cross há mais de quatorze anos. Mesmo assim, anuíram assinar um adendo contendo cláusula adicional às condições gerias do seu plano, pela qual seu contrato iria ser ajustado aos parâmetros da Lei 9.656/98, arcando, inclusive, com aumento de mensalidades decorrente das novas coberturas trazidas pelo referido diploma legal. Por várias vezes, a fornecedora tentou aumentar a mensalidade paga pelos autores, justificando com base no argumento da mudança de faixa etária. Não bastando isto, a Golden Cross efetivamente excluiu do plano um dos coautores, tendo conhecimento que esta situação provocara a retirada do outro. Com o desligamento do plano, como consequência do eventual inadimplemento forjado pela fornecedora, os autores passaram a depender da própria sorte, sendo que, para poderem retornar para o plano, deveriam suportar uma mensalidade muito superior àquela que pagavam normalmente. Caso tivessem que optar por outro plano, os autores teriam que suportar o período de carência normalmente imposto pelas seguradoras, os quais somente são superáveis com o pagamento de enormes quantias, impraticáveis para os demandantes, que perderam todos os descontos e benefícios já adquiridos com o plano antigo administrado pela Golden Cross. Face à quebra da confiança, da transparência e da boa-fé, por parte da fornecedora, tornou-se impossível aos autores a manutenção do contrato, pois, mesmo que exista condenação em razão dos abusos praticados, não há certeza de que a fornecedora não voltasse a incidir no mesmo delito, ou que formulasse outras situações no intuito de excluir os autores do plano, ou impor aumento ilegal de mensalidades, sem falar em possíveis argumentos de negativa de cobertura para determinados atendimentos. A situação gerou danos morais aos consumidores, sendo decorrentes da frustração das expectativas com a rescisão injusta de um contrato pago pontualmente há mais de quinze anos, além da angústia pela falta de cobertura, que se estenderá até a difícil celebração de ajuste similar com outra seguradora, com a superação do período de carência, mais a caracterização da inadimplência. Outrossim, observa-se também danos materiais consistentes, até então, no valor das parcelas pagas durante o ano de 2001, quando os autores foram alijados da cobertura do plano, uma vez que considerado rescindido o contrato a partir de março daquele ano, além da exclusão de um dos coautores. a contar de maio de 2001".

43. Segundo a ementa do aludido julgado, que reformou parcialmente a sentença, tem-se o seguinte: "Seguro saúde. Golden Cross. Aumento abusivo da mensalidade, sob pretexto de alteração da faixa etária. Conduta expressamente vedada pelo Código de Defesa do Consumidor. Exclusão culposa, ainda, da mulher do segurado dos benefícios do plano. Casal em idade avançada. Dano moral que se impõe reparar. Danos materiais decorrentes do pagamento indevido das mensalidades em período em que o plano estava cancelado. Ajustamento dos quantitativos fixados na sentença às circunstâncias da causa. Apelação em parte provida". Participaram do julgamento, ocorrido em 03 de setembro de 2003, os ilustres Desembargadores Cacildo de Andrade Xavier, João Batista Marques Tovo e Carlos Alberto Álvaro de Oliveira, sendo este último o Relator.

a frequência de utilização varia conforme a idade do indivíduo. No entanto, há regras que devem ser observadas para a aplicação de aumento por mudança de faixa etária, que obedecem à Lei 9.656/98 e ao Estatuto do Idoso.

Observando-se a data de contratação do plano ou de seguro-saúde, três são as situações apresentadas:[44] plano contratado ajustado antes de 02 de janeiro de 1999; plano contratado ajustado entre 02 de janeiro de 1999 e 1º de janeiro de 2004; e plano contrato ajustado após 1º de janeiro de 2004. O Estatuto do idoso é o diploma mais benéfico ao consumidor, pois apresenta a situação de impossibilidade de reajuste por mudança de faixa etária para indivíduos com sessenta anos ou mais.

Nessa ordem de ideias, impõe-se indagar se o Estatuto do Idoso, Lei 10.741/03, poderia ser utilizado para impedir reajustes por mudança de faixa etária para consumidores com sessenta anos ou mais, mesmo em contratos em contratos celebrados antes de 1º de janeiro de 2004? A nossa resposta, inicialmente ainda é negativa. Sobretudo, tentamos responder ao questionamento com a remissão à decisão, de relatoria do Juiz gaúcho Eugênio Facchini Neto, cuja ementa consigna:

> Plano de saúde. Contrato cativo de longa duração. Idoso. Aumento da contribuição em razão de ingresso em faixa etária diferenciada. Previsão contratual. Aumento de 100%. Abusividade configurada. Irretroatividade do estatuto do idoso aos contratos celebrados anteriormente. Aplicação simultânea da Lei 9.565/98 e do código de defesa do consumidor. Doutrina do "diálogo das fontes". Redução do percentual de acréscimo para 30%. Precedente jurisprudencial. recurso parcialmente provido.
>
> 1. Dentre os novos sujeitos de direito que o mundo pós-moderno identifica, a Constituição Federal de 1988 concede uma proteção especial a dois deles, que interessa ao tema dos planos de saúde: o consumidor e o idoso. Disto resultam alguns efeitos no âmbito do direito privado, destacam-se uma comprometida interpretação da lei e das cláusulas contratuais e um maior rigor no controle de cláusulas abusivas. O idoso é um consumidor duplamente vulnerável, necessitando de uma tutela diferenciada e reforçada.
>
> 2. Não se afigura desarrazoada a cláusula contratual de plano de saúde que, de forma clara e destacada, preveja o aumento da contribuição do aderente ao plano em razão de ingresso em faixa etária em que os riscos de saúde são abstratamente maiores, em razão da lógica atuarial que preside o sistema.
>
> 3. Todavia, revela-se abusiva e, portanto, nula, em face do Código de Defesa do Consumidor, a cláusula de reajuste em percentual tão elevado que configure uma verdadeira barreira à permanência do segurado naquele plano.
>
> 4. Em tal situação, considerando os enormes prejuízos que teria o segurado se migrasse para outro plano ao atingir idade de risco, justifica-se a redução do percentual de reajuste.
>
> 5. Aplicação do princípio da razoabilidade e da proporcionalidade a justificar a redução do aumento de 100% para 30%.[45]

---

44. Observação da Agência Nacional de Saúde Suplementar, que pode ser conferida no *site* [www.ans.gov.br].
45. Recurso Inominado 710006394443, julgado em 29.03.2005, pela Terceira Turma Recursal Cível do Rio Grande do Sul.

Com relação aos fatos, tratava-se de ação judicial pela qual a autora-consumidora pretendia ver declarada a nulidade da cláusula contratual que previa o aumento em dobro da sua contribuição para o plano de saúde que mantinha há vários anos com a operadora, em razão de ter atingido a idade de 60 anos. Pretendia, assim, continuar pagando o valor da mensalidade que lhe era cobrada antes de atingir tal faixa etária. A sentença acolheu integralmente a pretensão da autora, declarando a nulidade, por abusividade, da cláusula contratual que previa a majoração em 100% do valor da contribuição ao se completar a idade de 60 anos. O juízo de primeiro grau fundamentou-se também no art. 15, §3º, do Estatuto do Idoso, o qual tinha como imediatamente aplicável, entendendo tratar-se de norma de ordem pública.

Diante desta decisão, a operadora recorreu, reiterando a impossibilidade da aplicação da Lei dos Planos de Saúde e do Estatuto do Idoso aos contratos celebrados anteriormente às respectivas vigências, em razão da garantia constitucional da irretroatividade da lei como garantia de preservação de atos jurídicos perfeitos.

Conforme assinalado pelo Relator do acórdão supra referido:

> De fato, colidem, na hipótese, diversos princípios constitucionais. De um lado, o princípio constitucional da autonomia privada, da liberdade de iniciativa (art. 170, *caput*, da CF/88), inclusive na área de assistência à saúde (art. 199 da CF/88), bem como o direito fundamental de garantia do ato jurídico perfeito (art. 5º, XXXVI). De outro, a defesa do consumidor prevista como direito fundamental (art. 5º, XXXII), como princípio geral da ordem econômica (art. 170, V), como mandamento constitucional (art. 48 do ADCT), bem como o princípio constitucional de amparo às pessoas idosas (art. 230), com o mandamento de tutela de sua dignidade e bem-estar.

Contudo, foi considerado, no acórdão, que, tendo a consumidora e autora ação aderido ao plano de saúde da operadora em dezembro de 1994, não seria ela beneficiada pela Lei 9.656/98, e tampouco pelo Estatuto do Idoso. Atualmente, a partir do julgamento da Ação Direta de Inconstitucionalidade 1931, efetivamente, a Lei dos Planos de Saúde não teria aplicação, mas ao Estatuto do Idoso, não se pode negar aplicação por, justamente, ser o diploma uma norma de ordem pública.

No entanto, na hipótese de verificação de barreiras judiciais à aplicação do Estatuto do Idoso e da Lei 9.565/98 aos contratos anteriores à sua vigência, outras alternativas deveriam ser buscadas pelo aplicador da lei para garantir a comutatividade contratual.

Conforme o Relator do acórdão, em trecho de seu voto:

> A jurisprudência gaúcha tem entendido que a previsão de aumento da contribuição, em razão de mudança de faixa etária, por si só não é ilegal ou abusiva, quando houver informação esclarecida a respeito. A abusividade, porém, poderá ser reconhecida quando a previsão de tal cláusula servir como barreira à manutenção do vínculo, impedindo a permanência

do consumidor idoso no sistema e, com isso, violar sua legítima expectativa de proteção contratual.[46]

Como no caso em tela o instrumento contratual previa um aumento de 100% quando o contratante atingisse a idade de 60 anos, e mais 100% de majoração quando fosse atingida a idade de 70 anos, referido percentual de aumento foi classificado pelos julgadores como "despropositado, desarrazoado e desproporcional ao aumento dos riscos a que o contratante passou a estar sujeito, ao ingressar em outra faixa etária". E, como solução judicial para o caso, fixou-se, no entanto, o percentual de somente 30% de reajuste por mudança de faixa etária.

Ainda mais reflexivo sobre o assunto, é o resultado do julgamento, ocorrido em 25 de março de 2008, do Recurso Especial 809.329/RJ, pela Terceira Turma do Superior Tribunal de Justiça, tendo como relatora a Ministra Fátima Nancy Andrighi, e que afastou qualquer possibilidade de reajuste por mudança de faixa etária a consumidor com mais de sessenta anos, ainda que seu contrato fosse anterior ao Estatuto do Idoso.[47] Em decisão mais recente, a referida corte entendeu

---

46. Constante do julgamento do Recurso Inominado 710006394443, julgado em 29.03.2005, pela Terceira Turma Recursal Cível do Rio Grande do Sul.
47. Ainda mais reflexivo sobre o assunto, é o resultado do julgamento, ocorrido em 25 de março de 2008, do Recurso Especial 809.329/RJ, pela Terceira Turma do Superior Tribunal de Justiça, tendo como relatora a Ministra Fátima Nancy Andrighi, e que afastou qualquer possibilidade de reajuste por mudança de faixa etária a consumidor com mais de sessenta anos, ainda que seu contrato fosse anterior ao Estatuto do Idoso. Nesse sentido, apresentamos a ementa do julgado: "Direito civil e processual civil. Recurso especial. Ação revisional de contrato de plano de saúde. Reajuste em decorrência de mudança de faixa etária. Estatuto do idoso. Vedada a discriminação em razão da idade. O Estatuto do Idoso veda a discriminação da pessoa idosa com a cobrança de valores diferenciados em razão da idade (art. 15, § 3º). Se o implemento da idade, que confere à pessoa a condição jurídica de idosa, realizou-se sob a égide do Estatuto do Idoso, não estará o consumidor usuário do plano de saúde sujeito ao reajuste estipulado no contrato, por mudança de faixa etária. A previsão de reajuste contida na cláusula depende de um elemento básico prescrito na lei e o contrato só poderá operar seus efeitos no tocante à majoração das mensalidades do plano de saúde, quando satisfeita a condição contratual e legal, qual seja, o implemento da idade de 60 anos. Enquanto o contratante não atinge o patamar etário preestabelecido, os efeitos da cláusula permanecem condicionados a evento futuro e incerto, não se caracterizando o ato jurídico perfeito, tampouco se configurando o direito adquirido da empresa seguradora, qual seja, de receber os valores de acordo com o reajuste predefinido. Apenas como reforço argumentativo, porquanto não prequestionada a matéria jurídica, ressalte-se que o art. 15 da Lei 9.656/98 faculta a variação das contraprestações pecuniárias estabelecidas nos contratos de planos de saúde em razão da idade do consumidor, desde que estejam previstas no contrato inicial as faixas etárias e os percentuais de reajuste incidentes em cada uma delas, conforme normas expedidas pela ANS. No entanto, o próprio parágrafo único do aludido dispositivo legal veda tal variação para consumidores com idade superior a 60 anos. E mesmo para os contratos celebrados anteriormente à vigência da Lei 9.656/98, qualquer variação na contraprestação pecuniária para consumidores com mais de 60 anos de idade está sujeita à autorização prévia da ANS (art. 35-E da Lei 9.656/98). Sob tal encadeamento lógico, o consumidor que atingiu a idade de 60 anos, quer seja antes da vigência do Estatuto do Idoso, quer seja a partir de sua vigência (1º de janeiro de 2004), está sempre amparado contra a abusividade de reajustes das mensalidades com base exclusivamente no alçar da idade de 60 anos, pela própria proteção oferecida pela Lei dos Planos de Saúde e, ainda, por efeito reflexo da Constituição Federal que estabelece norma de defesa do idoso no art. 230. A abusividade na variação das contraprestações pecuniárias deverá ser aferida em cada caso

que é possível a cláusula por aumento de idade, desde que mesma não represente abuso prejudicial ao consumidor. No julgamento do tema 952, o STJ acolheu a tese de que reajustes por mudança de faixa etária são possíveis, desde que previstos contratualmente, em sede de planos individuais, reprisando esse entendimento no julgamento do tema 1.016, sobre o mesmo tipo de reajuste, em planos de saúde coletivos. É claro que tal cenário está prejudicando em muito quem já não está mais no mercado de trabalho e vive de aposentadoria, como é o caso do idoso.

Em outra decisão, que inadmitiu recurso extraordinário, o Supremo Tribunal Federal afirmou que, independentemente da data de celebração do negócio, o Estatuto do Idoso e o Código de Defesa do Consumidor são aplicáveis a todos os contratos de planos de saúde.[48]

Além da seara contratual observada, outro tema que está a depender de estudo específico é da operação de crédito consignado ao idoso, autorizada pela Lei 10.820/03. Conforme divulgado no site do Jornal Folha de São Paulo,[49] referida forma de contratação de crédito com consumidores idosos tem provocado dados alarmantes, que vão desencadear um processo de superendividamento intenso.[50] Ainda, de acordo com o Jornal Gazeta do Povo, em 2014 os aposentados deviam R$ 71 bilhões em empréstimos consignados.[51]

Neste sentido, tem sido constatada a maciça procura por linhas de crédito oferecidas de forma indiscriminada pelas instituições financeiras, alguns casos

---

concreto, diante dos elementos que o Tribunal de origem dispuser. Por fim, destaque-se que não se está aqui alçando o idoso a condição que o coloque à margem do sistema privado de planos de assistência à saúde, porquanto estará ele sujeito a todo o regramento emanado em lei e decorrente das estipulações em contratos que entabular, ressalvada a constatação de abusividade que, como em qualquer contrato de consumo que busca primordialmente o equilíbrio entre as partes, restará afastada por norma de ordem pública. Recurso especial não conhecido". O julgado, no caso, é interessante sob o aspecto da proteção do consumidor idoso. Contudo, consideramos ainda ser cedo para confirmar que referida decisão não possa ser revista pelo Supremo Tribunal Federal no aspecto concernente à eventual violação ao ato jurídico perfeito realizado sob a égide de legislação anterior.

48. Brasil. Supremo Tribunal Federal. ARE 1113574, Relator(a): Min. Luiz Fux, julgado em 25/04/2018, publicado em Processo Eletrônico DJe-084 Divulg 30.04.2018 Public 02.05.2018.
49. Acessado no *site* [www.folha.uol.com.br], em 24.09.2018, sob o título "Aposentados já tomaram 27 bi em empréstimo consignado".
50. De fato, o "Superendividamento", ou "Sobre-endividamento", tornou-se fenômeno recorrente na sociedade brasileira. É, pois, no dizer de Costa: "Fruto da sociedade de massas, onde o consumo é cada vez mais incentivado, através de publicidades agressivas, geradoras de falsas necessidades". Mas, adverte o autor, "pode, também, ser fruto de atos de credores que, rompendo com as justas expectativas dos devedores, cometem ilícitos no afã de obterem margens de lucro cada vez maiores. Mesmo sob este prisma, revela-se patente que este fenômeno é característico de uma sociedade onde o consumo é cada vez mais valorizado, passando a pessoa humana a ser vista como algo com potencial de compra" (COSTA, Geraldo de Faria Martins da. O direito do consumidor e a técnica do prazo de reflexão. *Revista de Direito do Consumidor*, São Paulo, n. 43, p.259-260, julho-setembro de 2002).
51. Gazeta do Povo. Aposentados devem R$ 71 bilhões em empréstimos consignados. Pedro Brodbeck em 10/07/2014. Disponível em: [https://www.gazetadopovo.com.br/economia/aposentados-devem--r-71-bilhoes-em-emprestimos-consignados-eaqam9pv3304ol92tef0t4lla/]. Acesso em: 24.09.2018.

interessantes vão sendo revelados pelos tribunais pátrios, no que tange à proteção do consumidor idoso, embora muito haja para ser construído sobre as formas de contratação destes créditos.

Sobre este assunto, vale mencionar que agora os idosos também contam com a Lei 14.181 de 1º de julho de 2021, que veio para alterar o Código de Defesa do Consumidor e o Estatuto do Idoso. Com isso, aperfeiçoa-se a disciplina do crédito ao consumidor, na medida em que dispõe sobre a prevenção e o tratamento do superendividamento.

Referida alteração incluiu como parte da Política Nacional de Relações de Consumo o fomento de ações direcionadas à educação financeira e ambiental dos consumidores[52] e a prevenção e o tratamento do superendividamento como forma de evitar a exclusão social do consumidor.[53]

E, para concretizar a referida política, o poder público passa a contar com instituição de mecanismos de prevenção e tratamento extrajudicial e judicial do superendividamento e de proteção do consumidor pessoa natural[54] e, ainda, com a instituição de núcleos de conciliação e mediação de conflitos oriundos de superendividamento.[55]

Nesta toada, inclusive, vale mencionar os transtornos sofridos pelos idosos a partir d da pandemia de Coronavírus – COVID-19. Além dos diversos problemas que esta parcela da sociedade sempre tem enfrentado, ainda se depararam com a falta de vacina,[56] falta de moradia,[57] taxas preocupantes de mortalidade frente à doença,[58] superlotação dos atendimentos dos hospitais privados e falta de agenda para realização de consultas médicas e exames aos conveniados de planos de saúde, dificuldade no pagamento de mensalidades da saúde privada, além da situação da

---

52. Art. 4º, IX.
53. Art. 4º, X.
54. Art. 5º, VI.
55. Art. 5º, VII.
56. A este exemplo vide: CORREIO BRASILIENSE. Faltam vacinas contra a gripe para idosos e profissionais da saúde. Disponível em: [https://www.correiobraziliense.com.br/app/noticia/cidades/2020/04/01/interna_cidadesdf,841789/faltam-vacinas-contra-a-gripe-para-idosos-e-profissionais-da-saude.shtml]. Acesso em: 02.04.2022.
57. Vide: METRÓPOLES. Idosos sem condições de moradia no DF vão para hotéis. GDF custeará as diárias, mais baixas do que é normalmente cobrado. Governo procura mais parceiros no setor. Disponível em: [https://www.metropoles.com/distrito-federal/idosos-sem-condicoes-de-moradia-no-df-vao-para-hoteis]. Acesso em: 02.04.2022.
58. Vide: METRÓPOLES. Coronavírus: DF tem mais 4 mortes, sendo uma delas em residência. As vítimas são 3 mulheres e 1 homem, todos idosos. Eles apresentavam comorbidades. Disponível em: [https://www.metropoles.com/colunas/grande-angular/coronavirus-df-tem-mais-4-mortes-sendo-uma-delas-em-residencia] e CORREIO BRAZILIENSE. Coronavírus: Idosos precisam de cuidados especiais durante a pandemia. Disponível em: [https://www.correiobraziliense.com.br/app/noticia/cidades/2020/04/17/interna_cidadesdf,845452/coronavirus-idosos-precisam-de-cuidados-especiais-durante-a-pandemia.shtml]. Acesso em: 02.04.2022.

pandemia ter sido solo fértil para a aplicação de golpes telefônicos e cibernéticos a esta camada da população.

Durante a pandemia de Coronavírus, os golpes contra os idosos aumentaram em 60%, de acordo com notícias veiculadas na mídia.[59] Os golpes mais comuns foram os de *phising*, prática esta que se trata do envio de uma comunicação eletrônica fraudulenta que contaminam o dispositivo com vírus, ou que direcionam o idoso a websites falsos. Também foi bastante aplicado o golpe do motoboy, prática esta que consiste em uma ligação de um suposto atendente do banco, em que o idoso possui conta ou instituição financeira de que faça uso de cartão de crédito, informando uma transação financeira em elevado valor, questionando se o cliente reconhece a mesma. O idoso, assustado, informa que não reconhece a operação bancária, então o atendente pede a confirmação e a informação de alguns dados, inclusive da senha do cartão físico e, para dar mais veracidade ao golpe, pede que o idoso quebre ou corte o cartão magnético. Então, informa que um motoboy do banco irá até a residência da vítima e recolherá o cartão para perícia. A partir daí, uma sucessão de prejuízos financeiros é implicado ao consumidor, tal como, o uso do seu crédito e a movimentação de suas contas.

Sobre golpes praticados que se verificaram no passado, contra consumidores idosos, um caso que chama a atenção de todos e que demonstra, nitidamente, a hipervulnerabilidade do idoso é o da "almofada terapêutica", produto este voltado a pessoas de avançada idade, essencialmente àquelas afetadas por doenças reumáticas, mas que se comprovou ser inadequado e ineficiente, e cuja venda causou severos danos patrimoniais e morais à grande parcela de consumidores idosos, pois, em verdade, nada havia de terapêutico no produto. Contudo, seu pagamento envolvia dispêndios, pelos consumidores, que variavam entre R$600,00 a R$1.500,00, realizados mediante descontos de pensões e de aposentadorias pagas pelo Instituto Nacional do Seguro Social (INSS). Acerca deste caso, ocorrido no Rio Grande do Sul, no ano de 2007, o Ministério Público deste Estado ingressou com a ação civil pública 10702336266, na qual, inclusive, fora concedida ordem liminar determinando a suspensão de comercialização do produto referido.

Outra importante situação que envolveu idosos e crédito foi a do julgado proferido pela 4ª Turma do Tribunal Regional Federal da 4ª Região, nos autos do agravo de instrumento 2007.04.00.023562-9/PR.[60] Na ocasião, em manifesta prática abusiva, em restrição aos direitos dos consumidores, determinadas instituições

---

59. Neste sentido, veja-se: G1. Golpes financeiros contra idosos cresceram 60% desde o início da pandemia, diz Febraban. Disponível em: [https://g1.globo.com/economia/noticia/2020/09/02/golpes-financeiros-contra-idosos-cresceram-60percent-desde-o-inicio-da-pandemia-diz-febraban.ghtml]. Acesso em: 02.04.2022.
60. Relator Juiz Federal Márcio Antônio Rocha. Acórdão publicado na *Revista de Direito do Consumidor*, São Paulo, n. 65, p.336-345, de 2008.

passaram a oferecer cartões de crédito aos aposentados, sem a observação do teto contratual definido pela Lei 10.820/03. Referida lei é complementada também pela Instrução Normativa 121/05 do Instituto Nacional de Seguridade Social, a qual estabelece procedimentos para a consignação em pagamentos de empréstimos contraídos por beneficiários da Previdência Social. Ao pretender conceder crédito consignado a aposentados e beneficiários do INSS, a instituição financeira deveria observar a taxa de juros remuneratórios máxima de 2,90% ao mês. No entanto, no que se refere ao cartão de crédito oferecido a estas pessoas, alguns fornecedores estavam aplicando taxas que variavam de 8,99% a 11% ao mês. Neste sentido, a decisão proferida pelo Tribunal Regional Federal da 4ª Região determinou que, também para os cartões de crédito, fosse mantido o teto da Lei 10.820/03. O julgado destacou, ainda, o caráter abusivo da forma como a clientela do contrato de cartão de crédito era captada, abordando-se os segurados do INSS que se dirigiam às filas dos caixas para receberem o respectivo benefício previdenciário, em momento em que sequer imaginavam estarem ali para adquirir um produto ou serviço bancário.

Contudo, referida linha de crédito, que, atualmente, pode comprometer parcela de vinte por cento da renda mensal do aposentado e beneficiário idoso do INSS, causa-nos certo temor, por parecer estar cada vez mais próxima a ideia de um superendividamento em larga escala destes indivíduos. Vemos nestes casos envolvendo concessão de crédito consignado detalhes ricos em análise e que necessitam de melhor e maior aprofundamento, a fim de tentar-se reduzir a aquilo que estamos a observar e identificar como de "hipervulnerabilidade" do consumidor idoso.

Cabe ressaltar também, em sentido protetivo, a edição da Resolução 2.878 do Banco Central do Brasil, de 27.09.01, designada, por estas instituições, como "Código do Cliente Bancário". Em princípio, este diploma normativo não traz propriamente novos direitos já consagrados pelo Código de Defesa do Consumidor. Contudo, no que diz respeito a clientes idosos e portadores de deficiências, esta resolução indica procedimentos que devem ser adotados pelas instituições financeiras no Brasil, quando da contratação com esses indivíduos.

Todavia, a mencionada Resolução foi revogada pela Resolução 3.694 de 2009 do Banco Central do Brasil. Ainda, nesse renovar de resoluções ocorreu que a Resolução 4.283 de 2013 a atualizou. Portanto, atualmente, tem-se uma resolução que dispõe acerca da "prevenção de riscos na contratação de operações e na prestação de serviços por parte de instituições financeiras e demais instituições autorizadas a funcionar pelo Banco Central do Brasil" que, ainda que com algumas mudanças – se em comparação com a Resolução 2.878 de 2001 – preocupa-se com adequação de produtos e serviços;[61] a legitimidade das operações e dos serviços

---

61. Conforme o artigo 1º, inciso I.

contratados, resguardando-se a integridade, a segurança e confiabilidade dos mesmos;[62] ao respeito do direito de informação;[63] o fornecimento tempestivo de contratos, recibos e quaisquer outros documentos que tenham relação com as operações e os serviços oferecidos pelas instituições financeiras;[64] a clareza nas informações contratuais e a identificação de todas as condições da avença;[65] dentre a observação de outros direitos e parâmetros morais e legais.

Observando-se os julgados apresentados, é possível afirmar que existe uma proteção ainda mais diferenciada e forte quando se trata de consumidor idoso, justamente, em razão de sua condição etária.

4. CONCLUSÃO

Durante a elaboração do presente trabalho viu-se que o mandamento constitucional de proteção do idoso tornou-se um guia, irradiando seus efeitos sobre as leis ordinárias. Também é protegido constitucionalmente o consumidor. Assim sendo, o idoso, quando na figura de consumidor merece atenção e proteção especiais, já que ele, na posição de ente mais fraco da relação de consumo, é um hipervulnerável.

As situações de desequilíbrio contratual, nas relações particulares, são verificadas de forma frequente. Elas também são fatores de desorganização social, impondo que vários indivíduos deixem de pagar as suas dívidas, porque enquadram-se na figura de relações desequilibradas. Por outro lado, e como consequência desta situação estabelecida, o fator da inadimplência torna-se o recurso utilizado por inúmeros fornecedores como justificativa para o aumento de preços, especialmente dos juros, acarretando prejuízo para toda a sociedade, impedindo o desenvolvimento nacional.

Ao longo dos estudos concluímos que, realmente, existem categorias de "hipervulneráveis", como cremos ser o caso dos consumidores idosos, os quais demandam uma proteção mais intensa, e melhor atenção do Estado para algumas formas de contratação, em que a idade se apresenta como fator de vulnerabilidade mais aguda. Como exemplo, observamos o caso dos contratos de planos e de seguros privados de saúde e a linha de financiamento designada de "crédito consignado para aposentados".

Com a larga adesão cada vez maior ao mundo digital, das transações eletrônicas, fato impulsionado pela pandemia de COVID-19, a qual exigiu isolamentos,

---

62. Conforme o artigo 1º, inciso II.
63. Conforme o artigo 1º, inciso III.
64. Conforme o artigo 1º, inciso IV.
65. Conforme o artigo 1º, inciso V.

surge também um volume muito grande de golpes cibernéticos, sendo os idosos um público muito visado por fraudadores, exigindo-se um maior cuidado com esses consumidores de idade avançada. No âmbito digital, é visível a fragilidade de idosos frente a esses desafios. Diferentemente do que pensamos na anterior edição deste artigo, entendemos que nesse ambiente de redes e internet, uma normatividade protetiva de consumidores se faz necessária, com fulcro de evitar-lhes a ruína, assim como meios mais seguros de contenção de golpes. .

5
BREVES REFLEXÕES ACERCA DA RESPONSABILIDADE CIVIL PELO RISCO DAS NOVAS TECNOLOGIAS USADAS NA PESSOA IDOSA

Marcelo Junqueira Calixto

Doutor em Direito Civil (UERJ). Professor Adjunto da PUC-Rio. Professor dos cursos de Pós-Graduação da FGV, UERJ e EMERJ. Advogado e consultor.

Sumário: 1. Introdução – 2. Da consagração da responsabilidade civil objetiva fundada no "risco da atividade" – 3. Das novas tecnologias e seu potencial de danos à pessoa idosa – 4. Conclusão.

1. INTRODUÇÃO

A Constituição da República de 1988 consagrou uma especial proteção a ser concedida aos idosos.[1] Tal norma revela que, já àquela época, percebia-se a urgente necessidade de um tratamento mais humano em favor daqueles que vivenciam uma redução em seus futuros dias de vida.

Passou a ser exigida, assim, uma manifestação, também urgente, do legislador ordinário, o que só se consumou, efetivamente, em 2003, por meio do chamado "Estatuto do Idoso".[2] Este diploma legal, porém, embora represente importante avanço normativo, não trouxe nenhuma norma específica acerca da responsabilidade civil por danos causados a idosos, em especial no caso de atividades potencialmente lesivas.

Este "silêncio normativo" permite que se busque no ordenamento jurídico alguma norma jurídica que, cabalmente, seja capaz de garantir uma proteção diferenciada, atendendo-se, assim, ao ditame constitucional e legal.[3] Tal norma

---

1. Veja-se o disposto no art. 230 da Constituição: "Art. 230. A família, a sociedade e o Estado têm o dever de amparar as pessoas idosas, assegurando sua participação na comunidade, defendendo sua dignidade e bem-estar e garantindo-lhes o direito à vida. § 1º Os programas de amparo aos idosos serão executados preferencialmente em seus lares. § 2º Aos maiores de sessenta e cinco anos é garantida a gratuidade dos transportes coletivos urbanos".
2. Trata-se da Lei 10.471, de 01 de outubro de 2003, que assevera em seu art. 1º: "Art. 1º É instituído o Estatuto do Idoso, destinado a regular os direitos assegurados às pessoas com idade igual ou superior a 60 (sessenta) anos".
3. Observe-se, nesse sentido, que o art. 2º do Estatuto do Idoso, obedecendo ao mandamento constitucional, assegura a "proteção integral" do idoso, *verbis*: "Art. 2º O idoso goza de todos os direitos fundamentais

haverá de ser aplicada, com maior razão, na hipótese de danos decorrentes de "novas tecnologias" empregadas neste crescente ramo da população brasileira, uma vez que são pessoas especialmente *vulneráveis*, ainda que *não* sejam, necessariamente, *consumidores* de produtos ou serviços.[4]

2. DA CONSAGRAÇÃO DA RESPONSABILIDADE CIVIL OBJETIVA FUNDADA NO "RISCO DA ATIVIDADE"

Recorde-se, nesse sentido, que uma das grandes novidades do Código Civil de 2002 foi a consagração de uma "cláusula geral" de responsabilidade civil objetiva (art. 927, parágrafo único), a qual se coloca ao lado da já conhecida "cláusula geral" de responsabilidade civil subjetiva (art. 927, caput). Dispõe, em verdade, o art. 927 do vigente diploma civil:

> Art. 927. Aquele que, por ato ilícito (arts. 186 e 187), causar dano a outrem, fica obrigado a repará-lo. Parágrafo único. Haverá obrigação de reparar o dano, independentemente de culpa, nos casos especificados em lei, ou quando a atividade normalmente desenvolvida pelo autor do dano implicar, por sua natureza, risco para os direitos de outrem.

Referida cláusula geral não encontra paralelo nos congêneres europeus[5] e, desde a entrada em vigor do diploma nacional, tem sido objeto de inúmeras reflexões sobre o seu sentido e alcance. Quanto ao sentido, indaga-se, em primeiro lugar, qual seria o preciso significado da palavra "atividade". O intérprete, naturalmente, recorda que a mesma palavra é empregada no conceito de "serviço" do

---

inerentes à pessoa humana, sem prejuízo da proteção integral de que trata esta Lei, assegurando-se-lhe, por lei ou por outros meios, todas as oportunidades e facilidades, para preservação de sua saúde física e mental e seu aperfeiçoamento moral, intelectual, espiritual e social, em condições de liberdade e dignidade".

4. O conceito de *vulnerabilidade* foi, em verdade, especialmente desenvolvido pela doutrina consumerista, uma vez que, no CDC, encontra consagração expressa (art. 4º, inciso I). É inquestionável, porém, que também o idoso, seja ou não consumidor, é uma pessoa vulnerável, como bem esclarece Fabiana Rodrigues Barletta (*O direito à saúde da pessoa idosa*. São Paulo: Saraiva, 2010. especialmente p. 23-36). Afirma a autora (p. 28): "Procura-se firmar a vulnerabilidade física, psíquica e social do idoso, para que seja encontrada, também, sua vulnerabilidade jurídica. Assim, quando não existe igualdade de fato entre as pessoas, as regras jurídicas não podem ser iguais para todos. Aos *diferentes*, em razão do envelhecimento que os vulnerabiliza, precisa-se assegurar igualdade jurídica, a fim de mitigar sua desigualdade material em relação às pessoas de outra faixa etária garantindo o humanismo em sociedade" (original grifado).

5. Esta falta de "paralelismo" foi corretamente observada por Wesley de Oliveira Louzada Bernardo (*Responsabilidade civil automobilística*: por um sistema fundado na proteção à pessoa. São Paulo: Atlas, 2009), que afirma (p. 40): "A questão parece ter causado certa perplexidade aos estudiosos da responsabilidade civil, não por preconizar a responsabilidade objetiva, já defendida por autores no início do século XX e consagrada em diversos diplomas legislativos e, sim, pelo estabelecimento de tal modalidade por meio da técnica de cláusulas gerais. Isso agravado pelo fato de que não se tem notícia da existência de outra cláusula geral de responsabilidade civil objetiva, ao menos em direitos de matriz semelhante ao brasileiro".

Código de Defesa do Consumidor (art. 3º, § 2º),[6] o que parece traduzir a ideia de *reiteração* de atos, não se considerando "atividade", portanto, a prática *isolada* de determinada conduta.[7]

A possível aproximação dos diplomas, porém, cessa logo a seguir, uma vez que o diploma consumerista expressamente exige que a atividade seja *remunerada*, o que não se observa no diploma civil. Certo é que aquela remuneração pode ser *indireta*,[8] mas parece possível afirmar que a regra contida na lei civil representa um *acréscimo de proteção* às vítimas.[9]

---

6. Dispõe o art. 3º, § 2º, do CDC: "Art. 3º (...). § 2º Serviço é qualquer atividade fornecida no mercado de consumo, mediante remuneração, inclusive as de natureza bancária, financeira, de crédito e securitária, salvo as decorrentes das relações de caráter trabalhista".
7. A questão é esclarecida por Raquel Bellini de Oliveira Salles (*A cláusula geral de responsabilidade civil objetiva*. Rio de Janeiro: Lumen Juris, 2011), quando afirma (p. 136-137): "Portanto, não interessa se tal atividade é desempenhada no âmbito de uma organização empresarial, tradicionalmente compreendida como uma sucessão continuada e repetida de atos coordenados a um fim lucrativo, ou por um sujeito qualquer: o perigo tem a mesma valoração jurídica. Pode ocorrer até que o perigo oriundo de atividades ocasionalmente exercidas, isto é, não coordenadas empresarialmente, muitas vezes desempenhadas por um inexperiente, mostre-se mais grave do que aquele derivado de uma atividade de empresa, que geralmente dispõe de adequada estrutura técnica e de força de trabalho mais preparada e especializada. Destarte, a obrigação de indenizar em análise se refere à atividade perigosa desenvolvida numa organização empresarial ou eventualmente, desde que configure uma série de atos direcionados a um fim, seja este econômico, esportivo ou recreativo, para citar alguns exemplos, e não simplesmente uma conduta perigosa, que nada mais é do que um ato isolado de imprudência".
8. A possibilidade de a remuneração *indireta* também qualificar a *atividade*, transformando-a em um *serviço*, à luz do CDC, é recorrente na jurisprudência, bastando recordar, entre tantos outros, o decidido pelo STJ no Recurso Especial 566.468/RJ (Quarta Turma, Rel. Min. Jorge Scartezzini, julgado em 23.11.2004), quando se confirmou a aplicação do CDC ao serviço prestado por provedora de acesso à internet. Eis a ementa do julgado: "Direito do consumidor e responsabilidade civil – Recurso especial – Indenização – Art. 159 do CC/16 c arts. 6º, VI, e 14, da Lei 8.078/90 – Deficiência na fundamentação – Súmula 284/STF – Provedor da internet – Divulgação de matéria não autorizada – Responsabilidade da empresa prestadora de serviço – Relação de consumo – Remuneração indireta – Danos morais – *Quantum* razoável – Valor mantido.
1 – Não tendo a recorrente explicitado de que forma o v. acórdão recorrido teria violado determinados dispositivos legais (art. 159 do Código Civil de 1916 e arts. 6º, VI, e 14, ambos da Lei 8.078/90), não se conhece do Recurso Especial, neste aspecto, porquanto deficiente a sua fundamentação. Incidência da Súmula 284/STF.
2 – Inexiste violação ao art. 3º, § 2º, do Código de Defesa do Consumidor, porquanto, para a caracterização da relação de consumo, o serviço pode ser prestado pelo fornecedor mediante remuneração obtida de forma indireta.
3 – Quanto ao dissídio jurisprudencial, consideradas as peculiaridades do caso em questão, quais sejam, psicóloga, funcionária de empresa comercial de porte, inserida, equivocadamente e sem sua autorização, em site de encontros na internet, pertencente à empresa-recorrente, como "pessoa que se propõe a participar de programas de caráter afetivo e sexual", inclusive com indicação de seu nome completo e número de telefone do trabalho, o valor fixado pelo Tribunal a quo a título de danos morais mostra-se razoável, limitando-se à compensação do sofrimento advindo do evento danoso. Valor indenizatório mantido em 200 (duzentos) salários mínimos, passível de correção monetária a contar desta data.
4 – Recurso não conhecido".
9. Afirma, mais uma vez, Raquel Bellini Salles (*A Cláusula Geral* cit., p. 135): "Essa interpretação corrobora o nosso entendimento, já exposto no presente trabalho, de que a cláusula geral do art. 927 abrange, além

Este acréscimo de proteção também pode ser depreendido da palavra *normalmente* que qualifica a atividade desenvolvida pelo causador do dano. Não se exige, portanto, que a atividade desenvolvida seja *perigosa* ou *defeituosa*, bastando que o dano seja considerado um desdobramento *necessário* da atividade que gera *riscos* para o direito de outrem.[10]

Aqui talvez se encontre a maior dificuldade para o intérprete, a saber, estabelecer o conceito de *risco*, verdadeiramente um "conceito genérico".[11] São conhecidas, de fato, inúmeras teorias acerca do *risco*, tais como o risco criado, o risco proveito, o risco profissional e o risco integral.[12] Assim se entende a referência aos riscos "normalmente" decorrentes da atividade exercida, a qual, repita-se, não necessita ser *perigosa* ou *defeituosa*.[13]

---

dos serviços remunerados que não caracterizam relação de consumo, também os serviços gratuitos e as atividades que não são propriamente qualificadas como serviço, desde que tais serviços ou atividades sejam perigosos".

Só se discorda da autora, como se verá a seguir, quanto à exigência de que a atividade ou o serviço sejam *perigosos*.

10. Veja-se, nesse sentido, o afirmado pelo enunciado 448 da V Jornada de Direito Civil: "A regra do art. 927, parágrafo único, segunda parte, do CC aplica-se sempre que a atividade normalmente desenvolvida, mesmo sem defeito e não essencialmente perigosa, induza, por sua natureza, risco especial e diferenciado aos direitos de outrem. São critérios de avaliação desse risco, entre outros, a estatística, a prova técnica e as máximas de experiência". Pode ser considerado que este "risco especial e diferenciado aos direitos de outrem" já havia sido afirmado, de certa forma, pelo enunciado 38 da I Jornada de Direito Civil: "A responsabilidade fundada no risco da atividade, como prevista na segunda parte do parágrafo único do art. 927 do novo Código Civil, configura-se quando a atividade normalmente desenvolvida pelo autor do dano causar a pessoa determinada um ônus maior do que aos demais membros da coletividade".
11. Este é o sugestivo título do Capítulo XIX da magnífica obra de Caio Mário da Silva Pereira (*Responsabilidade Civil*. 12. ed. Atualizada por Gustavo Tepedino, Rio de Janeiro, Forense, 2018).
12. Para um estudo acerca das diversas "teorias do risco" recomenda-se a leitura de Flávio Tartuce, *Responsabilidade Civil objetiva e risco*: a teoria do risco concorrente. São Paulo: Método, 2011. especialmente o Capítulo 3, o qual é dedicado ao "Risco na Responsabilidade Civil". Neste Capítulo, o autor aponta as seguintes "modalidades de risco": a) risco administrativo; b) risco-proveito; c) risco profissional; d) risco dependência; e) risco integral e, por fim, f) o risco criado.
13. Recorde-se, por oportuno, que a responsabilidade civil *objetiva* do fornecedor de serviço pelo "acidente de consumo" (fato do serviço) exige a verificação do *defeito*, entendido este como a "violação de uma legítima expectativa de *segurança*", nos termos do art. 14, § 1º, do CDC: "Art. 14. O fornecedor de serviços responde, independentemente da existência de culpa, pela reparação dos danos causados aos consumidores por defeitos relativos à prestação dos serviços, bem como por informações insuficientes ou inadequadas sobre sua fruição e riscos. § 1º O serviço é defeituoso quando não fornece a segurança que o consumidor dele pode esperar, levando-se em consideração as circunstâncias relevantes, entre as quais: I - o modo de seu fornecimento; II – o resultado e os riscos que razoavelmente dele se esperam; III - a época em que foi fornecido". Flávio Tartuce (*Responsabilidade Civil Objetiva*, cit., p. 195) esclarece que a norma codificada pode ser aplicada ainda que não se trate de uma atividade *perigosa*, uma vez que esta vai além do mero *risco*: "Deve ficar claro que o risco é o *conceito mínimo*. Por óbvio, as atividades perigosas, mais do que arriscadas, estão abarcadas pelo dispositivo aqui estudado. Se o *menos* – o risco – gera a responsabilização objetiva, o *mais* – o perigo – também o faz. Em suma, o risco é o *piso mínimo* para incidência da norma. A conclusão não seria esta se o Código Civil Brasileiro tivesse adotado a mesma expressão – *perigo* – que consta dos Códigos Italiano e Português. Por certo, caso se responda objetivamente pelo perigo –, conceito maior e mais agravado – não se pode deduzir que se responda da mesma forma pelo risco, que é conceito menor e menos agravado" (original grifado).

Posta a questão nestes termos, é possível afirmar que a norma contida no parágrafo único do art. 927 do Código Civil deve ser vista como uma *ampliação* da proteção conferida pela legislação brasileira aos vulneráveis que *não* se encontravam protegidos por outras regras setoriais, tais como os empregados, as crianças e adolescentes e, no que é objeto deste estudo, os *idosos*. Tal proteção especial, aliás, foi prontamente percebida pela justiça *laboral*, a qual enxergou na referida norma o "avanço normativo" previsto pelo art. 7º, *caput*, da Constituição da República, a impor a *dispensa* do elemento *subjetivo* da culpa ou do dolo exigida pelo inciso XXVIII do mesmo dispositivo constitucional.[14]

Considerando-se, em suma, o silêncio do "Estatuto do Idoso" quanto à *natureza jurídica* da responsabilidade civil por danos causados a esta parcela da população, deve ser afirmado que a norma codificada apresenta o mesmo potencial para efetivar a "proteção integral" da pessoa *idosa*, o que, como visto, é um objetivo do citado Estatuto. Coloca-se, assim, ao lado de outras normas protetivas, tais como o CDC, diploma que considera uma "prática abusiva" o fornecedor de bens ou serviços "prevalecer-se da fraqueza ou ignorância do consumidor, tendo em vista sua idade".[15] Referido dispositivo reconhece assim, ser o consumidor idoso um *hipervulnerável*[16] ou uma pessoa dotada de uma "vulnerabilidade agravada".[17]

---

14. Um resumo deste pensamento pode ser encontrado no enunciado 337 da III Jornada de Direito Civil: "Art. 927: O art. 7º, inc. XXVIII, da Constituição Federal não é impedimento para a aplicação do disposto no art. 927, parágrafo único, do Código Civil quando se tratar de atividade de risco". Sobre o tema podem ainda serem lidos diversos artigos doutrinários constantes da coletânea *Diálogos entre o Direito Civil e o Direito do Trabalho*, organizada por Gustavo Tepedino, Luiz Philippe Vieira de Mello Filho, Ana Frazão e Gabriela Neves Delgado, São Paulo: Ed. RT, 2013.
15. Afirma o art. 39, inciso IV, do CDC: "Art. 39. É vedado ao fornecedor de produtos ou serviços, dentre outras práticas abusivas: (...) IV – prevalecer-se da fraqueza ou ignorância do consumidor, tendo em vista sua idade, saúde, conhecimento ou condição social, para impingir-lhe seus produtos ou serviços".
16. A expressão *hipervulnerabilidade* está consagrada na doutrina consumerista, sendo exemplo a obra de Cristiano Heineck Schmitt, *Consumidores Hipervulneráveis*: a proteção do idoso no mercado de consumo. São Paulo: Atlas, 2014. Afirma o autor (p. 234): "Acerca da verificação da fragilidade diante da atuação comercial de fornecedores, o consumidor idoso pode se tornar um hipervulnerável. Considerando-se específicas limitações que atingem a pessoa idosa, ela pode ser transformada em um agente vulnerável, com a fragilidade agravada, tornando-se vítima potencial de determinados abusos".
Também na jurisprudência do STJ já é possível encontrar referências à mesma, sendo exemplo o decidido nos Embargos de Divergência em Recurso Especial 1.192.577/RS (Corte Especial, Rel. Min. Laurita Vaz, julgado em 21.10.2015), em cuja ementa se lê: "Embargos de divergência no recurso especial nos embargos infringentes. Processual civil. Legitimidade da defensoria pública para a propositura de ação civil pública em favor de idosos. Plano de saúde. Reajuste em razão da idade tido por abusivo. Tutela de interesses individuais homogêneos. Defesa de necessitados, não só os carentes de recursos econômicos, mas também os hipossuficientes jurídicos. Embargos de divergência acolhidos.
1. Controvérsia acerca da legitimidade da Defensoria Pública para propor ação civil pública em defesa de direitos individuais homogêneos de consumidores *idosos*, que tiveram seu plano de saúde reajustado, com arguida abusividade, em razão da faixa etária.
2. A atuação primordial da Defensoria Pública, sem dúvida, é a assistência jurídica e a defesa dos necessitados econômicos, entretanto, também exerce suas atividades em auxílio a necessitados jurídicos, não necessariamente carentes de recursos econômicos, como é o caso, por exemplo, quando exerce a

3. DAS NOVAS TECNOLOGIAS E SEU POTENCIAL DE DANOS À PESSOA IDOSA[17]

Não há dúvida de que o avanço tecnológico é capaz de trazer inúmeras vantagens para a vida pessoal e comunitária. Basta pensar no ganho de tempo representado pelo computador pessoal em relação, por exemplo, à antiga máquina de escrever.

Referido avanço tecnológico, porém, não é isento de *novos riscos* para a pessoa humana, determinando a ocorrência de "novos danos", tais como o compartilhamento não autorizado de dados pessoais e o acesso a senhas eletrônicas que

---

função do curador especial, previsto no art. 9., inciso II, do Código de Processo Civil, e do defensor dativo no processo penal, conforme consta no art. 265 do Código de Processo Penal.

3. No caso, o direito fundamental tutelado está entre os mais importantes, qual seja, o direito à saúde. Ademais, o grupo de consumidores potencialmente lesado é formado por idosos, cuja condição de vulnerabilidade já é reconhecida na própria Constituição Federal, que dispõe no seu art. 230, sob o Capítulo VII do Título VIII ("Da Família, da Criança, do Adolescente, do Jovem e do Idoso"): "A família, a sociedade e o Estado têm o dever de amparar as pessoas idosas, assegurando sua participação na comunidade, defendendo sua dignidade e bem-estar e garantindo-lhes o direito à vida."

4. "A expressão 'necessitados' (art. 134, *caput*, da Constituição), que qualifica, orienta e enobrece a atuação da Defensoria Pública, deve ser entendida, no campo da Ação Civil Pública, em sentido amplo, de modo a incluir, ao lado dos estritamente carentes de recursos financeiros - os miseráveis e pobres -, os *hipervulneráveis* (isto é, os socialmente estigmatizados ou excluídos, as crianças, os *idosos*, as gerações futuras), enfim todos aqueles que, como indivíduo ou classe, por conta de sua real debilidade perante abusos ou arbítrio dos detentores de poder econômico ou político, 'necessitem' da mão benevolente e solidarista do Estado para sua proteção, mesmo que contra o próprio Estado. Vê-se, então, que a partir da ideia tradicional da instituição forma-se, no Welfare State, um novo e mais abrangente círculo de sujeitos salvaguardados processualmente, isto é, adota-se uma compreensão de *minus habentes* impregnada de significado social, organizacional e de dignificação da pessoa humana" (REsp. 1.264.116/RS, Rel. Ministro Herman Benjamin, Segunda Turma, julgado em 18.10.2011, DJe 13.04.2012).

5. O Supremo Tribunal Federal, a propósito, recentemente, ao julgar a ADI 3943/DF, em acórdão ainda pendente de publicação, concluiu que a Defensoria Pública tem legitimidade para propor ação civil pública, na defesa de interesses difusos, coletivos ou individuais homogêneos, julgando improcedente o pedido de declaração de inconstitucionalidade formulado contra o art. 5.º, inciso II, da Lei 7.347/1985, alterada pela Lei 11.448/2007 ("Art. 5º Têm legitimidade para propor a ação principal e a ação cautelar: ... II – a Defensoria Pública").

6. Embargos de divergência acolhidos para, reformando o acórdão embargado, restabelecer o julgamento dos embargos infringentes prolatado pelo Terceiro Grupo Cível do Tribunal de Justiça do Estado do Rio Grande do Sul, que reconhecera a legitimidade da Defensoria Pública para ajuizar a ação civil pública em questão" (grifou-se).

17. A expressão "vulnerabilidade agravada" obteve consagração legislativa em nosso país por meio da recente Lei 14.181/2021, publicada em 02.07.2021, que se destina a "aperfeiçoar a disciplina do crédito ao consumidor e dispor sobre a prevenção e o tratamento do superendividamento". Referida lei, entre outras importantes novidades, introduziu norma protetiva do *consumidor idoso*, ou "em estado de vulnerabilidade agravada", perante a oferta de crédito, publicitária ou não, *verbis*: "Art. 54-C. É vedado, expressa ou implicitamente, na oferta de crédito ao consumidor, publicitária ou não: (...); IV – assediar ou pressionar o consumidor para contratar o fornecimento de produto, serviço ou crédito, inclusive a distância, por meio eletrônico ou por telefone, principalmente se se tratar de consumidor idoso, analfabeto, doente ou em estado de vulnerabilidade agravada ou se a contratação envolver prêmio,

permitem o desvio de recursos financeiros.[18] Esta realidade pode ser considerada *agravada* quando se trata de pessoa idosa, a qual apresenta, como regra, uma maior dificuldade para acompanhar o desenvolvimento tecnológico.[19]

Dessa forma, os riscos de dano a este numeroso segmento da população são maiores quando comparados aos riscos relativos às demais pessoas.[20] Mostra-se presente, em consequência, o pressuposto para a aplicação do citado art. 927, parágrafo único, do Código Civil, uma vez que, embora normalmente desenvolvidas, certas atividades têm os seus riscos *aumentados* por força da peculiar condição da vítima.

É possível, em suma, sustentar a natureza *objetiva* da responsabilidade de *instituições financeiras* e de *sites* que ofereçam produtos e serviços pelos danos causados aos seus *usuários*. E, sob pena de ser *inócua* a proteção concedida aos idosos, não deve ser admitida como "fato de terceiro" a atuação maliciosa daqueles que, embora não sendo empregados ou prepostos de referidas pessoas jurídicas, conseguem obter informações da vítima e, a partir destas informações, realizam a conduta danosa. Tem-se, em tais casos, um verdadeiro *fortuito interno*, ou seja, um risco de dano a ser suportado por aquele que se dispõe a atuar neste segmento de mercado.[21]

---

18. Os "novos danos" na seara da responsabilidade civil são estudados por Anderson Schreiber em sua conhecida obra *Novos paradigmas da responsabilidade civil*: da erosão dos filtros da reparação à diluição dos danos, São Paulo: Atlas, 2007. Afirma o autor (p. 80 e 81) que se tem verificado, em primeiro lugar, uma expansão "quantitativa" dos danos e que "à parte essa expansão quantitativa, verifica-se, em todo mundo, e de modo ainda mais marcante, uma expansão qualitativa, na medida em que novos interesses, sobretudo de natureza existencial e coletiva, passam a ser considerados pelos tribunais como merecedores de tutela, consubstanciando-se a sua violação em novos danos ressarcíveis. De fato, o reconhecimento da necessidade de tutela dos interesses existenciais atinentes à pessoa humana, e, de outro lado, a verificação de danos demasiado abrangentes, identificados com interesses transindividuais ou supraindividuais, que passam a ser considerados dignos de proteção, vieram exigir o repensar da estrutura individualista e eminentemente patrimonial das ações de reparação".
19. A possibilidade de o desenvolvimento tecnológico vir acompanhado de uma série de "novos danos" (tais como vírus informáticos, "Cavalos de Troia", "Códigos maliciosos" etc.) antes desconhecidos pelos Tribunais é apontada por Guilherme Magalhães Martins. *Responsabilidade Civil por Acidente de Consumo na Internet*. São Paulo: Ed. RT, 2008. No Capítulo 2 dessa obra o autor alerta para "os problemas específicos da Internet" e afirma (p. 256), com toda razão, que "em matéria de acidentes de consumo, o dever de informar vincula-se diretamente não só ao produto ou serviço ofertado em ambiente de Internet, mas também aos aspectos de segurança que envolvam a operação como um todo, inclusive quanto à possibilidade de eventos como a invasão do sistema ou a contaminação por vírus, em relação aos quais deve o consumidor ser alertado".
20. Não foi por outra razão que o próprio Estatuto do Idoso (art. 21) demonstrou a preocupação com a formulação de cursos que busquem integrar o idoso "à vida moderna", *verbis*: "Art. 21. O Poder Público criará oportunidades de acesso do idoso à educação, adequando currículos, metodologias e material didático aos programas educacionais a ele destinados. § 1º. Os cursos especiais para idosos incluirão conteúdo relativo às técnicas de comunicação, computação e demais avanços tecnológicos, para sua integração à vida moderna".
21. Como sabido, a construção doutrinária do "fortuito *interno*", entendido como um risco *conexo* (ou risco *inerente*) a determinado produto ou serviço, já foi aceita pelo STJ em diversos de seus julgados.

Outro vasto campo para a incidência do dispositivo codificado é aquele relativo ao *transporte* de passageiros. Trata-se, de fato, de uma *atividade* com enorme potencial de *danos* e que conta com elevada presença de pessoas idosas, estando presentes, portanto, todos os requisitos que autorizam a sua incidência. Não é por outra razão que o parágrafo único do art. 927 já vem sendo invocado pelos tribunais brasileiros como fundamento para a responsabilidade civil do *transportador*.[22]

A mesma responsabilidade civil de natureza *objetiva* pode, por fim, ser sustentada em relação a tratamentos médicos experimentais realizados em idosos. É inegável que esta crescente parcela da população é a maior destinatária dos tratamentos médicos e ambulatoriais, os quais, muitas vezes, acarretam danos.[23] No caso de novas tecnologias que venham a ser utilizadas neste segmento, o po-

---

Exemplo desta visão é o relativamente recente verbete 479 da Súmula deste Tribunal, o qual afirma: "As instituições financeiras respondem objetivamente pelos danos gerados por fortuito interno relativo a fraudes e delitos praticados por terceiros no âmbito de operações bancárias" (Súmula 479, Segunda Seção, julgado em 27.06.2012, DJe 01.08.2012).

22. Veja-se, nesse sentido, o decidido pela Terceira Turma do STJ no julgamento do Agravo Regimental no Recurso Especial 1.389.253/BA (Rel. Min. Paulo de Tarso Sanseverino, julgado em 18.08.2015), ocasião em que se condenou o transportador a reparar os danos materiais e morais sofridos por pessoa idosa que ficou tetraplégica ao sofrer uma queda no interior do ônibus que realizou uma "manobra brusca". A ementa do julgado é a seguinte: "Agravo regimental no recurso especial. Civil e processual civil. A ausência de impugnação específica de todos os fundamentos da decisão recorrida atrai o óbice da súmula 182/STJ. Responsabilidade civil. Transporte coletivo. Passageira que sofreu uma queda no interior do ônibus devido a manobra brusca. Lesão grave. Idosa. Tetraplegia. Danos materiais e morais. Condenação ao custeio da cuidadora de idosos no valor de dois salários mínimos. Dano moral. *Quantum* indenizatório arbitrado com razoabilidade. Súmula 83/STJ. Compensação. DPVAT. Ausência de prova do recebimento do seguro obrigatório. Súmula 07/STJ. Agravo desprovido".

23. Entende-se, assim, a razão pela qual o Estatuto do Idoso dedica um inteiro capítulo (Capítulo IV do Título II, arts. 15 a 19) ao "Direito à Saúde" da pessoa idosa.

Observe-se, nesse sentido, que o STJ já reconheceu a responsabilidade civil objetiva da União pelos danos decorrentes do desenvolvimento da "Síndrome de Guillain-Barré", uma possível consequência da vacina contra o vírus da gripe, a qual foi tomada por bom número de idosos no âmbito da "Campanha Nacional de Vacinação" voltada para esta parcela da população. Veja-se a ementa: "Administrativo. Responsabilidade civil objetiva. Acidente de consumo. Art. 927, parágrafo único, do Código Civil. Art. 14 do Código de Defesa do Consumidor. Campanha nacional de vacinação de idosos contra vírus influenza-gripe. Reação vacinal. Desenvolvimento da síndrome de guillain-barré. Caso fortuito não configurado. Dano moral presumido. Indenização. 1. Hipótese em que o particular, ora recorrido, postulou a condenação solidária dos réus ao pagamento de indenização por danos morais, materiais e pensionamento mensal decorrentes do desenvolvimento da "Síndrome de Guillain-Barré" (SGB) após tomar dose de vacina contra o vírus influenza (gripe), atendendo à incitação publicitária da "Campanha Nacional de Vacinação de Idosos". 2. Uma das mais extraordinárias conquistas da medicina moderna e da saúde pública, as vacinas representam uma bênção para todos, mas causam, em alguns, reações adversas que podem incapacitar e até levar à morte. Ao mesmo Estado a que se impõe o dever de imunizar em massa compete igualmente amparar os poucos que venham a sofrer com efeitos colaterais. 3. Com base no art. 927, parágrafo único, do Código Civil ou no art. 14 do Código de Defesa do Consumidor, é objetiva a responsabilidade civil do Estado por acidente de consumo decorrente de vacinação, descabendo falar em caso fortuito ou imprevisibilidade de reações adversas. 4. Recurso Especial não provido".

tencial de dano pode ser considerado ainda maior, justificando, assim, a aplicação do citado parágrafo único do art. 927 do Código Civil.[24]

Tratando-se, em suma, de um risco de dano desconhecido pela vítima, não poderá o agente que vier a fazer uso desta tecnologia alegar culpa exclusiva da vítima ou força maior como forma de afastar a sua responsabilidade. Será, ao contrário, responsável pelo dano *conexo* à sua atividade de *risco*, não devendo ser acolhida, por exemplo, uma excludente fundada nos chamados "riscos do desenvolvimento".[25]

4. CONCLUSÃO

É possível concluir estas breves reflexões reconhecendo que a proteção especial constitucionalmente reconhecida ao idoso foi, ainda que de forma tardia, confirmada pelo Estatuto do Idoso. Este, porém, silenciou quanto à responsabilidade civil que deve ser atribuída àquele que exerce uma atividade geradora de danos a esta expressiva, – e crescente –, parcela da população brasileira.

Sustenta-se, por conseguinte, a possibilidade de ser aplicado o disposto no art. 927, parágrafo único, do Código Civil, norma consagradora de uma responsabilidade civil *objetiva* fundada em um genérico "risco". Em verdade, o potencial de risco *conexo* a novas tecnologias, especialmente quando utilizadas em pessoas sem condições de as compreender totalmente, serve de fundamento para este tratamento diferenciado, ainda que não se trate de uma atividade perigosa ou submetida à legislação consumerista.

---

24. Não se está dizendo, porém, que os idosos não têm discernimento para os atos da vida civil, o que poderia levar à afirmação, equivocada, de que seriam pessoas incapazes. Somente se está afirmando que os profissionais da área médica devem atuar com especial cautela quando se tratar de paciente idoso. Esta questão já foi também observada por Fabiana Barletta (O Direito à Saúde cit., p. 35 e 36), que afirma: "Se a vulnerabilidade da pessoa idosa demanda tutela especial no que concerne não só a sua saúde, mas também no que toca a outros direitos fundamentais, ela não tem o condão de subtrair a capacidade de fato dessa pessoa, nem de tomar seus direitos da personalidade. Ainda que doente, se a moléstia do ancião não lhe retira a consciência, obviamente, ele permanece livre, na forma do disposto no art. 10 do Estatuto do Idoso. No entanto, não se olvida de que o idoso doente é ainda mais vulnerável. Por isso, sem lhe extrair o poder de autodeterminação e a livre expressão de sua personalidade, os profissionais da área médica que com ele se relacionem deverão agir com um cuidado redobrado, a fim de não o desrespeitar em sua concepção e decisão, sempre no intento de lhe garantir autonomia no exercício de seus direitos, com ênfase para os de índole existencial, que integram sua personalidade".
25. O tema já foi tratado em outra sede (Marcelo Junqueira Calixto. *A responsabilidade civil do fornecedor de produtos pelos riscos do desenvolvimento*. Rio de Janeiro: Renovar, 2004), ocasião em que tais riscos foram conceituados (p. 176) como aqueles "não cognoscíveis pelo mais avançado estado da ciência e da técnica no momento da introdução do produto no mercado de consumo e que só vêm a ser descobertos após um período de uso do produto, em decorrência do avanço dos estudos científicos". Embora seja controversa, tanto no Brasil quanto no exterior, a admissão dos riscos do desenvolvimento como uma excludente de responsabilidade civil, certo é que o enunciado 43, da I Jornada de Direito Civil, vai na mesma linha do que aqui também se defende, dispondo: "A responsabilidade civil pelo fato do produto, prevista no art. 931 do novo Código Civil, também inclui os riscos do desenvolvimento".

6
HIPOTECA REVERSA: INSTRUMENTO DE PROTEÇÃO DA PESSOA IDOSA?

Paulo Franco Lustosa

Mestre em Direito Civil pela UERJ. Pós-graduado em Direito Civil-Constitucional pelo CEPED/UERJ. Advogado do BNDES.

Sumário: 1. Introdução – 2. Características básicas da hipoteca reversa – 3. Desafios da importação do instituto para o direito brasileiro – 4. Breves considerações acerca dos projetos de lei em tramitação no congresso nacional – 5. Aspectos importantes na regulação da hipoteca reversa com vistas à proteção do consumidor idoso – 6. Conclusão.

1. INTRODUÇÃO

Recentemente, muito se tem noticiado a respeito de um instituto desconhecido no direito brasileiro: a chamada *hipoteca reversa*. Tal instrumento tem sido anunciado como uma promissora modalidade de crédito, voltada para pessoas idosas, na qual um imóvel próprio é dado em garantia em troca de uma renda mensal vitalícia, sem que o devedor se obrigue ao pagamento de prestações regulares para a quitação da dívida.

Especialistas afirmam que a hipoteca reversa pode representar uma alternativa de complementação de renda para idosos que, ao longo do ciclo de vida produtivo, conseguiram acumular bens em seu patrimônio, mas tiveram seus ganhos reduzidos após a aposentadoria ou por motivo diverso.[1] Não raro, pessoas em idade avançada que se encontram em tal situação não desejam vender ou alugar seus imóveis para gerar a renda necessária para pagar as despesas do dia-a-dia. Nesses casos, a hipoteca reversa permite que tais pessoas idosas convertam seu patrimônio imobilizado em um fluxo mensal de renda, sem que necessitem vender ou alugar seus imóveis.

Prevista em diversos Projetos de Lei que tramitam no Congresso Nacional, a hipoteca reversa tem sido festejada por diversos setores. Segundo a exposição de motivos do Projeto de Lei do Senado 52, de 2018:

---

1. Entre outras tantas matérias que citam depoimentos de especialistas sobre os potenciais benefícios da hipoteca reversa, ver *Dar imóvel a banco em troca de renda vitalícia é uma boa? Governo estuda*. Disponível em: [https://economia.uol.com.br/noticias/redacao/2019/05/09/hipoteca-reversa-modalidade-de-credito-imovel-idosos.htm]. Acesso em: 09.09.2019.

A precária situação dos aposentados no Brasil vai melhorar, se for aprovado este projeto de lei, que propõe a criação da hipoteca reversa de coisa imóvel para aumentar suas paupérrimas aposentadorias e pensões, na maioria em mãos do INSS e que são, em média, de um salário mínimo mensal. Esse projeto tenta, justamente, aumentar a renda das pessoas das classes mais carentes da nossa população, por meio de um contrato firmado entre o maior de sessenta anos, que seja proprietário de um bem imóvel, e uma instituição financeira, que ficará obrigada a pagar uma quantia vitalícia, sob a condição de se tornar, no futuro, proprietária do imóvel hipotecado reversamente.

[...]

A implementação dessa iniciativa reduz a carga psicológica sobre os idosos, que se submetem a viver seus últimos anos com uma pensão precária e cheios de dívidas com médicos, remédios e hospitais.

De fato, dado o crescimento da expectativa de vida da população brasileira, a hipoteca reversa pode revelar-se um importante instrumento de geração de renda e de melhoria da qualidade de vida da população em idade avançada.[2] Ademais, não se pode perder de vista que a garantia de autonomia à pessoa é essencial para o envelhecimento com dignidade, já que a cidadania da pessoa idosa não se reduz à mera subsistência, incluindo, sobretudo, a busca por uma vida com dignidade.[3]

Se, por um lado, a função precípua da hipoteca reversa consiste em gerar renda para a pessoa idosa, no livre exercício do seu direito à autodeterminação, sem que ela necessite se desfazer de seu imóvel, podem-se enumerar, por outro lado, objetivos de ordem macroeconômica que estão relacionados à consagração dessa modalidade de crédito no país. Citem-se, a título de exemplo, (i) a alavancagem do consumo da população em idade avançada, já que a hipoteca reversa gera renda a partir de um ativo imobilizado; (ii) a redução da pressão sobre o sistema previdenciário público, na medida em que aumenta a provisão privada de renda; e, ainda, (iii) o desenvolvimento do financiamento habitacional, visto que se trata de uma opção adicional até hoje não explorada no país.[4]

---

2. Convém destacar que o art. 10, § 1º, da Lei n. 8.842, de 04.01.1994, assegura ao idoso "o direito de dispor de seus bens, proventos, pensões e benefícios, salvo nos casos de incapacidade judicialmente comprovada".
3. SANTOS, Deborah Pereira Pinto dos; JUNIOR ALMEIDA, Vitor de Azevedo. A tutela psicofísica da pessoa idosa com deficiência: em busca de instrumentos de promoção da sua autonomia existencial. In: EHRHARDT JR., Marcos (Coord.). *Impactos do novo CPC e do EPD no direito civil brasileiro*. Belo Horizonte: Fórum, 2016. p. 314. Conforme esclarecem os autores, "o direito à autodeterminação do idoso é fundamental para o processo de autoconstrução da pessoa humana, sempre contínuo ao longo do acúmulo de primaveras, no entanto, sob risco constante em razão de sua vulnerabilidade, causada não só pela fragilidade e envelhecimento do corpo, mas, sobretudo, em razão do preconceito social ainda presente" (ibidem).
4. CAETANO, Marcelo Abi-Ramia; MATA, Daniel da. *Texto para discussão n. 1380*: Hipoteca reversa. Instituto de Pesquisa Econômica Aplicada – IPEA, fev./2009, p. 7. Disponível em: [http://repositorio.ipea.gov.br/handle/11058/1552].

Apesar dos seus potenciais e diversificados benefícios socioeconômicos, o empréstimo calcado na hipoteca reversa caracteriza-se por ser um contrato de longo prazo com muitos riscos intrínsecos, o que pode acabar por prejudicar o interesse justamente daquelas pessoas que o instrumento busca proteger. Considerando que a hipoteca reversa é voltada para um público especialmente vulnerável, bem como que ela reduz o montante da herança a ser deixada aos sucessores do devedor hipotecante, é de se esperar o surgimento de muitos conflitos entre os herdeiros do devedor e a instituição credora. Entre diversos outros temas relacionados aos contratos consumeristas, muitos litígios advirão, por exemplo, versando sobre abusividade dos juros estipulados unilateralmente pela instituição credora no contrato de adesão[5] e publicidade enganosa contra o consumidor idoso.[6]

Nesse diapasão, é oportuno citar as palavras de Heloísa Helena Barboza:

> Considerando tais aspectos panorâmicos da situação do idoso, parece razoável concluir que ele se encontra no grupo dos que têm sua vulnerabilidade potencializada, inscrevendo-se, para fins de elaboração e aplicação das leis, na categoria dos vulnerados, ou seja, daqueles que já se encontram, por força de contingências, em situação de desigualdade, devendo ser "discriminado positivamente, para resguardo da sua dignidade. A tutela jurídica, para ser efetiva, deve dedicar aos que têm vulnerabilidade potencializada (vulnerados) proteção específica, que possa ser efetiva mesmo em face dos já reconhecidos como vulneráveis, como se verificou no caso dos consumidores idosos, devendo ser utilizada a técnica da ponderação de interesses, nas hipóteses de conflito.[7]

Isto posto, ao definir o marco regulatório da hipoteca reversa no direito brasileiro, o legislador tem à sua frente o desafio de equilibrar, adequadamente, os princípios da livre iniciativa e da livre concorrência com uma necessária defesa dos interesses da pessoa idosa na relação de consumo. De fato, dado o crescimento da expectativa de vida da população brasileira, a hipoteca reversa pode revelar-se um importante instrumento de geração de renda e de melhoria da qualidade de

---

5. Em razão das suas características, o contrato de mútuo garantido por hipoteca reversa tende a ser qualificado como um contrato de consumo, regido pelo Código de Defesa do Consumidor, ainda que a futura legislação específica venha a não adstringir a oferta de créditos dessa natureza aos fornecedores de serviço no mercado de consumo. Note-se, ainda, que os riscos intrínsecos ao contrato tendem a elevar os custos para o tomador dos recursos, sobretudo porque, ao dispensar o pagamento de prestações regulares pelo devedor, eleva-se a probabilidade de o credor ter que acionar a garantia real para a satisfação do seu crédito.
6. Como é cediço, constitui prática abusiva, vedada pelo art. 39, inciso IV, do Código de Defesa do Consumidor, prevalecer-se da fraqueza ou ignorância do consumidor, tendo em vista sua idade, saúde, conhecimento ou condição social, para impingir-lhe seus produtos ou serviços. Ademais, de acordo com o art. 37, § 1º do Código, considera-se enganosa "qualquer modalidade de informação ou comunicação de caráter publicitário, inteira ou parcialmente falsa, ou, por qualquer outro modo, mesmo por omissão, capaz de induzir em erro o consumidor a respeito da natureza, características, qualidade, quantidade, propriedades, origem, preço e quaisquer outros dados sobre produtos e serviços".
7. BARBOZA, Heloísa Helena. O princípio do melhor interesse do idoso. In: PEREIRA, Tânia da Silva; OLIVEIRA, Guilherme de. *O cuidado como valor jurídico*. Rio de Janeiro: Forense, 2008. p. 67-68.

vida da população em idade avançada. Para tanto, porém, ao disciplinar o instituto, o Estado brasileiro não poderá perder de vista o mandamento constitucional de amparar as pessoas idosas, defendendo sua dignidade e bem-estar, como estabelecido no art. 230 da Carta Maior.[8]

Nesse cenário, o presente trabalho tem por objetivo provocar algumas reflexões iniciais a respeito da indagação que seu título antecipa: será a hipoteca reversa um efetivo instrumento para a proteção da pessoa idosa no direito brasileiro? Com o fito de introduzir o tema, serão apresentadas as características básicas dessa nova modalidade de empréstimo bancário, levando-se em conta a disciplina normativa usualmente adotada nos países em que ela se faz presente. Ato contínuo, pretende-se discorrer sobre alguns desafios da importação do instituto para o ordenamento jurídico brasileiro. Em seguida, serão tecidas breves considerações acerca do conteúdo de propostas legislativas que tramitam no Congresso Nacional e analisados alguns aspectos importantes na regulação da hipoteca reversa com vistas à proteção do consumidor idoso. Por fim, na conclusão, a partir dos aspectos discorridos ao longo do texto, serão apontadas algumas premissas para que a hipoteca reversa seja um efetivo instrumento para a proteção patrimonial da pessoa idosa no ordenamento jurídico brasileiro.

2. CARACTERÍSTICAS BÁSICAS DA HIPOTECA REVERSA

Em sua concepção moderna, a hipoteca reversa começou a ser comercializada na Grã-Bretanha, em 1965, onde se consagrou sob a expressão *reverse mortgage*. Estudos apontam que o instituto, de origem anglo-saxã, desenvolveu-se nos Estados Unidos a partir de 1989 e hoje é consagrado em diversos países, como Dinamarca, Finlândia, Irlanda, Noruega, Suécia, Bélgica, Países Baixos, Espanha, Austrália, Nova Zelândia, Canadá e Japão.[9]

Segundo Marco Aurelio Bezerra de Melo,

> A hipoteca reversa é uma modalidade de direito real de garantia, pela qual uma pessoa, em regra, idosa, grava o seu imóvel em favor do credor com o escopo de receber determinada importância em dinheiro, entregue pelo mutuante de uma só vez ou em parcelas periódicas, valor que somente deverá ser quitado após o falecimento ou alienação do imóvel por parte do mutuário.[10]

---

8. "Art. 230. A família, a sociedade e o Estado têm o dever de amparar as pessoas idosas, assegurando sua participação na comunidade, defendendo sua dignidade e bem-estar e garantindo-lhes o direito à vida."
9. MARES, Sara García. *La hipoteca inversa*. Tese de doutorado. Castellón de la Plana: Universidad Jaume I de Castellón, julho de 2015, p. 55-57. Disponível em: [https://www.tdx.cat/bitstream/handle/10803/405652/2016_Tesis_Garcia%20Mares_Sara.pdf?sequence=1&isAllowed=y]. Acesso em: 20.08.2019.
10. MELO, Marco Aurelio Bezerra de. *Hipoteca reversa*: O que é? Para que serve? Disponível em: [http://genjuridico.com.br/2019/03/28/hipoteca-reversa-o-que-e-para-que-serve/]. Acesso em: 18.08.2019.

O empréstimo com hipoteca reversa pode se dar sob duas modalidades: vitalícia ou temporária. No primeiro caso, a hipoteca reversa *vitalícia* propicia ao proprietário do imóvel uma tranquilidade ao lhe assegurar a percepção de uma renda mensal até o final de sua vida. Em consequência, a expectativa de vida do interessado no crédito, nesses casos, constitui um importante fator para definição do rendimento que lhe será concedido, em conjunto com o valor do imóvel dado em garantia.

Já a modalidade *temporária* de hipoteca reversa caracteriza-se por uma limitação dos rendimentos a serem pagos ao proprietário, por meio da previsão, em contrato, de um prazo determinado para a concessão de crédito ao mutuário. Nesse caso, quando alcançado o valor definido pelas partes no momento da constituição da hipoteca reversa, o mutuário deixa de receber a renda mensal, mas a dívida continua produzindo juros. Embora haja o risco de o idoso deixar de receber os rendimentos caso sobreviva por período superior ao do prazo previsto contratualmente (ou até mesmo de acabar ficando desabrigado, dependendo da regulação), a hipoteca reversa temporária tem a vantagem de propiciar uma renda maior que aquela que seria recebida pelo mutuário, no mesmo período, caso este houvesse contratado uma hipoteca reversa vitalícia.

O recurso do empréstimo pode estar contratualmente vinculado a uma determinada finalidade ou ser colocado à disposição do devedor para o que melhor lhe convier. Embora geralmente seja liberado em parcelas mensais regulares, funcionando como um modo de complementação de renda e aposentadoria, costuma-se admitir que o devedor receba os valores em montante único. É possível, ainda, que se estipule a abertura de um limite de crédito em favor do proprietário do imóvel, que poderá dele se utilizar no momento e na medida que julgar conveniente.

Diz-se *reversa* porque, nessa modalidade de empréstimo, o devedor recebe prestações em uma aparente inversão das posições contratuais ordinárias, já que o devedor cobra em vez de pagar e, além disso, a devolução se posterga até a morte do mutuário ou beneficiário.[11] Suponha-se, para ilustrar, que o comprador de um imóvel adquirido por meio de crédito bancário dê em hipoteca o imóvel ou aliene fiduciariamente a propriedade do bem ao credor. Nesse caso, conforme as prestações do financiamento vão sendo pagas, pode-se dizer, do ponto de vista econômico, que o ativo imobiliário líquido do devedor aumenta, enquanto o saldo devedor do financiamento se reduz.

---

11. "Cabe destacar que la denominación «hipoteca inversa» es puramente comercial o convencional, al entender que el deudor percibe prestaciones en una aparente inversión de las posiciones contractuales ordinarias, pues el deudor cobra en lugar de pagar y, además, la devolución se retrasa hasta la muerte del prestatario o del beneficiário" (RAMOS CHAPARRO, E. J. *La garantía real inmobiliaria. Manual sistemático de la hipoteca*. Thomson Aranzadi, Navarra, 2008. p. 573, apud MARES, Sara García. Op. cit., p. 72).

Por sua vez, na hipoteca reversa, o empréstimo contraído não tem por objetivo a aquisição de um imóvel, mas, ao contrário, o devedor busca obter rendimentos por meio do imóvel sem a necessidade de vendê-lo ou alugá-lo. Logo, opera-se o inverso: com o passar do tempo, a dívida aumenta e o valor do ativo líquido acumulado em imóvel diminui, conforme esclarecem Marcelo Abi-Ramia e Daniel da Mata, em estudo produzido pelo Instituto de Pesquisa Econômica Aplicada – IPEA:

> O objetivo do empréstimo é dar liquidez aos ativos imobilizados de pessoas idosas de modo que possam complementar sua renda mediante o uso da hipoteca reversa. No momento de efetivação do contrato, o devedor tem riqueza acumulada na forma de imóvel, o qual é dado como garantia do empréstimo. Com o passar do tempo, o devedor passa a receber pagamentos do credor; portanto, sua dívida aumenta, e o valor do ativo líquido acumulado em imóvel se reduz, dado que do valor bruto do imóvel se deve deduzir o total acumulado em juros, principal e despesas administrativas. Nesse sentido, ao final da hipoteca reversa, o valor líquido acumulado em imóvel tende a ficar substancialmente reduzido ou até mesmo a se anular. Em conclusão, a hipoteca reversa, ao contrário da convencional, é um programa de empréstimo em que a dívida cresce e o ativo diminui.[12]

O principal traço distintivo do instituto para um contrato de empréstimo garantido pela hipoteca convencional reside no fato de que a hipoteca reversa desobriga o devedor hipotecante dos pagamentos regulares para a quitação da dívida. Não se estabelece, no contrato, um fluxo regular de pagamento do principal e dos juros devidos. A dívida, no entanto, deve ser integralmente quitada por ocasião do advento da morte do proprietário (ou do último dos beneficiários indicados) ou da venda do imóvel.

Interessante notar que a ausência da obrigação de realizar pagamentos periódicos da dívida não desnatura a hipoteca reversa como uma verdadeira garantia. Embora o credor dispense a estipulação de um fluxo de pagamento regulares, via de regra, o imóvel não lhe é oferecido no contrato como um meio de pagamento da obrigação, mas como um meio de realização do crédito independentemente da cooperação do devedor.[13] Tanto é assim que os ordenamentos costumam conferir, não apenas ao devedor hipotecante, enquanto vivo, mas também aos seus herdeiros, por determinado período a partir do falecimento do devedor, a opção de pagar a dívida por outros meios e, com isso, livrar o imóvel do gravame.[14] Ademais,

---

12. CAETANO, Marcelo Abi-Ramia; MATA, Daniel da. Op. cit., p. 9.
13. A respeito da função da garantia do crédito no direito brasileiro, v. RENTERIA, Pablo. *Penhor e autonomia privada*. São Paulo: Atlas, 2016. p. 85-156. Em síntese, o autor sugere que "a *garantia*, em sentido estrito, compreende as situações subjetivas *acessórias* da obrigação que tenham por finalidade proporcionar *segurança* ao credor, oferecendo-lhe meio de *extinção satisfativa do crédito*, a despeito da *ausência de cooperação do devedor* e da sua *incapacidade patrimonial para solver o débito*" (op. cit., p. 148).
14. Cite-se, a título de ilustração, o disposto na Ley 41/2007 da Espanha: "Al fallecimiento del deudor hipotecário sus herederos o, si así se estipula en el contrato, al fallecimiento del último de los beneficiarios, podrán cancelar el préstamo, en el plazo estipulado, abonando al acreedor hipotecario la totalidad de los débitos vencidos, con sus intereses, sin que el acreedor pueda exigir compensación alguna por la

dada a vedação ao pacto comissório no direito brasileiro, o credor não poderá se apropriar da coisa dada em garantia se a dívida não for paga no vencimento, devendo promover a venda do bem para satisfazer o crédito e devolver o saldo remanescente, se houver, ao devedor ou a seus herdeiros.[15]

Do mesmo modo, não se pode confundir o empréstimo garantido por uma hipoteca reversa com o contrato de compra e venda do imóvel. Note-se que o interesse do credor da relação contratual está no recebimento dos juros sobre o capital emprestado, e não na aquisição da propriedade do bem, a não ser enquanto uma garantia real que seja capaz de lhe assegurar a satisfação do crédito, sem que dependa do comportamento do devedor.

Registre-se, por fim, a existência, na experiência internacional, de figuras funcionalmente análogas à hipoteca reversa que se assemelham, sob o aspecto estrutural, ao usufruto vitalício. Citem-se, por exemplo, a *home reversion* do modelo inglês[16] e a *vivienda pensión* do direito espanhol,[17] que permitem a percepção de rendimentos a partir da venda do imóvel, assegurada a posse pelo vendedor até seu falecimento. A venda antecipada nesses casos, porém, costuma demandar um abatimento considerável sobre o preço de mercado do bem, dada a reserva ao devedor do direito de permanecer residindo na casa até o seu falecimento.

---

cancelación". Entre nós, o texto substitutivo do PLS 52/2018 assegura a qualquer dos herdeiros o direito de, sozinho, diante do desinteresse dos demais herdeiros, pagar, como terceiro interessado, integralmente a dívida para remir o imóvel da execução e, assim, tornar-se proprietário do imóvel. Caso, no entanto, a dívida seja inferior ao valor do imóvel, o remitente deverá escolher entre repor ao espólio a diferença em dinheiro, caso em que se tornará proprietário do imóvel ou assumir a propriedade apenas de fração ideal do imóvel proporcionalmente ao valor da dívida paga, caso em que a outra fração integrará o espólio.

15. Sobre a vedação ao pacto comissório, prevista nos arts. 1.428 do Código Civil e 51, IV, do Código de Defesa do Consumidor, especialmente no que tange às suas distinções em relação ao pacto marciano, v. MONTEIRO FILHO, Carlos Edison do Rêgo. *Pacto comissório e pacto marciano no sistema brasileiro de garantias*. Rio de Janeiro: Processo, 2017.

16. No Reino Unido, de acordo com o Equity Release Council, menos de 1% de todos os planos de conversão de ativos imobiliários em renda – chamados *equity release plans* – realizados no segundo semestre de 2018 consistiram em *home reversion plans*. Isso porque os riscos consideráveis no negócio acabam por gerar descontos expressivos no preço, que variam de 20% a 60% do valor de mercado. Quase a totalidade dos planos se deu por empréstimos com hipotecas reversas vitalícias (*lifetime mortgages*), elegíveis para pessoas acima de 55 anos ([https://www.telegraph.co.uk/financial-services/retirement-solutions/equity-release-service/home-reversion-plan/]. Acesso em: 20.08.2019).

17. Sobre a *vivienda pensión*, Sara García Marez esclarece que "Se trata de la venta de una vivienda y, a la vez, de la formalización de una pensión vitalicia con una compañía aseguradora. La persona mayor dejará de ser propietaria de la vivienda, ya que transmitirá la nuda propiedad, pero seguirá manteniendo el usufructo sobre ella. Sin embargo, esta opción no ha tenido mucho éxito porque a cambio de conseguir una renta vitalicia, la vivienda pasa a ser propiedad del banco acreedor. Se trata de una operación compleja que implica el tener que asumir un usufructuario en la vivienda y, además, el pago de los gastos como por ejemplo, el IBI, gastos de comunidad, etc. Este producto plantea grandes problemas, pues al ser la persona mayor usufructuaria vitalicia, podría ceder su usufructo a otra persona, renegociando su derecho. Otro gran inconveniente es que se pierde el derecho de propiedad y, además, esta modalidad también está sujeta a un duro tratamiento fiscal, ya que se tributa por la pensión íntegra sin descontar la renta derivada del uso. Junto a este inconveniente, señalar también que la pensión no se actualiza con el IPC." (op. cit., p. 337-338).

3. DESAFIOS DA IMPORTAÇÃO DO INSTITUTO PARA O DIREITO BRASILEIRO

Embora não haja vedação à celebração de um contrato de mútuo com pacto acessório de hipoteca reversa no direito brasileiro, é consenso reconhecer que a ausência de um marco regulatório para essa modalidade de empréstimo gera tamanha insegurança jurídica que a sua prática no mercado financeiro se torna inviável. Nesse sentido, afirma Marco Aurelio Bezerra de Melo que:

> Sem lei federal regulamentando, não consideramos possível a efetivação dessa modalidade de hipoteca em razão da insegurança jurídica que desmotiva o empreendimento. Ademais, a especialização é diferente do modelo estabelecido no Código Civil e há dificuldades de ordem registral para a eficácia da garantia, pois, como cediço, a tipicidade norteia tal ramo do direito.[18]

Na falta de regulamentação da hipoteca reversa, a pessoa idosa proprietária de imóvel que necessita de renda e não deseja mudar-se de sua residência, tem (e sempre teve) a opção de vender o bem com reserva de usufruto vitalício. Dessa forma, permite-se ao vendedor continuar na posse direta do bem alienado a terceiro, assegurando-lhe o direito (temporário) de usar e fruir da coisa alheia,[19] até o seu falecimento. Por sua vez, o nu-proprietário tem o direito de dispor da coisa, de ver preservada a sua substância e, ainda, de recuperar a plena propriedade pela consolidação, findo o seu prazo de vigência.

Na experiência prática, porém, a venda com reserva de usufruto vitalício é um negócio jurídico de difícil concretização, dada a ausência de incentivos para ambas as partes o celebrar. De um lado, o comprador costuma não se interessar pelo negócio na medida em que não tem como saber o momento exato a partir do qual exercerá posse direta sobre o bem. Na outra ponta, o vendedor acaba tendo que oferecer um desconto expressivo sobre o preço de mercado do imóvel em razão dos riscos assumidos pelo parceiro contratual.

Nesse cenário, vislumbra-se na hipoteca reversa um mercado com potencial a ser explorado no Brasil, caso sua regulação se revele capaz de atrair instituições financeiras que identifiquem rentabilidade na oferta de tal modalidade de empréstimo. Embora a maioria dos brasileiros não possua a tão sonhada casa própria, dados do Instituto Brasileiro de Geografia e Estatística – IBGE permitem afirmar que as famílias com idosos possuem riqueza imobiliária superior às das outras famílias brasileiras.[20]

---

18. MELO, Marco Aurelio Bezerra de. Op. cit.
19. Consoante o disposto no art. 1.394 do Código Civil, "o usufrutuário tem direito à posse, uso, administração e percepção dos frutos".
20. O estudo do IPEA já mencionado nesta obra, após analisar os dados da Pesquisa Nacional por Amostra de Domicílios (Pnad) de 2006, concluiu que existem mais de 70 mil famílias de idosos com imóveis

A consagração do instituto no sistema jurídico brasileiro, porém, suscita muitas incertezas. Como se sabe, toda importação acrítica de institutos jurídicos coloca em dúvida a efetividade destes no novo ordenamento, eis que estruturados de forma a responder a anseios socioculturais distintos. O transplante de um instituto alienígena é sempre desafiador por implicar a redefinição do seu próprio conceito em outra ordem jurídica (compatibilização), na medida em que deve ser compreendido com base no sistema em que se insere.[21]

A importância de se ter atenção às peculiaridades do direito pátrio se torna evidente, no que tange à importação da hipoteca reversa, quando se analisa a qualificação jurídica que o instituto deve assumir no sistema brasileiro de garantias. Em outras palavras, indaga-se: no nosso ordenamento jurídico, o instituto deve ser concebido como hipoteca (reversa) ou como propriedade fiduciária (reversa)?

Como se sabe, no Brasil, a propriedade fiduciária supera a hipoteca como instrumento utilizado em garantia de financiamentos imobiliários, em virtude de conferir maior segurança ao credor contra o risco de insolvência do devedor.[22] Pelo menos duas vantagens da propriedade fiduciária são determinantes nesse sentido.

Em primeiro lugar, dado que o credor fiduciário é o proprietário, o imóvel não é atingido pelo concurso de credores sobre os bens do devedor. Destarte, em caso de falência do devedor, a satisfação do crédito não fica sujeito à preferência dos credores trabalhistas e tributários.[23] Ademais, a propriedade fiduciária admite a alienação extrajudicial do imóvel conferido em garantia após a consolidação da propriedade em nome do credor fiduciário.[24] Por sua vez, a constituição da hipoteca não opera a transferência da titularidade do bem para o credor hipotecário, que, embora tenha poder de sequela e preferência sobre os credores quirografários, não se exime da

---

com alto valor de mercado, o que, segundo os autores do estudo, poderia ser transformado em renda via estrutura de hipoteca reversa (CAETANO, Marcelo Abi-Ramia; MATA, Daniel da. Op. cit., p. 18).

21. KONDER, Carlos Nelson. Boa-fé objetiva, violação positiva do contrato e prescrição: repercussões práticas da contratualização dos deveres anexos no julgamento do REsp 1276311. *Revista Trimestral de Direito Civil*, v. 50, 2012.
22. Como o devedor aliena a propriedade (temporária) do bem objeto da garantia ao credor – permanecendo, no entanto, com a posse direta da coisa –, trata-se de uma garantia dominial. Logo, vencida e não paga a dívida, e uma vez constituído em mora, o devedor perde direito à posse do bem, devendo entregá-la ao credor, que poderá realizar a venda da coisa para satisfazer o seu crédito com o preço obtido.
23. Nas palavras de Pablo Renteria, "a propriedade fiduciária em garantia se revela superior, sendo de todas as garantias reais a que oferece a mais efetiva proteção contra o risco da insolvabilidade, uma vez que a coisa conferida em garantia permanece no patrimônio do credor até a plena quitação do débito, sendo mantida, assim, fora do alcance dos demais credores do devedor. Desse modo, a coisa se sujeita exclusivamente à satisfação do titular da garantia, que não precisa se preocupar com o esvaziamento do patrimônio nem com o endividamento do devedor. Ainda que decretada a insolvência ou a falência, a coisa – que lhe pertence – não é atingida pelo concurso dos credores sobre os bens do devedor." (op. cit., p. 145).
24. A Lei n. 9.514, de 20/11/1997, que disciplina a alienação fiduciária de bem imóvel, regula, em seu art. 27, as condições do leilão público do imóvel.

possibilidade de ser preterido por créditos trabalhistas e/ou tributários. Ademais, a execução judicial da hipoteca, em regra, é obrigatória para a apuração do saldo devedor.

Sendo assim, para que o instituto da hipoteca reversa tenha efetividade no Brasil, deverá ele ser incorporado, em verdade, como *propriedade fiduciária reversa*, à vista da maior segurança que essa garantia real propicia aos credores. Dessa forma, o tomador do crédito aliena a propriedade do imóvel objeto da garantia ao credor, permanecendo com a posse direta do bem, e recebe os recursos na forma pactuada no contrato. Pelo *constituto* possessório, opera-se a tradição ficta ao credor fiduciário, que passa a ter domínio e posse indireta sobre a coisa. Por ocasião da morte do devedor fiduciante, o credor fiduciário poderá vender o bem para satisfazer o seu crédito. Em qualquer caso, ocorrendo o pagamento da dívida, extingue-se a propriedade do credor, já que a transferência se dera sob condição resolutiva.[25]

É de se notar, ainda, que a hipoteca reversa se desponta como um prato cheio de questões jurídicas que podem ser indagadas diante das peculiaridades do instituto, notadamente no que tange aos contratos bancários, aos direitos reais de garantia, à impenhorabilidade do bem de família e ao direito tributário. Citem-se, por exemplo, algumas delas: (i) o contrato que estipule pagamento de uma renda vitalícia poderá alocar ao devedor hipotecante o risco de sobrevida superior à esperada, com a cobrança de prestações mensais a partir do momento em que a dívida ultrapassar o valor do imóvel?; (ii) em caso de limitação do volume de empréstimo, uma vez liberada a totalidade do montante ofertado, a instituição credora terá que esperar a morte do devedor para promover a venda do imóvel?; (iii) quem deverá arcar com o risco de desvalorização inesperada do imóvel?; (iv) se o idoso perder a propriedade do imóvel, fica ele obrigado a pagar a dívida em dinheiro?; (v) a constituição da hipoteca reversa deve importar em renúncia tácita e válida à impenhorabilidade do bem de família independentemente da finalidade do crédito obtido a partir do oferecimento do bem em garantia?[26]; (vi) os herdeiros do devedor que residem no imóvel hipotecado poderão invocar a proteção legal do bem de família em face da instituição credora?;[27] (vii) no âmbito

---

25. Note-se que a qualificação da garantia real como hipoteca ou como propriedade fiduciária gera efeitos jurídicos relevantes. Em se tratando de propriedade fiduciária, com a morte do devedor, o imóvel dado em garantia não será transmitido aos herdeiros com base no *droit de sasine* (art. 1.784 do Código Civil), na medida em que o direito de propriedade sobre o bem integra o patrimônio do credor fiduciário. Já na hipoteca reversa propriamente dita, aberta a sucessão do devedor, o imóvel hipotecado se transmite aos sucessores, embora gravado com a hipoteca.
26. Sobre as controvérsias envolvendo o bem de família dado em garantia de dívida, incluindo uma análise crítica dos requisitos legais e jurisprudenciais para a exclusão do manto da impenhorabilidade na execução do crédito hipotecário, seja consentido remeter a LUSTOSA, Paulo Franco. *Bem de família*: renúncia e disposição. Rio de Janeiro, Ed. Lumen Juris, 2016. p. 132-176.
27. Como se sabe, na maioria dos casos, a impenhorabilidade do bem de família recai sobre o imóvel onde o devedor mora com sua família. Mas há precedentes judiciais em que se entendeu que a proteção deve subsistir mesmo que o devedor, proprietário do imóvel, não resida no local. No julgamento do REsp

das garantias reais, o instituto será regido, de forma subsidiária, pela disciplina jurídica da hipoteca convencional ou da propriedade fiduciária? (viii) as hipotecas reversas devem ser tributadas como venda de imóvel, como renda obtida pelo proprietário ou deve haver a bitributação?

Conforme já destacado, o presente trabalho não tem o objetivo de enfrentar todas as controvérsias relacionadas à importação da hipoteca reversa para o direito brasileiro, buscando apenas provocar reflexões iniciais sobre a roupagem que lhe deve ser atribuída a fim de que possa cumprir a finalidade que dela se espera, qual seja, a proteção da pessoa idosa em sua esfera patrimonial. Antes, contudo, de se analisar alguns dos aspectos mais importantes na regulação da hipoteca reversa com vistas à tutela do consumidor idoso, convém apresentar as principais características das propostas legislativas que tramitam no Congresso Nacional com o objetivo de disciplinar o instrumento no direito brasileiro.

4. BREVES CONSIDERAÇÕES ACERCA DOS PROJETOS DE LEI EM TRAMITAÇÃO NO CONGRESSO NACIONAL

Atualmente, tramitam no Congresso Nacional quatro Projetos de Lei que dispõem sobre o instituto da hipoteca reversa: o Projeto de Lei 52/2018, no Senado Federal, e os Projetos de Lei 3.096/2019, 5.587/2019 e 369/2022, na Câmara dos Deputados.

Todas as propostas citadas buscam introduzir o instituto, em nosso sistema jurídico, em benefício de pessoas com idade igual ou superior a 60 (sessenta) anos, seguindo-se, assim, o parâmetro previsto no art. 1º do Estatuto do Idoso (Lei 10.741, de 01/10/2003). Note-se que os projetos se restringem ao requisito etário, contrariando alguns modelos, como o espanhol,[28] nos quais também se admite a constituição de hipoteca reversa por pessoas não idosas que tenham discernimento reduzido.

A seguir, serão destacados alguns dos aspectos mais relevantes das duas principais propostas.[29]

1.095.611, por exemplo, a Primeira Turma do Superior Tribunal de Justiça considerou impenhorável a casa onde moravam a mãe e o irmão de uma pessoa que estava sofrendo ação de execução. No mesmo sentido, no julgamento do REsp 1.851.893 – MG, a Terceira Turma decidiu que o imóvel cedido aos sogros da proprietária, que, por sua vez, residia de aluguel em outro imóvel, não pode ser penhorado por se tratar de bem de família

28. Na Espanha, de acordo com a Ley 41/2007, de 07.12.2007, conforme alteração empreendida pela Ley 1/2013, de 14.05.2013, o requerente da hipoteca inversa e os beneficiários que ele designar devem ser (i) pessoas com idade igual ou superior a 65 anos; (ii) afetadas por dependência ou (iii) pessoas que tenham sido reconhecidas como tendo grau de invalidez igual ou superior a 33%.

29. Os projetos de lei da Câmara dos Deputados encontram-se apensados, tendo sido apresentado um Substitutivo aos PLs 3096/2019 e 5587/2019, cujo teor será comentado neste tópico. Já o PL 369/2022 contém inúmeras impropriedades técnicas e algumas disposições semelhantes às do substitutivo acima mencionado, razão pela qual não será analisado em detalhes no presente trabalho.

Projeto de Lei do Senado – PLS 52/2018 (Substitutivo):

O texto substitutivo do PLS 52/2018 dispõe sobre o *crédito vitalício garantido*, definido como "as prestações mensais vitalícias devidas a um indivíduo em razão de operação de crédito garantida pelo seu imóvel residencial e a ser paga apenas após o falecimento do beneficiário". Pelo projeto, a pessoa idosa, no momento da contratação da operação de crédito, não pode ser proprietária de outro imóvel residencial além do oferecido em garantia.

A proposta veda a cobrança de prestações da dívida antes do falecimento do beneficiário ou de seu cônjuge ou companheiro(a), independentemente do regime de bens adotado, desde que o vínculo familiar seja anterior à data da operação de crédito. Com isso, a proteção da pessoa idosa se estende a membros da sua família.

A dívida fica limitada ao valor do imóvel oferecido em garantia, que pode estar previsto no contrato, ou ao valor obtido com a execução da garantia após dedução de todas as despesas com essa execução e de todas as dívidas *propter rem* relativas ao imóvel, de maneira que fique extinto qualquer saldo devedor excedente. Por esse motivo, a proposta admite expressamente que o concedente do crédito exija a contratação, pelo beneficiário, de seguro para indenizá-lo na hipótese de a dívida exceder o valor do imóvel.

O PL prevê que a garantia real poderá recair sobre o único imóvel residencial do beneficiário, ainda que ele tenha herdeiros necessários e o seu patrimônio se restrinja a esse imóvel. A fim de reforçar a segurança do credor, estatui-se que "a execução da garantia real da operação de crédito não será obstada com base nas regras específicas relativas a bem de família, a impenhorabilidade, a direito do consumidor, a direito do idoso ou a outro direito decorrente de cláusulas abertas ou de conceitos jurídicos indeterminados".

Se, por um lado, tal previsão é importante para fomentar a concessão do crédito vitalício garantido pelas instituições financeiras, é de se esperar, em contrapartida, que a sua constitucionalidade seja questionada judicialmente, em face das normas constitucionais direcionadas à garantia do patrimônio mínimo[30] e à

---

30. [30]. Sobre o estatuto jurídico-constitucional do patrimônio mínimo no ordenamento jurídico brasileiro, v. FACHIN, Luiz Edson. *Estatuto jurídico do patrimônio mínimo*. 2. ed. Rio de Janeiro: Renovar, 2006. A obra é fruto da tese apresentada para o concurso de professor titular de direito civil da Universidade Federal do Paraná, intitulada "Patrimônio mínimo personalíssimo: da garantia creditícia à dignidade pessoal (uma proposta crítica e construtiva a partir do Código Civil brasileiro)", na qual defendeu o autor "a existência de uma garantia patrimonial mínima inerente a toda pessoa humana, integrante da respectiva esfera jurídica individual ao lado dos atributos pertinentes à própria condição humana. Trata-se de um patrimônio mínimo indispensável a uma vida digna do qual, em hipótese alguma, pode ser desapossada, cuja proteção está acima dos interesses dos credores. A formulação sustentada se ancora no princípio constitucional da dignidade humana e parte da hermenêutica crítica e construtiva do Código Civil brasileiro, passando pela legislação esparsa que aponta nessa mesma direção" (op. cit., introdução, p. IX).

proteção das pessoas idosas (art. 230, CF/88) e dos consumidores (art. 5º, XXXII c/c art. 170, V, CF/88).

Interessante notar que o PL optou por não restringir a espécie de direito real a ser constituída, facultando que a garantia seja aperfeiçoada por hipoteca, alienação fiduciária em garantia ou outro direito real sobre o imóvel destinado a garantir dívidas.

Ademais, a garantia real não impedirá o exercício das faculdades de usar e fruir do imóvel, de modo que o beneficiário poderá alugá-lo independentemente de consentimento da instituição credora. A orientação parece acertada na medida em que não restringe a liberdade da pessoa idosa, que manterá a posse direta sobre o imóvel até sua morte, de exercer as faculdades que lhe cabem sobre o bem da forma que lhe aprouver a fim de satisfazer suas necessidades pessoais. Assegura-se, ainda, o direito do mutuário de alienar o imóvel garantido para adquirir outro, caso em que a garantia real se sub-rogará no novo imóvel.

Apenas quando o beneficiário comprovar ter renda mensal não inferior a quatro salários mínimos nacionais, a proposta admite, em caráter excepcional, que as partes estipulem que o valor devido ao beneficiário seja pago em periodicidade que não seja mensal, inclusive mediante prestação única. Fora desses casos, o projeto acaba por reduzir a autonomia negocial das partes, o que pode ser objeto de críticas na medida em que, para o devedor, muitas vezes o recebimento de recursos mensalmente pode não ser adequado para fazer frente às suas necessidades.

Por fim, convém observar que, além de introduzir a figura do *crédito vitalício garantido*, a proposta pretende tornar lícito, em outras operações de crédito, pacto que estabeleça a cobrança da dívida fruto da operação de crédito apenas após a morte do devedor, desde que o credor seja instituição credenciada perante o Banco Central.

Substitutivo aos PLs 3096/2019 e 5587/2019

As propostas sob exame visam a acrescer o Capítulo II-B à Lei 9.514, de 20 de novembro de 1997, para dispor sobre a *alienação fiduciária em garantia reversa de bem imóvel*, definida como "o negócio jurídico pelo qual o devedor reverso, em contrapartida a empréstimos ou créditos destinados ao credor reverso, contrata a transferência para si de propriedade ou direitos reais sobre bem imóvel que integram o patrimônio do credor reverso".

O texto não assegura ao consumidor idoso o recebimento de uma renda vitalícia, como o faz o PLS 52/2018, alinhando-se à modalidade temporária do instituto. Com isso, o projeto parece admitir que as partes estipulem um prazo determinado para a concessão de crédito ao mutuário.

Ademais, conforme já mencionado, a opção pela *propriedade fiduciária*, no lugar da *hipoteca reversa* propriamente dita, parece acertada no sistema brasileiro, já que confere maior segurança ao credor contra o risco de insolvência do devedor. No entanto, de imediato, chama a atenção uma impropriedade técnica no texto, que se repete em diversas passagens da proposta legislativa e diz respeito à denominação das partes na relação contratual. O projeto denomina *credor* a parte que toma os recursos emprestados e dá o imóvel em garantia, e *devedor* a parte que concede o crédito e recebe o bem em garantia. A inversão não se justifica e confunde o intérprete.

Interessante notar que o projeto de lei prevê que a alienação fiduciária em garantia reversa pode ter como objeto outros direitos reais de fruição, além da propriedade plena, a saber: (i) os bens enfitêuticos, hipótese em que será exigível o pagamento do laudêmio, se houver a consolidação do domínio útil no credor hipotecário reverso; (ii) o direito de uso especial para fins de moradia do credor hipotecário reverso; (iii) o direito real de uso, desde que suscetível de alienação; e (iv) a propriedade superficiária. Tais direitos reais sobre coisa alheia poderiam ser transferidos à instituição de crédito em garantia ao pagamento da dívida, a fim de que, após a morte do devedor, possam ser alienados pelo credor para a satisfação do seu crédito. Em se tratando de direito real de uso ou de propriedade superficiária, o texto prevê que a garantia ficará limitada à duração da concessão ou direito de superfície, caso tenham sido transferidos por período determinado.

Pelo projeto, o contrato que serve de título ao negócio fiduciário deverá indicar, para efeito de venda em público leilão, o valor do imóvel objeto de alienação fiduciária em garantia reversa e dos critérios para a respectiva revisão e do valor principal integral da dívida a ser contraída. Por sua vez, o valor principal integral da dívida não poderá ser superior ao correspondente a oitenta por cento do valor do imóvel dado em garantia reversa.

Na direção contrária do PLS 52/2018, o Substitutivo aos PLs 3096/2019 e 5587/2019 veda expressamente que o imóvel dado em alienação fiduciária em garantia reversa seja objeto de locação ou sublocação. Tal restrição não se justifica, na medida em que restringe as faculdades de uso e fruição do bem pela pessoa idosa, o que pode desincentivar a adoção da modalidade contratual.

No prazo de quinze dias após o falecimento do credor reverso, o inventariante ou os herdeiros do devedor reverso falecido deverão, se assim o desejarem, retirar os bens que guarnecem o imóvel e levantar as benfeitorias voluptuárias, independentemente de notificação judicial ou extrajudicial. A instituição financeira, por sua vez, deverá, em 90 dias, promover o leilão para alienação do imóvel.

5. ASPECTOS IMPORTANTES NA REGULAÇÃO DA HIPOTECA REVERSA COM VISTAS À PROTEÇÃO DO CONSUMIDOR IDOSO

A Constituição de 1988, no capítulo referente aos princípios gerais da atividade econômica, reforça, no art. 170, a proteção ao princípio da livre iniciativa, que também constitui um dos fundamentos da República Federativa do Brasil, conforme art. 1º. Ademais, prevê, expressamente, a necessidade de observância do princípio da livre concorrência. Tais postulados de liberdade, entretanto, não podem ser interpretados isoladamente. Com efeito, a intervenção estatal na economia, mediante regulamentação e regulação de setores econômicos, faz-se com respeito aos princípios constitucionais e fundamentos da ordem econômica, sempre buscando concretizar, em última análise, a dignidade da pessoa humana.

Nesse contexto, ao introduzir a disciplina normativa da hipoteca reversa no direito brasileiro, o legislador não poderá perder de vista o comando constitucional segundo o qual "a família, a sociedade e o Estado têm o dever de amparar as pessoas idosas, assegurando sua participação na comunidade, defendendo sua dignidade e bem-estar e garantindo-lhes o direito à vida" (art. 230), bem como o direito fundamental à defesa do consumidor (art. 5º, XXXII, c/c art. 170, IV, CRFB/88). Afinal, cuida-se, via de regra, de um contrato de consumo destinado prioritariamente à população de idade avançada, que apresenta fatores de riscos consideráveis às partes da relação contratual, seja na modalidade temporária, seja na modalidade vitalícia.

Na hipoteca reversa temporária, caso a dívida se torne exigível por ocasião do término do prazo previsto no contrato, haverá um risco considerável de o consumidor idoso ficar desabrigado, pois é de se supor que, na maioria dos casos, não disporá ele de outros meios para quitar a dívida a não ser por meio do próprio imóvel dado em garantia. Para proteger o idoso do risco de perder seu lar, bastaria estipular-se que a dívida somente se torna exigível por ocasião do seu falecimento. Ainda assim, porém, remanesceria o risco de o devedor hipotecário reverso ficar desprovido de renda na fase final de sua vida, uma vez findo o prazo previsto para o recebimento dos rendimentos mensais, em um momento sensível no qual tendem a se elevar as despesas com saúde. Tal risco, por sua vez, poderia ser mitigado com a estipulação de um seguro (facultativo ou obrigatório, com ou sem participação estatal) que assegurasse ao idoso a percepção daquela renda até a sua morte, medida esta que, por outro lado, embutiria um custo adicional ao contrato.

A limitação do volume emprestado atua, assim, como um mecanismo para lidar com o risco de descasamento entre ativo e passivo na hipoteca reversa, conforme modelo adotado por alguns países, como Espanha e Austrália. Como visto, ambos os projetos de lei analisados neste trabalho impõem um limite para a dívida, de maneira que fique extinto qualquer saldo devedor que venha a excedê-lo. Com isso, parece devidamente afastado o risco de que o consumidor idoso venha a ficar desabrigado.

Por sua vez, na modalidade vitalícia, por se tratar de um contrato de duração incerta, cuja vigência pode se estender por muitos anos, é inerente à hipoteca reversa o risco de o montante da dívida acumulada superar o valor de venda do imóvel hipotecado[31]. Com efeito, quanto mais tempo viver o devedor hipotecante, maior será a probabilidade de descasamento entre ativo e passivo. É possível que ocorra, ainda, ao longo do contrato, uma desvalorização inesperada do imóvel, gerando um imediato desequilíbrio entre as prestações. Assim, caso opte por admitir a modalidade vitalícia, caberá ao legislador definir se o risco de o valor da dívida ultrapassar o valor venal do bem deve ser: (i) assumido por uma das partes da relação contratual (o credor ou o devedor, com seus herdeiros), (ii) compartilhado por ambas as partes ou (iii) terceirizado para um segurador. Tal decisão no marco regulatório revela-se crucial para o sucesso do instrumento, já que a insegurança jurídica sobre esse ponto seria limitante do funcionamento desse mercado.[32]

Nesse desafio, impõe-se como premissa que o instituto deve cumprir a sua função de atuar como um instrumento de proteção da população idosa titular de patrimônio imobiliário. Não se pode perder de vista que o interesse do consumidor, cuja tutela deve ser intensificada em razão da idade avançada, reside na complementação de renda a partir do seu patrimônio imobiliário, como meio alternativo à venda ou ao aluguel do imóvel, ainda que tal opção acabe por reduzir a herança que será transmitida aos seus herdeiros por ocasião de sua morte. Diante da notória vulnerabilidade contratual – ou *hipervulnerabilidade*,[33] como sugerem alguns autores – do consumidor idoso, que ocupa posição extremamente desvantajosa na relação contratual estabelecida com instituições financeiras, não deve o legislador deixar espaço para que a vontade das partes, no caso concreto, defina quem assumirá os riscos de longevidade e de desvalorização imobiliária.

---

31. Se, ao contrário, o tomador do empréstimo morrer antes que o prazo estimado à época da celebração do contrato, o valor da dívida tende a ser reduzido em face do valor da garantia. Nesse caso, a solução é simples: os herdeiros do devedor poderão optar por pagar a dívida, evitando a venda do imóvel, ou simplesmente optar por ficar com o montante remanescente, após a satisfação das obrigações contratuais.
32. CAETANO, Marcelo Abi-Ramia; MATA, Daniel da. Op. cit., p. 12.
33. Trata-se, na definição de Claudia Lima Marques, de uma "situação social fática e objetiva de agravamento da vulnerabilidade da pessoa física consumidora, por circunstâncias pessoais aparentes ou conhecidas do fornecedor, como sua idade reduzida (assim o caso da comida para bebes ou da publicidade para crianças) ou sua idade alentada (assim os cuidados especiais com os idosos, no Código em diálogo com o Estatuto do Idoso, e a publicidade de crédito para idosos) ou a situação de doente (assim o caso do glúten e as informações na bula de remédios)" (MARQUES, Claudia Lima. *Contratos no Código de Defesa do Consumidor*: o novo regime das relações contratuais. 6. ed. São Paulo: Ed. RT, 2014).

É necessário, por outro lado, que a alocação dos riscos não torne excessivamente oneroso o negócio para as instituições financeiras, sob pena de inviabilizar a exploração de tal mercado. A regulação adequada do instituto também é crucial para evitar a imposição de juros abusivos aos devedores numa modalidade de empréstimo tentadora para idosos que necessitam complementar suas rendas, já que dispensa o pagamento de prestações mensais à instituição credora. Afinal, os custos excessivos incorridos para ofertar tal modalidade de crédito seriam repassados aos consumidores de idade avançada, que acabariam correndo o risco de, por impulso e de forma irrefletida, arruinar o patrimônio acumulado ao longo de suas vidas com a expectativa de fosse deixado a seus herdeiros, ainda que em parte.

Nesse contexto, destaca-se a importância de que o consumidor seja devidamente informado sobre as condições da hipoteca reversa. A experiência internacional revela que a complexidade desse produto financeiro faz com que muitos idosos tenham dificuldade para compreendê-lo, aumentando as chances de adesão a um plano que não seja o mais apropriado às suas necessidades.[34] A pessoa idosa deve ser bem orientada a respeito das taxas de juros e das despesas bancárias incidentes sobre esse crédito hipotecário para que possa avaliar, de forma livre e consciente, se tais custos são razoáveis em troca da realização do seu desejo de permanecer no imóvel. Caso contrário, a alternativa de alugar ou até mesmo de vender o imóvel onde reside e se mudar para outra residência de menor valor será a opção mais indicada.

Interessante citar, sobre o ponto, a experiência do *Home Equity Conversion Mortgages*, um programa de hipoteca reversa que conta com seguro do governo federal dos Estados Unidos, administrado pela *Federal Housing Administration*. Para que as pessoas (maiores de 62 anos) possam aderir ao referido programa, é necessário, entre outros requisitos, que o interessado participe de uma sessão de aconselhamento a respeito das implicações e das alternativas à hipoteca reversa ministrada por uma agência aprovada pelo U. S. Department of Housing and Urban Development (HUD).[35]

6. CONCLUSÃO

Buscou-se, no presente texto, trazer breves reflexões sobre o instituto da hipoteca reversa, notadamente sobre a sua eficácia no ordenamento jurídico brasileiro enquanto um instrumento de proteção dos interesses patrimoniais da pessoa idosa. Conforme se procurou demonstrar, trata-se de instrumento com

---

34. CAETANO, Marcelo Abi-Ramia; MATA, Daniel da. Op. cit., p. 14.
35. Vide [https://reverse.mortgage/counseling]. Acesso em: 18.08.2019. Convém registrar que, nos Estados Unidos, também existem hipotecas reversas totalmente privadas, que não contam com seguro governamental e são voltadas para residências de maior valor.

potencial de ampliar a autonomia da pessoa em idade avançada, contribuindo para o seu envelhecimento com dignidade.

Destinada, especialmente, às pessoas idosas que conseguiram acumular um patrimônio imobiliário durante a fase laboral e que, embora necessitem de rendimentos para as despesas diárias, não gostariam de vender ou alugar o imóvel em que residem, a hipoteca reversa permite a obtenção de um complemento de renda, dispensando o mutuário do pagamento de prestações periódicas. Desconhecida no direito brasileiro, a sua consagração promete introduzir uma nova ferramenta de gestão patrimonial para pessoas que, em razão do envelhecimento, costumam ter gastos acentuados com saúde, permitindo a realização de interesses existenciais em uma fase sensível de suas vidas.

No entanto, para que o instituto cumpra a função que dele se espera, não poderá o legislador descuidar da proteção integral devida ao idoso, em razão da sua situação de vulnerabilidade potencializada pelas contingências existenciais, especializando a cláusula geral de tutela da pessoa humana. Dados os riscos inerentes a um contrato de empréstimo garantido por hipoteca reversa, a regulação do instituto deverá ser elaborada com observância do princípio do melhor interesse do idoso[36] e da necessidade de proteção do consumidor.

---

36. O princípio do melhor interesse do idoso é citado por Heloísa Helena Barboza como expressão da proteção integral que é devida à pessoa idosa com absoluta prioridade, por força da cláusula geral de tutela da pessoa humana consagrada pela Constituição (op. cit., p. 71).

7
O ESTATUTO DO IDOSO E SUA EFETIVIDADE NA JURISPRUDÊNCIA DO TJMG

Fábio Torres de Sousa

Mestre em Direito Econômico pela UFMG. Professor da Faculdade de Direito de Ipatinga. Membro do Instituto dos Advogados de Minas Gerais e Instituto Brasileiro de Política e Direito do Consumidor (BRASILCON). Juiz de Direito do Tribunal de Justiça do Estado de Minas Gerais.

Sumário: 1. Introdução – 2. A proteção constitucional do idoso – 3. O Estatuto do Idoso – 4. O idoso hipervulnerável – 5. O Supremo Tribunal Federal e o Estatuto do Idoso – 6. O Superior Tribunal de Justiça e o Estatuto do Idoso – 7. A aplicação do Estatuto no Tribunal de Justiça de MG; 7.1 Empréstimo consignado; 7.2 Plano de saúde; 7.3 Proteção pelo Ministério Público; 7.4 Atuação do Procon; 7.5 Vaga em estacionamento; 7.6 Garantia de passagem gratuita no transporte público – 8. Conclusão.

1. INTRODUÇÃO

O Brasil tem sido alertado, há alguns anos, para o crescente envelhecimento da população, os reflexos e consequências que irar gerar na atuação do Estado, no próprio direito e no comportamento social essa nova realidade. Segundo o IBGE, a população de idosos em 2017 superou a marca dos 30,2 milhões em 2017.[1]

Esse contingente de indivíduos, desde a Constituição de 1988, passou a ter uma maior proteção do Estado. Com amparo na própria Carta e a criação de uma legislação que buscou resguardar e amparar essa parcela da população, sempre relegada, ao longo de tantos anos, houve uma ampliação de direitos. Como anotou Cristiano Heineck Schmitt[2] "o processo de multiplicação de direitos ampliou o número de bens a serem tutelados, ampliou o número de sujeitos de direito e implementou o tipo de *status* desses sujeitos". Assim aconteceu com os idosos, sujeitos que passaram a ter direitos, assegurando um envelhecimento com dignidade.

O Estatuto do Idoso, Lei 10.471/2003, que completou 15 anos, é uma mudança no tratamento legal que o Brasil conferia a essa parcela da população. A adoção de um critério etário para reconhecer no indivíduo o direito e a construção de

---

1. Disponível em: [https://agenciadenoticias.ibge.gov.br/agencia-noticias/2012-agencia-de-noticias/noticias/22690-estatuto-do-idoso-completa-15-anos]. Acesso em: 01.10.2018.
2. SCHMITT, Cristiano Heineck. *Consumidores hipervulneráveis*: A proteção do idoso no mercado de consumo. São Paulo: Atlas. 2014. p. 24.

uma legislação efetiva, foi um marco importante para que o Brasil avançasse no resgate de parcela importante da vida social.

Como pondera Alexandre de Moraes:[3]

> A intensidade e a efetividade do respeito aos idosos demonstram o grau de desenvolvimento educacional de um povo, e somente com educação integral poderemos garantir a perpetuidade e a efetividade do Estado Democrático de Direito, a partir da formação de consciência de cidadania e justiça em todos os cidadãos.

Essa efetividade, ao lado da proteção legal, deriva da atuação do Poder Judiciário, estabelecendo um entendimento jurisprudencial afirmativo, ao reconhecer a necessária proteção fixada no Estatuto do Idoso como marco importante. Não adianta a previsão legal, sem efetividade plena da norma, obtida na sua consolidação no posicionamento dos Tribunais.

O presente texto busca demonstrar essa construção protetiva assegurada pelo Poder Judiciário, verificando a atuação do Supremo Tribunal Federal (STF) e do Superior Tribunal de Justiça (STJ), com enfoque no entendimento jurisprudencial do Tribunal de Justiça de Minas Gerais (TJMG), a fim de explicitar a resposta que a jurisprudência vem ofertando para as, ainda, constantes violação a direitos do idoso.

No País que era, na década de 80 do século passado, era predominantemente jovem, a transição demográfica para o envelhecimento demanda e demandará um aprimoramento das normas de proteção ao idoso e, mais que mudança normativa, de efetivação dessa proteção pelo Judiciário, sempre que violada.

Não se pode olvidar que os idosos, pelo aumento da expectativa de vida, são agentes econômicos ativos, consumidores efetivos, usuários de planos de saúde, condutores de veículos automotores, usuários do transporte público, hipervulneráveis em diversas situações da vida moderna, estando presentes em todas as classes sociais.

Por isso, espera-se que a construção da proteção e amparo, nascida de forma efetiva na Constituição Federal, possa, a cada dia, se fazer presente na vida dessa importante parcela do seio social.

2. A PROTEÇÃO CONSTITUCIONAL DO IDOSO

Ao incluir a preocupação com o idoso no texto da Lei Maior, o constituinte reconheceu, já em 1988, que o envelhecimento da população era uma preocupação ampla, conjugando a responsabilidade da família e do Estado no zelo para com o indivíduo idoso.

---

3. MORAES, Alexandre de. *Direito constitucional*. 21. ed. São Paulo: Atlas, 2007. p. 805.

Interessante que a Carta não cuidou em detalhar a idade para se caracterizar o idoso, mas não se furtou a proteger os mais velhos, trazendo uma proteção ampla, muito maior a que se continha nas Constituições anteriores, as quais se atentavam, basicamente, para o trabalho do mais velho.

Não há dúvida que houve uma evolução. Alexandre de Moraes[4] acrescenta que:

> Mais do que reconhecimento formal e obrigação do Estado para com os cidadãos da terceira idade, que contribuíram para seu crescimento e desenvolvimento, o absoluto respeito aos direitos humanos fundamentais dos idosos, tanto em seu aspecto individual como comunitário, espiritual e social, relaciona-se diretamente com a previsão constitucional de consagração da dignidade da pessoa humana. O reconhecimento àqueles que construíram com amor, trabalho e esperança a história de nosso país tem efeito multiplicador de cidadania, ensinando às novas gerações a importância de respeito permanente aos direitos fundamentais, desde o nascimento até a terceira idade.

A Constituição, então, foi detalhista ao cuidar do idoso em diversos artigos. Como fundamento da República Federativa do Brasil, estabeleceu a promoção do bem de todos, sem preconceitos de origem, raça, sexo, cor, idade e quaisquer outras formas de discriminação (art. 3º, IV).

Como direito fundamental, estipulou a igualdade perante a lei, sem distinção de qualquer natureza, garantindo-se aos brasileiros e aos estrangeiros residentes no País a inviolabilidade do direito à vida, à liberdade, à igualdade, à segurança e à propriedade (art. 5º. *Caput*), bem como na individualização da pena o art. 5º, inciso XLVIII, do qual deflui que o idoso dever cumprir pena em estabelecimento penal distinto, pela idade.

Nos direitos dos trabalhadores, proibiu a diferença de salários, de exercício de funções e de critério de admissão por motivo de sexo, idade, cor ou estado civil (art. 7º, XXX). Quanto ao direito político, estipulou a faculdade do voto ao maior de 70 anos exerce o voto facultativamente (art. 14, II, b).

Assegurou a proteção à velhice, como objetivo da assistência social (art. 203, I) e a garantia de uma prestação de assistência social o idoso que comprovem não possuir meios de prover à própria manutenção ou de tê-la provida por sua família, conforme dispuser a lei (arts. 203, V).

Estabeleceu o dever da família, a sociedade e o Estado de amparar as pessoas idosas, assegurando sua participação na comunidade, defendendo sua dignidade e bem-estar e garantindo-lhes o direito à vida. (art. 230). Fixou que os programas de amparo aos idosos serão executados preferencialmente em seus lares (art. 230, § 1º). E assegurou o direito do maior de 65 anos ao transporte urbano gratuito (art. 230, § 2º).

---

4. MORAES, Alexandre de. *Direito constitucional*. 21. ed. São Paulo: Atlas, 2007. p. 805.

Por certo, a força constitucional da proteção ao idoso resulta da efetivação do fundamento constitucional da dignidade da pessoa humana como anotou Roberto Mendes de Freitas Junior quando discorre que no art. 1º da Carta, a dignidade da pessoa humana "constitui o princípio fundamental dos direitos dos idosos".[5]

Fabiana Barletta,[6] em igual linha, anota que o direito dos idosos é um direito social e que "encontra-se inserido na base institucional de todos os direitos fundamentais, o que reafirma sua condição de direito fundamental previsto fora do catálogo do Título II da Constituição da república brasileira".

O que se observa é que a Carta Cidadã buscou tratar o idoso, como fruto da dignidade da pessoa humana, assegurando proteção ao direito a vida, a fim de que todos tenham condições de longevidade com dignidade, e, para tanto, determinou que toda sociedade é responsável pela tutela do direito do idoso.

3. O ESTATUTO DO IDOSO

Após a previsão legal na Constituição da República, fez-se necessário a norma infraconstitucional para detalhar a proteção ao idoso que a Carta Cidadã determinou. Na lição de Cristiano H Schmitt[7] discorre que

> [...] a prospecção de proteção do idoso, em atendimento aos comandos constitucionais aplicáveis na salvaguarda desses indivíduos, em especial, o art. 230 da CF/88, depende, também, de uma atuação estatal positiva, que pode ser revestida no formato de políticas públicas.

Essa conduta positiva impeliu o Estado a formular uma legislação de proteção que realizasse os anseios do constituinte. Veio, primeiro, a Política Nacional do Idoso (Lei 8.842/1994). Visando ampliar direitos contidos na Lei 8.842/1994 e dando forma infraconstitucional aos mandamentos da Constituição Federal de 1988, a Lei 10.741/2003 nasceu e se consolidou como um poderoso instrumento na defesa do indivíduo idoso, ao firmar uma ampla proteção jurídica para usufruir direitos e viver com dignidade.

O Estatuto é claro ao delimitar a idade para a proteção do idoso, em seu primeiro artigo, bem como aos estabelecer o gozo aos direitos fundamentais pelo idoso (art. 2º), e a obrigação da família, da comunidade, da sociedade e do Poder Público assegurar ao idoso, com absoluta prioridade, a efetivação do direito à vida, à saúde, à alimentação, à educação, à cultura, ao esporte, ao lazer, ao traba-

---

5. FREITAS JR, Roberto Mendes de. *Direitos e garantias do idoso*: doutrina, jurisprudência e legislação. Belo Horizonte: Del Rey, 2008. p. 10.
6. BARLETTA, Fabiana Rodrigues. *O direito à saúde da pessoa idosa*. São Paulo. Saraiva, 2010. p. 85.
7. SCHMITT, Cristiano Heineck. *Consumidores hipervulneráveis*: A proteção do idoso no mercado de consumo. São Paulo: Atlas. 2014. p. 104.

lho, à cidadania, à liberdade, à dignidade, ao respeito e à convivência familiar e comunitária (art. 3º).

De igual forma, ainda, em destaque no início da norma a determinação de que nenhum idoso será objeto de qualquer tipo de negligência, discriminação, violência, crueldade ou opressão, e todo atentado aos seus direitos, por ação ou omissão, será punido na forma da lei (art. 4º) e do dever de todos prevenir a ameaça ou violação aos direitos do idoso (art. 4º, § 1º).

O Estatuto, ainda, tratou como direitos fundamentais do idoso o direito da vida (arts. 8º e 9º), o direito à liberdade, ao respeito e à dignidade (art. 10), o direito a alimentos (arts. 11 a 14), o direito à saúde (arts. 15 a 19), o direito a educação, cultura, esporte e lazer (arts. 20 a 25), o direito a Profissionalização e do Trabalho (arts. 26 a 28), o direito a Previdência Social (arts. 29 a 32), o direito a assistência social (arts. 33 a 36), o direito a habitação (arts. 37 e 38), o direito ao transporte (arts. 39 a 42). Assim, buscou o Estatuto firmar uma série de direitos ao idoso, pormenorizando-os, a fim de que ficassem explicitados e não viessem a gerar dúvidas dos mesmos.

No mais, o Estatuto foi específico nas mediadas de proteção e acesso à Justiça, com atuação do Ministério Público e proteção judicial dos interesses difusos, coletivos e individuais indisponíveis ou homogêneos. Ainda previu as condutas criminais perpetradas contra o idoso.

Como discorrem Claudia Lima Marques e Bruno Miragem:[8] "a proteção da vulnerabilidade do idoso faz nascer um direito subjetivo personalíssimo e indispensável ao envelhecimento sadio, ao qual corresponde uma multiplicidade de direitos e deveres para assegurá-los". Foi o que buscou alcançar a Lei 10.741/2003.

Na visão de Ana Maria Viola de Sousa,[9] o Estatuto do Idoso é:

> uma legislação contemporânea com o objetivo protetivo assistencial quanto às pessoas com idade igual ou superior a 60 (sessenta) anos, assegurou-lhes, com tutela legal ou por outros meios, todas as oportunidades e facilidades, para preservação de sua saúde física e mental e seu aperfeiçoamento moral, intelectual, espiritual e social, em condições de liberdade e dignidade. Sedimentando assim a obrigação da família, da comunidade, da sociedade e do Poder Público de assegurar com absoluta prioridade a efetivação do direito à vida, à saúde, à alimentação, à educação, à cultura, ao esporte, ao lazer, ao trabalho, à cidadania, à liberdade, à dignidade, ao respeito e à convivência familiar e comunitária.

A norma infraconstitucional assegurou direitos, em reflexo ao mandamento constitucional, e passou a possibilitar maior dignidade aos indivíduos maiores

---

8. MARQUES, Claudia Lima e MIRAGEM, Bruno. *O novo direito privado e a proteção dos vulneráveis*. São Paulo: Ed. RT, 2012. p. 145.
9. SOUSA, Ana Maria Viola de. *Tutela jurídica do idoso*: a assistência e a convivência familiar. São Paulo: Alínea, 2004. p. 179.

de 60 anos. E o legislador não desconheceu o aumento da expectativa de vida, tanto assim que em 2017 aprimorou o Estatuto, com a Lei 13.466 que assegurou às pessoas com mais de 80 anos terão preferência no atendimento em relação aos demais idosos.

Vê-se, pois, que a legislação nacional de proteção ao idoso não se afasta da realidade social e busca consolidar uma proteção da camada, cada vez mais importante da sociedade, que antes de 1988 pouca proteção legal possuía.

4. O IDOSO HIPERVULNERÁVEL

Não se olvida que a doutrina brasileira vem tratando de forma especial a proteção que os idosos devem receber do Estado e do direito, o que ensejou a busca de uma ampliação da técnica de resguardo, diante da necessidade lógica de se almejar que o direito venha atender, dentro das desigualdades dos indivíduos, a mais correta via de proteção.

Bruno Miragem[10] anota essa preocupação especial da vulnerabilidade do idoso ao discorrer que

> [...] a vulnerabilidade do consumidor idoso é demonstrada a partir de dois aspectos principais; a) a diminuição ou perda de determinadas aptidões físicas ou intelectuais que o torna mais suscetível e débil em relação à atuação negocial dos fornecedores; b) a necessidade e cativiade em relação a determinados produtos ou serviços no mercado de consumo, que o coloca numa relação de dependência em relação a seus fornecedores.

Por isso, ao se reconhecer a diferença agravada da vulnerabilidade de alguns indivíduos, ou classe de indivíduos, asseverou o Min. Antônio Herman de Vasconcellos e Benjamin que

> [...] ao Estado Social importam não apenas os vulneráveis, mas sobretudo os hipervulneráveis, pois são esses que, exatamente por serem minoritários e amiúde discriminados ou ignorados, mais sofrem com a massificação do consumo e a 'pasteurização' das diferenças que caracterizam e enriquecem a sociedade moderna.

Essa nova categoria de indivíduos, os hipervulneráveis, é decorrente não da inovação social, mas sim da visão do direito de que existem indivíduos diferentes e mais carentes de proteção dentro da própria sociedade.

A caracterização da hipervulnerabilidade é lecionada por Claudia de Lima Marques:[11]

---

10. MIRAGEM, Bruno. *Direito do consumidor*. São Paulo: Ed. RT, 2008. p. 66.
11. MARQUES, Claudia Lima (Coord.). *Diálogo das Fontes*: do conflito à coordenação de normas do direito brasileiro. São Paulo: Ed. RT, 2012. p. 41.

Identifica-se hoje também uma série de leis especiais que regulam as situações de vulnerabilidade potencializada, especial ou agravada, de grupos de pessoas (idosos, crianças e adolescentes, índios, estrangeiros, pessoas com necessidades especiais, doentes etc.), e estes grupos de pessoas também atuam como consumidores na sociedade, resultando na chamada hipervulnerabilidade.

Em igual forma, Cristiano Heineck Schmitt[12] discorre com elegância acerca da necessária proteção ao idoso, tido como hipervulnerável na realidade do direito, principalmente na seara contratual, o que demanda maior proteção do indivíduo mais fragilizado.

Ademais, conforme expõem Claudia Marques, Herman Benjamim e Bruno Miragem,[13]

efetivamente, e por diversas razões, há que se aceitar que o grupo dos idosos possui uma vulnerabilidade especial, seja pela sua vulnerabilidade técnica exagerada em relação a novas tecnologias; sua vulnerabilidade fática quanto à rapidez das contratações; sua saúde debilitada; a solidão do seu dia a dia, que transforma um vendedor de porta em porta, um operador de telemarketing, talvez na única pessoa com a qual tenham contato e empatia naquele dia; sem falar em sua vulnerabilidade econômica e jurídica, hoje, quando se pensa em um teto de aposentadoria único no Brasil de míseros 400 dólares para o resto da vida.

Essa realidade de proteção ao idoso, como individuo hipervulnerável é realidade na jurisprudência nacional. O STJ já anotou esse entendimento de hipervulnerabilidade em voto do Min. Herman Benjamim:

[...] A família, a sociedade e o Estado têm o dever de amparar as pessoas idosas, assegurando sua participação na comunidade, defendendo sua dignidade e bem-estar e garantindo-lhes o direito à vida. 4. "A expressão 'necessitados' (art. 134, *caput*, da Constituição), que qualifica, orienta e enobrece a atuação da Defensoria Pública, deve ser entendida, no campo da Ação Civil Pública, em sentido amplo, de modo a incluir, ao lado dos estritamente carentes de recursos financeiros – os miseráveis e pobres –, os hipervulneráveis (isto é, os socialmente estigmatizados ou excluídos, as crianças, os idosos, as gerações futuras), enfim todos aqueles que, como indivíduo ou classe, por conta de sua real debilidade perante abusos ou arbítrio dos detentores de poder econômico ou político, 'necessitem' da mão benevolente e solidarista do Estado para sua proteção, mesmo que contra o próprio Estado. Vê-se, então, que a partir da ideia tradicional da instituição forma-se, no Welfare State, um novo e mais abrangente círculo de sujeitos salvaguardados processualmente, isto é, adota-se uma compreensão de minus habentes impregnada de significado social, organizacional e de dignificação da pessoa humana" (REsp 1.264.116/RS, Rel. Ministro Herman Benjamin, Segunda Turma, julgado em 18.10.2011, DJe 13.04.2012).

---

12. SCHMITT, Cristiano Heineck. A hipervulnerabilidade do consumidor. *Doutrinas essenciais direito do consumidor*. São Paulo: Ed. RT, v. II, p. 474.
13. MARQUES, Claudia; BENJAMIN, Antônio Herman. MIRAGEM, Bruno. *Comentários ao Código de Defesa do Consumidor*. 3 ed. São Paulo: Ed. RT, 2010. p. 765.

Diversos Tribunais Estaduais já adotam a proteção da pessoa idosa como hipervulnerável, citando: (i) TJRS: Apelação cível 70074312984, Vigésima Terceira Câmara Cível, Tribunal de Justiça do RS, Rel. Des. Ana Paula Dalbosco, Julgado em 26.09.2017; (ii) TJRJ: Apelação 0066230-26.2017.8.19.0001, 6ª. Câmara Cível, Rel. Des. Inês da Trindade Chaves de Melo, Julgado em 12/09/2018; (iii) TJPR: Apelação cível 0000777-93.2017.8.16.0122; 14ª Câmara Cível, Rel. Juíza Subst. 2º Grau Sandra Bauermann, Julgado em 28.03.2018; (iv) TJSP: Apelação cível 1011998-96.2015.8.26.0009; Rel. Des. Fábio Podestá, 5ª Câmara de Direito Privado, Julgado em 03.10.2017; dentre outros tribunais.

De igual forma esse entendimento já foi consolidado no TJMG:[14]

> Conforme precedente do Superior Tribunal de Justiça, a expressão "necessitados", no campo da Ação Civil Pública, deve ser entendida em sentido amplo, para incluir, ao lado dos estritamente carentes de recursos financeiros – os miseráveis e pobres –, os hipervulneráveis, dentre eles os idosos (REsp. 1264116/RS). Assim, a Defensoria Pública tem legitimidade para o ajuizamento de ação civil pública em defesa dos direitos individuais e coletivos dos idosos, indivíduos reconhecidamente hipervulneráveis na sociedade. (...)

A visão da hipervulnerabilidade do idoso, mais do que reconhecer as carências que o indivíduo possui decorrente do próprio envelhecimento, o que buscou a doutrina e jurisprudência foi assegurar maior eficiência ao princípio constitucional da dignidade humana.

O ministro Herman Benjamin[15] foi sábio ao afirmar:

> quanto mais democrática uma sociedade, maior e mais livre deve ser o grau de acesso aos tribunais que se espera seja garantido pela Constituição e pela lei ao cidadão, individual ou coletivamente. [...]
>
> Ao se proteger o hipervulnerável, a rigor quem verdadeiramente acaba beneficiada é a própria sociedade, porquanto espera o respeito ao *pacto coletivo de inclusão social imperativa*, que lhe é caro, não por sua faceta patrimonial, mais precisamente por abraçar a dimensão intangível e humanista dos princípios da *dignidade da pessoa humana* e da *solidariedade*. Assegurar a *inclusão judicial* (isto é, reconhecer a legitimação para agir) dessas pessoas hipervulneráveis, inclusive dos sujeitos intermediários a quem incumbe representá-las, corresponde a não deixar nenhuma ao relento da Justiça por falta de porta-voz de seus direitos ofendidos.

Esse princípio, somente pelo reconhecimento das particularidades e diferenças entre os indivíduos, é capaz de assegurar, aos idosos, a plena eficácia do Estatuto.

---

14. TJMG. Apelação Cível 1.0313.10.012691-8/008, Relator(a): Des.(a) Luís Carlos Gambogi, 5ª Câmara Cível, julg. 05.02.2015. Disponível em: [http://www5.tjmg.jus.br/jurisprudencia/formEspelhoAcordao.do]. Acesso em: 06.10.2018.
15. STJ. REsp 931.513/RS, Rel. Ministro Carlos Fernando Mathias, Rel. p/ Acórdão Ministro Herman Benjamin, Primeira Seção, julgado em 25.11.2009, publ. 27.09.2010.

5. O SUPREMO TRIBUNAL FEDERAL E O ESTATUTO DO IDOSO

Interessante verificar como o Supremo Tribunal Federal (STF) vem decidindo em temas de direito do idoso.

Corte constitucional e último grau do Poder Judiciário, o STF atua como guardião da Constituição, por força expressa do art. 102 da CF/88, e tem a função de orientar a aplicação da Carta Maior. Nessa visão já ponderou o Min Celso de Melo:[16]

> A defesa da Constituição da República representa o encargo mais relevante do Supremo Tribunal Federal. O Supremo Tribunal Federal que é o guardião da Constituição por expressa delegação do Poder Constituinte não pode renunciar ao exercício desse encargo, pois se a Suprema Corte falhar no desempenho da gravíssima atribuição que lhe foi outorgada, a integridade do sistema político, a proteção das liberdades públicas, a estabilidade do ordenamento normativo do Estado, a segurança das relações jurídicas e a legitimidade das instituições da Republica restarão profundamente comprometidas.

Cabe, de início, destacar a decisão da Ministra Ellen Gracie, na ADI 2.453/RJ,[17] ao anotar a não concessão de liminar, contra a norma estadual que obrigou a farmácias e drogarias a conceder desconto, na compra de medicamento, aos idosos, anotando que a se conceder a liminar e se julgar improcedente a ação, os idosos ficaram despidos do benefício legal que a lei estadual lhes garante e porque há legitimidade do Estado em intervir na ordem econômica para salvaguardar existência digna a todos, conforme os ditames da justiça social. Essa preocupação com a proteção do art. 230 da CF/88 assegurou a manutenção da legislação do Estado do Rio de janeiro, estando, ainda, a ADI em andamento.

Outro caso de relevo trata-se da ADI 3.768/DF,[18] em que se questionava a determinação do Estatuto do Idoso de assegurar, aos maiores de sessenta e cinco anos, a gratuidade dos transportes coletivos públicos urbanos e semiurbanos,

---

16. STF. ADI 2010-MC, DJ 12/04/2002.
17. "Ação direta de inconstitucionalidade. Lei 3.542/2001, do Estado do Rio de Janeiro, que obrigou farmácias e drogarias a conceder descontos a idosos na compra de medicamentos. Ausência do *periculum in mora*, tendo em vista que a irreparabilidade dos danos decorrentes da suspensão ou não dos efeitos da lei se dá, de forma irremediável, em prejuízo dos idosos, da sua saúde e da sua própria vida. *Periculum in mora* inverso. Relevância, ademais, do disposto no art. 230, *caput*, da CF, que atribui à família, à sociedade e ao Estado o dever de amparar as pessoas idosas, defendendo sua dignidade e bem-estar e garantindo-lhes o direito à vida (ADI 2.435 MC, Rel. Min. Ellen Gracie, j. 13.03.2002, publ. 31.10.2003).
18. "Ação direta de inconstitucionalidade. Art. 39 da Lei 10.741, de 1º de outubro de 2003 (Estatuto do Idoso), que assegura gratuidade dos transportes públicos urbanos e semiurbanos aos que têm mais de 65 anos. Direito constitucional. Norma constitucional de eficácia plena e aplicabilidade imediata. Norma legal que repete a norma constitucional garantidora do direito. Improcedência da ação. O art. 39 da Lei 10.741/2003 (Estatuto do Idoso) apenas repete o que dispõe o § 2º do art. 230 da Constituição do Brasil. A norma constitucional é de eficácia plena e aplicabilidade imediata, pelo que não há eiva de invalidade jurídica na norma legal que repete os seus termos e determina que se concretize o quanto constitucionalmente disposto. Ação direta de inconstitucionalidade julgada improcedente (ADI 3.768,

exceto nos serviços seletivos e especiais, quando prestados paralelamente aos serviços regulares. Na relatoria do voto, a Ministra Carmem Lúcia anotou a eficácia plena e aplicabilidade imediata do art. 230, § 2º. da CF/88, significando uma condição mínima de mobilidade aos idosos, sendo que a lei somente garantiu a forma de se cumprir o preceito constitucional, não havendo violação a equilíbrio do contrato de concessão, ainda mais que as concessionárias e permissionárias de serviço público devem respeitar a Constituição da República.

Por fim, anoto a declaração de inconstitucionalidade do § 3º do artigo 20 da Lei Orgânica da Assistência Social – LOAS (Lei 8.742/1993),[19] o qual previa como critério para a concessão de benefício a idosos ou deficientes a renda familiar mensal *per capita* inferior a um quarto do salário mínimo, por considerar que esse critério está defasado para caracterizar a situação de miserabilidade e, ainda, foi declarada a inconstitucionalidade do parágrafo único do artigo 34 da Lei 10.471/2003 (Estatuto do Idoso). Entendeu a Corte Suprema, no voto do Ministro Gilmar Mendes, no sentido de declarar a inconstitucionalidade, mas sem declarar

---

Rel. Min. Cármen Lúcia, j. 19.09.2007, publ. 26.10.2007; AI 707.810 AgR, Rel. Min. Rosa Weber, j. 22 mai. 2012, 1ª T, *publ.* 06.06.2012).

19. "Benefício assistencial de prestação continuada ao idoso e ao deficiente. Art. 203, V, da Constituição. A Lei de Organização da Assistência Social (LOAS), ao regulamentar o art. 203, V, da Constituição da República, estabeleceu os critérios para que o benefício mensal de um salário mínimo seja concedido aos portadores de deficiência e aos idosos que comprovem não possuir meios de prover a própria manutenção ou de tê-la provida por sua família. 2. Art. 20, § 3º, da Lei 8.742/1993 e a declaração de constitucionalidade da norma pelo Supremo Tribunal Federal na ADI 1.232. Dispõe o art. 20, § 3º, da Lei 8.742/93 que "considera-se incapaz de prover a manutenção da pessoa portadora de deficiência ou idosa a família cuja renda mensal per capita seja inferior a 1/4 (um quarto) do salário mínimo". O requisito financeiro estabelecido pela lei teve sua constitucionalidade contestada, ao fundamento de que permitiria que situações de patente miserabilidade social fossem consideradas fora do alcance do benefício assistencial previsto constitucionalmente. Ao apreciar a Ação Direta de Inconstitucionalidade 1.232-1/DF, o Supremo Tribunal Federal declarou a constitucionalidade do art. 20, § 3º, da LOAS. 3. Decisões judiciais contrárias aos critérios objetivos preestabelecidos e Processo de inconstitucionalização dos critérios definidos pela Lei 8.742/1993. A decisão do Supremo Tribunal Federal, entretanto, não pôs termo à controvérsia quanto à aplicação em concreto do critério da renda familiar per capita estabelecido pela LOAS. Como a lei permaneceu inalterada, elaboraram-se maneiras de se contornar o critério objetivo e único estipulado pela LOAS e de se avaliar o real estado de miserabilidade social das famílias com entes idosos ou deficientes. Paralelamente, foram editadas leis que estabeleceram critérios mais elásticos para a concessão de outros benefícios assistenciais, tais como: a Lei 10.836/2004, que criou o Bolsa Família; a Lei 10.689/2003, que instituiu o Programa Nacional de Acesso à Alimentação; a Lei 10.219/01, que criou o Bolsa Escola; a Lei 9.533/97, que autoriza o Poder Executivo a conceder apoio financeiro a Municípios que instituírem programas de garantia de renda mínima associados a ações socioeducativas. O Supremo Tribunal Federal, em decisões monocráticas, passou a rever anteriores posicionamentos acerca da intransponibilidade dos critérios objetivos. Verificou-se a ocorrência do processo de inconstitucionalização decorrente de notórias mudanças fáticas (políticas, econômicas e sociais) e jurídicas (sucessivas modificações legislativas dos patamares econômicos utilizados como critérios de concessão de outros benefícios assistenciais por parte do Estado brasileiro). 4. Declaração de inconstitucionalidade parcial, sem pronúncia de nulidade, do art. 20, § 3º, da Lei 8.742/1993. 5. Recurso extraordinário a que se nega provimento" (RE 567985, Rel. Min. Marco Aurélio, Rel. p/ Acórdão: Min. Gilmar Mendes, Tribunal Pleno, julg. 18.04.2013, publ. 03.10.2013).

sua nulidade até que o Congresso Nacional aprove uma lei definindo melhor os critérios de constatação de miserabilidade para efeitos de recebimento de benefício continuado. Buscou-se a concretização do princípio da dignidade humana e do dever específico de proteção dos hipossuficientes – idosos e deficientes – a qual, para o STF estava do texto constitucional.

A demonstração da força da Constituição na proteção do idoso é clara nos casos anotados, proteção essa assegurada pelo garantidor da Constituição, o Supremo Tribunal Federal. Vê-se, então, que a Suprema Corte[20] não ficou ao largo da proteção do idoso, enfrentando temas garantidos no Estatuto e sinalizando, para os operadores do direito a força constitucional da norma de proteção ao idoso.

6. O SUPERIOR TRIBUNAL DE JUSTIÇA E O ESTATUTO DO IDOSO

O Tribunal da Cidadania, o Superior Tribunal de Justiça não deixou de referendar, de igual forma, a proteção do idoso.

Para fins, unicamente do trabalho, sem que se perca a visão central e se obtenha mera repetição de decisão da Corte, anoto alguns posicionamentos do STJ, sem perda da visão de que a Corte da Cidadania tem apresentado amplo espectro de decisões em aplicação da lei 10.741/20003 e, consequentemente, de proteção ao idoso.

No julgamento do REsp 1.280.211,[21] o STJ uniformizou o entendimento da aplicação imediata e retroativa do Estatuto do Idoso anotando que o direito à vida, à dignidade e ao bem-estar das pessoas idosas encontra especial proteção na Constituição da República de 1988 (artigo 230), tendo culminado na edição do Estatuto do Idoso (Lei 10.741/2003), norma cogente (imperativa e de ordem pública), cujo interesse social subjacente exige sua aplicação imediata sobre todas as relações jurídicas de trato sucessivo, a exemplo do plano de assistência à saúde. No referido voto, o Ministro Marco Buzzi discorre que "não se vislumbra antinomia entre o Estatuto do Idoso e a Lei dos Planos de Saúde, os quais devem ser interpretados de modo a propiciar um diálogo coerente entre as fontes normativas, à luz dos princípios da boa-fé objetiva e da equidade, sem desamparar a parte vulnerável da contratação".

---

20. Deixo consignado, que se aguarda o definitivo posicionamento do Supremo Tribunal Federal na repercussão geral (RE 630.852 RG/RS), tema 381, acerca da aplicação do Estatuto do Idoso a contrato de plano de saúde firmado anteriormente a sua vigência, com ênfase no controle do aumento da contribuição em razão de ingresso em faixa etária diferenciada. Diante da visão constitucional que o STF vem conferindo a proteção ao idoso, espera-se a confirmação da prevalência da norma protetiva do Estatuto.

21. "Recurso especial – Ação declaratória de nulidade de cláusula do contrato de seguro saúde que prevê a variação dos prêmios por mudança de faixa etária – Sentença de procedência reformada pelo acórdão estadual, afastada a abusividade da disposição contratual. Insurgência da segurada (REsp 1280211/SP, Rel. Min. Marco Buzzi, Segunda Seção, julg. 23.04.2014, publ. 04.09.2014)."

Dentro do direito ao lazer do idoso, analisado pelo STJ encontra-se na decisão do REsp 1512087/PR,[22] no qual o Ministro Herman Benjamin veio a assegurar a proteção contida no art. 23 da Lei 10.741/2003, referendando o entendimento da Corte Superior de que a inserção no Estatuto do Idoso da previsão legal de descontos de pelo menos 50% nos ingressos para eventos artísticos, culturais, esportivos e de lazer, bem como o acesso preferencial aos respectivos locais, demonstra que "a União reservou para si a legislação sobre a matéria, de modo a uniformizar essa previsão por todo o território nacional". Desta forma, o direito aí contido na norma federal não pode ser reduzido por legislação local, sempre de aplicação em todo País.

Questão processual de interesse foi a proferida pelo Ministro Luís Felipe Salomão[23] (AgRg no AREsp 557.860/MG), ao rejeitar a denunciação à lide de seguradora, em feito ordinário de indenização, ajuizado por idosa de 69 anos, asseverando que "o instituto processual deve atender aos propósito a que se destina, que é a celeridade e economia processuais, notadamente nos casos a envolver idoso (CPC, art. 1.211-A; Estatuto do Idoso, art. 71, *caput*), pelo que "permitir a denunciação da lide à seguradora no estado em que se encontra o processo fulmina a própria finalidade da denunciação e, a um só tempo, vulnera a especial proteção conferida pelo or-

---

22. "Processual civil. Ação civil pública. Ministério público estadual busca a isenção ou a redução do valor da tarifa, em no mínimo 50%, aos usuários do transporte coletivo urbano que possuem idade de 65 anos ou mais na linha de turismo da cidade de Curitiba. Benefícios estabelecidos nos artigos 39 e 23 do estatuto do idoso. Procedência. 1. *In casu*, o Tribunal a quo, ao delinear a moldura fática da vexata quaestio, evidenciou que o serviço de transporte prestado é destinado ao lazer. 2. Tratando-se de serviço diretamente vinculado ao lazer – visita a pontos turísticos da cidade –, o idoso faz jus à benesse legal relativa ao desconto de 50% (cinquenta por cento) no valor do ingresso. Consoante entendimento do Superior Tribunal de Justiça, importa registrar que a Lei 10.741/03, que instituiu o Estatuto do Idoso, previu no seu art. 23 descontos de pelo menos 50% nos ingressos para eventos artísticos, culturais, esportivos e de lazer, bem como o acesso preferencial aos respectivos locais (Art. 23. A participação dos idosos em atividades culturais e de lazer será proporcionada mediante descontos de pelo menos 50% (cinquenta por cento) nos ingressos para eventos artísticos, culturais, esportivos e de lazer, bem como o acesso preferencial aos respectivos locais). Precedentes do STJ. 3. Recurso Especial provido, para assegurar o desconto tarifário previsto no Estatuto do Idoso" (REsp 1512087/PR, Rel. Min. Herman Benjamin, Segunda Turma, julg. 02 .02.2016, publ. 24.10.2016).

23. "Direito privado e processual civil. Ação de indenização. Denunciação da lide. Seguradora. Não cabimento. Providência que atentaria contra a finalidade do instituto. Celeridade processual. Necessidade de observância. Consumidor idoso.
1. Muito embora no rito sumário seja cabível a intervenção da seguradora, ao menos desde o advento da Lei 10.444/2002 (CPC, art. 280), e o próprio CDC permitir a denunciação da lide nessas situações (art. 101, inciso II), o instituto processual deve atender aos propósitos a que se destina, que é a celeridade e economia processuais, notadamente nos casos a envolver idoso (CPC, art. 1.211-A; Estatuto do Idoso, art. 71, *caput*). 2. A denunciação da lide, como modalidade de intervenção de terceiros, busca atender aos princípios da economia e da presteza na entrega da prestação jurisdicional, não devendo ser prestigiada quando o deferimento for apto a subverter exatamente os valores tutelados pelo instituto. Precedentes. 3. Permitir a denunciação da lide à seguradora no estado em que se encontra o processo fulmina a própria finalidade da denunciação e, a um só tempo, vulnera a especial proteção conferida pelo ordenamento jurídico à pessoa do consumidor e do idoso. 4. Agravo regimental não provido (AgRg no AREsp 557.860/MG, Rel. Min. Luis Felipe Salomão, Quarta Turma, julg. 05.02.2015, publ. 10.02.2015).

denamento jurídico à pessoa do consumidor e do idoso. Desta forma, a garantia processual curvou-se ao preceito constitucional de proteção ao idoso, impondo a força da norma contida na CF/88 de forma expressa e efetiva no caso concreto.

Em relação a proteção familiar do idoso, o STJ no REsp 1355052/SP[24] de relatoria do Ministro Benedito Gonçalves, afastou o cálculo da renda per capita a que alude o §3º do artigo 20 da Lei 8.742/93, o benefício previdenciário auferido por idoso, no importe de um salário mínimo, a fim de assegurar a manutenção da subsistência da pessoa com deficiência e da pessoa idosa que faça parte do núcleo familiar. Prestigiou-se os princípios da isonomia e da dignidade humana, pela aplicação, por analogia, do parágrafo único do artigo 34 da Lei 10.741/03.

Anota-se, por derradeiro, a decisão do REsp 1568244/RJ, de relatoria do Ministro Ricardo Villas Bôas Cueva,[25] em que se firmou a tese de que o reajuste de mensalidade de plano de saúde individual ou familiar fundado na mudança de faixa etária do benefício é válido desde que (*i*) haja previsão contratual, (*ii*) sejam observadas as normas expedidas pelos órgãos governamentais reguladores e (*iii*) não sejam aplicados percentuais desarrazoados ou aleatórios que, concretamente e sem base atuarial idônea, onerem excessivamente o consumidor ou discriminem o idoso.

Patente, então que a atuação do STJ, como uniformizador da jurisprudência dos Tribunais Estaduais, tem servido para que o preceito constitucional de proteção ao idoso possa ser reconhecido nas lides de relação de consumo e outras que chegam ao Tribunal da Cidadania.

O Tribunal da Cidadania, receptor de inúmeros recursos,[26] vem se consolidando como fonte jurisprudencial importante para o reconhecimento da força normativa da Lei 10.741/2003 e sua base constitucional.

---

24. "Previdenciário. Recurso representativo de controvérsia. Concessão de benefício assistencial previsto na Lei 8.742/93 a pessoa com deficiência. Aferição da hipossuficiência do núcleo familiar. Renda per capita. Impossibilidade de se computar para esse fim o benefício previdenciário, no valor de um salário mínimo, recebido por idoso. 1. Recurso especial no qual se discute se o benefício previdenciário, recebido por idoso, no valor de um salário mínimo, deve compor a renda familiar para fins de concessão ou não do benefício de prestação mensal continuada a pessoa deficiente. 2. Com a finalidade para a qual é destinado o recurso especial submetido a julgamento pelo rito do artigo 543-C do CPC, define-se: Aplica-se o parágrafo único do artigo 34 do Estatuto do Idoso (Lei 10.741/03), por analogia, a pedido de benefício assistencial feito por pessoa com deficiência a fim de que benefício previdenciário recebido por idoso, no valor de um salário mínimo, não seja computado no cálculo da renda per capita prevista no artigo 20, § 3º, da Lei 8.742/93. 3. Recurso especial provido. Acórdão submetido à sistemática do § 7º do art. 543-C do Código de Processo Civil e dos arts. 5º, II, e 6º, da Resolução STJ n. 08/2008" (REsp 1355052/SP, Rel. Min. Benedito Gonçalves, Primeira Seção, julg. 25.02.2015, publ. 05.11.2015).
25. STJ, REsp 1568244/RJ, Rel. Min. Ricardo Villas Bôas Cueva, Segunda Seção, julg. 14.12.2016, publ. 19.12.2016.
26. Uma pesquisa utilizando os termos "estatuto do idoso", no site de jurisprudência do STJ indica a existência de 02 acórdãos repetitivos, 269 acórdãos e 9874 decisões monocráticas com citação do termo pesquisado.

7. A APLICAÇÃO DO ESTATUTO NO TRIBUNAL DE JUSTIÇA DE MG

Verificada, de forma sucinta, a atuação dos Tribunais Superiores acerca das normas constitucionais e da Lei 10.741/2003, cumpre observar como o Tribunal de Justiça do Estado de Minas Gerais, esfera recursal mais próxima das partes, tem decidido em temas afetos ao estatuto do Idoso.

A escolha da Corte Estadual Mineira se faz pela proximidade com o autor do trabalho e por se tratar de um dos quatro grandes Tribunais do País.

Não se busca, até pela limitação do presente trabalho, uma análise detalhada de todos os temas previsto na proteção do Estatuto, mas sim, a compilação de alguns, de relevo pelo volume de indivíduos idosos que atinge ou pela importância no dia a dia, da vida do idoso, bem como pela amplitude da proteção que o Estatuto consolidou e que se encontra referendada na jurisprudência.

7.1 Empréstimo consignado

O primeiro tema de destaque é o conflito jurídico que a abertura de crédito via empréstimo consignado veio a gerar na vida de incontáveis idosos.

Não se olvida que desde a instituição do empréstimo consignado, os idosos são a parcela da população que maior demanda ao judiciário promoveu para a discussão de questões envolvendo o tema.

Muitas das vezes, arrimo de famílias, ao sustentar filhos e netos, o idoso acaba utilizando sua renda, ao final da vida, para garantir e oferecer maiores comodidades aos familiares. Contudo, diante da ganância do sistema financeiro, reiteradas condutas são atacadas em processos, diante do aproveitamento da fragilidade do idoso.

Essa vulnerabilidade do idoso em relação a oferta de crédito consignado foi bem abordada na pesquisa realizada por Johannes Doll e Rosangela L. Cavallazzi,[27] mostrando uma preocupação com o superendividamento do idoso e a necessidade de aprimorar as relações entre o idoso (consumidor) e o banco (fornecedor), para garantia, muitas das vezes, do próprio núcleo familiar.

A jurisprudência não tem desconhecido essa realidade e tem se posicionada de forma veemente pela proteção do direito do idoso, quando ocorre violações, demonstrando a força constitucional do Estatuto e a visão da maior vulnerabilidade do idoso.

Esse posicionamento pode ser confirmado nas decisões do Tribunal Mineiro, como pode ser observado no seguinte julgamento:

---

27. DOLL, Johannes; CAVALLAZZ, Rosangela Lunardelli. Crédito consignado e o superendividamento dos idosos. *Revista de Direito do Consumidor*, São Paulo, ano 25, n. 107, p. 337.

Apelação cível – Ação de repetição do indébito c/c reparação de danos morais e materiais – Empréstimo consignado no cartão de crédito – Idosa – Analfabeta – Estatuto do idoso – Violação do direito de informação do consumidor – Anulação do contrato – Indenização – Danos morais – Inexistência – Mera divergência contratual – Prejuízos apenas materiais.

– Deve ser revisto o contrato pactuado em desrespeito ao direito de informação clara e adequada assegurada ao consumidor.

– O contrato em tela induz o consumidor a erro por acreditar estar pactuado um contrato de empréstimo consignado em separado do contrato de cartão de crédito. O fato de o termo de adesão ao contrato de empréstimo consignado e ao contrato de fornecimento de cartão de crédito terem sido firmados na mesma data, associado a outras peculiaridades do caso, dão suporte à alegação de que a parte autora jamais pretendeu utilizar o serviço de cartão de crédito, tendo ocorrido, no caso, venda casada, prática vedada pela legislação consumerista, conforme dispõe o inciso I do artigo 39 do CDC. No caso concreto, conforme documentos juntados, a opção pela contratação do cartão de crédito veio prevista no mesmo instrumento de contratação do empréstimo consignado, evidenciando que o contrato de cartão de crédito não era do interesse direto da parte contratante, mas, sim, incluído na oportunidade em que buscado outros produtos, a caracterizar a ocorrência de "venda casada".

– A Responsabilidade Civil designa o dever que alguém tem de reparar o prejuízo, em consequência da ofensa a um direito alheio.

– O fornecedor de serviços responde, independentemente da existência de culpa, pela reparação dos danos causados aos consumidores por defeitos relativos à prestação dos serviços, bem como por informações insuficientes ou inadequadas sobre sua fruição e riscos.

– Os fatos objeto da lide não ensejam, por si só, abalos morais a parte autora, principalmente, por que ela efetivamente pretendeu dispor de parte de seus vencimentos para fazer empréstimo consignado, de forma que, ainda que a modalidade contratada seja diversa, não há provas de que os descontos feitos em seus vencimentos tenham lhe causado prejuízos consideráveis e extraordinários a autorizar o reconhecimento da ocorrência de danos morais.

– A divergência contratual, por si só, não acarreta dano moral, o qual pressupõe ofensa anormal à personalidade. Meros aborrecimentos, chateações, desacertos comerciais não configuram dano de cunho moral, sendo indevido o pagamento de indenização a tal título decorrente de tais fatos. – Sentença reformada.[28]

Claro, então, que repercutindo a visão jurisprudencial de defesa do idoso, o TJMG não deixa de reconhecer o direito do idoso, em relação de crédito consignado, quando patente a violação dos preceitos constitucionais, referendados no Estatuto do Idoso.

7.2 Plano de saúde

O segundo tema reflete uma visão já anotada na jurisprudência adrede citada dos Tribunais Superiores, mas que se apresenta de forma constante nos julgamentos do Tribunal Mineiro.

---

28. TJMG. Apelação Cível 1.0327.17.001461-4/001, Rel. Des. Cabral da Silva, 10ª Câmara Cível, julg. 26.06.2018.

O tema sempre é atual e de muito debate, ainda mais quando se constata o crescente aumento de demandas judiciais envolvendo idosos e planos de saúde. Em reportagem de junho de 2016, o jornal Estado de São Paulo[29] afirmou que os idoso representam apenas 12,5% dos clientes de convênios médicos, mas s são responsáveis por 31% das ações judiciais contra planos de saúde coletivos. Nesta ótica, sempre haverá muito a se verificar na jurisprudência sobre o tema, e a realidade da Corte Mineira não destoa dessa realidade.

O Tribunal, em voto de lavra do Desembargador Estevão Lucchesi,[30] tem entendido, no caso de rol procedimentos da ANS, quando da proteção do idoso, que diante do princípio da boa, do princípio do equilíbrio econômico e da função social do contrato, a concepção clássica do contrato, baseada nos princípios da autonomia privada e intangibilidade do contrato, foi superada, pelo que deve-se considerar o rol de procedimentos como não taxativo, competindo ao médico de confiança do paciente a escolha do melhor tratamento.

Em relação ao reajuste do plano de saúde pela mudança da faixa etária, o TJMG vem acompanhando o entendimento dominante da impossibilidade de alteração pela simples mudança da faixa, por colisão com o art. 15, § 3º, do Estatuto do Idoso, e o Código de Defesa do Consumidor. Reconhece-se, pois, a aplicação imediata da Lei 10.741/2003, por seu caráter de ordem pública e interesse social. Interessante que o Tribunal, quer em apelação ou em decisão de agravo vem referendando a supremacia da norma de proteção ao idoso.[31]

Um tema já pacificado, mas que merece abordagem, é a impossibilidade de limitação do tempo de internação, já fixado na súmula 302 do STJ ("É abusiva a

---

29. Disponível em: [https://saude.estadao.com.br/noticias/geral,13-das-acoes-contra-planos-de-saude--e-de-idosos,10000055178]. Acesso em: 08.10.2018.
30. Anoto os seguintes arrestos: TJMG, Apelação Cível 1.0000.18.075487-1/001, Relator(a): Des.(a) Estevão Lucchesi, 14ª Câmara Cível, julgamento em 04/10/0018, publicação da súmula em 04.10.2018; TJMG, Apelação Cível 1.0472.17.001391-7/001, Relator(a): Des.(a) Estevão Lucchesi, 14ª Câmara Cível, julgamento em 12.07.2018, publicação da súmula em 20.07.2018 e TJMG, Apelação Cível 1.0024.14.241093-5/001, Relator(a): Des.(a) Estevão Lucchesi, 14ª Câmara Cível, julgamento em 03.08.2017, publicação da súmula em 11.08.2017
31. Cito as seguintes decisões: TJMG, Apelação Cível 1.0024.08.136411-9/004, Relator(a): Des.(a) Pedro Aleixo, 16ª Câmara Cível, julgamento em 19.09.2018, publicação da súmula em 28.09.2018; TJMG, Apelação Cível 1.0145.12.037765-3/001, Relator(a): Des.(a) Alberto Diniz Junior, 11ª Câmara Cível, julgamento em 08.08.2018, publicação da súmula em 13.08.2018; TJMG, Apelação Cível 1.0024.10.286025-1/002, Relator(a): Des.(a) Marcos Lincoln, 11ª Câmara Cível, julgamento em 18.07.0018, publicação da súmula em 23.07.2018; TJMG, Agravo de Instrumento-Cv 1.0000.18.037052-0/001, Relator(a): Des.(a) Alexandre Santiago, 11ª Câmara Cível, julgamento em 27.06.2018, publicação da súmula em 28.06.2018; TJMG, Apelação Cível 1.0000.18.035346-8/001, Relator(a): Des.(a) Marcos Lincoln, 11ª Câmara Cível, julgamento em 16.05.2018, publicação da súmula em 17.05.2018; e TJMG, Apelação Cível 1.0000.18.004803-5/001, Relator(a): Des.(a) Marcos Henrique Caldeira Brant, 16ª Câmara Cível, julgamento em 18.04.2018, publicação da súmula em 20.04.2018 e TJMG, Agravo de Instrumento--Cv 1.0024.14.279206-8/001, Relator(a): Des.(a) José Arthur Filho, 9ª Câmara Cível, julgamento em 28.02.2018, publicação da súmula em 02.03.2018.

cláusula contratual de plano de saúde que limita no tempo a internação hospitalar do segurado") e que mereceu a aplicação, no caso concreto envolvendo idoso, para se anulasse clausula contratual limitativa de direito.[32]

Por fim, urge reconhecer a preocupação do Tribunal, no atendimento emergencial de "home care", resguardando a saúde do idoso, sem retirar a necessária responsabilidade da família, deferindo, ainda que em parte, a antecipação de tutela, como garantia do direito à vida digna e a proteção da saúde do idoso.[33]

7.3 Proteção pelo Ministério Público

Outro tema de importância nos julgamentos do Tribunal de Justiça tem sido a consolidação do Ministério Público (MP) como Instituição de proteção ao idoso.

O Estatuto do Idoso estabeleceu em seu capítulo II as funções e competência do Ministério Público para a proteção do Idoso, pelo que o Ministério Público é parte processual legitima para figurar no polo ativo da ação, haja vista que objetiva a defesa de interesses de direito individual indisponível, na forma prevista no art. 74, I, do Estatuto do Idoso.

Não há dúvida que o Ministério Público atua de forma importante dentro da proteção contida no Estatuto do Idoso, indicando um resguardo na defesa dignidade da pessoa humana idosa. Por isso, para a efetividade do Estatuto foi conferido ao Ministério Público a defesa do idoso no âmbito coletivo, a defesa do idoso em casos individuais quando houver situação de risco e a defesa dos idosos institucionalizados.

Ao assegurar a atuação ministerial na defesa do interesse coletivo ou individual do idoso, o legislador buscou consolidar a esfera de proteção estatual que a CF/88 determinou e o Estatuto fixou. O Ministério Público tem, pois, legitimidade para a defesa dos direitos de pessoas idosas, podendo atuar de ofício ou pleitear a intervenção do Poder Judiciário.

O TJMG vem reconhecendo essa capacidade processual e essa força de atuação do Ministério Público, assegurando ao órgão uma ampla proteção ao idoso. Essa defesa é bem explicitada no seguinte acórdão:[34]

---

32. Vide a decisão do TJMG na Apelação Cível 1.0672.09.405625-2/001, Relator(a): Des.(a) Arnaldo Maciel, 18ª Câmara Cível, julgamento em 16.08.2011, publicação da súmula em 26.08.2011.
33. Decisões nos seguintes julgamentos: TJMG, Agravo de Instrumento-Cv 1.0702.15.100509-8/001, Relator(a): Des.(a) Juliana Campos Horta, 12ª Câmara Cível, julgamento em 15.03.2017, publicação da súmula em 21.03.2017 e TJMG, Agravo de Instrumento-Cv 1.0692.16.000365-7/001, Relator(a): Des.(a) Alberto Henrique, 13ª Câmara Cível, julgamento em 02.06.2016, publicação da súmula em 10.06.2016.
34. Em igual sentido: TJMG. Agravo de Instrumento 1.0702.15.100509-8/001, Rel. Des. Juliana Campos Horta, 12ª Câmara Cível, julg.1.03.2017.

Apelação cível – Ministério Público – Medida de proteção a idoso – Intervenção judicial – Condicionamento à prévia atuação administrativa – Impossibilidade – Interesse de agir – Configuração – Sentença cassada. O Ministério Público tem legitimidade para a defesa dos direitos de pessoas idosas, podendo atuar de ofício ou pleitear a intervenção do Poder Judiciário, nos termos do art. 45, da Lei 10.741/03 (Estatuto do Idoso), não havendo qualquer norma que condicione a propositura de ação à prévia de adoção de medidas administrativas pelo Parquet. (TJMG - Apelação Cível 1.0000.18.065188-7/001, Relator(a): Des.(a) Adriano de Mesquita Carneiro (JD Convocado), 3ª Câmara Cível, julgamento em 30.08.2018, publicação da súmula em 31.08.2018).

Assim, ao referendar a proteção pelo Ministério Público o Tribunal Mineiro reconhece o leque de medidas protetivas e agentes capazes de assegurá-las, visando garantir ao idoso a efetividade da norma constitucional do art. 230 da Carta Magna.

7.4 Atuação do Procon

Uma outra proteção interessante que foi reconhecida pela jurisprudência do TJMG decorre da força punitiva do Procon, para implementar sanção por descumprimento de norma protetiva ao idoso consumidor.

O Tribunal consolidou a visão de que o Procon é instituição legítima para aplicar penalidade administrativa envolvendo o consumidor, nos termos do art. 57 do Código de Defesa do Consumidor e Decreto 2.181/1997. Ademais no caso específico da obrigatoriedade da cadeira de roda para idoso e deficiente, nos estabelecimentos bancários, a Desembargadora Aurea Brasil[35] firmou o entendimento de que

> ao estabelecer a obrigatoriedade de disponibilização de cadeira de rodas para uso do portador de deficiência física e do idoso, facilitando o acesso dessas pessoas aos estabelecimentos bancários, a referida norma garante o direito à cidadania, bem como o respeito ao princípio da dignidade da pessoa humana, que é um dos fundamentos da República Federativa do Brasil.

Cito a referida decisão:

> Apelação cível. Embargos do devedor. Execução fiscal. Instituição bancária. Lei estadual 11.666, de 1994. Cadeira de rodas para deficiente físico e idoso. Competência legislativa estadual. Inobservância da obrigação. Multa administrativa. Sanção devida. Valor. Regularidade. Recurso não provido.
>
> 1. A Lei estadual 11.666, de 1994, que obriga os titulares de estabelecimentos com acesso ao público, inclusive instituições bancárias, a disponibilizar cadeira de rodas para idosos e deficientes físicos, não invade a competência de legislar da União sobre matéria financeira. Ocorre que está sendo outorgada proteção ao consumidor com deficiência de locomoção.
>
> 2. A Lei estadual 11.666, de 1994, é de eficácia plena, ou seja, independe de regulamentação, porque confirma princípios, valores e direitos fundamentais constitucionalmente garantidos.

---

35. TJMG. Apelação Cível 1.0024.09.691344-7/001, Rel. Des. Áurea Brasil, publ. 01.10.2012.

3. O não cumprimento da obrigação implica na sanção respectiva e cujo valor não é excessivo, porque observado o limite legal estabelecido.

4. Apelação cível conhecida e não provida, mantida a sentença que rejeitou os embargos do devedor.[36]

Desta forma, o TJMG assegurou a via administrativa, por meio de processo administrativo devidamente instaurado, para a verificação de infrações cometidas por não observância da legislação estadual protetiva do consumidor idoso, devendo a multa aplicada pelo Procon e executada pelo Estado ser validada pelo Poder Judiciário.

Pela amplitude da ação do Procon, alcançando resultado coletivo com sua conduta punitiva, o reforço da proteção constitucional do Idoso passa a ter, consolida a obrigação contida no art. 3º da Lei 10.741/2003 de ser obrigação do Poder Público assegurar ao idoso, com absoluta prioridade, a efetivação do direito à cidadania e à dignidade.

7.5 Vaga em estacionamento

Por fim, dentre os temas elegidos para análise da jurisprudência do Tribunal de Justiça, cumpre analisar a garantia de "vagas preferenciais", realidade que se encontra em todas as cidades e que possui seu fundamento normativo no Estatuto do Idoso.

A Lei 10.741/2003 foi clara ao assegurar o direito a vagas preferenciais:

> Art. 41. É assegurada a reserva, para os idosos, nos termos da lei local, de 5% (cinco por cento) das vagas nos estacionamentos públicos e privados, as quais deverão ser posicionadas de forma a garantir a melhor comodidade ao idoso.

O objetivo da norma é reconhecer as dificuldades que a idade avançada acarreta o dia a dia das pessoas, com maior dificuldade física, buscando a lei facilitar o acesso aos idosos.

Não há na norma qualquer violação ao princípio da igualdade, pois ao reconhecer a diferença natural do envelhecimento, a Lei 10.741/2003 foi correta ao firmar o primado da dignidade da pessoa humana, as quais devem receber do direito o necessário tratamento diferenciado, diante das condições que possuem no adiantar da idade.

Cito a proteção que o TJMG garantiu ao idoso:

---

36. TJMG. Apelação Cível 1.0024.09.588944-0/001, Rel. Des. Caetano Levi Lopes, 2ª Câmara Cível, julg. 21.08.2012.

Reexame necessário – Conhecimento de ofício – Apelação cível – Ação civil pública – Obrigação de fazer – Reserva de vagas de estacionamento com sinalização para idosos e portadores de deficiência física – Acessibilidade – Inocorrência de ofensa ao princípio de separação de poderes e à cláusula da reserva do possível – Sentença confirmada no reexame necessário. – Não se mostra legítimo, ao Poder Público, invocar a cláusula da "reserva do possível" para exonerar-se do dever constitucional de garantir aos idosos e, também, aos portadores de deficiência física, o direito fundamental de acessibilidade.[37]

A garantia do direito de melhor acesso, firmada no Estatuto e que está presente na sociedade é garantida, oferecendo a quem de direito a proteção contida na norma.

7.6 Garantia de passagem gratuita no transporte público

A base constitucional para o direito à gratuidade dos transportes coletivos urbanos para maiores de 65 anos (sessenta e cinco), veio a ser ampliada no Estatuto.

Fixou a Lei 10.741/2003, aos maiores de 65 anos a gratuidade dos transportes coletivos públicos urbanos e o semiurbano (art. 39) e no transporte coletivo interestadual– a reserva de 2 (duas) vagas gratuitas por veículo para idosos com renda igual ou inferior a 2 (dois) salários-mínimos e desconto de 50% (cinquenta por cento), no mínimo, no valor das passagens, para os idosos que excederem as vagas gratuitas, com renda igual ou inferior a 2 (dois) salários-mínimos (art. 40).

Na força da norma, a jurisprudência do Tribunal Mineiro[38] veio a reconhecer que o Município pode reduzir a faixa etária para o benefício, para idosos maiores de 60 anos.

Lado outro o TJMG tem decidido, com reiteração a obrigação da norma do art. 40 do Estatuto, para reconhecer e obrigar o direito do idoso a gratuidade firmada na lei. Cito:

> Apelação cível. Ação civil pública. Estatuto do idoso. Transporte coletivo interestadual. Benefício. Reserva vagas para idosos. Desconto nas passagens. Provadas as dificuldades criadas pela empresa de transporte para a concessão do benefício previsto no artigo 40 da Lei 10.741/2003, que garante a reserva de 02 (duas) vagas gratuitas por veículo para idosos com renda igual ou inferior a 02 (dois) salários mínimos, bem como, desconto de 50% (cinquenta por cento) no valor das passagens para os idosos que excederem as vagas gratuitas, está correto o acolhi-

---

37. TJMG. Apelação Cível 1.0713.11.010241-3/001, Rel. Des. Carlos Levenhagen, 5ª Câmara Cível, julg. 10.07.2014.
38. Nos seguintes julgados: TJMG. Reexame Necessário 1.0701.14.007983-4/002, Rel. Des. Otávio Portes, 16ª Câmara Cível, julg. 20.04.2016; TJMG. ADI 1.0000.06.432953-5/000, Rel. Des. José Antonino Baía Borges, Corte Superior, julg. 25.04.2007.

mento de pedido formulado em ação civil pública, visando obrigar, sob pena de multa para cada caso de descumprimento, o fiel cumprimento da lei.[39]

Desta forma, a norma acabou tendo a efetividade desejada, assegurando ao idoso a garantia fundada na CF/88, e ampliada em alguns Municípios.

8. CONCLUSÃO

A realidade do envelhecimento populacional no Brasil não ficou, como se observa, distante da proteção jurídica.

Desde a Constituição da República de 1988, passando pelo Plano Nacional do Idoso e o Estatuto do Idoso, o direito brasileiro avançou corretamente na proteção dessa camada da população.

Não se pode olvidar a ponderação de Walter Ceneviva[40]

> O progresso científico estendeu geometricamente a sobrevivência a grupos maiores de pessoas. Falta, contudo, a satisfação de um requisito essencial, no qual o período estendido seja de participação, convivência e realização do idoso, segundo suas condições pessoais. É insuficiência a ser superada nos anos de aplicação efetiva do Estatuto do Idoso.

Para tanto, a jurisprudência veio construindo entendimentos de proteção, buscando superar as insuficiências que a realidade social impunha ao idoso, reconhecendo sua condição de hipervulnerável e impondo a força constitucional do Estatuto, em diversos processos submetidos a julgamento nos Tribunais Superiores e Estaduais.

Ao completar 15 anos o Estatuto do Idoso ainda é uma legislação de afirmação, que se encontra, a cada dia, como forma protetiva contra inúmeras violações de direitos do idoso, nas relações de consumo, na saúde, na proteção assistencial, no transporte, na habitação, entre outras áreas.

Certo é, contudo, que a Lei 10.741/2003 se impôs como mais que protetiva, mas afirmativa de uma realidade que todos esperamos viver. A concepção de que o Estatuto não é do idoso, mas sim do ser humano é a grande conquista que se afirma nas decisões dos Tribunais, reconhecendo que toda sua força constitucional, mais do que tudo, se funda na dignidade da pessoa humana, baluarte e pilar para a formação de um sociedade mais justa, digna e igualitária para todos, crianças, jovens, adultos e os idosos.

---

39. TJMG. Apelação Cível 1.0313.07.234451-5/001, Rel. Des. Luiz Carlos Gomes da Mata, 13ª Câmara Cível, julg. 27 ago. 2015.
40. CENEVIVA, Walter. Estatuto do Idoso, Constituição e Código Civil: A Terceira Idade nas Alternativas da Lei. Disponível em: [https://www.sescsp.org.br/files/edicao_revista/34b3bf5f-02ce-4c43-85e7-2d-c83ba8a467.pdf]. Acesso em: 05.10.2018.

8
A TUTELA DA PESSOA IDOSA NA CONTRATAÇÃO DE SEGUROS DE VIDA[1]

Ian Borba Rapozo

Graduando em Direito pelo Instituto Três Rios da Universidade Federal Rural do Rio de Janeiro (ITR/UFRRJ). Pesquisador de Iniciação Científica do Núcleo de Pesquisa em Direito Fundamentais, Relações Privadas e Políticas Públicas (NUREP).

Jeizy Mael Bolotari

Graduanda em Direito pelo Instituto Três Rios da Universidade Federal Rural do Rio de Janeiro (ITR/UFRRJ). Pesquisador de Iniciação Científica do Núcleo de Pesquisa em Direito Fundamentais, Relações Privadas e Políticas Públicas (NUREP).

Sumário: 1. Introdução – 2. A vulnerabilidade da pessoa idosa no mercado de consumo – 3. O contrato de seguro de vida e suas especificidades à luz da proteção do consumidor idoso – 4. O princípio da dignidade da pessoa humana e seus reflexos na interpretação do Estatuto do Idoso – 5. Estatuto do Idoso – 6. Análise da experiência jurisprudencial brasileira na contratação de seguros de vida por pessoas idosas – 7. Considerações finais.

1. INTRODUÇÃO

Trazemos à baila a tutela do negócio jurídico excessivamente oneroso que se estabelece entre a pessoa idosa e as operadoras de seguro, no momento da contratação do seguro de vida, bem como identificar as hipóteses de abusividade comumente encontradas nesse tipo de negócio, como a legalidade das cláusulas limitativas de idade e os critérios de reajuste nos contratos de seguro de vida.

Para tanto, busca-se estabelecer a partir das noções de vulnerabilidade intrínsecas ao consumidor, critérios que visem alcançar posição mais equilibrada nas contratações. Atrelado a isto, cabe mencionar que à pessoa em idade mais avançada, também dotada de vulnerabilidade, quando na condição específica de consumidor idoso, torna-se essencial a referida tutela, posto que apesar do passar do tempo, não há decréscimo em sua capacidade negocial, em contrapartida do que presumem as seguradoras ao limitar ao referido grupo suas contratações.

---

1. Pesquisa desenvolvida no âmbito do Núcleo de Pesquisa em Direitos Fundamentais, Relações Privadas e Políticas Públicas da Universidade Federal Rural do Rio de Janeiro (NUREP/UFRRJ) sob orientação do Professor orientador Vitor Almeida.

O Estatuto do Idoso e a tutela constitucional dedicada a esta parcela da população tem como fundamento a isonomia entre a pessoa idosa e os demais da sociedade. Nada obstante, a discriminação em face dos idosos é constantemente praticada, razão pela qual deve-se ampliar a atenção dedicada ao tema.

A dignidade da pessoa humana, princípio basilar do ordenamento, deve ser assegurada para que seja permitido o livre exercício pelo idoso de sua personalidade e sua cidadania. Busca-se, com isso, analisar de que forma o direito ao envelhecimento, à igualdade, ao livre desenvolvimento da personalidade e da busca pela isonomia substancial é essencial para a realização da dignidade da pessoa humana, levando ao entendimento da função social do contrato de seguro de vida como possível caminho a ser adotado para a elucidação do confronto que se apresenta quando da alegação de abusividade das cláusulas discriminatórias.

É feita uma análise de julgados do segundo e terceiro graus de jurisdição que versam sobre o tema para demonstrar a necessidade de funcionalização dos valores patrimoniais em razão da garantia da vida digna, objetivando a realização do projeto constitucional.

2. A VULNERABILIDADE DA PESSOA IDOSA NO MERCADO DE CONSUMO

A evolução da sociedade e de suas práticas de mercado é um resultado do fluxo natural da história humana, não cabendo ao direito refrear tal fenômeno, mas sim tutelar as relações que dele advêm, a fim de proteger uma vida humana digna em todos os âmbitos possíveis. O modelo econômico capitalista adotado pela maioria das nações do mundo faz com que a evolução social ganhe contornos específicos, descortinando fenômenos comerciais muitas vezes abusivos e lesivos ao consumidor, de forma que sua tutela se torna indispensável.

Dessa forma, com o advento de novas práticas econômicas, novos institutos e a crescente necessidade de atenção aos novos fatos sociais, o Código Civil de 1916 não mais era capaz de solucionar as dinâmicas demandas da sociedade. Novas práticas careciam de regulamentação, e o Código Civil em vigência não as contemplava.[2]

Surge então, com a Constituição de 1988, uma nova fase legislativa do direito privado, conhecida como "Era dos Estatutos". Sobre o tema, assevera Gustavo Tepedino que

> A Constituição de 1988 retrata uma opção legislativa concordatária, em favor de um Estado social destinado a incidir, no que concerne às relações jurídicas privadas, sobre um direito

---

2. TEPEDINO, Gustavo. *Temas de direito civil*. 3. ed., atual. Rio de Janeiro: Renovar, 2004. p. 6-7.

civil repleto de leis especiais, chamadas de estatutos, que disciplinam exaustivamente inteiras matérias extraídas da incidência do Código Civil.[3]

A partir desse momento, é preciso que se compreenda que a Constituição não pode mais ser vista apenas como uma carta política, pois isso afastaria o seu papel unificador do ordenamento jurídico, que passou a ser difundido em leis especiais, sendo a Carta Magna o ponto de convergência.

Dentre os inúmeros direitos trazidos pela Lei Maior de 1988, o art. 5º, inciso XXXII, estabelece como direito fundamental a proteção do consumidor que, apesar de constitucionalmente estabelecido, apenas veio a ganhar contornos concretos no ano de 1990, com a promulgação da Lei 8.078/90, mais conhecida pelo nome de Código de Defesa do Consumidor.[4]

É preciso entender que a nova lei tutela uma espécie de relação jurídica distinta das relações comuns. O que diferencia as relações consumeristas das demais relações civis é o seu campo de atuação *intuito personae*, ou seja, subjetivo. É necessário que se identifique uma relação de consumo, com a presença de fornecedor e consumidor, para atrair a incidência da lei especial.[5]

A distinção primordial é que em algumas das relações civis ocorre a presunção de que as partes envolvidas contratam em situação de paridade de forças, enquanto o objetivo do CDC é tutelar aquelas relações jurídicas nas quais uma das partes se encontre fragilizada, por uma série de possíveis fatores, em relação à outra.

O artigo 2º da mencionada lei consumerista define a figura do consumidor como sendo toda pessoa física ou jurídica que adquire ou utiliza produto ou serviço como destinatário final. Apesar de haver uma previsão legal, é imprescindível que se faça uma análise interpretativa um pouco mais profunda a respeito do que se define como consumidor.

Dentre as teorias[6] que procuram definir a figura do consumidor a partir do conceito de "destinatário final", o finalismo aprofundado apresenta-se como

---

3. TEPEDINO, Gustavo. Op. cit., p. 8.
4. ADCT, art. 48. O Congresso Nacional, dentro de cento e vinte dias da promulgação da Constituição, elaborará código de defesa do consumidor.
5. BENJAMIM, Antônio Herman; BESSA, Leonardo Roscoe; MARQUES, Claudia Lima. *Manual de Direito do Consumidor*. 7. ed., rev., atual. e ampl., São Paulo: Ed. RT, 2016. p. 99.
6. Consolidada na jurisprudência brasileira, a teoria finalista leciona que o pilar da tutela especial é a definição de consumidor. Segundo esta corrente, interpretando a expressão utilizada pelo legislador no art. 2º do CDC, "destinatário final" seria o destinatário fático e econômico do bem ou serviço, seja ele dotado de personalidade física ou jurídica. Os maximalistas, em contrapartida, viam nas normas do CDC o novo regulamento do mercado de consumo brasileiro, e não como uma norma dirigida exclusivamente ao consumidor não profissional. Para eles, a verificação da vulnerabilidade *in concreto* não seria importante, tendo em vista que com as atuais práticas de mercado, todo e qualquer contratante seria considerado vulnerável. BENJAMIM, Antônio Herman; BESSA, Leonardo Roscoe; MARQUES, Claudia Lima. Op. cit., p. 103-105.

uma versão mais acentuada e madura da teoria finalista, trazendo um novo olhar sobre a referida definição. Segundo esse entendimento, por exemplo, pequenas empresas que utilizam insumos em sua produção, sendo estes fora da sua área de expertise, enquadram-se como consumidores sempre que comprovada sua vulnerabilidade em concreto.[7]

O art. 4º, inciso I do Código de Defesa do Consumidor introduz no ordenamento pátrio o princípio da vulnerabilidade, reconhecendo todo consumidor como parte vulnerável no mercado de consumo. A vulnerabilidade em si pode ser descrita como sendo o enfraquecimento do sujeito de direitos, seja por razão momentânea ou permanente, individual ou coletiva, que o fragiliza a ponto de criar a necessidade de especial proteção.[8]

Neste ponto, é preciso esclarecer que existem três tipos básicos de vulnerabilidade: a técnica, a jurídica e a fática, admitindo-se ainda um quarto tipo de vulnerabilidade, intrínseca ao consumidor, qual seja, a informacional.[9]

A vulnerabilidade técnica se configura quando o comprador não detém os conhecimentos específicos a respeito do serviço ou bem que está adquirindo, de forma que é mais facilmente enganado a respeito de sua utilidade e características. De maneira semelhante, a vulnerabilidade jurídica é revelada quando da falta de conhecimentos jurídicos ou econômicos sobre o serviço ou bem que se adquire. Tal vulnerabilidade é de suma importância pois, uma vez que é presumida para o consumidor pessoa física e para o não profissional, cria para a parte oposta o dever de prestar informação clara e inteligível sobre o conteúdo do contrato que se estabelece a partir daquela relação.[10]

Para a compreensão da vulnerabilidade fática faz-se necessária a análise da pessoa com a qual o consumidor contrata. O fornecedor, por sua posição de monopólio, de fato ou jurídico, pelo seu maior conhecimento do serviço ou bem, pela sua superioridade econômica e por uma série de outros fatores que possam se revelar, impõe sua superioridade a todos que com ele contratam, tornando a parte oposta necessariamente inferior.

Por último, a vulnerabilidade informacional resume-se no fato de que, com a globalização e as evoluções tecnológicas criando um mundo de informações amplas e esparsas, o fornecedor é detentor das informações relevantes a respeito do bem ou serviço que oferece, representando hoje um dos maiores desequilíbrios na relação consumidor-fornecedor, tendo em vista que o excesso de informações, muitas delas irrelevantes, pode induzir o consumidor em erro. Presumir a vul-

---

7. Ibidem, p. 107.
8. Ibidem, p. 108.
9. Ibidem, p. 109.
10. Ibidem, p. 109-113.

nerabilidade informacional do consumidor traz para o fornecedor a obrigação de compensar este novo fator de desbalanceamento da relação de consumo na sociedade.

Essa classificação vem sendo acolhida pelo Superior Tribunal de Justiça (STJ) que, não apenas a ampara, como admite ser possível detectar outros tipos de vulnerabilidade de acordo com as especificidades apresentadas por cada caso concreto, sendo possível mesmo, identificado fator de vulnerabilidade, caracterizar uma pessoa jurídica enquanto consumidora, fazendo jus à tutela do CDC.[11]

Temos então que a partir da teoria do finalismo aprofundado reafirma-se que o enquadramento como vulnerável é o pilar básico para a definição de consumidor, sendo a vulnerabilidade o conceito-chave para tal definição.[12]

O reconhecimento da vulnerabilidade intrínseca do consumidor é de indiscutível importância para a sua tutela eficiente frente ao desequilíbrio nas relações de mercado. Todavia, há certos grupos sociais que são ainda mais vulnerados, por suas próprias condições pessoais, além da posição de consumidores, são os chamados consumidores hipervulneráveis.

Os hipervulneráveis são aqueles consumidores que apresentam condições especiais não apenas frente ao mercado de consumo, mas na sua vida como um todo.[13] De maneira não exaustiva, é o caso das crianças, das pessoas com deficiências, das pessoas sensíveis a certos tipos de alimentos, dos analfabetos, dos semianalfabetos e das pessoas idosas.

O STJ já se manifestou sobre a classe dos hipervulneráveis no voto do REsp 586.316/MG, de relatoria do Ministro Antônio Herman de Vasconcellos e Benjamin, quando afirmou que

> [...] ao Estado Social importam não apenas os vulneráveis, mas sobretudo os hipervulneráveis, pois são esses que, exatamente por serem minoritários e amiúde discriminados ou ignorados, mais sofrem com a massificação do consumo e a 'pasteurização' das diferenças que caracterizam e enriquecem a sociedade moderna.[14]

Destaque-se que quanto mais o indivíduo se aproxima da velhice, maiores são os níveis de vulnerabilidade apresentados por ele, sendo certo que não há como

---

11. STJ, REsp. 1.195.642/RJ, Rel. Min. Nancy Andrighi, julg. 13.11.2012, publ. 21.11.2012.
12. BENJAMIM, Antônio Herman; BESSA, Leonardo Roscoe; MARQUES, Claudia Lima. Op. cit., p. 108
13. Ensina a doutrina francesa que a hipervulnerabilidade comporta graduações subjetivas, que iriam desde os consumidores mais desfavorecidos, como é o caso da pessoa idosa, até os profissionais somente eventualmente vulneráveis. Ibidem, p. 116.
14. STJ, REsp 586.316/MG, Rel. Min. Antônio Herman de Vasconcellos e Benjamin, julg. 17.04.2007, publ. 19.03.2009.

negar ao consumidor mais vulnerável tutela específica, implicando-lhe relevância jurídica perante o ordenamento.[15] O envelhecimento físico é inevitável e este novo período da vida passa a ser perceptível por todos; as alterações do avanço da idade são considerados por muitos como cruéis e, apesar de tentativas da medicina de torná-las menos evidentes, são, reafirma-se, inescapáveis.[16]

Características físicas e biológicas fazem com que a aptidão dos idosos seja diminuída, normalmente exibindo fragilidade corporal e aparente senilidade psíquica. Tais alterações, apesar de esperadas, abalam física e emocionalmente as pessoas idosas, tornando-as vulneráveis não apenas de maneira física, mas também psíquica e socialmente.[17]

O consumidor é, por definição, parte vulnerável da relação, de forma que o consumidor idoso se apresenta então como hipervulnerável por ter suas vulnerabilidades potencializadas em razão das suas condições naturais.

Em conformidade com tal entendimento, em sede de Apelação Cível, o Tribunal de Justiça do Rio Grande do Sul reconheceu o agravamento da vulnerabilidade do consumidor quando se tratar de pessoa idosa. Nesse sentido, asseverou a relatora Desembargadora Marilene Bonzanini Bernardi que

> [...] sendo assim, contando o autor com 82 anos ao tempo da contratação, não se pode olvidar de sua vulnerabilidade psíquica no momento da contratação. Pelo contrário, deve-se dar a este fato o peso merecido, a fim de compreender a questão partindo-se da premissa de uma maior fragilidade deste consumidor para realizar verdadeira justiça no caso concreto.[18]

Em atenção à especial proteção ao consumidor idoso, o Código de Defesa do Consumidor define em seu art. 39, IV ser prática abusiva o fornecedor prevalecer-se da fraqueza ou ignorância do consumidor tendo em vista sua idade. Assim, resta evidente a intenção do legislador em dedicar tutela especial à pessoa idosa no mercado consumidor, tendo em vista sua maior fragilidade (*rectius*: hipervulnerabilidade), o que faz com que demande uma tutela mais específica e eficiente em busca da isonomia substancial.

---

15. GAUDENCIO, Aldo Cesar Filgueiras. *Da Vulnerabilidade à hipervulnerabilidade*: proteção contratual dos consumidores nos direitos da União Europeia, Portugal e Brasil. Dissertação. 2015. (Dissertação em Direito Civil) Universidade de Coimbra. Coimbra-PT, 2015. p. 102.
16. DETROZ, Derlayne; PINHEIRO, Rosalice Fidalgo. A hipervulnerabilidade e os direitos fundamentais do consumidor idoso no direito brasileiro. *Revista Luso-Brasileira de Direito do Consumo*, v. II, n. 4, dez., 2012, p. 136.
17. Ibidem, p. 136.
18. TJRS. Apelação Cível n. 70025289943, Rel. Des. Marilene Bonzanini Bernardi, julg. 18.02.2009, publ. 06.03.2009.

3. O CONTRATO DE SEGURO DE VIDA E SUAS ESPECIFICIDADES À LUZ DA PROTEÇÃO DO CONSUMIDOR IDOSO

Dispõe o capítulo XV, do título VI, do Código Civil de 2002 acerca dos contratos de seguro em geral e nele, pela leitura do art. 757, entende-se que o referido negócio é o pacto através do qual o segurador obriga-se a garantir interesse legítimo do segurado referente à pessoa ou coisa em razão de riscos predeterminados. Incluem-se nos contratos de seguro os relativos a pessoas e a coisas e, em referência aos primeiros, exemplifica-se alguns tipos, tais como o seguro de acidentes pessoas, seguro viagem, seguro desemprego e o seguro de vida.

Importa especial atenção ao contrato de seguro de vida, no qual o segurador efetua pagamento de certa quantia a determinada(s) pessoa(s) em detrimento da morte do segurado, ou ao próprio segurado, quando sobreviver ao prazo estipulado em contrato.

Dispõe o artigo 797 do Código Civil, ser válida a estipulação de prazo em que o segurador não responderá pela ocorrência do sinistro, devendo atentar-se para a função social do contrato[19] e a boa-fé objetiva.[20] Quando o sinistro venha a ocorrer dentro deste lapso temporal, caberá ao segurador a devolução do montante pago até aquela data. Acaso o contrato seja omisso/ausente quanto à estipulação do prazo para pagamento, o credor poderá exigi-lo imediatamente.[21]

Logo, o objeto do contrato é garantir interesse legítimo contra esses riscos predeterminados, essencial ao referido contrato, mas suscetível de realizar-se a qualquer tempo através do sinistro, este eventual, podendo ou não ocorrer. Como aponta Gustavo Tepedino,[22] os riscos devem estar previstos de forma precisa, a fim de evitar interpretações extensivas, uma cobertura estendida a situações que o seguro não cobria, diferenciando-se a apólice geral, aberta ou flutuante – que prevê a possibilidade de efetuar substituições quanto ao objeto do seguro e às pessoas

---

19. "A locução 'função social' traz a ideia de que o contrato visa a atingir objetivos que, além de individuais, são também sociais. O poder negocial é, assim, funcionalizado, submetido a interesses coletivos ou sociais. [...] Entendemos que há pelo menos três casos nos quais a violação ao princípio da função social deve levar à ineficácia superveniente do contrato. Juntamente com a ofensa a interesses coletivos (meio ambiente, concorrência etc.), deve-se arrolar a lesão à dignidade da pessoa humana e a impossibilidade de obtenção do fim último visado pelo contrato". GOMES, Orlando. *Contratos*. Rio de Janeiro: Forense, 2007. p. 48-50.
20. [...] "boa-fé objetiva, correspondente a uma regra de conduta, um modelo de comportamento social, algo, portanto, externo em relação ao sujeito". [...] "interpretar à luz da boa-fé equivale a considerar o modelo de comportamento social esperado de pessoa que estivesse no contexto da parte contratante". Ibidem, p. 43-46.
21. TEPEDINO, Gustavo; BARRBOZA, Heloisa Helena; MORAES, Maria Celina Bodin. *Código Civil interpretado conforme a Constituição da República*. 2. ed. Rio de Janeiro: Renovar, 2012. v. II, p. 609-610.
22. Ibidem, p. 569-570.

seguradas – da apólice simples, que é fixado com precisão o objeto do seguro, como no seguro de vida.

No seguro de vida, o risco envolve a integridade física, a vida do segurado, possuindo, em regra, um valor previamente determinado, mencionado no contrato como "capital segurado", não se utilizando para tal o conceito de indenização, posto que restringe-se a existência de dano, podendo ser pactuado em favor de terceiros e livre a estipulação do valor referente ao capital.

Com base no princípio da liberdade contratual,[23] o artigo 789 explicita a livre estipulação – nos seguros de pessoas – pelo segurado da quantia que será devida pelo segurador na ocorrência do sinistro, e, ainda, a possibilidade de múltiplas contratações estipuladas em similitude.

Neste sentido, salienta Orlando Gomes[24] que se tratando de contrato de adesão, a interpretação deve ser feita em benefício da parte aderente, o segurado, por previsão do art. 423 da Lei Civil.

No seguro de vida, surge a figura do beneficiário, a pessoa a quem é concedido o valor do seguro realizado pelo segurado, indicado por este na contratação, mencionado na proposta e na apólice, podendo ser determinado mais de um beneficiário, desde que se atribua a cota referente a cada.

Cabe mencionar que o beneficiário não terá direito à quantia avençada se o segurado se suicida nos dois anos seguintes à realização do contrato, não cabendo ser coberto pelo seguro o risco de ato premeditado.[25] Assegura-se, entretanto, o direito do beneficiário de receber o montante de reserva técnica já formado, por previsão dos arts. 798 e 797, parágrafo único, do Código Civil, restando nula a cláusula que exclui o pagamento por suicídio não premeditado – entendido como aquele cometido após os dois primeiros anos de vigência do contrato[26] – conforme entendimento recentemente sumulado pelo STJ.[27]

---

23. "A liberdade contratual, como manifestação da autonomia privada, permite aos particulares escolher em princípio os efeitos jurídicos que desejam produzir, as normas que irão reger suas relações interprivadas. Assim, neste âmbito, diante da miríade de possibilidades que surgem, é especialmente importante ao intérprete fazer atenção ao perfil funcional do negócio realizado." KONDER, Carlos Nelson. A funcionalização das relações obrigacionais: interesse do credor e patrimonialidade da prestação. *Civilistica. com*. a. 1, n. 2, 2012, p. 22.
24. GOMES, Orlando. Op. cit., p. 140-142.
25. TEPEDINO, Gustavo; BARRBOZA, Heloisa Helena; MORAES, Maria Celina Bodin. Op. cit., p. 609-610.
26. O Código Civil de 2002, inspirado em seu congênere italiano, optou por deixar para trás o critério subjetivo, discricionário, que dava grande espaço de interpretação a respeito da voluntariedade do suicídio, lesando a segurança jurídica, para adotar o critério objetivo temporal, determinando como não voluntário o suicídio cometido após 2 anos da contratação do seguro. COSTA, Judith Martins. Contrato de seguro. Suicídio do Segurado. Art. 798, Código Civil. Proteção ao Consumidor. *Revista Brasileira de Direito Civil*, v. 1, jul./set., 2014, p. 241
27. Súmula 610, STJ: "O suicídio não é coberto nos dois primeiros anos de vigência do contrato de seguro de vida, ressalvado o direito do beneficiário à devolução do montante da reserva técnica formada."

Pode-se compreender ainda, da leitura do artigo 799,[28] que cláusulas que restrinjam o pagamento em decorrência de riscos que não os especificados na seção V da Circular SUSEP (Superintendência de Seguros Privados) – n. 302/05,[29] serão excluídas do contrato – como a morte em decorrência de meio de transporte mais arriscado, da prestação de serviço militar, da prática de esporte, ou de atos de humanidade em auxílio de outrem - dado o objetivo do contrato de assegurar benefícios em decorrência de possíveis sinistros, tão logo, não pode a seguradora esquivar-se do intuito previsto pelo seguro de vida por motivos que não os previstos.[30]

Os seguros contemplam opções para diferentes tipos de investidores, dependendo do perfil de investimento. Dito isso, enumeram-se diferenças referentes às modalidades, no que concerne à especificidade dos tipos de seguro de pessoa, elencados no artigo 789, os quais abrangem os já mencionados seguros de vida, que oferecem garantias por morte natural ou acidental em determinado lapso temporal e os seguros de acidentes pessoais ou doenças, hipótese na qual a lesão é a integridade física do segurado.

E, sobre o valor a ser contratado pelo segurado, admitem-se diversas modalidades de seguro de vida, como o seguro de vida inteira, com pagamento anual aos beneficiários; o seguro temporário, que consiste no pagamento caso ocorra a morte do segurado em determinado período; seguro de sobrevida, desde que o beneficiário sobreviva ao segurado; ainda para angariar fundos a serem utilizados pelo segurado após determinada idade ou tempo; ou o misto, que combina o seguro de formação de capital com o seguro de vida inteira, geralmente realizado por cônjuges, em que o seguro será pago ao sobrevivente.

---

28. Art. 799, Código Civil de 2002: "O segurador não pode eximir-se ao pagamento do seguro, ainda que da apólice conste a restrição, se a morte ou a incapacidade do segurado provier da utilização de meio de transporte mais arriscado, da prestação de serviço militar, da prática de esporte, ou de atos de humanidade em auxílio de outrem".
29. "Art. 59. Na relação dos riscos excluídos deverão constar os danos causados por atos ilícitos dolosos praticados pelo segurado, pelo beneficiário ou pelo representante, de um ou de outro. Parágrafo único. Nos seguros contratados por pessoas jurídicas, deverão ser excluídos os danos causados por atos ilícitos dolosos praticados por seus sócios controladores, dirigentes e administradores, pelos beneficiários, e pelos respectivos representantes. Art. 60. Não pode ser estipulada entre as partes cláusula que exclua o suicídio ou sua tentativa, após os primeiros dois anos de vigência inicial do contrato, ou da sua recondução depois de suspenso. Art. 61. É vedada a exclusão de morte ou da incapacidade do segurado quando provier da utilização de meio de transporte mais arriscado, da prestação de serviço militar, da prática de esporte, ou de atos de humanidade em auxílio de outrem. Art. 62. Caso as condições gerais e/ou especiais excluam doença preexistente das coberturas do seguro, esta deverá ser definida como doença de conhecimento do segurado e não declarada na proposta de contratação ou, no caso de contratação coletiva, na proposta de adesão. Circular Susep 302, de 19.09.2005. Seção V.
30. SALGADO, Thiago Martinek. *Cláusulas abusivas restritivas nos contratos de seguro*: a efetivação da proteção do CDC. Santa Catarina: Clube de autores, 2007. p. 66-67.

Importa dizer que a pretensão do beneficiário em receber o valor, previsto pelo artigo 206, § 3º, III, do CC, prescreve em três anos em relação ao segurador e ao terceiro prejudicado.[31]

No âmbito das seguradoras, realiza-se a análise a partir de alguns fatores para a efetivação do seguro que influenciem na mortalidade do possível segurado, como a idade, o sexo, o histórico pessoal, a prática de atividades de risco e a profissão. Ainda, menciona Margarida Ramalho de Lima Rego,[32] a tendência de as pessoas que procuram contratar seguro de vida estarem mais suscetíveis a riscos do que a média da população em geral.

Sabe-se que a finalidade do referido seguro é amparar os beneficiários do segurado perante os riscos inerentes à duração da vida. Em vista disso, insta aduzir que a idade é um fator de relevante ingerência no momento da contratação do seguro, dada a fragilidade e maior probabilidade de falecimento do segurado e, assim, a realização do sinistro que culmina no pagamento do valor pela seguradora, minimizando a eventualidade do dano, tornando-se quase que intrínseco ao contrato firmado com a pessoa idosa.

Dessa forma, quanto mais avançada a idade mais custoso se torna o valor do seguro, posto que a menor expectativa é percebida como possibilidade de prejuízos para o segurador. Em contrapartida, dados estatísticos embasados nos estudos comparativos de 2016 e anos anteriores do IBGE[33] demonstram que a expectativa de vida dos brasileiros é de que atinjam em média 75 anos ou mais. Logo, indispensável reforçar a tutela da pessoa idosa em diversas áreas, visto que com o passar dos anos a longevidade é cada vez maior, o que acentua sua vulnerabilidade e, consequentemente, uma maior utilização por mais tempo de um seguro contratado. No âmbito do seguro de vida, é primordial a proteção a esta faixa etária no que se refere à abusividade dos contratos e às propostas ludibriosas das seguradoras.

4. O PRINCÍPIO DA DIGNIDADE DA PESSOA HUMANA E SEUS REFLEXOS NA INTERPRETAÇÃO DO ESTATUTO DO IDOSO

Como já apresentado, o seguro de vida é uma das espécies de seguros de pessoas. A obrigação do segurador consiste em tutelar o interesse do segurado,

---

31. TEPEDINO, Gustavo; BARRBOZA, Heloisa Helena; MORAES, Maria Celina Bodin. Op. cit., p. 565-566.
32. REGO, Margarida Ramalho de Lima. *Contrato de seguro e terceiros*. 2008. Dissertação. (Dissertação em Direito Privado). Universidade Nova de Lisboa. Lisboa-PT, 2008. p. 89-91.
33. IBGE/Diretoria de Pesquisas. Coordenação de População e Indicadores Sociais. Gerência de Estudos e Análises da Dinâmica Demográfica. Projeção da população do Brasil por sexo e idade para o período 2000-2060. Disponível em: [ftp://ftp.ibge.gov.br/Tabuas_Completas_de_Mortalidade/Tabuas_Completas_de_Mortalidade_2016/tabua_de_mortalidade_2016_analise.pdf]. Acesso em: 15.10.2018.

que, pelo seguro, se cobre contra um risco.[34] Para que seja efetuado o pagamento do capital segurado ao beneficiário é necessário que o segurado venha a falecer ou a sobreviver até determinada época.

Neste ínterim, diante do risco de falecimento algumas empresas seguradoras alegam que para a pessoa idosa existem outras opções melhores de proteção que a contratação do seguro de vida. E, seguindo a mesma linha apontada no tópico anterior, as seguradoras preferem as pessoas mais jovens, que possuem menos riscos de sofrerem os sinistros, e, por isso, ofertam valores menores em decorrência disso. Conforme os dados mencionados, a expectativa de vida tende a aumentar com o passar dos anos, sendo crucial a tutela da pessoa idosa em diversos domínios.

Paralelamente a isso, aponta-se, além da idade, o sexo como fator de relevância na contratação dos seguros de vida. As seguradoras levam em consideração as probabilidades de ocorrência do sinistro para calcular o valor a ser pago e, como alerta Thiago Vilella Junqueira,[35] as mulheres possuem expectativa de vida mais alta que as dos homens bem como, se envolvem em menos acidentes, o que, em termos econômicos, resultaria em seguros de vida mais baratos para mulheres.

Debruça-se o presente na contratação excessivamente onerosa, em decorrência da idade, quando para garantir um seguro de vida, remete-se ao Estatuto do Idoso (Lei 10.741/03) que, em seu artigo 96, institui como crime a discriminação à pessoa idosa que impede ou dificulta a contratação em decorrência da idade. Bem jurídico basilar em nosso ordenamento, tutelado também por esse dispositivo, a dignidade da pessoa humana deve ser assegurada, tanto na integridade física quanto nas psíquica e intelectual, a fim de permitir o livre desenvolvimento da personalidade humana,[36] posto que pela conduta de distinção do idoso em relação aos demais da sociedade, dificulta-se o efetivo exercício da cidadania por parte do idoso. Este princípio assume posição de destaque no ordenamento jurídico brasileiro, elencado no 1º artigo da Constituição Federal, sendo considerado um princípio a partir do qual se derivam os demais, norteando as regras jurídicas.[37]

A dignidade deve ser assegurada desde o nascimento até a morte do indivíduo, objetivando uma vida digna e, consequentemente, um envelhecimento saudável. O art. 2º do Estatuto do Idoso encontra-se compatível com o texto consti-

---

34. GOMES, Orlando. Op. cit., p. 512
35. JUNQUEIRA. Thiago Vilella. *Direitos dos seguros*. Discriminação em virtude do sexo e o contrato de seguro. São Paulo: Ed. RT, 2014. p. 305.
36. BOMTEMPO, Tiago Vieira. Revisitando o Estatuto do Idoso na Perspectiva do Estado Democrático de Direito. *Estudos Interdisciplinares sobre o Envelhecimento*, v. 19, n. 3. 2014. Disponível em: [https://seer.ufrgs.br/RevEnvelhecer/article/view/47231/33277]. Acesso em: 20.11.2018.
37. FACHIN, Luiz Edson. Fundamentos, limites e transmissibilidade – Anotações para uma leitura crítica, construtiva e de índole constitucional da disciplina dos direitos da personalidade no Código Civil Brasileiro. *Revista da EMERJ*, v. 8, n. 31, 2005, p. 58.

tucional ao determinar que é obrigação de todos: "assegurar ao idoso, com absoluta prioridade, a efetivação do direito à vida, à saúde, à alimentação, à educação, à cultura, ao esporte, ao lazer, ao trabalho, à cidadania, à liberdade, à dignidade, ao respeito e à convivência familiar e comunitária", em plena sintonia com o art. 6º da Constituição Federal vigente. Posto isto, entende-se o envelhecimento como um direito que compõe a personalidade humana e merece proteção jurídica.

Anderson Schreiber conceitua a dignidade humana como o valor-síntese que reúne as esferas essenciais de desenvolvimento e realização da pessoa humana, não sendo um conceito exato, mas variável no caso concreto conforme o que for essencial ou não ao ser humano de acordo com a cultura, história e concepções de vida de cada indivíduo.[38]

Regula-se o direito ao próprio corpo, o direito à honra, o direito à imagem e o direito à privacidade e, estando estes previstos expressamente no artigo 5º do texto constitucional, qualificam-se os direitos da personalidade como direitos fundamentais.

Na seara dos direitos da personalidade, estipula o Estatuto do Idoso em seu artigo 8º: "O envelhecimento é um direito personalíssimo e a sua proteção um direito social, nos termos desta Lei e da legislação vigente". Tiago Vieira Bomtempo menciona três sentidos de velhice conceituados por Norberto Bobbio: (*i*) velhice biológica – referente a aproximação da idade dos 80 anos; (*ii*) velhice burocrática – determinada pela legislação; e, (*iii*) velhice psicológica – conforme o ânimo da pessoa, que devem ser verificados consoante à dignidade da pessoa humana e aos direitos de personalidade que envolvem a pessoa idosa.

Anderson Schereiber pontua a respeito das diversas denominações de direitos humanos, direitos fundamentais e direitos da personalidade, que contemplam atributos da personalidade humana merecedores de tutela, possuindo como valor protegido, a dignidade humana.

> Assim, a expressão *direitos humanos* é mais utilizada no plano internacional, independentemente, portanto, do modo como cada Estado nacional regula a matéria. *Direitos fundamentais*, por sua vez, é o termo normalmente empregado para designar "direitos positivados numa constituição de um determinado Estado. É, por isso mesmo, a terminologia que tem sido preferida para tratar da proteção da pessoa humana no campo do direito público, em face da atuação do poder estatal. Já a expressão *direitos da personalidade* é empregada na alusão aos atributos humanos que exigem especial proteção no campo das relações privadas, ou seja, na interação entre particulares, sem embargo de encontrarem também fundamento constitucional e proteção nos planos nacional e internacional.[39]

---

38. SCHEREIBER, Anderson. Op. cit., p. 7-9.
39. SCHEREIBER, Anderson. Op. cit., p.13-14.

Os direitos da personalidade são entendidos como inerentes à pessoa humana, sendo reconhecidos por parte do Estado[40] e conforme previsão do art. 3º, IV, da Constituição Federal, um dos objetivos da República Federativa Brasileira é a promoção do bem estar da sociedade, sem preconceitos, inclusive em relação à faixa etária e, como dever constitucional, além de ser da sociedade, Estado e família.[41]

5. ESTATUTO DO IDOSO

O objetivo primordial do Estatuto do Idoso é o de igualar o idoso em relação aos demais indivíduos, protegendo sua vulnerabilidade, trazendo à baila, portanto, o princípio da prioridade da pessoa idosa, que determina a sua preferência em qualquer situação em que esteja inserida, com a intenção de alcançar a isonomia substancial.

Dessa forma, busca-se assegurar ao idoso a autonomia privada e o pleno exercício de suas liberdades, notadamente a de contratar, foco deste artigo, concretizando-se efetivamente a dignidade da pessoa humana em sua essência.

Todavia, apesar da intenção legislativa, a formalidade não é suficiente para concretizar o direito de prioridade, ainda há muito que se falar em conscientizar a sociedade quanto à autonomia e à dignidade dos idosos, posto que comumente são vistos como frágeis, incapazes e deixados à margem da sociedade.

Insta enfatizar ainda, de forma bem definida, que a vulnerabilidade e a fragilidade não implicam em incapacidade. Considera-se para tal o rol taxativo presente nos artigos 3º e 4º do Código Civil de 2002 que compreende as hipóteses de incapacidade, não havendo quiçá possibilidade de enquadramento do idoso em uma delas, *ipsis literis*:

> Art. 3º São absolutamente incapazes de exercer pessoalmente os atos da vida civil os menores de 16 (dezesseis) anos.
>
> Art. 4º São incapazes, relativamente a certos atos ou à maneira de os exercer:
>
> I – os maiores de dezesseis e menores de dezoito anos;
>
> II – os ébrios habituais e os viciados em tóxico;
>
> III – aqueles que, por causa transitória ou permanente, não puderem exprimir sua vontade;
>
> IV – os pródigos.
>
> Parágrafo único. A capacidade dos indígenas será regulada por legislação especial.

---

40. Ibidem, p.5.
41. SIQUEIRA, Dirceu Pereira; FRANCISCHINI, Monica Cameron Lavor. Acesso à Justiça, direitos da personalidade e o idoso: as políticas públicas e os direitos sociais como instrumentos concretizadores dos direitos da personalidade do idoso. Disponível em: [http://www.publicadireito.com.br/artigos/?-cod=4e4f8804bf781c81]. Acesso em: 06.11.2018.

Entende-se assim que ao completar dezoito anos a pessoa se torna apta para a prática de atos da vida civil, alcançando a capacidade plena: de fato e de direito. Assim, para que a pessoa seja considerada incapaz deve ocorrer a declaração judicial de incapacidade relativa com base em um dos critérios indicados nos incisos do art. 4º, devendo-se nomear um curador para o gerenciamento de sua vida patrimonial[42] nos limites apontados na sentença.

Todavia, não corresponde a esta premissa, por exemplo, a limitação em razão da idade daqueles que almejam se casar após os setenta anos[43] com o regime de bens que lhes for conveniente, sendo o dispositivo da Lei Civil considerado por alguns autores inconstitucional.[44]

O envelhecimento é parte inerente da construção da personalidade, devendo ser preservado para a pessoa idosa o poder de tomar as decisões que lhe forem pertinentes, harmonizadas com suas preferências, vontades e desejos. Não sendo cabível, portanto, restringir a capacidade do idoso para a escolha do regime patrimonial do casamento tão somente em razão da idade, estando em plenas faculdades mentais.

Cabe repisar que é evidente a forma abusiva e repreensível com que a pessoa idosa sofre para realizar simples transações e contratações no cotidiano, como a do seguro de vida, por exemplo. Por outro lado, facilitam-se os empréstimos consignados, cujo pagamento se dá com a dedução direta da parcela da dívida do salário ou benefício do INSS da conta do mutuário. É dizer, a discriminação se limita às hipóteses em que o risco financeiro possa ser deslocado para a pessoa idosa, e não para a parte com a qual ela contrata.

Anderson Schereiber explicita que a indenização por dano moral tem sido a principal forma de proteção da pessoa humana, devendo-se evitar a banalização deste instituto.[45] Conceitua o autor o dano moral como uma lesão a atributos da

---

42. O Estatuto da Pessoa com Deficiência disciplina o instituto da curatela em seus artigos 84 e 85, trazendo, sobretudo, a afirmação do direito ao exercício das pessoas com deficiência de sua capacidade legal em igualdade de condições com as demais pessoas (art. 6º). Assim, o ponto de destaque do novo tratamento dedicado ao tema é o reconhecimento da capacidade do indivíduo, estabelecendo a curatela tão somente para questões patrimoniais e para aquilo que for estritamente necessária.
43. Art. 1.641, Código Civil. "É obrigatório o regime da separação de bens no casamento": "II – da pessoa maior de 70 (setenta) anos".
44. Cristiano Chaves de Farias e Nelson Rosenvald, por exemplo, criticam com veemência a referida distinção. Segundo os autores, o Princípio da Liberdade de Escolha do regime de bens do casamento encontra seu fundamento na autonomia privada e na dignidade da pessoa humana, sendo a liberdade de escolha a regra e a imposição de determinado regime a exceção. Neste sentido, em homenagem ao Princípio da Dignidade da Pessoa Humana, afirmam ser inconstitucional a valorização do patrimônio em detrimento da pessoa trazida pelo art. 1.641, II do Código Civil. FARIAS, Cristiano Chaves de; ROSENVALD, Nelson. *Curso de direito Civil*: famílias. 10. ed., rev. e atual., Salvador: JusPodivm, 2018. p. 306-312.
45. SCHEREIBER, Anderson. *Direitos da Personalidade*. 2.ed., São Paulo: Atlas, 2013, p. 28.

personalidade humana, ou seja, a quaisquer dos direitos da personalidade erigidos pelo ordenamento constitucional, enfatizando ainda que a questão do dano moral deve concentrar-se no interesse lesado e não nas consequências emocionais decorrentes da lesão.

Na perspectiva da vítima do dano, a lesão é quase sempre irreparável, não podendo, todavia, deixar de se compensar o lesado, sendo a mais comum a compensação por indenização em dinheiro. Sem prejuízo da importância da reparação por danos causados, é preciso exaltar também a importância da prevenção, para que tais danos não venham a ocorrer em primeiro lugar.

O fato de as seguradoras limitarem a contratação do seguro de vida às pessoas mais jovens em decorrência da probabilidade de o sinistro perder sua eventualidade, faz com que o idoso se sinta lesado ante a impossibilidade de contratação do seguro ou ainda, de desfazimento do negócio por valores exorbitantes que praticamente obrigam a pessoa a desistir do seguro, o que configura violação direta a direitos sociais garantidos pela Constituição.

Fabiana Barletta menciona que os direitos sociais estão ligados à ideia de imprescindibilidade, posto que sem estes os indivíduos não poderiam desenvolver sua liberdade, envolvendo a integridade psicofísica e a dignidade da pessoa. Salienta ainda o caráter emergencial de questões de saúde buscada por idosos, podendo ocasionar comprometimentos irreversíveis.[46]

Os direitos sociais do art. 6º da Carta Magna, entre os quais se destaca o direito à saúde, estariam sujeitos à idêntica aplicabilidade imediata dos contidos no rol do art. 5º, enquanto direitos fundamentais, para maior eficácia na sua concretização.

6. ANÁLISE DA EXPERIÊNCIA JURISPRUDENCIAL BRASILEIRA NA CONTRATAÇÃO DE SEGUROS DE VIDA POR PESSOAS IDOSAS

Percebe-se que a maior longevidade do segurado representa vantagem para o segurador,[47] razão pela qual as seguradoras tendem a preferir a contratação do seguro por pessoas mais jovens. No que tange ao tema do seguro de vida e pessoa idosa duas questões merecem ser apreciadas: (i) a cláusula limitativa por idade e (ii) o reajuste de seguro. Alguns julgados seguem a linha de autorizar a empresa a proibir a contratação de seguro de vida por idoso de 70 anos e somente declarar abusiva a cláusula que aumenta o seguro de vida após os 60 anos de idade, quando o vínculo contratual for superior a 10 anos.

---

46. BARLETTA, Fabiana. *O direito à saúde da pessoa idosa*. 2008. 288f. Tese (Doutorado em Direito) – Pontifícia Universidade Católica do Rio de Janeiro, Rio de Janeiro. Passim.
47. GOMES, Orlando. Op. cit., p. 506.

Vale ponderar a idade e a possibilidade de contratação levando-se em consideração que com o passar dos anos a longevidade é cada vez maior conforme dados do IBGE já mencionados, e como exposto, as seguradoras valem-se da idade e fragilidade da pessoa idosa, causando-lhe danos e prejuízos.

Para fins do presente estudo, analisa-se dois casos do Tribunal Regional Federal e do STJ, respectivamente dos anos de 2014 e 2015.

No primeiro caso sob análise, o Ministério Público Federal interpôs apelação em face de sentença prolatada em ação civil pública[48] instaurada após representação de particular pleiteando a retirada, por parte da Caixa Econômica Federal e da Caixa Seguradora S/A de cláusulas que impediam pessoas idosas com mais de setenta anos de contratar o seguro de vida "Caixa Seguro Amparo", oferecido pelas apeladas.

Nas razões recursais, o MPF levantou a tese da abusividade da cláusula contratual que impedia a contratação do plano de seguro de vida pelos idosos acima de 70 anos, alegando ofensa ao Estatuto do Idoso e aos princípios da dignidade da pessoa humana e da não discriminação, erigidos pela Constituição Federal. O *parquet* buscou ainda a responsabilidade da Susep por aprovar planos de seguro que contrariam a ordem jurídica ao discriminar pessoas idosas.

Em seu voto, o Desembargador Federal Manoel de Oliveira Erhardt, relator do julgado no Tribunal Regional Federal da 5ª Região, sustenta que a possibilidade de limitações de idade, neste tipo de caso, resulta da própria natureza do contrato de seguro de vida. Segundo o relator, a formulação das cláusulas contratuais nessa espécie de negócio jurídico encontra suas razões em parâmetros atuariais, aqueles que estimam a probabilidade da ocorrência dos riscos aos quais o segurado estaria exposto no decorrer da vida, levando-se em conta fatores como o estado de saúde, a atividade profissional exercida e a idade daquele que pretende contratar com a seguradora. Assim, ficaria à livre escolha das seguradoras, observadas as normas estabelecidas pelo Conselho Nacional de Seguros Privados e da Susep, por força dos artigos 32 e 36 do Decreto-lei 73/66,[49] elaborar as condições gerais de seus planos e apólices.

Assim, foi negado provimento à apelação, sob o argumento de que nem todo critério discriminatório é ilegal, de forma que apenas é qualificado como ilícito aquele tipo de discriminação que não esteja afinado com os valores consagrados pela Carta Constitucional.

---

48. TRF-5, Apelação Cível 30923-SE, 0003102-45.2012.4.05.8500, julg. 09.10.2014.
49. Dispõe sobre o Sistema Nacional de Seguros Privados, regula as operações de seguros e resseguros e dá outras providências.

Defendeu-se que, neste tipo de situação, deve prevalecer a liberdade contratual e o princípio da legalidade, uma vez que o relator não considerou configurada a discriminação ilícita por haver razões suficientes que justificavam a diferenciação, pois os idosos representariam maior risco para a seguradora, apresentando maior probabilidade de que o fato aleatório necessário para o pagamento do sinistro ao segurado aconteça, em razão de sua idade avançada. O relator analisou ainda a forma como se deu a publicidade do plano de seguro, afirmando que tanto no panfleto impresso quanto no sítio eletrônico da Caixa Seguradora S.A. as informações a respeito da limitação de idade são claras e expostas antes da contratação, sendo suficientes e idôneas.

É importante esclarecer que o Código de Defesa do Consumidor veda[50] toda forma de publicidade enganosa, caracterizada inclusive como aquela capaz de induzir em erro o consumidor a respeito das informações essenciais à decisão do consumidor. Todavia, deve-se ressaltar que o dever de informação do fornecedor, proveniente do direito básico do consumidor a informação clara e adequada,[51] não deve ter como referência o *homo medius*, mas sim levar em consideração as subjetividades de cada tipo de consumidor, tornando a informação clara e acessível a todos os públicos. Não basta exteriorizar a informação, é preciso que a informação seja clara e inteligível ao consumidor, no caso, pessoa idosa.

A 3ª Turma do STJ enfrentou caso semelhante em sede de Recurso Especial.[52] O recurso foi interposto pela Companhia de Seguros Aliança do Brasil contra acórdão proferido pelo Tribunal de Justiça do Estado do Rio Grande do Sul. O acórdão atacado preservou a sentença de primeira instância que julgava parcialmente procedente o pleito da parte autora para declarar a abusividade da cláusula questionada e determinar a devolução dos valores pagos indevidamente pelos segurados.

No caso comentado, no final da década de 80 os autores-segurados aderiram a uma apólice de seguro de vida anual que passou aos cuidados da recorrente-seguradora a partir do ano de 1998, ano em que teve sua comercialização encerrada. Segundo sustenta a seguradora, a extinção da apólice, que ocorreu em 2002, se deu graças à alteração dos elementos que compunham o cálculo atuarial considerado até então, o que causou a inviabilidade da manutenção do contrato da forma como

---

50. Art. 37, CDC. É proibida toda publicidade enganosa ou abusiva. § 1º É enganosa qualquer modalidade de informação ou comunicação de caráter publicitário, inteira ou parcialmente falsa, ou, por qualquer outro modo, mesmo por omissão, capaz de induzir em erro o consumidor a respeito da natureza, características, qualidade, quantidade, propriedades, origem, peço e quaisquer outros dados sobre produtos e serviços.
51. Art. 6º, CDC. São direitos básicos do consumidor: III – a informação adequada e clara sobre os diferentes produtos e serviços, com especificação correta de quantidade, características, composição, qualidade, tributos incidentes e preço, vem como sobre os riscos que apresentem.
52. STJ, Resp. 1.376.550/RS, Terceira Turma. Rel. Min. Moura Ribeiro; julg. 28.04.2015, publ. 12.05.2015.

se encontrava. Em razão disso, a seguradora notificou os segurados a respeito da intenção de não mais renovar o contrato em questão, ofertando-lhes a adesão à outra apólice, agora com cálculos atuariais atualizados, contrato ao qual os segurados optaram por aderir. Assim, a lide se resume ao pleito de declaração de abusividade da cláusula contratual da nova apólice que estipulou o reajuste do prêmio mensal de acordo com a mudança da faixa etária dos segurados e, consequentemente, a restituição dos valores cobrados de maneira indevida.

O relator do caso no STJ, Ministro Moura Ribeiro, reafirmou em seu voto a abusividade da cláusula que prevê fatores de aumento diferenciados por faixa etária, enfatizando que tais fatores discriminantes oneram de forma desproporcional o segurado na velhice e, muitas das vezes, buscam compelir o idoso à quebra do vínculo contratual. O Ministro aponta que a prática afronta ainda a boa-fé, que deve perdurar durante toda a relação contratual.

Não obstante tal sustentação e definindo o fundamento de seu voto, o relator do caso ressalta que em se tratando de contratos de seguro de vida, a jurisprudência da corte vem estabelecendo seu entendimento no sentido de que somente são abusivos os reajustes diferenciados do prêmio incidentes após o implemento dos 60 anos de idade do segurado e desde que ele já conte com mais de 10 anos de vínculo contratual, numa aparente tentativa de mitigar o fator discriminatório desse tipo de cláusula.[53]

7. CONSIDERAÇÕES FINAIS

O conflito entre a liberdade privada contratual e o direito de não discriminação do idoso em razão de sua idade deve buscar sua solução na interpretação constitucional das normas, buscando sempre realizar os valores erigidos pela Constituição da República.

É preciso lembrar que a natureza do contrato de seguro de vida é, fundamentalmente, patrimonial e regida por normas de direito privado, mas não por isso deve se afastar da legalidade constitucional, devendo sempre ter por objetivo realizar seu fim da maneira mais próxima possível ao que está estabelecido na Constituição da República.

O Estatuto do Idoso, bem como o Código de Defesa do Consumidor, busca tutelar e proteger a pessoa idosa que, seja por sua condição natural ou pela sua condição de hipervulnerabilidade no mercado de consumo, se encontra em posição de desigualdade frente a um negócio jurídico. A razão para isso não poderia ser

---

[53]. AgRg no AREsp 202.013/DF, Rel. Ministro Antonio Carlos Ferreira, Quarta Turma, julgado em 21.03.2013, DJe 26.03.2013; e, AgRg no AREsp 370.646/SP, Rel. Ministro João Otávio De Noronha, Terceira Turma, julgado em 03.06.2014, DJe 16.06.2014.

outra se não a busca pela realização do projeto constitucional estabelecido pelo constituinte de 1988, que em seu texto garante a todos os indivíduos o direito à igualdade, ao livre desenvolvimento da personalidade e à vida digna.

Não se fala, todavia, da demonização ou do esvaziamento do conteúdo e proteção patrimonial do ordenamento jurídico, mesmo porque a livre iniciativa, por exemplo, é protegida pela Constituição da República como um direito fundamental. A solução reside, portanto, na funcionalização dos institutos de direito privado à realização de valores sociais.[54]

Conforme leciona Maria Celina Bodin de Moraes,[55] ao definir como objetivos a construção de uma sociedade livre, justa e solidária, o legislador constitucional colocou a pessoa humana – ou seja, os valores existenciais – no centro do ordenamento jurídico brasileiro.

Conclui-se, assim, que negar a atitude hermenêutica de funcionalizar os valores patrimoniais em razão dos valores existenciais, defendendo-os apenas enquanto utilizados para a consagração da dignidade da pessoa humana, seria admitir um ordenamento fragmentado, desprovido de unidade normativa e que desrespeita o princípio da legalidade constitucional.

Assevera o Código Civil de 2002 que a liberdade de contratar será exercida em razão e nos limites da função social do contrato,[56] o que naturalmente se aplica aos contratos de seguro de vida, de onde se pode depreender que a função social é, portanto, uma espécie de critério para o controle de merecimento da liberdade contratual.

A partir do entendimento de que a função social se relaciona diretamente com o a funcionalização das estruturas jurídicas é possível afirmar que o merecimento de tutela deve ter seu cerne transferido da estrutura do contrato para o interesse do titular, enquanto este atender também aos interesses da coletividade.[57]

Assim, é preciso atender aos objetivos finais do Código de Defesa do Consumidor, do Estatuto do Idoso e, em sentido amplo, da Constituição, para, atendendo à função social do contrato, reprimir qualquer discriminação baseada na idade do indivíduo no âmbito da contratação do seguro de vida, seja no momento da contratação ou em momentos de reajuste, devendo sempre ter sua dignidade e capacidade respeitadas e elevadas ao maior nível possível durante toda a vida, o que inclui o período da velhice.

---

54. SCHEREIBER, Anderson. *Direito Civil e Constituição*. São Paulo: Atlas. 2013. p. 19.
55. MORAES, Maria Celina Bodin de. A caminho de um direito civil constitucional. *Revista Estado, Direito e Sociedade*, v. I, 1991, publicação do Departamento de Ciências Jurídicas da PUC-Rio, p. 135.
56. Art. 421, Código Civil de 2002.
57. RITO, Fernanda Paes Leme Peyneau. *Função social nos contratos de seguro*: a nova ordem contratual e sua implicação para os contratos de seguro à luz do CDC e do Código Civil. Rio de Janeiro: Funeseg, 2010. p. 20.

outra se não a busca pela realização do projeto constitucional estabelecido pelo constituinte de 1988, que em seu texto garante a todos os indivíduos o direito à igualdade, ao livre desenvolvimento da personalidade e à vida digna.

Não se fala, todavia, da demonização ou do esvaziamento do conteúdo e proteção patrimonial do ordenamento jurídico, mesmo porque a livre iniciativa, por exemplo, é protegida pela Constituição da República como um direito fundamental. A solução reside, portanto, na funcionalização dos institutos de direito privado à realização de valores sociais.[54]

Conforme leciona Maria Celina Bodin de Moraes,[55] ao definir como objetivos a construção de uma sociedade livre, justa e solidária, o legislador constitucional colocou a pessoa humana – ou seja, os valores existenciais – no centro do ordenamento jurídico brasileiro.

Conclui-se, assim, que negar a atitude hermenêutica de funcionalizar os valores patrimoniais em razão dos valores existenciais, defendendo-os apenas enquanto utilizados para a consagração da dignidade da pessoa humana, seria admitir um ordenamento fragmentado, desprovido de unidade normativa e que desrespeita o princípio da legalidade constitucional.

Assevera o Código Civil de 2002 que a liberdade de contratar será exercida em razão e nos limites da função social do contrato,[56] o que naturalmente se aplica aos contratos de seguro de vida, de onde se pode depreender que a função social é, portanto, uma espécie de critério para o controle de merecimento da liberdade contratual.

A partir do entendimento de que a função social se relaciona diretamente com o a funcionalização das estruturas jurídicas é possível afirmar que o merecimento de tutela deve ter seu cerne transferido da estrutura do contrato para o interesse do titular, enquanto este atender também aos interesses da coletividade.[57]

Assim, é preciso atender aos objetivos finais do Código de Defesa do Consumidor, do Estatuto do Idoso e, em sentido amplo, da Constituição, para, atendendo à função social do contrato, reprimir qualquer discriminação baseada na idade do indivíduo no âmbito da contratação do seguro de vida, seja no momento da contratação ou em momentos de reajuste, devendo sempre ter sua dignidade e capacidade respeitadas e elevadas ao maior nível possível durante toda a vida, o que inclui o período da velhice.

---

54. SCHEREIBER, Anderson. *Direito Civil e Constituição*. São Paulo: Atlas. 2013. p. 19.
55. MORAES, Maria Celina Bodin de. A caminho de um direito civil constitucional. *Revista Estado, Direito e Sociedade*, v. I, 1991, publicação do Departamento de Ciências Jurídicas da PUC-Rio, p. 135.
56. Art. 421, Código Civil de 2002.
57. RITO, Fernanda Paes Leme Peyneau. *Função social nos contratos de seguro*: a nova ordem contratual e sua implicação para os contratos de seguro à luz do CDC e do Código Civil. Rio de Janeiro: Funeseg, 2010. p. 20.

ANOTAÇÕES